Desempenho Esportivo

Treinamento com

Crianças e Adolescentes

Instituto Phorte Educação
Phorte Editora

Diretor-Presidente
Fabio Mazzonetto

Diretora-Executiva
Vânia M. V. Mazzonetto

Editor-Executivo
Tulio Loyelo

Revisor-Científico
Pedro Augusto Hercks Menin

DESEMPENHO ESPORTIVO
Treinamento com

Crianças e Adolescentes

2ª Edição

EDITOR

PROFESSOR DR. LUIZ ROBERTO RIGOLIN DA SILVA

SÃO PAULO, 2010

Desempenho esportivo: treinamento com crianças e adolescentes
Copyright © 2006, 2010 *by* Phorte Editora Ltda.

Rua Treze de Maio, 596
CEP: 01327-000
Bela Vista – São Paulo – SP
Tel/fax: (11) 3141-1033
Site: www.phorte.com
E-mail: phorte@phorte.com

Nenhuma parte deste livro pode ser reproduzida ou transmitida de qualquer forma ou por quaisquer meios eletrônico, mecânico, fotocopiado, gravado ou outro, sem autorização prévia por escrito da Phorte Editora Ltda.

CIP-BRASIL. CATALOGAÇÃO-NA-FONTE
SINDICATO NACIONAL DOS EDITORES DE LIVROS, RJ

D486
2.ed.

Desempenho esportivo: treinamento com crianças e adolescentes / organizador Luiz Roberto Rigolin da Silva. - 2.ed. - São Paulo: Phorte, 2010.
632p.: il.

Inclui bibliografia
ISBN 978-85-7655-102-7

1. Aptidão física em crianças. 2. Exercícios físicos para crianças. I. Silva, Luiz Roberto Rigolin da.

10-0674.

CDD: 613.7042
CDU: 613.71-053.2

12.02.10   22.02.10

017628

Impresso no Brasil – *Printed in Brazil*

EDITOR

LUIZ ROBERTO RIGOLIN DA SILVA
Professor doutor em Educação Física pela EEFE – USP/SP
Coordenador do curso de pós-graduação em Treinamento Esportivo – UGF
Coordenador do curso de pós-graduação em Iniciação Esportiva – FMU
Preparador físico da Seleção Brasileira Infantojuvenil Feminina de Voleibol – 2004
Preparador físico de Voleibol Adulto Feminino – Leites Nestlé, BCN, Flamengo, Finasa

COLABORADORES

Alessandro Hervaldo Nicolai Ré
Professor doutor em Biodinâmica do Movimento Humano pela USP/SP
Doutor em Educação Física pela EEFE – USP/SP

Angelica Castilho Alonso
Mestre em Ciências da Fisiopatologia Experimental pela FMU/SP
Fisioterapeuta e Educadora Física
Docente do curso de Fisioterapia da UNIB
Professora de Educação Física da rede pública estadual de São Paulo

Anielle Cristine Agnelo D´Angelo
Mestre no Programa de Biologia Celular e do Desenvolvimento pela USP
Especialista em Fisiologia do Exercício pela USP
Nutricionista pela Universidade São Judas Tadeu

Carlos Ugrinowitsch
Ph.D. em Ciência do Exercício pela Brigham Young University – USA
Professor doutor do Departamento de Esporte, Escola de Educação Física e Esporte da USP
Coordenador do Grupo de Adaptações Neuromusculares ao Treinamento de Força – Departamento de Esporte – EEFE – USP/SP

Catalina Naomi Kaneta
Mestranda em Psicologia Escolar e do Desenvolvimento Humano pelo Instituto de Psicologia – USP/SP
Especialista em Psicologia do Esporte pelo Instituto Sedes Sapientia

Claudia Perrella Teixeira
Professora mestre em Educação Física pela EEFE – USP/SP
Professora da Universidade São Judas Tadeu
Professora do Centro Universitário Uni Sant'Anna

Eduardo Neves P. de Cillo
Mestre em Psicologia Experimental pela PUC/SP
Professor da PUC/MG
Professor do Centro Universitário Newton Paiva BH/MG e responsável pelo Laboratório de Psicologia do Esporte (LAPESP)
Consultor em Psicologia do Esporte

Emerson Franchini
Professor doutor em Educação Física pela EEFE – USP/SP
Professor da Faculdade de Educação Física da Universidade Presbiteriana Mackenzie

João Fernando Laurito Gagliardi
Professor doutor em Educação Física pela EEFE – USP/SP
Professor de Medidas e Avaliação em Educação Física e Esportes e Estatística e Informática
Aplicada a EF e Esporte do Centro Universitário FIEO – Osasco/SP

Luciana Perez Bojikian
Professora mestre em Educação Física pela EEFE – USP/SP
Professora da UNIP e UNICID.

Marcelo Massa
Professor doutor em Educação Física pela EEFE – USP/SP
Professor da Universidade Presbiteriana Mackenzie e da Universidade São Judas Tadeu

Márcia Greguol Gorgatti
Doutora em Biodinâmica do Movimento Humano pela EEFEU – SP
Coordenadora de natação da Associação Esporte Atitude para pessoas com deficiência
Professora adjunta do Departamento de Esporte da Universidade Estadual de Londrina
Professora de cursos de pós-graduação da Universidade Gama Filho e da UniFMU

Maria Tereza Silveira Böhme
Professora titular da EEFE – USP/SP

Milena Gomes Perroni
Mestre em Ciência do Movimento Humano pela UFRGS
Fisioterapeuta do Instituto de Medicina Esportiva (IME) – UCS
Docente do curso de Fisioterapia da Universidade de Caxias do Sul – RS

Pedro Augusto Hercks Menin
Psicólogo (Unesp-Assis)
Pedagogo (Instituto de Educação de Assis)
Doutor em Educação: Estado, Sociedade e Educação pela USP/SP
Mestre em Educação: História e Filosofia da Educação pela PUC/SP
Graduado em Pedagogia pelo Instituto Educaional de Assis
Graduado em Psicologia pela USP/SP

Ricardo Zanuto
Doutor e mestre em Fisiologia Humana e Biofísica pelo Instituto de Ciências Biomédicas da
Universidade de São Paulo – ICB/USP.

Rodrigo Villar
Professor mestre em Educação Física pelo Instituto de Biociências da UNESP – Rio Claro

Rômulo Cássio de Moraes Bertuzzi
Professor doutor e mestre em Educação Física pela EEFE – USP/SP
Professor da Faculdade de Educação Física da Universidade Presbiteriana Mackenzie

Rudney Uezu
Professor mestre em Educação Física pela EEFE – USP/SP
Professor da Universidade Presbiteriana Mackenzie e do Centro Universitário Uni Sant'Anna
Membro do GEPETIJ/EEFE – USP

Sâmia Hallage Figueiredo
Doutora em Psicologia Experimental pelo Instituto de Psicologia – USP/SP
Professora dos cursos de Educação Física e Psicologia do Centro Universitário Nove de Julho/SP
Psicóloga das categorias de base da Seleção Brasileira de Voleibol Feminina

Umberto Cesar Corrêa
Professor doutor da EEFE – USP/SP

Valdir José Barbanti
Professor titular da EEFE – USP/SP

Valmor Tricoli
Doutor em Ciência do Exercício – Brigham Young University – USA
Especialista em Treinamento de Força e Condicionamento – National Strength and Conditioning Association – USA
Coordenador do Grupo de Estudos em Adaptações Neuromusculares ao Treinamento de Força – Departamento de Esporte – EEFE – USP/SP
Coordenador do Laboratório de Desempenho Esportivo da EEFE – USP/SP

Waldecir Paula Lima
Pós-doutorando e doutor em Biologia Celular e Tecidual pelo Instituto de Ciências Biomédicas da Universidade de São Paulo – ICB/USP
Mestre em Ciências da Saúde
Especialista em Fisiologia do Exercício pela Escola Paulista de Medicina da Universidade Federal de São Paulo – EPM/UNIFESP

Sumário

Introdução 15

1
Treinamento Esportivo: Diferenciação entre Adultos e Crianças e Adolescentes 19

Desempenho Esportivo 21

Bases para Análise de Modalidades Esportivas 24

Periodização Esportiva 44

Considerações Finais 63

Referências 65

2
Características de Crescimento e Desenvolvimento 71

Desenvolvimento durante a Terceira Infância e a Adolescência 75

Crescimento, Proporcionalidade Corporal e Desempenho Motor de
Meninos e Meninas na Terceira Infância e na Adolescência 85

Desenvolvimento Motor durante a Terceira Infância e Adolescência . . . 90

Considerações sobre o Desenvolvimento Pubertário 96

Considerações Finais 105

Referências 105

3
Fisiologia do Exercício: Crianças e Adolescentes 109

Ajustando ao Tamanho: Entendendo os Princípios da Alometria 112

Criança e Movimento: Levantamentos sobre o Tempo e a
Intensidade das Atividades. 114

Exercício Aeróbio 114

Exercício Anaeróbio 128

Exercício Intermitente de Alta Intensidade 132

Força 133

Referências. 134

4

Adaptações Neuromusculares ao Treinamento Físico 137

Adaptações Agudas.. 141
Adaptações Crônicas. 152
Referências.. 160

5

**Respostas Endócrinas Aplicadas ao Exercício Físico Agudo e
Crônico na Infância e na Adolescência 169**

Hormônio de Crescimento 172
Hormônio Antidiurético 176
Hormônios Tireoidianos 179
Cortisol 183
Estrogênios. 190
Testosterona 192
Razão Testosterona Cortisol (T:C) 199
Catecolaminas e Glucagon. 208
Insulina 213
Leptina. 219
Referências 222

6

**Nutrição Aplicada ao Treinamento Esportivo de Crianças e
Adolescentes 239**

Os Nutrientes. 242
Características Nutricionais de Jovens Atletas 251
Hidratação e sua Relação com o Rendimento. 266
Avaliação do Estado Nutricional. 269
Distúrbios Comportamentais Relacionados à Alimentação. 270
Referências 273

7

**A Estruturação da Prática na Aprendizagem Motora: uma Análise
das Pesquisas com Tarefas do Mundo Real 279**

Efeitos de Diferentes Estruturas de Prática na Aquisição de Habilidades Motoras 285
Considerações Finais: Variabilidade... nem tanto 295
Referências.. 299

8

Uma Visão Macroscópica da Influência das Capacidades Motoras no Desempenho Esportivo.. . … .. .. .307

Capacidades Motoras e Desempenho Esportivo. . … .. … 311
Habilidades Motoras Esportivas Abertas . … .. … 313
Habilidades Motoras Esportivas Fechadas.. … .. … 315
Treinabilidade das Capacidades Coordenativas .. … .. … 317
Treinabilidade das Capacidades Condicionais . … .. … 320
Considerações Finais. … .. … .. … 325
Referências.. … .. … .. … 328

9

Os Jogos como Instrumento de Aprendizagem e Formação Esportiva de Crianças e Adolescentes. . … .. … .. … .. .. .331

Os Jogos na Motivação da Aprendizagem Esportiva. .. … .. … .. 340
Jogo como Fator Significativo na Aprendizagem .. … .. … 346
Aspectos Pedagógicos dos Jogos. … .. … .. … 350
Fatores Socioafetivos . … .. … .. … 352
Fatores Cognitivos. .. … .. … .. … 354
Fatores Psicomotores . … .. … .. … 357
Considerações Finais. .. … .. … .. … 361
Referências . … .. … .. … 366

10

Avaliação Cineantropométrica .. … .. … .. … .. … .. .. .373

Cineantropometria Morfológica. … .. … .. … 376
Componentes Corporais e Saúde .. … .. … .. … 376
Componentes Corporais e *Performance*. … .. … .. … .. 378
Formas de Estimativa de Componentes Corporais . … .. … .. 379
Curvas de Crescimento . … .. … .. … .. … 385
Previsão de Estatura Final … .. … .. … .. … .. 385
Cineantropometria Funcional … .. … .. … .. … .. 388
Sugestões para a Interpretação de Testes . … .. … .. … .. 392
Referências.. … .. … .. … .. … 398

11

A Utilização da Estatística no Treinamento em Longo Prazo .. .403

Aplicação da Estatística em um Programa de Treinamento Esportivo em Longo
Prazo .. … .. … .. … .. .. .407
Etapas de um Levantamento Estatístico na Avaliação do Treinamento em Longo
Prazo … .. … .. … .. … 407

Conceitos Básicos 408

Estatística Descritiva 412

Distribuição Normal 420

Relação entre Variáveis. 422

Diferenças entre Grupos 425

Análises Multivariadas. 426

Referências.. 428

12
O Talento Esportivo: Reflexões e Perspectivas 429

Talento. 431

Estudos do Talento Esportivo: uma Abordagem Crítica 434

Reflexões e Perspectivas. 453

Referências.. 458

13
O Fenômeno da Compensação: É Possível Fazer a Detecção e a Seleção de Talentos?. 467

Materiais e Métodos. 472

Resultados e Discussão 478

Conclusões.. 496

Referências.. 500

14
Lesão da Criança no Esporte.. 505

Incidência das lesões 508

Lesões mais Comuns na Prática Esportiva 510

Lesões dos Membros Superiores. 511

Lesões dos Membros Inferiores. 513

Classificação Salter-Harris 516

Lesões do LCA no Esqueleto Imaturo 517

Lesões da Coluna Vertebral 518

Prevenção. 519

Propriocepção Preventiva. 522

Referências.. 525

15

Atividades Físicas e Esportivas para Crianças e Adolescentes com Deficiência ... 529

Introdução ... 531
Crianças e Adolescentes com Deficiência Auditiva ... 533
Crianças e Adolescentes com Deficiência Intelectual ... 537
Síndrome de Down ... 539
Crianças e Adolescentes com Deficiência Visual ... 542
Estratégias de Intervenção ... 548
Crianças e Adolescentes com Deficiência Motora ... 551
Lesão Medular ... 553
Paralisia Cerebral ... 556
O Esporte para Jovens com Deficiência Física ... 559
Considerações Finais ... 559
Referências ... 560

16

Psicossociologia do Esporte na Infância e Adolescência ... 567

Aspectos Psicossociais da Terceira Infância ... 569
A Adolescência ... 580
Aspectos Sociais: Pais, Técnicos, Amigos, Público e Mídia ... 585
Considerações Finais ... 593
Referências ... 594

17

Aspectos Sociais do Desenvolvimento e da Aprendizagem em Crianças e Adolescentes: Notas Críticas para uma Prática Educativa ... 597

Desenvolvimento Humano em Sociedade ... 601
Aprendizagem na Sociedade ... 604
Rápida História do Enfraquecimento do "Eu" na Sociedade Moderna ... 605
O "Eu" Enfraquecido na Educação Escolar e na Iniciação Esportiva ... 608
Crianças e Adolescentes: Teorias de Desenvolvimento e Aprendizagem ... 610
Piaget e a Gênese do Conhecer ... 611
Desenvolvimento e Aprendizagem como Processos Histórico-Culturais: a Contribuição de Vygotsky ... 613
A Psicologia Cognitivo-Comportamental e o Mergulho do Conhecimento na História ... 615

A Prática, ou como Levar o Indivíduo ao Desenvolvimento? 617
O Caráter Educativo 619
Conclusões.. 622
Referências.. 623

Índice. 627

Introdução

A Educação Física[1] é uma área do conhecimento que possui uma base epistemológica muito ampla e diversificada. Ao longo de sua história, foi se fragmentando em compartimentos subdisciplinares cada vez mais especializados, a ponto de se verificar a constituição de subdisciplinas na área de Exatas (exemplo: Biomecânica do Esporte), Humanas/Sociais (exemplo: Psicologia e Sociologia do Esporte) e Biológicas (exemplo: Fisiologia e Bioquímica do Exercício).

As subdisciplinas foram influenciadas por áreas mães como a Fisiologia, a Química e a Psicologia. Por conseguinte, muitos métodos e teorias foram importados de outras áreas do conhecimento e aplicados na Educação Física. A influência vertical fez que cada subdisciplina criasse uma base epistemológica própria, já que as áreas do conhecimento em Exatas e Biológicas não produzem conhecimento da mesma forma que as Humanas e as Sociais. Esse contexto fez que a Educação Física passasse a estudar o Esporte Escolar, o Esporte de Participação e o Esporte de Rendimento. Seus objetos de estudo,[2] sob uma perspectiva reducionista e particularizada, que ainda é enfatizada pela estrutura acadêmica vigente, na qual a produção intelectual, que também é especializada, têm grande importância. No entanto, o Esporte de Rendimento, por exemplo, é considerado um sistema cujas características técnicas, táticas, antropométricas, de aptidão física e psicológicas interagem o tempo todo formando comportamentos inconstantes e complexos (Martin, Carl e Lehnertz, 2001 p. 29). As pesquisas especializadas, nesse caso, não conseguiriam identificar o quanto uma característica pode influenciar a outra e como essa interação pode alterar, ou não, o de

---

1 Não será objetivo dessa introdução dissertar sobre as diferentes nomenclaturas utilizadas para designar a área que, inicialmente, se chamou Educação Física. Sendo assim, o termo utilizado nos debates vindouros será similar ao empregado pela Coordenação de Aperfeiçoamento de Pessoal de Nível Superior (CAPES): Educação Física.

2 De acordo com Tubino (1987; 1999), o esporte educação é direcionado ao caráter educacional, como uma preparação para o exercício da cidadania; o esporte participação é direcionado ao prazer, ao lúdico e aberto a todas as pessoas; já o esporte de rendimento, é organizado por instituições próprias, com regras próprias e que objetiva a superação na busca de recordes.

sempenho esportivo de um atleta. Logo, fazendo alusão a Capra (1982), os resultados apresentados por estudos especializados são limitados ou irreais.

O impacto da fragmentação e especialização do conhecimento e dos pesquisadores na área de Educação Física foi o distanciamento da complexidade que faz parte de seu objeto de estudo e, consequentemente, das questões que envolvem os profissionais que trabalham com a intervenção na prática, pois tanto na teoria como na prática, o esporte sugere a sinergia indissociável das partes.

Verifica-se, então, a necessidade de elaborar o que Domingues (2005) chamou de "inteligência coletiva". A "inteligência coletiva" seria o resultado das discussões temáticas que vários especialistas, em diferentes áreas do conhecimento, passariam a ter, com o intuito de elaborar novos conceitos e métodos abrangestes e unificadores. A "inteligência coletiva" seria responsável em amenizar o efeito da especialização e fragmentação do conhecimento e passaria a promover a formação de generalistas científicos, que não deixariam de pesquisar o conhecimento específico, mas que, ao mesmo tempo, teriam a noção do todo (Domingues, 2005).

Esse livro surgiu dentro do contexto atual da Educação Física, ou seja, limitado pela especialização e fragmentação do conhecimento. Contudo, ao invés de explorar os temas separadamente sem ligação alguma, será elaborado um capítulo temático inicial (treinamento esportivo) que terá a função de integrar o conhecimento gerado nos outros capítulos (inteligência coletiva). O objetivo central da obra é caracterizar o treinamento com crianças e adolescentes por meio de diferentes subáreas do conhecimento em Educação Física, mas, acima de tudo, dissociá-lo do treinamento com adultos.

A literatura sobre o tema treinamento esportivo está, em sua maioria, direcionada para o alto nível. Assim, os profissionais que atuam com crianças e adolescentes não possuem subsídios teóricos que possam auxiliá-los na solução de problemas específicos. O caminho, então, é procurar no alto nível respostas incompletas quanto à quantificação e qualificação do treinamento. O resultado, geralmente, é a especialização precoce, a lesão, o abandono e a limitação física, técnica, tática e cognitiva oriunda do treinamento inadequado.

Sendo assim, informações condizentes com as características morfológicas e funcionais de crianças e adolescentes, bem como, com as formas corretas de treinamento, seriam fatores determinantes para a formação adequada de um futuro atleta

Introdução

ou de um indivíduo comum que pratique esporte como atividade física. Ao final dessa obra, anseia-se que o leitor obtenha subsídios teóricos que o auxiliem nessa missão.

Referências

CAPRA, F. **O ponto de mutação**. São Paulo: Cultrix, 1982.

DOMINGUES, I. Em busca do método. In: DOMINGUES, I. (Org.). **Conhecimento e transdiciplinaridade II**. Belo Horizonte: Editora UFMG, 2005.

MARTIN, D.; CARL, K.; LEHNERTZ, K. **Manual de metodología del entrenamiento deportivo**. Barcelona: Paidotribo, 2001. p. 29.

TUBINO, M. **Teoria geral do esporte**. São Paulo: Ibrasa, 1987.

_____. **O que é esporte.** São Paulo: Brasiliense, 1999. (Primeiros Passos).

1

Treinamento Esportivo: Diferenciação entre Adultos e Crianças e Adolescentes

Luiz Roberto Rigolin da Silva

Desempenho Esportivo

O treinamento esportivo (termo derivado do equivalente em inglês) ou desportivo (termo derivado do equivalente em francês) é um tema muito abrangente e pode até ser confundido com a grande área Educação Física, pois ambos possuem um objeto de estudo em comum: o desempenho esportivo. Os livros mais antigos sobre o assunto (até a década de 1980) priorizavam apenas o treino das capacidades motoras — resistência, força, velocidade e flexibilidade — e a forma de periodizá-las; mas essa menção reducionista tem dado espaço a visões mais abrangentes. Atualmente, o desempenho esportivo pode ser visto como um sistema cujas propriedades[1] interagem o tempo todo e quando uma delas é alterada, todas as outras serão influen-

---

[1] Propriedades do desempenho esportivo e áreas de estudo: Técnica (Biomecânica, Aprendizagem Motora e Controle Motor), Tática (Psicologia-Cognição), Capacidades Motoras (Fisiologia e Cineantropometria), Nutrição (Nutrição), Genética (Biologia-Genética e Sociologia-Ambiente), Psicologia (Psicologia-Emocional), Social (Sociologia), Lesão (Medicina e Fisioterapia).

ciadas. Como exemplo, cita-se um jogador de basquete que sofreu um entorse de tornozelo e precisará ficar duas semanas em tratamento fisioterápico para se recuperar. Sua condição física, caso tenha que ficar afastado dos treinos, pode ser prejudicada diretamente pela lesão, ao passo que, sua condição técnica indiretamente, (em razão da perda da condição física e da falta de confiança em voltar a utilizar o segmento lesionado).

Não obstante, além da interação do sistema é preciso considerar, também, as questões de espaço e de tempo.

Sobre o espaço, o sistema é ocupado por uma série de propriedades que são determinantes ou não para as diferentes modalidades esportivas: a tática é determinante em um jogo de futebol, mas não é para uma corrida de 100 metros. Nesse sentido, todas as propriedades que fazem parte do sistema precisam ser treinadas de acordo com o seu nível de importância, porém, mesmo que haja uma hierarquia segundo a exigência do desempenho esportivo, isso não significa que a propriedade não seja determinante: em um momento somente algumas delas podem ser importantes, e, em outro, todas em conjunto. Como exemplo, cita-se um jogador de futebol (atacante), com excelente técnica e tática, mas demasiadamente ansioso e que não possui um acompanhamento psicológico.

No campeonato que sua equipe disputou, o primeiro jogo foi contra uma equipe fraca e sua ansiedade não interferiu negativamente em seu desempenho, logo, sua atuação foi perfeita. Entretanto, nas finais, a equipe adversária era do mesmo nível que a sua e, quando o jogo foi chegando aos momentos decisivos, não conseguiu finalizar corretamente uma bola, já que a ansiedade interferiu negativamente em seu desempenho (a técnica e a tática não deixaram de ser determinantes, mas foram influenciadas negativamente pelo excesso de ansiedade). Seu desempenho foi inconstante porque, em alguns momentos, sua atuação foi perfeita, e, em outros, ruim. O ideal é que nenhuma propriedade, determinante para a modalidade esportiva, deixe de ser priorizada. Caso contrário, o efeito do treinamento será minimizado pelas propriedades que não foram enfatizadas e, consequentemente, o desempenho do atleta será prejudicado pela perda do equilíbrio do sistema.

Para finalizar a análise do desempenho esportivo é necessário compreender que a treinabilidade de suas propriedades, durante a ontogênese humana, não é a mesma (tempo). No que se refere ao metabolismo, por exemplo, a via anaeróbia láctica, em razão de sua relação com a maturação sexual, deve ser enfatizada durante a adolescência e a fase adulta (ver capítulo sobre sistema endócrino, fisiologia e Ratel, Duché e Williams, 2006). Já a via aeróbia e a anaeróbia aláctica podem ser treinadas desde a infância, pois em termos relativos, as crianças são parecidas com adultos nessas duas vias (ver capítulo sobre fisiologia, nutrição em Ratel, Duché e Williams, 2006). No que se refere à coordenação motora, se durante a infância a criança não tiver estímulos variados (para que seu desenvolvimento motor seja eficaz), nas próximas fases de desenvolvimento, ela pode ter problemas para assimilar algumas habilidades motoras inerentes a uma modalidade esportiva específica (ver capítulo sobre crescimento e desenvolvimento). Com relação ao adulto, mesmo que essa fase seja considerada o ápice e a mais estável do desenvolvimento biológico, fazer que um atleta salte mais, ou que diminua o seu nível de ansiedade, requer um planejamento, porque a resposta ao treino de salto e da ansiedade não é similar: ele pode melhorar a altura do salto com alguns dias de treino, mas demorar meses para melhorar o nível de ansiedade. Além disso, depois de algumas semanas de estímulo (especificamente para atletas adultos), algumas propriedades podem estabilizar e até decair, como é o caso da força (Badillo e Ayestarán, 2001). Por isso, o planejamento deve ser diferenciado para cada uma delas.

Em resumo, antes que o treinamento seja iniciado, é fundamental entender quais são as características do desempenho esportivo e como elas funcionam:

a) Sobre a interação das propriedades: se o desempenho esportivo não for analisado e treinado como um sistema com interações, o acaso será seu principal agente. No entanto, como já aludido na introdução, o alicerce teórico do treinamento esportivo contemporâneo é fragmentado e especializado, ou seja, a ciência ainda não é capaz de oferecer subsídios para uma prática tão complexa. O que se espera no futuro é que uma nova geração de pesquisadores infira que o horizonte de uma área aplicada e ampla como a Educação Física está na compreensão do caos que envolve as relações das propriedades, e não no entendimento da função isolada de algumas delas.

b) Sobre as questões de espaço e tempo: é preciso analisar cada modalidade esportiva para que seja possível verificar quais são suas características determinantes e, em razão das diferentes fases de crescimento, maturação e desenvolvimento humano e das diferentes possibilidades e objetivos do treino em cada fase, torna-se mister fazer um planejamento em curto ou médio prazo para adultos e em longo prazo para crianças e adolescentes.[2]

Tendo em vista as inferências sobre as questões de espaço e de tempo, serão apresentadas, em sequência, as formas de se analisar uma modalidade esportiva e de se elaborar um planejamento em curto, médio e longo prazo.

Bases para Análise de Modalidades Esportivas

Cada modalidade esportiva precisa ser analisada separadamente para que sejam encontrados parâmetros práticos e teóricos. Apesar de ser desconsiderado, na maior parte dos estudos, o conhecimento sobre a forma em que a prática está alicerçada faz que sejam elaboradas estratégias de atuação levando-se em conta as dificuldades de campo.

Antes de iniciar o treinamento esportivo, o profissional deve entender como funciona a "cultura esportiva" que envolve as diferentes modalidades esportivas.

Será possível identificar muitos dogmas e mitos que terão que ser levados em consideração, pois já fazem parte do contexto esportivo há muito tempo: velocistas na natação treinam mais a resistência aeróbia do que a anaeróbia; pugilistas correm com plástico embaixo da camisa; atletas de voleibol treinam em dia de jogo; corredores de fundo não realizam treino de força (com pesos); o goleiro, no futebol, faz mais

---

[2] O crescimento inclui aspectos biológicos quantitativos (dimensionais), onde ocorrem hipertrofia e hiperplasia celulares. A maturação pode ser definida como um fenômeno biológico qualitativo, relacionando-se com o amadurecimento das funções de diferentes órgãos e sistemas. Já o desenvolvimento é entendido como a interação das características biológicas individuais (crescimento e maturação) com o meio ambiente ao qual o sujeito é exposto durante a vida (ver capítulo sobre crescimento e desenvolvimento).

treino de resistência do que de velocidade etc. Não obstante, o atleta adulto (ídolo), costuma ser referência para os praticantes mais jovens, isto é, aos poucos, estes assimilam as tradições que são passadas de geração para geração de ex-atletas. Deste modo, os profissionais que atuam na prática esportiva se deparam com três situações diferentes: ou tornam-se coniventes com as "culturas esportivas", ou se enganam quanto à efetividade de seu trabalho (o que eles aplicam nas seções de treino é muito diferente do que eles estudaram), ou são infelizes por causa da consciência de que têm da primeira e da segunda situação. Poucos conseguem aplicar o ideal teórico do treinamento esportivo; a maioria ministra o que é possível.

Em virtude desse quadro, o ideal é que se faça a inclusão de novos conceitos paulatinamente e, na medida em que eles forem aceitos e assimilados, outros poderão ser acrescidos. Alterações drásticas não darão certo, já que contestarão a "cultura esportiva" de cada modalidade, que pode ser centenária e, às vezes, milenar. Além disso, é importante não se focar apenas em uma faixa etária, mas entender que essas tradições equivocadas devem ser modificadas em todas as faixas etárias simultaneamente. Ações isoladas serão dissimuladas, pois as tradições são resultado de um processo que envolve crianças, adolescentes e adultos.

De qualquer forma, é fundamental que haja a participação de profissionais que possam transitar nos dois lados, para que sirvam de ponte entre o abismo da teoria e da prática esportiva. No futuro, a expectativa é que essa distância seja diminuída: e que os teóricos passem a elaborar um conteúdo científico que contemple a complexidade da prática e os profissionais que atuam em campo, atualizem e aprimorem seu conhecimento constantemente.[3]

Até lá, depois de se entender quais são as características da prática esportiva, é necessário fazer algumas análises sobre as habilidades motoras, a cognição, a tática, as capacidades motoras e as avaliações para que o treinamento seja ministrado com qualidade.

---

[3] Esse assunto é muito importante, mas demanda uma longa discussão, que ficará para futura obra deste autor (Teoria ou prática em Educação Física: a que mundo você pertence? no prelo).

Habilidades Motoras, Cognição e Tática

Modalidades esportivas como o tênis, o voleibol, o basquete, o futebol de campo e o de salão, o handebol, as lutas em geral, entre outras, são caracterizadas pela execução de habilidades abertas, efetuadas de diferentes formas em um ambiente mais instável: o jogador de handebol pode realizar diversos tipos de arremesso para fazer um gol. Já a natação (em piscina), a maior parte das provas de atletismo, o ciclismo (*in door*), entre outras, são caracterizadas pela execução de habilidades fechadas, efetuadas da mesma forma em um ambiente mais estável: o atleta que nada 100 metros peito, realiza um único nado, sempre da mesma maneira.

As habilidades fechadas são determinadas essencialmente pela qualidade e eficiência da execução (finalidade motora). Já para as habilidades abertas, além da finalidade motora, é preciso considerar, também, a finalidade cognitiva, determinada pela seleção de diferentes habilidades motoras em situações específicas durante a competição (não existe apenas uma opção como é peculiar nas fechadas).

Para todas as modalidades esportivas com habilidades abertas e para algumas com habilidades fechadas (como a maratona) é preciso elaborar um plano tático, que refere-se à relação do sistema ofensivo e defensivo de uma equipe com os da equipe adversária ou à relação das caracaterísticas esportivas de um atleta com as de seu(s) adversário(s), pois algumas modalidades esportivas não possuem sistema ofensivo e ou defensivo.

Resumidamente, para que a técnica, a tática e a cognição sejam aperfeiçoadas, é imprescindível:

- identificar todas as habilidades motoras inerentes à modalidade esportiva (e as variações para as habilidades abertas);
- no caso das habilidades fechadas, realizar uma análise biomecânica para que sejam identificados os padrões motores: os músculos, ou grupos musculares utilizados na execução do gesto esportivo (eletromiografia) e a forma com que realizam o movimento (cinemetria);[4]

---

[4] A biomecânica e a aprendizagem motora buscam entender os padrões motores para as diversas modalidades esportivas. Acredita-se que existe um padrão motor ideal e distintos estilos entre os atletas, que advêm dos diferentes biótipos e da herança genética.

- no caso das habilidades abertas, além da análise biomecânica, que será mais complexa, pois o número de habilidades executadas é muito maior do que nas fechadas, é necessário, ainda, identificar todas as escolhas que o atleta deve fazer para resolver os problemas motores (cognição — específica para o esporte);[5]
- identificar o melhor sistema tático que se adapte à sua equipe contra as equipes adversárias (ou aos adversários, no caso de esportes individuais).

Esses quatro parâmetros devem ser obtidos por meio de atletas adultos que praticam o esporte de alto nível (*expert*) pois, como já passaram por todo o processo de treinamento e estão no ápice de sua forma esportiva, eles servem de referência. No entanto, é preciso ter cautela, pois, dificilmente, um único atleta será excelente em tudo; absoluto (mesmo que seja campeão, que bata recordes). Na maior parte dos casos um atleta possui alguns gestos esportivos excelentes, alguns medianos e alguns ruins; outro, é excelente taticamente, mas limitado tecnicamente, ou ainda, é possível encontrar aquele que é bom tecnicamente, mas que possui limitações cognitivas. O que é excelente em tudo, é exceção (ver capítulo sobre talento esportivo e fenômeno da compensação). Por isso, é permissível que essas referências sejam provenientes da união das características de diferentes atletas.

Os parâmetros de excelência advêm dos *experts*, mas como preparar os jovens praticantes para alcançarem esse nível? No que tange às habilidades motoras é necessário identificar as fases de desenvolvimento motor e as prioridades de cada uma delas (Gallahue, 2001). Na *fase fundamental* (entre 2 e 7 anos de idade), devem ser desenvolvidas as habilidades motoras básicas, a parte sensorial (para o esporte, sobretudo, a visão, o tato e a audição) e as chamadas capacidades coordenativas (lateralidade, imagem corporal, equilíbrio, coordenação óculo pé e óculo mão, entre outras). No inicio da *fase especializada* (entre 7 e 10 anos de idade), as habilidades motoras básicas devem ser combinadas para a composição de movimentos mais complexos; quando diferentes modalidades esportivas devem ser utilizadas para esse propósito (sem que haja a especialização precoce e a necessidade de movimentos refina-

---

[5] Problema motor refere-se às atividades que exigem adaptação da habilidade motora na busca da solução para uma situação específica e que está associado diretamente à cognição específica para o esporte.

dos — ver capítulo sobre capacidades motoras). Em seguida, ainda na *fase especializada* (entre 11 e 13 anos de idade), o praticante começa a se aperfeiçoar em uma modalidade esportiva, quando a prioridade passa a ser o emprego de um padrão motor (procedente da análise biomecânica, realizada em adultos que atuam no alto nível).

Durante a *fase especializada,* quando uma modalidade específica passa a ser prioridade, além de considerar o padrão motor, o profissional precisa elaborar uma sequência pedagógica adequada: iniciar-se pelas habilidades mais fáceis, avançar para as mais difíceis e, no caso das abertas, são incluídas, paulatinamente, todas as variações possíveis de acordo com o nível de dificuldade da habilidade e do acervo motor do praticante. Exemplo: bandeja no basquete. Primeiro o praticante precisa saber driblar, fazer as passadas, saltar e, por fim, arremessar. Depois, ele aprende a bandeja pelo centro, pela direita e pela esquerda, considerado básico no basquete. A partir dessa etapa de aprendizagem, é possível incluir diferentes tipos de saltos e giros, troca de mãos durante o salto, fintas etc., para que o praticante vá agregando todas as variações dessa habilidade ao seu repertório motor e, assim, possa resolver os problemas motores com mais facilidade.

A didática que deve ser utilizada para o desenvolvimento correto das habilidades motoras básicas e dos fatores sensório-motores pode ser encontrada, respectivamente, em Gallahue (2001) e Elliott e Mester (2000). Para as capacidades coordenativas, ver capítulo sobre as capacidades motoras. Já para as habilidades motoras específicas, além do padrão motor e da sequência pedagógica, devem ser considerados, em conjunto, os estágios de aprendizagem motora e os fatores que influenciam a aquisição de habilidades motoras. De acordo com Gallahue (2001), os estágios de aprendizagem motora são:

- Cognitivo: caracterizado por uma grande quantidade de erros, quando a cada tentativa o profissional precisa gerar novamente as informações.
- Associativo: caracterizado por erros menos grosseiros, quando o praticante já tem condições de detectar o erro e fazer certos ajustes, mas quando o profissional ainda deve gerar informações porque essa é a fase de refinamento.
- Autônomo: a habilidade torna-se automática e o praticante já possui condições de realizar mais do que uma tarefa ao mesmo tempo.

E, os fatores que influenciam a aquisição de habilidades motoras são:

- Estabelecimento de metas: o profissional analisa a qualidade das habilidades motoras dos praticantes e estabelece as metas que devem ser alcançadas por cada um deles em curto, médio e longo prazo (Locke e Latham, 1985).
- Instrução verbal: são frases curtas e objetivas que direcionam a atenção do atleta para um estímulo relevante da tarefa ou advertem quanto aos elementos fundamentais do padrão de movimento (Landin, 1994).
- Instrução visual: são demonstrações visuais de modelos do movimento para o praticante executar depois (Gould e Roberts, 1982).
- *Feedback*: são informações passadas ao praticante quanto ao erro ou acerto na execução da habilidade motora (conhecimento de resultado) ou quanto à qualidade de execução (conhecimento de *performance*) – (Magill, 1994; Schmidt e Young, 1991).
- Interferência contextual: é a efetividade da prática variada ou da prática constante (ver capítulo sobre aprendizagem motora em Corrêa e Pellegrini, 1996).
- Treino analítico ou global: quando uma habilidade motora é treinada em partes ou como um todo, respectivamente (Añó, 1997).

Durante o início da fase motora especializada as diferentes modalidades esportivas são utilizadas para que o praticante aumente o seu acervo motor e para que ele desperte o interesse pela prática esportiva. Não é preciso elaborar um treino sistematizado, mas diferentes tipos de dinâmica, pois não existe o compromisso com a perfeição motora (jogos reduzidos, pré-desportivos e cooperativos — ver capítulo sobre jogos no processo de aprendizagem). Assim que o praticante passar a praticar um esporte de maneira sistematizada, alguns procedimentos devem ser adotados. O profissional precisa fazer uma avaliação da qualidade da habilidade motora, tendo em vista o padrão motor e do estágio de aprendizagem em que o praticante está. Em razão dessa avaliação, devem ser elaboradas as metas em curto, médio e longo prazo e identificada a forma mais adequada de treinamento da habilidade motora: analítico ou global e bloco ou randômico (ver capítulo sobre aprendizagem motora, Silva,

Desempenho Esportivo:
Treinamento com crianças e adolescentes

2004 e Añó, 1997). Durante o treino o profissional deve dar o *feedback* (resultado ou *performance*) para o praticante, por meio de dicas verbais e/ou visuais (para melhor compreensão da aprendizagem motora de maneira geral. Schmidt, 1993).

É imprescindível elucidar que se as habilidades motoras básicas, os fatores sensório-motores e as habilidades motoras específicas (seu início), não forem trabalhados em suas respectivas fases e da maneira adequada, dificilmente será possível formar um atleta de alto nível, pois acredita-se que a etapa final (aprendizagem dos gestos esportivos específicos), é dependente diretamente da qualidade dos processos anteriores. Outro fator importante, cuja prática esportiva tem demonstrado, é que, se uma habilidade motora for estimulada da maneira errada por muito tempo, dificilmente será alterada pelo treinamento, sobretudo, quando o atleta já é adulto.[6] Sendo assim, o profissional que atua na iniciação esportiva tem papel determinante no processo de formação de atletas e/ou indivíduos normais que possuam uma boa qualidade motora.

Como aludido nas discussões sobre as habilidades motoras, no caso das abertas, é preciso considerar-se, também, a cognição específica para o esporte, que, segundo Silva (2004), pode ser treinada de três maneiras:

- Instintiva: o praticante aprende por meio das dificuldades do jogo por si próprio.
- Mando direto: o profissional ensina ao praticante, de maneira sistematizada, quais as decisões a serem tomadas diante dos problemas motores.
- Construtivista: o profissional proporciona diferentes situações durante o treino para que o praticante tome as decisões adequadas e, ao mesmo tempo, vá criando autonomia para a solução de futuros problemas motores.

Na primeira forma de treino (instintiva) não existe a atuação (interferência) de um profissional. Os praticantes que possuem geneticamente uma boa cognição

---

[6] O técnico costuma treinar de forma analítica ou controlar o ambiente para que a execução da habilidade motora seja mais fácil. Por exemplo, faz que o praticante execute um arremesso do basquete estilo *jump* sem salto (analítico) e sem um oponente marcando-o (ambiente controlado). Nestes momentos, a habilidade motora é executada da forma correta. No entanto, quando o atleta é colocado na situação real, arremesso com salto e com um oponente marcando-o, o erro aparece da mesma forma.

aprenderão a solucionar diversos problemas motores por conta própria, por meio das dificuldades encontradas durante o treino e/ou competição. Já aqueles que não possuem, provavelmente, se tornarão limitados. Todavia, se houver a participação efetiva de um profissional, como é o caso dos outros dois tipos de treino, certamente, sua cognição poderá ser melhorada (Silva, 2004).

No mando direto, todas as informações são passadas ao praticante para que ele resolva os problemas motores. Esse tipo de treino é mais efetivo que o anterior, pois conta com a interferência de um profissional. No entanto, apresenta uma limitação importante: o praticante pode tornar-se dependente. Essa restrição será maléfica quando, por exemplo, o tempo disponível para as instruções durante a competição for curto demais e/ou quando a distância física não permitir que qualquer informação seja passada. Em algumas modalidades esportivas, como o tênis de campo, o problema pode se agravar, pois é vedada a participação do profissional durante a competição. Nesses eventos, independente da tática previamente elaborada, é imprescindível que o atleta tenha autonomia cognitiva para se adaptar rapidamente às situações que fogem do plano tático adotado e, para tal, o próximo tipo de treino é o mais adequado.

Por meio do treino construtivista, o profissional elaborará dificuldades para que os praticantes encontrem, por si próprios, as soluções mais adequadas em cada situação específica da competição. A diferença para o método anterior é que neste o profissional não passará as instruções para a resolução dos problemas motores, ele permitirá que o praticante encontre as soluções mais adequadas por meio de algumas pistas. Quanto maior for o estímulo do pensar, refletir, maior será a autonomia cognitiva dos praticantes e, assim, se tornarão mais perspicazes frente às dificuldades técnicas e táticas durante a competição. Exemplo: um técnico de handebol divide seus praticantes em dois grupos, um vai atacar e o outro defender. Ele combinará com quem vai defender que a cada sinal específico, feito por dele, a defesa deixará uma determinada região desguarnecida. Para o grupo do ataque, simplesmente elucidará que existirão locais na defesa que serão mais fáceis de infiltrar para se fazer o arremesso ao gol. Ao invés de a todo o momento falar onde é o melhor local para se infiltrar, como é comum no mando direto, o técnico apenas dará pistas anteriores, para que o grupo do ataque encontre, durante a execução do exercício, os locais mais desguarnecidos e arremesse a bola ao gol.

A cognição deve ser treinada de maneira teória e prática. De acordo com Silva (2004), alguns dos instrumentos teóricos que podem ser utilizados são: questionários sobre regras; questionários para a solução de problemas motores; questionários táticos; análise de vídeo de diferentes equipes (adversários); análise de vídeo para a solução de problemas motores; e análise estatística (*scout* técnico e tático). O objetivo desses instrumentos é aumentar o conhecimento de jogo do praticante, mas é preciso aplicá-los em situações reais também, para que sejam trasferidos para as ações motoras. Exemplo: um técnico de voleibol analisa as imagens de vídeo e apresenta vários problemas motores referentes ao bloqueio da equipe adversária, para que seus altletas indiquem quais são as melhores possibilidades de ataque. Assim que acabar essa discussão, todos vão para a quadra e o técnico elabora o treino da seguinte forma: dois atletas ficam no bloqueio (na posição 2), um levanta (na posição 2 ½ do lado oposto dos bloqueadores) e uma fila será formada na posição 4 para a execução do ataque (do mesmo lado do levantador). O técnico será responsável em dar o sinal para os bloqueadores (sem que os atacantes vejam), para que seja deixado um espaço, ou na paralela, ou na diagonal, ou no meio do bloqueio. O objetivo dos atacantes é verificar onde está a melhor possibilidade (durante o salto para o ataque, por meio da visão periférica) e atacar a bola naquela posição.

Se não houver a relação entre o aspecto teórico e o prático, dificilmente o praticante melhorará sua cognição nas tentativas de resolver os problemas motores. Um outro adendo importante é que o acervo motor deve ser condizente com a cognição, caso contrário, o praticante pode perceber qual a melhor opção para uma situação específica, mas não possuir a habilidade motora para executar a tarefa. Sendo assim, fica evidente que existe uma relação indissociável entre as habilidades motoras e a cognição.

A forma de treino adotada pelo profissional é um de seus diferencias, mas além de escolher o método e os intrumentos adequados, ele precisa estudar detalhadamente a modalidade esportiva no alto nível, para identificar os problemas motores inerentes a ela. Ademais, no que se refere à iniciação esportiva, é necessário conhecer os estágios do desenvolvimento cognitivo (geral) que a criança ou o adolescente estão, pois eles responderão ao treinamento de acordo com suas possibilidades cognitivas (para melhor compreensão ver capítulos sobre psicologia e educação). Em outras palavras, assim como para as habilidades motoras, é preciso elaborar um processo pedagógico: relacionar o estágio de desenvolvimento cognitivo da criança com os problemas motores da modalidade esportiva e começar com situações mais fáceis para avançar às mais difíceis.

A cognição tem sido alvo de muitas indagações: qual a relação que existe entre a inteligência de maneira geral e a cognição específica para o esporte? Será que o atleta teria uma cognição melhor na competição se ele tivesse estudado a vida toda e se graduado em alguma área do conhecimento? As respostas para essas perguntas ainda não são esclarecedoras (estão associadas ao estudo das inteligências múltiplas), mas, independente das inferências que a ciência tem se preocupado em fazer, o método e os instrumentos empregados pelo profissional e a extensão de seu conhecimento sobre os problemas motores e sobre o desenvolvimento cognitivo de crianças e adolescentes podem auxiliar o praticante a desenvolver e aprimorar o seu nível cognitivo específico para o esporte.

As habilidades motoras e a cognição, na maior parte das modalidades esportivas, estão associadas à tática, porque a função do treino tático é melhorar a compreensão e a execução dos gestos esportivos em competição, considerando-se o sistema ofensivo e defensivo de sua equipe e da equipe adversária. No caso de esportes individuais, relacionar as características do atleta com as de seus adversários. Consequentemente, é possível inferir que os tipos de treino e os intrumentos utilizados para a cognição servem para aprimorar a tática também, e do mesmo modo, devem ser aplicados de acordo com o nível de desenvolvimento motor e cognitivo dos praticantes.

Quando o treino for direcionado para adultos, é indispensável que o profissional analise e relacione o sistema ofensivo de sua equipe com o defensivo da adversária (e vice-versa), selecione as melhores opções e os treine de forma adequada. No caso de esportes individuais, analise e relacione as características de seu atleta com as dos adversários, selecione as melhores opções e os treine de forma adequada. No entanto, quando o objetivo é o treinamento com crianças e adolescentes, o profissional não deve se preocupar somente com essa relação de viturdes e defeitos, ele precisa desenvolver todos os sistemas táticos inerentes à modalidade esportiva (tanto na teoria quanto na prática), para que o praticante, no futuro, quando se tornar adulto, tenha mais facilidade em se adaptar a qualquer um deles.[7] No caso de modalidades coletivas e algumas individuais como o tênis, as lutas em geral etc., que possuem vários sistemas táticos, é preciso elaborar um processo pedagógico que contemple todos eles e mais uma vez, como deve ser para as habilidades motoras e para a cognição, é preciso começar pelos mais fáceis e avançar para os mais difíceis.[8]

Tudo isso posto, o leitor atento percebeu que tanto no caso das habilidades motoras, quanto da cognição e da tática deve existir um processo pedagógico que só pode ser contemplado se houver um planejamento em longo prazo (será apresentado em periodizações em longo prazo). Porém, para muitos, o caminho é bem simples, basta identificar a forma de treinamento da categoria adulta, tirar 20% e aplicar em crianças e adolescentes. Esse procedimento, além de causar a especialização precoce, que será discutida mais a frente, não contempla uma formação de qualidade. Quando o jovem praticante se tornar um atleta adulto, terá dificuldades de adaptação, pois suas habilidades motoras, sua cognição e tática serão limitadas.

Capacidades Motoras

Associadas às habilidades motoras, à tática e à cognição estão as capacidades motoras. Por exemplo, se um atleta de futsal perder o nível de força ou de resistência durante o treino ou a competição, em razão da fadiga, suas habilidades motoras não terão a mesma precisão, sua cognição será prejudicada e, indiretamente, o plano tático será afetado. Sendo assim, torna-se mister analisar as capacidades motoras que são importantes para cada modalidade esportiva e, então, diferenciá-las quanto ao treinamento de adultos e crianças e adolescentes.

As capacidades motoras são: força, resistência, flexibilidade e velocidade. Elas não têm o mesmo nível de importância para as diferentes modalidades espor-

---

[7] Quando a criança estiver vivenciando diferentes modalidades esportivas, deve haver a preocupação de que ela entenda pelo menos o básico, sobre os sistemas táticos de todas as modalidades esportivas.

[8] Para algumas modalidades esportivas como a corrida de 100 metros no atletismo, 50 metros na natação etc. a contribuição da cognição e da tática é muito pequena.

tivas. Para um maratonista, a resistência aeróbia e a resistência de força são determinantes. A velocidade não.[9] A flexibilidade e a força máxima são complementares. Para um jogador de voleibol a força máxima, a resistência de força, a potência, a resistência anaeróbia e a velocidade de reação são determinantes.[10] A resistência aeróbia e a flexibilidade são complementares. Esse exemplo serviu para diferenciar duas modalidades esportivas quanto ao que deve ser enfatizado no treinamento, mas, para que as conceituações sejam aprofundadas, cada capacidade motora será apresentada separadamente.

No que se refere à força, é possível separá-la em hipertrofia, força máxima, potência e resistência de força. A hipertrofia muscular é determinante para um fisioculturista, mas não deveria ser enfatizada para um atleta que faz escalada ou mesmo para um maratonista, pois, para estes dois últimos, o aumento da massa muscular prejudicaria o desempenho esportivo. É necessário, então, conhecer os treinos de força que causam uma menor hipertrofia: muita carga e poucas repetições (até 4) ou pouca carga e muitas repetições (acima de 20) (Badillo e Ayestarán, 2001).

A potência deve ser treinada com cargas altas para um levantador olímpico, porque ele precisa executar a técnica do movimento com a maior carga possível e com velocidade. No entanto, como deveria ser para um atleta de handebol? Com cargas diferenciadas. Para membros superiores, a ênfase deve ser colocada na velocidade do movimento, já que a referência é uma bola que pesa entre 400 e 475 gramas. Sendo assim, sobrecargas que diminuem a velocidade, não devem ser utilizadas (Badillo e Ayestarán, 2001 e Escamilla et al., 2000). Para os membros inferiores, especificamente para o salto, a sobrecarga pode ser maior, já que o movimento é mais lento e a massa a ser movida, é maior (o peso do corpo).

Um jogador de basquete e um nadador de maratona aquática precisam treinar a resistência de força. No entanto, as séries e as repetições serão iguais? Não. A resistência de força deve ser treinada com mais séries e menos repetições para o bas-

---

[9] Se o atleta melhorar a sua velocidade, diminuirá o tempo de prova, mas como essa capacidade teria que ser executada durante muito tempo, a referência para o treino será a resistência e não a velocidade.
[10] A velocidade de reação é uma das capacidades coordenativas. Nesse sentido, seu treinamento é mais efetivo durante a fase motora básica.

quete (esporte intervalado) e mais repetições e menos séries para a maratona aquática (esporte contínuo).[11]

Em resumo, antes que o treino da força seja realizado, é necessário efetuar algumas análises:

- análise biomecânica das habilidades motoras pois, quanto mais específico for o treino com pesos, maior será a transferência para o gesto esportivo (Badillo e Ayestarán, 2001; Carnaval, 2000);
- análise das lesões causadas por determinados tipos de exercícios específicos, para que sejam evitadas ou para que os exercícios sejam adaptados e não causem danos ao aparelho locomotor do atleta (Hall, 2000 e capítulo lesões);
- análise dos tipos de força a serem treinados (hipertrofia, força máxima, resistência de força e potência);
- análise de como elaborar as séries, as repetições e o intervalo de descanso entre as séries;
- análise da curva força tempo e da curva força velocidade, para que sejam adotadas as cargas e a velocidade de execução corretas (Badillo e Ayestarán, 2001; Komi e Hakkinen, 1988).

Todas essas análises estão relacionadas à modalidade esportiva, mas elas devem ser acrescidas dos conceitos teóricos sobre o desenvolvimento da força, uma vez que a qualidade do treinamento é produto da relação desses dois parâmetros (ver capítulo sobre sistema neuromuscular; Badillo e Ayestarán, 2001; Enoka, 2000; Fleck e Kraemer, 1999; Komi e Hakkinen, 1988).

Sobre a resistência, um corredor de 100 metros rasos deve enfatizar o treinamento do sistema anaeróbio aláctico; um maratonista o aeróbio; um jogador de futebol de

---

[11] O intervalo de descanso durante o treinamento é um fator importante para a força. Sobre a resistência de força, quanto menor o intervalo entre as séries (menos de 1 minuto), maior será a participação do metabolismo anaeróbio lático e, como consequência, a sobrecarga vencida irá diminuir de maneira acentuada durante as séries. Se o intervalo for mais longo (acima de 1 minuto), a dependência do sistema anaeróbio lático será menor e a sobrecarga vencida poderá ser mantida durante as séries. Quando o objetivo for o desenvolvimento da força máxima ou da potência, o intervalo entre as séries deve ser longo o suficiente para que haja uma recuperação completa metabólica e neural (de 3 a 5 minutos). Já para a hipertrofia pode haver a pausa parcial (entre 1 minuto e 1 minuto e meio) ou total (de 3 a 5 minutos). Se a pausa for parcial o nível de hipertrofia será maior, já que a contribuição do metabolismo aeróbio láctico é maior (Badillo e Ayestarán, 2001; Fleck e Kraemer, 1999).

salão (linha) precisa estimular as três vias metabólicas, pois ele pode utilizar, predominantemente, qualquer uma das três durante a competição (aeróbio, anaeróbio láctico e anaeróbio aláctico — depende da posição do jogador e do sistema tático).

Para que o(s) sistema(s) metabólico(s) predominante(s) seja(m) identificado(s) é preciso verificar a relação entre a intensidade e a duração dos esforços na execução dos gestos esportivos e a duração das pausas (se houver) durante o descanso. Algumas modalidades esportivas, entretanto, apresentam diferenças quanto às funções táticas e variância quanto à predominância metabólica durante a competição, pois a intensidade e a duração dos esforços e a duração das pausas não são constantes. Deste modo, o treino deve ser realizado individualmente (por posição de jogo ou prova), e deve ser considerada a variação na predominância metabólica durante as competições. Caso contrário, a fadiga metabólica pode ocorrer antes do desejado e as funções técnicas e táticas dos atletas serão comprometidas.

Previamente à prescrição do treino, o profissional deve estudar e entender como funciona cada via metabólica e quais as relações que existem entre elas (Guyton, 1988; Maughan et al., 2000; McArdle et al., 2003; Powers e Howley, 2001). As informações sobre as vias metabólicas, associadas à análise metabólica da modalidade esportiva (posição de jogo ou prova), devem delimitar quantitativamente o treino, para que ele não seja realizado em *deficit* ou em demasia.

Um lutador de judô precisa de boa flexibilidade para aplicar os golpes ou para sair de uma posição de imobilização. Para a ginástica artística a flexibilidade também é determinante. Já para um corredor de 400 metros ela não é decisiva. De qualquer forma, sendo determinante ou não, a flexibilidade não deve ser treinada de maneira geral, já que para praticar uma modalidade esportiva, o atleta tem que executar habilidades motoras específicas.

Além de estar relacionada ao desempenho específico da modalidade esportiva, a flexibilidade pode ter um caráter preventivo e curativo também, já que o encurtamento muscular pode causar lesões. Contudo, o excesso pode ser prejudicial, pois é capaz de promover a hipermobilidade articular e, consequentemente, favorecer a ocorrência de entorses e luxações.

A velocidade pode ser separada e cíclica, quando envolve deslocamentos com a mesma frequência de movimentos e, geralmente, sem mudança de direção e, acíclica, quando a frequência de movimentos não é a mesma e, comumente, ocorre a mudança de direção.[12] Ambas estão relacionadas com os deslocamentos dos atletas. Outra forma de velocidade é a de movimentos, que está associada aos diferentes gestos esportivos. Arremessar uma bola de handebol no gol, atacar uma bola de voleibol, lançar uma bola de beisebol etc. Um último tipo de velocidade é a de reação, que se manifesta por meio da relação entre a parte sensória (geralmente visual e auditiva) e uma contração muscular rápida, como em uma saída na natação e em uma saída na corrida de 100 metros ou na defesa de um goleiro de handebol.[13]

O treinamento da velocidade é um pouco mais complexo, pois envolve a relação de duas ou mais capacidades motoras: na corrida de 100 metros, a velocidade desenvolvida pelo corredor é o produto da relação entre o metabolismo anaeróbio, a contração das fibras musculares (potência) e a coordenação motora. Nesse caso, para que a velocidade seja melhorada, é preciso treinar o sistema anaeróbio, a potência muscular e a coordenação motora.

Todas as considerações sobre as capacidades motoras feitas anteriormente estão relacionadas ao desempenho esportivo de adultos.[14] O profissional que atua com a iniciação esportiva precisa saber quais as diferenças que ocorrem no treinamento de crianças e adolescentes:

a) A força, sobretudo, para o sexo masculino, é mais sensível ao treinamento após a puberdade (ver capítulo sobre capacidades motoras e sistema neuromuscular).

b) A resistência aeróbia e anaeróbia aláctica de crianças e adolescentes, em termos relativos, é muito parecida com a do adulto (pode até ser melhor). Já a resistência anaeróbia aláctica não (ver capítulo sobre fisiologia, sistema endócrino, em Ratel, Duché e Williams, 2006).

---

[12] A velocidade acíclica é conceituada, também, como agilidade.
[13] O treinamento desse tipo de velocidade é mais difícil, pois ela é determinada geneticamente (Elliot e Mester, 2000).
[14] Para melhor entendimento das capacidades motoras e das diversas formas de treinamento, ver Barbanti (1997); Bompa (2004); Manso, Valdivielso e Caballero. (1996b); Martin, Carl e Lehnertz. (2001); Pereira e Souza (2002) e Weineck (1999).

c) A flexibilidade pode ser iniciada desde cedo, já que tendões e músculos são encurtados com o crescimento e com o treinamento esportivo (ver capítulo sobre capacidades motoras).

d) O treino da velocidade deve estar associado, sobretudo, à coordenação motora, já que durante a infância, esse tipo de treino é mais eficiente (ver capítulo sobre capacidades motoras).

e) A parte sensória, importante para a velocidade de reação, também é mais sensível ao treinamento do nascimento até o final da terceira infância (Eckert, 1993; Elliott e Mester, 2000).

Se a força e a resistência anaeróbia láctica não forem o objetivo central do treino de uma criança durante a iniciação esportiva, não haverá prejuízos no futuro, pois ambas são mais sensíveis ao treinamento a partir da adolescência. Contudo, se os aspectos coordenativos e sensoriais não forem enfatizados durante a infância, o praticante pode ter problemas na fase de especialização em uma modalidade esportiva, porque, além de serem a base do desenvolvimento das habilidades motoras, esses aspectos não são reversíveis como são a força e a resistência anaeróbia láctica[15] (ver também capítulo sobre capacidades motoras).

Conclui-se, então, que o treinamento das capacidades motoras deve ser elaborado em longo prazo, isto é, cada etapa possui características particulares que devem ser respeitadas. O profissional pode desconsiderar esse planejamento e dar importância somente à competição, que não exige, necessariamente, o que é importante para a formação geral do praticante. Por exemplo: enfatize o treino da força e da resistência anaeróbia aláctica para que o praticante melhore o despenho específico de uma determinada modalidade esportiva e coloque em segundo plano os aspectos coordenativos e sensoriais, que não apresentam, necessariamente, efeitos específicos e imediatos. Esse profissional ganhará várias competições nas categorias de base, mas no futuro, certamente, os praticantes que passaram pelas suas mãos, poderão apresentar limitações irreversíveis e, com isso, se alcançarem o alto nível, não serão completos.

---

[15] O sistema nervoso central se matura por volta dos nove anos de idade, por isso que a infância é o período latente para o treino dos aspectos coordenativos e sensório-motores.

Avaliações

O escopo da avaliação é apontar as características antropométricas, físicas, técnicas, cognitivas e táticas dos atletas para que o treino possa ser aplicado individualmente, todavia, antes que os testes sejam realizados e que o treinamento seja iniciado, é preciso que o atleta passe por uma série de exames médicos e laboratoriais, que comprovem que ele está apto a praticar esporte.[16] Os exames podem ser estendidos, também, a um médico ortopedista ou a um fisioterapeuta, que analisará o estado das articulações e dos músculos, para que algum tipo de lesão do aparelho locomotor seja evitada ou tratada. Em hipótese alguma o trabalho deve ser iniciado sem que um laudo seja emitido por um médico e um fisioterapeuta que conheçam as características do esporte.

Assim que o individuo for liberado pela área médica, o profissional da área de educação física deve aplicar uma anamnese esportiva que contenha os seguintes itens:

a) questão sobre os tipos de treino que o atleta já realizou, para que seja possível conhecer seu passado esportivo e saber quais as adaptações que precisarão ser feitas para o treino atual;
b) questão sobre as avaliações antropométricas e físicas que o atleta já fez no passado para que os resultados sirvam de parâmetro de comparação com os que serão feitos pelo avaliador atual;
c) outras perguntas específicas a cada modalidade esportiva poderão ser acrescidas à anamnese e deverão ser aplicadas antes do início do treino.

Assim que essas duas etapas forem cumpridas (exame médico e anamnese esportiva), os testes podem ser aplicados. Entretanto, qual o critério utilizado para escolhê-los? Seguindo a ideia da navalha de Ockham — "a hipótese aceita deve ser a mais simples das hipóteses que explicam um dado fenômeno" (Wynn e Wiggins, 2002) — a validade do teste (determinação do grau em que um teste mede o que se propõem a medir) e, sobretudo, a validade ecológica (determinação do grau em que

---

[16] Exemplo de exames médicos: eletrocardiograma em repouso e durante o esforço e frequência cardíaca em repouso, dos limiares e se possível, a máxima. Exemplo de exames laboratoriais: fezes, urina e sangue.

um teste mede o que se propõem a medir em condições próximas da realidade) são critérios essenciais para que os testes sejam transferidos futuramente ao treino dos atletas (Thomas e Nelson, 1995). Em outras palavras, um teste deve ser escolhido tendo em vista a sua comprovação científica e sua aplicação específica na elaboração dos treinos da modalidade esportiva.

Munido dos resultados dos testes, o profissional terá que realizar a avaliação, que se refere à comparação dos escores dos testes com os resultados do próprio indivíduo em um determinado período de sua carreira ou com valores referenciais de uma população específica (Norton e Olds, 1996; Safrit, 1995). Os resultados podem ser comparados em seus valores reais ou por meio de escores estandarizados — z ou t escore, desvio-padrão, percentual etc. (Hair et al.,1995; Mathews, 1980; Pereira, 2001).

Por meio dos resultados dos exames médicos e dos laboratoriais, da anamnese esportiva e da avaliação antropométrica e de aptidão física, e acrescido dos subsídios sobre as condições técnicas, cognitivas e táticas dos atletas, que devem ser fornecidas pelo técnico, dois itens deverão ser ordenados:

a) as restrições físicas, elaboradas pelas avaliações médicas, fisioterápicas e laboratoriais;
b) as deficiências a serem melhoradas e as virtudes a serem mantidas ou aperfeiçoadas, elaboradas pela anamnese esportiva e pelas avaliações antropométricas, físicas, técnicas, cognitivas e táticas.

As informações contidas nesses dois itens permitirão que o treinamento seja realizado individualmente, com qualidade e que seja feito um acompanhamento da evolução de cada etapa durante a execução de uma periodização.[17]

No que se refere a crianças e adolescentes, antes que o treino seja iniciado, é preciso, também, que eles passem por uma bateria de exames médicos e laboratoriais que comprovem que seu estado de saúde lhes permite praticar esporte. Já a avaliação ortopédica, sobretudo, na criança, pode ser mais eficaz do que no adulto. O diag-

---

[17] Outras áreas, como a psicologia, devem realizar suas avaliações também para que se tenha todos os subsídios possíveis em relação ao atleta.

nóstico precoce de um problema postural ou de tendências a um determinado tipo de lesão pode fazer que um trabalho preventivo melhore definitivamente o quadro, o que, dependendo do problema, seria quase impossível em um adulto e mais difícil no adolescente. A anamnese esportiva só terá que ser aplicada caso o praticante já tenha um passado esportivo.

De acordo com as concepções teóricas sobre a avaliação para adultos é possível inferir que seu objetivo é apontar as condições das características antropométricas, físicas, técnicas, cognitivas e táticas dos atletas para que, por meio do treinamento ideal, o desempenho esportivo individual seja melhorado. Para crianças e adolescentes, o escopo deve ser o acompanhamento do processo de crescimento, maturação e desenvolvimento, porque durante essa etapa da ontogênese, é possível verificar diferença de até 3 anos entre a idade cronológica e a biológica (Añó, 1997). A principal consequência dessa diferença é que o praticante poderá ser adiantado ou atrasado biologicamente e não corresponder ao desempenho de seus pares. O técnico pensará que o praticante está acima do nível do grupo quando está apenas adiantado biologicamente (no futuro, seu desempenho poderá ser igual ou abaixo de seus pares), ou que ele está abaixo do nível do grupo, quando está apenas atrasado biologicamente (no futuro, poderá apresentar um desempenho igual ou superior ao dos atletas que eram acima da média no passado).

A forma de verificar essa diferença é aplicar a avaliação da maturação biológica, que pode ser encontrada no capítulo sobre crescimento e desenvolvimento. Sua utilização é de suma importância, pois permite ao profissional acompanhar a idade biológica do praticante e não a cronológica. No entanto, mesmo que a avaliação da maturação biológica seja empregada, os testes não devem servir, necessariamente, de parâmetro do desempenho do praticante, porque ainda existe outro fator limitante: alguns praticantes são mais sensíveis ao treinamento que outros e essa sensibilidade pode ser, ainda, precoce ou tardia (Matsudo, 1999). Ademais, essa sensibilidade é determinada geneticamente e não é passível de ser avaliada. O capítulo sobre talento esportivo dissertará mais sobre esse assunto.

Conclui-se, então, que no caso de crianças e adolescentes as avaliações não são capazes de fornecer um diagnóstico preciso, apenas servirão de parâmetro de acompanhamento do processo de treinamento em logo prazo.

O monitoramento do crescimento, da maturação e do desenvolvimento, por meio da identificação da idade biológica e das avaliações é imprescindível para a formação de um futuro atleta porque permite ao profissional ser mais cauteloso em suas inferências quanto ao desempenho esportivo de seus jovens praticantes. Portanto, os capítulos sobre crescimento e desenvolvimento, avaliação cineantropométrica e análise estatística apresentarão conceitos que permitam ao profissional acompanhar, de maneira satisfatória, o processo de treinamento com crianças e adolescentes.

Se as considerações feitas sobre a avaliação não forem adotadas, independente da faixa etária, não vale a pena perder tempo aplicando testes. Serão apenas resultados que não traduzem o legítimo estado da característica ou dados perdidos em um pedaço de papel que significam somente resultados de testes e não a avaliação propriamente dita, ou seja, a emissão do julgamento a respeito da medida obtida. Além disso, não se deve avaliar só para dizer que avaliou ou para que conste em um relatório, os objetivos precisam estar bem claros para quem pretende avaliar.[18]

Para finalizar as discussões sobre avaliação, existe uma tendência na literatura que utiliza avaliações específicas para que sejam elaborados valores referenciais e futuro prognóstico do talento esportivo. Os referenciais de desempenho fundamentam-se nas características que o atleta deve possuir para obter um alto desempenho no esporte considerável. As características são determinadas por fatores antropométricos, físicos, sociais, psicológicos e genéticos (Hebbelinck, 1989; Régnier, Salmela e Russell, 1993).

Hebbelinck (1989) e Weineck (1991) afirmam que os critérios devem relacionar o desempenho esportivo e a idade biológica do atleta. Um perfil, então, seria formado, levando-se em consideração a modalidade esportiva, o nível de desempenho desejado e a idade biológica.

Com a elaboração de um critério, o objetivo seguinte passa a ser o prognóstico do talento esportivo, que pode ser entendido como a previsão do maior desempenho individual possível, embasada em critérios antropométricos, físicos, sociais, psicológicos e genéticos e na evolução biológica do ser humano (Matsudo, 1999). Todavia, os

---

[18] As considerações feitas sobre a avaliação são reflexões que o estado da ciência atual permite fazer, porque, se as ideias de interação fizessem parte do status científico contemporâneo, as questões a cerca dos resultados seriam o quanto uma variável influencia a outra em um determinado resultado. Esse procedimento é o que se espera no futuro, quando as pesquisas encontrarão o seu horizonte nas relações das variáveis.

referenciais encontrados na literatura apresentam uma série de limitações: são elaborados, essencialmente, na categoria adulta, por meio, basicamente, de características antropométricas e de aptidão física e poucos consideram a idade biológica. As pessoas que brincam de ser Deus e acreditam que podem identificar precocemente, por meio de um número limitado de características, as crianças que alcançarão o alto nível, estão alicerçadas em países que utilizam baterias de testes para selecionar crianças talentosas precocemente.[19] A título de exemplo, são selecionadas 20 mil crianças, por meio de baterias de testes antropométricos e de aptidão física, com características esportivas acima da população geral. Aproximadamente 2 mil chegam até os clubes formadores para, no máximo 2 se tornarem atletas de alto nível (processo chamado por Bouchard, Malina e Pérusse, 1997 de pirâmide esportiva). Na verdade, não existe precisão alguma porque a mortalidade (perda dos praticantes durante o processo) é muito grande. Esse processo que, da quantidade sai a qualidade, poderia até ser chamado, por que não, de *seleção natural* de Darwin.

O talento esportivo é um tema de suma importância para quem atua com o treinamento de crianças e adolescentes, assim, será explanado detalhadamente nos capítulos sobre talento esportivo e fenômeno da compensação.

Periodização Esportiva

Fazer uma periodização esportiva significa programar o treinamento com antecedência para que o atleta alcance seu melhor desempenho nos momentos desejados. A ideia de se elaborar um programa de treinamento sistematizado com fins específicos advém da Grécia. Como se sabe, os gregos foram os protagonistas dos Jogos Olímpicos, que eram disputados em Olímpia a cada quatro anos em homenagem a Júpiter. Durante 12 séculos foram realizados 293 Jogos Olímpicos, que eram assistidos pelos escravos, mas vetados às mulheres. Os Jogos Olímpicos gregos possuíam

---

[19] Que todos os maremotos, furacões e tornados possam ser previstos como são os talentos esportivos. Afinal, a meteorologia e a sismologia, ciências tão exatas, admitem a existência do caos determinístico, e não conseguem ser tão precisas em um espaço de tempo bem menor. Aproximadamente dez horas não foram suficientes para as vítimas do Maremoto Tsunami — Dezembro de 2004.

regras rígidas e os vencedores recebiam como prêmio uma coroa de ramos, isenção de impostos, escravos e pensões. Já nessa época, os atletas possuíam uma preparação para a competição como o aquecimento, o trabalho com pesos, as dietas e as massagens (Tubino, 1987; 1999). Porém, o que é conhecido hoje como periodização esportiva, teve seu início no século XX.

De acordo com Manso, Valdivielso e Caballero (1996a), a periodização esportiva pode ser dividida em três fases: *precursores* (até 1950), *tradicionais* (entre 1950 e 1970) e *contemporâneos* (de 1970 até os dias de hoje). Vários autores compõem cada uma dessas fases e serão apresentados da seguinte forma: os que elaboraram periodizações em curto prazo ou médio prazo e os que elaboraram periodizações em longo prazo.

Periodização Esportiva em Curto ou Médio Prazo

As periodizações elaboradas em curto ou médio prazo são específicas para adultos porque objetivam resultados imediatos e calendários esportivos repletos de competições.[20] Os principais autores que elaboraram esse tipo de periodização e se encontram na fase denominada *precursores* são: Kotov, Ozolin e Letunov. De acordo com Manso, Valdivielso e Caballero, (1996a), suas ideias fundamentais são:

Kotov
- Origem do treino ininterrupto e dos ciclos.
- O treinamento tinha que ter uma parte geral (poliesportivo — várias modalidades esportivas) e outra específica, dividido em três ciclos:
  - treinamento geral: (sem tempo determinado — dependia do estágio de desenvolvimento e do nível do atleta);

---

[20] Não será discutido aqui o interesse econômico de patrocinadores, da mídia e de dirigentes em calendários com muitas competições. Mas acredita-se que, por um lado, muitas lesões são decorrentes dessa prática excessiva. Por outro, muitos atletas perdem a capacidade volitiva de competir, pois têm noção de que a maior parte das competições são elaboradas apenas para levar o nome do patrocinador, para a mídia explorar a imagem do atleta e para dirigentes ganharem dinheiro. Como em países semelhantes ao Brasil, o sindicato de atletas não tem força alguma e as condições econômicas e culturais dos atletas os colocam à mercê do próprio esporte, esse tipo de calendário ainda deve nortear a maior parte das modalidades esportivas por algum tempo. Portanto, deve ser considerado no emprego da periodização esportiva.

- treinamento preparatório: (6 a 8 semanas – uma passagem do treino geral para o especial);
- treinamento especial: (8 semanas):
  - introdutório (4 semanas);
  - principal de competição (4 semanas).

Ozolin
- Um dos primeiros autores a falar sobre o clima como parte do treino.
- Havia um período geral e outro específico.[21]
- Período preparatório: geral e especial (6 a 7 semanas).
- Período competitivo: sem tempo definido, mas não deveria ser por tempo
- prolongado como é hoje.
- Descanso após a competição por pouco tempo.

Letunov
- Inclusão de conceitos de adaptação biológica.
- Individualidade no processo de adaptação.
- Divide a temporada em ciclos:
  - treino geral e específico (aquisição);
  - competição (manutenção);
  - diminuição do estado de treino (transição).

Em resumo, as periodizações elaboradas pelos *precursores* apresentavam as seguintes características: a) não havia o emprego de leis biológicas do treino da maneira que é atualmente;[22] b) o clima era um fator citado pelos autores;[23] c) a temporada era dividida em período preparatório, competitivo e de recuperação; d) os períodos eram fechados e predefinidos; e) havia algumas divergências, como a duração da temporada e de cada período.

---

[21] O autor era contra o treino poliesportivo, os treinos gerais eram realizados por meio da própria modalidade esportiva.

[22] Sobrecarga, multilateralidade, recuperação, continuidade, progressão e individualidade.

[23] A maior parte dos autores que elaboraram as periodizações nessa época eram russos, logo, o clima deveria ser considerado, pois havia épocas do ano em que a temperatura chegava a - 40 graus.

Na fase chamada *tradicionais* (Manso, Valdivielso e Caballero, 1996a) é possível identificar quem é conhecido como "pai da periodização esportiva": Matveiev (1992). O autor costuma ter esse mérito, pois foi o primeiro que realmente empregou os princípios biológicos da maneira bem parecida da que se utiliza atualmente. Os aspectos mais marcantes de sua periodização são:

- O clima é muito importante e deve ser considerado.
- A competição não deve ser longa e precisa ser concentrada em períodos curtos (no máximo 3 etapas por temporada).
- A forma esportiva deve ser desenvolvida paulatinamente durante a competição.
- O planejamento completo deve contar com o desenvolvimento, a conservação e a perda.
- Deve haver a preparação geral e a especial.
- A preparação geral é a base para a especial.
- A preparação especial é insuficiente para que o atleta alcance o alto nível.
- Cada ciclo tem relação com o anterior (aquisição, manutenção e perda).
- Deve haver alternância entre a sobrecarga e a recuperação.
- Aumento constante das cargas de treino (a carga máxima hoje, amanhã é submáxima e deve ser alterada).
- A carga máxima deve ter relação com o limite de adaptação individual.
- A relação entre volume e intensidade é importantíssima para o desempenho (geralmente, quando o volume está alto a intensidade está baixa e vice-versa).

Mas além de Matveiev (1992), ainda é possível encontrar, também, Aroseiev apud Manso (1996) e Tschiene (1987), e seus principais conceitos foram:

Aroseiev
- passa a considerar o calendário esportivo com mais competições;
- destaca a importância da individualidade biológica;
- além da preparação física tem em conta a técnica e a tática;
- divide os ciclos em acumulação (preparação) e realização (competição);

- o treino é feito em forma de pêndulo, oscilando microciclos com predominância
- geral e outros com predominância específica (alternados);
- quanto mais próxima está a competição, maior a preferência para os treinos especiais.

Tschiene
- uso contínuo de cargas com alta intensidade e volume;
- a alternância entre o volume e a intensidade deve ser de 20%, mas ambos estarão, em conjunto, próximo de 80% da carga máxima do atleta;
- utilização somente de treinos específicos;
- a competição deve ser utilizada como forma de desenvolver e manter o desempenho do atleta;
- deve haver intervalos profiláticos como meio de amenizar as altas cargas de treinamento.

Esse período foi marcado por contrastes. A discussão mais importante foi sobre a importância do treino geral. Os defensores do treino geral, sobretudo, Matveiev (1992), acreditavam que o atleta, no início da temporada, deveria passar por esse tipo de treino para que houvesse a preparação e a transferência para o treino específico e para que seu desempenho fosse sustentável durante o período competitivo. Contudo, autores como Tschiene (1987) passaram a discutir se existia alguma transferência do treino geral para o especial e se ele servia de base para que o atleta mantivesse um bom desempenho durante as competições (também Marques, 1989; 1990).

Por que um atleta de alto nível precisa realizar o treino geral se ele já o fez durante todo o período de formação esportiva (pelo menos deveria ter feito)? Se o foco for a iniciação esportiva, esse tipo de treino é justificável, já que o objetivo é a formação geral e poliesportiva. Porém, se o atleta for de alto nível, somente o treino específico poderá influenciar positivamente seu desempenho.

Além de ser aplicado durante o processo de formação esportiva, o treino geral pode ser empregado, também, quando for verificado que a sobrecarga específica não surte mais efeito e, por conseguinte, o atleta não consegue mais aumentar o nível de desempenho. Nesse tipo de evento, o treino geral resultará na quebra do equilíbrio orgânico, para que as cargas específicas possam ser assimiladas novamente no futuro e, consequentemente, o desempenho do atleta seja aumentado (Pereira e Souza, 2005).

Ainda existe outra situação em que o treino geral pode ser utilizado: quando o calendário esportivo não é repleto de competições. Nesses casos, o objetivo do treino geral não é preparar o organismo para o treino especial, mas conter o desempenho do atleta para que ele não ocorra antes do desejado, já que o tempo entre uma competição e outra é longo.

Essa foi a discussão que mais marcou a fase denominada *tradicionais*, onde Matveiev estaria em um extremo (a favor do treino geral), Tschiene (1987) no outro (contra o treino geral) e Aroseiev apud Manso (1996) no meio (a favor do treino geral, mas o utilizava menos que Matveiev, 1992).

Já na fase *contemporâneos* é onde se concentra o maior número de autores e um dos seus representantes, Verjochanski (2001), que aponta as características inerentes ao esporte moderno (Manso, Valdivielso e Caballero, 1996a):

- melhora acentuada dos resultados em competição;
- aumento dos interesses que rodeiam o esporte de alto nível;
- utilização de sobrecargas que nas fases anteriores eram recriminadas;
- desenvolvimento da ciência e da tecnologia.

Além de sua preocupação com o esporte moderno e de corroborar a ideia de que o atleta de alto nível não precisa ser submetido ao treino geral, Verjochanski (2001) é um dos primeiros a citar a questão do treino concorrente, isto é, capacidades motoras como flexibilidade e força deveriam ser treinadas em momentos diferentes, pois uma inibe o desenvolvimento da outra se trabalhadas simultaneamente. O mesmo pode acontecer entre a resistência aeróbia e a força (Caetano et al., 2005). Assim sendo, Verjochanski cita a importância do treino em blocos: seleção de capacidades motoras com maior e menor treinabilidade e divisão dos treinos em razão da concorrência entre uma capacidade e outra.

Entre todas as questões levantadas por Verjochanski (2001), segundo o autor, a mais relevante é a importância do treinamento da força. Independente da modalidade esportiva, os blocos de força são a base da periodização. As outras capacidades motoras devem ser distribuídas de forma que não interfiram no treinamento da força e, ao mesmo tempo, sejam determinantes para a modalidade esportiva (Manso, Valdivielso e Caballero, 1996a).

Em resumo, Verjochanski (2001) pontua os seguintes fatores:

- Intensificação da atividade motora específica.
- O treino geral pode gerar mudanças fisiológicas negativas.
- Os efeitos são mais visíveis em atletas de alto nível.
- A preparação deve aumentar a capacidade competitiva do atleta.
- Cargas unilaterais e não de treinamento global.
- O treinamento global é válido em nível de iniciante e mediano.
- Cargas concentradas em sucessão cronológica de fatores (a ordem depende da importância da capacidade motora para a modalidade esportiva e de sua treinabilidade).
- O treinamento de força independe da modalidade esportiva.
- Separação dos trabalhos incompatíveis e aproximação dos que se complementam.
- Elaboração de dois blocos de força. No primeiro, a prioridade é do volume e no segundo, da intensidade.
- O treinamento e a competição não devem ser realizados simultaneamente.

Verjochanski (2001) é o autor mais utilizado por profissionais que elaboram a periodização em blocos, mas além dele, é possível identificar outros como Issurim, Kaverin, Sidorenko e Bondarchuk que também elaboraram periodizações com esse conceito (Manso, Valdivielso e Caballero, 1996a). Ademais, essa fase é reconhecida, ainda, pela periodização para calendários extensos (com muitas competições) de Bompa (2001), (Manso, Valdivielso e Caballero, 1996a):

- Nível de forma esportiva geral:
  - devem ser elevados os fatores comuns à modalidade esportiva, mas de maneira geral;
  - esse nível sustenta os próximos e se for elaborado de maneira equivocada, os afeta negativamente (como afirmava Matveiev, 1992).
- Nível de alta forma esportiva:
  - devem ser desenvolvidos os fatores específicos à modalidade esportiva;
  - ainda são mantidos alguns treinos gerais para que o atleta consiga um bom desempenho durante toda a temporada.
- Nível máximo da forma:
  - devem ser desenvolvidos somente os fatores específicos à modalidade esportiva;
  - as características treinadas devem ser bem próximas de sua manifestação na competição;
  - o atleta deve ser elevado a esse nível em picos pontuais e rápidos, quando ele regressa ao estado anterior (alta forma esportiva).

Os *Contemporâneos* são em número maior e trazem expressivas alterações em relação aos *precursores* e aos *tradicionais*. Passam a considerar os calendários extensos (com muitas competições) e as características do esporte moderno como altas cargas de treinamento e resultados competitivos que até então pareciam impossíveis. No entanto, o que mais chama a atenção é que eles agregaram conceitos que fizeram parte da evolução científica das últimas décadas, como, por exemplo, a concorrência das capacidades motoras.[24]

Uma questão importante a ser colocada é que a maior parte dos autores citados anteriormente elaboram periodizações que visam, essencialmente, o planejamento do treinamento de capacidades motoras e, no máximo, das habilidades moto-

---

[24] A concorrência entre as capacidades motoras é uma evidência de como é importante se estudar um determinado assunto por meio da interação do conhecimento. Durante algum tempo, a preocupação da comunidade científica foi o estudo das capacidades motoras isoladamente. Esse procedimento foi ineficaz para a prática esportiva, já que verificou-se que uma capacidade motora pode influenciar a outra negativamente e atrapalhar o seu desenvolvimento (o produto é menor que a soma das partes) ou influenciar positivamente e melhorar o seu desenvolvimento (o produto é maior que a soma das partes).

ras. Como foi aludido na introdução deste capítulo, o desempenho esportivo é o resultado da interação de diferentes características, onde, além das capacidades e das habilidades motoras ainda está incluso a tática (cognição) a nutrição e a psicologia.

Para modalidades com habilidades motoras abertas (voleibol, basquete, futebol lutas, entre outras) além do treino técnico, torna-se mister fazer o planejamento do treino tático e, sobretudo, da cognição. Já para modalidades com habilidades fechadas, a cognição não é tão importante, mas a tática pode ser ou não. Por exemplo, em uma corrida de 100 metros a tática não é determinante, mas em uma maratona sim. A periodização da tática (cognição) pode ser encontrada em Junior (2007) e Molinuevo (1999).

O planejamento da parte nutricional está diretamente associado ao tipo de modalidade esportiva (demanda metabólica), à periodização do treino técnico, tático e físico (reposição do que foi gasto) e às necessidades individuais do atleta (detectadas por uma anamnese nutricional). Ainda podem ser utilizados recursos ergogênicos, que em alguns casos, como o da creatina, precisam ser periodizados, caso contrário, seu efeito não acontecerá nos momentos desejados (Bacurau, 2006).

Já no que se refere à psicologia é mais difícil, pois não foi possível identificar um autor que tenha se preocupado com a periodização da parte psicológica. Porém, a condição psicológica deve ser um dos pontos mais importantes da preparação de qualquer atleta pois, de maneira determinante, ela pode auxiliar ou atrapalhar os outros fatores a serem treinados. Sendo assim, é preciso que a comunidade científica passe a se preocupar com a periodização dos aspectos psicológicos ao invés de se prender às discussões pessoais em torno de modelos — testes, questionários, entrevistas etc. — que não auxiliam, necessariamente, os profissionais da prática. Em outras palavras, mais do que elevarem seus egos exaltando seus métodos e criticando os dos outros, os psicólogos do esporte poderiam se preocupar com questões como: considerando-se o nível de dificuldade das competições, os aspectos psicológicos inerentes à modalidade esportiva e os aspectos psicológicos do atleta, como fazer uma periodização para que ele esteja preparado emocionalmente para as dificuldades de cada competição? Seria um grande avanço para a psicologia do esporte (ou psicologia esportiva).

Depois de apresentar todas essas discussões sobre as periodizações uma pergunta poderia ser feita. Qual delas deveria ser empregada? Na prática esportiva é comum o profissional eleger um tipo de periodização e utilizá-la para qualquer tipo de calendário ou modalidade esportiva. Não importa se haverá três meses de treino e uma semana de competição, se haverá dez competições diferentes durante a mesma temporada, se a modalidade esportiva tem uma contribuição maior da parte cognitiva e/ou das capacidades motoras. Sempre a mesma periodização é aproveitada.

Manso, Valdivielso e Caballero (1996a) afirmaram que cada periodização foi elaborada considerando-se diferentes modalidades esportivas, calendários e subsídios teóricos, que eram condizentes com a época de seus respectivos autores. Desse modo, dificilmente será possível adotar um tipo de periodização para todas as modalidades esportivas ou para qualquer tipo de calendário esportivo. Será preciso estudar detalhadamente cada uma delas para que seja empregada a mais adequada à modalidade esportiva e às competições que o atleta (equipe) irá participar. Ainda, se o profissional quiser fazer seu próprio planejamento, terá que saber como controlar todos os parâmetros que norteiam uma periodização. Será preciso:

a) analisar a modalidade esportiva para que o treinamento seja realizado de maneira específica;
b) analisar o calendário esportivo para que sejam eleitas as competições-alvo;
c) considerar a influência do clima e da altitude no treinamento;
d) elaborar o treinamento de acordo com os princípios biológicos de treinamento (sobrecarga, multilateralidade, recuperação, continuidade/reversibilidade, progressão e individualidade);[25]
e) realizar avaliações constantes para verificar o desenvolvimento e a eficácia do que está sendo treinado.

Entender como funcionam os parâmetros que norteiam uma periodização, permite ao profissional elaborar, aplicar e corrigir seu próprio planejamento e, consequentemente, alcançar os resultados que almejou para seu atleta. Caso contrário, terá que utilizar uma periodização sugerida por certo autor e fazer algumas adaptações, pois dificilmente ela conseguirá contemplar a variabilidade da prática esportiva.

---

[25] Para melhor compreensão ver Bompa, 2001; Hellard et al., 2002; Manso, Valdivielso e Caballero, 1996b; Matveiev, 1992; Oliveira, 2008; Rassier e Natali, 1993; Silva, 1998; Tschiene, 1987; Verkhoshansky, 2001; Viru e Viru, 1991.

Periodização Esportiva em Longo Prazo

A periodização esportiva para crianças e adolescentes deve ter um contexto diferente da de adultos. Ela precisa ser elaborada em longo prazo como sugerem Filin (1996), Seirul-lo apud Manso, Valdivielso e Caballero, 1996a e Viru, 1991 apud Manso, Valdivielso e Caballero, 1996a:

Filin
- Iniciação: com o trabalho direcionado às habilidades básicas que, posteriormente, serão fundamentais para as ações específicas das diferentes modalidades esportivas.
- Formação Esportiva: a intensidade das cargas de treinamento começa a aumentar paralelamente ao desenvolvimento das habilidades. Inicia-se a participação em competições sob a forma de festivais e/ou gincanas.
- Treinamento Especializado: o treinamento generalizado que teve início anteriormente passa a ser direcionado a uma especialidade esportiva, quando há um aumento na participação em competições esportivas.
- Desempenho Máximo: altas cargas de treinamento específico associadas ao aperfeiçoamento e refinamento da técnica e da tática, sempre buscando altos níveis de desempenho.

Seirul-lo
- Sistema geral: pouca relação com o esporte específico (primeiros anos).
- Sistema dirigido: aproxima-se da estrutura do esporte (anos intermediários).
- Sistema especial: o próprio esporte como elemento de trabalho (final da preparação).
- Periodização que visa esportes com habilidades abertas (ambiente instável: esportes coletivos, lutas, tênis de mesa e de campo etc.).
- Preocupa-se com esquemas motrizes para resolver situações variáveis, presentes em esportes com habilidades abertas.

- Durante o processo de desenvolvimento esportivo devem ser treinadas as capacidades motoras, as habilidades motoras e a tática (a cognição) de acordo com a faixa etária e sua importância.

Viru
- Desenvolvimento esportivo entre 10 e 12 anos.
- Identificação das fases sensíveis para cada característica a ser treinada.
- A estrutura do treinamento para o calendário anual de competições deve ter relação com a programação em longo prazo.
- Os limites de adaptação do organismo devem ser respeitados.
- O treinamento deve ser totalmente individualizado.

Os três autores elaboraram periodizações em longo prazo e apresentaram os conceitos qualitativos que envolvem o treinamento com crianças e adolescentes. Añó (1997) os complementa ao sugerir a divisão quantitativa do treinamento (Tabela 1.1).

Tabela 1.1 – Quantificação do treino

Idade	Frequência (vezes por semana)	Duração (minuto)
11 - 12	2 - 3	45 a 60
13 - 14	3	60 a 75
15 - 16	3 - 4	75 a 105
17 - 20	4 - 5	De acordo com a demanda da modalidade esportiva
>20	6 - 7	De acordo com a demanda da modalidade esportiva

Adaptado de Añó (1997)

A Tabela 1.1 apresenta a frequência e a duração do treino a partir dos 11 anos de idade. É possível verificar que no item duração, as duas últimas linhas referem-se à modalidade esportiva. Assim, as análises que foram realizadas para adultos devem ser aplicadas nessas faixas etárias, enquanto nas outras, a duração já está previamente estipulada. Essa diferença justifica-se pelo fato de a modalidade esportiva servir de parâmetro da duração do treino somente no final da adolescência e na fase adulta, quando o praticante já passou pelo período de formação. Antes, além da duração, a frequência, o volume e a intensidade do treino devem ser reduzidos também.

Ao tomar como base a iniciação esportiva em países como o Brasil, Añó (1997) é conservador, já que é possível verificar crianças de 10 anos de idade submetidas ao treinamento sistemático todos os dias. Esse procedimento, no mínimo questionável, causa dois efeitos negativos: excesso de treinamento, que pode originar lesões (ver capítulo sobre lesões) e a especialização precoce, que será discutida a seguir.

A iniciação esportiva não ocorre na mesma faixa etária para todas as modalidades esportivas em razão das diferentes culturas esportivas, como foi sugerido no início deste capítulo. No futebol de salão e na ginástica artística, por exemplo, é possível identificar crianças com menos de 7 anos de idade já fazendo parte de treinamentos sistematizados.[26]

A especialização precoce pode ser dividia em externa, quando se refere a uma única modalidade esportiva e interna, quando se refere a uma função ou prova específicas dentro da modalidade esportiva (Añó, 1997; Marques, 1997). O equívoco de ambas está em restringir a formação esportiva da criança. No futuro, se ela desejar mudar de esporte ou de função, pode ser que não tenha condições, porque seu desenvolvimento não foi poliesportivo e multifuncional. Suas habilidades e capacidades motoras tornar-se-ão restritas à modalidade esportiva e à função que praticou. As capacidades motoras podem ser melhoradas ou adaptadas pelo treinamento esportivo, mas quanto mais avançada for a idade biológica do praticante, menores serão as possibilidades de alteração, sobretudo, no que se refere à coordenação e às habilidades motoras.[27]

A especialização precoce em países como o Brasil é tão marcante que é possível identificá-la até nas escolas de ensino fundamental e médio, onde, em hipótese alguma, deveria acontecer. Na escola, a criança e o adolescente devem ser estimulados a conhecer e/ou praticar diferentes modalidades esportivas, ou seja, palco principal da iniciação esportiva. Além disso, em uma sociedade cada vez mais informatizada e violenta, com crianças confinadas em seus apartamentos e casas, a educação

---

[26] Além da cultura da modalidade esportiva ainda existe o agravante que clubes cobram resultados precocemente e as instituições que organizam o esporte (confederações, federações e ligas) não se preocupam em adaptar as regras para que não haja especialização precoce e, ao mesmo tempo, se estimule a formação em longo prazo.

[27] A especialização precoce pode transformar a criança em um futuro campeão na mesma modalidade que praticou a vida toda. Contudo, algumas modalidades esportivas não requerem, na execução das habilidades, um repertório motor amplo e esse fator pode, possivelmente, limitar a transferência futura para uma modalidade esportiva com habilidades mais complexas.

física escolar desempenha um importante papel quanto à elaboração do acervo motor de crianças e adolescentes.[28]

A educação física escolar é cercada por várias controvérsias. São problemas inerentes à carga horária, à disponibilidade de materiais e instalações, ao volitivo dos alunos e à formação dos professores. Além disso tudo, ainda existe o embate entre as diferentes tendências educacionais, onde, em um extremo, está a que utiliza meios diretos e indiretos de se identificar e desenvolver talentos esportivos e, em outro, a que emprega a chamada cultura corporal, na qual não existe espaço para se desenvolver o próprio esporte. Haveria necessidade de um capítulo só para se discutir essas questões mas, pelo momento, é importante ressaltar que, inquestionavelmente, a escola faz parte do processo de formação esportiva em longo prazo e que, nesse local, não deve haver, de um lado, exclusão, seleção de talentos e especialização precoce e, de outro, somente a cultura corporal.[29]

Ainda sobre especialização, é importante se discutir a situação quando crianças e adolescentes podem apresentar condições motoras, cognitivas, físicas e psicológicas de atuar com praticantes de idades maiores. Nesse episódio, as consequências são dúbias: a) podem entrar em estresse por treinar e competir demais ou b) são capazes de perder o interesse em prosseguir a carreira se forem talhados para treinar somente com praticantes de sua idade.

Impedir o praticante de atuar em seu nível de desempenho esportivo é desconsiderar a existência de diferenças quanto à maturação biológica e às heranças genéticas.

---

[28] É sabido que a função da escola não está restrita somente ao esporte, mas ao estudo das outras matérias também. Contudo, os praticantes que começam a se destacar, abandonam a escola para se dedicar exclusivamente ao esporte. Ao final de sua carreira esportiva, boa parte deles não completou o ensino fundamental ou médio. Alguns ainda tentam se formar após o encerramento da carreira esportiva, mas não seria mais fácil permanecer estudando paralelamente ao treino? Em alguns países, como os Estados Unidos, muitos atletas de alto nível possuem formação universitária, provando que é possível estudar e treinar ao mesmo tempo.

[29] Utilizar a educação física escolar como meio de se identificar e desenvolver talentos esportivos ocasionaria a exclusão dos que não seriam e a especialização precoce de quem teria a tendência a ser. É um grande equívoco. Já as pessoas que defendem a cultura corporal, afirmam que o esporte é alienante, que exclui os praticantes menos favorecidos geneticamente e que pode trazer vários prejuízos corporais como lesões agudas e crônicas. Na opinião dessas pessoas, o esporte pode ser utilizado como cultura, lazer, cidadania, educação, mas, em hipótese alguma, como meio de desenvolver o próprio esporte. É certo que utilizar o esporte exclusivamente para se identificar e desenvolver talentos não é condizente com as diretrizes pedagógicas da escola. No entanto, utilizá-lo somente como cultura, lazer, cidadania e educação, excluiria os praticantes que desejam ter uma iniciação esportiva de qualidade e que não precisam ser, necessariamente, talentos esportivos. Tanto uma tendência como a outra são radicais. Veja mais a frente uma citação que contempla todos os valores que o esporte pode agregar à vida de um praticante sem esse radicalismo de ambas as partes.

O ideal é restringir o treinamento (treinar com a sua categoria e com a de cima, mas com volume e intensidade reduzidos em ambas) e o número de competições (participar somente das mais importantes), para que não ocorra o estresse em razão do excesso de treino e competição. Quando o praticante fica confinado à sua faixa etária e possui um nível esportivo melhor do que o de seus pares, pode ocorrer o abandono da prática esportiva, já que os desafios nesta categoria não são condizentes com a sua evolução biológica e/ou herança genética.[30]

Para que não haja a especialização precoce de um lado e de outro, somente o trabalho de formação, elaborou-se uma periodização em longo prazo que associa a parte qualitativa e quantitativa do treino e, ao mesmo tempo, não desconsidera a competição, cujo nível de importância vai aumentando de acordo com a faixa etária (Tabela 1.2).

As seções de treino devem ser divididas em formação e competição. Por exemplo: na faixa etária entre 11 e 12 anos de idade, no mês de janeiro, se o treino tiver 60 minutos, 45 minutos (3) serão dedicados à formação e 15 minutos (1) à competição. A divisão pode ser feita no microciclo também (3 dias de treino para a formação e 1 para a competição), mas acredita-se que essa didática, (divisão da seção diária), seja mais estimulante e produtiva, já que permite que os dois tipos de treino sejam ministrados no mesmo dia (Tabela 1.2). O treino que visa à competição está embasado exclusivamente no calendário anual de competições, isto é, se preocupa apenas com resultados em curto prazo. Por exemplo, que habilidade motora deve ser enfatizada no treino para se levar vantagem na competição? Qual o melhor sistema tático para atuar contra determinada equipe? E assim por diante. É importante destacar que nem sempre o que se treina para a competição auxilia a formação de qualidade de um praticante. Portanto, o treino que visa à formação está embasado no que foi apresentado anteriormente, no transcorrer do capítulo, sobre a forma que a coordenação, a parte sensorial, as habilidades motoras, a tática, a cognição e as capacida-

---

[30] De qualquer forma, o praticante pode abandonar o esporte por outros motivos também: falta de capacidade, falta de progresso nos resultados, pressão em treinos e competições, conflito com o técnico, lesões, falta de condições financeiras, ausência de divertimento e busca de outras atividades (Marques, 1997). Os motivos: falta de capacidade e de progresso nos resultados, conflito com o técnico e ausência de divertimento podem ser solucionados com a pedagogia e a didática do professor. E os motivos: pressão em treinos e competições, lesões e busca de outras atividades podem ser amenizados quando o objetivo central é treinamento em longo prazo. Já a falta de condições financeiras está associada à questões sociais como: condições financeiras da família e patrocínio e nem sempre é possível encontrar soluções.

Treinamento Esportivo:
Diferenciação entre Adultos e Crianças e Adolescentes

Tabela 1.2 – Periodização em longo prazo

Meses	Janeiro	Fevereiro	Março	Abril	Maio	Junho
Período	Preparatório	Preparatório	Competitivo	Preparatório	Preparatório	Competitivo
Idade: 11-12 anos **Frequência: 3 v/s** **Duração: 60/90 m**	3 - Formação 1 - Competição	3 - Formação 1 - Competição	2 - Formação 2 - Competição	3 - Formação 1 - Competição	3 - Formação 1 - Competição	2 - Formação 2 - Competição
Idade: 13-14 anos **Frequência: 3-4 v/s** **Duração: 90/120 m**	3 - Formação 1 - Competição	2 - Formação 2 - Competição	2 - Formação 2 - Competição	3 - Formação 1 - Competição	2 - Formação 2 - Competição	2 - Formação 2 - Competição
Idade: 15-17 anos **Frequência: 4-5 v/s** **Duração: 120/180 m**	2 - Formação 2 - Competição	1 - Formação 3 - Competição	1 - Formação 3 - Competição	2 - Formação 2 - Competição	1 - Formação 3 - Competição	1 - Formação 3 - Competição
Idade: 18 em diante **Frequência: 5-6 v/s** **Duração: 120/240 m**	Periodizações Adultos	Periodizações Adultos	Periodizações Adultos	Periodizações Adultos	Periodizações Adultos	Periodizações Adultos

des motoras devem ser treinadas em crianças e adolescentes, além de todos os conceitos que serão discutidos nos capítulos vindouros.

A relação do calendário anual com o treinamento em longo prazo precisa ser realizada de maneira harmônica: uma parte deve ser dedicada para a formação e a outra para a competição. Quanto mais jovem for o praticante, maior a necessidade do tipo de treino que visa à formação. Quanto mais próximo o atleta estiver da categoria adulta, maior a necessidade do tipo de treino que visa à competição (na última linha da Tabela 1.2, como se trata da categoria adulta, a referência são as periodizações apresentadas anteriormente para adultos).

De maneira geral, conclui-se, então, que os parâmetros utilizados na elaboração da periodização de crianças e adolescentes devem ser diferentes dos citados para os adultos:

a) A análise da modalidade esportiva deve ser utilizada para que cada etapa do treinamento em longo prazo tenha seu objetivo particular e não para que seja feita a prescrição específica do treinamento, como no caso de adultos (amplamente discutido neste capítulo). Ademais, antes da terceira infância não será utilizada somente uma modalidade esportiva, já que nessa faixa etária o objetivo central é o aperfeiçoamento das habilidades motoras básicas, dos fatores sensório-motores e da coordenação motora geral.

b) O calendário esportivo não deve nortear o planejamento na infância e no início da adolescência, pois a prioridade é a formação esportiva e não a competição. Além disso, as instituições que organizam o esporte como confederações, federações e ligas devem elaborar regras que visem à formação esportiva em longo prazo. Nesse sentido, algumas normas podem ser adotadas: aumentar o intervalo entre uma competição e a outra, reduzir as medidas das instalações e dos materiais para a prática, alterar o regulamento e as regras dos campeonatos e limitar as inscrições, possibilitando que participem somente praticantes do mesmo nível esportivo (Añó, 1997; Marques, 1997). Nos clubes, escolas, prefeituras etc., independentemente do regulamento proposto pelas intuições que organizam a modalidade esportiva, dirigentes, diretores, pais[31] etc. não devem cobrar resultados precocemente, pois as categorias de base devem ser vistas como o alicerce de formação para o alto desempenho na categoria adulta e não como a fase em que os resultados têm que acontecer precocemente.[32]

c) A influência do clima e da altitude em crianças e adolescentes é diferente da de adultos. Crianças não são eficientes em dissipar calor, logo, é preciso cautela em locais muito quentes e/ou com o clima seco (Robergs e Robert, 2002). No que se refere à altitude, como o metabolismo aeróbio e o anaeróbio aláctico de crianças e adolescentes é relativamente igual ou até melhor do que o de adultos (Ratel, Duché e Williams, 2006), a falta de oxigênio em países com altitude elevada, pode favorecê-los.

d) Quanto aos princípios biológicos, no que se refere à sobrecarga, o volume e a intensidade do treinamento devem ser reduzidos, o suficiente para que a recuperação sempre seja completa. Os treinos devem ser multilaterais e poliesportivos para que a formação seja ampla. Como é uma fase de aprendizagem, a continuidade e a progressão são princípios biológicos fundamentais. Por um lado é necessário dar ênfase à repetição sem longos períodos de intervalo para que o que está sendo treinado seja assimilado (continuidade). Por outro, considerando-se as características de crescimento, maturação e desenvolvimento, é imprescindível que se elabore a sequência pedagógica dos aspectos coorde-

---

[31] Os pais não são obrigados a entender de esporte. Apesar de serem adultos, não foram "educados" para tal conhecimento. Cobram resultados precoces em competição, dizem ao profissional que o filho precisa jogar, que ele (filho) precisa melhorar nos treinos, entre outras cobranças absurdas. A sugestão é que os pais sejam educados também. Uma das formas utilizadas com sucesso é fazer uma reunião prévia para explicar como eles podem auxiliar no processo de formação esportiva de seus filhos.

[32] Por um lado, a competição faz parte de nossas vidas de diferentes maneiras: vestibulares, vagas de emprego, entre outras, mas, por outro, conviver com o sucesso, com a vitória, não é tão fácil como se pensa. Um exemplo verídico dessa afirmação está contido na história dos atletas da seleção brasileira adulta de voleibol masculino, campeã olímpica em Barcelona 1992. Naquela época, eles não estavam preparados para conviver com o sucesso, logo, tiveram vários problemas de relacionamento entre si e mantiveram a excelência por pouco tempo. Porém, a derrota é mais difícil ainda. No entanto, como a perda faz parte da existência humana na terra em diferentes âmbitos, é preciso preparar-se para essa situação. A questão não é aprender a perder somente, mas como perder. Na derrota é possível explicar, por exemplo, que não houve a dedicação de todos, que a equipe não possuía um relacionamento entre seus integrantes que permitiria a vitória ou que o adversário foi superior (sem que haja demérito algum, já que esse fato faz parte da vida). Os profissionais de Educação Física não devem fugir da competição, é preciso utilizá-la como instrumento pedagógico na sua função de educador.

nativos e sensoriais, das habilidades e das capacidades motoras e da tática e da cognição para que a progressão seja, didaticamente, correta (assunto amplamente discutido neste capítulo). Sobre individualidade biológica, segue o mesmo principio dos adultos: é preciso considerar as diferenças individuais.

e) As avaliações para crianças e adolescentes devem visar o acompanhamento do crescimento, da maturação e do desenvolvimento do praticante, ao contrário do objetivo de adultos que é verificar apenas o desenvolvimento e a eficácia do que está sendo treinado.

Associando-se uma periodização de adultos com a de crianças e adolescentes fica evidente qual a definição de treinamento em longo prazo: cada etapa possui seus objetivos particulares e devem ser respeitados. A equipe ou o praticante, durante as etapas de formação, podem obter êxito em competições, mas esse sucesso deve ser consequência da sensibilidade precoce ao treinamento (determinada pela genética — ver capítulo sobre talento esportivo) ou da idade biológica adiantada, e não resultado da especialização precoce e/ou do excesso de treinamento.

Acredita-se que elaborar e executar uma periodização para crianças e adolescentes em longo prazo é mais difícil do que elaborar e executar uma em curto e/ou médio prazo para adultos, pois, além do tempo de planejamento ser maior, em termos de crescimento, maturação e desenvolvimento, o adulto está em uma fase mais estável. Além disso, o profissional que pretende trabalhar com qualidade, sobretudo, com crianças e adolescentes, deve entender que o esporte pode ser utilizado como educação no sentido lato, que englobaria, então, valores de saúde, lazer, cultura, cidadania e do próprio desempenho esportivo.[33]

---

[33] Discurso fictício para exemplificar as formas que os valores podem ser agregados à vida de um praticante: — Olá alunos, bom dia. Gostaria de dizer que vamos trabalhar aqui o esporte de uma maneira geral. Vamos falar de saúde, por exemplo, dar algumas dicas sobre uma alimentação adequada. Vamos ensinar como funcionam algumas partes do corpo e como o esporte pode auxiliar o seu desenvolvimento (saúde). Falaremos da cultura de algumas cidades também, pois quando formos visitá-las, durante os campeonatos, precisaremos conhecer os costumes locais para entendê-los e respeitá-los (cultura e cidadania). Vamos fazer algumas brincadeiras, alguns jogos (lazer). Alguns de vocês vão conseguir êxito rápido, outros não, mas não tem importância, isso faz parte, já que existem diferenças no que se refere à maturação biológica e à herança genética (esses conceitos devem ser explicados de acordo com o nível cognitivo da classe). Vocês conhecerão e/ou aprenderão como praticar diferentes modalidades esportivas (não só voleibol, basquete, futsal e handebol). Vamos fazer de tudo para que a aula seja estimulante e, consequentemente, todos participem e se divirtam muito. No final, pode ser que alguns se tornem atletas, mas terão que continuar em outro local, já que nosso objetivo aqui é a formação. Outros vão levar o esporte para o resto da vida, praticando-o como atividade física. Não importa qual seja o seu caminho, o que importa é que vocês vão aprender muitas coisas que o esporte pode lhes proporcionar.

Independente das dificuldades encontradas, torna-se mister fazer o planejamento em longo prazo, no entanto, é necessário entender que a qualidade de um programa esportivo não depende somente do profissional que atua com o treinamento esportivo, mas de outros fatores como políticas e administração esportiva, condições socioeconômicas do país, apoio social e psicológico de maneira geral e da herança genética favorável. Todos esses fatores precisam ser desenvolvidos de maneira homogênia, pois, só assim, o processo de treinamento em longo prazo será eficaz.

Países que possuem um programa de desenvolvimento esportivo têm no treinamento com crianças e adolescentes a base tácita do futuro desempenho esportivo. Acreditam que se não for feito um alicerce de qualidade, dificilmente haverá resultados expressivos no cenário esportivo internacional, muito pelo contrário, será produto do acaso como acontece em países como o Brasil (Apêndice 1.1, sugestão de um programa esportivo de qualidade).

Considerações Finais

Durante as explanações feitas neste capítulo ficou evidente que o escopo do treinamento com crianças e adolescentes é diferente do de adultos e que alguns processos são irreversíveis ou limitados depois de certas faixas etárias. Sendo assim, o processo de planejamento em longo prazo deve ser dividido em três etapas: *iniciação, desenvolvimento* e *alto desempenho esportivo*. Cada uma dessas etapas deve ser acompanhada de suas características singulares: na iniciação o praticante é apresentado ao esporte, no desenvolvimento ele aprimora seu nível esportivo e no alto desempenho esportivo, além de terminar seu aprimoramento, alcança o desempenho máximo.

Um parêntese importante é que o praticante que deseja participar de um processo como esse, não precisa, necessariamente, alcançar o alto desempenho esportivo. O processo pode ser interrompido por vários motivos: falta de condições genéticas e lesões ou problemas ambientais como falta de motivação, falta de apoio familiar, necessidade financeira etc. Pode ser, também, que não se torne um atleta de alto nível (internacional ou nacional — ver capítulo sobre talento esportivo), mas que consiga praticar o esporte em níveis intermediários (estadual e municipal — ver capítulo sobre talento esportivo). De todos os praticantes envolvidos, somente 7% chegam ao alto nível (Añó, 1997), todavia, para os outros 93% é possível fazer um trabalho de qualidade para que o esporte os acompanhe pela vida toda, seja praticando em níveis intermediários, seja como atividade física.[34]

De qualquer forma, durante a infância o profissional precisa conhecer todas as características de crianças e de diferentes modalidades esportivas para que ele possa fazer a iniciação esportiva de maneira adequada (*iniciação*). Já ao final da infância e durante a adolescência é necessário entender o que acontece nessa fase de transição e um pouco mais sobre uma determinada modalidade esportiva, pois se inicia a especialização (*desenvolvimento*). Ao final do processo, conhecer muito sobre uma modalidade esportiva específica e sobre adultos para que o atleta alcance o *alto desempenho esportivo* (sobre as características de cada etapa ver também Bloom, 1985 no capítulo sobre talento esportivo).

É fundamental e imprescindível que o conhecimento teórico e prático do profissional não esteja atrelado somente à modalidade esportiva, mas, sobretudo, à faixa etária que atua: entender o que é crescimento, desenvolvimento e maturação e como esses processos influenciam a aquisição da coordenação motora, dos fatores sensório-motores, das habilidades e capacidades motoras, da tática e da cognição. Além disso, utilizar uma didática que contemple os valores que o esporte pode agregar à vida do praticante como saúde, lazer, cultura, cidadania e educação. Ainda, em casos como o de deficientes, de populações especiais (cardiopatas, diabéticos, obesos etc.), de crianças e adolescentes com problemas motores e com problemas de aprendizagem, estar apto a desenvolver um programa esportivo de qualidade (ver capítulo sobre deficientes e educação).

Sabe-se que o objetivo da maior parte dos profissionais que trabalha com crianças e adolescentes é atuar com o desempenho de alto nível (adultos), já que a *iniciação* e o *desenvolvimento esportivo* não são valorizados, tanto financeiramente quanto do importante papel na formação de um atleta de alto nível. O plano de carreira de um profissional que atua com a iniciação esportiva deve estar associado ao

---

[34] Para os que, no futuro, conseguirem alcançar o alto nível ou os níveis intermediários do desempenho esportivo, é preciso aventar sobre a desaceleração que o atleta deve ter quando do término de sua carreira, porque, fisiologicamente, os sistemas de seu corpo podem sofrer grandes prejuízos com a parada brusca.

conhecimento cada vez mais profundo e abrangente da faixa etária que atua, porque cada uma delas possui diferentes características. Para que isso seja possível e para que um programa de treinamento em longo prazo seja efetivo, além do investimento do profissional em conhecimento, é necessário que os outros integrantes do processo façam a sua parte, ou seja, que haja políticas esportivas que estimulem o treinamento em longo prazo com crianças e adolescentes, que as instituições que organizam e administram as diferentes modalidades esportivas elaborem regras que estimulem a formação esportiva e não a especialização precoce, que os familiares sejam conscientizados de seu importante papel na formação do praticante e que não cobrem resultados precoces e, finalmente, que sejam feitos investimentos na estrutura esportiva para que mais crianças e adolescentes tenham acesso à prática esportiva. Caso contrário, essas linhas serão apenas fragmentos teóricos que se perderão no espaço e no tempo. Não terão aplicação alguma, farão parte apenas da memória de pessoas que algum dia pensaram que é possível elaborar um programa de treinamento de qualidade para crianças e adolescentes.

Referências

AÑÓ, V. **Planificación y organización del entrenamiento juvenil**. Madrid: Gymnos, 1997.

BACURAU, F. **Nutrição e suplementação esportiva**. São Paulo: Phorte, 2006.

BADILLO, J. J. G.; AYESTARÁN, E. G. **Fundamentos do treinamento de força**: aplicação para o alto rendimento esportivo. São Paulo: Artmed, 2001.

BARBANTI, V. J. **Teoria e prática do treinamento esportivo**. São Paulo: Edgard Blucher, 1997.

BLOOM, B. S. Developing talent in young people. New York: Ballentine, 1985.

BOMPA, T. **Periodização**: teoria e metodologia do treinamento. São Paulo: Phorte, 2001.

_____. **Treinando atletas de desporto coletivo**. São Paulo: Phorte, 2004.

BOUCHARD, C.; MALINA, R. M.; PÉRUSSE, L. **Genetics of fitness and physical performance**. Champing: Human Kinetics, 1997.

CAETANO, A. et al. Efeito do treinamento concorrente no desenvolvimento da força motora e da resistência aeróbia. **Rev. Mackenzie Educ. Física Esp.**, São Paulo, v. 4, n. 4, p. 145-154, 2005.

CARNAVAL, P. E. **Cinesiologia aplicada aos esportes**. Rio de Janeiro: Sprint, 2000.

CORRÊA, U. C.; PELLEGRINI, A. M. A interferência contextual em função do número de variáveis. **Rev. Paul. Educ. Física**, v. 10, n. 1, p. 21-33, 1996.

ECKERT, H. M. **Desenvolvimento motor**. 3. ed. São Paulo: Manole, 1993.

ELLIOTT, B.; MESTER, J. **Treinamento no esporte**: aplicando ciência no esporte. São Paulo: Phorte, 2000.

ENOKA, R. M. **Bases neuromecânicas de cinesiologia**. São Paulo: Manole, 2000.

ESCAMILA, R. et al. Effects of throwing overweight and underweight baseballs on throwing velocity and accuracy. **Sports Medicine**, v. 29, n. 4, p. 259-272, 2000.

FILIN, W. P. **Desporto juvenil, teoria e metodologia**. Londrina: CID, 1996.

FLECK, S. J.; KRAEMER, W. J. **Fundamentos do treinamento de força muscular**. Porto Alegre: Artmed, 1999.

GALLAHUE, D. L. **Compreendendo o desenvolvimento motor**: bebês, crianças, adolescentes e adultos. São Paulo: Phorte, 2001.

GOULD, D. R; ROBERTS, G. C. Modeling and motor skill acquisition. **Quest**, v. 33, n. 2, p. 214-30, 1982.

GUYTON, A. C. **Fisiologia humana**. Rio de Janeiro: Guanabara Koogan, 1988.

HAIR, J. F. et al. **Multivariate data analysis**: with readings. New Jersey: Englewood Cliffs, 1995.

HALL, S. J. **Biomecânica básica**. Rio de Janeiro: Guanabara Koogan, 2000.

HEBBELINCK, M. Identificação e desenvolvimento de talentos no esporte: relatos cineantropométricos. **Rev. Bras. Ciência Mov.**, São Caetano do Sul, n. 4, v. 1, 1989.

HELLARD, P. et al. Training analysis and the modeling of relations between training volumes and performance: interpretation of results in light of the new paradigms of complexity. **J. Hum. Mov. Stud.**, n. 42, p. 53-90, 2002.

JUNIOR, N. Periodização tática: o treinamento de iniciadas do futebol de salão feminino de 2006. **Movimento & Percepção**, v. 8, n. 11, p. 7-41, 2007.

KOMI, P. V.; HAKKINEN, K. Strength and power in sport. In: DIRIX, A. **The olympic book of sports medicine**. Oxford: Blackwell Scientific Publications, 1988.

LANDIN, D. The role of verbal cues in skill learning. **Quest**, v. 46, p. 299-313, 1994.

LOCKE, E. A.; LATHAM, G. P. The application of goal setting to sports. **J. Sport Psychol.**, v. 7, p. 205-22, 1985.

MAGILL, R. A. The influence of augmented feedback on skill learning depend on characteristics of the skill and the learner. **Quest**, v. 46, p. 314-27, 1994.

MANSO, J. M. G.; VALDIVIELSO, M. N.; CABALLERO, J. A. R. **Planificación del entrenamiento deportivo**. Madrid: Gymnos, 1996a.

_____. **Bases teóricas del entrenamiento deportivo: principios y aplicaciones**. Madrid: Gymnos, 1996b.

MARQUES, A. M. Sobre a utilização de meios de preparação geral na preparação desportiva. **Trein. Desport.**, n. 14, p. 18-24, dez. 1989.

MARQUES, A. M. Sobre a utilização de meios de preparação geral na preparação desportiva II. **Trein. Desport.**, n. 15, p. 55-62, mar. 1990.

_____. **O sistema de competições na preparação de prospectiva de crianças e jovens**: lição de síntese das provas de agregação. Porto: FCDEF, Universidade do Porto, 1997.

MARTIN, D.; CARL, K.; LEHNERTZ, K. **Manual de metodología del entrenamiento deportivo**. Barcelona: Editorial Paidotribo, 2001.

MATHEWS, D. K. **Medida e avaliação em Educação Física**. Rio de janeiro: Interamericana, 1980.

MATSUDO, V. K. R. Detecção de talentos. In: GHORAYBEB, N.; BARROS, T. **O exercício**: preparação fisiológica, avaliação médica, aspectos especiais e preventivos. São Paulo: Atheneu, 1999.

MATVEIEV, L. P. Entrenamiento y su organización. **Stadium**, Buenos Aires, n. 153, p. 11-8, 1992.

MAUGHAN, R.; GLEESON, M.; GREENHAFF, P. L. **Bioquímica do exercício e do treinamento**. São Paulo: Manole, 2000.

MCARDLE, W. D.; KATCH, F. I.; KATCH, V. L. **Fisiologia do exercício**: energia, nutrição e desempenho humano. Rio de Janeiro: Guanabara Koogan, 2003.

MOLINUEVO, J. S. **Fundamentos de táctica deportiva**: Análisis de la estrategia de los deportes. Madrid: Gymnos, 1999.

NORTON, K; OLDS, T. **Anthropometrica**. Sidney-A: University of New South Wales Press, Southwood Press, 1996.

OLIVEIRA, P. R. (Org.). **Periodização contemporânea do treinamento desportivo**. São Paulo: Phorte, 2008.

PEREIRA, J. C. R. **Análise de dados qualitativos**: estratégias metodológicas para as ciências da saúde, humanas e sociais. São Paulo: EDUSP, 2001.

PEREIRA, B.; SOUZA, T. P. **Dimensões biológicas do treinamento físico**. São Paulo: Phorte, 2002.

_____. **Compreendendo a barreira do rendimento físico**. São Paulo: Phorte, 2005.

POWERS, S. K.; HOWLEY, E. T. **Fisiologia do exercício**: teoria e aplicação ao condicionamento e ao desempenho. São Paulo: Manole, 2001.

RASSIER, D. E.; NATALI, A. J. Treino desportivo: a estruturação pendular do treino desportivo. **Horizonte**, Lisboa, v. 10, n. 55, p. 21-8, 1993.

RATEL, S.; DUCHÉ, P.; WILLIAMS, C. Muscle fatigue during high-intensity exercise in children. **Sports Medicine**, v. 36, n. 12, p. 1031-65, 2006.

RÉGNIER, G.; SALMELA, J.; RUSSELL, S. J. Talent detection and development in sport. In: SINGER, R. N. et al. (Ed.). **Handbook of research in sport psychology**. New York, 1993.

ROBERGS, R. E.; ROBERT, S. **Princípios fundamentais de fisiologia do exercício**. São Paulo: Phorte, 2002.

SAFRIT, M. J. **Complete guide to youth fitness testing**. Champaign: Human Kinetics, 1995.

SCHMIDT, R. A. **Aprendizagem & performance motor**: dos princípios à prática. São Paulo: Movimento, 1993.

SCHMIDT, R. A.; YOUNG, D. E. Methodology for motor learning: a paradigm for kinematic feedback. **J. Motor. Behav.**, v. 23, n.1, p.13-24, 1991.

SILVA, E. M. **Treinamento desportivo**: reflexões e experiências. João Pessoa: Editora Universitária, p. 28-47, 1998.

SILVA, L. R. R. Iniciação esportiva: características interdisciplinares do treinamento nas categorias de base, parte II - técnica e tática. **Rev. Voleibol**, São Paulo, v. 1, n. 2, 2004.

THOMAS, J. R.; NELSON, J. K. **Research methods in physical activity**. 3. ed. Champaign: Human Kinetics, 1995.

TSCHIENE, P. El ciclo anual de entrenamiento. **Stadium**, Buenos Aires, v. 21, n. 125, p. 10-20, 1987.

TUBINO, M. **Teoria geral do esporte**. São Paulo: Ibrasa, 1987.

_____. **O que é esporte**. São Paulo: Brasiliense, 1999. (Primeiros passos).

VERKHOSHANSKY, Y. **Treinamento desportivo**: teoria e metodologia. Tradução e adaptação A. C. GOMES; P. R. OLIVEIRA. Porto Alegre: Artmed, 2001.

VIRU, A.; VIRU, M. Acerca de los microciclos de entrenamiento. **Stadium**, n. 146, p. 19-23, 1991.

WEINECK, J. **Biologia do Esporte**. São Paulo: Manole, 1991.

_____. **Treinamento Ideal**. São Paulo: Manole, 1999.

WYNN, C. M.; WIGGINS, A. W. **As cinco maiores ideias da ciência**. São Paulo: Ediouro, 2002.

2

Características de Crescimento e Desenvolvimento

Alessandro Hervaldo Nicolai Ré
Marcelo Massa

O processo de desenvolvimento humano inicia-se no momento em que o espermatozoide e o óvulo se fundem durante a fertilização. A partir dessa recombinação genética é gerado o zigoto, que se deslocará para o útero materno, onde ocorrerá o processo de desenvolvimento pré-natal, envolvendo os períodos de desenvolvimento germinativo, embrionário e fetal, preparando essa nova vida para o momento do parto e, consequentemente, para o desenvolvimento pós-natal.

Esse evento de desenvolvimento intrauterino já inclui em seu alicerce os processos de *crescimento* e *maturação*. Desta maneira, por meio do *crescimento* e da *maturação*, seriam desencadeados os processos quantitativos e qualitativos do desenvolvimento humano.

Neste sentido, *crescimento* refere-se a mudanças quantitativas que provocam o aumento das dimensões do corpo como um todo ou de partes específicas do corpo em função do tempo e, portanto, caracterizam o desenvolvimento estrutural do organismo. Para tanto, conforme Malina e Bouchard (1991), o *crescimento* depende de processos de a) hiperplasia: aumento do número de células; b) hipertrofia:

aumento do tamanho das células; e c) agregação: aumento na capacidade das substâncias intracelulares em agregar células.

Por sua vez, a *maturação*, inserida no contexto biológico do desenvolvimento humano, refere-se a uma série de transformações qualitativas, ou seja, que se relacionam com a melhoria das funções dos sistemas e contribuem para o desenvolvimento funcional do organismo. Neste sentido, o processo maturacional se apresenta de forma sequencialmente ordenada, e leva o ser humano ao seu estado adulto. Percebe-se, inclusive, que a *maturação* possui uma ordem de eventos pela qual todos os seres humanos passam, não existindo variações individuais. Entretanto, quanto ao ritmo de passagem por essa ordem sequencial, será possível verificar sujeitos que apresentarão ritmo *normal, precoce* (acelerado) ou *tardio* (lento) de maturação (Malina e Bouchard, 1991).

Assim, *crescimento* e *maturação* seriam responsáveis por desencadear o desenvolvimento positivo do ser humano, levando-o até o estado adulto. Portanto, o processo de desenvolvimento iniciado a partir da concepção se estende durante as duas primeiras décadas de vida do ser humano, período no qual *crescimento* e *maturação* agem de acordo com suas propriedades, de forma distinta, porém, indissociáveis, em maior ou menor velocidade, dependendo da fase da vida em que o indivíduo esteja, até a obtenção do estado adulto/maduro.

Após esse período compreendido entre a concepção e a segunda década de vida, o desenvolvimento humano não cessa, envolvendo, até, os processos degenerativos do envelhecimento. Dessa maneira, conforme Guedes e Guedes (1997), desde a concepção até a morte ocorre uma série de transformações quantitativas e qualitativas, quer no sentido evolutivo quer no involutivo, que dependem não só dos aspectos de crescimento e maturação, mas também da relação com o meio ambiente.

Assim, embora os processos de crescimento e maturação sejam regulados geneticamente, não se pode deixar de considerar que existe interação entre genética e o meio ambiente. Ou seja, desde a concepção, mesmo no interior do útero materno, o embrião e o feto podem sofrer interferências extrínsecas para o seu desenvolvimento, podendo afetar positiva ou negativamente o processo de crescimento e maturação. Posteriormente, na vida pós-natal, essas relações da genética com a multiplicidade de fatores que envolvem o meio ambiente continuam a ocorrer, delineando o desenvolvimento do ser humano e a manutenção ou não de suas potencialidades.

Entre a multiplicidade de fatores decorrentes da interação do organismo (por exemplo, processos de maturação neuromuscular, características de crescimento e composição corporal) com o meio ambiente (por exemplo, efeitos residuais de experiências motoras anteriores e de novas experiências motoras), encontra-se o processo de desenvolvimento motor. Embora esse mereça uma discussão à parte acerca de seus modelos (para mais aprofundamentos, vide Haywood e Getchell, 2004 e Manoel, 2000), o presente texto se reservará a descrever a sequência de desenvolvimento motor proposta por Gallahue e Ozmun (2001) e sua interação com os processos de crescimento e maturação.

Portanto, de acordo com o apresentado nesta breve introdução, pretende-se, neste capítulo, apresentar os principais aspectos relativos ao crescimento, maturação e desenvolvimento motor de crianças pertencentes à fase da terceira infância e de jovens adolescentes.

Desenvolvimento durante a Terceira Infância e Adolescência

A literatura apresenta diversas nomenclaturas e subdivisões etárias para os diferentes períodos da vida, não havendo uma unanimidade no emprego desses termos e classificações. Um exemplo da falta de unanimidade entre os termos e faixas etárias utilizadas para a determinação da Terceira Infância pode ser observado conforme os seguintes referenciais: Gallahue e Ozmun (2001) — Infância Posterior, entre 6 e 10 anos de idade; Eckert (1993) — Fase Tardia da Infância, entre 6 e 10/12 anos de idade; Barbanti (2003) — Terceira Infância, entre os 7 anos e a puberdade, entre outros.

No presente capítulo, em proximidade com as classificações anteriores, será entendido por Terceira Infância o intervalo de desenvolvimento compreendido entre os 6 e os 12 anos de idade, conforme os referenciais de Papalia e Olds (2000).

A adolescência, por sua vez, dura cerca de uma década, compreendida, aproximadamente, entre os 12 ou 13 até os 20 anos de idade. Mesmo assim, é preciso considerar, de acordo com os distintos ritmos de desenvolvimento, que não é possível adotar uma definição clara e rígida para o ponto de início e de término da adolescência (Papalia e Olds, 2000). Geralmente, admite-se que a adolescência se inicia na *puberdade*. Assim, a adolescência caracteriza-se como uma fase da vida que apresenta uma mistura intensa de mudanças biológicas (por exemplo, mudanças hormonais, maturação óssea, maturação sexual) e comportamentais (por exemplo, independência financeira, emocional, familiar). Em razão da complexidade dessas mudanças, a adolescência é considerada um momento conturbado de desenvolvimento, situado entre a infância e a idade adulta.

Neste sentido, entende-se por *puberdade* as mudanças biológicas que ocorrem durante a *adolescência*. Portanto, *adolescência* e *puberdade* são termos distintos, não representando exatamente o mesmo fenômeno. Enquanto *adolescência* refere-se ao conjunto das mudanças, *puberdade* refere-se exclusivamente às mudanças de caráter biológico que ocorrem durante os anos da *adolescência*.

Crescimento durante a Terceira Infância e a Adolescência

A estatura e o peso corporal são variáveis que despertam o interesse dos profissionais que atuam com o esporte de alto rendimento, em função de sua associação com o desempenho (Weineck, 1991). Ademais, são variáveis largamente utilizadas para o acompanhamento do desenvolvimento humano, caracterizando-se por seguir um padrão sigmoide de desenvolvimento (Guedes e Guedes, 1997; Malina e Bouchard, 1991; Papalia e Olds, 2000), ou seja, em forma de *s*.

O padrão sigmoide de desenvolvimento da estatura e do peso corporal deve-se a oscilações que ocorrem na velocidade de crescimento durante as diferentes fases da vida até a obtenção da estatura adulta. Assim, após um período mais acelerado de crescimento, notado entre 0 e 2 anos de idade, em que meninos e meninas atingem, respectivamente, cerca de 50% e 53% da estatura adulta e, aproximadamente, 12 kg, caracterizando o primeiro estirão de crescimento, ocorre a Segunda Infância, situada entre os 3 e 6 anos de idade e que se caracteriza por um ritmo de crescimento moderado para a estatura e o peso corporal.

Características de Crescimento e Desenvolvimento

Portanto, segundo as observações sobre o processo de crescimento, verifica-se que, conforme a faixa etária, o ritmo de crescimento pode variar, aumentando ou diminuindo de acordo com a fase da vida e com leis biológicas altamente precisas (Guedes e Guedes, 1997). Ademais, cada tecido, órgão e sistema do organismo humano, após o nascimento, tende a seguir padrões próprios de desenvolvimento. Neste sentido, a Figura 2.1 representa as diferenças no ritmo de desenvolvimento de diferentes aspectos do organismo e, a Curva Geral, em particular, refere-se ao desenvolvimento sigmoide descrito para a estatura e o peso corporal, representando os diferentes ritmos de crescimento dessas variáveis entre 0 e 20 anos de idade.

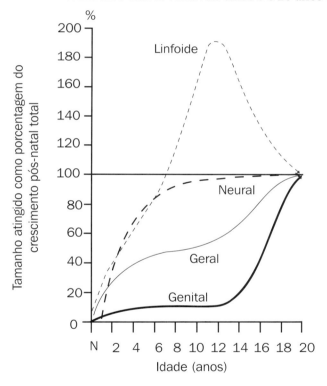

Figura 2.1 – Crescimento e desenvolvimento de diferentes tecidos, órgãos e sistemas do organismo humano (Reimpresso de Tanner, 1962).

Especificamente em relação à Terceira Infância, quando se observa o aumento de estatura e o peso corporal, nota-se que há um ritmo que varia de moderado a lento no incremento dessas variáveis (Papalia e Olds, 2000). Por sua vez, durante a Adolescência, o ritmo de crescimento da estatura e do peso corporal volta a acelerar, caracterizando o Surto de Crescimento Adolescente.

Para ilustração da variação do ritmo de crescimento verificado para a estatura e para o peso corporal do nascimento até os 18/20 anos, além de observar o ritmo da Curva Geral (Figura 2.1), podem ser observadas as curvas de velocidade apresentadas nas Figuras 2.2 e 2.3.

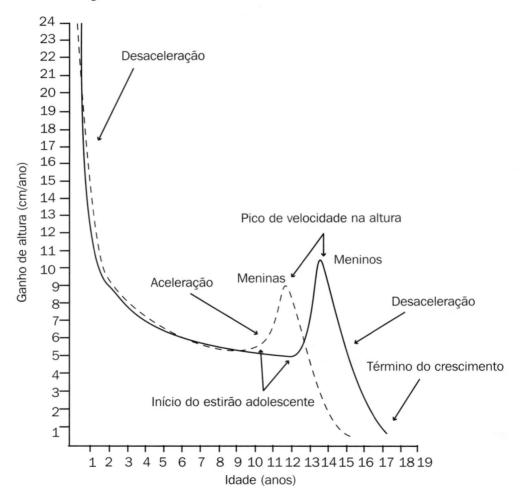

Figura 2.2 – Curvas típicas de velocidade para estatura em meninos e meninas. (Reimpresso de Malina e Bouchard, 1991).

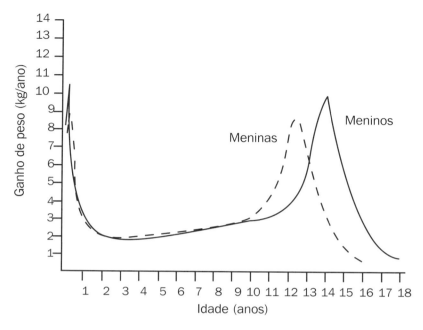

FIGURA 2.3 – Curvas típicas de velocidade para peso corporal em meninos e meninas. (Reimpresso de Malina e Bouchard, 1991).

Desta maneira, a Terceira Infância caracteriza-se por aumentos lentos e estáveis na estatura e no peso corporal da criança. Embora ocorra essa diminuição na velocidade de crescimento em relação às fases anteriores (Primeira e Segunda Infância), não significa que esteja havendo uma paralisação do processo de crescimento nessa fase. Ao contrário, o crescimento nela é consistente (Gallahue e Ozmun, 2001; Malina e Bouchard, 1991), e algumas crianças chegam a ter um incremento de estatura que pode variar entre 2,5 e 7,6 cm a cada ano e ganho de cerca de 2,2 a 3,6 kg ou mais, podendo duplicar seu peso corporal médio (Papalia e Olds, 2000).

Especificamente em relação ao período da adolescência, pode-se notar nas Figuras 2.2 e 2.3 que o ritmo acelerado de passagem pelo Surto de Crescimento Adolescente possui pelo menos 3 fases que levam os sujeitos à obtenção da estatura adulta: (1) início ou aceleração, com meninas iniciando próximas aos 9 anos e meninos aos 11 anos; (2) velocidade pico, com meninas atingindo essa magnitude por volta dos 11 anos e meninos aos 13 anos; e (3) desaceleração, ocorrendo nas meninas por volta dos 13 anos e nos meninos aos 15 anos; além da idade média de obtenção da estatura adulta, nas meninas ocorrendo entre 16 e 18 anos e nos meninos entre 18 e 20 anos.

Ademais, é preciso salientar que, durante o Surto de Crescimento Adolescente, as meninas tendem a estar 2 anos à frente no processo de desenvolvimento biológico (Figuras 2.2 e 2.3), podendo, momentaneamente, trazer vantagens para a estatura e o peso corporal de meninas, quando comparadas a meninos de mesma faixa etária, durante os anos intermediários da adolescência. Posteriormente, com a passagem dos meninos pelo pico de velocidade em estatura, a tendência é que estes ultrapassem os valores médios obtidos anteriormente pelas meninas, tornando o grupo masculino significativamente e definitivamente superior em valores médios de estatura e peso corporal.

Desta forma, em relação aos valores de estatura, peso corporal e, também, a outras variáveis relacionadas à proporcionalidade corporal, composição corporal e desempenho motor, diversos pesquisadores têm apresentado uma proposição de indicadores referenciais, utilizando-se de tabelas e gráficos de percentis. Em um estudo de Böhme e Freitas (1989), foram apresentados percentis de crescimento físico e aptidão física de escolares de 7 a 17 anos, de Viçosa; Marques et al. (1982) apresentaram percentis das variáveis de estatura e peso corporal de escolares de 10 a 19 anos, do município de Santo André/SP; Böhme, Massa e Kiss (2003), em estudo relacionado à utilização de testes de campo em jovens atletas, também sugerem a utilização de tabelas de referência e apresentam percentis de crianças e adolescentes entre 11 e 15 anos de idade, envolvidos em programas de treinamento do projeto Ayrton Senna/ Centro de Práticas Esportivas da Universidade de São Paulo (CEPEUSP).

Recentemente, em um estudo intitulado Projeto Esporte Brasil, realizado parcialmente pelo Laboratório de Desempenho Esportivo — Grupo de Estudo e Pesquisa em Esporte e Treinamento Infantojuvenil da Escola de Educação Física e Esporte da Universidade de São Paulo — Rede CENESP (LADESP-GEPETIJ/ EEFE-USP), acerca do crescimento, composição corporal e desempenho motor de 3.199 crianças e adolescentes da região Centro-Oeste de São Paulo, entre 7 e 16 anos, podem ser verificados os seguintes percentis para peso corporal (Tabela 2.1) e estatura (Tabela 2.2).

Tabela 2.1 – Percentis de distribuição do peso corporal em escolares da região Centro-Oeste do Município de São Paulo

Gênero	Idade	Percentis						
		5	10	25	50	75	90	95
Masculino	7	20,7	21,9	23,3	24,8	28,3	33,2	35,5
	8	21,3	22,3	23,8	26,1	28,7	33,9	36,1
	9	23,0	24,6	27,1	30,8	34,6	39,5	43,1
	10	25,5	27,6	30,6	34,0	39,3	46,8	54,2
	11	28,0	30,2	33,2	37,0	45,6	55,8	66,0
	12	30,9	32,9	36,4	42,2	50,4	61,8	68,5
	13	35,2	37,2	42,7	50,1	58,1	68,3	75,1
	14	41,5	42,7	47,5	54,2	60,9	66,2	75,7
	15	45,5	48,2	53,6	58,9	66,2	73,7	83,8
	16	51,1	53,1	55,6	62,1	67,4	73,5	82,1
Feminino	7	18,4	19,6	21,2	23,7	27,5	30,5	32,4
	8	20,6	22,1	23,3	26,7	31,0	35,5	38,3
	9	22,0	24,4	27,6	31,0	35,9	44,7	53,5
	10	25,5	26,9	29,9	34,3	40,9	47,2	51,1
	11	28,4	30,3	34,2	39,9	47,8	55,7	61,4
	12	33,3	35,0	39,9	45,0	51,2	59,8	66,8
	13	38,2	39,8	43,6	49,4	54,9	62,1	69,8
	14	41,2	44,0	47,0	52,0	59,4	67,5	74,4
	15	43,4	45,7	49,0	53,8	59,0	67,2	71,9
	16	42,6	43,9	48,3	54,4	59,9	64,6	68,6

Tabela 2.2 – Percentis de distribuição da estatura em escolares da região Centro-Oeste do Município de São Paulo

Gênero	Idade	Percentis						
		5	10	25	50	75	90	95
	10	128,4	131,2	135,0	141,3	145,3	148,7	151,0
Masculino	11	133,3	136,4	140,7	145,3	151,2	156,0	159,2
	12	139,3	141,3	146,0	151,5	158,0	163,5	167,0
	13	145,0	150,0	154,5	161,0	165,7	171,3	176,1
	14	152,7	156,0	161,0	167,1	173,0	177,8	180,0
	15	160,0	162,0	166,5	171,0	176,0	180,4	182,3
	16	162,3	165,2	170,0	173,4	177,0	182,4	184,5
Feminino	7	113,1	115,0	118,0	123,0	127,0	130,8	131,8
	8	118,4	120,0	124,0	128,1	132,3	137,3	139,9
	9	122,4	124,6	130,0	135,4	140,2	145,3	150,0
	10	129,5	132,0	136,2	141,0	146,3	150,9	155,0
	11	135,0	138,1	142,6	149,0	153,5	157,4	159,7
	12	142,4	145,6	149,5	154,5	159,0	163,5	165,0
	13	148,3	150,3	153,9	158,0	162,0	166,0	168,5
	14	151,0	152,4	156,0	160,0	164,0	168,3	171,8
	15	151,7	154,0	157,0	161,0	165,2	168,9	170,2
	16	151,5	153,2	156,6	160,3	164,5	169,5	173,5
Masculino	7	117,3	118,4	122,0	125,0	128,8	131,0	133,0
	8	118,9	120,0	124,0	128,5	132,0	136,9	137,5
	9	122,0	125,5	130,5	134,0	137,6	141,0	145,0

Ademais, com o auxílio de tabelas de referência e conforme Malina e Bouchard (1991), entre os 2 e os 3 anos de idade, o padrão de crescimento individual da criança tende a permanecer em certos níveis de percentis e gráficos de referência, ou próximo a eles. Desta maneira, uma criança de 3 anos que apresenta a medida de estatura situada no percentil 75º, provavelmente, continuará ao redor do percentil 75º durante toda a infância (Haywood e Getchell, 2004) e, consequentemente, tenderá a estar nesse mesmo percentil quando da obtenção da estatura adulta. Assim, conforme Malina e Bouchard (1991), pode-se considerar uma determinada estabilidade das dimensões corporais e particularmente da estatura durante o processo de crescimento.

Entretanto, um cuidado especial deve ser guardado em relação à adolescência, em que flutuações acima ou abaixo do percentil registrado nos anos da infância podem surgir em razão de diferentes ritmos individuais (ritmos precoce, normal e tardio) de passagem pelo *pico de velocidade em estatura*. Essas diferenças individuais fazem que, momentaneamente, um pré-adolescente e/ou adolescente possa se encontrar *acima* ou *abaixo* do percentil acompanhado durante o desenvolvimento infantil, indicando portanto, respectivamente, um ritmo *precoce* ou *tardio* de passagem por esse evento, tornando a estimativa da estatura adulta comprometida quando se utiliza como referência apenas a observação momentânea da estatura, sem serem considerados outros indicativos e/ou aspectos maturacionais adjacentes (por exemplo, maturação sexual).

Exemplificando: um garoto de 10 anos que se manteve estável no percentil 50° durante toda infância pode ingressar no seu surto de crescimento e atingir seu pico de velocidade em estatura de forma precoce, atingindo o percentil 75° para a sua idade. Esse percentil 75° observado nessa situação (10 anos de idade) pode ser considerado momentâneo, retratando apenas a precocidade desse garoto na passagem pelo estirão, e não a sua curva original de crescimento. Assim, a tendência é que esse garoto reduza seu ritmo de crescimento (desaceleração) e atinja a sua estatura adulta de forma precoce, voltando à sua curva original de crescimento, ou seja, o percentil 50°. Neste caso exemplificado, o profissional que negligenciar a importância de um acompanhamento longitudinal do incremento da estatura e se utilizar unicamente da observação realizada aos 10 anos de idade irá, equivocadamente, supervalorizar o potencial de estatura do sujeito.

Desta forma, para evitar equívocos de interpretação, além de contar com indicativos maturacionais, os profissionais do esporte que atuam com pré-adolescentes e adolescentes devem estar amparados não só em medidas que retratem o momento, mas, sobretudo, que retratem o processo longitudinal de crescimento da criança/adolescente, identificando os períodos de: (a) aceleração, (b) pico de velocidade e (c) desaceleração do surto de crescimento adolescente (Figura 2.2), permitindo interpretações e estimativas mais precisas em relação ao desenvolvimento da estatura (para mais aprofundamento, vide Malina e Bouchard, 1991).

Particularmente, em relação ao peso corporal, cabe salientar que, embora esse se apresente com um comportamento semelhante ao descrito para estatura, há uma suscetibilidade maior em relação aos fatores extrínsecos (por exemplo, dieta, exercícios, doenças etc.) que podem refletir nas variações observadas em relação ao desenvolvimento do tecido muscular, do tecido adiposo e, consequentemente, do peso corporal (Guedes e Guedes, 1997; Haywood e Getchell, 2004; Malina e Bouchard, 1991).

Proporcionalidade Corporal durante a Terceira Infância e a Adolescência

Apesar de o corpo como um todo seguir um padrão consistente de crescimento sigmoide, algumas partes específicas, tecidos e órgãos podem apresentar taxas de crescimento diferenciadas durante o processo de desenvolvimento (Tanner, 1986). Conforme Haywood e Getchell (2004), cada parte do indivíduo em desenvolvimento possui sua taxa de crescimento precisa e ordenada. Desta forma, a aparência do corpo como um todo pode ser diferenciada nas distintas fases da vida, em razão do ganho mais ou menos representativo de uma ou outra parte específica do corpo.

Conforme a Figura 2.4 (Tanner, 1962), pode-se observar que as proporções entre as diferentes partes do corpo variam durante o processo de crescimento até a obtenção do padrão adulto.

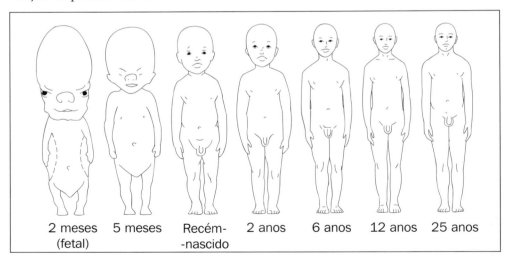

FIGURA 2.4 – Crescimento e desenvolvimento das diferentes proporções do corpo humano. (Reimpresso de Tanner, 1962).

Particularmente em relação à Terceira Infância, período compreendido entre os 6 e os 12 anos de idade, de acordo com o observado na Figura 2.4, nota-se que o referido período não apresenta grandes alterações em relação às diferentes partes do corpo. Conforme Gallahue e Ozmun (2001), neste período da vida, as alterações na estrutura corporal são pequenas, sendo este momento da infância caracterizado por uma fase de *alongamento e de preenchimento*, antes da chegada do crescimento pubertário.

Ainda acompanhando a Figura 2.4, apenas para estabelecer um paralelo em relação ao que pode ser observado nos períodos anteriores da infância, percebe-se que no recém-nascido a dimensão da cabeça é bastante representativa, correspondendo, aproximadamente, a ½ ou ¼ de seu comprimento (Guedes e Guedes, 1997). Por sua vez, entre os 2 e os 6 anos de idade, a criança passa por um incremento mais acentuado dos membros inferiores em relação ao tronco, tornando-se a criança mais "esguia" e mais próxima da configuração adulta em relação às proporções de cabeça, tronco e membros.

Especificamente em referência à adolescência, embora, teoricamente, não sejam descritos grandes ajustes em relação à proporcionalidade corporal, na prática, alguns adolescentes podem manifestar, individualmente, alterações aceleradas e discrepantes em determinados segmentos corporais, provocando desajustes no padrão de crescimento observado para as diferentes partes do corpo.

Crescimento, Proporcionalidade Corporal e Desempenho Motor de Meninos e Meninas na Terceira Infância e na Adolescência

Nos itens anteriores, foram apresentados, respectivamente, os fatores gerais de crescimento e proporcionalidade corporal característicos da Terceira Infância e Adolescência. Entretanto, uma pergunta habitual costuma estar presente, a fim de se indagar sobre possíveis diferenças entre os gêneros masculino e feminino em termos de crescimento, proporcionalidade e desempenho motor. Há de se considerar, ainda, que não seria improvável adquirir respostas apontando para uma superioridade do gênero masculino em todas essas variáveis. Afinal, do ponto de vista popular, o homem é quem carrega a tradição de ser mais alto, mais pesado, mais forte e, portanto, detentor de melhores desempenhos em tarefas motoras que exijam força, velocidade e potência. Assim, se por um lado há a prerrogativa de que o homem é superior nessas variáveis e tarefas, por outro, o que dizer quando temos em foco crianças com idades entre 6 e 12 anos e adolescentes?

Desta forma, ao considerar o grupo relativo à faixa etária compreendida entre os 6 e os 12 anos, Gallahue e Ozmun (2001), Guedes e Guedes (1997) e Malina e Bouchard (1991) corroboram ao observar que em relação às variáveis de crescimento, composição corporal e desempenho motor, as diferenças notadas entre os gêneros masculino e feminino tendem a não ser significativas.

Conforme Malina e Bouchard (1991), entre os 6 e os 10 anos existe uma ligeira superioridade dos meninos em referência às meninas quando são observadas as variáveis de estatura e peso corporal. Corroborando com as pesquisas descritas por Malina e Bouchard (1991), diferentes estudos têm apontado que no período final da Terceira Infância, ou seja, entre os 10 e os 12 anos de idade, as meninas é que superam os meninos e passam a ter uma ligeira vantagem para os valores de estatura e peso corporal (Gallahue e Ozmun, 2001). Esse comportamento também pode ser observado nos resultados encontrados por Guedes e Guedes (1997), em uma amostra de crianças brasileiras do município de Londrina — Paraná, onde, conforme os autores, aos 7 anos de idade os meninos possuem uma estatura ligeiramente mais elevada, porém, as meninas tornam-se mais altas aos 10 anos, estabelecendo um cruzamento entre as curvas de crescimento.

Assim, Gallahue e Ozmun (2001) acrescentam que o fator que pode estar provocando esse tipo de cruzamento entre as curvas é que, no período final da Terceira Infância, existe uma tendência de as meninas estarem 1 ano à frente no desenvolvimento biológico, quando comparadas aos meninos. Essa precocidade do gênero feminino no processo de desenvolvimento seria capaz de provocar uma inversão de posição entre as curvas que, nesse período, cabe salientar, ainda não é capaz de gerar uma diferença significativa entre meninos e meninas, mas sugere que o processo merece ser acompanhado e que mudanças mais representativas podem surgir no período subsequente do desenvolvimento.

Portanto, de acordo com as considerações realizadas acerca de possíveis diferenças entre a estatura e o peso corporal de meninos e meninas no período da Terceira Infância, pode-se considerar que as diferenças notadas não são significativas, tornando meninos e meninas um grupo semelhante para essas variáveis.

Durante os anos da adolescência e, sobretudo, após a passagem pelo Surto de Crescimento Adolescente, a tendência é que os meninos apresentem valores significativamente superiores para estatura e peso corporal, quando comparados às meninas. Em relação à composição corporal, a liberação dos hormônios masculino (testosterona) e feminino (estrógeno) será capaz de trazer mudanças para a configuração corporal de meninos e meninas. Em razão da presença desses hormônios, os meninos apresentarão maior desenvolvimento do tecido muscular, enquanto as meninas irão manifestar maiores concentrações de tecido adiposo nas regiões de mamas, quadril e coxas.

Corroborando essa perspectiva, na Figura 2.5, são mostradas as curvas de crescimento em peso corporal e estatura medidas nos jovens participantes do Projeto Esporte Brasil (LADESP — GEPETIJ/EEFEUSP — CENESP). Recorrendo à Análise de Variância (anova), foram observadas diferenças estatisticamente significantes ($p<0.1$) na variável do peso corporal somente a partir dos 15 anos de idade, com superioridade do gênero masculino. Quanto à estatura, as meninas foram significantemente superiores ($p<0.01$) aos 11 e 12 anos de idade, e, a partir dos 13 anos, o gênero masculino passou a ter uma superioridade estatisticamente significante. Considerando esses resultados, pode-se admitir que, durante a Terceira Infância, não existem diferenças no tamanho corporal que justifiquem o fato de agru-

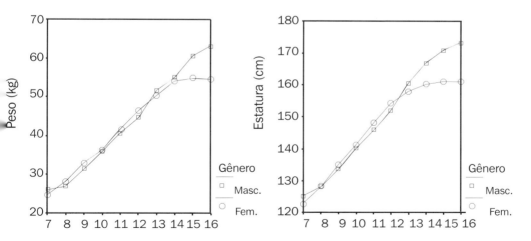

FIGURA 2.5 – Valores médios do Peso Corporal e da Estatura, de acordo com a faixa etária, em escolares da região Centro-Oeste do Município de São Paulo.

par os jovens de acordo com o gênero durante a prática de atividades esportivas. Tal divisão só seria justificável a partir da adolescência, aproximadamente, entre os 13 e os 14 anos de idade.

Especificamente em relação à proporcionalidade corporal durante a Terceira Infância, Gallahue e Ozmun (2001) comentam que, embora não haja um processo de grandes alterações nas estruturas corporais, quando se observa meninos e meninas pode-se verificar que ambos possuem o crescimento dos membros maior do que o do tronco. Porém, os meninos tendem a ter membros inferiores e superiores mais compridos, em contrapartida, as meninas tendem a ter maiores dimensões de quadril e coxas, indicando o direcionamento para a caracterização do corpo feminino, que se tornará efetivo durante os anos da adolescência.

Em relação ao desempenho motor, ao se considerar que, em termos de estatura, peso corporal, proporcionalidade corporal e composição corporal, meninos e meninas tendem a ser semelhantes durante a Terceira Infância (Gallahue e Ozmun, 2001; Guedes e Guedes, 1997; Malina e Bouchard, 1991), espera-se que o desempenho em testes motores também se manifeste de forma semelhante. Assim, teoricamente, em função das semelhanças presentes na constituição física e composição corporal, meninos e meninas teriam condições similares de desempenho na Terceira Infância e, em caso de interesses e oportunidades compatíveis, poderiam participar juntos de diversas atividades planejadas para essa faixa etária, inclusive de treinamento.

Entretanto, diferentemente dos pressupostos teóricos anteriormente citados, em relação ao Projeto Esporte Brasil (LADESP — GEPETIJ/EEFE-USP — CENESP), as medidas de aptidão física (Figura 2.6) apresentaram diferenças significantivas (p<0,01) a favor dos meninos nos testes indicativos de potência dos membros inferiores (salto horizontal), agilidade (teste do quadrado), velocidade (20 m de corrida retilínea) e resistência aeróbia (corrida de 9 minutos).

Os meninos apresentaram vantagem significativa em todas as faixas etárias, com a magnitude das diferenças aumentando com a evolução da idade cronológica. Comparando as diferentes faixas etárias dentro do mesmo gênero, observou-se uma evolução constante do nível de aptidão física entre os meninos. Já para as meninas, de modo geral, o aumento da idade cronológica não foi acompanhado de uma evolução no nível de aptidão física durante a puberdade, em que se percebe uma estabilização dos resultados.

Desta maneira, o fato de os meninos terem tido um desempenho superior nas variáveis de aptidão física, desde as idades iniciais (entre 7 e 12 anos), pode ser um indicativo importante de um maior acesso à prática de atividades físicas por parte do gênero masculino, e não, necessariamente, de uma superioridade legítima na capacidade motora, indicando que uma provável discriminação entre as atividades praticadas por meninos e meninas na referida amostra pode estar contribuindo para a diferenciação do desempenho dos gêneros masculino e feminino.

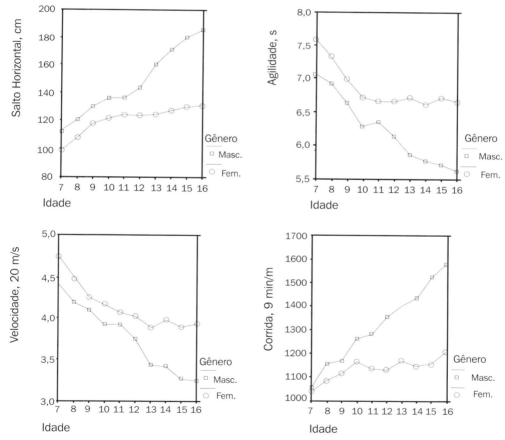

Figura 2.6 – Valores médios dos indicativos de potência, agilidade, velocidade e resistência em escolares de diferentes faixas etárias da região Centro-Oeste do Município de São Paulo.

89

Em relação ao período da adolescência, nota-se a influência da associação do incremento da testosterona e, consequentemente, da muscularidade na evolução do desempenho dos meninos. Nas meninas, corroborando com Malina e Bouchard (1991), pode ser observada a tendência de estabilização do nível de aptidão física, explicada pelo incremento dos estrógenos e consequente formação do corpo feminino, envolvendo o aumento da concentração de tecido adiposo na região das mamas, do quadril e das coxas.

Desenvolvimento Motor durante a Terceira Infância e a Adolescência

Gallahue e Ozmun (2001) propuseram um modelo teórico de desenvolvimento motor. Nesse modelo, o desenvolvimento motor revela-se, basicamente, por mudanças no comportamento motor ao longo das diferentes fases da vida (Benda, 1999; Gallahue e Ozmun, 2001).

Desta forma, bebês, crianças, adolescentes e adultos estão envolvidos, ao longo do ciclo da vida, em um processo permanente de desenvolvimento motor, necessitando aprender a mover-se com controle e competência, em reação a desafios enfrentados diariamente, em um mundo de constantes mudanças. Entretanto, conforme Manoel (1998), como essas mudanças se manifestam com maior evidência durante os anos da infância, este campo de conhecimento parece se identificar mais com os profissionais que atuam com crianças.

Neste sentido, Benda (1999) destaca que algumas áreas de atuação profissional não têm considerado o conhecimento em desenvolvimento motor como essencial, e, entre elas, o treinamento esportivo pode ser citado, por atuar diretamente com sujeitos em idade adulta. Contudo, esse quadro vem se modificando, e observa-se um maior interesse por parte dos profissionais que atuam com treinamento esportivo em obter e aprofundar os conhecimentos em desenvolvimento motor (Benda, 1999). Esse interesse pode ser justificado pela fundamentação e reconhecimento de que o treinamento esportivo é um processo de longo prazo, considerando as fases de *detecção*, *seleção* e *promoção* de talentos esportivos.

De acordo com a Figura 2.7, podem ser observadas as diferentes fases do desenvolvimento motor propostas por Gallahue e Ozmun (2001).

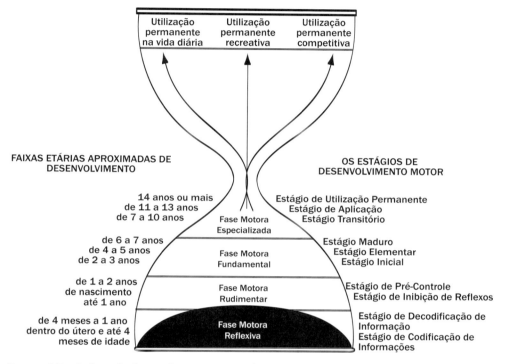

FIGURA 2.7 – As fases do desenvolvimento motor. (Reimpresso de Gallahue e Ozmun, 2001).

Conforme a figura apresentada, nota-se uma representação em forma de ampulheta, composta por quatro fases (interior da figura), com cada fase apresentando estágios particulares de desenvolvimento (lado direito da figura), com suas respectivas faixas etárias (lado esquerdo da figura).

Considerações sobre a Fase Motora Fundamental

Ao focalizar na ampulheta a fase de desenvolvimento motor característica de crianças entre 6 e 12 anos de idade (Terceira Infância), pode ser identificado na Figura 2.7 um momento de transição entre a Fase Motora Fundamental e a Fase Motora Especializada.

Assim, após passagens anteriores pela Fase Motora Reflexiva e pela Fase Motora Rudimentar, caracterizadas por um forte determinante maturacional (para mais aprofundamento, consulte Gallahue e Ozmun, 2001), crianças de 2 anos ingressariam na Fase Motora Fundamental.

Especificamente em relação à Fase Motora Fundamental, de acordo com os estágios observados, crianças entre 6 e 7 anos teriam prontidão para estar no estágio maduro das habilidades fundamentais (ou básicas), desde que o bebê/criança tenha recebido estímulos quantitativa e qualitativamente adequados nas fases anteriores.

Deste modo, a Fase Motora Fundamental refere-se ao momento da vida em que o desenvolvimento das habilidades fundamentais deveria estar presente. Assim, são exemplos de habilidades fundamentais os movimentos relativos ao andar, correr, saltar, trepar, girar, rolar, arremessar, receber, rebater, chutar, quicar, entre outros.

Por sua vez, o Estágio Maduro da Fase Motora Fundamental representa o momento em que uma determinada habilidade fundamental atinge um grau de execução caracterizado por desempenhos mecanicamente eficientes, coordenados e controlados.

Assim, embora algumas crianças possam atingir o Estágio Maduro através da interação natural entre o processo maturacional e um mínimo de influências ambientais, a maioria precisará de oportunidades para a prática, encorajamento e instrução em um ambiente que promova o aprendizado (Gallahue e Ozmun, 2001).

Conforme Gallahue e Ozmun (2001), sem essas oportunidades seria virtualmente impossível um sujeito atingir o Estágio Maduro de uma determinada habilidade, inibindo a aplicação e o desenvolvimento dessa habilidade em períodos posteriores.

Desta forma, para que os processos de formação esportiva sejam efetivos, não dá para deixar que a aquisição de habilidades ocorra por obra do acaso. Apesar de a rua, o quintal de casa, os parques e os pátios das escolas serem locais onde as oportunidades de prática de habilidades podem surgir, incluindo a participação de colegas e até, ocasionalmente, dos próprios pais, é improvável que esses espaços por si sós e a iniciativa individual de alguns pais e colegas sejam autossuficientes no processo de desenvolvimento de inúmeras habilidades e suas múltiplas combinações. Embora sejam espaços e opções atraentes, nem todas as crianças terão, necessariamente, pais e colegas envolvidos nesse processo, uma rua amistosa e segura, um quintal para a prática ou tampouco um parque nas proximidades. Ademais, mesmo que houvesse a presença ótima de todos esses espaços, ainda haveria a necessidade de profissionais devidamente fundamentados para o trabalho relacionado ao desenvolvimento do repertório motor das crianças.

O envolvimento espontâneo, familiar e casual é bem-vindo ao processo de desenvolvimento motor. Mas, se todos concordam que não podemos deixar que a alfabetização ocorra por obra do acaso, na casa de cada criança, na rua ou no parque também não se pode deixar que o processo de desenvolvimento motor fique entregue à "sorte", afinal, em nosso país, ainda há um número considerável de pessoas que morrem sem saber ler e escrever o próprio nome — retrato absoluto da falta de oportunidade, instrução e encorajamento que ainda perdura no segmento educacional.

O processo de desenvolvimento motor é de competência do profissional de educação física e esporte, e assim como o processo de alfabetização, deve se dar formalmente na escola e abranger todas as crianças. O processo de aquisição de habilidades também deve considerar, em sua formalidade, a educação física escolar e os demais espaços por onde a criança tem oportunidade de se engajar, seja em programas de associações particulares (clubes), escolas de esporte e/ou centros esportivos comunitários. Desta maneira, é função do profissional de educação física e esporte planejar, aplicar e avaliar programas que contenham como objetivo o amplo desenvolvimento motor de crianças, desde as fases pré-escolares, e adolescentes.

Portanto, as fases do desenvolvimento motor propostas por Gallahue e Ozmun (2001) não devem ser interpretadas de forma rígida e automática e, tampouco, referenciadas apenas à idade cronológica. Ou seja, em termos de desenvolvimento motor, as oportunidades apresentadas pelo meio ambiente e as vivências e experiências adquiridas ao longo do ciclo da vida são decisivas, e vão determinar a efetividade na obtenção das habilidades e a magnitude do acervo motor do indivíduo.

Desempenho Esportivo:
Treinamento com crianças e adolescentes

É possível acrescentar, portanto, que uma criança que passe pela fase entre 2 e 7 anos de idade sem ter sido apresentada para a diversidade de movimentos e desdobramentos decorrentes das distintas habilidades fundamentais, corre o risco iminente de não apresentar estágios maduros de desenvolvimento motor para inúmeras habilidades. Desta forma, ao permanecer nesse quadro de falta de oportunidades, instrução e encorajamento, um determinado sujeito pode, mesmo em idades mais avançadas, apresentar estágios iniciais e/ou elementares de desenvolvimento, dificultando o progresso encadeado da sequência de desenvolvimento motor.

Considerações sobre a Fase Motora Especializada

De acordo com o apresentado no item anterior, pode-se inferir que a Fase Motora Especializada ocorre em decorrência do grau de integralidade adquirido durante a Fase Motora Fundamental. Assim, uma criança que durante a Fase Motora Fundamental teve oportunidade, instrução e encorajamento para se aproximar e vivenciar uma gama diferenciada de habilidades fundamentais tende a manifestar estágios maduros e a possuir, em seu acervo motor, um amplo repertório de movimentos adquiridos que podem ser, futuramente, utilizados na aprendizagem de movimentos mais elaborados e complexos. Simbolicamente, essa criança teria à sua disposição uma "caixa de ferramentas repleta de itens" para construir movimentos complexos.

Portanto, a Fase Motora Fundamental seria o momento em que os profissionais de educação física e esporte deveriam se preocupar com a inserção de ferramentas no acervo motor da criança, na qual cada habilidade apresentada e desenvolvida seria uma nova ferramenta disponível para construções motoras futuras.

Além disso, outro fator que merece ser comentado, e que favorece a Fase Motora Especializada na combinação, refinamento e consolidação de habilidades adquiridas, refere-se aos padrões de crescimento, proporcionalidade corporal e desempenho motor anteriormente citados. Ou seja, considerando que os Estágios Transitório e de Aplicação ocorrem entre os 7 e os 12 anos de idade, há a presença marcante e integrada de fatores relacionados ao ritmo de crescimento lento, à pouca alteração das proporções corporais e ao incremento gradual do desempenho motor, que contribuem para uma pronta adaptação (autoajuste) da criança em relação ao espaço e aos objetos, e dela própria em relação às suas dimensões e capacidades.

Portanto, ao contrário do observado durante a Adolescência — em que o ritmo acelerado de desenvolvimento e, por vezes, desajustado entre as distintas partes do corpo, leva alguns adolescentes a precisar de tempo para se ajustarem às dimensões adquiridas —, o ritmo destacado de desenvolvimento da Terceira Infância — *lento, consistente e gradual* — permite que a criança, nessa fase da vida, esteja muito bem adaptada em relação às suas dimensões corporais e ao emprego de suas capacidades físicas no espaço que percorre, sendo um momento sensível para a introdução, o refinamento, a combinação e a consolidação das habilidades adquiridas.

Desta forma, durante o Estágio Transitório da Fase Motora Especializada seria o momento em que a criança, com o alicerce nos estágios maduros adquiridos anteriormente, receberia a oportunidade de combinar, refinar e aplicar as habilidades motoras fundamentais ao desempenho de habilidades motoras especializadas em modalidades esportivas e ambientes recreacionais.

Interpreta-se, portanto, que *Fase Motora Especializada* não é sinônimo de Especialização Precoce Unilateral, ou seja, de forma geral, ainda não é o momento de submeter a criança a processos unilaterais e sistemáticos de treinamento em um número reduzido de habilidades e combinações envolvidas. É preciso sim, aproveitar este momento ímpar e oferecer oportunidade para combinar de maneiras múltiplas o emprego das diferentes habilidades em função da resolução de problemas motores variados (por exemplo, correr-arremessar; correr-saltar-arremessar; correr-girar-receber--saltar-arremessar; girar-saltar-rebater-correr-receber-saltar-arremessar etc.).

Desta forma, o Estágio Transitório da Fase Motora Especializada poderia contar, em seu desenvolvimento, com uma gama variada de opções de prática relacionada a brincadeiras, pequenos e grandes jogos, bem como ao emprego de elementos das modalidades esportivas como um meio de atrair as crianças para a prática e, de forma planejada e fundamentada, utilizar uma relativa descaracterização de movimentos extraídos de diferentes modalidades, aproveitando seus gestos, propriedades, variações, espaços e materiais para combinar e refinar habilidades na execução de movimentos gradualmente mais complexos — em ambientes variados, com estímulo da criatividade e com diferentes possibilidades de resolução de problemas, sem se preocupar em restringir graus de liberdade na execução de padrões altamente determinados e estereotipados de movimentos. Essa estratégia pode ser aplicada em diferentes contextos, sendo sua utilização compatível em ambientes escolares, recreativos e até em estruturas esportivas que tenham sido planejadas para a *promoção* de futuros talentos para o esporte de alto rendimento.

O Estágio de Aplicação, altamente dependente dos estágios anteriormente contextualizados, tem possibilidade de ocorrer entre os 11 e os 13 anos de idade e refere-se ao momento em que a experiência motora adquirida permite realizar a aprendizagem e a aplicação das habilidades em situações específicas como as modalidades esportivas, a dança, as atividades recreativas e até mesmo profissionais (Benda, 1999).

Em seguida, por volta dos 14 anos, após a criança/pré-adolescente ter passado por uma gama variada de experiências motoras, seria o momento indicado para aperfeiçoamentos específicos dentro das modalidades esportivas e/ou atividades recreativas de interesse. E, no caso do esporte de alto rendimento, seria o momento de envolver pré-adolescentes em processos de treinamento sistemático, de acordo com as potencialidades detectadas e selecionadas por profissionais capacitados, levando em consideração o interesse e a motivação do pré-adolescente pelo envolvimento em um processo de treino em longo prazo e competições, visando à promoção do talento esportivo específico.

Considerações sobre o Desenvolvimento Pubertário

Particularmente durante o período pubertário, ocorrem transformações biológicas acentuadas em termos de crescimento e maturação, promovendo mudanças no aspecto físico, interferindo até no desempenho motor do jovem (Bastos e Hegg, 1986; Beunen, 1989; Beunen e Malina 1996; Guedes e Guedes, 1996; Jones, Hitchen e Stratton, 1999; Katzmarzyk, Malina e Beunen, 1997; Malina, 1988; Malina e Bouchard, 1991; Malina e Beunen, 1996). Nesse período, há a ocorrência, entre outros, de dois fenômenos biológicos importantes: (i) o surto de crescimento em estatura e peso corporal (Figuras 2.2 e 2.3) e (ii) a maturação sexual do adolescente. Portanto, a despeito do relatado sobre o conceito de maturação na introdução deste capítulo, adolescentes poderão apresentar o estirão em estatura e peso corporal e a maturação sexual em ritmos distintos, dando origem a diferentes velocidades de desenvolvimento maturacional e, por sua vez, caracterizando ritmos precoces, normais e tardios de desenvolvimento. Como consequência, esses ritmos distintos podem interferir decisivamente no desempenho motor e, invariavelmente, no desempenho esportivo de um jovem atleta.

Desta forma, embora exista uma idade média de passagem por esses eventos da puberdade, ao redor dessa média pode haver uma variação importante, capaz de fazer que adolescentes de uma mesma idade cronológica estejam em pontos totalmente distintos dos processos de crescimento e maturação biológica.

Como foi destacado anteriormente, para o surto de crescimento adolescente e suas diferentes fases, apresenta-se algo em torno das seguintes idades médias para meninas e meninos (e as meninas tendem a ser 2 anos mais precoces em todas as fases), respectivamente: (a) início da aceleração — 9 e 11 anos; (b) pico de velocidade em estatura — 11 e 13 anos; (c) desaceleração — 13 e 15 anos (Malina e Bouchard, 1991). Entretanto, ao redor dessas idades médias podem existir variações, fazendo que adolescentes de uma mesma idade cronológica tenham completado todo processo do surto de crescimento antes que outros adolescentes, de mesma idade, tenham sequer começado.

O mesmo fenômeno pode ocorrer em relação à maturação sexual. Embora exista uma idade média de passagem pelos diferentes estágios da maturação sexual (pré-púbere: entre 10 e 13 anos; púbere: entre 13 e 16 anos; pós-púbere: entre 16 e 18/20 anos), pode ocorrer que, individualmente, um determinado sujeito esteja aos 14 anos em um estágio pós-púbere, sendo considerado precoce para a sua idade e um outro sujeito, também com a mesma idade, esteja em um estágio pré-púbere, sendo considerado tardio para a sua idade.

Desta maneira, durante a puberdade, a variabilidade nas características físicas entre indivíduos de uma mesma idade cronológica pode ser muito grande. Por esse mesmo motivo, a idade cronológica por si só não é suficiente para determinar e explicar o estágio maturacional individual de um adolescente e suas possíveis relações com a aptidão física.

Em outras palavras, se a avaliação da maturação biológica não for levada em consideração, não será possível interpretar se um determinado desempenho está ocorrendo em função do estágio maturacional ou da capacidade diferenciada do indivíduo para aquela atividade. Complementando, na área esportiva, não será possível explicar se um determinado sujeito pode ser considerado um talento pelo que apresenta ou se o que é demonstrado no desempenho é apenas fruto da sua precocidade, um traço momentâneo, por vezes inconsistente, e válido apenas por um período curto de tempo.

Para minimizar esse tipo de erro de interpretação, torna-se fundamental a utilização de técnicas que permitam estimar a idade biológica desses indivíduos. Entre os procedimentos utilizados para a estimativa da idade biológica que são descritos na literatura, pode-se citar: (a) maturação sexual — idade de aparecimento das características sexuais secundárias; (b) maturação morfológica — idade de alcance de diferentes proporções em relação à estatura adulta; (c) maturação dental — idade de erupção de dentes temporários e permanentes; e (d) maturação esquelética — idade de ossificação e fusões epifisiais (Guedes e Guedes, 1997; Malina e Bouchard, 1991; Rowland, 1996).

Com base em tais pressupostos, uma técnica que tem sido utilizada para o estabelecimento da idade biológica durante os períodos púberes é a avaliação da maturação sexual, de acordo com os estágios propostos por Tanner (1962). É preciso enfatizar que a utilização da maturação sexual como indicativo da idade biológica é especialmente importante, em razão da íntima relação notada entre os ritmos de desenvolvimento da Curva Genital e da Curva Geral durante o período da adolescência. Conforme a Figura 2.1, pode-se observar que ambas as curvas apresentam, na fase adolescente, o mesmo ritmo acelerado de desenvolvimento. Portanto, pode-se inferir que um adolescente precoce para o desenvolvimento das características sexuais secundárias (Figura 2.1, indicativo de Curva Genital precoce), também será precoce para o desenvolvimento da sua estatura (Curva Geral), ou seja, a relação entre ambas as curvas ocorre de maneira que quanto mais adiantado o desenvolvimento genital, mais adiantado e próximo da estatura adulta o sujeito estará.

Assim, meninas e meninos precoces tendem a atingir a estatura adulta mais cedo e, em contrapartida, a apresentar valores médios de estatura adulta inferiores a meninos e meninas tardios.

Por sua vez, meninos precoces, devido ao incremento da testosterona na puberdade, tendem a apresentar, momentaneamente, maiores valores de estatura, peso corporal, muscularidade, força, velocidade e potência. Consequentemente, tendem a possuir melhores resultados em testes de desempenho e em modalidades esportivas que envolvam essas capacidades. Neste caso, aquele profissional de educação física e esporte que negligenciar as informações decorrentes dos diferentes ritmos de desenvolvimento maturacional durante a puberdade correrá o risco de promover interpretações equivocadas sobre o diagnóstico e o prognóstico do desempenho, trazendo prejuízos para os sujeitos e comprometendo o processo de promoção de talentos.

Entretanto, a utilização da avaliação da maturação sexual ainda é irrisória diante da dimensão da sua importância nesse período. Uma das causas desse comportamento pode ser atribuída à dificuldade de se realizar essa medida em larga escala (necessidade de médico especializado, local adequado, entre outros) e, além disso, em boa parte dos casos, o constrangimento gerado por esse tipo de avaliação (necessidade de colocar-se seminu diante do observador médico), acaba causando a inibição e o desconforto do avaliado, fomentando no pesquisador o questionamento sobre a aplicação desse recurso.

Diante disso, com o intuito de diluir e amenizar esses problemas, o LADESP — GEPETIJ/EEFE-USP — em consonância com outros estudos (Duke, Litt e Gross, 1980; Doimo et al., 1997; Matsudo e Matsudo, 1991; 1993; 1994), tem testado e sugerido a realização da avaliação da maturação sexual por meio do procedimento de autoavaliação das características sexuais secundárias. Isto é, a própria criança e/ou adolescente, com explicação prévia do profissional de educação física e esporte capacitado, é quem indica o estágio maturacional que está naquele momento, sem necessidade de observação médica e isenta da situação constrangedora de encontrar-se despida.

A respeito dessa abordagem, o LADESP—GEPETIJ/EEFE-USP — com base nos estudos publicados por Doimo et al. (1997); Bojikian et al. (2002) e Martin et al. (2001), tem adotado a aplicação do procedimento de autoavaliação, utilizando-se do recurso das *Pranchas de Tanner*, porém, com um novo delineamento: ao invés de fotos dos estágios maturacionais (teoricamente mais constrangedoras), tem sido utilizados desenhos compatíveis aos referidos estágios (Morris e Udry, 1980), atenuando ainda mais um possível constrangimento na aplicação desse procedimento.

Assim, nas Figuras 2.8, 2.8(1), 2.9 e 2.9(1) podem ser observados os modelos de fichas utilizadas pelo LADESP–GEPETIJ/EEFE–USP para autoavaliação da maturação sexual masculina e feminina. Conforme as figuras, é possível verificar que existem 5 estágios maturacionais (1 até 5) a serem observados em relação: (i) ao desenvolvimento de mamas — M1, M2, M3, M4, M5 (Figura 2.8); (ii) ao desenvolvimento da pilosidade pubiana feminina — P1, P2, P3, P4, P5 (Figura 2.8.(1)); (iii) ao desenvolvimento dos genitais masculinos — G1, G2, G3, G4, G5 (Figura 2.9); e (iv) ao desenvolvimento da pilosidade pubiana masculina — P1, P2, P3, P4, P5 (Figura 2.9(1)). Além de assinalar os estágios correspondentes ao momento atual de desenvolvimento, há também as fichas-campos para serem preenchidas a respeito das idades de menarca (1ª menstruação) e espermarca (1ª ejaculação).

Posteriormente, com posse dessas informações, o profissional de educação física e esporte pode verificar quais sujeitos apresentam ritmo de desenvolvimento *normal*, *precoce* ou *tardio*.

Como referencial de interpretação, em relação à nomenclatura adotada e às faixas etárias médias correspondentes aos diferentes estágios maturacionais, pode-se acrescentar que o estágio *1* — representa sujeitos entre 10 e 13 anos, classificados como *pré-púberes*; os estágios *2, 3 e 4* — sujeitos entre 13 e 16 anos, classificados como *púberes*; e o estágio *5* — sujeitos entre 16 e 20 anos, classificados como *pós-púberes*.

Assim, entende-se por *pré-púbere* aquele sujeito que, independentemente da idade, esteja em um estágio anterior ao início das transformações das características sexuais secundárias. Por *púbere*, entende-se o sujeito que está passando pelo conjunto de transformações da puberdade. E *pós-púbere* refere-se ao sujeito que já passou pelas mudanças decorrentes do processo pubertário e, portanto, já está em um estágio maduro de desenvolvimento.

Exemplificando, se um determinado garoto de 14 anos apresentar uma autoavaliação da maturação sexual indicando estágios P5 e G5 de desenvolvimento e ocorrência de espermarca aos 11 anos, isso indicará que ele já está em um estágio *pós-púbere* de desenvolvimento. Desta forma, pode-se inferir que esse garoto já teve seu grande incremento de testosterona, mudou a voz, adquiriu pilificação corporal, passou pelo pico de velocidade em estatura, aumentou a quantidade de massa muscular e já deve estar muito próximo da sua estatura adulta.

Características de Crescimento e Desenvolvimento

NOME:_____ MODALIDADE_____
IDADE:_____ PERÍODO:_____ DATA:_____

JÁ TEVE A PRIMEIRA MENSTRUAÇÃO?
( ) SIM; com quantos anos?_____   ( ) NÃO

Compare-se com cada figura e assinale com um X a que você se acha mais parecida.

ESTÁGIO DE DESENVOLVIMENTO DE MAMAS

M1   M2   M3   M4   M5

seio   mamilo
auréola

M1	M2	M3	M4	M5
• O mamilo tem pequeno relevo.	• Estágio do broto mamário — aumento do diâmetro da auréola.	• A auréola e o seio são maiores do que em M2.	• A auréola e o mamilo sobressaem sobre o seio.	• Estágio adulto.
• O seio é ainda plano.	• Maior relevo do mamilo do que em M1.	• Similar ao seio adulto pequeno.	• Algumas garotas não apresentam este estágio, indo direto do M3 para o M5.	• Somente o mamilo sobressai; a auréola toma a forma do seio.
• Estágio infantil.	• O seio tem uma pequena elevação.			
	• Início da puberdade.			

FIGURA 2.8 – Modelo de ficha utilizada pelo LADESP – GEPETIJ/EEFE – USP na avaliação dos estágios de desenvolvimento de mamas. (Adaptado de Morris e Udry, 1980).

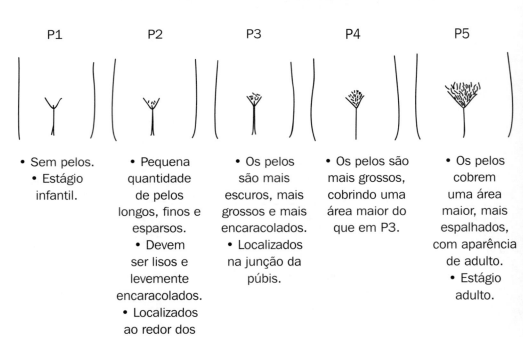

Figura 2.8(1) – Modelo de ficha utilizada pelo LADESP – GEPETIJ/EEFE – USP na avaliação dos estágios de desenvolvimento da pilosidade pubiana feminina. (Adaptado de Morris e Udry, 1980).

Características de Crescimento e Desenvolvimento

NOME:_____MODALIDADE_____

IDADE:_____PERÍODO:_____DATA:_____

PRIMEIRA EJACULAÇÃO JÁ OCORREU?

(   ) SIM; com quantos anos? _____   (   ) NÃO

Compare-se com cada figura e assinale com um X a que você se acha mais parecido.

ESTÁGIOS DE DESENVOLVIMENTO DOS GENITAIS MASCULINOS

G1	G2	G3	G4	G5
• Estágio infantil.	• Os testículos e o escrotos são maiores. •A pele do escroto muda de textura. • O escroto fica mais para baixo. • O pênis torna-se um pouco maior. • Início da puberdade.	• Aumento do comprimento do pênis. • Os testículos são maiores e mais baixos do que em G2.	• Aumento da largura e do comprimento do pênis. • O escroto escurece e aumenta, em virtude do aumento dos testículos. • A glande desenvolve-se, aumentando o tamanho.	• Aspecto adulto.

FIGURA 2.9 – Modelo de ficha utilizada pelo LADESP – GEPETIJ/EEFE – USP na avaliação dos estágios de desenvolvimento dos genitais masculinos. (Adaptado de Morris e Udry, 1980).

Compare-se com cada figura e assinale com um X a que você se acha mais parecido.
ESTÁGIOS DE PILOSIDADE PUBIANA MASCULINA

P1	P2	P3	P4	P5
			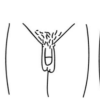	
• Sem pelos. • Estágio infantil.	• Pequena quantidade de pelos longos, finos e esparsos. • Devem ser lisos e levemente encaracolados. • Localizados na base do pênis.	• Os pelos são mais escuros, mais grossos e mais encaracolados. • Localizados na junção da púbis.	• Os pelos são mais grossos, cobrindo uma área maior do que em P3	• Os pelos cobrem uma área maior, são mais espalhados, com aparência de adulto. • Estágio adulto.

FIGURA 2.9(1) - Modelo de ficha utilizada pelo LADESP – GEPETIJ/EEFE – USP na avaliação dos estágios de desenvolvimento da pilosidade pubiana masculina. (Adaptado de Morris e Udry, 1980).

Portanto, no caso ilustrado, temos um garoto de 14 anos (idade cronológica) que apresenta um ritmo *precoce* de desenvolvimento (idade biológica P5 e G5), sendo considerado *pós-púbere* e, consequentemente, já apresentando características biológicas semelhantes às observadas em jovens de 20 anos de idade. Desta forma, numa situação competitiva que leve em consideração o emprego das capacidades físicas (por exemplo, estatura, velocidade, força) esse garoto *pós-púbere* de 14 anos tende a levar vantagem diante de garotos de mesma idade cronológica, que ainda não tenham atingido o mesmo estágio maturacional.

Esse fato pode ser observado nas competições infantojuvenis, em que as categorias competitivas são, normalmente, separadas em razão apenas da idade cronológica, e, numa mesma categoria competitiva, sujeitos de idades biológicas discrepantes acabam competindo entre si, tornando a competição injusta no âmbito das capacidades físicas.

Considerações Finais

Portanto, acerca dos processos de crescimento, desenvolvimento e maturação abordados no presente capítulo e da relação destes com os aspectos relacionados ao desenvolvimento motor e ao treinamento em longo prazo em crianças e adolescentes, cabe ao profissional de educação física e esporte incorporar em suas práticas a fundamentação necessária para a aplicação de um trabalho encadeado e inter-relacionado, que apresente como alicerce o conhecimento e o respeito dos diferentes aspectos abordados, bem como das relações que um aspecto de desenvolvimento pode exercer sobre o outro (por exemplo: crescimento x desenvolvimento motor, maturação x crescimento, maturação x desempenho, entre outras), contribuindo para a garantia dos estímulos pertinentes a cada faixa etária e, consequentemente, agindo sobre a ponderação de suas potencialidades e de seu desempenho esportivo.

Referências

BARBANTI, V. J. **Dicionário de educação física e esporte**. 2. ed. Barueri, SP: Manole, 2003.

BASTOS, F. V.; HEGG, R. V. The relationship of chronological age, body build and sexual maturation to handgrip strength in schoolboys ages 10 to 17 years. In: DAY, J. A. P. **Perspectives in kinanthropometry**. Champaign, Illinois: Human Kinetics Publishers, Inc., 1986. p. 45-9.

BENDA, R. N. Desenvolvimento motor da criança. In:_____. **Novos conceitos em treinamento esportivo** – CENESP/UFMG. Instituto Nacional de Desenvolvimento do Desporto, 1999.

BEUNEN, G. P. Biological age in pediatric exercise research. In: BAR-OR, O. **Advances in pediatric sport sciences. Biological issues**. Champaign, Illinois: Human Kinetics Books, 1989. v. 3, p. 1-39.

BEUNEN, G.; MALINA, R. M. Growth and biological maturation: relevance to athletic performance. In: BAR-OR, O. **The child and adolescent athlete. The encyclopedia of sports science**. Pennsylvania: Advisory Sub-committee, 1996. p. 3-24.

BÖHME, M. T. S. Relações entre física, esporte e treinamento esportivo. **Rev. Bras. Ciênc. Mov.**, Brasília, v. 11, n. 3, p. 97-104, 2003.

BÖHME, M. T. S.; FREITAS, M. C. **Aptidão física:** avaliação de aspectos relacionados com a saúde. Viçosa: Imprensa Universitária, Universidade Federal de Viçosa, 1989.

BÖHME, M. T. S.; MASSA, M.; KISS, M. A. P. D. M. Utilização de escores padronizados e escalonados na avaliação em esporte e na detenção de talentos esportivos. In: KISS, M. A. P. D. M. **Esporte e exercício**: avaliação e prescrição. São Paulo: Roca, 2003. Cap. 3 p. 43-62.

BOJIKIAN, L. P. et al. Autoavaliação puberal feminina por meio de desenhos e fotos. **Rev. Bras. Ativ. Fís. Saúde**, v. 7, n. 2, p. 24-34, 2002.

DOIMO, L. A. et al. Aspectos da validade de autoavaliação puberal masculina e feminina. In: congresso de iniciação científica, 4 e simpósio de pós-graduação, 2. São Paulo, 1997. **Anais**. São Paulo: EEFE-USP, 1997. p. 87-8.

DUKE, P. M.; LITT, I. F.; GROSS, R. T. Adolescents' self-assessment of sexual maturation. **Pediatric**, v. 66, n. 6, dec., p. 918-20, 1980.

ECKERT, H. M. **Desenvolvimento motor**. 3. ed. São Paulo: Manole, 1993.

GALLAHUE, D. L.; OZMUN, J. C. **Compreendendo o desenvolvimento motor**: bebês, crianças, adolescentes e adultos. 1. ed. São Paulo: Phorte, 2001.

GUEDES, D. P.; GUEDES, J. E. R. P. Associação entre variáveis do aspecto morfológico e desempenho motor em crianças e adolescentes. **Rev. Paul. Educ. Fís.**, v. 10, n. 2, p. 99-112, 1996.

_____. **Crescimento, composição corporal e desempenho motor de crianças e adolescentes**. [S. l.], Balieiro, 1997.

HEYWOOD, K. M.; GETCHELL, N. **Desenvolvimento motor ao longo da vida**. 3. ed. Porto Alegre: Artmed, 2004.

JONES, M. A.; HITCHEN, P. J.; STRATTON, G. The importance of considering biological maturity when assessing physical fitness measures in girls and boys aged 10 to 16 years. **Ann. Hum. Biol.**, v. 27, n. 1, p. 57-65, 1999.

KATZMARZYK, P. T.; MALINA, R. M.; BEUNEN, G. P. The contribution of biological maturation to the strength and motor fitness of children. **Ann. Hum. Biol.**, v. 24, n. 6, p. 493-505, 1997.

MALINA, R. M.; BOUCHARD, C. **Growth, maturation and physical activity**. Champaign: Human Kinetics, 1991.

MALINA, R. M. Biological maturity status of young athletes. In: _____. **Young athletes**: biological, psychological and educational perspectives. Champaign, Illinois: Human Kinetics Books, 1988. p. 121-40.

MALINA, R. M.; BEUNEN, G. Monitoring of growth and maturation. In: BAR-OR, O. **The child and adolescent athlete. The Encyclopedia of Sports Science.** Pennsylvania: Advisory Sub-Committee, 1996. p. 647-72.

MANOEL, E. J. O que é ser criança? Algumas contribuições de um visão dinâmica do desenvolvimento motor. In: KREBS, R. J.; COPETTI, F.; BELTRAME, T. S. **Discutindo o desenvolvimento infantil**. Santa Maria: Pallotti, 1998. p. 109-30.

_____. Desenvolvimento motor: padrões em mudança, complexidade crescente. **Rev. Paul. Educ. Fís.**, p. 35-54, 2000. (Suplemento 3).

Marques, R. M. et al. **Crescimento e desenvolvimento pubertário em crianças e adolescentes brasileiros**. São Paulo: Editora Brasileira de Ciências, 1982. v. 2.

Martin, R. H. C. et al. Autoavaliação da maturação sexual masculina por meio da utilização de desenhos e fotos. **Rev. Paul. Educ. Fís.**, v. 15, n. 2, p. 212-22, São Paulo, jul./dez. 2001.

Matsudo, V. K. R.; Matsudo, S. M. Validade da autoavaliação na determinação da maturação sexual. **Rev. Bras. Ciênc. Mov.**, v. 5, n. 2, p. 18-35, 1991.

_____. Validity of self-evaluation on determination of sexual maturation level. **World-wide variation in physical fitness**, p. 106-10, 1993.

_____. Self-assessment and physician assessment of sexual maturation in brazilian boys and girls: concordance and reproducibility. **Am. J. Hum. Biol.**, v. 6, p. 451-55, 1994.

Morris, N. M.; Udry, J. R. Validation of a self-administered instrument to assess stage of adolescent development. **J. Youth Adolescence**, v. 9, n. 3, 1980.

Papalia, D. E.; Olds, S. W. **Desenvolvimento humano**. 7. ed. Porto Alegre: Artmed, 2000.

Rowland, T. W. **Developmental exercise physiology**. Champaign: Human Kinetics, 1996.

Tanner, J. M. Use and abuse of growth standards. In: Falkner, F.; Tanner, J. M. **Human Growth:** a comprehensive treatise. Methodology Ecological, Genetic, and Nutritional Effects on Growth, v. 3. 2. ed. New York: Plenum Press, 1986. p. 95-109.

_____. **Growth at adolescence**. 2. ed. Oxford: Blackwell Scientific Publ, 1962.

Weineck, J. **Biologia do esporte**. São Paulo: Manole, 1991.

3

Fisiologia do Exercício: Crianças e Adolescentes

Rômulo Cássio de Moraes Bertuzzi
Emerson Franchini

Ao tratar da Fisiologia do Exercício em crianças e adolescentes é importante destacar que o entendimento básico da maturação biológica auxiliará a compreender que em um grupo de crianças ou adolescentes de mesma faixa etária haverá uma grande modificação em diversas variáveis fisiológicas. Portanto, é muito importante destacar que as considerações relacionadas às respostas fisiológicas durante o exercício dependem, fundamentalmente, da maturação biológica da criança ou do adolescente.

Neste capítulo, assumiremos que o leitor compreende os princípios básicos de maturação biológica e de fisiologia do exercício e, neste sentido, nenhum conceito básico será descrito. Além disso, o foco de atenção será direcionado às crianças e aos adolescentes saudáveis.

Um dos principais problemas da Fisiologia do Exercício Pediátrica consiste na realização dos testes para esse grupo, pois diversas questões de ordem ética e procedimental devem ser consideradas. Essa dificuldade tem levado, frequentemente, à execução de testes em crianças e adolescentes ativos fisicamente, o que torna a amostra da maior parte dos estudos tendenciosa. Outro grande problema é como "normalizar" os dados obtidos, uma vez que a influência das dimensões corporais sobre as variáveis fisiológicas pode ser grande, mas nem sempre linear. Portanto, a escolha do fator utilizado para "normalizar" tem influência decisiva na análise dos resultados e nas conclusões feitas a partir deles.

Ajustando ao Tamanho: Entendendo os Princípios da Alometria

> Indubitavelmente, os filósofos estão certos
> quando nos dizem que nada é grande ou pequeno,
> exceto por comparação.
>
> *As Aventuras de Gulliver* (Rowland, 1996)

A escala alométrica é um procedimento matemático que objetiva adequar o grau de associação existente entre variáveis dependentes e independentes. No caso da fisiologia do exercício, acredita-se que parte da magnitude das respostas biológicas observadas durante o esforço físico está associada à algumas dimensões corporais, geralmente com a massa corporal total, estatura ou a massa livre de gordura (McArdle, Katch e Katch, 2003).

Comumente realizamos ajustes matemáticos lineares menos complexos, com o intuito de normalizar os dados e apropriar a influência da variável independente, como, por exemplo, a divisão do consumo de oxigênio ($ml.min^{-1}$) pela massa corporal total ($ml.kg^{-1}.min^{-1}$). Contudo, esse tipo de procedimento é supostamente insuficiente, pois as mudanças das dimensões corporais que ocorrem ao longo do tempo, geralmente, são de ordem tanto estrutural quanto funcional (McCann e Adams, 2002).

Acredita-se que ao realizar somente a divisão do consumo de oxigênio pela massa corporal total, os sujeitos menores, provavelmente, tenham uma vantagem aritmética sobre os maiores, sem, necessariamente, representar as diferenças na variável fisiológica em questão (Welsman et al.,1996).

Desta forma, ao se observar as respostas fisiológicas em crianças em diferentes momentos do estágio maturacional ou ao realizar comparações com adultos, a utilização de escalas alométricas se faz necessária para amenizar as interferências derivadas dos procedimentos matemáticos adotados.

Estas escalas se baseiam na suposição de que a relação existente da variável dependente (em nosso exemplo, o consumo de oxigênio) com a independente (a massa corporal total) é curvilínea. Essa relação pode ser representada matematicamente pela equação 1, onde Y é a variável relacionada ao resultado, a é a constante que representa a inclinação da reta, X é a variável independente, e b é o expoente constante (Gagliardi, 2003).

$$Y = a.x^b \quad (EQUAÇÃO\ 1)$$

Ao transformar a equação da escala alométrica em um modelo logarítmico linear (log Y = log a + b.log X), é possível encontrar o expoente b para o ajuste da variável independente escolhida. Para a estimativa da taxa metabólica de repouso em crianças (6 a 12 anos), o expoente de 0,67 parece ser o mais adequado ($ml.kg^{-0,67}.min^{-1}$) (McCann e Adams, 2002).

No caso do consumo de oxigênio de pico, não existe consenso sobre o expoente mais indicado para relacioná-lo à massa corporal total, pois há relatos de valores de 1,01 para garotos e garotas entre 11 e 18 anos, de 0,82 para garotos de 8 a 15 anos, e de 0,78 para garotas de 8 a 15 anos (Welsman et al.,1996).

Contudo, independentemente dos valores citados na literatura, o fato de a maioria dos trabalhos não encontrarem expoentes de 1,0, reforça o argumento de que, ao menos no caso do consumo de oxigênio, esta variável fisiológica não possui uma correlação linear com a massa corporal total. Assim, as relações causais estabelecidas entre variáveis funcionais e morfológicas em crianças com diferentes dimensões corporais sempre devem ser realizadas com cautela.

Criança e Movimento: Levantamentos sobre o Tempo e a Intensidade das Atividades

Durante atividades não orientadas, crianças de 6 a 10 anos de idade, realizam exercícios de baixa para média intensidade por, aproximadamente, seis segundos. As atividades de alta intensidade tendem a durar a metade desse período (Van Praagh e Doré, 2002).

Gasto Calórico em Repouso e no Exercício

O aumento do tamanho corporal durante o crescimento resulta, por um lado, em um aumento no consumo absoluto de oxigênio em repouso e durante o exercício de mesma intensidade absoluta, mas, por outro, o consumo de oxigênio relativo à massa corporal diminui com o aumento do tamanho. O mesmo ocorre quando o gasto calórico de repouso é expresso relativamente à superfície corporal. O gasto metabólico basal de um recém-nascido é cerca de mais de duas vezes o de um adulto; o declínio no tamanho relativo à massa corporal da maioria dos órgãos metabolicamente ativos é tido como o principal fator responsável pela queda no gasto calórico basal relativo à massa corporal, contudo, se o gasto calórico de tecidos específicos cai com a idade, é menos certo (Rowland,1996).

Exercício Aeróbio

VO_2máx e Desempenho Aeróbio

O consumo máximo de oxigênio (VO_2máx) relativo à massa corporal parece ser um índice válido de desempenho aeróbio apenas para comparações entre crianças de idade biológica similar. Isso ocorre porque como o VO_2máx relativo permanece estável ao longo da infância, essa variável não pode explicar por que, por exemplo, uma criança de 5 anos e um adolescente de 15 anos, com um mesmo VO_2máx relativo, diferem no tempo de uma milha (isto é, o adolescente percorre a distância na metade do tempo). Portanto, outros fatores parecem ser importantes para determinar o desempenho em atividades aeróbias, especialmente na infância e na adolescência, entre os quais têm sido sugeridos: (a) aumento da reserva aeróbia com o crescimento, isto é, da diferença entre o VO_2 repouso e o VO_2máx; (b) melhoria da economia durante o exercício submáximo; (c) aumento de variáveis associadas ao metabolismo anaeróbio, que auxiliariam no desempenho aeróbio, ou seja, a tarefa passaria a ser realizada com uma contribuição maior do metabolismo anaeróbio (Rowland,1996).

Desenvolvimento do VO_2máx

A análise dessa variável tem sido realizada de duas formas:

I Análise Transversal

Ao comparar grupos de crianças e adolescentes de diferentes idades, é possível verificar um aumento no VO_2máx absoluto com o aumento da idade. O aumento dessa variável ocorre de forma curvilinear. O VO_2máx aumenta de, aproximadamente, 1,0 $L.min^{-1}$ aos 6 anos de idade (masculino e feminino) para 2,0 e 2,8 $L.min^{-1}$ aos 15 anos de idade para o sexo feminino e para o sexo masculino, respectivamente. Até cerca de 12 anos de idade, a diferença entre os gêneros é pequena e o aumento similar ($\approx$ 200 $mL.min^{-1}$ por ano). Daí em diante, os valores tendem a se estabilizarem para o sexo feminino, mas continuam a aumentar no masculino, até que, aos 16 anos de idade, a diferença entre os gêneros chega a cerca de 50%. O aumento do VO_2máx absoluto ocorre paralelamente ao aumento das estruturas respiratórias, cardiovasculares e musculares. Por exemplo, para um aumento do VO_2máx de 1,42 para 2,12 $L.min^{-1}$ (49% de aumento) dos 8 aos 12 anos, há um aumento de 290 para 459 g no peso dos pulmões (aumento de 58%), de 1.890 para 2.800 mL da capacidade vital pulmonar (48% de incremento) e de 52% do volume ventricular esquerdo (Rowland,1996).

No entanto, quando o VO_2máx é expresso relativamente à massa corporal, há estabilidade dos 6 aos 16 anos de idade no caso do sexo masculino, com valores médios de 50-53 $mL.kg^{-1}.min^{-1}$, com variação de mais ou menos 7-10 $mL.kg^{-1}.min^{-1}$. No feminino, é observado um declínio progressivo com o passar da idade; as diferenças entre os gêneros podem ser explicadas pela diferença na massa livre de gordura (maior no masculino). No entanto, mesmo quando o VO_2máx é expresso relativamente à massa livre de gordura, os meninos ainda apresentam valores mais elevados. Outro aspecto que tem sido sugerido para a diferença é a concentração de hemoglobina, antes da puberdade essa variável não difere entre os sexos, porém, por volta dos 12 aos 14 anos de idade, os indivíduos do sexo masculino já apresentam valores superiores aos observados no sexo feminino — essa diferença aumenta ainda mais na idade adulta. Outro aspecto que tem sido levantado para explicar as diferenças é o nível habitual de atividade física, pois alguns levantamentos indicam maior quantidade de prática (cerca de 9%) no sexo masculino, o qual poderia gerar diferenças em termos das adaptações (Rowland, 1996).

II Análise Longitudinal

A análise longitudinal confirma a tendência sugerida pela análise transversal quanto ao VO_2máx absoluto, isto é, incremento de 200 mL.min^{-1} por ano antes da puberdade, estabilização no sexo feminino e aceleração no sexo masculino a partir daí. O ritmo máximo de aumento no VO_2máx absoluto coincide ou ocorre em torno do pico de velocidade de crescimento (que determina o estirão de crescimento) com uma velocidade típica de 0,412 L.min^{-1} por ano, no masculino. Para o feminino, não existem dados conclusivos, mas há indicações de que o VO_2máx absoluto aumenta até a idade da menarca e estabiliza-se posteriormente. Em geral, os indivíduos que apresentam maturação precoce possuem um VO_2máx absoluto mais elevado do que aqueles não maturados, mas de mesma idade cronológica (Rowland, 1996).

Quando o VO_2máx relativo é considerado, os resultados da análise transversal e longitudinal são menos coincidentes, embora ainda seja possível verificar a tendência de estabilização no sexo masculino e queda no sexo feminino. No caso do sexo feminino, a menarca não parece ter uma influência nítida sobre os valores do VO_2máx relativo, uma vez que são observadas quedas dessa variável entre dois anos antes e três anos após o início da menstruação. Os aspectos que parecem contribuir para a menor consistência nos dados longitudinais são: (1) variação na adiposidade corporal nos grupos estudados; (2) variação no nível de atividade física diária; (3) modo e frequência do exercício praticado. Contudo, conforme citado no tópico sobre ajuste alométrico, a mera divisão do consumo de oxigênio pela massa corporal não parece ser adequada, pois a maior parte dos estudos demonstra que o VO_2máx absoluto aumenta em um ritmo menor do que a massa corporal, tanto no masculino quanto no feminino (Rowland, 1996).

Portanto, ainda não existe um entendimento claro do relacionamento entre VO_2máx e tamanho corporal durante o crescimento. Como consequência, é incerto que o VO_2máx aumente durante a infância meramente em decorrência do aumento do tamanho corporal, pelo aumento de aspectos funcionais que são independentes da dimensão corporal ou ambos. O grande ponto a ser esclarecido, continua sendo qual o melhor ajuste para "normalizar" o VO_2máx (Rowland, 1996).

Exercício Submáximo

Frequência Cardíaca

Para a mesma intensidade absoluta, a frequência cardíaca é maior nas crianças (cerca de 40 a 60 bpm) em relação aos adultos. Mesmo quando a intensidade de exercício é controlada em termos percentuais ao VO_2máx, a frequência cardíaca é superior nas crianças. A maior frequência cardíaca compensa o menor volume de ejeção da criança. Quanto aos gêneros, a frequência cardíaca é ligeiramente inferior nos meninos (cerca de 10 a 20 bpm) do que nas meninas, ao realizarem exercício na mesma carga absoluta. Isso ocorre como consequência da menor concentração de hemoglobina e do menor volume de ejeção nas meninas (Turley, 1997).

Outra modificação importante que ocorre com a idade é a queda da frequência cardíaca de repouso, implicando em um aumento da frequência cardíaca de reserva (diferença entre a frequência cardíaca máxima e a frequência cardíaca de repouso). Dos 6 aos 12 anos de idade, ocorre um aumento de cerca de 10% nessa variável, isto é, um aumento de 120 para 133 bpm (Rowland,1996).

Volume de Ejeção

Do repouso ao exercício máximo, os adultos dobram o seu volume de ejeção, enquanto nas crianças o volume de ejeção aumenta apenas cerca de 10% a 35%. O menor volume de ejeção nas crianças parece ser consequência do menor volume e massa do ventrículo esquerdo e do menor volume sanguíneo total, decorrentes do menor tamanho corporal das crianças. Quando o volume de ejeção e o sanguíneo são expressos relativamente à área de superfície corporal (veja tópico sobre alometria), as diferenças desaparecem. Além disso, na criança, o aumento do volume de ejeção com o aumento da intensidade de exercício ocorre pela diminuição do volume sistólico final, e não pelo aumento do volume diastólico final, indicando que o volume de ejeção aumenta em decorrência do aumento da contratilidade, e não pelo aumento do enchimento do ventrículo esquerdo. A fração de encurtamento do ventrículo esquerdo também é menor na criança do que no adulto (Turley,1997).

A influência simpática na função cardíaca é menor na criança em relação ao adulto, pois a concentração de adrenalina é cerca de 30% menor nessa faixa etária (Turly, 1997).

Os tamanhos do coração e do ventrículo estão associados diretamente à massa corporal, sugerindo que os aumentos no volume de ejeção com a idade são o reflexo das mudanças nas dimensões do ventrículo esquerdo, e não alterações na contratilidade miocárdica, na pós-carga ou em qualquer fator que influencie a pré-carga (Rowland, 1996).

Débito Cardíaco

O débito cardíaco aumenta com a intensidade de exercício na criança e no adulto. Contudo, para uma dada intensidade absoluta, o débito cardíaco é menor nas crianças, sem diferenças significativas entre os gêneros. O menor débito cardíaco nas crianças é compensado por uma maior diferença arteriovenosa de oxigênio. Essa maior diferença arteriovenosa de oxigênio na criança pode ser consequência do maior fluxo sanguíneo para a musculatura, decorrente da menor resistência vascular periférica nessa faixa etária em relação à idade adulta (Turley, 1997), especialmente pelo fato de a relação mitocôndria-miofibrila, a concentração de hemoglobina e o hematócrito serem similares em crianças e adultos (Boisseau e Delamarche, 2000), mas Rowland (1996) apontou a menor concentração de hemoglobina nas crianças.

Contudo, ainda não são totalmente compreendidas as respostas cinéticas do metabolismo aeróbio de crianças quando submetidas aos exercícios de baixa intensidade (domínio Moderado de esforço). De forma geral, acredita-se que a ativação do metabolismo aeróbio é mais rápida quando comparada com adultos, com os meninos possuindo os menores tempos (Fawkner e Armstrong, 2003). A possível explicação para esse comportamento é o fato de os garotos terem uma tendência a possuírem maior percentual das fibras de contração lenta que as garotas (Fawkner e Armstrong, 2003).

Uma outra característica cinética do metabolismo aeróbio das crianças é que, diferentemente dos adultos, elas tendem a não desenvolver o componente lento em exercícios de intensidade equivalente ao domínio Pesado de esforço. Além disso, a magnitude da diferença daqueles que demonstraram o surgimento desse fenômeno é inferior quando comparado aos adultos tanto em termos relativos ($mL.kg^{-1}.min^{-1}$) quanto em absolutos ($L.min^{-1}$) (Xu e Rhodes, 1999). Porém, assim como o tempo de ativação do metabolismo aeróbio, os mecanismos que podem elucidar as diferenças entre os dois grupos supracitados não são totalmente compreendidos. Uma hipótese apresentada é a menor capacidade que as crianças possuem de gerar energia pelo metabolismo anaeróbio, que, por sua vez, teria como resultante uma baixa produção de lactato, um dos candidatos para o surgimento do componente lento do consumo de oxigênio (Hebestreit, Mimura e Bar-Or, 1993).

Exercício Máximo

As respostas do sistema cardiovascular ao exercício máximo são diferentes entre crianças e adultos.

A frequência cardíaca máxima é maior na criança do que no adulto, sem diferenças significativas entre os gêneros. Em geral, o decréscimo da frequência cardíaca máxima gira em torno de 0,7 a 0,8 bpm a cada ano após a puberdade (Turley, 1997), mas tende a permanecer inalterada antes disso (Rowland, 1996). Contudo, um dos problemas de determinação da frequência cardíaca máxima em crianças é que não é possível garantir que crianças muito pequenas tenham realmente realizado o teste até a exaustão. Além disso, tem sido observada uma variação de 7 a 9 bpm em torno da média obtida para uma dada idade cronológica (Rowland,1996).

Dos nove aos 17 anos de idade, o débito cardíaco máximo aumenta cerca de 12,9 L.min^{-1} para 22 L.min^{-1} no sexo masculino e de 10,5 L.min^{-1} para 15,5 L.min^{-1} no sexo feminino (Turley, 1997). Como a frequência cardíaca máxima permanece inalterada antes da puberdade, o aumento no débito cardíaco tende a acompanhar o aumento no volume de ejeção nesse período (Rowland, 1996).

Ajuste da Frequência Cardíaca ao Exercício e à Recuperação

Ao realizar um exercício de 103% a 105% do VO$_2$máx, o meio tempo (t$_{1/2}$) da frequência cardíaca era menor em crianças de 10 anos de idade (24,8 segundos) em relação a adultos de 30 anos de idade (41,0 segundos). Para intensidades menores, o ajuste da frequência cardíaca é similar entre crianças e adultos (Turley, 1997).

A recuperação da frequência cardíaca também é mais rápida nas crianças do que nos adultos. Essa resposta é mais acentuada após exercícios intensos e chega a desaparecer após atividades de baixa intensidade. A recuperação da frequência cardíaca também é mais rápida nos meninos do que nas meninas (Turley, 1997). Em geral, essa recuperação da frequência cardíaca mais rápida nas crianças tem sido atribuída à menor quantidade de catecolaminas (Rowland, 1996).

Limiar Anaeróbio

Como a concentração de lactato no exercício submáximo em crianças é menor do que em adultos para uma dada intensidade submáxima de trabalho, mesmo quando considerada a intensidade relativa de esforço, a adoção de valores fixos de concentração de lactato em crianças traz um problema adicional na determinação dessa variável (Rowland, 1996).

Outra forma de determinar o limiar anaeróbio é com base em parâmetros ventilatórios, mais corretamente denominado como limiar ventilatório. O crescimento da criança resulta em um aumento do VO_2 no limiar ventilatório quando expresso em termos absolutos. Porém, quando a mesma variável é expressa em termos relativos à massa corporal, o limiar ventilatório diminui com o passar dos anos. Como o VO_2máx relativo à massa corporal permanece constante, isso implica em uma redução do percentual do VO_2máx em que ocorre o limiar ventilatório, especialmente para os meninos. Por exemplo, o limiar ventilatório ocorria em, aproximadamente, 74,4% e 69,2% do VO_2máx em meninos e meninas de 5 a 6 anos de idade, respectivamente. Dos 15 aos 16 anos de idade, o limiar ventilatório ocorria em 61,0% para o sexo masculino e 53,8% para o sexo feminino, com base em dados transversais para grupos pareados quanto ao nível de atividade física diária. Dados longitudinais utilizando medidas da concentração de lactato também apresentaram a mesma tendência, mesmo quando o ajuste considera o grau de maturação individual, e não apenas a idade cronológica, isto é, 1,5 ano antes do pico de velocidade de crescimento (estirão de crescimento) o limiar anaeróbio ocorria em 68,4% do VO_2máx, enquanto 1,5 ano após o estirão de crescimento esse valor caía para 59,4% do VO_2máx Esse fato tem sido interpretado como indicativo de um aumento da contribuição anaeróbia para atender a demanda energética à medida que a criança se desenvolve. O percentual do VO_2máx em que ocorre o limiar anaeróbio também difere entre crianças corredoras (80,6%) e crianças não engajadas em programas formais de exercício físico (57,8%). No entanto, com base em investigação longitudinal, o efeito do treinamento sobre o limiar anaeróbio de crianças tem sido controverso (Rowland, 1996).

Substrato Energético e Exercício Aeróbio

A oxidação de gorduras, em um mesmo valor absoluto de consumo de oxigênio, é similar em crianças e adultos. No entanto, quando a intensidade de exercício é controlada em percentual do VO_2máx, as crianças apresentam maior oxidação de gordura. A menor sensitividade insulínica nessa faixa etária parece ser uma explicação para o maior uso de gordura pelas crianças em relação aos adultos. A maior utilização da gordura nas crianças contrapõe a menor concentração de glicogênio apresentada por elas. A regulação da glicemia é similar entre crianças, adolescentes e adultos (Boisseau e Delamarche, 2000).

A resposta da concentração de glicose ao exercício não é diferente entre crianças e adultos, indicando que a relação entre a captação de glicose pelo músculo e a liberação de glicose pelo fígado, através da glicogenólise, é similar entre os grupos. Essa resposta pode ser interpretada como indicativo de que, se a criança recai menos no metabolismo anaeróbio, a disponibilidade de glicose circulante não é um aspecto a contribuir para que isso ocorra (Rowland, 1996).

Enzimas do Metabolismo Aeróbio e Densidade Mitocondrial

As crianças apresentam maior atividade das enzimas oxidativas em relação aos adolescentes e adultos (Boisseau e Delamarche, 2000). Por exemplo, a atividade da enzima succinato desidrogenase é de 5,3 $\mu mol.g^{-1}.min^{-1}$ em crianças e adolescentes (de 11 a 15 anos de idade), mas apenas 4,0 $\mu mol.g^{-1}.min^{-1}$ em adultos destreinados de 24 a 52 anos de idade. Com o decorrer do processo de maturação, a atividade das enzimas aeróbias em repouso diminui (Rowland, 1996).

A densidade mitocondrial do músculo esquelético é apenas ligeiramente maior na criança do que no adulto, quando ajustada em percentual da área muscular total: 5,54% nas crianças e 4,9% nos adultos. Além disso, a densidade mitocondrial das crianças está diretamente associada ao percentual de fibras do tipo I, mas não foram observadas correlações significativas entre a densidade mitocondrial e o VO_2máx (Rowland, 1996).

Treinabilidade e Destreinabilidade Aeróbia

Não existem motivos para se acreditar que a treinabilidade seja menor nas crianças do que nos adultos. Contudo, ainda não está claro qual é a extensão que os ajustes podem alcançar e qual o melhor programa para gerá-los. Em contrapartida, como as crianças apresentam valores mais elevados de VO_2máx do que indivíduos adultos destreinados, existe a possibilidade de ganho ligeiramente menor para os pré-púberes. No entanto, quando o mesmo programa é aplicado em crianças e adultos, com valores de VO_2máx similares no pré-teste, a evolução dessa variável é muito similar. Com a puberdade, o aumento da secreção de hormônio do crescimento tem ação direta sobre a função cardíaca, especialmente quanto ao aumento do peso, do débito cardíaco e da contratilidade miocárdica, além da ação sobre o desenvolvimento dos músculos esqueléticos e do tecido ósseo. Com base nesses fatores e no fato de que o maior aumento no VO_2máx relativo ocorre próximo ao pico de velocidade da estatura (estirão de crescimento), alguns autores sugerem que a puberdade é um período crítico para o desenvolvimento da aptidão aeróbia. Esse fator encontra suporte adicional nos seguintes aspectos: (1) evidência de aumento de 10 $mL.kg^{-1}.min^{-1}$ entre a pré-puberdade e o meio da adolescência; (2) tanto antes quanto após a adolescência, o aumento no VO_2máx ocorre em indivíduos já treinados, mas não da forma como ocorre durante a adolescência. No entanto, como boa parte da evidência é oriunda de estudos transversais, é possível atribuir as diferenças aos maiores volume e intensidade de treinamento após a puberdade e a um processo de seleção natural daqueles que obtêm sucesso em atividades aeróbias em relação aos menos bem-sucedidos nessa atividade (Rowland,1996).

Quando a criança fica imobilizada, o decréscimo do VO_2máx é similar ao que ocorre em adultos, mas, ao retomar as atividades, a readaptação é mais rápida nas crianças, embora os mecanismos que expliquem esse quadro necessitem ser melhor estudados (Rowland, 1996).

Respostas Ventilatórias

O volume tidal em repouso aumenta à medida que os pulmões crescem, enquanto a frequência respiratória diminui. A ventilação minuto relativa à massa corporal diminui com a idade. As crianças apresentam menor eficiência respiratória durante o exercício, representada pelo maior equivalente ventilatório de oxigênio (VE/VO_2). A frequência respiratória também é mais elevada nas crianças, resultando em menores valores de $PaCO_2$ em razão da maior ventilação relativa à massa corporal (VE/kg) (Rowland, 1996).

Exercício Submáximo

Quando comparadas aos adultos, as crianças hiperventilam durante o exercício. Para uma mesma intensidade absoluta de exercício, o volume tidal relativo à massa corporal é pouco modificado, enquanto a frequência respiratória diminui progressivamente, à medida que a criança envelhece. Consequentemente, o VE/kg também cai durante esse processo. Durante o exercício progressivo, o aumento do VE com o aumento da intensidade é bastante similar entre crianças e adultos, embora existam evidências de que o limiar ventilatório ocorra em intensidades relativas superiores na criança, em relação ao adulto (veja tópico sobre limiar anaeróbio) (Rowland, 1996).

Exercício Máximo

O VEmáx aumenta concomitante ao crescimento dos pulmões, conforme a criança se desenvolve. Dos 4 aos 6 anos de idade o VEmáx é de 39,8 e 33,9 L.min^{-1}, aumentando para 112,9 e 87,9 L.min^{-1} dos 14 aos 15 anos de idade em meninos e meninas, respectivamente. Da mesma forma que o VO_2máx, os valores médios de VEmáx são maiores em homens do que em mulheres em todas as idades, embora as diferenças sejam pequenas até a puberdade. Contudo, quando o VEmáx é expresso relativamente à massa corporal, ocorre uma diminuição. A mesma "ineficiência" da ventilação observada no exercício submáximo é encontrada em situações máximas. Contudo, com o passar da idade, a relação VE/VO_2 cai: dos 4 aos 6 anos de idade — 40,5 nos meninos e 37,8 nas meninas; dos 14 aos 15 anos de idade — 32,0 nos adolescentes e 33,9 nas adolescentes. A frequência respiratória durante o exercício máximo também diminui com a idade (Rowland, 1996).

Ajustes Periféricos

Diferenças Arteriovenosas de Oxigênio

O comportamento da diferença arteriovenosa de oxigênio parece diferir entre adultos e crianças durante o exercício progressivo. Para os adultos, o comportamento dessa variável tende a apresentar um platô próximo ao exercício máximo, enquanto nas crianças o comportamento é de aumento linear até o final do exercício (Rowland, 1996).

Tipos de Fibras

Nas crianças, cerca de 60% das fibras do músculo vasto lateral são do tipo I, valor bastante similar ao de atletas de modalidades aeróbias (61%), mas superior ao observado em adultos destreinados (35% a 45%), o que explicaria a melhor aptidão aeróbia das crianças (Rowland, 1996).

Economia de Corrida em Crianças

A economia em exercício submáximo, quando medida em VO_2/kg, aumenta à medida que a criança se desenvolve. Em geral, para uma mesma velocidade de deslocamento, a queda para caminhada/corrida é de 1,0 $mL.kg^{-1}.min^{-1}$ para cada ano até o final da adolescência. Contudo, é importante lembrar as críticas ao uso dessa forma de relativização (veja tópico sobre alometria), pois quando a influência da massa corporal é controlada, a diferença entre as faixas etárias desaparece (Rowland,1996).

Alguns fatores têm sido considerados para explicar a menor economia em crianças (Rowland, 1996). Essas variáveis e as contraposições referentes às suas influências diretas são discutidas a seguir:

(A) Gasto Energético em Repouso

Como o gasto calórico em repouso, relativo à massa corporal, diminui com a idade, considerou-se a ideia de que a menor economia nas crianças fosse consequência do maior gasto calórico em repouso. Contudo, quando o gasto em repouso é subtraído do VO_2/kg do exercício, a mesma tendência de menor economia na criança continua a existir, embora a diferença diminua em relação aos adultos.

(B) Eficiência Muscular

Não existe evidência de que as crianças difiram dos adultos quanto à transferência intracelular de energia ou ao processo de contração muscular.

125

(C) Frequência das Passadas

Como para uma mesma velocidade, a criança necessita de um número maior de passadas, esse poderia ser um fator a contribuir para a menor economia de corrida em relação aos adultos. No entanto, ainda não há evidência de um relacionamento direto entre diminuição da frequência das passadas e o aumento da economia, uma vez que o aumento na frequência das passadas e o aumento da velocidade são similares (proporcionais) em crianças e adultos, pelo fato de a razão comprimento da passada pelo comprimento dos membros inferiores ser muito similar nas diferentes faixas etárias. Além disso, quando o VO_2 é expresso relativamente à passada também existe muita semelhança entre crianças (0,128 mL.kg^{-1}.min^{-1} por passada) e adolescentes (0,129 mL.kg^{-1}.min^{-1} por passada).

(D) Desequilíbrio Massa-Velocidade

A força aplicada em um músculo deve ser cinematicamente equilibrada com a velocidade do seu encurtamento para a conversão ótima de energia em trabalho mecânico. Como para uma dada velocidade de deslocamento, a criança move uma menor massa, esse aspecto tem sido contribuinte para as mudanças na economia durante a infância.

(E) Cinemática da Passada

A análise qualitativa, mesmo que indireta, permite identificar que o estilo de corrida melhora conforme a criança cresce. A análise quantitativa demonstra que a criança apresenta maiores deslocamentos verticais a cada passada, maior extensão das articulações do quadril, joelho e tornozelo e menor distância relativa do pé de suporte à frente do centro de massa. A partir dos 6 anos, boa parte dessas características deixa de ocorrer. Dos 6 aos 13 anos, embora os ângulos articulares sejam similares aos apresentados por adultos, o deslocamento linear, a velocidade e a aceleração dos segmentos corporais são maiores nas crianças. Contudo, a magnitude das diferenças no padrão de movimento não explica toda a variação do maior gasto energético nas crianças.

(F) Armazenamento de Energia Elástica

As crianças parecem ativar menos a musculatura durante a fase excêntrica, o que afeta diretamente o armazenamento e a capacidade para utilizar a energia elástica. Além disso, acredita-se que os componentes elásticos sejam menos desenvolvidos na criança, o que limitaria o armazenamento da energia elástica.

(G) Composição Corporal

Durante o desenvolvimento, a massa muscular das extremidades inferiores aumenta progressivamente o seu percentual em relação à massa corporal total. Portanto, o tamanho do grupo muscular responsável pelo deslocamento aumenta em relação à carga a ser deslocada. Tem sido estimado que os músculos da extremidade inferior representem 40% da massa corporal total no nascimento e 55% na puberdade. Contudo, o quanto essa alteração afeta a economia de corrida não está claro.

(H) Eficiência Ventilatória

Como as crianças ventilam mais do que os adultos para um dado VO_2, acredita-se que esse maior VE/VO_2 possa a afetar negativamente a economia, pois, durante o exercício máximo, o custo energético da ventilação pode chegar de 14% a 19% do VO_2 total.

(I) Utilização de Substratos

Como as crianças utilizam mais gordura do que os adultos e a oxidação das gorduras necessita de mais oxigênio, esse fator poderia explicar o maior VO_2/kg nas crianças.

(J) Energia Anaeróbia

A mensuração da economia de corrida considera apenas o gasto energético derivado de fontes aeróbias. Como a demanda energética total deve ter sido atingida às custas de alguma contribuição anaeróbia, o fato de as crianças gerarem uma menor quantidade de energia por este metabolismo deve ser considerado. Esse fato é especialmente importante para intensidades acima do limiar anaeróbio.

Exercício Anaeróbio

A velocidade máxima de corrida aumenta consideravelmente do início da segunda infância (6 anos = 3,64 m.s^{-1}), passando pelo início da adolescência (12 anos = 5,94 m.s^{-1}), até a idade adulta (20 anos = 7,76 m.s^{-1}). Algo similar acontece com a potência máxima em cicloergômetro: dos 7 aos 8 anos de idade — 6,0 W.kg^{-1}; dos 11 aos 12 anos de idade — 8,6 W.kg^{-1}; dos 14 aos 15 anos de idade — 10,2 W.kg^{-1} (Boisseau e Delamarche, 2000). As diferenças entre os gêneros, quanto à potência máxima em cicloergômetro em termos absolutos, já são perceptíveis do meio para o final da segunda infância até o início da idade adulta: dos 8 aos 12 anos de idade — masculino (534 W), feminino (257 W); 19,5 anos de idade — masculino (1323 W), feminino (821 W) (Van Praagh e Doré, 2002). Dos 7 aos 20 anos de idade, é possível verificar aumento de quarenta vezes na potência gerada durante o salto vertical — 150 W aos 7 anos e 6500 W aos 20 anos de idade (Van Praagh e Doré, 2002). Os dados do estudo de Inbar e Bar-Or (1986), utilizando o teste de Wingate, em análise transversal, demonstram que os valores de potência de pico e potência média mais do que dobram dos 8 aos 14 anos de idade, com valores mais elevados para o sexo masculino. Quando os valores são expressos relativamente à massa corporal, a potência média aumenta de 5,5 para 6,5 W.kg^{-1} (18,2%) e a potência de pico aumenta de 6,0 para 9,0 W.kg^{-1} (50%) no sexo feminino e de 5,6 para 8,0 W.kg^{-1} (42,9%) para a potência média e de 6,8 para 9,7 W.kg^{-1} (43%) no sexo masculino para o mesmo período (dos 8 aos 14 anos de idade). Inbar e Bar-Or (1986) citam que a potência média relativa dos membros inferiores aos 10 anos de idade é apenas 85% da potência média relativa de indivíduos adultos jovens, enquanto os valores para membros superiores são de apenas 70%. Padrões semelhantes também são verificados em relação à potência de pico. Segundo esses autores, as mudanças quantitativas e qualitativas que ocorrem na musculatura (aumento dos estoques de substratos energéticos — CP e glicogênio — e da capacidade de utilização da via glicolítica), durante a adolescência, são os principais fatores apontados para essa diferença (veja detalhes a seguir). O estudo de Blimkie et al. (1988) observou que, em indivíduos do sexo masculino de 14 a 19 anos de idade, tanto a potência de pico quanto a potência média aumentavam progressiva e significativamente. A potência média relativa e a potência de pico relativa eram maiores nos indivíduos mais velhos, em relação aos mais novos. Embora esses dois estudos forneçam boas informações sobre o desenvolvimento do desempenho no teste de Wingate com o aumento da idade, ambos não verificaram a maturação sexual e tiveram delineamento transversal.

Falk e Bar-Or (1993), por meio de um delineamento transversolongitudinal, analisaram a influência do crescimento físico e do desenvolvimento maturacional sobre o desempenho no teste de Wingate. Foram estudados 16 indivíduos no estágio 1 de maturação (conforme proposto por Tanner), 15 indivíduos nos estágios 2, 3 e 4, e 5 indivíduos no estágio 5. O desempenho no teste de Wingate foi verificado a cada seis meses, durante 18 meses. Os resultados demonstraram haver diferenças significativas na potência média e na potência de pico (relativas) entre os indivíduos dos diferentes estágios maturacionais, mas o aumento dessas variáveis com o aumento da idade não foi significativo. Esses resultados indicam que as diferenças na potência média e de pico estão mais relacionadas ao estágio maturacional do que à idade cronológica.

O estudo de Armstrong, Welsman e Kirby (1997) também demonstrou existir influência do estágio de maturação sexual sobre a potência média relativa e sobre a potência de pico relativa em indivíduos de, aproximadamente, 12 anos de idade. Portanto, o desempenho no teste de Wingate está relacionado ao estágio de maturação sexual, o qual parece atingir estágios finais em torno dos 16,5 anos de idade em grande parte dos indivíduos (Nindl et al.,1995).

Assim, para testes em cicloergômetro, a potência aumenta mesmo quando os valores são expressos em relação à massa corporal. Portanto, a aptidão anaeróbia da criança aumenta em um ritmo maior do que pode ser explicado apenas pelo crescimento (Rowland, 1996).

Boa parte desse aumento tem sido constantemente atribuído aos seguintes fatores (Boisseau e Delamarche, 2000): aumento da massa muscular; aumento da ativação neuromuscular; aumento na atividade das enzimas do metabolismo anaeróbio; aumento no controle motor. Esses processos parecem ser dependentes da mielinização dos nervos motores, de uma melhor coordenação entre os músculos agonistas e antagonistas e de uma maior ativação e recrutamento das unidades motoras (Boisseau e Delamarche, 2000).

Os aspectos que contribuem para um menor desempenho anaeróbio nas crianças são (Van Praagh e Doré, 2002; Boisseau e Delamarche, 2000; Fawkner e Armstrong, 2003):

(1) Fibras Musculares

As crianças apresentam maior percentual de fibras de contração lenta, quando comparadas a adultos sedentários, sem diferença significativa entre os gêneros. O maior percentual de fibras lentas estaria associado, diretamente, a uma menor ativação do metabolismo glicolítico.

Além disso, a área das fibras musculares aumenta de 15 a 20 vezes do nascimento até a idade adulta. Metade desse aumento ocorre até os 5 anos de idade. O tamanho médio das fibras musculares de crianças é de 40 μm, enquanto para o indivíduo adulto é de 60 μm. Há indícios de que o percentual de fibras lentas aumente até os 9 anos de idade, mas que a partir dessa idade, até os 19 anos, exista uma queda significativa do percentual dessas fibras.

(2) Aspectos Genéticos

As evidências indicam que os fatores genéticos explicam 50% da variância no desempenho anaeróbio.

(3) Substratos Energéticos

Os estoques de ATP e CP não diferem entre crianças e adultos quando são expressos em termos de concentração por unidade de tecido muscular. Contudo, os estoques de glicogênio (em g/kg de músculo) na criança equivalem a cerca de 50% e 60% dos valores observados em adultos.

(4) Ativação da Via Glicolítica

Crianças de 7 a 10 anos de idade e adolescentes de 12 a 15 anos de idade apresentam menor ativação da via glicolítica em relação aos adultos. Essa menor ativação parece ser decorrente da menor atividade das enzimas lactato desidrogenase (LDH) e fosfofrutoquinase (PFK), além dos menores estoques de glicogênio.

Embora o pH em repouso seja similar em crianças, adolescentes e adultos, após atividade supramáxima de 30 segundos, os valores de pH são maiores na criança (7,32) do que nos adultos (7,18).

A concentração de lactato muscular, diretamente associada à atividade glicolítica, é menor nas crianças do que nos adultos. O aumento da concentração de lactato muscular está diretamente associado ao aumento do volume testicular e da concentração de testosterona medida na saliva. Os aumentos das concentrações de lactato e íons H^+ estão correlacionados ao aumento da capacidade de realizar exercícios anaeróbios. Além disso, com a maturação, as reservas de bicarbonato aumentam, resultando em maior possibilidade de tamponamento dos íons H^+. Em meninos, a concentração de testosterona aumenta quatro vezes no início da puberdade e outras vinte vezes do meio ao final dessa fase. Nas meninas, o aumento é de apenas quatro vezes entre o início e o final da puberdade.

(5) Resposta Endócrina

O pico da concentração de adrenalina é menor nas crianças do que nos adultos, mas o pico da concentração de noradrenalina é similar nas crianças e nos adultos. Como a adrenalina é um importante agente na ativação da via glicolítica, a diferença no pico da concentração desse hormônio poderia explicar a menor atividade glicolítica.

Como as concentrações de ATP e CP são similares na criança, no adolescente e no adulto, o exercício de curta duração (de 5 a 10 segundos) pode ser realizado facilmente pelos três grupos, e o aspecto metabólico não parece ser o principal limitante de desempenho. O mesmo não ocorre com atividades que tenham grande solicitação da via glicolítica (Van Praagh e Doré, 2002).

Ajustes de Longo Prazo ao Exercício Anaeróbio em Crianças

O estudo de Grodjinovsky et al. (1980) analisou o efeito do treinamento anaeróbio de oito semanas em 45 indivíduos de 11 a 12 anos de idade, divididos em três grupos de 15: (1) treinamento em cicloergômetro com grande intensidade e curta duração; (2) treinamento de corrida — tiros de 40 e 150 metros; (3) grupo controle. Houve aumento de 3% a 5% na potência média e potência de pico nos dois primeiros grupos, enquanto o terceiro grupo manteve o desempenho. Diferentemente do que se acreditava, os dados de pesquisas mais recentes indicam que em longo prazo, a realização de exercício anaeróbio em crianças pode resultar em um aumento das concentrações de fosfocreatina e de glicogênio, além de um aumento da atividade da creatina quinase (CK) e da PFK (Boisseau e Delamarche, 2000), embora esse aumento pareça ser mais evidente por volta da puberdade (Rowland, 1996).

Exercício Intermitente de Alta Intensidade

Garotos pré-púberes apresentam recuperação mais rápida após exercício anaeróbio em relação aos adultos. Após o teste de Wingate, com um, dois e dez minutos de intervalo, meninos de 8 a 12 anos de idade recuperavam sua potência de pico de forma mais significativa do que homens de 18 a 23 anos de idade. Para as crianças, não existiam diferenças significantes quanto à potência de pico no teste de Wingate 1 e 2, independentemente do intervalo (1 min = 90,6 ± 7,7%; 2 min = 112,2 ± 11,7% e 10 min = 105,1 ± 8,2% de recuperação), enquanto nos homens a potência de pico só era recuperada após dez minutos (1 min = 58,8 ± 3,9%; 2 min = 70,9 ± 4,0% e 10 min = 95,2 ± 3,3%). Para a variável que indicava o trabalho total durante os 30 segundos do teste, as crianças tiveram decréscimo apenas quando o intervalo era de um minuto, com recuperação total após dois e dez minutos, enquanto para os adultos a recuperação não ocorria, mesmo com o intervalo de dez minutos (Hebestreit, Mimura e Bar-Or, 1993). Os autores atribuíram a melhor recuperação nas crianças como consequência da menor acidose durante o exercício, tendo como base o menor valor do RER (razão de troca respiratória) em relação aos adultos. Além disso, os dados do VO_2 durante o primeiro Wingate indicam que as crianças tiveram uma maior participação aeróbia e uma menor participação glicolítica quando comparadas aos adultos, ou seja, 34,4 ± 7,5% de contribuição aeróbia para o grupo de crianças e 22,6 ± 2,9% para o grupo adulto.

Após dez tiros em bicicleta, as crianças apresentavam menores concentrações de lactato e de íons H^+ do que indivíduos adultos (Van Praagh e Doré, 2002). Em estudo adotando modelo similar de exercício (Ratel et al., 2002), isto é, dez tiros em cicloergômetro, com intervalos de trinta segundos, um minuto ou cinco minutos, foi observado que, independentemente do tempo de intervalo, as crianças mantinham a potência ao longo dos tiros, enquanto os adolescentes apresentavam decréscimo de 18,5% e os adultos decréscimo ainda maior (28,5%), quando a tarefa tinha intervalo de 30 segundos. Com intervalo de um minuto, os adolescentes e os adultos apresentavam decréscimo similar entre eles. Mas com cinco minutos de intervalo, os adolescentes eram capazes de manter o desempenho, enquanto os adultos apresentavam decréscimo de 7,4%. A concentração de lactato ao longo dos estímulos era menor nas crianças em relação aos adolescentes e adultos, enquanto os adolescentes apresentavam menor concentração de lactato em relação aos adultos apenas quando o intervalo adotado era de 30 segundos.

Um ponto que parece favorecer o desempenho intermitente em crianças é que a ressíntese de fosfocreatina é mais rápida, em decorrência da maior atividade oxidativa no intervalo entre os estímulos na criança em relação ao adulto, além da menor ativação da via glicolítica (Boisseau e Delamarche, 2000).

Força

A força máxima aumenta linearmente dos 5 aos 7 anos até dos 13 aos 15 anos de idade. No sexo masculino, o aumento é maior após essa faixa etária, mas o mesmo não ocorre no sexo feminino (Boisseau e Delamarche, 2000).

Acredita-se que o número de fibras musculares seja fixado no nascimento ou logo após. Portanto, o aumento de massa muscular que ocorre na adolescência é resultado do processo de hipertrofia. A magnitude da hipertrofia pode ser bem acentuada, isto é, as fibras de alguns grupos musculares, como o deltoide e o vasto lateral do quadríceps, podem aumentar em até cinco vezes o tamanho, do nascimento ao final da adolescência. Até os três anos de idade, há um aumento do tempo de contração muscular, mas, após esse período, existe pouca modificação nesse aspecto e parece ocorrer um decréscimo no tempo de relaxamento. Antes da puberdade, existem pequenas diferenças entre os gêneros; a força aumenta consideravelmente durante esse período para indivíduos do sexo masculino, enquanto para as adolescentes o aumento é menos pronunciado. Essa diferença está associada, essencialmente, aos efeitos dos hormônios androgênicos, especialmente da testosterona, sobre os músculos esqueléticos e a força, que ocorrem durante a puberdade. No entanto, o aumento de massa muscular não explica toda a variação no ganho de força durante o desenvolvimento. Os fatores qualitativos sugeridos como contribuintes para o aumento da força são: processo de mielinização, aumento da coordenação entre músculos agonistas e antagonistas e aumento da ativação das unidades motoras (Rowland, 1996), os quais são muito similares aos apontados como responsáveis pelo aumento de força inicial em indivíduos adultos praticantes de atividade de força (Kraemer e Häkkinen, 2002).

Uma vez que o aumento da força pode ocorrer por meio de adaptações neurais e hipertróficas (Kraemer e Häkkinen, 2002), é possível verificar um ganho de força em crianças, basicamente como consequência das adaptações neurais, uma vez que a quantidade de testosterona circulante é reduzida nessa faixa etária. Tipicamente, o ganho de força após 8 a 12 semanas de treinamento com essa finalidade, fica em torno de 20% a 30% tanto para os meninos quanto para as meninas (Rowland, 1996).

Referências

ARMSTRONG, N.; WELSMAN, J. R.; KIRBY, B. J. Performance on the Wingate anaerobic test and maturation. **Pediatric Exercise Science**, v. 9, p. 253-61, 1997.

BLIMKIE, C. J. R. et al. Anaerobic power of arms in teenage boys and girls: relationship to lean tissue. **Eur. J. Appl. Physiol.**, n. 57, p. 667-83, 1988.

BOISSEAU, N.; DELAMARCHE, P. Metabolic and hormonal responses to exercise in children and adolescents. **Sports Medicine**, v. 30, n. 6, p. 405-22, 2000.

FALK, B.; BAR-OR, O. Longitudinal changes in peak aerobic and anaerobic mechanicalpower of circunpubertal boys. **Pediatric Exercise Science**, v. 5, p. 318-31, 1993.

FAWKNER, S. G.; ARMSTRONG, N. Oxygen uptake kinetics response to exercise in children. **Sports Medicine**, v. 33, n. 9, p. 651-69, 2003.

GAGLIARDI, J. F. L. **Variáveis morfológicas, funcionais (com correção alométrica), tática de corrida e desempenho em corredores adultos**. São Paulo, 2003. Tese (Doutorado) – Escola de Educação Física e Esporte da Universidade de São Paulo.

GRODJINOVSKY, A. et al. Training effects in children on performance as measured by the Wingate anaerobic test. In: BERG, K.; ERIKSSON, B. O. (Ed.). **Children and exercise IX**. Baltimore: University Park Press, 1980. p. 139-45.

HEBESTREIT, H.; MIMURA, K. I.; BAR-OR, O. Recovery of muscle power after high-intensity short-term exercise: comparing boys and men. **J. Appl. Physiol.**, v. 74, n. 6, p. 2875-80, 1993.

INBAR, O.; BAR-OR, O. Anaerobic characteristics in male children and adolescents. **Med. Sci. Sport Exerc.,** v. 18, n. 3, p. 264-69, 1986.

KRAEMER, W. J.; HÄKKINEN, K. **Strength training for sport**. [S. l.]: Blackwell Science, 2002.

MCARDLE, W. D.; KATCH, F. I.; KATCH, V. L. **Fisiologia do exercício**: energia, nutrição e desempenho humano. Rio de Janeiro: Guanabara Koogan, 2003.

MCCANN, D. J.; ADAMS, W. C. A theory for normalizing resting VO_2 for differences in body size. **Med. Sci. Sport Exerc.,** v. 34, n. 8, p. 1382-90, 2002.

NINDL, B. C. et al. Lower and upper body anaerobic performance in male and female adolescent athletes. **Med. Sci. Sport Exerc.,** v. 27, n. 1, p. 235-41, 1995.

RATEL, S. et al. Effects of age and recovery duration on peak power output during repeated cycling sprints. **Int. J. Sports Med.**, v. 23, p. 397-402, 2002.

ROWLAND, T. W. **Developmental exercise physiology**. Champaign: Human Kinetics, 1996.

TURLEY, K. R. Cardiovascular responses to exercise in children. **Sports Medicine**, v. 24, n. 4, p. 241-57, 1997.

Van Praagh, E.; Doré, E. Short-term muscle power during growth and maturation. **Sports Medicine**, v. 32, n. 11, p. 701-28, 2002.

Welsman, J. R et al. Scaling peak VO_2 for differences in body size. **Med. Sci. Sports Exerc.**, v. 28, n. 2, p. 259-65, 1996.

Xu, F.; Rhodes, E. C. Oxygen uptake kinetics during exercise. **Sports Medicine**, v. 27, n. 5, p. 313-27, 1999.

4

Adaptações Neuromusculares ao Treinamento Físico[1]

Carlos Ugrinowitsch
Valmor Tricoli

---

[1] Este capítulo assumirá que os leitores possuem um conhecimento prévio de Fisiologia Neuromuscular; especialmente a anatomia e o funcionamento das vias aferente e eferente do sistema neural e seus componentes (fusomuscular, órgãos tendinosos de Golgi, aferentes tipo III e IV).

O tipo, a magnitude e a temporalidade das adaptações neuromusculares não são descritos adequadamente na literatura para a população-alvo deste livro; isso se deve a vários problemas. O mais importante aspecto está relacionado à ética. Pesquisas com crianças e adolescentes não podem ter um caráter invasivo fora do ambiente hospitalar. Além disso, o estresse a que uma criança pode ser submetida em situações de pesquisa é fortemente controlado por comitês de ética que regulamentam e supervisionam todas as atividades da comunidade científica. Os pais da criança devem ser esclarecidos quanto aos procedimentos que serão utilizados nas pesquisas e assinar um termo de consentimento para que seus filhos possam participar. Como o estudo das adaptações neuromusculares envolve a coleta de tecido, a aplicação de corrente elétrica externa nos indivíduos ou a coleta de sinais elétricos provenientes de diferentes órgãos e grupos musculares, não há dados suficientes na literatura, pois muitos pais não permitem que os filhos sejam submetidos a tais procedimentos. Assim, este capítulo utilizará conhecimentos produzidos em adultos, para descrever as adaptações neuromusculares decorrentes do treinamento em crianças e adolescentes, presumindo que estas sejam similares. Contudo, a semelhança nas adaptações não indica que o treinamento possa ser semelhante. Como exemplo, podemos citar que as adaptações decorrentes de um treino de potência podem ser parecidos entre adultos e crianças, mas, a mesma sobrecarga relativa no aparelho motor da criança tem um potencial lesivo muito maior do que no adulto.

As adaptações neuromusculares estão presentes em todas as situações em que ocorre a produção de movimento, elas ocorrem de maneira aguda e crônica, tanto para manter a *performance* quanto para diminuir o estresse sobre os sistemas. Na maioria das vezes, as respostas agudas são consideradas ajustes, e não adaptações propriamente ditas; porém, a descrição destas é fundamental para entender o mecanismo das adaptações crônicas. Contudo, ajustes fisiológicos na produção de energia não serão descritos, pois estão disponíveis em vários livros de fisiologia do exercício, bem como nos capítulos de fisiologia deste livro. Esses ajustes são, por natureza, redundantes. Isso significa que diferentes sistemas e/ou órgãos são sinergistas, adaptam-se a fim de atingir o mesmo objetivo. Essa alta redundância faz diferentes vias serem ativadas em diferentes momentos, a fim de manter a *performance* desejada. As adaptações podem ocorrer tanto dentro da célula muscular como na interação entre o sistema nervoso central e o muscular. O elevado grau de controle também faz alguns sistemas serem antagonistas, competindo entre eles. Esse antagonismo deve-se a um poderoso sistema de retroalimentação da via aferente, que transmite constantemente informações da periferia para os centros superiores. Assim, podemos definir dois tipos de *feedback* que podem ocorrer para o controle do movimento. O primeiro é definido como *feedback* negativo e tem como função diminuir a resposta produzida pelo organismo. O segundo é denominado de *feedback* positivo. Nesse caso, a resposta do organismo é ampliada. Como o estudo das adaptações neuromusculares possui poucos desenhos de pesquisa adequados para verificar a interação entre os sistemas, o enfoque utilizado será reducionista, elucidando as adaptações isoladamente. Contudo, alguns exemplos dessa integração já presentes na literatura serão apresentados.

As adaptações neuromusculares ao treinamento físico podem ser tanto agudas quanto crônicas. As adaptações agudas, também denominadas de ajustes, acontecem após estímulos condicionantes ou durante a execução do exercício. A sua duração não ultrapassa 30 minutos. Já as adaptações crônicas ocorrem por causa do efeito acumulativo de várias sessões de treinamento e têm duração desde dias até meses. As adaptações agudas acontecem em nível neural e fisiológico, enquanto as adaptações crônicas acontecem também em nível morfológico.

Adaptações Agudas

As adaptações agudas ocorrem em situações com e sem a produção de fadiga. Fadiga será definida aqui como qualquer redução na capacidade máxima de gerar força ou potência (Gandevia, 2001; Taylor et al., 2000; Vollestad, 1997). Esses ajustes que ocorrem durante o exercício físico têm como função a manutenção da força e/ou a otimização da potência muscular (Gollhofer, 1987; Horita et al., 1996; Bigland-Ritchie et al., 1992; Westgaard et al., 1999). Um exemplo prático disso é que jogadores de voleibol podem manter a capacidade de salto mesmo após uma partida de voleibol de duas horas (Rodacki et al., 1997). Alguns desses ajustes podem perdurar por alguns minutos após a execução do exercício físico e produzir um fenômeno denominado de potencialização pós-ativação (PPA). A PPA pode aumentar o rendimento em ações realizadas após um intervalo de descanso. Esse aumento do rendimento serve de base fisiológica para o treinamento complexo[2] (Jensen e Eben, 2003), muito usado por atletas que necessitam aumentar a produção de potência, ou como forma de aquecimento prévio a eventos de força máxima ou potência.

Controle das Ações Motoras

Toda vez que há a intenção de realizar um movimento, é necessário controlá-lo para que ele tenha o resultado planejado, desejado. O controle dos movimentos é

---

[2] O treinamento complexo é definido como a combinação de exercícios de potência logo após exercícios de força máxima. Esse mesmo assunto será abordado posteriormente neste capítulo.

feito através de uma forte interação entre o sistema nervoso central e o sistema efetor periférico, os músculos. Dentro do sistema nervoso central, a intenção de realizar o movimento é gerada no córtex motor, passando pelo cerebelo e gânglio basal, tronco cerebral, medula espinhal, neurônio motor e, finalmente, chegando à periferia, nos músculos esqueléticos. Durante a passagem para os níveis inferiores do sistema nervoso central, o sinal é modulado para que o controle do movimento seja adequado. Esse controle é feito por meio da frequência e da magnitude do sinal enviado para os músculos. Quanto maior a frequência e a magnitude do sinal, maior será o número de unidades motoras ativas e a atividade por unidade de tempo.

O sinal que chega aos músculos não é modulado apenas por centros superiores, ele também é modulado na medula espinhal através da interação entre a via aferente (que leva sinal para o sistema nervoso central), os interneurônios (ligação entre a via aferente e eferente) e a via eferente (que leva o sinal para o sistema efetor, músculos). Essa organização complexa faz que os centros superiores utilizem uma estratégia simples para controlar os inúmeros graus de liberdade do sistema e a sua elevada redundância.

De Luca e Erim (2002) descreveram que o número de vezes que as unidades motoras são ativadas no tempo varia uniformemente no mesmo grupo muscular, em grupos antagonistas e sinergistas. Esse padrão uniforme de variação na ativação das unidades motoras sugere que um sinal único é enviado pelos centros superiores e que a modulação desse acontece em níveis inferiores, como na medula espinhal. Os autores definiram tal padrão de controle como "controle comum". Ele produz um padrão de recrutamento das unidades motoras descrito por Henneman, em 1965, como princípio do tamanho ou princípio de Henneman. Esse princípio descreve que as unidades motoras são ativadas das menores para as maiores, ou seja, unidades motoras lentas, compostas de fibras musculares tipo I, são ativadas inicialmente. Com o aumento da força gerada, unidades motoras maiores, compostas por um grande número de fibras tipo IIa e IIb, são ativadas. Esse padrão de ativação das unidades motoras é consistente em quase todos os tipos de ações musculares, a exceção de ações musculares excêntricas (Nardone, Romano e Schieppati, 1989; Enoka, 1996). Nessas ações, a ordem de recrutamento é reversa, fazendo que as unidades motoras maiores sejam ativadas em primeiro lugar. Isso vai de encontro ao citado por Sale (1987) que dizia haver a reversão da ordem de recrutamento em ações balísticas. Aqui vale definir esse tipo de ações. Ações balísticas são definidas como aquelas que utilizam uma estratégia de controle de *feedforward*, ou seja, uma vez que o movimento é iniciado, não há possibilidade de ajustes no decorrer dele, o movimento é pré-programado (Mogense e Jakobsen, 2001).

Contrariando também as ideias de Sale (1987), o trabalho de Cutsen, Duchateau e Hainaut, (1998) mostrou claramente que em ações dinâmicas balísticas não ocorre a reversão do princípio do tamanho. O que ocorre é a diminuição do limiar de recrutamento das unidades motoras maiores nesse tipo de movimento, fazendo que elas entrem em ação mais cedo e com maior frequência. A introdução precoce dessas unidades, com uma alta frequência de disparo, faz que a taxa de desenvolvimento de força aumente (inclinação, coeficiente angular da curva força-tempo). A taxa de desenvolvimento de força é extremamente importante para modalidades em que o tempo disponível para a produção de força é muito baixo (<150 ms), como no salto em distância e na corrida de velocidade (Kuitunen, Komi e Kyrolainen, 2002).

Ciclo Alongamento e Encurtamento

O ciclo alongamento e encurtamento (CAE) tem demonstrado produzir a potencialização da força muscular, quando o músculo é submetido a uma ação excêntrica, imediatamente seguida por uma ação concêntrica. O salto vertical, o *sprint* e o arremesso no handebol são exemplos de atividades que utilizam o CAE. Essa potencialização indica que há um aumento da força produzida quando comparado com movimentos em que não há a realização da ação excêntrica, ou quando a velocidade de transição da fase excêntrica para a concêntrica é muito baixa. A magnitude do aumento da força não está claramente definida na literatura, porém, inúmeros estudos demonstraram o fenômeno tanto em músculos isolados quanto em corridas e caminhadas (Bosco, Komi e Ito, 1981; Komi e Bosco, 1978; Komi e Gollhofer, 1997; Yakarada et al., 1997; Finni, Komi e Lepola, 2001).

A potencialização ocorre em razão do acúmulo de energia potencial elástica durante a fase excêntrica do movimento. Essa energia é acumulada nos tendões, cabeças de miosina e nas proteínas estruturais do citoesqueleto como titina e nebulina. Quando a transição da fase excêntrica para a concêntrica é feita rapidamente, a energia potencial acumulada nestes locais é liberada na forma de energia cinética (Ugrinowitsch e Barbanti, 1998). Caso a transição entre as fases seja feita em baixa velocidade, acredita-se que haverá uma diminuição da eficiência mecânica do CAE, pois parte da energia potencial acumulada será perdida na forma de calor. Quanto maior for a energia cinética liberada, maior será o trabalho realizado e, consequentemente, a *performance* do movimento.

Além do acúmulo de energia potencial elástica, há também um aumento do suporte dos fusos musculares à atividade dos motoneurônios (Komi e Gollhofer, 1997). As fibras intrafusais têm como função a monitoração da velocidade de alongamento das fibras musculares (Ribot-Ciscar, Bergnheim e Roll, 2002; Ellaway et al., 1995). Quando uma ação excêntrica é executada em alta velocidade, essas fibras têm suas atividades aumentadas, gerando estímulos aferentes de alta frequência causando uma facilitação dos motoneurônios dos músculos agonistas. Essa facilitação, por sua vez, produz um aumento da sincronização das unidades motoras num intervalo de tempo compatível com a resposta ao reflexo de estiramento (Trimble, Kukulka e Thomas, 2000), contribuindo, também, para a potencialização da fase concêntrica .

Métodos de treinamento de potência motora, como os multissaltos e os saltos em profundidade, têm como função estimular a utilização do CAE. Porém, os especialistas recomendam que, antes de utilizar esse tipo de treino, os atletas devem ter desenvolvido a força motora. A recomendação é válida, pois promove ajustes necessários para que o treino de potência produza as adaptações esperadas. Por exemplo, os órgãos tendinosos de Golgi, bolsas que encapsulam algumas fibras musculares na região em que essas se conectam ao tendão, têm como função monitorar o grau de tensão nos músculos esqueléticos. Se a força produzida durante a aterrissagem (ação excêntrica) for muito alta, poderá haver uma inibição da força na ação concêntrica (Sale, 1992). Tal inibição é verificada por uma diminuição da atividade eletromiográfica dos músculos agonistas em indivíduos sedentários quando comparada com indivíduos treinados. A diminuição da eletromiografia, muito provavelmente, está associada a uma resposta inibitória dos órgãos tendinosos de Golgi à força produzida na ação excêntrica (Takarada et al., 1997). A referida resposta inibitória irá se sobrepor à resposta facilitatória dos fusos musculares, explicada anteriormente, diminuindo o grau de atividade elétrica dos motoneurônios. A diminuição da atividade dos motoneurônios provocará distúrbios no controle do movimento, aumentando a sobrecarga sobre o aparelho locomotor.

Uma outra possibilidade é que indivíduos sedentários precisem de uma maior amplitude de movimento para amortecer a queda (ação excêntrica), em razão da baixa força motora. Essa maior amplitude da fase excêntrica faz que os fusos musculares percam eficiência no controle do *stiffness*[3] da articulação (Nichols e Cope, 2004), diminuindo a frequência de disparo das vias aferentes e, consequentemente, o suporte aos motoneurônios. Antes de utilizar esse método de treinamento, a força deve ser adequada para que haja uma facilitação dessa na ação concêntrica, e não a sua inibição. Na ocasião da introdução desse método de treinamento, deve-se buscar determinar a altura ótima de queda. A altura ótima de queda é verificada pela elevação do centro de gravidade produzida após a fase de amortecimento. Aquela que produzir a maior elevação, dentre várias alturas testadas, será considerada ideal. Aqui temos um critério claro de individualização do treinamento! Um outro fator que parece ser bastante interessante é que os fusos musculares vão perdendo eficiência no controle do *stiffness,* quando submetidos a alongamentos sucessivos (Nichols e Cope, 2004). Isso pode indicar que, dentro de uma série, os saltos em profundidade não podem ser consecutivos. Deve haver uma parada entre os saltos para permitir que os fusos musculares sejam reajustados, permitindo, também, que os saltos sejam executados com maior controle, melhorando a técnica de execução desses.

Quando falamos de pliometria para crianças e adolescentes, temos que levar em consideração o desenvolvimento do sistema musculoesquelético. Os tendões e os ossos são mais suscetíveis a lesões nessas fases de desenvolvimento. Por isso, muitos técnicos não utilizam saltos em profundidade antes do processo de crescimento e desenvolvimento ser finalizado. Essa atitude parece sensata, já que não há pesquisas científicas que sustentem a utilização desse método de treinamento para esse grupo etário.

---

[3] *Stiffness* é definido como a inclinação da curva que determina a relação força-comprimento. Pode ser entendida com a rigidez passiva da musculatura esquelética quando submetida ao alongamento.

Adaptações em Situações de Fadiga

Quando uma determinada força muscular é produzida contínua ou intermitentemente por um período prolongado, há a instalação de fadiga. De acordo com Bill (1943), a fadiga pode ser dividida em três categorias principais. A primeira é a fadiga subjetiva, verificada por uma diminuição da atenção, da concentração mental e da motivação. A segunda é definida como fadiga objetiva, e é identificada pela diminuição na produção de trabalho. E, finalmente, a terceira é caracterizada como fadiga fisiológica e representa as alterações nos processos fisiológicos decorrentes da contração muscular, que causam a diminuição da produção de força. Não faz parte do escopo deste capítulo discutir a fadiga subjetiva; somente as fadigas objetiva e fisiológica serão analisadas.

Muitos ajustes fisiológicos parecem ocorrer mesmo antes da instalação da fadiga objetiva, ou seja, da diminuição da produção de trabalho (De Luca, 1985; Bobbert, Ettema e Huijing, 1990). Esses ajustes podem ocorrer de várias formas. A seguir, descreveremos dois ajustes comumente mencionados na literatura, quais sejam, o da sabedoria muscular e o do controle de ações de salto vertical.

Sabedoria Muscular

A força produzida por um músculo ou grupo muscular é modulada pela frequência e pela magnitude do sinal elétrico que chega aos músculos esqueléticos. Essa modulação é feita tanto em níveis supramedulares do Sistema Nervoso Central (SNC) quanto em nível medular. Quando uma ação isométrica máxima é mantida por alguns segundos (de 5 a 10 segundos), os motoneurônios, inicialmente, disparam com uma frequência elevada (número de vezes por minuto), e logo que a força estabiliza há uma diminuição da frequência de ativação. Esse fenômeno, conhecido como sabedoria muscular, tem como função retardar a instalação da fadiga objetiva, otimizando a produção de força — já que há uma diminuição da velocidade de contração dos músculos (Gandevia, 2001) —, evitando que haja falha na condução do estimulo elétrico em nível periférico (Marsden, Meadows e Merton, 1983), associado a altas frequências de estimulação. Enoka e Stuart (1992) acreditam que a sabedoria muscular diminui ou retarda o aparecimento de fadiga central, ou seja, há diminuição do estímulo produzido pelo sistema nervoso central para que os músculos se contraiam. A importância desse fenômeno para ações dinâmicas não está definida na literatura, porém, esses dados indicam que o SNC está sempre tentando otimizar os recursos disponíveis na tentativa de produzir *performances* máximas, ou pelo menos mantê-las.

Da mesma forma que o fenômeno da sabedoria muscular tenta otimizar o desempenho em contrações estáticas, pode-se especular que a repetição sistemática de estímulos máximos, ou de alta intensidade, pode diminuir a resposta adaptativa ao treinamento. Indo na mesma direção, estudos com eletroestimulação demonstraram que quando o estímulo elétrico é repetido de maneira constante a resposta na despolarização da membrana da célula muscular (sarcolema) diminui no tempo e, consequentemente, a produção de força. Esses dados indicam que o treino específico sem muita variação de carga pode produzir uma acomodação do organismo, diminuindo a resposta adaptativa. Na infância e na adolescência, a utilização de estímulos específicos é duplamente prejudicial, já que esses diminuem a resposta adaptativa e a possibilidade de desenvolvimento da integração sensório--motora das capacidades coordenativas e condicionantes.

Controle Motor em Ações de Salto Vertical

O salto vertical é uma ação pluriarticular que tem como objetivo produzir a maior elevação possível do centro de massa corporal. Ações pluriarticulares são, por natureza, complexas do ponto de vista do controle motor por causa dos inúmeros graus de liberdade e elevada redundância (Van Ingen Schenau et al., 1985; Van Ingen Schenau, Bobbert e Rozendal, 1987; Van Ingen Schenau, 1989; Van Ingen Schenau et al., 1992). Traduzindo, a mesma elevação do centro de gravidade pode ser atingida por meio de diversas formas. O fator que determina essa elevação é a velocidade vertical do centro de massa no momento da decolagem. Como a velocidade vertical é proporcional ao impulso produzido (Enoka, 2003), e o impulso é definido como a área produzida pela curva força-tempo (F·t), alterações tanto na força quanto no tempo podem produzir aumentos ou diminuições na altura saltada. Isso faz que diferentes formas de produzir força no tempo produzam a mesma altura saltada. Desta forma, níveis moderados de fadiga podem não afetar a altura do salto, desde que a estratégia de controle seja alterada. A fadiga diminui a força produzida, mas o aumento do tempo em que essa é aplicada (diminuição da taxa de desenvolvimento de força) faz que não haja queda no rendimento. O entendimento desse processo já fornece importantes indicações para os treinadores. Se o objetivo é treinar a força explosiva, ou seja, a capacidade de produzir força rapidamente, o volume de treinamento deve impedir que haja mudanças na estratégia de controle, e não determiná-lo pelas alterações na *performance*. A partir do momento em que a velocidade de execução do salto é alterada o treino deve ser interrompido.

Se o nível de fadiga for elevado, haverá, então, alterações mais importantes na mecânica do movimento, que acabarão por reduzir a *performance* no salto e diminuir o controle sobre o movimento (Kuitunen, 2002). Essas alterações são causadas tanto por fadiga em centros superiores (central) quanto na periferia — nos músculos (Kuitunen, 2002, 2004; Avela e Komi, 1998b). Há uma diminuição do *drive* central para os músculos, ou seja, do estímulo neural produzido pelo córtex motor (Guleria et al., 2002); da resposta de estiramento reflexa, menor suporte para os motoneurônios; e uma perda da capacidade dos músculos esqueléticos de gerar força, por falhas em algum dos pontos do processo excitação-contração.

Outro aspecto importante no estudo e na utilização do salto vertical como método de treinamento para jovens atletas é o entendimento do controle do processo de produção e absorção de energia. Indo um pouco além, esse entendimento pode preservar o atleta, fazendo que ele tenha mais anos saudáveis. Sabemos que os músculos são responsáveis pela absorção de energia em situações de impacto, diminuindo a sobrecarga sobre o aparelho locomotor. A perda da eficiência do reflexo de estiramento, da capacidade de ativação central e do nível de pré-ativação antes do impacto em estado de fadiga está amplamente descrita na literatura (Avela e Komi, 1998ab; Kuitunen, 2002, 2004; Nicol et al., 2003). Essa perda faz que os músculos respondam tardiamente ao aparecimento das forças compressivas no sistema osteoarticular. Desta forma, realizar treinos que envolvam impacto em situação de fadiga mais severa pode comprometer a capacidade das crianças e dos adolescentes de controlar o estresse aplicado no sistema locomotor induzindo a lesões. Por isso, recomendamos fortemente que o treino desse grupo etário não seja executado em situação de fadiga acentuada.

Potencialização

Como citado anteriormente, a potencialização é definida como um aumento agudo da capacidade do músculo de gerar força após uma atividade condicionante. Esse aumento da força motora pode ser gerado através de contrações voluntárias, artificiais (aplicação de corrente elétrica externa), e reflexos tônicos (vibração). Contudo, a ocorrência ou não da potencialização parece estar diretamente associada à história prévia de contração muscular. Atividades em que os músculos estão encurtados produzem depressão da força, enquanto aquelas em que os músculos são alongados produzem a potencialização da força (Rassier, MacIntosh e Herzog, 1999; Herzog, Leonard e Wu, 1998; Herzog e Leonard, 1997). Esse aumento da força motora pode ser produzido pela fosforilação da miosina de cadeia leve; pela ocorrência de *doublets;*[4] pela modulação da sensibilidade dos fusos musculares; pela utilização da propriedade muscular chamada de *catchlike*;[5] e pela utilização do ciclo alongamento e encurtamento. A utilização de um ou de alguns desses mecanismos depende do tipo de atividade condicionante utilizada e do exercício ou atividade competitiva no qual a potencialização vai ser medida ou verificada. Essa potencialização pode ocorrer durante a execução do movimento ou após alguns minutos de intervalo, dependendo do movimento executado.

Contrações Voluntárias

Potencialização Pós-Ativação

Vários estudos demonstraram que ações musculares tanto estáticas quanto dinâmicas têm a capacidade de potencializar a *performance* motora. Essas contrações são chamadas de atividades condicionantes e realizadas previamente a um teste de *performance* motora. As atividades condicionantes podem ter a capacidade de aumentar a *performance* entre 3% e 5% (Sale, 2004) em tarefas de potên-

---

[4] *Doublets* são definidas como um padrão de ativação das unidades motoras no qual há um intervalo de tempo menor que 10 ms entre elas. Esse intervalo reduzido produz um aumento acentuado da força produzida.

[5] *Catchlike* é uma propriedade muscular que também produz um aumento não linear da força quando um novo estímulo é produzido sem que a fibra muscular tenha zerado a sua produção de força.

cia, sendo consideradas, por isso, uma boa estratégia de aquecimento em eventos esportivos que requerem a manifestação de potência. Isso pode se tornar mais importante para indivíduos que participam de eventos que necessitam dessas capacidades motoras e têm um maior percentual de fibras rápidas. Pessoas com um maior percentual de fibras rápidas demonstram uma maior potencialização. As contrações mais comumente utilizadas são isométricas máximas ou submáximas. Além disso, alguns estudos também utilizaram exercícios isoinerciais, máximos, submáximos e isocinéticos.

Quando essas atividades condicionantes são seguidas do treinamento de potência (pliometria, multisaltos, lançamentos de medicinebol etc.), os grupos musculares potencializados parecem produzir mais potência do que no estado não potencializado. Com isso, o somatório dessas cargas durante várias semanas parece produzir um maior aumento da potência muscular. Esse tipo de treinamento é chamado de treinamento complexo. A efetividade da potencialização vem sendo questionada, já que alguns estudos não foram capazes de demonstrar a sua existência (Behm et al., 2004).

A elucidação dos mecanismos que parecem estar por trás do fenômeno da potencialização pode ser importante para o entendimento desses resultados conflitantes. A potencialização pode ser produzida por ajustes tanto de natureza bioquímica quanto neural.

Adaptações Fisiológicas

Durante a contração muscular, cálcio é liberado pelo retículo sarcoplasmático. O cálcio liberado tem várias funções fisiológicas; entre elas, podemos citar a sua ligação com a calmodulina (CaM), o complexo Ca_4^2-CaM formado liga-se, então, à enzima miosina de cadeia leve quinase (MCLQ), essa quinase, por sua vez, irá fosforilar a miosina de cadeia leve que está conectada à miosina de cadeia pesada (MCP) (Stull et al., 1990; Persechini, Stull e Cooke, 1985); essa fosforilação produz uma mudança conformacional causando uma desordem na miosina de cadeia pesada, fazendo que a mobilidade das cabeças de miosina seja aumentada. A mobilidade aumentada faz que haja uma maior probabilidade de ligação entre actina e miosina em situações de baixa concentração de cálcio intracelular, produzindo uma potencialização da força nessas situações (Figura 4.1) (Levine et al., 1996).

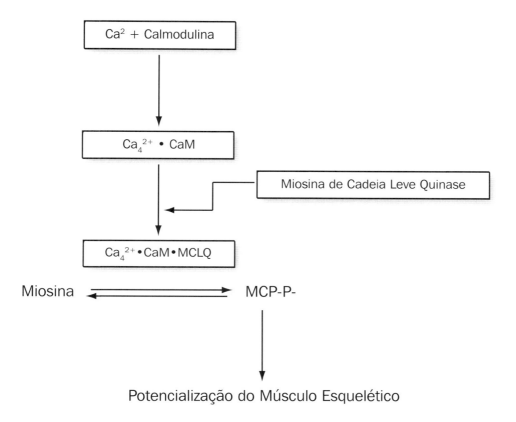

Figura 4.1 – Representação esquemática da interação cálcio-calmodulina e seu feito sobre a miosina de cadeia pesada no processo de potencialização do músculo esquelético.

Contudo, como o desencadeamento da contração muscular não é dependente da fosforilação da miosina de cadeia leve, como no caso dos músculos lisos (Stull et al., 1990), situações que provocam a saturação de cálcio no meio intracelular parecem não produzir potencialização da força máxima ou aumento na taxa de produção de força. A fosforilação tem pouca influência na frequência de ciclagem das cabeças de miosina. Além disso, temos de considerar que fatores como temperatura, pH do meio, atividade prévia, fadiga, concentração de fosfato inorgânico e o comprimento dos sarcômeros podem anular os efeitos da fosforilação da miosina de cadeia leve (Macintosh, 2003). A contradição entre os estudos que demonstram e não demonstram potencialização pode ser, então, pela inadequação do referencial teórico ao efeito pleiteado. Como citado anteriormente, o efeito produzido é em torno de 3% a 5%. Esse efeito é muito pequeno e os estudos não reportam a variabilidade dos resultados (desvio-padrão). Não sabemos, então, se a variabilidade dos dados é maior do que o efeito médio da potencialização; pois isso indicaria que esses valores (3% a 5%) são irrelevantes.

Outro dado que suporta essa afirmação é a potencialização observada em contrações produzidas por um estímulo elétrico externo (Behm et al., 2004), já que nesse caso não há saturação de cálcio no meio celular. Assim, podemos dizer que talvez os efeitos pleiteados ao treinamento complexo podem não ser por cauda da potencialização produzida pela fosforilação da miosina de cadeia leve. O efeito do treino complexo pode estar ligado ao volume maior de treino, ou a algum outro mecanismo fisiológico ainda não descrito na literatura. Além disso, como os efeitos do treinamento complexo e da potencialização apresentam dados contraditórios na literatura, a prudência diz para não utilizar esse método de treinamento com jovens e adolescentes.

Adaptações Crônicas

O primeiro modelo de adaptação neuromuscular crônica para o desenvolvimento da força motora foi proposto por Moritani e DeVries (1979). Apesar de esse modelo ter sido elaborado para o treino de força motora especificamente, o seu conteúdo pode ser extrapolado para adaptações periféricas decorrentes do treinamento de outras capacidades motoras. No entanto, a magnitude e, algumas vezes, a localização das adaptações dependem da capacidade motora treinada. Nesse modelo, os ganhos iniciais de força são em decorrência de fatores neurais, enquanto os ganhos posteriores devem-se mais a adaptações morfológicas no tecido musculotendinoso. Quando indivíduos destreinados iniciam um programa de treinamento, nas primeiras oito semanas é identificado um aumento na atividade eletromiográfica dos músculos agonistas. Esse aumento é um indicativo do aumento do número de unidades motoras ativas durante a contração muscular, pois o sistema nervoso central modula dois parâmetros medidos na eletromiografia — a amplitude e a frequência do sinal. Quanto maior a amplitude e a frequência desse sinal, maior o número de unidades motoras ativas. Sale (1987) sugeriu que indivíduos destreinados não seriam capazes de ativar as unidades motoras maiores, ou rápidas, em razão uma incapacidade do sistema nervoso central em gerar o estímulo para tal. Esses dados foram confirmados por Bernardi et al. (1996), que reportaram um aumento de 20% na capacidade de recrutar unidades motoras após o período de treino. A partir das oito primeiras semanas de treinamento, o aumento da secção transversa dos músculos treinados começou a predominar sobre as adaptações neurais, contribuindo, de forma mais significativa, para o aumento da força. Todavia, deve ser entendido que o modelo fala de predominância; isso quer dizer que não é porque estamos na quarta semana de treinamento que não haverá hipertrofia ou que não há adaptação neural após a oitava semana. Elas estão sempre ocorrendo, mas em proporções distintas em cada fase do treinamento (Figura 4.2).

O modelo proposto por Moritani e DeVries (1979) serviu de referencial teórico para vários estudos posteriores, que tentaram checar a temporalidade, a extensão e a modalidade dessas adaptações neurais e morfológicas (Sale, 1982; Hakkinen et al., 2000, 1996; Ahtiainen et al., 2003a; Aagaard et al., 2002).

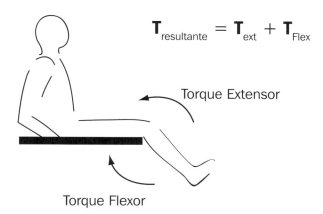

FIGURA 4.2 – Modelo representativo da progressão das adaptações neurais e morfológicas que ocorrem com o treinamento da força motora.

Desempenho Esportivo:
Treinamento com crianças e adolescentes

A primeira conclusão que podemos tirar do modelo apresentado é que os jovens podem melhorar a força motora antes da adolescência por causa dos grandes ganhos neurais que podem ser observados com o treinamento (Faigenbaum et al., 1999). Uma crença sempre presente entre as pessoas envolvidas no treinamento de força é que não existe eficiência desse tipo de treinamento antes da puberdade, uma vez que a possibilidade de aumentos da massa muscular é mínima, em razão de um ambiente hormonal não adequado (baixa concentração de testosterona). Contudo, vários livros de treinamento indicam que o período entre 7 e 11 anos é muito favorável para o desenvolvimento da velocidade. Isso se deve a grande plasticidade do sistema nervoso central nessa fase para a melhora da coordenação motora. Se a força tem um grande componente coordenativo, então, será que ela também não deve ser priorizada? A teoria das fases sensíveis fala da força como medida externa, não separando os componentes neurais e morfológicos. Dessa forma, o seu maior aumento na adolescência pode ser fruto das grandes alterações morfológicas que ocorrem nessa fase, como o aumento de massa magra (Hulthen et al., 2001); e os treinadores podem estar perdendo a fase mais propícia para o desenvolvimento dos componentes neurais da força.

Adaptações Neurais

O aumento da amplitude e da frequência do sinal eletromiográfico não é a única forma de medir os ganhos neurais, assim como o aumento do número de unidades motoras ativas não é a única forma de adaptação. As adaptações neurais produzem alterações em vários níveis e de várias formas. Lembre-se de que o sistema nervoso central é extremamente redundante e tem inúmeros graus de liberdade. Os ajustes neurais comumente reportados na literatura são a diminuição da cocontração dos antagonistas, da inibição recorrente e do grau de inibição dos músculos agonistas, e a melhora da coordenação sinergista e agonista (intermuscular), do suporte dos fusos musculares para a contração, e da sincronização das unidades motoras. Além dos ajustes mencionados, a educação cruzada e os efeitos das contrações imaginárias são descritos como adaptações neurais.

Diminuição da Cocontração

Quando um estímulo elétrico é gerado no sistema nervoso central para que um músculo esquelético se contraia, uma área específica do córtex motor é estimulada. Porém, esse estímulo não consegue, por si só, traduzir toda a informação necessária para que o músculo realize a ação desejada. Nos estágios iniciais de aprendizagem do movimento, os músculos antagonistas são ativados concomitantemente. Como o torque resultante produzido em uma articulação é obtido pelo somatório dos torques flexores e extensores atuando nela, a cocontração dos músculos antagonistas irá diminuir o torque resultante e, consequentemente, o torque gerado (Figura 4.3).

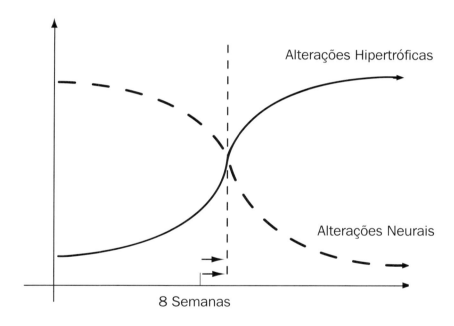

Figura 4.3 – O torque resultante em uma articulação é produzido pelo somatório dos torques flexores e extensores.

O treinamento diminui o grau de ativação dos músculos antagonistas, ou o grau de cocontração, diminuindo sua interferência negativa e, assim, aumentando o torque resultante dos músculos agonistas. Essa é uma adaptação que demonstra como um indivíduo pode ficar mais forte sem realmente aumentar a força dos músculos agonistas.

Inibição Recorrente

Os motoneurônios saem da medula espinhal e vão fazer suas sinapses com os músculos aos quais estão conectados. Próximo à medula espinhal, esses motoneurônios possuem ramificações que retornam à medula espinhal e são conectados a interneurônios inibitórios. Essas conexões são chamadas de células de Renshaw. Quando essas células são ativadas, elas produzem a inibição dos motoneurônios dos quais se originam. Indivíduos destreinados possuem um maior grau de ativação dessas e, consequentemente, de inibição dos motoneurônios. O treinamento diminui o grau de inibição recorrente, ou autogênica, aumentando o torque da articulação.

Coordenação Sinergista e Agonista

Quando realizamos um movimento em uma determinada direção, como, por exemplo, na flexão de cotovelo, temos o envolvimento dos músculos bíceps braquial, braquial e braquiorradial. Esses músculos têm que ser ativados em um determinado padrão temporal para que a força produzida seja maximizada. Apesar de esse ser um fenômeno de difícil investigação, alguns estudos têm proposto que há uma melhora acentuada na coordenação entre os músculos (coordenação intermuscular) com o treinamento.

Aumento do Suporte dos Fusos Musculares

A importância dos fusos musculares na produção de força tem sido demonstrada por meio de vários estudos sobre fadiga muscular (Windhorst e Kokkoroyiannis, 1991; Griffin et al., 2001). Foi observado que, em situações de fadiga, há uma diminuição da frequência de disparo das unidades motoras. Como a frequência de disparo está diretamente ligada à produção de força, essa diminuição produzia queda na produção de força. Porém, com a aplicação de vibração, estímulo que induz a contrações reflexas, através da ativação da via aferente (ao longo dos fusos) que ativa os motoneurônios, a frequência de disparo do músculo aumentava e, consequentemente, a força muscular. Alguns estudos têm reportado o aumento da amplitude do reflexo H com o treinamento de força, indicando haver uma facilitação da via eferente.

Sale (1992) também indica haver o aumento do suporte dos fusos musculares com o treinamento de saltos em profundidade. Segundo esse autor, indivíduos destreinados possuem uma diminuição da atividade eletromiográfica dos músculos agonistas em contato com o solo. Indivíduos treinados, por sua vez, têm um aumento da atividade eletromiográfica. Esse aumento se deve, muito provavelmente, ao aumento da atividade dos fusos musculares no momento do amortecimento da queda. Porém, existe a possibilidade de que os órgãos tendinosos de Golgi tenham as suas atividades diminuídas, diminuindo também o grau de inibição aos motoneurônios.

O estudo de Trimble et al. (2000) demonstrou haver um aumento do sinal eletromiográfico e, provavelmente, da sincronização das unidades motoras, quando os fusos musculares são estimulados durante a fase excêntrica de atividades que utilizam o ciclo alongamento e encurtamento.

Sincronização das Unidades Motoras

Sincronização é definida como a ativação simultânea de duas ou mais unidades motoras no tempo. Com isso, acredita-se que este *timing* coincidente na ativação das unidades motoras tem a capacidade de aumentar a produção de força. Muitos artigos têm reportado o aumento da sincronização no recrutamento das unidades motoras com o consequente aumento de força (Connelly, Carnahan e Vandervoort, 2000; Semmler et al., 2000). Porém, o efeito da sincronização das unidades motoras no aumento de força vêm sendo criticado na literatura, assim como os métodos utilizados para quantificar o grau de sincronização. Yao, Fuglevand e Enoka (2000) demonstraram em seu estudo que a sincronização aumenta a variação na força produzida, ou seja, ela oscila mais, mas não aumenta a força máxima. Day e Hulliger (2001) criticaram a utilização da eletromiografia de superfície para medir o aumento na quantidade de unidades motoras, disparando sincronicamente. Um aumento na amplitude do sinal eletromiográfico com o treinamento de força é tido como um aumento de sincronização. Esses autores demonstraram que esse aumento é, primordialmente, em razão de uma diminuição do cancelamento do sinal eletromiográfico, não indicando, necessariamente, um aumento da sincronização. Um outro aspecto contra a sincronização é que ela parece diminuir com a aquisição de habilidades motoras, e não aumenta como indicam alguns estudos, sobretudo, em habilidades motoras que requerem um controle motor fino.

Adaptações Morfológicas

Toda vez que adaptações morfológicas no tecido muscular são mencionadas em decorrência do treinamento, associações são estabelecidas com a hipertrofia muscular. O mecanismo que gera a hipertrofia muscular está parcialmente descrito na literatura e ajuda a elucidar muitas questões referentes ao treinamento de jovens e adolescentes.

A literatura relacionada aos ganhos de força motora indicam que, nos anos após a puberdade, há os maiores ganhos de força e de massa magra. Com isso, muitos pesquisadores têm associado esse fenômeno ao aumento na concentração de hormônio do crescimento e hormônios esteroides sexuais (Hulthen et al., 2001). Partindo do princípio de que, na adolescência, a maior concentração desses hormônios está associada à hipertrofia e a ganhos de força muscular, vários pesquisadores têm tentado determinar os estímulos de treinamento que produzem os maiores aumentos na concentração desses hormônios circulantes (Ahtiainen, 2003ab; Bosco et al., 2000). Contudo, há uma falha na lógica desse argumento. Se uma maior quantidade circulante desses hormônios produzisse hipertrofia, teríamos que esperar, então, uma hipertrofia generalizada de todos os músculos esqueléticos. Essa hipertrofia generalizada só foi observada na literatura quando doses suprafisiológicas de anabolizantes foram ministradas para os sujeitos, sem o estímulo de treinamento (Sinha-Hikim et al., 2002). Além disso, os estudos que tentaram testar se os programas de treinamento que produziam as maiores respostas hormonais — visto que o organismo estaria em um estado anabólico favorável — e que também produziam respostas hipertróficas mais acentuadas, falharam. Esses fatos em conjunto indicam que outros mecanismos devem ser responsáveis pela hipertrofia muscular.

De fato, os músculos possuem um estoque de células-satélite que, quando ativadas, proliferam-se diferenciam-se e incorporam-se às fibras musculares (Bischoff, 1997; Darr e Schultz, 1987; Morgan e Partridge, 2003). Visto que essas células-satélite são como um estoque de células-tronco, ativado a partir de estímulos específicos, descobrir os tipos de estímulo que produzem hipertrofia pode ser essencial para a discussão das adaptações crônicas decorrentes do treinamento em jovens. A literatura já tem bons indicativos dos estímulos mais importantes para a produção de hipertrofia muscular. O alongamento crônico (manutenção de uma posição de estiramento muscular), a hipóxia e as lesões musculares pós-exercício excêntrico parecem ser os estímulos com maior possibilidade de ativar as células satélites. Essas células, quando diferenciadas em miotubos, fundem-se às fibras musculares já existentes, doando núcleos a essas. Como cada núcleo é responsável por um determinado volume de sarcoplasma na fibra muscular, fenômeno chamado de domínio mionuclear (Allen, Roy e Edgerton, 1999), os núcleos incorporados às fibras têm possibilidade de causar um aumento na síntese proteica produzindo tanto proteínas contráteis quanto não contráteis. Esse aumento na síntese proteica produz, então, a hipertrofia muscular.

A partir do entendimento do mecanismo de hipertrofia, pode ser concluído que alguma outra alteração deve ocorrer na puberdade para que ocorra o aumento observado da secção transversa dos músculos esqueléticos e que, provavelmente, não está ligado ao aumento da taxa de hormônios anabólicos sistêmicos. Desta forma, pode ser que pré-púberes tenham condições de apresentar hipertrofia muscular, mas, como o treinamento com altas intensidades não é recomendado nessa faixa etária, o efeito pode não ser observado.

Vários artigos reportaram alterações na composição da miosina de cadeia pesada com o treinamento. Essas alterações indicam que as caracterísitcas bioquímicas das fibras musculares são modificadas de acordo com o tipo de estímulo oferecido. Ou seja, fibras tipo I, mais conhecidas como lentas, transformam-se em fibras tipo IIa, ou intermediárias, com o treinamento de força máxima ou resistência de força. Já o treinamento excêntrico em alta velocidade foi o único capaz de aumentar o percentual de fibras tipo IIb nos músculos esqueléticos. Porém, apesar dos inúmeros estudos que verificaram as alterações nos tipos de fibras, nenhum consegue descrever claramente o significado funcional dessas alterações. Tendo em vista a ausência de significado prático dessas alterações bioquímicas, elas não serão descritas em profundidade.

Referências

AAGAARD, P. et al. Increased rate of force development and neural drive of human skeletal muscle following resistance training. **J. Appl. Physiol.**, v. 93, n. 4, p. 1318-26, 2002.

AHTIAINEN, J. P. et al. Muscle hypertrophy, hormonal adaptations and strength development during strength training in strength-trained and untrained men. **Eur. J. Appl. Physiol.**, v. 89, n.6, p. 555-6, 2003a.

_____. Acute hormonal and neuromuscular responses and recovery to forced *versus* maximum repetitions multiple resistance exercises. **Int. J. Sport. Med.**, v. 24, n. 6, p. 410-8, 2003b.

ALLEN, D. L.; ROY, R. R.; EDGERTON, V. R. Myonuclear domains in muscle adaptation and disease. **Muscle Nerve**, v. 22, n. 10, p. 1350-60,1999.

AVELA, J. ; KOMI, P. V. Interaction between muscle stiffness and stretch reflex sensitivity after long-terms tretch-shortening cycle exercise. **Muscle Nerve**, v. 21, n. 9, p. 1224-7, 1998a.

_____. Reduced stretch reflex sensitivity and muscle stiffness after long-lasting stretch-shortening cycle exercise in humans. **Eur. J. Appl. Physiol.**, v. 78, n. 5, p. 403-10, 1998b.

BEHM, D. G. et al. Conflicting effects of fatigue and potentiation on voluntary force. **J. Strength Cond. Res.**, v. 18, n. 2, p. 365-72, 2004.

BERNARDI, M. et al. Motor unit recruitment strategy changes with skill acquisition. **Eur. J. Appl. Physiol.**, v. 74, n. 1-2, p. 52-9, 1996.

BIGLAND-RITCHIE, B. et al. Muscle temperature, contractile speed and motoneuron firing rates during human voluntary contractions. **J. Appl. Physiol.,** v. 73, n. 6, p. 2457-61, 1992.

BILL, A. G. The psychology of efficiency: a discussion of hygiene of mental work. 1. ed. New York: Harper & Bros, 1943. p 361.

BISCHOFF, R. Chemotaxis of skeletal muscle satellite cells. **Dev. Dyn.,** v. 208 n. 4, p. 505-15 1997.

BOBBERT, M. F.; ETTEMA, G. C.; HUIJING, P. A. The force-length relationship of a muscle-tendon complex: experimental results and model calculations. **Eur. J. Appl. Physiol.,** v. 61, p. 323-29, 1990.

BOSCO, C. et al. Monitoring strength training: neuromuscular and hormonal profile. **Med. Sci. Sport Exerc.,** v. 32, n. 1, p. 202-8, 2000.

BOSCO, C.; KOMI, P. V.; ITO, A. Prestretch potentiation of human skeletal muscle during ballistic ovement. **Acta. Physiol. Scand.,** v. 111, p. 135-40, 1981.

CONNELLY, D. M., CARNAHAN, H.; VANDERVOORT, A. A. Motor skill learning of concentric and eccentric isokinetic movements in older adults. **Exp. Aging. Res.,** v. 26, n. 3, p. 209-28, 2000.

CUTSEM, M. V.; DUCHATEAU, J.; HAINAUT, K. Changes in single motor unit behaviour contribute to the increase in contraction speed after dynamic training in humans. **J. Physiol.,** v. 513, n. 1, p. 295-305, 1998.

DARR, K. C.; SCHULTZ, E. Exercise-induced satellite cell activation in growing and mature skeletal muscle. **J. Appl. Physiol.,** v. 63, n. 5, p. 1816-21, 1987.

DAY, S. J.; HULLIGER, M. Experimental simulation of cat electromyogram: evidence for algebraic summation of motor-unit action-potential trains. **J. Neurophysiol.,** v. 86, n. 5, p. 2144-58, 2001.

DE LUCA, C. J.; ERIM, Z. Common drive in motor units of a synergistic muscle pair. **J. Neurophysiol.,** v. 87, n. 4, p. 2200-4, 2002.

DE LUCA, C. J.; ERIM, Z. Myoelectrical manifestations of localized muscular fatigue in humans. **CRC Critic. Rev. Biomed. Eng.**, v. 11, n. 4, p. 251-79, 1985.

ELLAWAY, P. H. et al. Regulation of the dynamic and static sensitivity of gastrone-mius-soleus muscle spindle afferents by joint and cutaneous afferents in the cat. In: TAYLOR, A.; GLADDEN, M. H.;. DURBABA, R. (Ed.). **Alpha and Gamma Motor Systems**. New York: Plenum Press, 1995. p. 151-56.

ENOKA, R. M. Eccentric contractions require unique activation strategies by the nervous system. **J. Appl. Physiol.**, v. 81, n. 6, p. 2339-46, 1996.

_____. **Neuromechanical Basis of Kinesiology**. 3. ed. Champaign: Human Kinetics, 2003. p. 555.

ENOKA, R. M.; STUART, D. G. Neurobiology of muscle fatigue. **J. Appl. Physiol.**, v. 72, n. 5, p. 1631-48, 1992.

FAIGENBAUM, A. D. et al. The effects of different resistance training protocols on muscular strength and endurance development in children. **Pediatrics**, v. 104, n. 1, p. 5, 1999.

FINNI, T.; KOMI, P. V.; LEPOLA, V. In vivo muscle mechanics during locomotion depend on movement amplitude and contraction intensity. **Eur. J. Appl. Physiol.**, v. 85, n. 1-2, p. 170-6, 2001.

GANDEVIA, S. C. Spinal and supraspinal factors in human muscle fatigue. **Physiol. Rev.**, v. 81, n. 4, p. 1725-89, 2001.

GOLLHOFER, A. et al. Fatigue during stretch-shortening cycle exercises: changes in mechanical performance of human skeletal muscle. **Intern. J. Sport. Med.**, v. 8, p. 71-78, 1987.

_____. Muscle vibration sustains motor unit firing rate during submaximal isometric fatigue in humans. **J. Physiol.**, v. 535, (pt. 3), p. 929-36, 2001.

GULERIA, R. et al. Central fatigue of the diaphragm and quadriceps during incremental loading. **Lung.**, v. 180, n. 1, p. 1-13, 2002.

HAKKINEN, K. et al. Neuromuscular adaptation during prolonged strength training, detraining and re-stregthen-training in middle-aged and elderly people. **Eur. J. Appl. Physiol.**, v. 83, p. 51-62, 2000.

_____. Neuromuscular adaptations during bilateral versus unilateral strength training in middle-aged and elderly men and women. **Acta. Physiol. Scand.**, v. 158, n. 1, p. 77-88, 1996.

HENNEMAN, E., SOMJEN, G; CARPENTER, P. O. Excitability and inhibitability of motoneurons of different sings. **J. Neurophysiol.** v. 28, p. 599-620, 1965.

HERZOG, W.; LEONARD, T. R.; WU, J. Z. Force depression following skeletal muscle shortening is long lasting. **J. Biomech.**, v. 31, n. 12, p. 1163-8, 1998.

HERZOG, W.; LEONARD, T. R. Depression of cat soleus-forces following isokinetic shortening. **J. Biomech.**, v. 30, n. 9, p. 865-72, 1997.

HORITA, T. et al. Stretch shortening cycle fatigue: interactions among joint stiffness, reflex and muscle mechanical performance in the drop jump. **Eur. J. Applied. Physio.**, v. 73, n. 5 p. 393-403,1996.

HULTHEN, L. et al. GH is needed for the maturation of muscle mass and strength in adolescents. **J. Clin. Endocrinol. Metab.**, v. 86, n. 10, p. 4765-70, 2001.

JENSEN, R. L.; EBBEN, W. P. Kinetic analysis of complex training rest interval effect on vertical jump performance. **J. Strength. Cond. Res.**, v. 17, n. 2, p. 345-9, 2003.

KOMI, P. V.; BOSCO, B. Utilization of stored elastic energy in leg extensor muscles by men and women. **Med. Sci. Sport Exerc.**, v. 10, n. 4, p. 261-65, 1978.

KOMI, P. V.; GOLLHOFER, A. Stretch reflexes can have an important role in force enhancement during SSC exercise. **J. Appl. Biomech.**, v. 13, n. 4, p. 451-60, 1997.

KUITUNEN, S. et al. Acute and prolonged reduction in joint stiffness in humans after exhausting stretch-shortening cycle exercise. **Eur. J. Appl. Physiol.**, v. 88, n. 1-2, p. 107-16, 2002.

KUITUNEN, S. et al. Voluntary activation and mechanical performance of human triceps surae muscle after exhaustive stretch-shortening cycle jumping exercise. **Eur. J. Appl. Physiol.**, v. 91, n. 5-6, p. 538-44, 2004.

KUITUNEN, S.; KOMI, P. V.; KYROLAINEN, H. Knee and ankle joint stiffness in sprint running. **Med. Sci. Sport Exerc.**, v. 34, n. 1, p. 166-73, 2002.

LEVINE, R. J. et al. Myosin light chain phosphorylation affects the structure of rabbit skeletal muscle thick filaments. **Biophys. J.**, v. 71, n. 2, p. 898-907, 1996.

MACINTOSH, B. R. Role of calcium sensitivity modulation in skeletal muscle performance. **News Physiol. Sci.**, v. 18, p. 222-5, 2003.

MARSDEN, C. D.; MEADOWS, J. C.; MERTON, P. A. Muscular wisdom that minimizes fatigue during prolonged effort in man: peak rates of motoneuron discharge and slowing of discharge during fatigue. **Adv. Neurol.**, v. 39, p. 169-211, 1983.

MOGENSEN, P. H.; JAKOBSEN, J. Cued and non-cued repetitive ballistic movements. A kinematic study in healthy subjects. **Acta. Neurol. Scand.**, v. 103, n. 1, p. 12-9, 2001.

MORGAN, J. E.; PARTRIDGE, T. A. Muscle satellite cells. **Inter J. Biochem. Cell. Biol.**, v. 35, n. 8, p. 1151-6, 2003.

MORITANI, T.; DEVRIES, A. Neural factors versus hypertrophy in the time course of muscle strength gain. **Americ. J. Physic. Medic.**, v. 58, n. 3, p. 115-30, 1979.

NARDONE, A.; ROMANO, C.; SCHIEPPATI, M. Selective recruitment of high-threshold human motor units during voluntary isotonic lengthening of active muscles. **J. Physiol.**, v. 409, p. 451-71, 1989.

NICOL, C. et al. Effects of long-and short-term fatiguing stretch-shortening cycle exercises on reflex EMG and force of the tendon-muscle complex. **Eur. J. Appl. Physiol.**, v. 90, n. 5-6, p. 470-9, 2003.

NICHOLS, T. R.; COPE, T. C. Cross-bridge mechanisms underlying the history-dependent properties of muscle spindles and stretch reflexes. **Can. J. Physiol. Pharmacol.**, v. 82, n. 8-9, p. 569-76, 2004.

PERSECHINI, A.; STULL, J. T.; COOKE, R. The effect of myosin phosphorylation on the contractile properties of skinned rabbit skeletal muscle fibers. **J. Biol. Chem.**, v. 260, n. 13, p. 7951-4, 1985.

RASSIER, D. E., MACINTOSH, B. R.; HERZOG, W. Length dependence of active force production in skeletal muscle. **J. Appl. Physiol.**, v. 86, n. 5, p. 1445-57, 1999.

RIBOT-CISCAR, E.; BERGENHEIM, M.; ROLL, J. P. The preferred sensory direction of muscle spindle primary endings influences the velocity coding of two-dimensional limb movements in humans. **Exp. Brain. Res.**, v. 145, n. 4, p. 429-36, 2002.

RODACKI, A. L. et al. O número de saltos verticais realizados durante partidas de voleibol como indicador da prescrição do treinamento. **Treinam. Desport.**, v. 2, n. 1, p. 31-9, 1997.

SALE, D. G. Influence of exercise and training on motor unit activation. In: PANDOLF, K.B. (Ed.). **Exercise and Sport Sciences Reviews**. New York: Macmillan Publishing Company, 1987. p. 95-151.

_____. Neural adaptation to strength training. In: KOMI, P. V. (Ed.). **Strength and Powerin Sport**. London: Blackwell Scientific Publications, 1992. p. 249-65.

_____. Postactivation potentiation: role in performance. **Br. J. Sports Med.**, v. 38, n. 4, p. 386-7, 2004.

SALE, D. G. et al. Neuromuscular adaptation in human thenar muscles following strength training and immobilization. **J. Appl. Physiol.**, v. 53, n. 2, p. 419-24, 1982.

SEMMLER, J. G. et al. Motor-unit synchronization is not responsible for larger motor-unit forces in old adults. **J. Neurophysiol**, v. 84, n. 1, p. 358-66, 2000.

SINHA-HIKIM, I. et al. Testosterone-induced increase in muscle size in healthy young men is associated with muscle fiber hypertrophy. **Am. J. Physiol. Endocrinol. Metab.** v. 283, n. 1, p. E154-64, 2002.

STULL, J. T. et al. Myosin phosphorylation in smooth and skeletal muscles: regulation and function. **Prog. Clin. Biol. Res.**, v. 327, p. 107-26, 1990.

TAKARADA, Y. et al. Stretch-induced enhancement of mechanical work production in frog single fibers and human muscle. **J. Appl. Physiol.**, v. 83, n. 5, p. 1741-8, 1997.

TAYLOR, J. L. et al. Supraspinal fatigue during intermittent maximal voluntary contractions of the human elbow flexors. **J. Appl. Physiol.**, v. 89, n. 1, p. 305-13, 2000.

TRIMBLE, M. H.; KUKULKA, C. G.; THOMAS, R. S. Reflex facilitation during the stretch-shortening cycle. **J. Electromyogr. Kinesiol.**, v. 10, n. 3, p. 179-87, 2000.

UGRINOWITSCH, C.; BARBANTI, V. J. O ciclo de alongamento e encurtamento e a performance. **Rev. Paulis. Educ. Fís.**, v. 12, n. 1, p. 85-94, 1998.

VAN INGEN SCHENAU, G. J. From rotation to translation: constraints on multi-joint movements and the unique action of bi-articular muscles. **Hum. Move. Sci.**, v. 8, p. 301-37, 1989.

_____. The constrained control of force and position in multi-joint movements. **Neuroscience**, v. 46, n. 1, p. 197-207, 1992.

VAN INGEN SCHENAU, G .J.; BOBBERT, M. F., ROZENDAL, R. H. The unique action of bi-articular muscles in complex movements. **J. Anatomy**, v. 155, n. 1, p. 1-5, 1987.

VAN INGEN SCHENAU, G. J. et al. The instantaneous torque-angular velocity relation in plantar flexion during jumping. **Med. Sci. Sport Exerc.**, v. 17, n. 4, p. 422-26, 1985.

VOLLESTAD, N. K. Measurement of human muscle fatigue. **J. Neurosci. Methods.**, v. 74, n. 2, p. 219-27, 1997.

WESTGAARD, R. H.; DE LUCA, C. J. Motor unit substitution in long-duration contractions of the human trapezius muscle. **J. Neurophysiol.**, v. 82, n. 1, p. 501-4, 1999.

WINDHORST, U.; KOKKOROYIANNIS, T. Interaction of recurrent inhibitory and muscle spindle afferent feedback during muscle fatigue. **Neuroscience**, v. 43, n. 1, p. 249-59, 1991.

YAKARADA, Y. et al. Stretch-induced enhancement of mechanical power output in human multijoint exercise with countermovement. **J. Appl. Physiol.**, v. 83, n. 5, p. 1749-55, 1997.

YAO, W.; FUGLEVAND, R. J.; ENOKA, R. M. Motor-unit synchronization increases EMG amplitude and decreases force steadiness of simulated contractions. **J. Neurophysiol.**, v. 83, n. 1, p. 441-52, 2000.

5

Respostas Endócrinas Aplicadas ao Exercício Físico Agudo e Crônico na Infância e na Adolescência[3,4]

Ricardo Zanuto
Waldecir Paula Lima

---

[3] Este capítulo assumirá que os leitores possuem um conhecimento prévio de Fisiologia Endócrina, especialmente a anatomia do sistema e as características gerais hormonais (composição química, especificidade-recepção, mecanismos de ação e controle de produção-feedback).

[4] Uma parte do conteúdo que trata sobre os temas cortisol, testosterona e razão testosterona/cortisol é oriundo de uma monografia de conclusão de curso (pós-graduação lato-sensu: Treinamento Personalizado — Aspectos Fisiológicos e Alto Rendimento) orientada por Waldecir Paula Lima. William Carvalho Amaral. Razão Testosterona/Cortisol em diferentes modalidades esportivas (Monografia). Santo André: Faculdades Integradas — FEFISA, 2006

Segundo o American College of Sports Medicine (2000) a atividade física pode ser caracterizada pela execução de movimentos corporais em que se faz necessário o gasto energético. Quando esta é praticada de forma planejada e regular, passa a ser considerada exercício físico. O planejamento e a prescrição do exercício devem ser elaborados com base em princípios científicos do treinamento desportivo, como o da individualidade biológica, da adaptação, da sobrecarga, da interdependência volume-intensidade, da continuidade, da especificidade (Dantas, 1998).

As adaptações orgânicas diante do exercício são mediadas por diversos processos. Inicialmente, o organismo passa por um momento catabólico, oriundo das diversas adaptações que ocorrem durante o exercício. Posteriormente, ao término do exercício, vem o momento anabólico objetivando a recuperação e a tolerância a novos estímulos, também conhecida por supercompensação (Widegren, Ryder e Zierath, 2001).

O sistema endócrino, com suas secreções (hormônios), participa significativamente dos processos catabólicos e anabólicos inerentes às diversas etapas do treinamento físico.

Portanto, não é nosso objetivo descrever conceitos básicos associados ao tema. Importante ressaltar que algumas ações hormonais serão apontadas nos diversos tipos e momentos do exercício físico agudo e crônico, com alguma ênfase nas crianças e adolescentes.

No contexto geral, durante a prática do exercício (principalmente de alta intensidade), alguns hormônios exercem papel modulador fundamental, permitindo que o organismo se adapte adequadamente às exigências momentâneas.

Hormônio de Crescimento

Originado nos somatotrófos hipofisários anteriores, o hormônio do crescimento é conhecido também sob a denominação de somatotrofina ou hormônio somatotrófico, usando-se, frequentemente, as siglas GH (*growth hormone*) ou STH (*somatotrophic hormone*). É um polipeptídeo que contém 191 aminoácidos dispostos em uma única cadeia (Mauras e Haymond, 2005).

Pequenas quantidades de GH estão presentes na glândula hipófise fetal por volta da metade da gestação (cerca de 1 a 3 mU/mg de tecido hipofisário). Essa quantidade aumenta consideravelmente por volta do oitavo ou nono mês de gestação (5 a 25 mU/mg de tecido hipofisário). Embora o GH esteja presente na glândula pituitária ele não é, aparentemente, essencial para o crescimento fetal. No entanto, o GH é essencial para o crescimento pós-natal, e isso é muito claro no início da vida. O conteúdo de hormônio de crescimento na glândula hipófise aumenta progressivamente após o nascimento, atingindo um máximo de 85 a 90 mU/mg de tecido hipofisário entre 12 e 18 anos de idade. Essa quantidade é, aparentemente, mantida ao longo da vida adulta (Malina e Bouchard, 1991).

O conteúdo de GH da hipófise anterior não está, necessariamente, relacionado à sua concentração sérica. O GH é secretado de maneira pulsátil, isto é, em uma série de descargas intermitentes no decorrer de um dia. As crianças têm mais descargas durante 24 horas que os adultos, de modo que a concentração de GH em circulação durante um dia é maior em crianças que em adultos. As concentrações plasmáticas médias de GH mantêm-se elevadas até a adolescência, momento em que atingem um pico (por volta dos 13 anos de idade). Subsequentemente, essas concentrações em 24 horas começam a diminuir até atingir os valores adequados à idade adulta (Malina e Bouchard, 1991).

A secreção do GH é controlada por dois hormônios hipofisotróficos do hipotálamo, o hormônio liberador de GH (GHRH) e o hormônio inibidor da liberação de GH (GHRIH), também denominado somatostatina (SS). Importante ressaltar que esse último hormônio pode também ser secretado em outras estruturas como pâncreas endócrino (células D ou δ das ilhotas de Langerhans) e intestino delgado. Obviamente, a secreção de GH pela adeno-hipófise é decorrente do equilíbrio entre ambos os elementos hormonais controladores, dado que o GHRH libera mais GH, enquanto o GHRIH inibe a liberação (Wilson et al., 1999).

Além desse mecanismo hormonal direto, existem outros diversos mecanismos de controle de produção do GH, através de fatores metabólicos, hormonais e fisiológicos adaptativos.

Dentro dos fatores metabólicos, destaca-se a ação do processo hiperglicêmico, estimulando a secreção de GHRH, portanto, aumentando a produção de GH (Bolli e Fanelli, 1999; Davies, Turner e Johnston, 1999). Também, a concentração elevada de aminoácidos na corrente sanguínea (Isley, Underwood e Clemmon, 1983), especialmente, a arginina, por uma suposta ação inibitória sobre a liberação de somatostatina (Tapiero et al., 2002; Alba-Roth et al., 1988), parece estimular uma maior secreção de GH, embora alguns estudos contestem essa informação (Fayh et al., 2007). Além disso, Howard et al. (1997) citam que a ação direta dos ácidos graxos livres (AGL) sobre a hipófise inibe a liberação de GH pelo mecanismo de *feedback,* uma vez que o GH estimula a mobilização de AGL.

Com relação aos fatores hormonais que controlam a secreção do GH, enfatiza-se, além da relação direta GHRH-GH-GHRIH/SS (já descrita), o prejuízo na síntese de GH relacionado com os hormônios tireoidianos (Ortiz-Caro, González e Jolin, 1984): o hormônio leptina, estimulando a liberação de GH, uma vez que regula a atividade do GHRH e do GHIRH/SS, suprimindo ainda a expressão do neuropeptídeo Y, inibidor da secreção de GH (Powrie e Weissberger 1995; Kamegai et al., 1996; Parra et al., 1997; Tannenbaum, Gurd e Lapointe, 1998; Carro et al., 1997; Chan, Steiner e Clifton, 1996); o hormônio testosterona, ativando a síntese de GH (Florini, 1987) e os hormônios glucagon e vasopressina (ou antidiurético – ADH) que, em concentrações muito elevadas, também parecem estimular a secreção de GH (Douglas, 2006).

No que se refere aos fatores fisiológicos adaptativos, o exercício físico é considerado um grande indutor do aumento da secreção de GH, sobretudo e, diretamente, em função de sua mediação no mecanismo α-adrenérgico. Esse mecanismo parece inibir a liberação de GHIRH/SS no hipotálamo, predominando assim a liberação de GHRH com consequente aumento na secreção do GH (Devesa, Lima e Tresguerres, 1992). Outros mecanismos como o jejum e a depleção proteica, o sono não REM e a alostase/estresse também aumentam a secreção endógena de GH.

Outras substâncias estimulam a secreção do GH: o fator de crescimento semelhante à insulina – IGF que media efeitos do próprio GH (descrito abaixo); fator inibidor da somatostatina; L-Dopa; arginina; clonidina; endorfinas; peptídeo intestinal vasoativo – VIP; neurotensina e prostaglandinas (Ganong, 1991; Moller e Becker, 1992).

O GH caracteriza-se por ser um potente agente anabólico. Ele promove o crescimento e a hipertrofia tecidual facilitando o transporte de aminoácidos através das membranas plasmáticas, estimulando a formação de RNA ou ativando os ribossomos celulares, que aumentam a síntese proteica (Wideman, 1999). Além disso, o GH gerencia diretamente o processo lipolítico, promovendo aumento na síntese e na ativação de enzimas envolvidas nesse processo, como a lípase hormônio sensível – LHS (Mauras e Haymond, 2005), destaca-se, também, a ação do GH na ativação da gliconeogênese hepática (Borer, 2003).

A ação principal do GH sobre o crescimento é considerada indireta, pelo fato de agir diretamente sobre os hepatócitos, induzindo a produção e a liberação de alguns polipeptídeos denominados: IGF, também conhecidos como somatomedina (Vergani et al., 1997). Os IGFs são fatores de *promoção* do crescimento com estrutura molecular homóloga à insulina, encontrados, sobretudo, na forma de IGF-1 e IGF-2. Esses fatores são sintetizados pelo fígado e pela maioria das células orgânicas (Clemmons, 1998). Os IGFs podem influenciar o crescimento, a diferenciação e o metabolismo celular e encontram-se ligados a proteínas carreadoras denominadas IGFBPs (Jones e Clemmons, 1995). O IGF-1, o mais potente fator, é produzido, sobretudo, pelo fígado, e essa produção é altamente dependente do GH (Vergani et al., 1997).

Segundo Kanaley (1997) e Bonifazi et al. (1998), a atividade física de curta duração e alta intensidade estimula o aumento significativo na amplitude do pulso de GH e na quantidade de hormônio secretado em cada pulso. A maior liberação de GH promove estímulo para o crescimento do tecido muscular, otimizando, também, a solicitação de substratos energéticos durante a atividade física, reduzindo, sobretudo, a captação tecidual de glicose, aumentando a mobilização dos ácidos graxos livres e acelerando a gliconeogênese hepática; assim, preservando a concentração plasmática de glicose para o bom funcionamento do sistema nervoso central. Essa ação de preservação da glicose mantém a glicemia elevada, melhorando o desempenho também no exercício contínuo e prolongado.

Não existe um consenso na literatura acerca de que maneira o exercício estimula a liberação de GH a fim de aumentar a síntese proteica e a consequente hipertrofia muscular, embora Borer (2003) sugira que o exercício estimula diretamente a liberação de GH (e, por consequência, a liberação de somatomedinas prioritariamente pelo fígado), estimulando os processos anabólicos. Weltman et al. (1992) citam que o exercício pode afetar indiretamente a secreção de GH por estimular as vias colinérgicas que irão promover a liberação de GH (por inibição do GHIRH). Além disso, o exercício também estimula a produção endógena de opiáceos que facilitam a liberação de GH por inibirem a produção hepática de somatostatina, um hormônio que reduz a liberação de GH.

É importante ressaltar que tanto os indivíduos sedentários quanto os treinados exibem aumentos semelhantes na concentração de GH ao se exercitarem até a exaustão, embora o sujeito sedentário mantenha a concentração plasmática de GH mais elevada por mais tempo durante o período de recuperação. Contudo, durante uma sessão padronizada de exercícios submáximos contínuos, os indivíduos sedentários apresentam maior concentração plasmática do hormônio quando comparados aos sujeitos treinados. Esse comportamento ocorre pelo fato de o exercício padronizado representar, para o indivíduo sedentário, maior estresse e, em geral, a liberação de GH está diretamente relacionada à intensidade relativa do esforço físico. Bloom et al. (1976) e Borer (2003) citam que os indivíduos treinados em *endurance* evidenciam menor aumento de GH no sangue para uma determinada intensidade de exercício — uma resposta atribuída a uma redução no estresse do exercício à medida que o indivíduo se adapta ao treinamento e que sua aptidão é aprimorada. Dessa forma, as respostas do GH ao exercício parecem ser influenciadas por sua intensidade e duração e nível de condicionamento de quem se exercita. É consenso, na literatura, que os maiores aumentos na concentração sérica de GH são observados nos exercícios de alta intensidade. McMurray e Hackney (1995) observaram aumento de 500% na concentração plasmática de GH em indivíduos que praticaram uma sessão de treinamento de força.

Entendendo que o processo anabólico (síntese proteica, para o reparo ou construção muscular) fica interrompido durante o exercício por tratar-se de um momento catabólico, seria esperado que o aumento na concentração de GH fosse mantido por períodos prolongados após o término do exercício. Contudo, evidências na literatura (Hakkinen e Pakarinen, 1995; Kraemer et al., 1992; McMrray, Eubank e Hackney, 1995) demonstram que a concentração sérica de GH volta ao normal no período compreendido em até 1 hora após o exercício.

O efeito do treinamento físico sobre a liberação de GH pode tornar-se evidente também em condições de repouso. Weltman et al. (1992) relatam que mulheres adultas jovens, após um período de um ano de treinamento com inserção de trabalhos contínuos acima do limiar anaeróbio II, apresentaram substancial elevação na liberação pulsátil do GH, após uma sessão de treinamento intenso, durante 24 horas em estado de repouso (pós-exercício), quando comparadas a mulheres sedentárias.

Hormônio Antidiurético

As considerações que serão feitas a seguir sobre o hormônio antidiurético podem ser extrapoladas para a criança e o adolescente. O hormônio antidiurético – ADH ou vasopressina é um nonapeptídeo com peso molecular de 1228 kDa (De Marco e Liberman, 2002). A ligação sulfídica entre resíduos de cisteína nas posições 1 e 6 forma uma estrutura em anel. A presença dos aminoácidos asparagina na posição 5, prolina na posição 7 e glicina na posição 9 são muito importantes para a sua atividade biológica (Jackson, 2001). O ADH é secretado pelo sistema núcleo supra-óptico/neuro-hipófise, sistema que se constitui pelos núcleos supraóptico (principalmente) e paraventricular do hipotálamo anterior, pelos feixes hipotálamo-hipofisários e pelo lobo posterior da hipófise (neuro-hipófise). Os feixes hipotálamo-hipofisários são os axônios longos dos neurônios localizados nos núcleos hipotalâmicos, cujas terminações nervosas localizam-se na hipófise posterior (Douglas, 2006). Esse hormônio também é conhecido como arginina-vasopressina – AVP, em função de o aminoácido predominante na sua estrutura ser a arginina.

Precisamente, esse hormônio é produzido pelos neurônios dos núcleos supraóptico e paraventricular, isto é, por neurossecreção, porém, ligando-se, logo após, a uma proteína transportadora denominada neurofisina; é transportado ao longo dos axônios dos feixes hipotálamo-hipofisários, como pequenos grânulos neurossecretórios que, finalmente, se armazenam nos bulbos axonais terminais na neuro-hipófise; posteriormente, é liberado para o sangue que circula na neuro-hipófise, de acordo com os estímulos que atuam sobre o sistema endócrino (Wilson et al., 1999).

Esse hormônio é liberado na circulação por causa do aumento da osmolaridade plasmática ou como uma resposta barorreflexa ao aumento do volume sanguíneo ou pressão arterial (Schrier, Berl e Andersen, 1979). Ressalta-se que os fatores não osmóticos, além de estarem relacionados com as variações do volume de líquidos (volemia) e da pressão arterial sistêmica, relacionam-se, também, com outros menos específicos, como: dor, medo, hipóxia, calor, insuficiência cardíaca ou suprarrenal, ou seja, condições em que, em geral, há estado de alerta e excitação do sistema simpático, fazendo que, em situações de sobrecarga ou estresse, aumente a secreção de ADH. Contudo, comportando-se agressivamente, o frio e o álcool inibem a secreção desse hormônio (Wilson et al., 1999).

O ADH tem um papel importante na regulação do equilíbrio hídrico corporal por meio de sua ação antidiurética, isto é, reduz o volume urinário. Esse efeito deve-se à retenção de água pura ao nível do ducto coletor. O ADH aumenta a permeabilidade muito seletivamente da membrana do ducto coletor por abertura de canais de aquaforina, permitindo a passagem de água livre da urina para o meio medular hiperosmótico através do gradiente osmótico. Com essa reabsorção de água pura, a urina se concentra, tornando-se hiperosmótica. Essa ação é mediada pelos receptores renais V_2 ligados à adenilciclase, gerando AMP cíclico (Reid e Schwartz, 1984).

Outra ação destacada do hormônio ADH, quando em doses relativamente altas, é a sua condição de promover a vasoconstrição, através da capacidade de excitar a contração da musculatura lisa das arteríolas, diminuindo a condutância periférica total; porém, esse efeito não é generalizado, afetando certas áreas vasculares mais ou menos específicas, como a área esplâncnica, pele, e, às vezes, nas coronárias, sendo praticamente nula nas áreas renal e cerebral. Diminui assim o fluxo sanguíneo regional e aumenta a pressão arterial (dai o nome vasopressina). Essa ação é mediada pelos receptores V_1 que, diferentemente dos V_2, são ligados à fosforilase C, aumentando a concentração intracelular do Ca^{++} (Reid e Schwartz, 1984).

O ADH ainda exerce papel controlador na secreção do hormônio adrenocorticotrófico (ACTH) secretado no lobo anterior da hipófise. Por sua vez, o ACTH estimula a produção e a liberação de cortisol pela zona fasciculada do córtex adrenal, importante hormônio que será abordado posteriormente (Donald e Wittert, 1994).

O exercício prolongado requer retenção de sal e água para manter o volume plasmático, estimulando hormônios reguladores dos eletrólitos, incluindo o hormônio antidiurético (ADH). A maior liberação de ADH, estimulada, provavelmente, pela transpiração, ajuda o corpo a conservar líquidos, particularmente durante o exercício realizado em um clima quente, quando a desidratação passa a constituir um risco real (De Sousa et al., 1989). Atividade física praticada em altitudes elevadas, no qual, decresce a pressão nos barorreceptores, resulta numa inibição central vagal diminuída e acarreta o estímulo da liberação de ADH por vias adrenérgicas. O aumento do ADH durante o exercício é simultâneo ao aumento da osmolaridade: se o atleta mantém-se hidratado, a elevação do ADH é modesta, mesmo durante a realização de uma maratona. Esse efeito do ADH, que consiste na conservação de água, contribui também para a modulação eficiente da resposta cardiovascular ao exercício (Michelini e Morris, 1999). A liberação de ADH no exercício também se correlaciona com os níveis de catecolaminas (Allen, 1999).

A concentração sanguínea de ADH, tanto em indivíduos sedentários como treinados, não se altera quando da realização de exercícios leves prolongados (com a mesma a intensidade relativa) e exercícios de alta intensidade até a exaustão (Convertino et al., 1980). Wade (1984) relata que a concentração de ADH pode diminuir para a mesma intensidade submáxima absoluta em resposta ao treinamento.

Hormônios Tireoidianos

A glândula tireoide é composta por uma estrutura folicular com uma função secretora bem definida (secretar, armazenar e liberar iodotironinas) e por células intersticiais parafoliculares que secretam um hormônio com características químicas diferenciadas em relação à produção folicular: a calcitonina; esse hormônio é formado por uma cadeia polipeptídica com 32 aminoácidos, distinguindo-se dos hormônios iodados sintetizados nos folículos tireoidianos: tri-iodotironina – T3 e tetraiodotironina ou tiroxina –T4 (Douglas, 2006).

Os hormônios foliculares da glândula tireoide são fundamentais para o crescimento e o desenvolvimento de vários tecidos e órgãos humanos. Iniciando essa ação no período embrionário, alguns desses tecidos e órgãos não atingem sua maturação no nascimento, tendo características de desenvolvimento específicas e em diversos períodos da vida, o qual depende de uma concentração adequada de tri-iodotironina (T3), o principal hormônio tireoidiano (Greenspan, 1997). Sendo assim, o hormônio T3 gerencia os processos de crescimento, diferenciação e regulação da atividade e do metabolismo desses mesmos órgãos e tecidos na vida adulta, razões pelas quais os hormônios tireoidianos são considerados essenciais para o bom equilíbrio fisiológico orgânico (Nunes, 2003).

É importante salientar que o hormônio tireoidiano é produzido pela glândula tireoide na forma de um precursor inativo, a tiroxina (3,5,3,5-tetraiodo-L-tiroxina, T4). Em humanos, apenas 20% da forma biologicamente ativa do hormônio, a tri-iodotironina (3,5,3-tri-iodo-L-tironina, T3), é secretada diretamente pela tireoide. Assim, a maior parte do T3 circulante (hormônio que apresenta atividade biológica no mínimo 5 vezes maior que a do T4) é derivada da desiodação do anel externo da molécula de T4 nos tecidos periféricos, através da ação de enzimas denominadas iodotironinas desiodases (Bianco et al., 2002).

A ação das iodotironinas desiodases representa o principal mecanismo de fornecimento de T3, circulante e intracelular, e apresenta papéis específicos em função de suas distintas características e formas de regulação. Até o momento, foram identificadas três isoformas de desiodades: a do tipo 1 (D1), tipo 2 (D2) e tipo 3 (D3) (Kohrle, 1999).

Convém mencionar que a função tireoidiana é regulada pelo hormônio liberador de tirotrofina (TRH), produzido no hipotálamo que, por meio do sistema porta hipotálamo-hipofisário, se dirige à adeno-hipófise, ligando-se em receptores específicos nas células tirotróficas e induzindo a síntese e a secreção de hormônio tireoideo estimulante (TSH). Este, por sua vez, interage com receptores presentes na membrana da célula folicular tireoidiana induzindo a expressão de proteínas envolvidas na biossíntese dos hormônios T3 e T4, aumentando a atividade da célula tireoidiana e estimulando a secreção hormonal (Greenspan, 1997).

Os hormônios da tireoide aumentam a atividade metabólica de todos ou quase todos os tecidos corporais, aumentam a intensidade basal de consumo de O_2 e da produção de calor. O metabolismo pode ficar de 60% a 100% acima do normal, e a utilização dos alimentos para a produção de energia fica muito acelerada. Essas ações são fundamentais para o bom funcionamento e homeostase do organismo em repouso.

Klein (1988), Schwartz (1983), Berne e Levy (2000) e Douglas (2006) citam que os hormônios da tireoide exercem vários efeitos sobre diversos mecanismos corporais:

a) no metabolismo dos carboidratos: estimulando rápida captação de glicose pelas células, aumento da glicólise, aumento do gliconeogênese, maior absorção do trato gastrintestinal;

b) no metabolismo proteico: estimulando a renovação da proteína (liberação de aminoácidos pelo músculo, degradação proteica e, em menor grau, síntese proteica);

c) no metabolismo lipídico: estimulando a mobilização dos lipídios do tecido adiposo com consequente aumento da concentração plasmática dos ácidos graxos livres e aumento na oxidação dos ácidos graxos livres pelas células;

d) no crescimento e na maturação: sobretudo, em crianças, aumentando o crescimento linear dos ossos com a maturação dos centros ósseos epifisários. O hormônio T3 acelera a maturação e a atividade dos condrócitos na placa de crescimento da cartilagem. Promovem, também, o crescimento e o desenvolvimento do cérebro durante a vida fetal e nos primeiros anos de vida pós-natal, uma vez que, entre 11 e 12 semanas de idade gestacional, a glândula tireoide torna-se capaz de sintetizar e secretar hormônios tireoidianos sob estímulo do TSH fetal. O hormônio T3 estimula a remodelagem do osso adulto, com receptores para T3 presentes nos osteoblastos. Além disto, a progressão natural do desenvolvimento e erupção dos dentes depende dos hormônios tireoidianos. O ciclo normal de crescimento e maturação da epiderme, seus folículos pilosos e das unhas também dependem dos hormônios tireoidianos;

e) na massa corporal total (MCT): o aumento da produção hormonal tireoidiana diminui o peso corporal e aumenta o apetite, enquanto a diminuição da produção aumenta o peso corporal;

f) na ventilação: controlando o aumento da frequência e da amplitude dos movimentos respiratórios (maior utilização de O_2 e produção de CO_2), o aumento da ventilação-minuto e das respostas ventilatórias à hipercapnia e à hipóxia, o aumento da concentração de hemácias por causa do aumento da estimulação da produção de eritropoetina;

g) no trato gastrintestinal: estimulando o aumento do apetite e da ingestão de alimentos, além do aumento da secreção dos sucos digestivos e da motilidade intestinal.

Com relação ao fluxo sanguíneo (FS) e débito cardíaco (DC), as ações hormonais tireoidianas estimulam o aumento do metabolismo, ocorrendo maior utilização de O_2 com consequente liberação de produtos metabólicos pelos tecidos; esses efeitos causam vasodilatação na maioria dos tecidos do corpo e aumento do fluxo de sangue. Além disso, ocorre: aumento do fluxo de sangue para a pele, para a liberação de calor, aumento do débito cardíaco (em até 60% no hipertireoidismo e queda de 50% no hipotireoidismo) e aumento da FC, a velocidade e a força da contração cardíaca são aprimoradas, a PA sistólica sofre ligeira elevação e a diastólica diminui.

No SNC, se houver deficiência de hormônio tireoidiano na vida intrauterina e/ou no início da infância, ocorre redução do crescimento do córtex cerebral e cerebelar, da proliferação dos axônios e ramificação dos dendritos, da sinaptogênese e mielinização. Os hormônios tireoidianos acentuam o estado de vigília, do nível de alerta, da audição, da percepção da fome, da memória e da capacidade de aprendizagem. O tônus emocional normal depende dos hormônios tireoidianos, além da velocidade e da amplitude dos reflexos nervosos periféricos, que são aumentados por eles.

Nos homens e nas mulheres os hormônios da tireoide têm papel permissivo na regulação da função reprodutora (todas as fases da oogênese e espermatogênese).

Os hormônios T3 e T4 também potencializam os efeitos da epinefrina, norepinefrina, glucagon, cortisol e GH sobre a gliconeogênese, lipólise e a proteólise. Além disso, estimulam a produção hipofisária aumentada de GH.

McMurray, Eubank e Hackney (1995) demonstraram que houve um aumento significativo da concentração de T3 quando uma sessão de treinamento de força foi realizada (12 horas depois do exercício). McMurray e Hacknel (2000) relatam que, fisiologicamente, isso faz sentido, em função de o exercício de força necessitar de um aumento no metabolismo para reparar tecidos e aumentar a síntese de proteínas, mecanismos otimizados pelos hormônios tireoidianos. Contudo, em relação ao metabolismo proteico, os hormônios tireoidianos parecem estar, sobretudo, envolvidos com os ganhos promovidos pelo treinamento de *endurance* (síntese de proteínas enzimáticas mitocondriais).

Segundo Galbo (1992), as concentrações sanguíneas de T4 livre (tiroxina ligada às proteínas plasmáticas) aumentam em aproximadamente 35% durante o exercício contínuo. Esse aumento poderia resultar em uma elevação da temperatura central durante o exercício, que alteraria a fixação hormônio/transportador de vários hormônios, incluindo T4. Winder e Heninger (1971) citam que concentrações hepáticas de T4 aumentam durante o exercício, enquanto as concentrações musculares não se modificam.

O treinamento físico produz uma resposta coordenada entre hipófise e tireoide, refletindo maior renovação *(turnover)* nos hormônios tireoidianos. A renovação aumentada costuma refletir uma ação hormonal excessiva que acaba resultando em hipertireoidismo. Entretanto, nenhuma evidência indica uma incidência mais alta de hipertireoidismo nos indivíduos altamente treinados (Galbo,1992). O treinamento de *endurance* parece alterar a síntese dos hormônios tireoidianos. Boyden et al. (1984) relatam que mulheres sedentárias submetidas a um treinamento de corrida (48 km por semana) tiveram queda na concentração de T3 e T4 no sangue. Contudo, quando essas mulheres foram estimuladas a aumentar o volume de treinamento (quase duplicado), foi observado um aumento significativo nas concentrações plasmáticas desses hormônios. Os autores sugerem que uma maior perda de gordura corporal com o treinamento de maior volume nas mulheres induziria a produção tireoidiana. Ainda não foi determinada a importância de quaisquer modificações das taxas de tiroxina em relação às adaptações ao treinamento.

Cortisol

As explanações que serão realizadas a seguir, sobre o cortisol, podem ser extrapoladas para crianças e adolescentes. Os glicocorticoides estão envolvidos com o metabolismo da glicose e com a resistência ao estresse. O cortisol é o mais abundante e é responsável, aproximadamente, por 95% da atividade glicocorticoide (Viru e Viru, 2004; Brownlee et al., 2005; Kraemer e Ratamess, 2005).

Ele é classificado como hormônio esteroide. Sua composição química é oriunda do colesterol que circula no sangue ligado às lipoproteínas de baixa densidade – LDL (Constanzo, 1999).

A autora se reporta à existência de receptores específicos para as LDLs nas membranas das células adrenocorticais. Sendo assim, o complexo lipoproteína-colesterol liga-se aos receptores e é transferido para dentro das células por endocitose.

Dentro das células, o colesterol é esterificado e armazenado em vesículas citoplasmáticas, até parte dele mesmo ser utilizado para a síntese dos hormônios esteroides.

O controle da secreção do cortisol, conforme Tortora (2000), Borer (2003) e McArdle, Katch e Katch (2003) ocorre, fundamentalmente, por retroalimentação negativa. Sendo assim, o baixo nível sanguíneo do cortisol estimula o hipotálamo a secretar o fator liberador de corticotropina – CRH, que ativa a liberação do hormônio adrenocorticotrófico – ACTH pela adeno-hipófise. O ACTH estimula a secreção do cortisol da zona fascicular do córtex das suprarrenais.

A secreção do cortisol apresenta um padrão circadiano, sendo observadas concentrações mais elevadas pela manhã. Tem sido sugerido que a dosagem isolada do cortisol sérico às 8 horas reflete a atividade do eixo hipotalâmico-hipofisário--adrenal – HHA. Contudo, a dosagem do cortisol a qualquer hora do dia pode ser feita durante uma situação de estresse, quando a ativação do eixo HHA é máxima. É útil também para verificar possível insuficiência suprarrenal. Valores do cortisol abaixo de 5 mcg/dl, durante o estresse, indicam insuficiência suprarrenal. Concentrações superiores a 18 mcg/dl são uma evidência de função normal. Valores intermediários requerem avaliação laboratorial mais detalhada e consideração sobre a necessidade de corticoterapia, durante o estresse (Grinspoon e Biller, 1994).

McArdle, Katch e Katch (2003) e Viru e Viru (2004) esclarecem que o cortisol é secretado em resposta a situações de estresse físico e psicológico, acionando processos catabólicos e ações antianabólicas. Contudo, esses processos são ferramentas essenciais para a adaptação na situação de estresse.

Dessa forma, Tortora (2000) e Viru e Viru (2004) pontuam os seguintes efeitos do cortisol, colaborando no processo adaptativo nas diversas situações de estresse:

1) Nos tecidos periféricos: estimula lipólise nas células adiposas e aumenta a degradação de proteínas e diminuição da síntese proteica nas células musculares resultando numa maior liberação de lipídios e *pool* livre de aminoácidos, para que sejam usados como substrato adicional da oxidação, respectivamente.

2) Aumento do transporte de aminoácidos até o fígado para a síntese de novas proteínas. A síntese de proteínas é controlada em três níveis: pré-tradução, tradução e pós-tradução. O controle de pós-tradução consiste em ajustar o número de moléculas de proteínas à atual necessidade. Proteínas específicas são necessárias para essa tarefa.

3) Contribuição no fornecimento de resistência ao estresse por meio de aumento repentino na disponibilidade de glicose. Isso torna o corpo mais alerta, disponibilizando o ATP necessário para combater o estresse, em situações como o medo, com temperaturas extremas, com baixa altitude e, até, em cirurgia.

4) Propriedade anti-inflamatória, inibindo a liberação de substâncias químicas que causam inflamação. Embora altas doses de drogas contendo glicocorticoides causem prejuízo nos órgãos do sistema imunológico, deprimindo dessa

forma a capacidade do corpo de combater doenças, acredita-se que sejam úteis no tratamento das inflamações crônicas.

Além disso, segundo Kanaley et al. (2001) e Borer (2003) a secreção do cortisol é pulsátil. A amplitude e a frequência da sua secreção são moduladas pelo ritmo circadiano, no qual há maior secreção nas primeiras horas da manhã.

Entretanto, esses pesquisadores pontuam que a amplitude dos pulsos da secreção do cortisol diminui progressivamente durante o dia, atingindo valores muito baixos à noite.

O cortisol circula no sangue ligado a proteínas transportadoras. Dessa forma, Borer (2003), Castro e Moreira (2003) e Kraemer e Ratamess (2005) pontuam que, aproximadamente, 15% do cortisol circulante no plasma combina-se com a albumina e 75% com a globulina fixadora de cortisol (CBG). Cerca de 5% a 10% encontram-se na forma livre, fração biologicamente ativa do hormônio.

Sendo assim, verifica-se que o efeito biológico do cortisol ocorre à medida que sua fração livre passa através da membrana celular, ligando-se do citoplasma a um receptor proteico, formando assim o complexo esteroide-receptor, sendo ativado e translocado para o núcleo. Assim, o complexo esteroide-receptor modula a expressão do gene informando se estimula ou inibe a produção de específico RNA mensageiro – RNAm (Viru e Viru, 2004).

Situações que elevam as globulinas transportadoras dos esteroides, tais como a gravidez e o uso de estrógenos apresentam maiores aumentos dos valores do esteroide total do que do esteroide livre (Borer, 2003; Castro e Moreira, 2003). Os autores afirmam que em condições de baixos níveis de CBG, como ocorrem na síndrome nefrótica, na insuficiência hepática e no hipotireoidismo, as concentrações do cortisol livre são mantidas normais apesar da redução dos níveis do cortisol plasmático.

De acordo com Borer (2003) e Viru e Viru (2004) os efeitos dos hormônios, como o cortisol, não dependem somente da quantidade de moléculas de hormônios disponíveis, mas também do estado de receptores, como: número de sítios de ligação e afinidade de ligação ao hormônio.

Além disso, a competição entre vários hormônios para sítios de ligação com os receptores define as respostas celulares de acordo com a função de cada hormônio (Viru e Viru, 2004).

Segundo McArdle, Katch e Katch (2003), ocorre um aumento da concentração plasmática de cortisol durante o exercício físico, sobretudo, em exercícios de alta intensidade. Borer (2003) sugere que esse aumento seja significante em intensidades de exercício físico que compreende entre 80% e 90% do VO_2máx.

De acordo com a autora, nessas intensidades o aumento da concentração do cortisol no plasma alcança a medula adrenal e estimula a biossíntese da adrenalina.

Por sua vez, a adrenalina estimula a secreção do ACTH da hipófise anterior; essa ação é um exemplo de amplificação de resposta endócrina e autônoma durante o estresse.

Ampliando essa discussão, recentemente, Brownlee, Hackney e Moore (2005) sugeriram que intensidades acima de 60% do VO_2máx já sejam capazes de causar um aumento significante da secreção do cortisol.

Além disso, McArdle, Katch e Katch (2003) pontuam que no exercício físico de intensidade moderada a concentração plasmática do cortisol aumenta de acordo com a duração (volume prolongado). Entretanto, mesmo em exercícios prolongados acredita-se que a intensidade seja fator predominante para a resposta do cortisol.

Segundo McArdle, Katch e Katch (2003), Viru e Viru (2004) e Brownlee, Hackney e Moore (2005), o cortisol dificulta a entrada de glicose nas células musculares e promove o catabolismo dos ácidos graxos e das proteínas durante o exercício físico.

Para esses autores, essas adaptações ocorrem porque o cortisol:

1) promove o fracionamento da proteína para aminoácidos em todas as células do organismo, com exceção do fígado; a circulação leva esses aminoácidos até o fígado para serem transformados em glicose através da gliconeogênese;
2) facilita a ação de outros hormônios, sobretudo, do glucagon e do hormônio do crescimento (GH), no processo de gliconeogênese;
3) funciona como antagonista da insulina, por dificultar a captação e a oxidação da glicose;
4) promove o fracionamento dos triacilgliceróis no tecido adiposo para glicerol e ácidos graxos.

Porém, a ativação desses processos catabólicos e ações antianabólicas são ferramentas essenciais para a adaptação na situação de estresse, como o exercício físico (Viru; Viru, 2004).

De acordo com Viru e Viru (2004) e Brownlee, Hackney e Moore (2005), a primeira de todas as adaptações mais importantes é aumentar o *pool* livre de aminoácidos, para que sejam usados como substrato adicional da oxidação, mantendo a glicemia.

Além disso, esses autores exemplificam que os aminoácidos livres ficam disponíveis para síntese proteica de algumas proteínas necessárias durante uma situação de estresse, como o exercício físico. Mas esse processo ocorre durante o período pós-exercício.

Sendo assim, para Kraemer (2000); McArdle, Katch e Katch (2003) e Kraemer e Ratamess (2005), uma vez que os níveis do cortisol permanecem elevados por até duas horas após o exercício, sugere-se que ele desempenhe algum papel na recuperação e no reparo do tecido muscular.

Colaborando com essa análise, Viru e Viru (2004) pontuam que os processos catabólicos continuam durante o período de recuperação, assegurando o esgotamento de elementos das estruturas das proteínas para substituições por novas proteínas sintetizadas.

Somado a esse fato, segundo Borer (2003), o cortisol exerce efeitos sob o sistema imunológico, além de ações anti-inflamatórias. Após a realização de um exercício físico intenso e/ou prolongado, as altas concentrações do cortisol causam a imunossupressão.

Conforme Tortora (2000) e Borer (2003) as ações de imunossupressão incluem: inibição da fagocitose (ingestão de micróbios ou qualquer partícula estranha ou ainda detritos celulares) por leucócitos granulares e inibição da síntese de linfócitos derivados do timo.

Os leucócitos granulares variam no grau em que funcionam como fagócitos, sendo os neutrófilos os que mais realizaram fagocitose. E o papel do timo na imunidade é auxiliar e distribuir os linfócitos T a outros órgãos linfócitos (Tortora, 2000).

Adicionalmente, as ações anti-inflamatórias do cortisol incluem supressão de citocinas pró-inflamatórias e de hormônios eicosanoides: as prostaglandinas e os leucotrienos (Borer, 2003).

Os hormônios eicosanoides, derivados de um ácido graxo, atuam como hormônios locais na maioria dos tecidos do corpo. Isso significa que seu sítio de ação é a área próxima na qual eles são produzidos (Tortora, 2000).

Assim, os leucotrienos são importantes na inflamação dos tecidos, ao passo que as prostaglandinas também ajudam a induzir a inflamação, promover a febre e intensificar a dor (Tortora, 2000).

Outra ação do cortisol na resposta imune, segundo Tortora (2000) e Borer (2003) é a redução da permeabilidade capilar aos fagócitos. Dessa forma, a atração química dos fagócitos aos micro-organismos invasores (quimiotaxia) é prejudicada.

Especificamente no músculo estriado esquelético, os efeitos mais significantes do cortisol são: conversão dos aminoácidos a carboidratos, aumento dos níveis de enzimas proteolíticas e inibição da síntese proteica, sendo que, o cortisol tem um efeito mais catabólico nas fibras do tipo II porque elas possuem mais proteínas que as fibras do tipo I (Kraemer, 2000).

De acordo com Kraemer e Ratamess (2005), protocolos de treinamento resistido mostram elevações significantes na resposta aguda do cortisol, e é similar entre homens e mulheres.

Recentemente, esses autores demonstraram, por meio do exercício de agachamento, que 6 séries de 10 repetições máximas (RM) com 2 minutos de intervalo aumentaram significantemente a concentração do cortisol (Ratamess et al., 2005).

Além disso, Ahtiainen et al. (2003) pontuam que o aumento do volume do treinamento pela inclusão de séries de alta intensidade, aumenta a reposta aguda do cortisol em relação ao mesmo protocolo executado com séries de menor intensidade.

Adicionalmente, Kraemer et al. (1996) pontuam que o intervalo entre as séries influencia a reposta aguda do cortisol. Sendo assim, constataram que realizando 8 séries de 10 RM para membros inferiores, 1 minuto de intervalo induziu uma resposta mais significante do cortisol em relação à utilização de 3 minutos de intervalo.

Respostas Endócrinas Aplicadas ao Exercício Físico Agudo e Crônico na Infância e na Adolescência

Sob a resposta crônica do cortisol a exercícios resistidos, Kraemer et al. (1998), Marx et al. (2001) e Ahtiainen et al. (2003) não constataram mudanças ou reduções significantes do cortisol em relação a parâmetros basais de referência.

Entretanto, Uchida et al. (2004), no seu estudo com mulheres, constataram uma redução da concentração plasmática do cortisol antes da sessão de treino (repouso) em 38% após oito semanas de treinamento (p<0,05).

Assim, de acordo com Kraemer e Ratamess (2005), enquanto altos níveis crônicos de cortisol têm um efeito adverso, considera-se que elevações agudas sejam parte de um processo de reparo do tecido muscular.

O cortisol também foi analisado em atletas de *endurance*. Viru et al. (2001) examinaram o comportamento da resposta do cortisol por meio de dois testes, visando induzir a fadiga nos atletas.

No primeiro teste, inicialmente, realizou-se a coleta plasmática hormonal (repouso), na sequência, os atletas se exercitaram por 10 minutos a 70% do VO_2máx, ao término, realizou-se outra coleta plasmática. Após 10 minutos de descanso, houve mais 1 minuto de um teste anaeróbio (para avaliar a potência muscular).

Na sequência, os atletas correram 2 horas (velocidade correspondente a concentração de lactato em torno de 2 mmol.l^{-1}) ao término da corrida, realizou-se outra coleta plasmática. Após 5 minutos de repouso, iniciou-se o segundo teste: exercitaram-se mais 10 minutos a 70% do VO_2máx e, na sequência, realizou-se mais uma coleta e, por fim, após descansarem 10 minutos, houve mais 1 minuto do teste anaeróbio.

De acordo com os resultados, o cortisol aumentou no final do primeiro teste após a corrida de 10 minutos a 70% do VO_2máx em relação ao repouso (p<0,01). Após a corrida de 2 horas, a resposta do cortisol não foi significante em relação ao repouso do cortisol.

A resposta do cortisol, logo após o fim do segundo teste (10 minutos a 70% do VO_2máx), mostrou-se variável entre os atletas e não houve mudanças significantes. Entretanto, nos atletas em que a concentração do cortisol foi maior após a corrida de 2 horas, a associação com o GH foi significante (p<0,05).

Brownlee, Hackney e Moore (2005) analisaram a resposta do cortisol em exercícios de *endurance* (corrida, ciclismo e remo) com intensidades entre 65% e 75% do

VO_2máx e duração de 60 a 90 minutos. Realizaram-se as coletas plasmáticas hormonais antes (repouso) e após 1 hora do término do exercício (recuperação), entre 9 e 11h30.

Observou-se aumento significativo das concentrações do cortisol no período de recuperação em relação ao repouso [596 (22) – 229 (11) nmol.L^{-1}, p<0,01], respectivamente.

Colaborando com esses resultados, Daly et al. (2005) utilizaram um protocolo em que os atletas de *endurance* corriam, aproximadamente, a 100% do limiar ventilatório [média de 13,3 (0,3) km/h; tempo até a fadiga de 84,8 (3,8) minutos].

Realizaram-se as coletas do cortisol em seis momentos: repouso (pré-teste), logo após a fadiga da corrida, 30, 60 e 90 minutos pós-teste (período de recuperação) e após 24 horas em que se realizou o teste.

A concentração do cortisol aumentou em 203% com relação ao repouso (p<0,05). Essa elevação foi significante até 60 minutos (período de recuperação) comparada ao valor de repouso, concordando com os resultados encontrados no estudo de Brownlee, Hackney e Moore (2005).

Após 24 horas do teste, a concentração de cortisol foi significantemente menor, comparada ao valor de repouso. Dessa forma, acredita-se que a intensidade em que o exercício de *endurance* é realizado seja o fator preponderante para induzir uma resposta significante do cortisol.

Estrogênios

O ciclo menstrual feminino é resultado de um processo regulado ciclicamente por fatores hipotalâmicos; hormônios da adeno-hipófise e hormônios ovarianos (Pardini, 2001). Neurônios parvicelulares do hipotálamo secretam o hormônio liberador das gonadotropinas (GnRH) diretamente na eminência mediana que, por sua vez, é lançado no sistema porta-hipotálamo-hipofisário, onde estimulará os gonadotrófos da hipófise a produzir duas gonadotropinas, o hormônio folículoestimulante (FSH) e o hormônio luteinizante (LH). Ambos são lançados diretamente na circulação sistêmica e irão regular o desenvolvimento, o crescimento, o amadurecimento puberal, os processos reprodutivos e a secreção dos esteroides sexuais das gônadas, nas mulheres, os estrogênios. A regulação da secreção do FSH e LH engloba elementos que envolvem estágios da vida, elementos pulsáteis, periódicos, diários e cíclicos. Nas mulheres, baixas taxas de FSH têm a capacidade de estimular a produção dos estrogênios, ao passo que grande quantidade do hormônio FSH pode inibir a produção dos estrogênios (Berne e Levy, 2006).

Os estrogênios são um grupo de hormônios esteroides produzidos por oócitos em fase de maturação e apresentam relação direta com o desenvolvimento das características sexuais femininas. Os principais estrogênios são o 17β-estradiol estrona e estriol; sua síntese é dependente de hormônios masculinos precursores, os andrógenos, por um processo conhecido como aromatização. Assim, as enzimas que convertem androstenodiona em estrona e a testosterona em 17β-estradiol, são conhecidas genericamente como *aromatases*. Em mulheres, podemos afirmar que o 17β-estradiol é como se fosse a testosterona nos homens, causando praticamente todas as alterações que resultam no fenótipo feminino normal; ocasionam o crescimento dos órgãos reprodutivos internos e das mamas, assim como ocasionam o aumento puberal dos grandes e pequenos lábios. Não obstante, aceleram o crescimento linear, porém, como os centros epifisários são mais sensíveis ao 17β-estradiol do que à testosterona, eles se fecham mais cedo, resultando em menor estatura. Outro efeito é o estabelecimento do padrão de armazenagem das gorduras, mais no quadril (ginoide). Uma vez que o estradiol predomina sobre a testosterona, a massa adiposa corporal total é duas vezes maior do que a dos homens, enquanto a massa muscular e óssea é apenas dois terços da dos homens (Berne e Levy, 2006). O 17β-estradiol atua também sobre os ossos, aumentando a atividade osteoblástica e inibindo os osteoclastos, aumenta a reabsorção de sódio pelos rins, ocasionando muitas vezes retenção hídrica, e também atua sobre a vasculatura apresentando um papel importantíssimo de vasodilatador e antivasoconstritor.

Nas meninas a função reprodutiva inicia-se após um aumento das gonadotropinas a partir de baixos níveis da infância. A menarca (fase de início das menstruações) ocorre, em média, dois anos após os níveis de LH terem aumentado. A menarca se correlaciona tanto com a altura corporal quanto com o amadurecimento ósseo, podendo ser retardada por subnutrição e exercício físico extenuante (Williams et al., 2001). Outros hormônios parecem exercer papel fundamental no processo da menarca. Um desses hormônios é a leptina, vista anteriormente. Ribeiro et al. (2007) mostraram que a leptina pode ser um sinal que alerta ao cérebro de que as reservas de gordura já possibilitam o início da puberdade, da manutenção do ciclo menstrual e da habilidade de reprodução. Em meninas, a leptina se relaciona inversamente com a idade da menarca. A partir de, aproximadamente, 10 anos de idade, as concentrações de leptina diminuem nos meninos à medida que se elevam as concentrações de testosterona, e se eleva nas meninas proporcionalmente ao aumento do estradiol. Alguns estudos longitudinais investigaram leptina, idade da menarca e composição corporal. Um estudo realizado com 789 crianças e adolescentes, de ambos os sexos, entre 5 e 15 anos, demonstrou que as concentrações de leptina aumentam tanto em meninos quanto nas meninas antes que aumentem outros hormônios relacionados ao início da puberdade (Yu et al., 1997; Gracia-Mayor et al., 1997; Clarke e Henry, 1999; Ribeiro et al., 2007).

Pela característica pulsátil das gonadotropinas, os estudos que correlacionam os efeitos do exercício físico sobre suas secreções são bastante contraditórios. Como o LH é liberado em intervalos de 90 a 110 minutos, é difícil separar mudanças induzidas pelos exercícios físicos daquelas causadas endogenamente. Além disso, a ansiedade pode tanto baixar como aumentar os níveis de LH. As catecolaminas podem aumentar a liberação do GnRH e, consequentemente, do LH (Canali e Kruel, 2001), ao passo que, as endorfinas, um opiáceo endógeno produzido a partir da clivagem da pró-opiomelanocortina por ação do hormônio estimulador de corticotrofos (CRH) hipotalâmico, também liberados no estresse, suprimem diretamente a liberação do GnRH. Dessa maneira, tanto o estresse como o exercício agudo podem diminuir ou aumentar os níveis das gonadotropinas (Shangold, 1984).

Testosterona

A testosterona, segundo Tortora (2000), Gebara et al. (2002) e Kraemer e Ratamess (2005) é classificada como hormônio esteroide da classe dos androgênios. Sua síntese ocorre a partir do colesterol por uma sequência de cadeias enzimáticas dentro das células de Leydig, localizadas no interstício do testículo maduro.

Sua secreção, de acordo com Tortora (2000), Viru el al. (2001) e Kraemer e Ratamess (2005), é controlada pelo hormônio gonadotrófico hipotalâmico (GnRH) secretado episodicamente, controlando a secreção do hormônio luteinizante (LH). O LH, liberado pela hipófise anterior, estimula a esteroidogênese nas células de Leydig, aumentando o substrato para sua formação e regulando o fluxo sanguíneo testicular. A testosterona, por sua vez, exerce retroalimentação negativa, inibindo a secreção de GnRH.

De acordo com Obminski e Stupnicki (1997), aproximadamente, de 43% a 45% do total da testosterona no plasma combina-se especificamente à globulina fixadora de hormônios sexuais (SHSG), 50% combina-se à albumina e de 1% a 3% do total encontra-se na forma livre, fração na qual se realiza sua atividade biológica. Sendo assim, a fração da testosterona livre, segundo Obminski e Stupnicki (1997) e McArdle, Katch e Katch (2003), passa através da membrana celular e compete com os sítios de receptores no núcleo definindo as respostas celulares.

A circulação da testosterona, de acordo com Hoogeveen e Zonderland (1996), Borer (2003) e Elloumi et al. (2003) é proposta para avaliar estados anabólicos no corpo humano, pois regula muitos processos fisiológicos como: o aumento da síntese de glicogênio muscular e é antagonista aos efeitos proteolíticos dos glicocorticoides, pois aumenta a síntese proteica.

Adicionalmente, McArdle, Katch e Katch (2003) relatam que a testosterona é importante para iniciar a produção de espermatozoides e estimular o desenvolvimento das características sexuais masculinas secundárias. Seu papel anabólico ou de elaboração tecidual, contribui para as diferenças entre homens e mulheres na massa e força musculares, que se manifestam por ocasião do início da puberdade.

Além disso, para Kraemer (2000) e Borer (2003) a testosterona promove respostas no hormônio do crescimento (GH) na hipófise, influenciando a síntese de proteína no músculo e a síntese e a secreção do fator de crescimento semelhante à insulina (IGF-1) pelo fígado.

Particularmente, no músculo, Kraemer (2000) define que os efeitos anabólicos da testosterona são contrários aos efeitos catabólicos do cortisol. Se um grande número de receptores liga-se à testosterona, há um bloqueio de elemento genético no DNA para o cortisol, logo, a proteína é conservada ou aumentada.

Desempenho Esportivo:
Treinamento com crianças e adolescentes

Acrescenta-se, de acordo com McArdle, Katch e Katch (2003), que a conversão da testosterona para estrogênio nos tecidos periféricos, controlada pela enzima aromatase, proporciona ao homem uma proteção significante na manutenção vitalícia da estrutura óssea. Mas, após os 50 anos de idade, Gebara et al. (2002) relatam que a concentração sérica da testosterona apresenta queda de 1% ao ano, porém, nem todas as alterações metabólicas de envelhecimento decorrem isoladamente da redução dos níveis hormonais, mas também da diminuição dos números de receptores, resultando em respostas inadequadas dos órgãos alvos.

Com relação ao exercício, a testosterona é especialmente importante no crescimento e na manutenção do músculo esquelético, dos ossos e das hemácias (McArdle, Katch e Katch, 2003; Brownlee, Hackney e Moore, 2005).

Brownlee, Hackney e Moore (2005) relatam que o aumento da testosterona é linear à intensidade do exercício físico com picos de concentração ocorrendo, normalmente, no fim do exercício. Contudo, mesmo em exercícios de menor intensidade, esses autores consideram que se a duração do exercício físico for prolongada, as elevações da concentração da testosterona serão significantes.

Em relação a protocolos de exercícios resistidos, Kraemer (2000) e, mais, recentemente, Kraemer e Ratamess (2005) apontam alguns fatores que influenciam a resposta aguda da testosterona total no plasma. Para esses autores, a magnitude de elevação das concentrações da testosterona, durante os exercícios resistidos, mostrou-se afetada pela massa muscular envolvida pela intensidade e volume e pela experiência de treinamento.

Diante disso, os autores pontuam que protocolos que envolvem grandes grupos musculares, intensidade entre 85% e 95% de uma repetição máxima (1 RM),[3] de moderado a alto volume de exercícios alcançados com múltiplas séries, múltiplos exercícios, ou ambos, com curtos intervalos de descanso (30 segundos a 1 minuto), dois anos ou mais de experiência, tornam-se efetivos para aumentar a resposta aguda da testosterona.

---

[3] De acordo com Moura et al. (2004), 1 RM é o teste que avalia a força dinâmica máxima dos indivíduos por meio da maior quilagem movimentada, dentro de um deslocamento previamente determinado, em somente uma repetição; por isso a designação de 1 RM, ou seja, uma repetição máxima possível de execução.

Além disso, para Simão et al. (2005), a sequência de realização dos exercícios interfere na resposta da testosterona. A hipótese é que se inicie com exercícios para os grandes grupos musculares para produzir significantes elevações da testosterona, que, potencialmente, exponha os pequenos grupos musculares a uma maior resposta, caso fossem realizados isoladamente.

Sob a perspectiva fisiológica, Bosco et al. (2000), Kraemer (2000) e Borer (2003) exemplificam que a interação da testosterona com os receptores neurais aumenta a liberação de neurotransmissores e inicia as alterações nas proteínas estruturais que irão modificar o tamanho da junção neuromuscular.

Esses efeitos neurais, segundo Bosco et al. (2000), Kraemer (2000) e Borer (2003) aprimoram as capacidades produtoras de força do músculo esquelético.

Cronicamente, em relação ao exercício resistido, Kraemer e Ratamess (2005) pontuam que em mulheres as mudanças nas concentrações da testosterona são inconsistentes ou inexistentes. Assim, Uchida et al. (2004) analisaram o comportamento das concentrações da testosterona em mulheres (média de 25,3 ± 2,6 anos de idade) por meio de um protocolo de exercícios resistidos, definido como múltiplas séries.

De acordo com os resultados desse estudo, constatou-se que a concentração da testosterona em mulheres não se alterou durante o período de treinamento de oito semanas. Desse modo, Kraemer et al. (1998) e Kraemer e Ratamess (2005) consideram que outros hormônios anabólicos como o GH sejam capazes de promover hipertrofia em mulheres.

Porém, os pesquisadores ressaltam que o número reduzido de participantes (n = 5), de coletas durante o dia e a curta duração do estudo (8 semanas) são fatores limitantes para conclusões definitivas. Assim, Kraemer e Ratamess (2005) ponderam que as concentrações da testosterona em repouso refletem o estado atual do tecido muscular, uma vez que, elevações ou reduções ocorrem em vários estágios, dependendo de mudanças no volume e na intensidade do treinamento.

O comportamento da testosterona vista em atletas de *endurance* mostrou-se diferente em relação a sedentários e pessoas praticantes de exercícios resistidos. Recentemente, os estudos de Hackney, Moore e Brownlee (2005) e Tremblay, Copeland e Helder (2004) apontam uma atenuação da resposta plasmática da testosterona em atletas de *endurance*.

No estudo de Hackney, Moore e Brownlee (2005) comparou-se a resposta da testosterona plasmática em atletas homens (média de $30,8 \pm 1,1$ ano de idade) de *endurance* em relação aos sedentários. Os pesquisadores induziram a produção da testosterona via exógena por meio da infusão de GnRH e constataram diferenças significantes da produção da testosterona entre os dois grupos. Nos atletas de *endurance* a produção foi significantemente menor (-20% -30%, $p<0,05$) comparado aos sedentários.

Os pesquisadores concluíram que essa supressão da resposta da testosterona em atletas de *endurance* é por causa de uma adaptação antropométrica seletiva. Desse modo, essa adaptação minimiza o desenvolvimento da massa muscular, pois caso seja excessiva, pode comprometer o sistema de distribuição do oxigênio durante os exercícios físicos prolongados.

Outra possível explicação apresentada pelos pesquisadores é a ocorrência de uma adaptação do eixo hipotálamo-hipófise-testículo, no nível central (hipotálamo--hipófise) e periférico (testículos), no qual contribui para a *performance* nesse tipo de prova (longa duração).

Tremblay, Copeland e Helder (2004) equalizaram um treinamento resistido com um de *endurance* por meio do gasto calórico em homens (idades entre 18 e 55 anos) com diferentes estados de treinamento (resistido n = 7/*endurance* n = 8/sedentários n = 7) para determinar as respostas agudas da testosterona.

A resposta da testosterona nos atletas de *endurance* comportou-se diferente em relação às pessoas do treinamento resistido. Após um aumento inicial pós-exercício para os dois grupos, há um significante declínio da testosterona livre e total durante a recuperação nos atletas de *endurance* ($p<0.05$). Diante dos resultados encontrados, os pesquisadores pontuam que a intensidade da corrida (50% a 55% do VO_2máx) não foi suficiente para aumentar a resposta da testosterona nos atletas de *endurance*.

Adicionalmente, o treinamento resistido promove um estresse muscular maior do que a sessão de *endurance*. Dessa forma, Kraemer (2000) pondera que a mudança na concentração da testosterona em exercícios resistidos é maior para a regeneração tecidual pós-exercício.

Portanto, os pesquisadores concluem que a resposta da testosterona é dependente da quantificação do volume e da intensidade. Além disso, considera-se que a especificidade do exercício físico interferirá na resposta da testosterona.

Referindo-se a crianças e adolescentes, Sannikka et al. (1983), ao compararem a concentração de testosterona em garotos de diversos níveis de maturação sexual, observaram diferenças significativas entre os níveis 2 e 3 e os níveis 3 e 4, o que não ocorreu nos níveis 4 e 5 e no nível 5, comparados aos valores de adultos. Butler et al. (1989) confirmaram um aumento nas concentrações de testosterona com a progressão da puberdade, com diferenças significativas em todos os níveis de maturação (cinco estágios). Butler et al. (1989) relatam que as diferença entre seus resultados, quando comparados aos apresentados por Sannikka et al. (1983), resultam da técnica utilizada em seu estudo, que se apresentou mais precisa e sensível às variações das concentrações de testosterona. De qualquer maneira, é possível observar que ambos os estudos mostram que, nos níveis 2 e 3 de maturação sexual, a ação da testosterona é mais baixa sobre a musculatura esquelética, tornando-se, no decorrer do crescimento, progressivamente maior a cada avanço nos estágios de maturação. Ainda, Butler et al. (1989) observaram um aumento nas concentrações de testosterona com o avanço da idade. Ao avaliarem 84 garotos com idade entre 10 e 15 anos, verificaram um aumento progressivo nos níveis de testosterona salivar dos garotos (10 anos - 19,3 pmol/L; 11 anos - 34,6 pmol/L; 12 anos - 49,8 pmol/L; 13 anos - 57,6 pmol/L; 14 anos - 119,6 pmol/L; e 15 anos - 222,1 pmol/L). Verificou-se um aumento desproporcional a partir dos 14 anos de idade.

No que se refere às capacidades físicas metabólicas, Eriksson, Gollnick e Saltin (1973) relatam que a atividade da succinato-desidrogenase (SDH) na musculatura esquelética de garotos de 11 a 13 anos é um tanto mais alta quando comparada aos valores apresentados por adultos sedentários. Fournier et al., (1982), estudando garotos de 16 e 17 anos, mostraram que a atividade da fosfofrutoquinase (PFK – enzima reguladora da glicólise anaeróbia), apresentou-se de forma mais baixa na musculatura esquelética dos garotos quando comparados com adultos. A atividade mais baixa da PFK nos garotos é uma das prováveis causas do pico de concentração de lactato mais baixo. Observou-se, em modelo animal, uma associação direta entre a taxa de produção de lactato e a testosterona circulante. Krotkiewski, Kral e Karlsson (1980), estudando o efeito da castração de ratos sobre o metabolismo muscular, verificaram que houve uma diminuição na atividade da fosforilase, PFK e desidrogenase lática (LDH) na porção branca da musculatura dos ratos castrados, tendo sido revertida com utilização exógena de testosterona. Em síntese, parece razoável sugerir que a capacidade anaeróbia significativamente inferior das crianças em relação aos adolescentes e adultos está associada, além dos menores estoques de creatina-fosfato (CP) e glicogênio muscular e menor atividade das enzimas fosforilase, PFK e LDH, às concentrações mais baixas de testosterona circulantes no sangue. Como consequência, há uma menor ação desse hormônio sobre a musculatura esquelética e, por fim, uma menor capacidade de recrutamento das unidades motoras em condições de *performance* máxima (Butler et al., 1989; Eriksson, Gollnick e Saltin, 1973; Fournier et al., 1982; Imbar e Bar-Or, 1986; Krotkiewski, Kral e Karlsson, 1980).

Considerando o ponto de limiar anaeróbio ser mais alto em crianças, Tanaka e Shindo (1985) sugerem que menores concentrações de testosterona e, por conseguinte, uma ação hormonal mais baixa sobre os músculos poderia conduzir a uma capacidade oxidativa relativamente mais alta, além do fato de as crianças possuírem uma limitação real em relação ao metabolismo glicolítico e, consequentemente, à produção de lactato (Farinatti, 1995). Assim, tem-se sugerido que a testosterona age sobre a musculatura esquelética, aumentando a atividade da fosforilase, que é uma enzima-chave da glicogenólise e um indicador da capacidade glicolítica (Gutman, Hanzlikova e Lojdaz, 1970; Krotkiewski, Kral e Karlsson, 1980). Esses resultados indicam que a maturação é um dos fatores que influenciam o limiar anaeróbio, o que, provavelmente, se deve, em parte, a uma ação mais baixa da testosterona sobre a musculatura esquelética.

Com relação ao máximo *steady state* do lactato (SSmaxla), o ponto de equilíbrio entre a produção e a remoção do lactato (e que, presumivelmente, representa a carga de trabalho submáxima mais alta que pode ser realizada pelo metabolismo do sistema oxidativo) e os valores fixos de lactato de 4,0 mmol/L não apresentam uma alta correlação em crianças. No entanto, o consumo de oxigênio e a frequência cardíaca correspondente a 2,5 mmol/L em crianças não diferem significativamente daquelas mensuradas no SSmaxla. Por essa razão, 2,5 mmol/L de lactato em crianças pode ser usado de maneira similar aos valores de 4,0 mmol/L em adultos (Tolfrey e Armstrong, 1995), embora outros estudos (Beneke et al., 1996) indiquem índices diferenciados.

Razão Testosterona Cortisol (T:C)

A meta dos programas de treinamento é fornecer estímulos adequados para que ocorram adaptações fisiológicas em benefício da *performance* dos atletas (Filaire et al., 2001; Maso et al., 2004).

Segundo Obminski e Stupnicki (1997), Passelergue e Lac (1999) e Kraemer e Ratamess (2005), um programa de treinamento intensivo pode induzir mudanças nas respostas agudas e crônicas das concentrações dos hormônios cortisol e testosterona.

Desse modo, Mujika et al. (1996) e Chatard et al. (2002) pontuam que o balanço entre esses dois hormônios tenha implicações importantes para a *performance*, na medida em que os atletas executam atividades extenuantes por períodos prolongados e com insuficiente tempo de recuperação entre as sessões de treino. Sendo assim, de acordo com Elloumi et al. (2003) e Brownlee, Hackney e Moore (2005), o treinamento induz a um desequilíbrio entre esses dois hormônios, pois a concentração do cortisol (catabólico) varia em direção oposta à concentração da testosterona (anabólico).

Especificamente para Passelergue e Lac (1999) os níveis de cortisol variam na sua resposta a qualquer tipo de estresse, como o exercício físico. Nesse caso, sua ação catabólica aumenta para permitir a gliconeogênese via proteólise. Por esse motivo, aumentos da concentração do cortisol são considerados fases catabólicas.

Dessa forma, segundo Viru e Viru (2004) altas concentrações séricas de cortisol, por períodos prolongados, desencadeiam o fracionamento excessivo das proteínas, o desgaste tecidual e o equilíbrio nitrogenado negativo que se considera indesejável para adaptação e melhora da *performance* nos atletas.

Contudo, aumentos na concentração da testosterona são considerados como fases anabólicas, porque a testosterona aumenta os estoques de glicogênio e a síntese proteica do músculo (Passelergue e Lac, 1999).

Amplia-se a discussão quando Passelergue e Lac (1999) e Elloumi et al. (2003) pontuam que o desequilíbrio entre esses dois hormônios é maior em competições esportivas, pois se diferem do treinamento pelo alto grau de ansiedade e estresse físico e mental, no qual pode amplificar variações hormonais.

Diante disso, iniciou-se a preocupação de alguns pesquisadores em utilizar um marcador fisiológico útil para avaliar o equilíbrio hormonal anabólico-catabólico nos atletas (Adlercreutz et al., 1986; Filaire et al., 2001).

Sendo assim, iniciou-se a utilização do marcador fisiológico expressado pela razão testosterona-cortisol (T:C) baseado nas concentrações desses hormônios no plasma e/ou na saliva e, conforme Obminski e Stupnicki (1997), a razão T:C apresentou forte correlação (r = 0.874, p<0.001). Desta forma, para Lac, Lac e Robert (1993) e Chatard et al. (2002) a utilização do método salivar torna-se mais prático por causa da facilidade da coleta, bem como, evita um possível efeito estressante nos atletas diante de uma coleta plasmática que supostamente aumentaria a concentração do cortisol.

De acordo com Marinelli et al. (1994) e Viru e Viru (2004) uma diminuição na razão T:C indica uma predominância do catabolismo sobre o anabolismo que é indesejável para a adaptação e a melhoria na *performance* de atletas. Sob essa perspectiva, a razão T:C foi positivamente relatada por causa das mudanças na *performance* e eficaz para determinar o período de recuperação pós-competição (Passelergue e Lac, 1999; Elloumi et al., 2003; Uchida et al., 2004).

Além disso, foi proposto que a razão T:C serviria como um marcador fisiológico de *overtraining* se a razão diminuísse mais que 30% ou se a razão fosse menor que $0.35.10^{-3}$ (Adlercreutz et al., 1986; Filaire et al., 2001). Mas há controvérsias, e alguns pesquisadores afirmam que, na verdade, a razão T:C seria um indicativo de *overreaching*[4] e não de *overtraining*[5] (Passelergue e Lac, 1999; Gorostiaga et al., 2004; Viru e Viru, 2004).

Dessa forma, Hoogeveen e Zonderland (1996) e Gorostiaga et al. (2004) pontuam que ao invés de interpretar-se uma queda na razão T:C em 30% como sinal de *overtraining* ou uma disfunção neuroendócrina, pode-se relatar como estímulo de um estresse temporário positivo, expresso como efeito benéfico na *performance*.

---

[4] É um acúmulo de estresse em treinamento e não treinamento, resultando num decréscimo do desempenho em curto prazo com ou sem sinais e sintomas psicológicos e fisiológicos do *overtraining*, em que a restauração das capacidades normais se dá de alguns dias a algumas semanas (Costa e Samulski, 2005).
[5] É um acumulo de estresse em treinamento e não treinamento, resultando num decréscimo do desempenho em longo prazo com ou sem sinais e sintomas psicológicos e fisiológicos do *overtraining*, em que a restauração das capacidades normais pode levar de semanas a meses (Costa e Samulski, 2005).

Diante desses fatos, embora tais marcadores sejam conceitualmente atrativos, de acordo com Kraemer (2000) e Kraemer e Ratamess (2005) a mensuração da razão T:C encontrou sucessos limitados e resultados controversos. Provavelmente, deve-se levar em consideração os múltiplos papéis do cortisol e de outros hormônios.

Somado a esse fato, deve-se ponderar criticamente sobre os protocolos de treinamento e os delineamentos metodológicos utilizados nos estudos para considerações mais precisas sobre a razão T:C. Com isso, acredita-se que a razão T:C não seja analisada sob a perspectiva de um grupo de atletas, e sim individualmente, além de unir aos fatores psicológicos com o intuito de uma compreensão mais fidedigna sobre o estresse imposto pelos treinamentos e competições aos atletas.

Inicialmente, a razão T:C foi utilizada em corredores e nadadores que participavam de provas de longa distância (Filaire et al., 2001). No primeiro estudo que foi avaliado, Marinelli et al. (1994) monitoraram o comportamento da razão T:C (testosterona livre) em 6 atletas participantes de uma maratona a 4 mil metros de altitude.

As coletas plasmáticas foram realizadas nos seguintes momentos: no nível do mar antes da partida para a área de montanha, após uma semana de aclimatização, imediatamente após a maratona e após 24 horas no período de recuperação da maratona.

A razão T:C no nível do mar ($1,47$ x 10^{-3}) diminuiu após a aclimatização ($0,75$ x 10^{-3}) e significantemente após a maratona ($0,37$ x 10^{-3}; $p<0,05$), por causa do aumento das concentrações do cortisol. Após 24 horas de recuperação, a razão T:C alcançou valores maiores em relação aos valores de repouso ($2,47$ x 10^{-3}; $p<0,05$ / $1,74$ x 10^{-3}; $p<0,05$, respectivamente), por causa, sobretudo, de uma diminuição do cortisol. Dessa forma, os pesquisadores concluem que a razão T:C tornou-se útil para monitorar a *performance* desses atletas que executam essa modalidade esportiva extenuante.

Nesse contexto, Hoogeveen e Zonderland (1996) correlacionaram a razão T:C com a *performance* de ciclistas profissionais por meio de um teste no cicloergômetro, antes e após um período de três meses de treinamento (no primeiro mês realizaram exercícios gerais e, a partir do segundo mês, um treinamento específico).

No teste, a carga aumentava 40 watts a cada 4 minutos e quando o ciclista alcançava 95% da frequência cardíaca máxima, observada em um teste prévio, a carga aumentava 10 watts a cada 1 minuto até a exaustão. As coletas plasmáticas para determinação da testosterona total e do cortisol foram feitas 3 minutos antes do teste e imediatamente após o teste.

Houve um aumento da concentração da testosterona total e do cortisol imediatamente após o término do teste ($p<0.05$). Porém, houve uma diminuição da razão T:C em 30% ou mais, em 6 dos 10 ciclistas que participaram do estudo, mas não houve queda de *performance* ou estado de *overtraining* nos ciclistas.

Nessa linha de raciocínio, Gorostiaga et al. (2004) obtiveram resultados semelhantes com jogadores amadores de futebol, porém avaliou-se a relação entre a razão T:C e um treinamento de força explosivo, por meio de um teste de salto vertical. O teste consistia na altura alcançada pelos jogadores em saltos verticais com cargas progressivas de 20, 30, 40, 50, 60 e 70 kg, mantidas no ombro.

Em resumo, o programa de treinamento de força era realizado duas vezes por semana, durante 25 a 30 minutos por um período de 11 semanas. Os principais exercícios realizados foram saltos verticais, exercício resistido de agachamento e *sprints*. Os jogadores foram divididos em grupos controle (CON) e experimental (S).

As medidas das concentrações hormonais foram realizadas em laboratório entre 8 e 9 horas da manhã após cada jogador permanecer de 10 a 15 minutos em repouso. Determinaram-se as concentrações plasmáticas da testosterona total, testosterona livre e do cortisol.

Após as 11 semanas de treinamento, observou-se um aumento significante na concentração da testosterona total no grupo S (7,5%; $p<0,05$) e uma diminuição na concentração do cortisol, de 431(149) nM na 0 a 393ª semana (86) nM na 11ª semana, sugerindo que o treinamento aumentou a atividade anabólica.

Entretanto, os pesquisadores observaram uma correlação negativa no grupo S entre as mudanças individuais da altura alcançada no teste vertical com carga de 40 kg e as mudanças individuais na razão T:C, na 0 a 4ª semana ($r = -0,84$; $p<0,05$), na 4ª a 8ª semana ($r = -0,90$; $p<0,05$) e na 8ª a 11ª semana ($r = -0,92$; $p<0,01$).

Dessa forma, concluiu-se que os jogadores que apresentaram uma diminuição significante na razão T:C produziram maiores ganhos de força explosiva comparado com aqueles que tiveram uma menor diminuição na razão T:C com cargas de 40 kg, pressupondo que essa diminuição de 45% não seja interpretada como *overtraining* ou

Respostas Endócrinas Aplicadas ao Exercício Físico Agudo e Crônico na Infância e na Adolescência

uma disfunção neuroendócrina e nem associada à diminuição da *performance*, mas sim, a um temporário estímulo para um estresse positivo em prol da *performance*.

Similarmente, Mujika et al. (1996) relacionaram a *performance* de nadadores profissionais (estimada pelo resultado da participação em campeonatos) com o comportamento da razão T:C em 3 ocasiões: no meio da temporada de treinamento (10ª semana), no início do período de polimento[6] (22ª semana, pré-polimento) e no fim do polimento (26ª semana pós-polimento).

Antes do polimento, a quantidade de treino alcançada foi 53 km (média de 20 km). Durante o polimento, a quantidade de treino foi progressivamente reduzida a 13 km (média 8 km), mas intensidade e frequência foram mantidas. As coletas plasmáticas da testosterona total e do cortisol foram realizadas após 15 e 20 minutos sentados em repouso, entre 10 e 12 horas na 10ª, 22ª e 26ª semana.

Não se encontrou diferença significativa na razão T:C entre a 10ª, 22ª e 26ª semana para todo o grupo de nadadores. Com relação à *performance*, houve um declínio não significante durante a 10ª e 22ª semana (0,52 %, média 2,51); e durante a fase de polimento houve melhora na *performance* [2,32 % (média 1,69) p<0,01].

Contudo, a razão T:C foi positivamente correlacionada com a melhora da *performance* alcançada pelos nadadores durante o treinamento intenso e a fase de polimento e, nesse estudo, os pesquisadores consideraram a razão T:C um marcador fisiológico útil para a *performance* dos nadadores durante o treinamento.

Alguns estudos realizados com nadadores profissionais e com atletas levantadores de peso, encontraram resultados negativos relacionando à razão T:C e à *performance* dos atletas.

No estudo com os nadadores profissionais (média de $18 \pm 2,4$ anos de idade), embora Chatard et al. (2002) tenham utilizado a razão DHEA/C ao invés da razão T:C, a razão DHEA/C, de acordo com os pesquisadores, também reflete mudanças no balanço anabólico/catabólico, pois o DHEA se envolve no processo de transfor-

---

[6] De acordo com Maglischo (1999), o polimento é o processo de repousar entre duas e cinco semanas para a competição de final de temporada. Nessa fase, há uma redução gradual no volume e na intensidade do treinamento. Comumente, os nadadores aperfeiçoaram seus melhores desempenhos, cerca de 3% a 4%, em seguida de um polimento. A prática habitual consiste em planejar a inserção de um polimento por temporada, embora alguns treinadores e atletas prefiram polir duas ou mais vezes durante uma mesma temporada.

mação da testosterona, promovendo os efeitos anabólicos em vários tecidos do corpo humano.

Particularmente nesse estudo, utilizou-se a mensuração salivar para cortisol e DHEA, realizando entre 5 a 12 coletas por nadador, sobre um período de 37 semanas de treinamento, fornecendo informações individuais em longo prazo da carga de treino, que se acredita ser um diferencial de outros estudos, pois a maioria dos estudos realizam poucas coletas (entre 2 e 7).

A *performance* foi avaliada nos dias da competição, uma vez que o objetivo do estudo foi examinar a relação entre a *performance*, os níveis hormonais e a carga de treino. As medidas salivares do cortisol e DHEA foram feitas imediatamente após acordar (entre 4 e 6 horas da manhã), antes do almoço e nas manhãs da competição. Os nadadores (5 homens e 4 mulheres) também forneceram outra amostra salivar à tarde (entre 15 e 16 horas), antes do treinamento.

Não houve correlação da *performance* com a razão DHEA/C para todo o grupo de nadadores e concluiu-se que as concentrações salivares do cortisol e DHEA não foram marcadores úteis na *performance* desses atletas. Porém, de acordo com os pesquisadores, considera-se que o tempo longo do estudo, somado a resposta da variabilidade interindividual dos nadadores e os horários das coletas, possivelmente interferiu nos resultados do estudo.

Concomitante a esse raciocínio, Fry et al. (2000) não encontraram relação entre a razão T:C e a *performance* em atletas levantadores de peso durante um programa de treinamento de 4 semanas.

O treinamento durante a primeira semana caracterizou-se pelo alto volume (3 a 4 sessões por dia), seguido por 3 semanas de volume considerado normal para esses atletas (1 a 2 sessões por dia), intensidades entre 70% e 100% de 1 RM realizando entre 1 e 5 repetições (o número de séries não foi informado no estudo).

As concentrações hormonais plasmáticas foram determinadas: pré-exercício (5 minutos) e pós-exercício (15 minutos), antes e após a primeira semana de treinamento (alto volume) e após a terceira semana do treinamento de volume normal entre 14 e 17 horas. Avaliou-se a *performance* por meio de um teste constituído por 15 saltos verticais com máximo esforço (1 salto a cada 3 segundos) e exercícios resistidos a 65% de 1RM até a fadiga.

Respostas Endócrinas Aplicadas ao Exercício Físico Agudo e Crônico na Infância e na Adolescência

No final das 4 semanas de treinamento, os levantadores de peso melhoraram sua *performance* (+1,6%), indicando que o treinamento promoveu estímulos adequados. Especificamente a razão T:C não se correlacionou com o treinamento de alto volume (r = 0,00), mas houve forte correlação com o treinamento de volume normal (r = 0,92). Adicionalmente, mudanças em pré-exercício e pós-exercício e a razão T:C não se correlacionaram significantemente quando comparados com mudanças na *performance* dos atletas.

Já Passelergue e Lac (1999) abordaram a razão T:C visando avaliar o período de recuperação ideal pós-competição em lutadores adolescentes (média de 17,88 $\pm$ 0,17 anos de idade). Além disso, analisaram as variações da razão T:C durante a competição, para avaliar o estresse dos atletas envolvidos nessa competição e as diferenças nos níveis hormonais entre ganhadores e perdedores.

Esses atletas adolescentes treinavam em média de 5 a 7 vezes (12 a 15 horas) por semana. Entretanto, a descrição do programa de treinamento que os lutadores realizam não foi relatada no estudo. Os níveis hormonais do cortisol e da testosterona foram obtidos pelo método salivar. Foram coletadas 4 amostras durante um dia de repouso (sem treino) às 8h30, 11h30, 15 horas e às 17h30, 3 semanas antes da competição pela ordem de fornecer valores de referência.

Durante a competição foram coletadas 8 amostras: 6 em horas correspondentes ao dia de repouso e outras 2 às 19h30 no primeiro e no segundo dia de competição, pois a competição terminava às 17h30. O período de recuperação durou 8 dias e as amostras foram coletas sempre às 17h30, 1 hora antes do início do treinamento.

Os resultados mostram que durante os dois dias de competição a razão T:C foi estatisticamente (p<0,05) menor, comparada ao dia de repouso por causa, sobretudo, do aumento das concentrações do cortisol. Não foram encontradas diferenças estatísticas nos níveis hormonais entre os lutadores vencedores e os perdedores.

Durante o período de recuperação, a razão T:C foi significantemente maior no primeiro e no terceiro dia quando comparadas ao dia de repouso, por causa do aumento da concentração da testosterona (p<0,05) e manutenção dos valores do cortisol no período das 17h30. Dessa forma, os pesquisadores concluem que o período de recuperação foi caracterizado como uma fase anabólica. Porém, essa fase de anabo-

Desempenho Esportivo:
Treinamento com crianças e adolescentes

lismo foi acompanhada por um cansaço, no qual não foi possível sustentar um programa de treinamento de alta intensidade.

Similarmente, Elloumi et al. (2003) analisaram o comportamento da razão T:C durante uma partida de rúgbi, e durante os dias de recuperação pós-competição, com o intuito de determinar o período ideal de recuperação para os atletas (média de 25,2 ± 4,2 anos de idade). Utilizou-se o método salivar em 3 diferentes situações para a determinação dos níveis da testosterona e do cortisol:

- 3 amostras durante os dias de repouso (sem treinamento), 2 meses antes da competição, na ordem de fornecer valores de referência: às 8, 16 e 8 horas;
- 4 amostras durante o dia da competição, às 8 horas, antes da partida, às 16 horas, 2 horas após o término da partida e às 8 horas novamente;
- 12 amostras durante o período de recuperação pós-competição, coletas às 8 e 20 horas.

Conforme esperado pelos pesquisadores, a partida induziu uma queda significante na razão T:C (62%, p<0,001) por causa do aumento do cortisol em 148%, p<0,001, e uma diminuição da testosterona (16%, p<0,05), comparada aos valores das 16 horas do dia de repouso. Em contrapartida, os dias pós-competição corresponderam a um aumento da razão T:C do primeiro ao quarto dia para os valores da manhã, e para o segundo e o terceiro dia para os valores da noite, o que seria um processo fisiológico necessário para a restauração do organismo.

Conforme visto no estudo com lutadores, o período pós-competição nos atletas de rúgbi foi associado a um estado de cansaço, permitindo um regime de treinamento com uma intensidade moderada. Portanto, os pesquisadores concluem que a quebra da homeostase provocada pela competição necessita de um tempo ideal de recuperação.

No caso desse estudo, a razão T:C mostrou-se um marcador fisiológico útil, indicando, no mínimo, cinco dias de recuperação entre duas competições (ou com um regime de treinamento moderado) para uma recuperação adequada, minimizando sintomas de *overtraining*.

206

Em outro estudo sobre a modalidade futebol, Filaire et al. (2001) relacionaram a razão T:C com um questionário psicológico (POMS) para avaliar o estresse dos atletas (média de 23,7 ± 2,2 anos de idade). Coletaram as concentrações salivares do cortisol e da testosterona em 3 situações: repouso, às 8 horas, antes do almoço às 11h30 e entre 16 e 18 horas, 4 vezes durante a temporada (T1, 1 dia após o início de treinamento; T2 e T3, antes e após um treinamento de alta intensidade, respectivamente; T4, após 16 semanas de T3).

O programa de treinamento entre T1 e T2 foi caracterizado de intensidade média (treino de *endurance* entre 70% e 75% VO_2máx, sessões de treinos físicos e técnicos). Entre T2 e T3, a intensidade foi caracterizada como alta, pois os jogadores executaram sessões de treino de força (cargas de 90% e 95% de 1 RM e sessões de *sprint*). Entre T3 e T4, a quantidade de treino foi progressivamente reduzida e realizaram-se predominantemente treinos técnicos.

Os resultados mostram que não houve correlação estatística entre os valores hormonais e o estado de humor. Além disso, o período de treinamento entre T2 e T3 (alta intensidade) induziu um significante aumento nos valores do cortisol somente às 11h30 da manhã e uma diminuição nas concentrações da testosterona às 11h30 da manhã e às 17 horas.

Embora essa significante diminuição na razão T:C maior ou igual a 30%, notada nesses horários, os jogadores não tiveram prejuízo no estado de humor. Portanto, os pesquisadores concluem que, para esses jogadores que participaram do estudo, a diminuição na razão T:C não induziu a uma piora no estado de humor, e sugerem que combinar mudanças fisiológicas e psicológicas durante o treinamento e a competição seja um recurso interessante para monitorar o estresse em relação à *performance* dos atletas.

Nessa linha de raciocínio, Maso et al. (2004) tiveram como objetivo obter correlação entre a razão T:C e o escore de um questionário (proposto pelo Grupo Francês de *overtraining*) que determina sintomas clínicos iniciais de *overtraining*, por meio de questões psicocomportamentais.

Sendo assim, os atletas responderam ao questionário e forneceram 3 amostras salivares (às 8, 11 e 17 horas), em um dia de repouso (24 horas sem treino). O programa de treinamento desses atletas a cada semana era constituído de treinos de *endu-*

rance (intensidades abaixas ou próximas ao limiar anaeróbio), sessões de treinamento de força (cargas entre 80% e 90% de 1RM), sessões de *sprint*, treinamento técnico, e sessões específicas de movimentos utilizados no rúgbi.

De acordo com os resultados do estudo, o escore de *overtraining* obtido pelo questionário não se correlacionou com a razão T:C, e assim, os pesquisadores sugerem pesquisas adicionais para avaliar o estresse do treinamento e das competições dos atletas.

Catecolaminas e Glucagon

O sistema simpatoadrenal corresponde a uma das duas divisões do sistema nervoso autônomo compreendendo os nervos simpáticos eferentes e a medula adrenal, região do cérebro que controla suas ações, mensageiros químicos, as catecolaminas e a divisão parassimpática responsável por diversas respostas comportamentais. A medula adrenal representa um grande gânglio especializado, em que os corpos celulares secretam seus hormônios catecolaminérgicos, adrenalina e noradrenalina, diretamente na corrente sanguínea, funcionando como células endócrinas ao invés de nervosas. Os hormônios catecolaminérgicos são sintetizados dentro das células cromafins por uma série de reações que se iniciam pela conversão da tirosina em dopa, pela enzima tirosina hidroxilase; posteriormente, a dopa é convertida em dopamina, catalisada pela enzima descarboxilase de L-aminoácidos aromáticos que, em seguida, é convertida em noradrenalina pela feniletanolamina N-metiltransferase e, finalmente, em adrenalina pela estimulação do cortisol. A secreção das catecolaminas pela medula adrenal é provocada pela estimulação do sistema nervoso simpático como parte integral da reação de "luta ou fuga", assim, a percepção ou mesmo a antecipação de um perigo ou lesão, trauma, hipoglicemia, exercício físico, hipovolemia etc, geram um aumento imediato na secreção de adrenalina. Virtualmente toda adrenalina circulante deriva da medula adrenal, porém, a maioria da noradrenalina que circula em nosso organismo é derivada do sistema nervoso central e dos terminais nervosos simpáticos que escaparam da recaptação local imediata das fendas sinápticas. As catecolaminas apresentam vários receptores de membrana designados como α_1, α_2, β_1, β_2 e β_3. O receptor α_1 interage com a fosfolipase-C tendo o inositol-3-fosfato (IP3) e o diacilglicerol (DAG) como segundos mensageiros, sendo que a proteína cinase C (PKC) medeia os efeitos do hormônio. O receptor α_2 interage com uma proteína G inibitória, enquanto que os receptores β_1, β_2 e β_3 são acoplados ao sistema adenil-ciclase apresentando o AMP-cíclico como segundo mensageiro e a proteína cinase A (PKA) como ativadora de seus efeitos biológicos. Tanto a adrenalina como a noradrenalina apresentam como importante efeito metabólico a estimulação da produção de glicose, sobretudo, através do aumento da glicogenólise hepática e da diminuição da atividade da glicogênio sintetase. Além disso, ambos estimulam a gliconeogênese pelo fígado e glicogenólise muscular, aumentando a liberação de lactato pelo músculo fornecendo substrato hepático para a gliconeogênese. Concomitante a esses efeitos, a adrenalina promove resistência ao receptor de insulina na musculatura e no tecido adiposo, diminuindo assim a captação de glicose por esses tecidos, além de diminuir os efeitos da insulina no fígado inibindo a glicogênese hepática. Não obstante, há receptores de adrenalina nas ilhotas, especificamente nas células β e α, que, sobre a ação da adrenalina, inibem a secreção de insulina e aumentam a secreção do glucagon, respectivamente. Ao mesmo tempo, a adrenalina se liga em seus receptores no adipócito, aumentando o conteúdo intracelular de AMP-cíclico e ativação da PKA. Com isso, há o aumento direto da atividade da enzima lípase hormônio sensível (LHS), responsável pela hidrólise dos triacilgliceróis com consequente liberação de ácidos graxos e glicerol para a corrente sanguínea, aumentando a β-oxidação no músculo e fígado, a cetogênese, e fornecendo o glicerol para o fígado como substrato da gliconeogênese. Dessa maneira, o conjunto dessas ações das catecolaminas pretende prevenir a hipoglicemia ou mesmo restaurar os níveis plasmáticos de glicose e a distribuição de glicose para o sistema nervoso central, se a hipoglicemia ocorrer. Durante o exercício físico há o aumento das catecolaminas, ocasionando um aumento na utilização dos estoques do glicogênio muscular através da estimulação das fosforilases; aumento da liberação de lactato do músculo para a corrente sanguínea e, posteriormente, ao fígado, aumentando o ciclo de Cori, potencializando a gliconeogênese e aumentando a disponibilidade de ácidos graxos livres como combustível alternativo. Por esses efeitos antagônicos à insulina, a adrenalina é considerada um hormônio diabetogênico. Além disso, o hormônio tem a capacidade de elevar a TMB de 7% a 15% podendo também elevar a termogênese facultativa e a termogênese induzida pela dieta.

É importante ressaltar que ambos os efeitos lipolíticos e hiperglicemiantes das catecolaminas são amplificados pela liberação de outros hormônios metabólicos. Em exercícios de intensidade baixa e moderada, a secreção de glucagon, o cortisol, a adrenalina e o GH são predominantemente controlados pela necessidade metabólica e estão sujeitos a um controle por *feedback*, como no caso do GH, em que a diminuição da glicemia ou de ácidos graxos plasmáticos poderia levar a um aumento de sua secreção, em contrapartida, a hiperglicemia ou o aumento dos ácidos graxos livres poderiam levar à supressão de sua secreção (Pontiroli et al., 1996). Assim, por causa dos efeitos sinérgicos desses hormônios em aumentar a produção hepática de glicose em oposição aos efeitos hipoglicemiantes da insulina, esse grupo de hormônios é conhecido como contrarreguladores, que, com a insulina, participam da regulação da glicemia e da disponibilidade de ácidos graxos livres. Os efeitos das catecolaminas sobre a glicose plasmática são essencialmente dominantes nos exercícios de alta intensidade (Hirsch et al., 1991; Sigal et al., 1996), assim, conforme a intensidade do exercício vai aumentando, há a potencialização da atividade simpática e a secreção dos hormônios contrarregulatórios aumentam (Kjaer et al., 1991). Embora o sistema nervoso autônomo simpático não estimule diretamente a secreção do cortisol e do GH durante o exercício, sua liberação é modulada pelas catecolaminas. Durante o exercício intenso e em outras formas de estresse, a adrenalina e o cortisol são engajados em uma alça de *feedback* positivo, em que a adrenalina aumenta a secreção de cortisol por estimular os corticotrofos a liberarem ACTH. Por sua vez, o cortisol estimula tanto a síntese como a secreção de adrenalina pela medula adrenal. Weltman et al. (2000) mostraram que uma ativação adrenérgica central parece estar envolvida na secreção do GH durante o exercício intenso, uma vez que a secreção de GH é precedida por aumento na secreção das catecolaminas.

Não obstante aos seus efeitos metabólicos, a adrenalina atua diretamente no sistema cardiovascular, aumentando a frequência cardíaca, a força contrátil e o débito cardíaco. Durante o exercício físico, seu principal efeito é o de desviar o fluxo sanguíneo para a musculatura de trabalho ao mesmo tempo em que mantém os fluxos sanguíneos coronariano e cerebral, garantindo a distribuição dos substratos energéticos para a produção de energia para órgãos críticos na situação de estresse, como no exercício físico.

É importante ressaltarmos, no que diz respeito aos parâmetros fisiológicos cardiovasculares, como a frequência cardíaca (FC), o volume de ejeção sistólico (VS), o débito cardíaco (DC) e a diferença arteriovenosa de oxigênio (diferença a-v O_2), que as crianças apresentam um comportamento diferenciado tanto no nível submáximo quanto no nível máximo de esforço, quando comparado com os dos adultos (Malina e Bouchard, 1991; Vinet et al., 2001; Turley e Wilmore, 1997), em que as possíveis causas incluem menores níveis circulantes das catecolaminas e menor responsividade dos receptores β-adrenérgicos (Lehmann, Keul e Korsten-Reck, 1981); diferenças no ajuste dos mecanismos de termorregulação (Delamarch et al., 1990); menor volume cardíaco e sanguíneo e maior estimulação dos quimiorreceptores periféricos. Segundo Malina e Bouchard (1991) as crianças apresentam um gasto energético maior por quilograma de peso do que do adulto, apresentando uma economia de energia muito deficitária durante o exercício, o que, por sua vez, faz que a criança produza uma quantidade maior de calor relativo à sua massa corporal do que os adultos para o mesmo tipo de trabalho. Sobre alguns aspectos metabólicos, Eriksson, Gollnick e Saltin (1973) mostraram que o conteúdo tissular de glicogênio muscular em crianças é cerca de 50% a 60% da concentração do de adultos. Além disso, a atividade catalítica da fosfofrutocinase (FFK) em crianças pré-púberes é 50% menor quando comparado com a dos adultos (Eriksson e Saltin, 1974). Por essa "imaturidade" glicolítica em crianças, há uma menor taxa de formação de lactato através do glicogênio para refosforilação dos limitados estoques de ATP, durante atividades de predomínio aeróbio e anaeróbio. Grande parte dessa diminuída atividade glicogenolítica muscular relaciona-se com a menor liberação de adrenalina e glucagon, o que pode estar associado com uma baixa atividade nervosa simpática, refletindo uma atenuada ativação da glicogenólise muscular por modificação covalente (Rowland, 1996).

O glucagon é um hormônio polipeptídeo intermediário constituído por 29 aminoácidos, produzido e secretado pelas células α das ilhotas de Langerhans do pâncreas. Sua secreção sofre aumento substancial quando os níveis de glicose plasmática declinam, realizando um efeito antagônico à insulina, estimulando a produção hepática de glicose (glicogenólise e gliconeogênese) e a degradação do glicogênio muscular, sobretudo, provocando hiperglicemia. Além disso, atua diretamente nos adipócitos de maneira sinérgica à adrenalina, promovendo lipólise e aumentando os níveis plasmáticos de ácidos graxos livres e glicerol. Não obstante, o glucagon também diminui a síntese hepática de colesterol pelo fígado, inibe a reabsorção renal de sódio, aumenta sensivelmente o débito cardíaco e também pode agir diretamente no hipotálamo causando anorexia. Os efeitos contrarregulatórios do glucagon iniciam-se durante o exercício físico quando as concentrações plasmáticas de glicose diminuem abaixo de 50 mg/dl e sua secreção é suprimida em glicemias superiores à 150 mg/dl (Sotsky, Shilo e Shamoon, 1989). Além disso, o glucagon também potencializa receptores α_1-adrenérgicos e a concentração plasmática de adrenalina e glucagon (Samols e Weir, 1979). O glucagon inicia a glicogenólise pela ativação de fosforilases dependentes de AMP-cíclico e por mecanismos dependentes da liberação de Ca2+. Assim, quando a glicemia e a insulinemia declinam, a gliconeogênese torna-se a primeira opção na produção de glicose para o plasma após os estoques de glicogênio hepático serem depletados. Para isso, o glucagon promove a gliconeogênese através da estimulação do ciclo de Cori (Cori, 1981) e através do ciclo alanina-glicose (Felig, 1973). A ação do glucagon no ciclo de Cori ocorre através da estimulação de enzimas gliconeogênicas como a fosfoenolpiruvato carboxilase-cinase (PEPCK) e a frutose 1,6 bifosfatase (Kietzmann et al., 1998), porém, a participação do glucagon no ciclo alanina-glicose ocorre por sua ação de favorecer a captação de aminoácidos pelo fígado (Boden et al., 1990). O glucagon participa e estimula a lipólise indiretamente pela supressão da atividade da enzima hepática lipogênica, a acetil-CoA carboxilase (ACC), e através da redução da disponibilidade de malonil-CoA. O malonil-CoA é um potente inibidor da enzima carnitina palmitoil-O-transferase I (CPT I), que controla a lipólise através do transporte do ácido graxo para o interior mitocondrial para a β-oxidação (Nathan e Cagliero, 2001). O glucagon também facilita a captação de ácidos graxos para os cardiomiócitos, estimulando a atividade da lípase lipoproteica (LPL) (Borensztajn, Keig e Rubenstein, 1973). Porém, é importante ressaltar que o glucagon de maneira isolada não tem a capacidade de realizar uma glicorregulação adequada, necessitando da participação da adrenalina (De Feo et al., 1991).

Portanto, fica claro que um dos principais papéis das catecolaminas e do glucagon em situações de estresse e, sobretudo, durante o exercício físico é o aumento da glicemia com concomitante inibição da secreção de insulina. Essas adaptações são importantíssimas para a manutenção da homeostase glicêmica durante o exercício físico.

Insulina

A insulina é um hormônio polipeptídio anabólico produzido e secretado pelas células β do pâncreas, com ações em diversos tecidos periféricos, como o fígado, o músculo e o tecido adiposo, exercendo seus efeitos metabólicos (Greenspan e Gardner, 2006).

A ação da insulina, ao nível celular, inicia-se através da sua união ao seu receptor de membrana citoplasmática (Freytchet, Roth e Neville, 1971; Cuatrecasas, 1972; Kahn, 1985), constituído por 2 subunidades α e duas subunidades β (Kahn, 1985) com atividade cinase (Kasuga, Karlsson e Kahn, 1982). A maioria das evidências do mecanismo de transmissão do sinal insulínico intracelular descreve um modelo no qual está envolvida uma cascata de fosforilações, onde a insulina induz a ativação da capacidade cinase do receptor, que se autofosforila e implementa essa capacidade em direção a substratos endógenos. Os substratos endógenos do receptor de insulina são rápida e diretamente fosforilados em tirosina pela ativação do receptor (Bernier, Laird e Lane, 1987). O primeiro substrato endógeno descrito foi denominado pp185 (White, Maron e Kahn, 1985). Em 1991, Sun et al. identificaram o maior componente da pp185, a proteína denominada substrato 1 do receptor de insulina (IRS-1). Não obstante, foi demonstrada uma associação entre a enzima fosfatidilinositol 3'cinase (PI 3'cinase) com IRS-1 após estímulo com insulina (Folli et al., 1992).

A PI 3'cinase desempenha um papel central nas ações metabólicas e mitogênicas da insulina. A associação/ativação da PI 3'cinase pela insulina pode transmitir múltiplos sinais intracelulares, como: (1) alterando atividade e localização intracelular de diferentes moléculas sinalizadoras com domínios *plecstrin* (PH) (Lietze et al., 2000); (2) através de sua atividade serina cinase pode interagir com outras proteínas sinalizadoras regulando a família das proteínas serina/treonina cinases AGC, família das GTPases Rho e a família de tirosinas cinases TEC; (3) também pode ativar a via mTOR/FRAP aumentando o ácido fosfatídico e diacilglicerol (DAG); (4) ativando uma das cinases AGC mais importantes que é a PDK-1, que ativa a serina/treonina cinase AKT/PKB, importante proteína na transmissão do sinal insulínico, através da fosforilação da enzima glicogênio sintase cinase 3' (GSK3), de fatores de transcrição denominados *forkhead* e da proteína ligadora do elemento responsivo ao AMPc (Cross et al., 1994; Nakae, Park e Accili, 1999).

Além da PI 3'cinase, outras proteínas com porção SH2 associam-se ao IRS-1: Syp, Nck e GRB-2 (Cheatham e Kahn, 1995). A proteína Syp (SHP2) é uma fosfotirosina fosfatase que quando se liga ao IRS-1 ativa a fosfatase que parece exercer um importante papel no crescimento celular induzido pela insulina. A Nck é fosforilada em resposta a diversos fatores de crescimento, provavelmente, conectando o IRS-1 a vias metabólicas envolvidas no crescimento celular. A GRB-2 é uma proteína citoplasmática que age como uma molécula adaptadora, que liga o fator permutador de guanina a p21ras, chamado mSOS (*son-of-sevenless*), e a fosfoproteínas como o receptor do EGF e o IRS-1. O complexo GRB/mSOS ativa a p21ras, estimulando a ligação de GTP. Por analogia, a interação do complexo GRB/mSOS ao IRS-1 pode mediar a estimulação da p21ras pela insulina. A proteína ras se liga a Raf-1, a qual fosforila e ativa a MAP cinase (MAPKK), que, finalmente, ativará a MAP cinase (também conhecida como ERK) (Saltiel e Kahn, 2001).

Há pelo menos nove substratos do receptor de insulina descritos. Quatro desses substratos compreendem a família de proteínas que apresentam homologia entre si e são denominadas IRS-1, IRS-2, IRS-3 e IRS-4 (White, 1998). Embora as proteínas IRSs apresentem uma grande homologia, estudos recentes, utilizando animais *knouckouts* e linhagens celulares, indicam que essas diferentes proteínas devem desempenhar papéis intracelulares maiores, antes tendo em vista a complementaridade na via de transmissão do sinal insulínico e ainda do IGF-1 do que da redundância.

Os camundongos sem IRS-1 apresentam um retardo de crescimento intrauterino e pós-natal associado à resistência à insulina e à intolerância à glicose (Araki et al., 1994; Tamemoto et al., 1994). O camundongo *knouckout* com IRS-2 apresenta fenótipo com algumas características semelhantes e outras distintas ao camundongo *knouckout* com IRS-1. Esse segundo modelo animal além de apresentar resistência à insulina como o camundongo sem IRS-1, apresenta um defeito de crescimento somente em alguns órgãos, incluindo certas regiões do cérebro, ilhotas pancreáticas e retina (Kido et al., 2000; Whiters et al., 1998). E, diferentemente dos camundongos sem IRS-1, nestes camundongos sem IRS-2, a reduzida massa de células B pancreáticas leva ao desenvolvimento de diabetes melito tipo 2 (Whiters et al., 1998). Para os demais membros da família IRS, ou seja, IRS-3 e IRS-4, os artigos publicados sobre estudos com camundongos *knouckout* descrevem que o metabolismo intermediário e crescimento destes animais são quase normais (Fantin et al., 2000). Assim, as distintas proteínas IRSs parecem, portanto, servir a diferentes funções no nível celular, provavelmente, por causa das diferenças na distribuição tecidual, na localização intracelular e da atividade intrínseca das proteínas.

Além da fosforilação em resíduos tirosina, tanto o receptor de insulina quanto seus substratos IRSs são passíveis de serem fosforilados em resíduos serina, os quais podem atenuar a transmissão do sinal, por diminuir a fosforilação em tirosina induzida pela insulina e promover interação com as proteínas denominadas 14-3-3 (Hotamisligil, Peraldi e Budavari, 1996; Craparo, Freund e Gustafson, 1997).

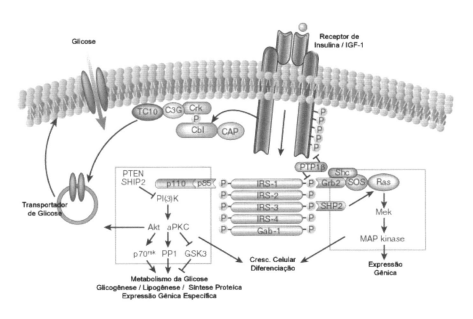

FIGURA 5.1 – Etapas iniciais da ação insulínica. Representação da ação da insulina dividida em três níveis. Nível 1: acoplamento da insulina ao receptor. Nível 2: representa fenômenos bioquímicos relacionados à atividade tirosina-cinase do receptor de insulina. Finais, Nível 3: efeitos biológicos finais. (Adaptado de Saltiel e Kahn, 2001).

Desde a sua descoberta, em 1921, muito esforço tem sido dedicado à compreensão do mecanismo molecular de ação desse hormônio. A importância do estudo da ação da insulina é dada pela prevalência da resistência à insulina e/ou hiperinsulinemia na associação a diversas doenças, incluindo obesidade, diabetes melito, hipertensão arterial, doença cardiovascular e hipercortisolismo. No fígado, após a ligação com seu receptor, a insulina estimula a formação de glicogênio; a utilização de glicose como fonte de energia; inibe a glicogenólise e a gliconeogênese; inibe a utilização de ácidos graxos como fonte de energia; a produção de corpos cetônicos e estimula a síntese de lipoproteínas como a VLDL. Porém, no músculo, após a interação com seu receptor e a ativação das proteínas à jusante de sua *cascata* de sinalização intracelular, a insulina promove a translocação do transportador de glicose, GLUT-4, do citoplasma para a membrana celular, desta maneira, estimulando a captação de glicose e seu armazenamento na forma de glicogênio. Também estimula a captação de aminoácidos, a síntese proteica e inibe a proteólise. Não obstante, as etapas iniciais da ação insulínica sobre o tecido adiposo é similar ao músculo, envolvendo também a translocação do GLUT-4, porém, promovendo a captação de glicose e de ácidos graxos, inibindo a lipólise e estimulando a lipogênese (Greenspan e Gardner, 2006). A insulina também pode agir no hipotálamo estimulando a saciedade e, consequentemente, reduzindo a ingestão alimentar (Schwartz e Porte, 2005).

Durante a atividade física, a secreção de insulina é inibida pela ação dos hormônios contrarreguladores da glicemia, especialmente as catecolaminas. Além disso, os efeitos da ativação simpática sobre a parassimpática no exercício suprimem de maneira direta sua secreção pela célula β pancreática, tornando os níveis de insulina circulante durante o exercício físico muito baixo. Um dos papéis importantes do exercício físico é o estímulo da captação de glicose por vias independentes de insulina. Sabe-se que a contração muscular é capaz de promover a translocação do GLUT-4. Alguns mecanismos foram propostos para elucidar de que maneira o exercício poderia realizar essa translocação. Um dos mecanismos propostos apresenta ligação direta com a liberação de Ca^{2+}. Recentes estudos propõe que a 5´AMP proteína cinase ativada (AMPK) possa ser um dos sinalizadores imediatos para o transporte de glicose mediado pelo exercício, uma vez que a ativação aguda dessa proteína ocorre por mudanças intracelulares nas razões de ATP:AMP, CP: creatina e alterações de pH, ocasionando maior translocação de GLUT-4, além de aumento no conteúdo intracelular de GLUT-4 na musculatura esquelética. Assim, a prática regular de exercícios pode melhorar o controle glicêmico (Boule et al., 2005). Esse resultado pode ser, em parte, por causa dos efeitos agudos do exercício sobre o metabolismo glicídico, assim como por adaptações decorrentes do treinamento. Em portadores de diabetes do tipo 2, uma única sessão de exercícios pode reduzir a concentração plasmática de glicose (Musi et al., 2001), sobretudo, por causa do fato de que a captação de glicose induzida pelo exercício no músculo permanecer intacta mesmo quando a ação da insulina apresenta-se prejudicada. Concomitante a esses efeitos, os mecanismos moleculares induzidos pelo exercício, resultantes do aumento do transporte de glicose para o músculo é reconhecido clinicamente como uma importante via alternativa para aumentar a disponibilidade de glicose para a musculatura em estados de resistência insulínica. Durante a contração muscular, o consumo de glicose pode aumentar em torno de 7 a 20 vezes (Martins e Duarte, 1998). Conforme a intensidade do exercício aumenta, a glicemia e a insulinemia reduzem progressivamente, decorrente dos estímulos adrenérgicos diretamente na célula β, ocasionando o aumento da gliconeogênese e da glicogenólise hepática com o intuito de manter a homeostase glicêmica. A redução da secreção insulínica pelas catecolaminas é proporcional à intensidade de esforço. Assim, à medida que a secreção de insulina diminui no exercício de longa duração, a mobilização energética é cada vez maior, sobretudo, de ácidos graxos (Ada, 2002). Vários estudos têm demonstrado que o exercício físico é capaz de aumentar a sensibilidade e/ou à responsividade à insulina durante e após o exercício físico, tanto em indivíduos saudáveis (Brambrink et al., 1997) quanto em indivíduos resistentes à insulina (Braun, Zimmermann e Kretchmer, 1995). O exercício aumenta o transporte de glicose e o teor de GLUT-4 em músculo esquelético (Reynolds et al., 1997) e em células adiposas (Stallknecht et al., 1993).

O aumento da captação de glicose pelo organismo pode ser observado tanto durante quanto após o exercício (Wasserman et al., 1991), no entanto, durante o exercício esse aumento é, em grande parte, independente de insulina, como discutido anteriormente. Mas, ao contrário, após o exercício, o aumento na captação de glicose é, sobretudo, dependente de insulina (Richter, Ploug e Garbo, 1985). Esse influxo de glicose aumentado é direcionado para a ressíntese de glicogênico (Ivy e Kuoch, 1998).

Desempenho Esportivo:
Treinamento com crianças e adolescentes

Kelly, Wetzsteon e Kaiser (2004) avaliaram os efeitos do exercício aeróbio sobre a inflamação, a resistência à insulina e a função endotelial em crianças obesas com resistência insulínica. Vinte crianças com índice de massa corporal (IMC) acima do percentil 85 foram avaliadas em relação à dilatação mediada por fluxo (DMF) na artéria braquial, dilatação induzida por nitroglicerina, proteína C reativa (PCR), lipídios, glicose, insulina, tolerância oral à glicose, entre outras variáveis. Foram randomizadas em dois grupos (8 semanas de exercícios em bicicleta ergométrica; 8 semanas sem exercícios). Nos dois grupos (exercício *versus* sedentário) não houve diferença significativa após as 8 semanas em relação ao IMC, porcentagem de gordura corporal, quantidade calórica ingerida, pressão arterial, triglicerídeos, colesterol LDL, insulina e glicemia de jejum, glicemia após 2 horas e PCR. No entanto, no grupo exercício, houve significativa elevação do pico de VO_2 (21,8 para 23,2 ml/kg/min), elevação do colesterol HDL e da função endotelial da artéria braquial. A conclusão desse estudo é que o exercício físico em pouco tempo melhora a função endotelial arterial em crianças e adolescentes com obesidade, mostrando mais uma vez que o exercício físico é capaz de melhorar a estrutura e a elasticidade das paredes arteriais em crianças e adolescentes com obesidade. Portanto, se a criança é vítima da obesidade, ou da hiperlipidemia, ou da resistência à insulina, e esses são fatores degenerativos para as paredes arteriais, a prática de exercícios é um fabuloso recurso para proteger a saúde das artérias, em curto ou longo prazo.

Em relação à duração do efeito do exercício sobre a sensibilidade à insulina, Mikines et al. (1988) observaram que esta já havia aumentado 60 minutos após uma sessão de exercício e permanecia elevada por 48 horas. Após cinco dias do exercício, a sensibilidade à insulina havia retornado aos valores de controle. Fatores como a intensidade do exercício, a massa muscular envolvida e a dieta alimentar podem influir na obtenção de glicose e manutenção desse efeito sensibilizador do exercício sobre a captação de glicose insulino-dependente. Kang et al. (1996) observaram que exercícios intensos aumentam mais a sensibilidade à insulina do que exercícios leves, ao contrário de outros estudos (Braun, Zimmermann e Kretchmer, 1995), que observaram que, independentemente da intensidade do exercício, o aumento daquela sensibilidade era semelhante. Porém, para Brambrink et al., (1997), quanto maior a massa muscular envolvida em um dado exercício, maior a sensibilidade insulínica verificada.

Leptina

Atualmente, o adipócito é considerado como uma grande fábrica metabólica na produção de adipocitocinas responsáveis pela manutenção da homeostase. As substâncias liberadas ou expressas pelo tecido adiposo têm sido relacionadas com os distúrbios metabólicos associados à obesidade. A descoberta da leptina trouxe consigo um interesse renovado sobre o estudo do controle homeostático da energia. Sabe-se agora que o tecido adiposo branco é o maior sítio de produção da leptina. Uma vez na circulação sanguínea ela se liga a receptores específicos no cérebro, levando ao sistema nervoso central um sinal de saciedade que reflete a quantidade existente de energia em forma de gordura no organismo (Negrão e Licinio, 2000).

O termo leptina surgiu do grego leptos (magro), é uma proteína composta por 167 aminoácidos, possui uma estrutura semelhante às citocinas, sendo produzida, sobretudo, no tecido adiposo pelo gene da obesidade (ob) expresso nos adipócitos tanto de humanos quanto de roedores e que atua como um fator de sinalização entre o tecido adiposo e o sistema nervoso central, regulando a ingestão alimentar e o gasto energético e, dessa forma, o peso corporal (Reseland et al., 2001). A hipertrofia do adipócito está em direta associação com a secreção desse hormônio. Além disso, o aumento na ingestão calórica aumenta a secreção, enquanto a diminuição da ingestão diminui a secreção de leptina. A expressão do mRNA da leptina tanto em humanos como em roedores, assim como, a leptinemia são diretamente correlacionados com a quantidade de gordura.

Diversos autores apontam que a insulina aumenta a expressão do mRNA da leptina, enquanto que a leptina aparentemente reduz a secreção pancreática de insulina, assim com, sua habilidade em regular a glicemia, promovendo resistência à ação do hormônio. Esse mecanismo pode ser considerado um *feedback* negativo entre ambos, e algumas evidências apontam que ainda existe relação semelhante entre a leptina e o cortisol. A síntese de leptina também pode ser regulada de maneira indireta pelo GH, por causa do seu efeito no tecido adiposo em alterar a resposta insulínica. Dessa forma, pode-se dizer que esse hormônio funciona como um sensor do balanço energético. Promove também a síntese de peptídeos anorexigênicos e estimula o sistema nervoso simpático, por ativação de neurônios anorexigênicos, diminuindo a ingestão alimentar. Promove ainda o aumento na oxidação de ácidos graxos nos tecidos periféricos (Wajchenberg, 2000; 2001). A leptina também tem a capacidade de estimular a glicólise hepática, por estimular a enzima glicose-6-fosfatase. Sansinanea et al. (2001) mostraram que a leptina limita a produção hepática de triglicérides pela facilitação da captação de ácidos graxos na mitocôndria e posterior β-oxidação, porém, esses efeitos são sempre dependentes da condição energética do organismo.

Outro papel importante da leptina tem correlação com o crescimento, pois o hormônio estimula o hormônio liberador do hormônio do crescimento (GHRH) como de somatostatina (SS) que inibe a secreção do GH. Esses efeitos sobre o GH aparentemente são potencializados pelo Neuropeptídeo-Y (NPY), um potente neurotransmissor orexígeno. A leptina estimula a liberação do GH via GHRH, uma vez que o efeito estimulatório da leptina é baixo na presença de anticorpos anti-GHRH. Os efeitos do GH sobre o tecido adiposo, promovendo lipólise e sobre o metabolismo proteico estimulando a síntese proteica são fundamentais para a regulação do peso corporal. Dessa maneira, um mecanismo de *feedback* é estabelecido entre GH, leptina e NPY na regulação do metabolismo, assim, quando existem estoques de gordura no organismo, o aumento da produção de leptina potencializa o GHRH inibindo a ação do NPY sobre a liberação do GHRH, mas também de SS e, sobretudo, seu efeito estimulatório do apetite. Em contrapartida, quando os níveis de GH estão altos, a mobilização de lipídios e a inibição de sua síntese diminuem as reservas de leptina que, por sua vez, deixam de agir sobre o NPY, aumentando a ingestão alimentar.

Na infância e na adolescência há diferença dos níveis plasmáticos de leptina entre os sexos. Com o ganho de peso e com gordura corporal, nas meninas, os níveis de leptina aumentam progressivamente de acordo com a idade, enquanto que nos meninos ocorre uma diminuição progressiva. Alguns autores colocam que essa diferença se torna mais evidente na fase pré-puberal, enquanto outros, nos estágios finais de maturação sexual. Provavelmente às diferenças hormonais, em que a testosterona tem uma correlação negativa com níveis de leptina, explicam tais diferenças (Garcia-Mayor et al., 1997). Em crianças obesas, têm sido verificados níveis aumentados de leptina. Alguns estudos avaliaram a relação da leptina com a sensibilidade à insulina, e constataram que, independente da obesidade, da idade, do sexo, da relação circunferência cintura-quadril, houve associação inversa, isto é, quanto menor a sensibilidade à insulina, maior o nível de leptina (Zimmet, Collins e Courten, 1998).

Embora o exercício físico seja uma ferramenta necessária para qualquer programa de perda de peso, diversos estudos mostram que a leptinemia não se altera em função de exercícios aeróbios agudos em indivíduos sedentários e treinados (Racette et al., 1997; Weltman et al., 2000; Olive e Miller, 2001). Assim, parece que os níveis de leptinemia só irão sofrer alterações se houver modificações na composição corporal. Souza et al. (2004) realizaram estudos com crianças e adolescentes sedentários, com e sem obesidade, e mostraram que exercícios agudos com aumento progressivo da intensidade também não afetavam os níveis plasmáticos de leptina. Como a leptina está envolvida com o balanço energético de longo prazo, alguns autores procuraram fazer suas coletas após intervalos maiores do término da sessão de exercício. Um estudo de exercícios com pesos observaram diminuição dos níveis de leptina somente após nove horas do estímulo (Nindl et al., 2002). Outra questão conflitante é sobre os níveis de leptina em protocolos crônicos de exercício físico. Estudos de Pérusse et al. (1997) com protocolo de 20 semanas de exercício aeróbio, 3 vezes por semana e intensidade entre 55% e 75% do VO_2máx não foram capazes de modificar a leptinemia, tanto em homens como em mulheres, entretanto, Pasman et al. (1998) em um estudo de 16 meses de intervenção dietética e exercícios aeróbios mostraram diminuição plasmática da leptina nos indivíduos treinados. Não obstante, o treinamento com pesos também parece não afetar as concentrações plasmáticas de leptina (Gippini et al., 1999). Dessa maneira, até o presente momento, parece que o exercício não influencia diretamente a leptinemia, assim, o desenvolvimento de novos estudos e metodologias devem ser empregados para maiores elucidações dessas questões.

Referências

AMERICAN DIABETES ASSOCIATION - ADA, Summary of Revisions for the 2002. Clinical Pratici Recommendations. **Diabetes Care**, v. 25, suple. 1, jan. 2002.

ADLERCREUTZ, H. et al. Effect of training on plasma anabolic and catabolic steroid hormones and their reponse during physical exercise. **Inter. J. Sports Med.**, n. 7, p. 27-8 1986. (Suplemento).

AHTIAINEN, J. P. et al. Acute hormonal and neuromuscular responses and recovery to forced *versus* maximum repetitions multiple resistance exercises. **Inter. J. Sport Med.**, v. 24, n. 6, p. 410-8, 2003.

ALBA-ROTH, J. et al. Arginine stimulates growth hormone secretion by suppressing endogenous somatostatin secretion. **J. Clin. Endocrinol. Metab.**, v. 67, p. 1186-89, 1988.

ALLEN, D. B. Effects of fitness training on endocrine systems in children and adolescents. **Adv. Ped.**, v. 46, p. 41-66, 1999.

AMERICAN COLLEGE OF SPORTS MEDICINE. **Guidelines for Exercise Testing and Prescription**. 6. ed. Baltimore: Williams & Wilkins, 2000.

AMERICAN DIABETES ASSOCIATION. Diabetes Mellitus and Exercise. **Diabet. Care**, v. 25, p. 64, 2002.

ARAKI, E. et al. Alternative pathway of insulin signalling in mice with target disruption of the IRS-1 gene. **Nat.**, v. 372, p. 186-90, 1994.

BENEKE, R. et al. Maximal lactate steady state in children. **Pediatric Exerc. Scien.**, v. 8, p. 328-36, 1996.

BERNE, R. M.; LEVY, M. N. **Fisiologia**. 5. ed. Rio de Janeiro: Guanabara Koogan, 2006.

_____. _____. 4. ed. Rio de Janeiro: Guanabara Koogan, 2000.

BERNIER, M.; LAIRD, D. M.; LANE, M. D. Insulin-activated tyrosine phosphorylation of a 15-kilodalton protein in intact 3T3-L1 adipocytes. **Proceed. Nation. Acad. Scien.**, v. 84, p. 1844-48, 1987.

BIANCO, A. C. et al. Biochemistry, cellular and molecular biology, and physiological roles of the iodothyronine selenodeiodinases. **Endocrinol. Rev.**, v. 23, p. 38-89, 2002.

BLOOM, S. R. et al Differences in the metabolic and hormonal responses to exercise between racing cyclists and untrained individuals. **J. Physiol.**, v. 258, n. 1, 1976.

BODEN, G.; TAPPY, L.; JADALI, F. et al. Role of glucagon in disposal of an amino acid load. **Am. J. Physiol.**, v. 259, (2 Pt 1), p. 225-32, 1990.

BONIFAZI, M. et al. Influence of training on the response to exercise of adrenocorticotropin and growth hormone plasma concentrations in human swimmers. **Eur. J. Appl. Physiol.**, v. 78, p. 394, 1998.

BOLLI, G. B.; FANELLI, C. G. Physiology of glucose counterregulation to hypoglycemia. **Endocrinol. Metab. Clin. North Am.**, v. 28, p. 467-94, 1999.

BORENSZTAJN, J.; KEIG, P.; RUBENSTEIN, A. H. The role of glucagon in the regulation of myocardial lipoprotein lipase activity. **Biochem. Biophys. Res. Commun**, v. 53, n. 2, p. 603-8, 1973.

BORER, K. T. **Exerc. Endocrinol.** USA: Human Kinetics, 2003.

BOSCO, C. et al. Monitoring strength training: neuromuscular and hormonal profile. **Med. Scien. Sport Exerc.**, v. 32, p. 202-8, 2000.

BOULE, N. G. et. al. Effects of exercise training on glucose homeostasis: the heritage Family Study. **Diabet. Care**, v. 28, p. 108-14, 2005.

BOYDEN, T. W. et al. Thyroidal changes associated with endurance training in women. **Med. Scien. Sport Exerc.**, v. 16, p. 243, 1984.

BRAMBRINK, J. K. et al. Influence of muscle mass and work on post-exercise glucose and insulin responses in young untrained subjects. **Acta. Physiol. Scand.**, v. 161, n. 3, p. 371-7, 1997.

BRAUN, B.; ZIMMERMANN, M. B.; KRETCHMER, N. Effects of exercise intensity on insulin sensitivity in women with non-insulin-dependent diabetes mellitus. **J. Appl. Physiol.**, v. 78, n. 1, p. 300-6, 1995.

BROWNLEE, K. K; HACKNEY, A. C; MOORE, A. W. Relationship between circulating cortisol and testosterone: influense of physical exercise. **J. Sports Sci. Med.**, n. 4, p. 76-83, 2005.

BUTLER, G. E. et al. Salivary testosterone levels and the progress of puberty in the normal boy. **Clin. Endocrinol.**, v. 30, p. 587-96, 1989.

CANALI, E. S.; KRUEL, L. F. M. Respostas hormonais ao exercício. **Rev. Paul. Educ. Fís.**, São Paulo, v. 15, n. 2, p. 141-53, 2001.

CARRO, E. et. al. Regulation of in vivo growth hormone secretion by leptin. **Endocrinol.**, v. 138, p. 2203-06, 1997.

CASTRO, M.; MOREIRA, A. C. Análise crítica do cortisol salivar na avaliação do eixo hipotálamo-hipófise-adrenal. **Arq. Bras. Endoc. Metab.**, v. 47, n. 4, p. 358-67, 2003.

CHAN, Y. Y.; STEINER, R. A.; CLIFTON, D. K. Regulation of hypothalamic neuropeptide-Y neurons by growth hormone in the rat. **Endocrinol.**, v. 137, p. 1319-25, 1996.

CHATARD, J. C. et al. Cortisol, DHEA, performance and training in elite swimmers. **Internat. J. Sport Med.**, v. 23, p. 510-5, 2002.

CHEATHAM, B.; KAHN, C. R. Insulin action and the insulin signaling network. **Endocrinol Rev.**, v. 16, p. 117-42, 1995.

CLARKE, I. J.; HENRY, B. A. Leptin and reproduction. **Rev. Reprod.**, v. 4, p. 48-55, 1999.

CLEMMONS, D. R. Role of insulin-like growth factor binding proteins in controlling IGF actions. **Mol. Cell. Endocrinol.**, v. 140, p. 19-24, 1998.

CONVERTINO, V. A. et al. Exercise training-induced hypervolemia: role of plasma albumin, rennin and vasopressin. **J. Appl. Physiol.**, v. 48, p. 665, 1980.

CORI, C. F. The glucose-lactic acid cycle and gluconeogenesis. **Curr. Top. Cell. Regul.**, v. 18, p. 377-87, 1981.

COSTA, L. O. P.; SA MULK, D. M. Overtraing em atletas de alto nível: uma revisão literária: **Rev. Bras. Ciênc. Mov.,** v. 13, n. 2, p. 123-34, 2005.

COSTANZO, L. S. Fisiologia endócrina. In: _____. **Fisiologia**. Rio de Janeiro: Guanabara Koogan, 1999. Cap. 93, p. 08-45.

CRAPARO, A.; FREUND, R.; GUSTAFSON, T. A. 14-3-3 (s) interacts with the insulin-like growth factor 1 receptor and insulin receptor substrate 1 in a phosphoserine-dependent manner. **J. Biol. Chem.**, v. 272, p. 11663-69, 1997.

CROSS, D. A. et al. The inhibition of glycogen synthase kinase 3 by insulin or insulin-like growth factor-1 in the rat skeletal muscle cell line L6 is blocked by wortmannin, but not by rapamycin: evidence that wortmannin blocks activation of the mitogen-activated protein kinase pathway in L6 cells between Ras and Raf. **Biochem. J.**, v. 303, p. 21-6, 1994.

CUATRECASAS, P. Affinity chromatography and purification of the insulin receptor of liver cell membranes. **Proc. Nat. Acad. Scien. USA.**, v. 69, p. 1277-81, 1972.

DALY, W. et al. Relationship between stress hormones and testosterone with prolonged endurance exercise. **Eur. J. Appl. Physiol.**, v. 93, n. 4, p. 375-80, 2005.

DANTAS, E. M. H. **A prática da preparação física**. 4. ed. Rio de Janeiro: Shape, 1998.

DAVIES, R. R.; TURNER, S.; JOHNSTON, D. G. Oral glucose inhibits growth hormone secretion induced by human pancreatic growth hormone releasing factor 1-44 in normal man. **Clín. Endocrinol.**, v. 21, p. 447-81, 1999.

DE MARCO, L. A.; LIBERMAN, B. Metabolismo da água e diabetes insípido. In: CUKIERT A., LIBERMAN, B., (Ed.). **Neuroendocrinol. Clín. Cirúrg.**, 1. ed. São Paulo: Lemos, 2002.

DE SOUZA, M. J. et al. Menstrual status and plasma vasopressin, rennin activity, aldosterone and exercise responses. **J. Appl. Physiol.**, v. 67, p. 736, 1989.

DE FEO, P. et. al. Contribution of adrenergic mechanisms to glucose counterregulation in humans. **Americ. J. Physiol.**, v. 261, p. 725-36, 1991.

DELAMARCHE, P. et al. Thermoregulation at rest and during exercise in prepubertal boys. **Eur. J. Appl. Physiol. Occup. Physiol.**, v. 60, n. 6, p. 436-40, 1990.

DEVESA, J.; LIMA, L.; TRESGUERRES, J. A. Neuroendocrine control of growth hormone secretion in humans. **Trends. Endocrinol. Metab.**, v. 3, n. 5, p. 175-83, 1992.

DONALD, R. A.; WITTERT, G. A. Stress and ACTH regulation. In: Kohler, P. O. (Ed.). **Current Opin. Endocrinol. Diabet.**, Philadelphia: Current Science, p. 93-9, 1994.

DOUGLAS, C. R. **Tratado de fisiologia aplicada às ciências da saúde**. 6. ed. Rio de Janeiro: Guanabara Koogan, 2006.

ELLOUMI, M. et al. Behaviour of saliva cortisol [C], testosterone [T] and the T:C ratio during a rugby match and during the post-competition recovery days. **Eur. J. Appl. Physiol.**, v. 90, p. 23-8, 2003.

ERIKSSON, B. O.; GOLLNICK, P. D.; SALTIN, B. Muscle metabolism and enzyme activities after training in boys 11-13 years old. **Acta. Physiol. Scand.**, v. 87, p. 485-97, 1973.

ERIKSSON, O.; SALTIN, B. Muscle metabolism during exercise in boys aged 11 to 16 years compared to adults. **Acta. Pediatric Belg.**, v. 28, p. 257-65, 1974.

FANTIN, V. R. et al. Mice lacking insulin receptor substrate 4 exhibit mild defects in growth, reproduction, and glucose homeostasis. **Am. J. Physiol. Endocrinol. Metab.**, v. 278, p. 127-33, 2000.

FARINATTI, P. T. V. **Criança e atividade física**. Rio de Janeiro: Sprint, 1995.

FAYH, A. P. T. et al. Effect of L-arginine supplementation on secretion of human growth hormone and insuline-like growth factor in adults. **Arq. Bras. Endocrinol. Metab.**, v. 51, n. 4, p. 587-92, 2007.

FELIG, P. The glucose-alanine cycle. **Metab.**, v. 22, p. 179-207, 1973.

FILAIRE, E. et al. Preliminary results on mood state, salivary testosterone: cortisol ratio and team performance in a professional soccer team. **Eur. J. Appl. Physiol.,** v. 86, p. 179-84, 2001.

FLORINI, J. R. Hormonal control of muscle growth. **Musc. Nerve**, v. 10, p. 577-98, 1987.

FOLLI, F. et al. Insulin stimulation of phosphatidylinositol 3-kinase and association with insulin receptor substrate 1 in liver and muscle of the intact rat. **J. Biol. Chem.,** v. 267, p. 22171-77, 1992.

FOURNIER, M. et al. Skeletal muscle adaptation in adolescent boys: sprint and endurance training and detraining. **Med. Scien. Sport Exerc.,** v. 14, p. 453-6, 1982.

FREYCHET, P.; ROTH, J.; NEVILLE, D. M. JR. Insulin receptor in the liver: specific bindidng of [125I] insulin to the plasma membrane and its relation to insulin bioactivity. **Proceed. Nat. Acad. Scien. USA**, v. 68, p. 1833-37, 1971.

FRY, A. C. KRAEMER, W. J.; STONE, M. H. Relationships between serum testosterone, cortisol and weightlifting performance. **J. Strength Condit. Research.,** v. 14, n. 3, p. 338-43, 2000.

GALBO, H. Exercise physiology: humoral function. **Sport Scien. Rev.,** v. 1, p. 65, 1992.

GANONG, W. F. **Rev. Med. Physiol.,** New Jersey: Prentice Hall International Inc., 1991.

GARCIA-MAYOR, R. V. et al. Serum leptin levels in normal children: relationship to age, gender, body mass index, pituitary-gonadal hormones and pubertal stage. **J. Clin. Endocrinol. Metab.,** v. 82, n. 9, p. 2849-55, 1997.

GEBARA, O. C. E. et al. Efeitos cardiovasculares da testosterona. **Arq. Bras. Cardiol.,** v. 79, n. 6, p. 644-9, 2002.

GIPPINI, A. et al. Effect of resistance exercise (body building) training on serum leptin levels in young men. Implications for relationship between body mass index and serum leptin. **J. Endocrinol. Invest.,** v. 22, n. 11, p. 824-8, 1999.

GOROSTIAGA, E. M. et al. Strength training effects on physical performance and serum hormones in young soccer players. **Europ. J. Appl. Physiol.**, v. 91, p. 698-707, 2004.

GREENSPAN, F. S.; GARDNER, D. G. **Endocrinologia Básica e Clínica**. 7. ed. Rio de Janeiro: McGraw-Hill, Interamericana do Brasil, 2006.

GREENSPAN, M. F. The thyroid gland. In: GREENSPAN, F. S.; STREWLER, G. J. (Ed.). **Basic Clinical Endocrinol.**, 5. ed. London: Prentice Hall, 1997.

GRINSPOON, S. K.; BILLER, B. M. K. Laboratory assessment of supra-renal insufficiency. **J. Clin. Endocrinol. Metab.**, v. 79, p. 923-31, 1994.

GUTMAN, E.; HANZLIKOVA, V.; LOJDAZ, Z. Effect of androgen on histochemical fiber type. **Histochemie**, v. 24, p. 287-91, 1970.

HACKNEY, A. C.; MOORE, A. W.; BROWNLEE, K. K. Testosterone and endurance exercise: development of the exercise-hypogonadal male condition. **Acta. Physiol. Hung.**, v. 92, n. 2, p. 121-37, 2005.

HAKKINEN, K.; PAKARINEN, A. Acute hormonal responses to heavy resistence exercise in men and women at different ages. **J. Sport Med.**, v. 16, p. 507-13, 1995.

HIRSCH, I. B. et al. Insulin and glucagon in prevention of hypoglycemia during exercise in humans. **Am. J. Physiol.**, v. 260, (5 Pt 1), p. 695-704, 1991.

HOOGEVEEN, A. R.; ZONDERLAND, M. L. Relationships between testosterone, cortisol, and performance in professional cyclists. **Inter. J. Sport Med.**, v. 17, n. 6, p. 423-8, 1996.

HOTAMISLIGIL, G. S.; PERALDI, P.; BUDAVARI A. IRS-1-mediated inhibition of insulin receptor tyrosine kinase activity in TNF-alfa- and obesity-induced insulin resistance. **Scien.**, v. 271, p. 665-68, 1996.

HOWARD, A. D. et al. A receptor in pituitary and hypothalamus that functions in growth hormone release. **Scien.**, v. 273, p. 974-77, 1997.

IMBAR, O.; BAR-OR, O. Anaerobic characteristics in male children and adolescents. **Med. Scien. Sport Exerc.**, v. 18, p. 264-9, 1986.

ISLEY, W. L.; UNDERWOOD, L. E.; CLEMMON, D. R. Dietary components that regulate serum somatomedin-C concentrations in human. **J. Clin. Invest.**, v. 71, p. 175-82, 1983.

IVY, J. L.; KUO, C. H. Regulation of GLUT-4 protein and glycogen synthase during muscle glycogen synthesis after exercise. **Acta. Physiol. Scand.**, v. 162, n. 3, p. 295-304, 1998.

JACKSON, E. K. Vasopressin and other agents affecting the renal conservation of water. In: HARDMAN, J. G.; LIMBIRD, L. E.; GILMAN, A. G. (Ed.). **The pharmacological. basis of therapeutics**. 10. ed. New York: McGraw Hill, 2001.

JONES, J. I.; CLEMMONS, D. R. Insulin-like growth factors and their binding proteins: biological actions. **Endocrinol Rev.**, v. 16, p. 3-34, 1995.

KAHN, C. R. Currrent concepts of the molecular mechanism of insulin action. **Ann. Rev. Med.**, v. 36, p. 429-51, 1985.

KAMEGAI, J. et al. Growth hormone receptor gene is expressed in neuropeptide-Y neurons in hypothalamic arcuate nucleus of rats. **Endocrinol.**, v. 137, p. 2109-12, 1996.

KANALEY, J. A. Human Growth response to repeated bouts of aerobic exercise. **J. Appl. Physiol.**, v. 83, p. 1756, 1997.

KANALEY, J. A. et al. Cortisol and growth hormone responses to exercise at different times of day. **J. Clin. Endocrinol. Metab.**, v. 86, n. 6, p. 2881-89, 2001.

KANG, J. et al. Effect of exercise intensity on glucose and insulin metabolism in obese individuals and obese NIDDM patients. **Diabet. Care**, v. 19, n. 4, p. 341-9, 1996.

KASUGA, M.; KARLSSON, F. A.; KAHN, C. R. Insulin stimulates the phosphorylation of the 95,000-dalton subunit of its own receptor. **Scien.**, v. 215, p. 185-87, 1982.

KELLY, A. S. et al. A inflammation, insulin, and endothelial function in overweight children adolescents: the role of exercise. **J. Pediatric**, v. 145, p. 731-6, 2004.

KIDO, Y. et al. Tissue-specific insulin resistance in mice with mutations in the insulin receptor, IRS-1, and IRS-2. **J. Clin. Invest.**, v. 105, p. 199-205, 2000.

KIETZMANN, T. et al. Involvement of a local fenton reaction in the reciprocal modulation by O_2 of the glucagon-dependent activation of the phosphoenolpyruvate carboxykinase gene and the insulin-dependent activation of the glucokinase gene in rat hepatocytes. **Biochem. J.**, v. 335, (Pt 2), p. 425-32, 1998.

KJAER, M. et al. Influence of active muscle mass on glucose homeostasis during exercise in humans. **J. Appl. Physiol.**, v. 71, n. 2, p. 552-7, 1991.

KLEIN, I. Thyroid hormone and the cardiovascular system. **Am. J. Med.**, v. 88, p. 631, 1988.

KOHRLE, J. Local activation and inactivation of thyroid hormones: the deiodinase family. **Mol. Cell Endocrinol.**, v. 151, p. 103-19, 1999.

KRAEMER, R. R. et al. Growth hormone, IGF-l and testosterone responses to resistive exercise. **Med. Scien. Sport Exerc.**, v. 24, p. 1346-52, 1992.

KRAEMER, W. J. Endocrine responses to resistance exercise. In: BAECHLE, T. R.; EARLE, R. W. **Essentials of strength training and conditioning**. [S.l.]: Human Kinetics, 2000.

KRAEMER, W. J. et al. The effects of plasma cortisol elevation on total and differential leukocyte counts in response to heavy-resistance exercise. **Eur. J. Appl. Physiol. Occup. Physiol.**, v. 73, (1-2), p. 93-7, 1996.

_____. The effects of short-term resistance training on endocrine function in men and women. **Eur. J. Appl. Physiol. Occup. Physiol.**, v. 78, n. 1, p. 69-76, 1998.

KRAEMER, W. J.; RATAMESS, N. A. Hormonal responses and adaptations to resistance exercise and training. **Sport Med.**, v. 35, n. 4, p. 339-61, 2005.

KROTKIEWSKI, M.; KRAL, J. G.; KARLSSON, J. Effects of castration and testosterone substitution on body composition and muscle metabolism in rats. **Acta. Physiol. Scandin.**, v. 109, p. 233-7, 1980.

LAC, G.; LAC, N.; ROBERT, A. Steroid assays in saliva: a method to detect plasmatic contaminations. **Arch. Internat. Physiol. Biochim. Biophys.**, v. 101, p. 257-262, 1993.

LEHMANN, M.; KEUL J.; KORSTEN-RECK U. The influence of graduated treadmill exercise on plasma catecholamines, aerobic and anaerobic capacity in boys and adults. **Eur. J. Appl. Phys.**, v. 47, p. 301-11, 1981.

LIETZE S. E. et al. Structural basis of phosphatidylinositol 3-phosphoinositide recognition by pleckstrin homology domains. **Moll. Cell.**, v. 6, p. 385-394, 2000.

MAGLLSCHO, E. W. Polimento. In: _____. **O nadando ainda mais rápido**. São Paulo: Manole, 1999. Cap. 11, p. 197-211.

MALINA, R.; BOUCHARD, C. **Growth, maturation, and physical activity**. [S.l.]: Human Kinects Books, 1991.

MARINELLI, M. et al. Cortisol, testosterone, and free testosterone in athletes performing a marathon at 4,000 m altitude. **Horm. Rese.**, v. 41, p. 225-9, 1994.

MARTINS, D. M.; DUARTE, F. M. S. Efeitos do exercício físico sobre o comportamento da glicemia em indivíduos diabéticos. **Rev. Bras. Ativ. Fís. Saúde.**, v. 3, n. 3, p. 32-44, 1998.

MARX, J. O. et al. Low-volume circuit versus high-volume periodized resistance training in women. **Med. Scien. Sport Exerc.**, v. 33, n. 4, p. 635-43, 2001.

MASO, F. et al. Salivary testosterone and cortisol in rugby players: correlation with psychological overtraining items. **Brit. J. Sport Med.**, v. 38, p. 260-3, 2004.

MAURAS, N.; HAYMOND, M. W. Are the metabolic effects of GH and IGF-I separable? **Growth Horm IGF Res.**, v. 15, p. 19-27, 2005.

McARDLE, W. D.; KATCH, F. I.; KATCH, V. L. **Fisiologia do exercício**: energia, nutrição e desempenho humano. 5. ed. Rio de Janeiro: Guanabara Koogan, 2003.

MCMURRAY, R. G.; EUBANK, T. K.; HACKNEY, A. C. Nocturnal hormonal responses to resistence exercise. **Eur. J. Appl. Physiol.**, v. 72, p. 121-6, 1995.

MCMURRAY, R. G.; HACKNEY, A. C. Endocrine responses to exercise and training. In: GARRETT, J. R.; KIRKENDALL, W. E.; LIPPINCOTT, D. T. **Exercise and Sport Science.** [S.l.]: Williams & Williams, 2000.

MICHELINI, L. C.; MORRIS, M. Endogenous vasopressin modulates the cardiovascular responses to exercise. **Ann. N.Y. Acad. Scien.**, v. 897, p. 198, 1999.

MIKINES, K. J. et al. Effect of physical exercise on sensitivity and responsiveness to insulin in humans. **Am. J. Physiol.**, v. 254, (3 Pt 1), p. 248-59, 1988.

MOLLER, S.; BECKER, U. Insulin-like growth factor I and growth hormone in chronic liver disease. **Dig. Dis.**, v. 10, p. 239, 1992.

MOURA, J. A. R. et al. Influência de diferentes ângulos articulares obtidos na posição inicial do exercício pressão de pernas e final do exercício puxada frontal sobre os valores de 1 RM. **Rev. Bras. Med. Esp.**, v. 10, n. 4, p. 269-74, 2004.

MUJIKA, I. et al. Hormonal responses to training and its tapering off in competitive swimmers: relationships with performance. **Eur. J. Appl. Physiol.**, v. 74, p. 361-366, 1996.

MUSI, N. et al. AMP-activated protein kinase (AMPK) is activated in muscle of subjects with type 2 diabetes during exercise. **Diabet.**, v. 50, p. 921-27, 2001.

NAKAE, J.; PARK, B.; ACCILI, D. Insulin stimulates phosphorylation of the forkhead transcription factor FKHR on serine 253 through a wortmannin-sensitive pathway. **J. Biol. Chem.**, v. 273, p. 15982-85, 1999.

NATHAN, D. M. E.; CAGLIERO, E. Diabetes Mellitus. In: FELIG, P.; FROHMAN, L. A. (Ed.). **Endocrinology and Metabolism,** 4. ed. New York: McGraw-Hill, 2001. p. 827-926.

NEGRÃO, A. B.; LICINIO, J. Leptina: o diálogo entre adipócitos e neurônios. **Arq. Bras. Endocrinol. Metab.**, v. 44, n. 3, p. 205-14, 2000.

NINDL, B. C. et al. Leptin concentrations experience a delayed reduction after resistance exercise in men. **Med. Scien. Sport Exerc.**, v. 34, n. 4, p. 608-13, 2002.

NUNES, M. T. Thyroid hormones: mechanism of action and biological significance. **Arq. Bras. Endocrinol. Metab.**, v. 47, n. 6, p. 639-43, 2003.

OBMINSKI, Z.; STUPNICKI, R. Comparison of the testosterone-to-cortisol ratio values obtained from hormonal assays in saliva and serum. **J. Sport Med. Physiol. Fit.**, v. 37, p. 50-5, 1997.

OLIVE, J. L.; MILLER, G. D. Differential effects of maximal and moderate-intensity runs on plasma leptin in healthy trained subjects. **Nutri.**, v. 17, n. 5, p. 420-2, 2001.

ORTIZ-CARO, J.; GONZÁLEZ, C.; JOLIN, T. Diurnal variations of plasma growth hormone, thyrotropin, thyroxine, and triiodothyronine in streptozotocin-diabetic and food-restricted rats. **Endocrinol.**, v. 115, p. 2227-32, 1984.

PARDINI, D. P. Alterações hormonais da mulher atleta. **Arq. Bras. Endocrinol. Metab.**, v. 45, n. 4, p. 343-51, 2001.

PARRA, A. et al. Body composition in hypopituitary dwarfs before and during human growth hormone therapy. **Metab.**, v. 28, p. 851-7, 1997.

PASMAN, W. J.; WESTERTERP-PLANTENGA, M. S.; SARIS, W. H. M. The effect of exercise training on leptin levels in obese males. **Am. J. Physiol.**, v. 274, p. 280-6, 1998.

PASSELERGUE, P.; LAC, G. Saliva cortisol, testosterone and T:C ratio variations during a wrestling competition and during the post-competitive recovery period. **Inter. J. Sport Med.**, v. 20, p. 109-113, 1999.

PÉRUSSE, L. et al. Acute and chronic effects of exercise on leptin levels in human. **J. Appl. Physiol.**, v. 83, n. 1, p. 5-10, 1997.

PONTIROLI, A. E. et al. Restoration of growth hormone (GH) response to GH-releasing hormone in elderly and obese subjects by acute pharmacological reduction of plasma free fatty acids. **J. Clin. Endocrinol. Metab.**, v. 81, n. 11, p. 3998-4001, 1996.

POWRIE, J.; WEISSBERGER, A. Growth hormone replacement therapy for growth hormone-deficient adults. **Drugs.**, v. 49, p. 656-63, 1995.

RACETTE, S. B. et al. Leptin production during moderate-intensity aerobic exercise. **J. Clin. Endocrinol. Metab.**, v. 82, n. 7, p. 2275-7, 1997.

RATAMESS, N. A. et al. Androgen receptor content following heavy resistance exercise in men. **J. Steroid. Biochem. Mol. Biol.**, v. 93, n. 1, p. 35-42, 2005.

REID, I. A.; SCHWARTZ, L. Role of vasopressin in the control of blood pressure. In: MARTINI, F.; GANONG, W. F. (Ed.). **Frontiers in Neuroendocrinology**. New York: Raven Press, 1984. p. 171-197.

RESELAND, J. E. et al. Effect of long-term changes in diet and exercise on palsma leptin concentrations. **Americ. J. Clin. Nutrit.**, v. 73, n. 2, p. 240-5, 2001.

REYNOLDS, T. H. et al. Effects of exercise training on glucose transport and cell surface GLUT-4 in isolated rat epitrochlearis muscle. **Am. J. Physiol.**, v. 272, (2 Pt 1), p. 320-5, 1997.

RIBEIRO, S. M. L. et al. Leptina: aspectos sobre o balanço energético, exercício físico e amenorreia do esforço. **Arq. Bras. Endocrinol. Metab.**, v. 51, n. 1, p. 11-24, 2007.

RICHTER, E. A.; PLOUG, T.; GALBO, H. Increased muscle glucose uptake after exercise. No need for insulin during exercise. **Diabet.**, v. 34, n. 10, p. 1041-8, 1985.

ROWLAND, T. W. **Developmental exercise physiology**. [S. l.]: Human Kinects Books:, 1996.

SALTIEL, A. R.; KAHN, C. R. Insulin signaling and the regulation of glucose and lipid metabolism. **Nat.**, v. 414, p. 799-806, 2001.

SAMOLS, E.; WEIR, G. C. Adrenergic modulation of pancreatic A, B, and D cells alpha-adrenergic suppression and beta-adrenergic stimulation of somatostatin secretion, alpha-adrenergic stimulation of glucagon secretion in the perfused dog pancreas. **J. Clin. Invest.**, v. 63, n. 2, p. 230-8, 1979.

SUN, X. J. et al. Structure of the insulin receptor substrate IRS-1 defines a unique signal transduction protein. **Nature**, v. 352, n. 6330, p. 73-7, jul. 4, 1991.

SANNIKA, E. et al. Testosterone concentrations in human seminal plasma and saliva and its correlation with non-protein-bound and total testosterone levels in serum. **Inter. J. Androl.**, v. 6, n. 4, p. 319-30, 1983.

SANSINANEA, A. S. et al. Serum leptin levels in cattle with different nutritional conditions. **Nutr. Res.**, v. 21, n. 7, p. 1045-52, 2001.

SCHAWARTZ, H. L. Effect of thyroid hormone on growth and development. In: OPPENHEIMER, J. H.; SAMUELS, H. H. **Molecular basis of thyroid hormone action**. New York: Academic Press, 1983.

SCHRIER, R. N.; BERL, T.; ANDERSEN, R. I. Osmotic and non osmotic control of vasopressin release. **Am. J. PhysioI.**, v. 236, p. 321-332, 1979.

SCHWARTZ, M.W.; PORTE, D. JR. Diabetes, obesity and the brain. **Scien.**, v. 307, (5708), p. 375-9, 2005.

SIGAL, R. J. et al. The roles of catecholamines in glucoregulation in intense exercise as defined by the islet cell clamp technique. **Diabet.**, v. 45, n. 2, p. 148-56, 1996.

SIMÃO, R. et al. Influence of exercise order on the number of repetitions performed and perceived exertion during resistance exercises. **J. Strengt. Cond. Rese.**, v. 19, n. 1, p. 152-6, 2005.

SOTSKY, M. J.; SHILO, S.; SHAMOON.; H. Regulation of counterregulatory hormone secretion in man during exercise and hypoglycemia. **J. Clin. Endocrinol. Metab.**, v. 68, n. 1, p. 9-16, 1989.

SOUZA, M. S. F. et al. Aerobic endurance, energy expenditure, and serum leptin response in obese, sedentary, prepubertal children and adolescents participating in a short-term treadmill protocol. **Nutri.**, v. 20, p. 900-4, 2004.

STALLKNECHT, B. et al. Effect of physical training on glucose transporter protein and mRNA levels in rat adipocytes. **Am. J. Physiol.**, v. 265, (1 Pt 1), p. 128-34, 1993.

TAMEMOTO, H. et al. Insulin resistance and growth retardation in mice lacking insulin receptor substrate-1. **Nat.**, v. 372, p. 182-186, 1994.

TANAKA, H.; SHINDO, M. Running velocity at blood lactate threshold of boys aged 6-15 years compared with untrained and trained young males. **Inter. J. Sport Med.**, v. 6, p. 90-4, 1985.

TANNENBAUM, G. S.; GURD, W.; LAPOINTE, M. Leptin is a potent stimulator of spontaneous pulsatile growth hormone (GH) secretion and the GH response to GH releasing hormone. **Endocrinol.**, v. 139, p. 3871-75, 1998.

TAPIERO, H. et al. Dossier: free amino acids in human health and pathologies. I Arginine. **Biomed. Pharmac.**, v. 56, p. 439-45, 2002.

TOLFREY, K.; ARMSTRONG, N. Child – adult differences in whole blood lactate responses to incremental treadmill exercise. **Brit. J. Sport Med.**, v. 29, n. 3, p. 196-9, 1995.

TORTORA, G. J. **Corpo Humano**: fundamentos de anatomia e fisiologia. 4. ed. Porto Alegre: Artmed, 2000.

TREMBLAY, M. S.; COPELAND, J. L.; HELDER, W. V. Effect oftraining status and exercise mode on endogenous steroid hormones in men. **J. Appl. Physiol.**, v. 96, p. 531-9, 2004.

TURLEY, K.; WILMORE, J. H. Cardiovascular responses to treadmill and cycle ergometer exercise in children and adults. **J. Appl. Physiol.**, v. 83, n. 3, p. 948-57, 1997.

UCHIDA, M. C. et al. Alteração da relação testosterona: cortisol induzida pelo treinamento de força em mulheres. **Rev. Bras. Med. Esp.**, v. 10, n. 3, p. 165-168, 2004.

VERGANI, G. et al. Visualising the expression of a human growth hormone (hGH) transgene in the liver: intrahepatic regional and intracellular differences of expression are associated with morphological alterations and hepatocellular proliferation. **Tissue. Cell.**, v. 29, p. 611-6, 1997.

VINET, A. et al. Cardiovascular responses to progressive cycle exercise in healthy children and adults. **Inter. J. Sport Med.**, v. 23, p. 242-6, 2002.

VIRU, A.; VIRU, M. Cortisol-essential adaptation hormone in exercise. **Inter. J. Sport Med.**, v. 25, n. 6, p. 461-4, 2004.

VIRU, A. M. et al. Influence of prolonged continuous exercise on hormone responses to subsequent exercise in humans. **Eur. J. Appl. Physiol.**, v. 85, n. 6, p. 578-85, 2001.

WADE, C. E. Response, regulation and actions of vasopressin during exercise: review. **Med. Scien. Sport Exerc.**, v. 16, p. 506, 1984.

WAJCHENBERG, B. L. Subcutaneous and visceral adipose tissue: their relation to the metabolic syndrome. **Endoc. Rev.**, v. 21, n. 6, p. 697-738, 2000.

WAJCHENBERG, B. L. et al. Insulin resistance associated to high levels of tumor necrosis factor (TNF) during pituitary apoplexy induced by pituitary stimulating test in on acromegalic patient. **Endocrinologist.**, v. 11, p. 425-8, 2001.

WASSERMAN, D. H. et al. Interaction of exercise and insulin action in humans. **Am. J. Physiol.**, v. 260, (1 Pt 1), p. 37-45, 1991.

WELTMAN, A. et al. Endurance training amplifies the pulsatile release of growth hormone: effects of training intensity. **J. Appl. Physiol.**, v. 72, p. 2188, 1992.

_____. Intensity of acute exercise does not affect serum leptin concentrations in young men. **Med. Scien. Sport Exerc.**, v. 32, n. 9, p. 1556-61, 2000.

_____. Exercise-dependent growth hormone release is linked to markers of heightened central adrenergic outflow. **J. Appl. Physiol.**, v. 89, n. 2, p. 629-35, 2000.

WHITE, M. F. The IRS-signaling system: a network of docking proteins that mediate insulin and cytokine action. **Recent. Prog. Horm. Res.**, v. 53, p. 119-38, 1998.

WHITE, M. F.; MARON, R.; KAHN, C. R. Insulin rapidly stimulates tyrosine phosphorylation of a Mr=185,000 protein in intact cells. **Nat.**, v. 318, p. 183-186, 1985.

WHITERS, D. J. et al. Disruption of IRS-2 causes type 2 diabetes in mice. **Nat.**, v. 391, p. 900-904, 1998.

WIDEGREN, U.; RYDER, J. W.; ZIERATH, J. R. Mitogen-activated protein kinase signal transduction in skeletal muscle: effects of exercise and muscle contraction. **Acta. Physiol. Scand.**, v. 172, n. 3, p. 227-38, 2001.

WIDEMAN, L. et al. Effects of gender on exercise induced growth hormone release. **J. Appl. Physiol.**, v. 87, p. 1154-62, **1999**.

WILLIAMS, N. I. et al. Evidence for a causal role of low energy availability in the induction of menstrual cycle disturbances during strenuous exercise training. **J. Clin. Endocrinol. Metab.**, v. 86, n. 11, p. 5184-93, 2001.

WILSON, J. D. et al. **Williams' Textbook of Endocrinology.** 9. ed. EUA: Saunders, 1999.

WINDER, W. W.; HENINGER, E. Effect of exercise on tissue levels of thyroid hormones in the rat. **Am. J. Physiol.**, v. 221, p. 1139, 1971.

YU, W. H. et al. Role of leptin in hypothalamic-pituitary function. **Proc. Nat. Acad. Scine.**, v. 94, n. 102, p. 1023-8, 1997.

6

Nutrição Aplicada ao Treinamento Esportivo de Crianças e Adolescentes

Anielle Cristine Agnelo D´Angelo

Para um indivíduo poder viver com saúde quando adulto é importante que na sua infância e adolescência ele tenha tido uma alimentação nutricionalmente adequada às diversas faixas etárias. Uma ingestão adequada de cálcio quando criança, por exemplo, proporcionará ossos mais densos e resistentes às possíveis perdas ósseas quando idoso.

O interesse na relação da nutrição com a atividade física não é recente. Gregos e romanos já faziam uso dos melhores alimentos para atingir o máximo rendimento esportivo (Hultman, Harris e Spriet, 1999). Porém, a sua real importância foi oficialmente admitida em uma conferência realizada em 1991, durante a reunião anual do Comitê Olímpico Internacional, quando um grupo de pesquisadores concluiu que a dieta influenciava de forma significativa no rendimento do atleta. Tal afirmação é, sem dúvida, verdadeira, visto que o tipo, quando e o quanto se ingere de um alimento ou bebida podem desencadear efeitos positivos ou negativos no rendimento do atleta (Maughan, Gleeson e Greenhaff, 2000).

No entanto, quando se trata de jovens atletas, não só em rendimento esportivo deve-se pensar. A adequação nutricional precisa estar voltada também para a otimização do crescimento e do desenvolvimento corporal. Portanto, a alimentação deve garantir, qualitativa e quantitativamente, as necessidades nutricionais inerentes ao exercício físico e, ao mesmo tempo, ao desenvolvimento corporal.

Os Nutrientes

Pode-se comparar o corpo humano com um automóvel que precisa ser reabastecido constantemente com um combustível para poder funcionar adequadamente. Esse combustível é obtido por meio da nutrição, que garante a energia e os nutrientes necessários para a manutenção das funções e crescimento e renovação dos componentes corpóreos.

Os alimentos são compostos por nutrientes que, por meio de inúmeras reações químicas, são convertidos em moléculas mais simples e que, dependendo das suas características, destinam-se às diversas funções: de produção de energia, síntese tecidual e regulação do metabolismo celular (Wolinsky e Hickson Jr., 1996).

Os nutrientes classificam-se em macro ou micronutrientes. Os macronutrientes são representados pelos carboidratos, lipídios e proteínas, e os micronutrientes são representados pelas vitaminas e minerais. O Quadro 6.1 descreve as principais fontes alimentares desses nutrientes.

Quadro 6.1 – Os nutrientes e suas fontes alimentares

Nutrientes	Fontes Alimentares
Carboidratos	açúcar, mel, pão, macarrão, arroz, farinhas, milho, batata, mandioca, cereais matinais, barra de cereais, frutas frescas e frutas secas
Lipídios	óleos de cozinha, azeite, manteiga, margarina, gema do ovo, maionese, creme de leite, frituras, chocolate, biscoitos, bolos, tortas e doces à base de cremes
Proteínas	leite, queijos, iogurte, feijão, lentilha, ervilha, soja, grão de bico, clara do ovo, carnes em geral, nozes, avelã, amendoim e castanhas
Vitaminas e Minerais	frutas, verduras, legumes, grãos e cereais integrais em geral

242

Carboidratos

Quimicamente, os carboidratos são elementos orgânicos compostos por carbono, hidrogênio e oxigênio, apresentando, na sua forma mais simples, a fórmula química $C_nH_{2n}O_n$. São exemplos: amido, glicogênio, celulose, sacarose, lactose, maltose, glicose, frutose e galactose.

Os carboidratos podem ser classificados em polissacarídeos, dissacarídeos ou monossacarídeos. Os polissacarídeos, também chamados de carboidratos complexos, são representados, sobretudo, pelo amido (reserva dos carboidratos em vegetais) e glicogênio (reserva dos carboidratos em humanos). Os dissacarídeos são representados pela lactose (encontrada no leite dos mamíferos), sacarose (conhecida como o açúcar de uso domiciliar) e pela maltose (encontrada no malte). Os monossacarídeos são representados pela glicose, frutose (popularmente conhecida como o açúcar das frutas) e galactose (derivada do leite).

Após os polissacarídeos e os dissacarídeos sofrerem o processo de digestão são transformados em moléculas mais simples, denominadas monossacarídeos. A frutose e a galactose, mesmo sendo monossacarídeos, são quase que inteiramente transformadas em glicose, em razão dessa ser a principal forma de absorção e utilização dos carboidratos pelo organismo.

Cada grama de glicose fornece, aproximadamente, 4 calorias (Kcal). Após a glicose ser absorvida pelo intestino delgado, é transportada pela corrente sanguínea até o fígado, onde, então, será desviada para outros tecidos, a fim de fornecer energia. Na ausência de um suprimento rápido de energia, a glicose é armazenada no fígado e nos músculos esqueléticos na forma de glicogênio.

Uma importante função dos carboidratos é evitar que as reservas energéticas corporais sejam depletadas. Em situações de baixa ingestão desse nutriente, o glicogênio é degradado à glicose para ser utilizado como energia. Porém, as reservas de glicogênio são quantitativamente limitadas, obrigando o metabolismo energético a sintetizar glicose a partir de outros compostos, como os lipídios armazenados no tecido adiposo e as proteínas musculares. A permanência crônica desse quadro acarreta em diminuição da gordura corporal e, sobretudo, da massa magra, caracterizando assim, a ação anticatabólica dos carboidratos.

Determinados órgãos utilizam apenas os carboidratos como substrato energético. O cérebro é um exemplo típico. Em situações de baixa ingestão de carboidratos, o cérebro passa a utilizar os produtos derivados da oxidação de lipídios, chamados de corpos cetônicos, como fonte de energia. Porém, o excesso desses metabólitos na corrente sanguínea aumenta a acidez dos líquidos corporais, desencadeando um problema extremamente prejudicial à saúde, chamado de acidose metabólica (Guyton, 1988).

Lipídios

Nutricionalmente, lipídio é o termo designado aos óleos e às gorduras. Quimicamente, possuem os mesmos elementos estruturais de um carboidrato (C, H, O), diferenciando-se apenas pelos tipos de ligações químicas entre eles. No Quadro 6.2 está descrita a classificação dos lipídios e seus respectivos exemplos.

Quadro 6.2 – Classificação e exemplos de Lipídios

Tipos	Exemplos
1.Gorduras Simples **Gorduras Neutras** **Ceras**	Triglicerídeos Cera de abelha
2.Gorduras Compostas **Fosfolipídios** **Glicolipídios** **Lipoproteínas**	Lecitinas, Cefalinas, Lipositóis Cerebrosídeos, Gangliosídeos Quilomícrons, LDL, VLDL, HDL
3.Gorduras Derivadas **Ácidos Graxos** **Esteroides** **Hidrocarbonetos**	Palmítico, Oleico, Esteárico, Linoleico Colesterol, Cortisol, Ácidos Biliares, Estrogênio, Progesterona, Androgênios Terpenos

Os principais lipídios encontrados na dieta estão na forma de triglicerídeos. Cada molécula de triglicerídeo é composta por três moléculas de ácidos graxos esterificados a uma molécula de glicerol.

Os ácidos graxos podem ser classificados de acordo com a presença, ou não, de saturações (ligações), em saturados ou insaturados, podendo esses últimos serem mono ou poli-insaturados.

Quimicamente, um ácido graxo saturado não contém duplas ligações entre os átomos de carbono e são encontrados, sobretudo, em produtos animais, como as carnes de boi, porco, aves e peixes, gema do ovo, manteiga e queijos. Já um ácido graxo insaturado pode apresentar uma ou mais duplas ligações entre os átomos de carbono, sendo denominados mono e poli-insaturado, respectivamente. São encontrados em peixes, principalmente os de água fria, azeite de oliva e óleos vegetais (coco, soja, milho, girassol e linhaça).

A principal função orgânica dos lipídios é atuar como reserva de energia para ser utilizado em situações de necessidade, como no déficit calórico, jejum e exercício físico prolongado. Cada grama de lipídio fornece, aproximadamente, 9 kcal.

Metabolicamente, após um lipídio ser digerido e absorvido, ele é armazenado no tecido adiposo, sob a forma de triglicerídeos. Somente cerca de 2% a 3% dos triglicerídeos são armazenados no interior das fibras musculares. Outras funções dos lipídios são: proteger os órgãos internos contra um estresse físico; ser um isolante térmico contra baixas temperaturas; constituir as membranas celulares (fosfolipídios) e auxiliar no transporte e absorção das vitaminas lipossolúveis (A, D, E, K).

Existem dois tipos de ácidos graxos poli-insaturados considerados essenciais ao organismo do ser humano. São os chamados ácidos linolênico e linoleico, conhecidos também como ômega-3 e ômega-6, respectivamente. Esses lipídios devem estar presentes na alimentação pelo fato de não serem sintetizados pelo organismo e desempenharem funções vitais ao corpo humano, como, por exemplo, contribuir com a ação dos sistemas imune e circulatório.

Uma das maiores preocupações em relação ao tipo de lipídio consumido é em relação à ingestão elevada de ácidos graxos do tipo *trans*. Muitos estudos demonstram que o consumo excessivo dessas gorduras promove a elevação sérica do colesterol total e de sua fração LDL (conhecido como colesterol *ruim*), propiciando inúmeras disfunções coronarianas, quadro muito presente em países com um alto consumo de *fast-foods*. Os ácidos graxos *trans* são encontrados, sobretudo, em produtos alimentícios submetidos ao processo de hidrogenação, que visa oferecer ao alimento características sensoriais mais desejáveis, como paladar, cor, dureza e potencial de rançagem. São exemplos os produtos lácteos, gordura vegetal hidrogenada, margarina, manteiga, toucinho, biscoitos e alimentos fritos.

O colesterol também é um lipídio que merece cuidado quanto à sua ingestão, pois seu consumo excessivo está fortemente associado ao desenvolvimento de doenças coronarianas, como a aterosclerose, por exemplo.

Proteínas

As proteínas são moléculas formadas por aminoácidos unidos entre si através de ligações peptídicas. Semelhantes aos carboidratos e lipídios, as proteínas são formadas por átomos de C, O e H, diferenciando-se deles pela adição do átomo de nitrogênio (N). São representados quimicamente pela fórmula geral $C_x H_y N_z O_w$.

Na natureza, são encontrados, aproximadamente, 20 aminoácidos de importância nutricional. Um grupo de aminoácidos pode ser sintetizado pelo organismo através de precursores já existentes, não sendo necessária a sua ingestão via alimentação. São os chamados aminoácidos nutricionalmente essenciais. Existem também os aminoácidos para os quais o organismo não possui mecanismos de produção ou os produzem em quantidades insuficientes e, portanto, devem ser adquiridos através dos alimentos, sendo encontrados em alimentos de origem animal e vegetal.

Alguns alimentos proteicos apresentam em sua composição um arranjo perfeito de aminoácidos em relação à quantidade e à proporcionalidade, ou seja, são alimentos compostos por todos os aminoácidos essenciais em quantidades também ideais. Nesse caso, diz-se que o alimento é composto por proteínas de alto valor biológico (PAVB), como, por exemplo, o leite e seus derivados, clara do ovo e as carnes. No entanto, existem alimentos proteicos deficientes em pelo menos um tipo de aminoácido essencial. É o caso dos alimentos de origem vegetal, como os cereais (arroz, trigo, milho e aveia) e as leguminosas (feijão, lentilha, ervi-

lha, soja e grão de bico). O ideal para se garantir a ingestão de todos os aminoácidos essenciais é o consumo de uma dieta variada em alimentos protéicos. O arroz,
por exemplo, não contém o aminoácido essencial lisina. Porém, quando consumido com o feijão, que é rico nesse aminoácido, torna-se uma combinação perfeita.

Quadro 6.3 – Classificação dos aminoácidos

Nutricionalmente Essenciais	Nutricionalmente não Essenciais
Arginina	Alanina
Histidina*	Asparagina
Isoleucina	Aspartato
Leucina	Cisteína
Valina	Glutamato
Lisina	Glutamina
Metionina	Glicina
Fenilalanina	Prolina
Treonina	Serina
Triptofano	Tirosina

* Essencial para crianças de até 8 anos de idade.

As proteínas desempenham papéis muito amplos. Servem como catalisadores de
reações químicas, sob a forma de enzimas, sintetizam hormônios e transportam substâncias nos líquidos corporais. No entanto, sua principal função é fornecer ao organismo
os principais blocos formadores para o anabolismo dos tecidos corporais (como os músculos esqueléticos, ossos, tendões e ligamentos): os aminoácidos (Newsholme e Leech, 1983).

Cada grama de proteína fornece, aproximadamente, 4 kcal e, apesar desse macronutriente não ser essencial para o metabolismo energético, poderá contribuir em até 15%
no fornecimento de energia para o corpo, quando o indivíduo ingerir quantidades insuficientes de calorias e/ou carboidratos totais.

Uma forma de avaliar se as proteínas corporais estão sendo utilizadas para a
produção de energia ou para o anabolismo (processo de construção corporal) é a determinação da concentração do nitrogênio na urina. Diz-se que há um balanço nitrogenado quando ocorre um equilíbrio entre a ingestão e a excreção do nitrogênio. Um
balanço nitrogenado positivo indica que a ingestão de nitrogênio é maior que a sua ex-

creção, disponibilizando as proteínas para a síntese tecidual, enquanto um balanço nitrogenado negativo indica que a excreção de nitrogênio é maior que a sua ingestão, demonstrando uma maior utilização das proteínas como substrato energético. Isso significa que a ingestão de proteínas está insuficiente para a necessidade do indivíduo.

A demanda de aminoácidos para o anabolismo varia consideravelmente. Por exemplo, durante os períodos de crescimento rápido (primeira e segunda infâncias), mais de um terço da ingestão proteica é utilizada para o anabolismo tecidual, havendo uma maior necessidade nesse período da vida.

Vitaminas e Minerais

As vitaminas e os minerais são micronutrientes não sintetizados pelo organismo, necessários a uma série de funções metabólicas importantes. Por serem degradados e metabolizados como qualquer nutriente devem ser repostos regularmente pela alimentação. Os Quadros 6.4 e 6.5 descrevem as fontes alimentares e as principais consequências pela baixa ingestão desses micronutrientes.

Quadro 6.4 – Tipos, funções, deficiências e fontes alimentares

Vitaminas	Funções	Deficiências	Fontes Alimentares
A	Os carotenoides (precursores dessa vitamina) exercem ação antioxidante	Cegueira noturna, perda de apetite, descamação da pele	Frutas e verduras verdes-escuras e alaranjadas, manteiga, leite e derivados
D	Promove a absorção e a utilização de cálcio e de fósforo	Baixa calcificação, deformidades e fragilidade óssea	Margarina, leite e derivados, bacalhau, ovos e óleo de fígado
E	Ação antioxidante	Possível anemia e efeitos neurológicos	Folhas verdes-escuras, nozes, avelã, castanhas, amendoim e margarina

Continua

Nutrição Aplicada ao Treinamento Esportivo de Crianças e Adolescentes

Continuação

Vitaminas	Funções	Deficiências	Fontes Alimentares
K	Coagulação sanguínea	Defeitos na coagulação sanguínea, produzindo hemorragia quando ocorre lesão	Folhas verdes, frutas, cereais e carnes
Complexo B	Essencial para o metabolismo dos carboidratos, proteínas e gorduras	Fadiga, lesões cutâneas, contrações musculares, irritabilidade, anemia perniciosa e distúrbios do sono	Maioria dos alimentos: carnes, verduras, legumes, leite e derivados, cereais e grãos
C	Síntese de colágeno, ação antioxidante e aumenta a absorção de ferro	Fraqueza, comprometimento do sistema imune, retardo na cicatrização e degeneração da pele	Frutas cítricas, tomate, pimentão, brócolis, couve-flor e repolho

Fontes: Mclaren (1999); Powers e Howley (2000).

Quadro 6.5 – Tipos, fontes alimentares e deficiências de minerais

Minerais	Funções	Deficiências	Fontes Alimentares
Cálcio	Formação de ossos e dentes, coagulação sanguínea e transmissão nervosa	Retardo no crescimento, fragilidade óssea e convulsões	Leite, iogurte, queijos, folhas verdes-escuras e legumes
Fósforo	Formação de ossos e dentes, equilíbrio ácido básico e componente enzimático	Desmineralização óssea e fraqueza	Leite e derivados, carnes em geral e cereais
Potássio	Balanço hídrico e função nervosa	Cãibras musculares, alteração cardíaca, confusão mental e perda do apetite	Vegetais verdes, leite, carne de boi, batata, banana e melão

Continua

Continuação

Minerais	Funções	Deficiências	Fontes Alimentares
Enxofre	Componente de cartilagens, tendões e proteínas	Perda da massa magra e emagrecimento	Carnes e ovos
Sódio	Balanço hídrico e função nervosa	Pressão alta, cãibras musculares, apatia mental e perda do apetite	Sal, molho de soja, carnes defumadas enlatados e queijos processados
Cloro	Equilíbrio ácido-básico e formação do suco gástrico	Cãibras, perda de apetite e crescimento deficiente	Idem ao sódio
Magnésio	Componente de enzimas do metabolismo energético, condução nervosa e contração muscular	Náuseas, retardo no crescimento e distúrbios neurológicos	Cereais integrais e folhas verdes-escuras
Ferro	Componente de hemoglobina, mioglobina e enzimas	Anemia, fraqueza, diminuição da capacidade de aprendizagem e sistema imune deficiente	Carnes em geral, ovos, feijão, lentilha e folhas verdes-escuras
Flúor	Manutenção da estrutura dentária	Cáries dentárias, manchas nos dentes e distúrbios neurológicos	Água potável, chás e frutos do mar
Zinco	Componente de enzimas antioxidantes	Retardo no crescimento, glândulas sexuais não desenvolvidas e sistema imune deficiente	Carne vermelha, grãos integrais e frutos do mar
Cobre	Componente de enzimas	Alterações ósseas e cardiovasculares e anemia	Carnes em geral, legumes e castanhas
Selênio	Componente de enzimas e fortalecimento da ação da vitamina E	Dor muscular e anemia (rara)	Carnes vermelhas, frutos do mar, grãos e cereais
Iodo	Componente dos hormônios da tireoide	Disfunções tireoidianas (Bócio)	Peixes, frutos do mar, produtos lácteos, vegetais e sal iodado
Cromo	Participa do metabolismo energético e da glicose	Comprometimento do metabolismo da glicose	Legumes, cereais, óleos vegetais e carnes
Manganês	Componente de enzimas	Ossos e cartilagens anormais	Castanhas, grãos integrais, vegetais e frutas

Fontes: Mclaren (1999); Powers e Howley (2000).

As vitaminas podem ser classificadas em lipossolúveis (A, D, E, K) ou hidrossolúveis (C e complexo B). As lipossolúveis são aquelas solúveis em meio lipídico, enquanto as hidrossolúveis são solúveis em meio aquoso (água). Tal classificação implica as propriedades físicas da vitamina.

As vitaminas lipossolúveis são encontradas em alimentos ricos em lipídios e absorvidas na presença de lipídios e armazenadas em tecidos de composição lipídica, como o adiposo. Já as vitaminas hidrossolúveis são encontradas em alimentos ricos em água e, por terem uma alta afinidade com essa, são facilmente eliminadas pela urina e transpiração.

Os minerais podem ser divididos em duas classes: principais e elementos traços. Os minerais principais são aqueles necessários em quantidades superiores a 100 mg diárias. Nesse grupo, incluem-se cálcio, potássio, sódio, fósforo, magnésio, enxofre e cloreto. Já os elementos traços são aqueles necessários em quantidades inferiores a 100 mg diárias, como ferro, cromo, cobalto, zinco, cobre, selênio, manganês, molibdênio, arsênico, níquel e vanádio.

Os micronutrientes apresentam uma concentração plasmática e tecidual ideal para a homeostase corporal. A melhor forma de detectar essas deficiências é a realização de exames laboratoriais específicos. Porém, esses exames são realizados apenas quando o indivíduo já apresenta algum sintoma físico, o qual só aparece quando a deficiência está em um estágio avançado.

Características Nutricionais de Jovens Atletas

Para se compreender melhor as características nutricionais de crianças e adolescentes, os conceitos discutidos no capítulo de maturação biológica devem estar claros, pois as necessidades nutricionais dessa população são diretamente influenciadas pela fase de crescimento e de desenvolvimento em que se encontram.

Avaliar o quanto uma criança ou adolescente necessita de nutrientes por meio da sua idade cronológica não é o ideal, visto que os indivíduos apresentam velocidades de maturação biológica diferentes (Guedes e Guedes, 1997). Se compararmos, por exemplo, dois adolescentes na mesma idade cronológica, é bem possível que estejam em estágios maturacionais diferentes.

Crianças entre 10 e 12 Anos

Crianças entre 10 e 12 anos de idade, normalmente, estão no período pré--pubertário (apesar de já poderem estar no período pubertário). Mesmo apresentando características infantis, modificações corporais, como o aumento do tamanho dos seios e o surgimento de pêlos pubianos, já estão ocorrendo. Nessa fase, o crescimento é lento, porém constante (Lucas, 1991).

É também nessa fase que a criança inicia a etapa de maior socialização e independência dos pais, iniciando sua participação em atividades que gastam mais energia, como correr, nadar ou mesmo treinar um esporte que lhe agrade.

Anatomicamente, o trato gastrintestinal está completamente desenvolvido, permitindo maior quantidade e diversificação dos alimentos. Ao mesmo tempo, tendem a experimentar alimentos não tão típicos, que contribuem para uma modificação parcial de seus hábitos alimentares.

Uma característica comum na composição corporal de meninos e meninas nessa faixa etária é o maior acúmulo de gordura no tecido adiposo em função do aumento na velocidade de ganho de peso. Esse processo é conhecido como repleção energética, e é necessário para que a gordura seja armazenada no tecido adiposo para, posteriormente, ser utilizada na fase do pico de crescimento (Lacerda e Accioly, 2003).

Nesse momento de repleção energética, a criança normalmente apresenta um sobrepeso que é interpretado erroneamente pelos pais. Na tentativa de corrigir o peso do filho, os pais proíbem a ingestão de doces e alimentos ricos em carboidratos. Em consequência, a criança pode deixar de consumir nutrientes essenciais ao crescimento ou passar a consumir mais calorias do que necessita, em função do quadro de ansiedade criado pelos próprios pais. Confirmado que o sobrepeso da criança é um processo biológico natural (ganho de peso de até 20%) e se essa não apresentar fatores de risco para obesidade (como pais obesos), não há a necessidade da intervenção nutricional. Nesse caso, a criança deve ser orientada apenas quanto à ingestão de alimentos favoráveis a seu crescimento.

Adolescentes entre 13 e 18 Anos

A adolescência é marcada por uma rápida evolução biopsicossocial. É nessa fase da vida que importantes transformações comportamentais e corporais ocorrem, sobretudo, em relação à estatura, peso, composição corporal e maturação dos órgãos (Guedes e Guedes, 1997; Heald e Gong, 1999).

Uma das modificações mais significativas na adolescência é o aumento da estatura. Esse crescimento é contínuo durante toda a adolescência, havendo maior taxa de ganho após o estirão pubertário (Lucas, 1991).

Ambos os sexos adquirem um ganho ponderal significativo de aproximadamente 8 a 10 kg. No entanto, as características da composição corporal diferem entre os sexos. Adolescentes do sexo masculino, por terem maiores concentrações de testosterona, adquirem mais tecido muscular, enquanto as adolescentes acumulam mais tecido adiposo por ação dos hormônios ovarianos (Heald e Gong, 1999; Sizer e Whitney, 2003). Pelo fato de o tecido muscular ser metabolicamente mais ativo do que o tecido adiposo, os meninos tendem a ter um maior gasto energético e mais apetite do que as meninas. As adolescentes, após a menarca, apresentam diminuição do apetite pela menor necessidade energética por quilograma de peso.

É frequente na fase do estirão pubertário muitos adolescentes apresentarem baixo peso em relação à estatura pela maior utilização das reservas energéticas durante o crescimento (Vitolo, 2003). Assim, nessa fase, ambos os sexos merecem atenção especial quanto ao aporte nutricional, a fim de se evitar perda ou ganho excessivo de peso.

Necessidades Energéticas

A prática de qualquer exercício físico provoca um maior consumo de energia pelo organismo. Por consequência, o atleta necessita de mais calorias e, dependendo da idade, modalidade e estado nutricional, maiores quantidades de nutrientes específicos em relação ao jovem sedentário.

Porém, poucos são os estudos que demonstram o quanto o metabolismo de um jovem atleta consome de energia na sua rotina de treinamento. Sabe-se apenas que o custo energético por kg de massa corporal de crianças em atividades como a caminhada e a corrida é maior do que em adolescentes e adultos. Isso ocorre porque as crianças parecem ser metabolicamente menos econômicas durante o processo de contração muscular e a frequência das passadas durante a corrida ser maior (Bar-Or, 2000).

Em atletas adultos, o fator mais determinante das necessidades energéticas é intensidade, volume e tipo de treinamento. Já para jovens atletas, a idade biológica também deve ser considerada. No entanto, não existem métodos para cálculo das necessidades energéticas que reflitam melhor o período de crescimento pelo qual o jovem está passando (Bar-Or, 2000; Petrie, Stover e Horswiel, 2004). Os métodos existentes levam em consideração peso, estatura e fator de atividade do indivíduo. Porém, esses métodos utilizam cálculos matemáticos indiretos, podendo superestimar ou subestimar o valor real. Assim, o profissional, quando utilizá-los, deverá ter um certo cuidado, em razão da variabilidade que pode ser encontrada entre os indivíduos. Além disso, deverá fazer avaliações periódicas do atleta, relacionando as rotinas diárias, sobretudo, de treinamento e competições, com os hábitos alimentares, observando, ao longo do tempo, a necessidade da intervenção nutricional.

Distribuição dos Nutrientes

A intensidade e a duração do exercício são os principais fatores que determinam a relativa contribuição dos substratos energéticos durante o exercício físico. De uma forma geral, quanto mais alta for a intensidade, mais carboidratos serão utilizados, e quanto mais prolongado, mais lipídios serão oxidados pelo metabolismo (Unnithan e Baxter-Jones, 2000). Os carboidratos oxidados são derivados do glicogênio muscular (destinados, sobretudo, para a contração muscular) e do glicogênio hepático (destinado, sobretudo, para a manutenção da glicemia), e os lipídios são derivados da oxidação dos triglicerídeos intramusculares e do tecido adiposo.

Estudos demonstram que atletas entre 11 e 13 anos de idade apresentam mais enzimas oxidativas e menos enzimas glicolíticas em relação a atletas adultos (Erikksson; Gollnick e Saltin, 1973; Haralambie, 1979). Outros estudos também descrevem que as concentrações plasmáticas de ácidos graxos livres e glicerol (substâncias liberadas na circulação após a retirada dos triglicerídeos do tecido adiposo em direção a circulação) aumentam significativamente em jovens atletas, após 30 a 120 minutos de exercício moderado, se comparado com atletas adultos realizando o mesmo tipo de exercício (Macek e Vavra, 1981). No entanto, tais diferenças parecem diminuir gradativamente a partir da adolescência (Haralambie, 1979).

Dessa forma, o metabolismo de jovens atletas parece estar mais apto à utilização dos lipídios para a produção de energia, sobretudo, em exercícios com predominância aeróbia, como a maratona, o triatlon, o ciclismo, o futebol e o tênis (isso não implica a maior necessidade de lipídios para essa população). No entanto, a depleção do glicogênio e a hipoglicemia são as principais causas de fadiga nesse tipo de exercício e, portanto, os carboidratos também são essenciais (Petrie, Stover e Horswiel, 2004; Volek, 2000). Além disso, a deficiência de carboidratos, com consequente depleção do glicogênio eleva a utilização das proteínas musculares para uma produção de energia em até 15% (o ideal é de apenas 5%), quadro esse indesejável para indivíduos que estão em constante crescimento e desenvolvimento corporal (Wolinsky e Hickson Jr., 1996). Não podemos deixar de lembrar também que pelo fato de os carboidratos não serem estocados em grandes quantidades no corpo devem ser repostos pela alimentação, evitando, assim, o comprometimento do rendimento nas próximas sessões do treino e/ou competição.

Em exercícios com predominância anaeróbia (atletismo, voleibol, judô, natação, levantamento de peso, ginástica olímpica, entre outros) o metabolismo utiliza, preferencialmente, a energia derivada do ATP-CP (creatina-fosfato) e do glicogênio muscular. Assim, os carboidratos também são fundamentais para o não surgimento da fadiga no atleta nesse tipo de exercício.

Independentemente do tipo de exercício realizado, a quantidade de carboidratos ingeridos no dia a dia por jovens atletas deve estar em torno de 60% a 65% do valor calórico total (VCT), ou cerca de 6 g a 8 g/kg de peso corporal (Steen e Bernhardt, 2004), visto ser esse nutriente o mais utilizado pelo metabolismo energético.

Inúmeros estudos, apesar de realizados apenas com adultos, já demonstraram a importância da alimentação pré, durante e pós-competição no rendimento esportivo. A dieta pré-competição tem o objetivo de elevar o conteúdo de glicogênio muscular e hepático e disponibilizar a glicose no sangue para manter a glicemia estável. Para isso, é importante elevar o consumo de alimentos e/ou suplementos a base de carboidratos, que pode ser realizado de 3 a 4 dias antes da competição, ou mesmo no dia do evento esportivo (em períodos de treinamento intenso essas condutas também devem ser realizadas). É importante salientar que a refeição pré-competição só proporcionará benefícios ao atleta se ele adotou uma dieta nutricionalmente correta semanas antes do evento, visto não ser uma única refeição o suficiente para corrigir deficiências nutricionais.

Para exercícios com duração acima de 90 minutos, a dieta da supercompensação (*carbohydrate loading*) é uma manobra nutricional eficaz para o rendimento esportivo. A ideia dessa dieta é a redução gradativa da carga de treinamento (volume e intensidade), concomitante a um aumento, também gradativo, do consumo de carboidratos. Com isso, elevam-se os estoques de glicogênio endógenos, disponibilizando-os em maiores quantidades para o dia da competição (Heargreaves, Hawley e Jeukendrup, 2004). Contudo, não existem estudos que comprovem tais efeitos em jovens atletas.

Outra conduta nutricional importante, e que apresenta bons resultados, é o consumo de carboidratos cerca de 3 a 4 horas e de 30 a 60 minutos antes do início do exercício (Quadros 6.6 e 6.7). A ideia de a ingestão ser no período de 3 a 4 horas antecedentes ao evento é permitir que as alterações hormonais decorrentes da alimentação retornem aos seus parâmetros normais até o momento do exercício (Heargreaves, 1999). Essa refeição deve ser a principal, contendo, aproximadamente, 70% a 80% do VCT na forma de carboidratos com diferentes índices glicêmicos (Tabelas 6.1, 6.2 e 6.3). Índice glicêmico é o valor referente ao impacto que os alimentos exercem sobre a glicemia (relação insulina *versus* glicose), em relação a um alimento-padrão, com índice glicêmico igual a 1, como a glicose, por exemplo.

Cerca de 30 a 60 minutos antes do exercício, recomenda-se a realização de uma "pequena refeição" também rica em carboidratos. No entanto, o atleta deve ter alguns cuidados, a fim de não promover flutuações hormonais e metabólicas que poderão prejudicar o

Nutrição Aplicada ao Treinamento Esportivo de Crianças e Adolescentes

seu rendimento, como a queda da glicemia no início do exercício e a rápida depleção do glicogênio muscular. Os estudos sugerem uma refeição composta por carboidratos ricos em frutose, como as frutas, ou com carboidratos de diferentes índices glicêmicos (Tabelas 6.1, 6.2 e 6.3) (Bacurau, 2000).

Durante o exercício, os principais objetivos da ingestão de carboidratos são permitir a manutenção da glicemia e amenizar a depleção dos estoques de glicogênio. Estudos demonstram que para os exercícios com duração superior à 1 hora as bebidas esportivas à base de carboidratos são mais eficazes do que a ingestão de água pura. São exemplos, as bebidas esportivas compostas de maltodextrina, um tipo de carboidrato de ab-

Tabela 6.1 – Alimentos ricos em carboidratos com índice glicêmico alto

Alimentos	Porção (g ou ml) p/ 50 g de Carboidratos	Conteúdo de Lipídios
Pão francês	201 g	2 g
Pão integral	120 g	3 g
Arroz integral	196 g	1 g
Arroz branco	169 g	0,5 g
Musli	76 g	6 g
Batata cozida	254 g	-
Uva-passa	78 g	-
Banana	260 g	1 g
Mel	67 g	3 g
Açúcar	50 g	-
Xarope de milho	63 g	-
Sol. Sacarose 6%	833 ml	-
Sol. Maltodextrina 20%	250 ml	-

Tabela 6.2 – Alimentos ricos em carboidratos com índice glicêmico moderado

Alimentos	Porção (g ou ml) p/ 50 g de Carboidratos	Conteúdo de Lipídios
Espaguete	198 g	1 g
Pão integral	232 g	6 g
Biscoitos de aveia	79 g	15 g
Uva verde	310 g	-
Laranja	420-600 g	-

Tabela 6.3 – Alimentos ricos em carboidratos com índice glicêmico baixo

Alimentos	Porção (g ou ml) p/ 50 g de Carboidratos	Conteúdo de Lipídios
Maçã	400 g	-
Suco de maçã	290 g	-
Cerejas	420 g	-
Pêssegos	450-500 g	-
Feijão	485 g	2 g
Lentilhas	294 g	2 g
Frutose	50 g	-
Sorvete cremoso	202 g	13 g
Leite integral	1.100 ml	40 g
Leite desnatado	1.000 ml	1 g
Iogurte sem açúcar	800 g	8 g

sorção lenta. O maior cuidado em relação à ingestão dessas soluções é saber a concentração em que esse carboidrato está no líquido, a qual deverá ser em torno de 8% a 10%, com 1 g/kg de peso corpóreo/hora de exercício (Bacurau, 2000). Alimentos *in natura* que apresentam moderado ou baixo índice glicêmico também podem ser consumidos, desde que o atleta esteja adaptado a ingerir alimentos durante os treinos.

Na dieta pós-competição, os carboidratos devem representar 60% a 70% do VCT, a fim de repor os estoques de glicogênio, dando preferência aos carboidratos de moderado a alto índice glicêmico (Burke, Kiens e John, 2004). Recomenda-se que essa refeição seja realizada nas primeiras 2 horas após o exercício, visto ser nesse período o pico de ressíntese do glicogênio (Costa Rosa, 2002). Esse fato não subestima a importância das refeições nas 24 horas seguintes.

Com relação às proteínas, pouco representam no metabolismo energético durante o exercício físico, exceto em situações de baixa ingestão de carboidratos e/ou calorias totais. No entanto, são essenciais para a manutenção da massa magra, bem como para atender a alta demanda inerente ao crescimento corporal. Não há estudos suficientes demonstrando se as necessidades proteicas elevam-se quando jovens são submetidos ao treinamento intenso. Ainda hoje, recomenda-se 12% a 15% do VCT na forma de proteínas (Petrie, Stover e Horswiel, 2004), sendo dois terços de alto valor biológico (PAVB), ou cerca de 0,8 a 1,0 g/kg de peso corporal. Tais recomendações são alcançadas facilmente com uma dieta mista, composta por proteínas de origem animal e vegetal.

Na dieta pré-competição, de 3 a 4 horas antes, a porcentagem de ingestão proteica deve ser mantida, porém os alimentos devem ser de fácil digestão (carnes assadas, cozidas ou grelhadas, leite e derivados "magros" e grãos cozidos). Na refeição pós-competição, não há nenhum cuidado especial, mantendo-se o consumo habitual.

Os lipídios são nutrientes fundamentais para jovens atletas. Contudo, o atleta deverá consumi-los com moderação. A American Dietetic Association (1999) estabeleceu valores de referência para o consumo de lipídios totais, ácidos graxos saturados e colesterol. O consumo não deverá ultrapassar 30% do VCT, sendo 10% na forma de gordura saturada, 10% em gordura monoinsaturada, 10% em gordura poli-insaturada e, no máximo, 300 mg de colesterol.

Especialistas em nutrição infantil contestam a diretriz dietética da ADA, argumentando que o cuidado excessivo com a ingestão de lipídios poderia desencadear uma deficiência energética e de ácidos graxos essenciais, importantes para um crescimento adequado (Olson, 2000; Satter, 2000). Além disso, essas restrições poderiam estimular, desde cedo, as "neuroses" contra a gordura.

O mais importante quanto às recomendações de lipídios é a observação da qualidade dos alimentos ingeridos por jovens atletas, bem como dos hábitos alimentares dos familiares, da presença de obesidade na família e de outras patologias crônicas, como o diabetes e as doenças coronarianas.

Na refeição pré-competição, a ingestão de lipídios deve ser restrita, mesmo se o exercício realizado for de longa duração. Alimentos fritos, molhos cremosos, maionese, creme de leite, chocolate e doces a base de cremes devem ser excluídos nessa refeição. Quanto à refeição pós-competição, a proporção de lipídios deve voltar ao normal, não ultrapassando 30% do VCT.

A ingestão de verduras e legumes crus na refeição pré-competição deve ser evitada, dando-se preferência aos cozidos, a fim de não estimular o trânsito intestinal. No período pós-exercício, esses podem e devem ser consumidos, com a finalidade de repor as vitaminas e os minerais consumidos pelo metabolismo energético durante o exercício.

Situações como a falta de apetite e a impossibilidade de realizar a refeição pós--competição são comuns em atletas. Nesse caso, a oferta de suplementos nutricionais que apresentem carboidratos, proteínas, lipídios, vitaminas e minerais na sua composição pode ser uma alternativa para o atleta não deixar de se alimentar no período de recuperação.

Quadro 6.6 – Exemplo de refeições pré-competição, 3 a 4 horas

Sugestão 1	Sugestão 2	Sugestão 3
Macarrão ao sugo	Arroz com milho	Risoto simples de palmito e ervilha
Frango assado com batatas	Purê de mandioquinha	
Legumes sauté	Carne de panela	Peixe assado com tomate
Suco de fruta natural	Abóbora refogada	Legumes corados (sem manteiga)
Salada de fruta	Suco de fruta natural	
	Doce de fruta em pasta, tipo goiabada	Suco de fruta natural
		Pêssego em calda
Sugestão 4	**Sugestão 5**	**Sugestão 6**
Leite (desnatado) com achocolatado	Vitamina de fruta com leite desnatado	Leite (desnatado) com café Pão de forma com queijo fresco e peito de peru
Torradas com geleia de fruta	Queijo quente	
Frutas	Bolo simples (sem recheio)	Frutas

Quadro 6.7 – Exemplo de refeições pré-competição, 30 a 60 minutos

Sugestão 1	Sugestão 2	Sugestão 3
Solução de carboidrato de absorção lenta, como a maltodextrina, a 10%, com 1 g/kg de peso corpóreo, de preferência gelada	Barra de cereal	Frutas variadas
Sugestão 4	**Sugestão 5**	
Biscoito de água e sal	Torradas	

Micronutrientes de Importância Nutricional para o Crescimento, Desenvolvimento e/ou Exercício Físico

Em jovens atletas, a falta de determinados micronutrientes, sobretudo, em períodos críticos de crescimento e desenvolvimento, pode acarretar retardo físico-mental, já que esses exercem papéis fundamentais no metabolismo energético, como representado nas Figuras 6.1 e 6.2. Por essa razão, a ingestão correta desses micronutrientes torna-se fundamental, sobretudo, quando crianças e adolescentes estão envolvidos em um treinamento esportivo.

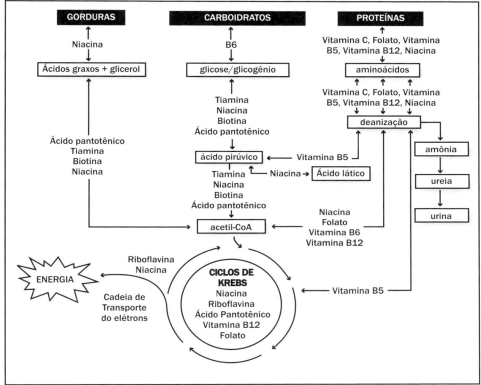

FIGURA 6.1 – Papel das vitaminas hidrossolúveis no metabolismo energético (Mcardle, Katch e Katch, 1998, p. 39).

Alguns micronutrientes merecem atenção especial por desempenharem ações específicas na regulação do crescimento e desenvolvimento, além de influenciarem no rendimento esportivo do atleta. Podem-se destacar a vitamina A, o cálcio, o ferro e o zinco. Infelizmente, ainda não existem recomendações nutricionais direcionadas a jovens inseridos em um programa de treinamento físico.

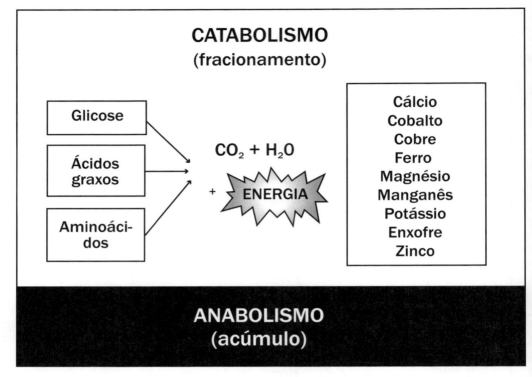

FIGURA 6.2 – Papel dos minerais no metabolismo energético (Mcardle, Katch e Katch, 1998, p. 43).

Vitamina A

A vitamina A é essencial para o crescimento, diferenciação, proliferação, reprodução e integridade das células do sistema imune. Sua deficiência está fortemente associada a infecções do trato respiratório (Vitolo, 2003).

A hipovitaminose A também parece estar associada à anemia ferropriva (patologia decorrente da deficiência acentuada de ferro, em que os valores de hemoglobina e hematócrito estão abaixo de dois desvios-padrão da referência para a idade e o sexo) (Vitolo, 2003). Postula-se que a falta da vitamina A dificulte a mobilização dos depósitos de ferro necessários à diferenciação dos eritrócitos, impedindo o seu desenvolvimento normal (Semba e Bloem, 2002). Estudos de intervenção demonstram que a suplementação com vitamina A eleva as concentrações plasmáticas de hemoglobina em crianças anêmicas (Mejia e Chew, 1988; Semba e Bloem, 2002). Contudo, ainda é necessário obter mais esclarecimento a esse respeito.

Pesquisas também indicam que jovens com hipovitaminose A apresentam retardo no desenvolvimento puberal em comparação a jovens normais, em razão de essa vitamina exercer um papel importante na maturação das gônadas e/ou na secreção hipotalâmica do fator de regulação da liberação do hormônio do crescimento (Vitolo, 2003).

Jovens atletas que fazem severas restrições alimentares, sobretudo, em relação a calorias totais, frutas, verduras e legumes, consequentemente, consomem baixas quantidades de vitamina A (Lukaski, 2004). Na área esportiva pouco se sabe, até o momento, sobre a relação da deficiência dessa vitamina com o rendimento esportivo. Recomenda-se, para ambos os sexos, de 9 a 13 anos, 600 µg/dia, para meninos de 14 a 18 anos, 900 µg/dia e para as meninas de 14 a 18 anos de idade, 700 µg/dia.

Cálcio

O cálcio é um mineral essencial para diversos tecidos corporais. Participa de processos hormonais, transmissões nervosas, coagulação sanguínea, contração muscular e transporte de membranas, além de elevar a proteção contra a perda óssea em idades mais avançadas (Aulin, 2000; Sizer e Whitney, 2003).

O crescimento ósseo durante o estirão pubertário contribui com até 40% da massa óssea observada no adulto. Por causa disso, as necessidades de cálcio na infância e na adolescência estão mais elevadas do que em qualquer outro período na vida.

Há relatos de que os adolescentes passam a ingerir quantidades insuficientes de cálcio, sobretudo, pelo fato de substituírem o leite pelo refrigerante. Por consequência, esses jovens estão propícios a adquirir uma baixa densidade óssea, contribuindo com o surgimento de fraturas por estresse, além de poderem apresentar retardo no crescimento (Petrie, Stover e Horswiel, 2004). É, então, justificável que a ingestão adequada de alimentos ricos em cálcio (Quadro 6.5) seja um fator determinante de crescimento, desenvolvimento e integridade óssea de jovens atletas (Gambarini e Damaso, 2001).

A deficiência de cálcio é frequente em jovens atletas, sobretudo, do sexo feminino, que praticam exercícios de longa duração e apresentam baixa ingestão calórica (Petrie, Stover e Horswiel, 2004). Estima-se 1.300 mg/dia para jovens de ambos os sexos.

Ferro

A adequação nutricional do ferro é uma grande preocupação em crianças e adolescentes. É, atualmente, a carência nutricional mais incidente no mundo (Alarcon et al., 2004).

Aproximadamente 5 g de ferro são armazenadas no corpo humano. Desses, 80% estão ligados à hemoglobina, responsável pelo transporte de oxigênio no sangue, e 5% estão ligados à mioglobina, responsável pelo armazenamento e transporte de oxigênio no interior da célula muscular. O ferro também está associado a enzimas do metabolismo energético (Haymes, 1997).

As funções descritas demonstram o quanto o ferro é importante para o processo de obtenção de energia. Assim, as consequências da deficiência desse mineral são ainda mais significativas quando presentes em atletas. Sua baixa ingestão diminui a concentração de hemoglobina e, consequentemente, a quantidade de oxigênio transportado no sangue. Em função disso, há comprometimento no funcionamento do metabolismo energético, influenciando diretamente o rendimento esportivo, com aumento dos batimentos cardíacos e da concentração de lactato durante o exercício (Haymes, 1997). As consequências pela deficiência de ferro ocorrem mesmo quando o indivíduo não apresenta um quadro de anemia já instalado (Hultman, Harris e Spriet, 1999).

Durante a puberdade, as necessidades de ferro elevam-se por causa do crescimento, do aumento da massa muscular, do volume sanguíneo e do início da menstruação nas meninas. Com a menarca, a ingestão de ferro deve suprir, ao mesmo tempo, a oferta de ferro para o crescimento e repor o eliminado durante o período menstrual (Haymes, 1997).

A anemia ferropriva é muito comum em jovens atletas, sobretudo, os que praticam modalidades que requerem, predominantemente, o metabolismo oxidativo, como os exercícios de longa duração (Cuvello, Damasco e Fisberg, 2001). Os estudos demonstram haver uma depleção de ferro em cerca de 25% a 44%, no sexo feminino e cerca de 4% a 13%, no sexo masculino (Lukaski, 2004). Essa alta incidência deve-se não só ao crescimento como também ao maior consumo metabólico imposto pelo exercício (Haymes, 1997; Petrie; Stover e Horswiel, 2004).

Vários são os fatores que contribuem para o surgimento de anemia em atletas. O principal é a ingestão insuficiente de alimentos fontes desse mineral (Quadro 6.5) e/ou o consumo de alimentos com baixa disponibilidade de ferro. Além disso, o próprio exercício implica a elevação do consumo desse mineral pelo metabolismo.

O cuidado que o atleta deve ter é procurar consumir alimentos que contenham ferro que será facilmente absorvido pelo organismo, já que nem todo ferro contido nos alimentos é absorvido da mesma forma.

Encontramos nos alimentos dois tipos de ferro: heme e não heme. O ferro heme é encontrado em todos os tipos de carnes, e o ferro não heme é encontrado no leite, ovos, grãos e vegetais. A biodisponibilidade de ferro está em torno de 15% a 20% e 5% a 10%, respectivamente (Lukaski, 2004). No entanto, a presença no alimento e/ou na refeição de fatores inibidores ou estimuladores influenciam na biodisponibilidade do mineral. Por exemplo, a vitamina C aumenta a absorção do ferro heme presente nos grãos, enquanto que o cálcio diminui.

O valor recomendado para meninos e meninas de 9 a 13 anos de idade é de 8 mg/dia, enquanto dos 14 aos 18 anos para meninos, é cerca de 11 mg/dia e para as meninas, 15 mg/dia.

Zinco

O zinco é um mineral integrado à estrutura e à atividade de determinadas enzimas reguladoras do metabolismo como um todo, como aquelas que participam do processo de anabolismo (construção muscular), da secreção hormonal e do desenvolvimento dos músculos esqueléticos (Fabris e Mocchegiani, 1995; Lukaski, 2004; Prasad, 1985; Vitolo, 2003). É por causa disso que a ingestão adequada de alimentos fontes de zinco são importantes para jovens atletas.

Uma das vias de excreção do zinco é a transpiração. Estudos indicam que atletas submetidos a exercícios em ambientes quentes, durante 1 semana, apresentam redução significativa das concentrações plasmáticas desse mineral (Haymes, 1997). Em atletas, a combinação entre o baixo consumo de alimentos fontes de zinco e a perda excessiva desse mineral pela transpiração, sobretudo, em modalidades com um alto estresse físico, são os principais causadores da sua deficiência nessa população (Haymes, 1997). As principais consequências da sua deficiência são o retardo do crescimento e o atraso na maturação sexual (Haymes, 1997; Prasad, 1985).

As recomendações são correspondentes a 8 mg/dia para meninos e meninas dos 9 aos 13 anos de idade, 11 mg/dia para meninas dos 14 aos 18 anos e 9 mg/dia para meninos de 14 a 18 anos de idade.

Hidratação e sua Relação com o Rendimento

Apenas cerca de 25% da energia gasta durante um exercício físico são transformadas em movimento, sendo o restante transformado em calor (Coyle, 2004). A prática de exercícios faz aumentar a produção de calor e, consequentemente, a temperatura interna do corpo. Dependendo da intensidade e da duração do exercício e das condições de temperatura e umidade do ambiente, essa elevação pode ser ainda maior. Quanto maior o esforço que o atleta fizer, maior será a quantidade de calor produzido.

Para que o aumento da temperatura corporal não seja exacerbado, mecanismos termorregulatórios são acionados, a fim de dissipar o calor para o ambiente. Caso o sistema de termorregulação não funcione adequadamente, o resultado pode ser extremamente nocivo à saúde do atleta.

Um dos mecanismos ativados para o controle da temperatura corporal é o aumento da taxa de transpiração (sudorese), que tem como princípio a secreção de água e eletrólitos (sódio, potássio, cloro e magnésio) pela pele, para serem eliminados por evaporação. No entanto, a evaporação pode ser dificultada sob condições de alta umidade relativa do ar, a qual dificulta a formação de vapor d'água pelo suor. Isso se agrava se o corpo estiver com roupas inadequadas, dificultando o contato direto da pele com o ar. Por isso, em ambientes quentes e úmidos é muito comum o surgimento precoce da fadiga durante o exercício (Petrie, Stover e Horswiel, 2004).

O excesso de transpiração apenas se torna problemático quando a reposição dos líquidos e eletrólitos não é proporcional a sua perda. Quando isso ocorre, o processo de desidratação é instalado, quadro muito frequente em jovens atletas (Bar-Or et al., 1980; Rodriguez-Santana et al., 1995; Wilk e Bar-Or, 1996).

Quanto maior o grau da desidratação, maiores são as consequências no rendimento esportivo, sobretudo, em relação ao sistema cardiovascular e mecanismos termorregulatórios (Petrie, Stover e Horswiel, 2004). Apesar de quase não haver na literatura estudos direcionados ao efeito da desidratação em jovens atletas, acredita-se que as respostas fisiológicas sejam similares às encontradas em adultos. A seguir, estão listadas as principais alterações decorrentes da desidratação (Bacurau, 2000; Murray, 1995; Petrie, Stover e Horswiel, 2004):

- perturbações gastrintestinais;
- aumento da frequência cardíaca;
- diminuição do volume de ejeção;
- diminuição do débito cardíaco;
- diminuição da pressão de enchimento do coração;
- aumento da temperatura interna;
- diminuição do fluxo sanguíneo para a pele;
- diminuição do volume plasmático;
- cãibras;
- dor de cabeça;
- confusão mental;
- diminuição do rendimento esportivo.

Tanto a ingestão de água quanto de bebidas esportivas contendo carboidratos são desejáveis para se manter uma boa hidratação durante o exercício. Porém, em exercícios com mais de 1 hora de duração, as soluções ricas em carboidratos são mais vantajosas que água pura, pois contribui não apenas para uma boa hidratação como também para o fornecimento da energia necessária durante o exercício. Além disso, o paladar é muito mais atrativo, encorajando o consumo de líquidos pelo atleta.

Alguns fatores podem contribuir para uma melhor hidratação: a concentração da solução ingerida, sua composição, o volume ingerido e o intervalo de consumo.

Em relação à concentração, ou seja, conteúdo calórico em um determinado volume de água, estudos indicam que concentrações entre 6% e 10% proporcionam

Desempenho Esportivo:
Treinamento com crianças e adolescentes

uma taxa de esvaziamento gástrico mais rápida, além de melhores efeitos no rendimento. Valores acima dessa concentração podem desencadear um mal-estar gastrintestinal, como náuseas e cólicas intestinais (Bacurau, 2000).

Quanto à composição da solução, o tipo de carboidrato parece não influenciar nas respostas metabólicas, desde que respeitadas as concentrações indicadas anteriormente. Em exercícios com mais de 90 minutos, deve ser acrescido na solução o equivalente a 15-20 mmol/l de sódio, visto ser o principal mineral perdido na transpiração. Além disso, o sódio facilita a absorção de água e de carboidratos pelo intestino, e melhora, ao mesmo tempo, o paladar da solução, encorajando o atleta a ingeri-la (American Academy of Pediatrics, 2000; Riviera-Brown et al., 1999).

O volume da solução influencia na taxa de absorção de líquidos pelo intestino. Para que ocorra um esvaziamento gástrico rápido e disponibilize o líquido para absorção, o estômago deve estar sempre com um volume aproximado de 400 ml a 600 ml (volumes acima ou abaixo atrasam a liberação do líquido pelo estômago). O ideal, portanto, é a manutenção dessa taxa, através da ingestão de líquidos dessa magnitude, com intervalos regulares de aproximadamente 15 a 20 minutos (Bacurau, 2000; Marquezi e Lancha-Jr., 1998).

Um nível adequado de hidratação também requer um controle hídrico antes e depois do exercício. É interessante saber que em humanos o sintoma da sede não é suficiente para garantir a reposição de líquidos perdidos. Assim, os atletas que se hidratam simplesmente baseando-se na sede, com certeza, ingerem quantidades insuficientes de líquidos.

Um *deficit* importante de líquidos antes do exercício antecipa a ocorrência da desidratação e seus efeitos nocivos ao esforço. Porém, a ingestão de líquidos não deve ser extremamente alta, por estimular ainda mais os mecanismos responsáveis pelo balanço hídrico, não contribuindo para a promoção da hiper-hidratação. O indivíduo precisa garantir uma boa ingestão de água pelo menos 24 h antes da sessão do exercício, de uma forma constante, e mais 250 ml a 500 ml de água, imediatamente antes do seu início.

A desidratação influencia não só no rendimento e na saúde, mas também na recuperação ao esforço do atleta, sobretudo, se o intervalo para a próxima sessão do exercício for curto. A reposição de líquidos (reidratação) deve ser sempre maior em relação a sua perda durante o exercício. A reidratação deve suprir o que foi perdido durante o exercício, adicionado ao que está sendo eliminado pela urina no pós-exercício. A alimentação convencional, com a ingestão de água, sucos de fruta, chás, frutas, verduras e legumes, normalmente, garante uma boa hidratação pós-exercício. Vale a ressalva para o consumo de bebidas ricas em cafeína (café, chá preto, chá mate e refrigerantes a base de cola), já que essa substância estimula ainda mais a desidratação.

Uma forma de amenizar a desidratação em ambientes atípicos ao que o atleta está habituado a treinar é fazê-lo passar pelo processo de aclimatação (treinar em climas atípicos por alguns dias), utilizar roupas adequadas e hidratar-se corretamente. No entanto, não podemos ignorar o fato de crianças e adolescentes apresentarem velocidades de aclimatação mais lenta, se comparados aos adultos (Coyle, 2004).

Em relação aos adultos, jovens atletas merecem um cuidado especial quanto à hidratação, pelo fato de apresentarem, fisiologicamente, desvantagens em relação aos primeiros, no quesito regulação térmica. Quanto mais jovem o atleta for, maior será a absorção do calor por superfície de área corporal, e menor será a taxa de sudorese, também por superfície de área corporal. E mais, eles produzem mais calor quando realizam exercícios como caminhadas ou corridas, assim como há um maior aumento da temperatura corporal à medida que desidratam (American Academy of Pediatrics, 2000; Bar-Or, 2000; Petrie, Stover e Horswiel, 2004). Dessa forma, torna-se claro que jovens atletas suportem menos o estresse térmico quando comparados a adultos fisicamente ativos.

Vale ressaltar que em ambientes frios a desidratação também pode ocorrer, porém por mecanismos fisiológicos diferentes dos encontrados em ambientes quentes. Em razão das poucas pesquisas relacionando o frio com a desidratação em jovens atletas, esse assunto não será discutido aqui.

Avaliação do Estado Nutricional

A avaliação e adequação da ingestão dos nutrientes, em relação às necessidades fisiológicas, é de suma importância para atletas que estão em constante desenvolvimento corporal. Porém, determinar com precisão o estado nutricional de um indivíduo apenas com base nas recomendações nutricionais é, no mínimo, arriscado, pois essas são elaboradas com dados populacionais que não levam em consideração o fator individualidade. Para alguns indivíduos, as referências podem estar acima ou abaixo do que seria considerado ideal.

Desta forma, é válido associar também a ingestão alimentar habitual do indivíduo, bem como analisar seu histórico clínico, sintomas clínicos, exames bioquímicos e medidas antropométricas (Fogelholm, 1995).

- Ingestão Alimentar Habitual: a avaliação pode ser obtida por meio da aplicação de questionários quantitativos e qualitativos. São exemplos de questionários: o Diário Alimentar, Registro de 24 horas e o Questionário de Frequência dos Alimentos.
- Histórico Clínico: necessário para se observar os fatores genéticos, a presença de patologias pregressas e hábitos de vida do atleta.
- Sintomas Clínicos: indicam a presença de deficiências nutricionais; nos quadros 6.4 e 6.5 estão descritas as principais consequências da deficiência dos micronutrientes.
- Exames Bioquímicos: são fundamentais para identificar a presença de patologias ou carências nutricionais; são exemplos: hemograma completo, glicemia em jejum, hemoglobina glicosilada, colesterol total e suas frações, triglicerídeos, creatinina, albumina e concentração sérica de micronutrientes.
- Medidas Antropométricas: por meio do peso, estatura, circunferências e diâmetros ósseos, pode-se acompanhar crescimento e desenvolvimento do indivíduo, bem como identificar a presença de desnutrição, sobrepeso e obesidade.

Distúrbios Comportamentais Relacionados à Alimentação

Os pais agem diretamente na escolha dos alimentos ingeridos pelos filhos. Contudo, à medida que o filho se desenvolve, ele mesmo passa a decidir quais alimentos farão par-

Nutrição Aplicada ao Treinamento Esportivo de Crianças e Adolescentes

te do seu hábito alimentar. Essa escolha sofre influência da mídia, amigos, atividades sociais que o adolescente passa a participar, crescente independência e definição da própria identidade (Cintra e Fisberg, 2004). Alguns, em função de uma maior conscientização, passam a adquirir melhores hábitos alimentares. Já outros, não.

Um ponto comum a se destacar nos hábitos alimentares de jovens é a ausência do desjejum. Estudos recentes demonstram que o desjejum é a refeição mais inconstante nessa população (Cintra e Fisberg, 2004). O problema é que a ausência dessa refeição compromete as funções cognitivas dos jovens (Simeon e Granthan-McGregor, 1989), pelo fato de o perfil metabólico característico do jejum prolongado (diminuição da glicemia e aumento da oxidação de ácidos graxos) interferir nos processos relacionados à atenção e ao processamento de informações neurológicas (Pollitt e Mathews, 1998; Pollitt, Cueto e Jacoby, 1998). Além disso, dificilmente conseguem suprir, nas refeições posteriores, os nutrientes não consumidos no desjejum (Pollitt, 1995). A realização do desjejum contribui, de forma significativa, para o aporte de energia, proteínas e ferro, em 15%, 16% e 60%, respectivamente (Cueto, 2001).

Além da ausência do desjejum, os jovens tendem a substituir o almoço e o jantar por lanches ou rápidas refeições do tipo *fast-food*. Com isso, há um excessivo consumo de gorduras, sobretudo, as saturadas e o colesterol, e quantidades insuficientes de vitaminas e minerais (Cintra e Fisberg, 2004). O fato de ingerir muita gordura faz o atleta consumir menos carboidratos, fibras e outros nutrientes essenciais para o rendimento esportivo. Ao mesmo tempo, esse hábito pode propiciar, com o passar do tempo, doenças crônicas, como o diabetes, cardiopatias, hipertensão, sobrepeso e obesidade.

Outro comportamento alimentar comum em jovens adolescentes, segundo um estudo realizado nos EUA, é a substituição do leite (importante fonte de cálcio) e dos sucos de frutas (importantes fontes de vitaminas e minerais) por refrigerante. Segundo Harnak, Stang e Story (1999), apenas 18% dos adolescentes norte-americanos não consomem refrigerantes. Verificou-se, como consequência, um importante comprometimento na quantidade de cálcio ingerido, o que afeta diretamente o crescimento e o desenvolvimento ósseo, além de facilitar fraturas por estresse.

Atletas adolescentes, sobretudo, do sexo feminino, frequentemente fazem dietas para a redução da gordura corporal, mesmo sem haver a real necessidade. A exigência do atleta em atingir um baixo peso em determinadas modalidades esportivas, como a ginástica olímpica, lutas e corrida de longa distância, e as pressões psicológicas em relação à imagem corporal realizadas pelos meios de comunicação "obrigam" essas jovens a fazerem "dietas milagrosas" que, normalmente, são pobres em calorias, carboidratos e outros nutrientes essenciais para o crescimento e rendimento físico. Em alguns casos, passam a utilizar remédios para a redução de apetite, diuréticos e laxantes.

Em muitos casos, a extrema obsessão pelo emagrecimento faz que interrompam a ingestão de alimentos durante horas ou mesmo dias. Esse distúrbio comportamental é chamado de anorexia nervosa (Cordas, Salzano e Rios, 2004). Outro exemplo de distúrbio comportamental é a bulimia, também chamada de compulsão alimentar. É caracterizada pela frequente ingestão rápida e exagerada de alimentos em um curto período de tempo, seguida de vômitos provocados, uso de laxantes e diuréticos ou mesmo exercício físico por longos períodos. Esses distúrbios alimentares são frequentes em atletas de 13 a 17 anos, sobretudo, do sexo feminino, apesar de já haver relatos com adolescentes do sexo masculino, cujas modalidades esportivas exigem um baixo peso corporal (Cintra e Fisberg, 2004). Quando o atleta tem por objetivo a redução da gordura corporal, ele deve ser encaminhado a um profissional da área, que irá orientá-lo quanto à sua dieta, evitando possíveis deficiências nutricionais que possam comprometer seu desenvolvimento físico e rendimento esportivo.

Jovens atletas com hábitos alimentares inadequados que, normalmente, restringem carboidratos e calorias totais, permitem que os estoques de glicogênio sejam depletados, facilitando o surgimento da fadiga de forma precoce, prejudicando o seu rendimento durante as sessões de treino e/ou competições. Ao mesmo tempo, terão mais chances para a ocorrência de fraturas por estresse, além do comprometimento de seu crescimento e desenvolvimento corporal.

Para jovens atletas, o importante é o ajuste adequado quanto às quantidades de calorias totais e proteicas, a fim de se evitar a utilização dos aminoácidos como energia, estando esses disponíveis para realizar suas funções relacionadas ao crescimento e desenvolvimento dos tecidos corpóreos. É também de grande importância o correto consumo de alguns micronutrientes como a vitamina A, o cálcio, o ferro e o zinco, cujas necessidades aumentadas estão fortemente associadas ao padrão de crescimento corporal.

Além disso, a alimentação deve, também, estar voltada para o rendimento esportivo, predominando sempre os nutrientes mais requeridos pelo exercício em questão.

Referências

ADA AMERICAN DIETETIC ASSOCIATION. Dietary guidance for healthy children aged 2 to 11 years. JADA, v. 99, p. 93-101, 1999.

ALARCON, K. et al. Effects of separate delivery of zinc or zinc and vitamin A on hemoglobin response, growth, and diarrhea in young Peruvian children receiving iron therapy for anemia. **Am. J. Clin. Nutr.**, v. 80, p. 1276-82, 2004.

AMERICAN ACADEMY OF PEDIATRICS. Committee on sports medicine and fitness. **Pediatrics**, v. 106, n. 1, p. 158-9, 2000.

AULIN, K. P. Minerals: calcium. In: MAUGHAN, R. J. et al. **Nutrition sport**. Oxford: Blackwell Science, 2000. p. 318-25.

BACURAU, R. F. **Nutrição e suplementação esportiva**. São Paulo: Phorte, 2000.

BAR-OR, O. Nutrição para crianças e adolescentes. **Gatorade Sport Sci. Inst.**, v. 27, p. 1-5, 2000.

_____. Voluntary hypohydration in 10 to 12-years-old boys. **J. Appl. Physiol.**, v. 48, p. 104-8, 1980.

BURKE, L. M.; KIENS, B.; JOHN, I. L. Carbohydrates and fat for training and recovery. In: MAUGHAN, R. J.; BURKE, L. M.; COYLE, E. F. **Food, nutrition and sports performance II**. The International Olympic Committee Consensus on Sports Nutrition. London: Routledge, 2004. p. 24-49.

CINTRA, I. P.; FISBERG, M. Mudanças na alimentação de crianças e adolescentes e suas implicações para a prevalência de transtornos alimentares. In: PHILIPPI, S. T.; ALVARENGA, M. **Transtornos alimentares: uma visão nutricional**. São Paulo: Manole, 2004. p. 149-61.

CORDAS, T. A.; SALZANO, F. T.; RIOS, S. R. Os transtornos alimentares e a evolução no diagnóstico e no tratamento. In: PHILIPPI, S. T.; ALVARENGA, M. **Transtornos alimentares:** uma visão nutricional. São Paulo: Manole, 2004. p. 39-62.

COSTA ROSA, L. F. B. Carboidratos. In: LANCHA JUNIOR, A. H. **Nutrição e metabolismo aplicados à atividade motora**. São Paulo: Atheneu, 2002.

COYLE, J. F. Termorregulação. In: SULLIVAN, J. A.; ANDERSON, S. J. **Cuidados com o jovem atleta:** enfoque interdisciplinar na iniciação e no treinamento esportivo. São Paulo: Manole, 2004. p. 66-80.

CUETO, S. Breakfast and dietary balance: the enkid study. **Public Health Nutr.**, v. 4, n. 6A, p. 1429-31, 2001.

CUVELLO, L. C. F.; DAMASCO, A. R.; FISBERG, M. Anemia ferropriva e atividade física. In: DAMASO, A. **Nutrição e exercício na prevenção de doenças**. Rio de Janeiro: MEDSI, 2001. p. 295-305.

ERIKKSON, B. O.; GOLLNICK, P. D.; SALTIN, B. Muscle metabolism and enzyme activities after training in boys 11-13 years old. **Acta. Physiol. Scand.**, v. 87, p. 485-97, 1973.

FABRIS, N.; MOCCHEGIANI, E. Zinc, human diseases and aging. Aging, v. 7, n. 2, p. 77-93, 1995.

FOGELHOLM, M. Indicators of vitamin and mineral status in athletes blood: a [review]. **Int. J. Sport Nutr.**, v. 5, n. 5, p. 267-84, 1995.

GAMBARINI, G. P.; DAMASO, A. R. Avaliação, recomendação e adequação da ingestão alimentar. In: DAMASO, A. **Nutrição e exercício na prevenção de doenças**. Rio de Janeiro: Medsi, 2001. p. 91-121.

Guedes, D. P.; Guedes, J. E. R. P. **Crescimento, composição corporal e desempenho motor**. São Paulo: CLR Balieiro, 1997.

Guyton, A. C. **Fisiologia humana**. 6. ed. Rio de Janeiro: Guanabara Koogan, 1988.

Haralambie, G. Skeletal muscle enzyme activities in female subjects of various ages. **Bull. Eur. Physiopath. Respir.**, v. 15, p. 259-67, 1979.

Harnack, L.; Stang, J.; Story, M. Soft drink consuption among US children and adolescents: nutritional consequences. **J. Am. Diet. Assoc.**, v. 99, p. 436-41, 1999.

Haymes, E. M. Trace minerals and exercise. In: Wolinsky, I. **Nutrition in exercise and sport**. 3. ed. USA: CRC Press, 1997. Cap. 11, p. 224-38.

Heald, F. P.; Gong, E. J. Diet, nutrition and adolescents. In: Shils, M. E. et al. **Modern nutrition in health and desease**. 9. ed. Baltimore: Williams & Wilkins, 1999, p. 857-67.

Heargreaves, M. Metabolic responses to carbohydrate ingestion: effects on exercise performance. In: Lamb, D. R.; Murray, R. **Perspectives in exercise science and sports medicine**. [S. l.]: Cooper Publishing Group, 1999.

Heargreaves, M.; Hawley, J. A.; Jeukendrup, A. Pre-exercise carbohydrate and fat ingestion: effects on metabolism and performance. In: Maughan, R. J.; Burke, L. M.; Coyle, E. F. **Food, nutrition and sports performance II**. The International Olympic Committee Consensus on Sports Nutrition. London: Routledge, 2004. Cap. 3, p. 51-61.

Hultman, E.; Harris, R. C.; Spriet, L. L. Diet in work and exercise performance. In: Shils, M. E.; Olson, J. A.; Shike, M; Ross, A. C. **Modern nutrition in health and desease**. 9. ed. Baltimore: Williams & Wilkins, 1999. Cap. 47, p. 761-79.

Lacerda, E. M. A.; Accioly, E. Alimentação do pré-escolar e escolar. In: Accioly, E.; Saunnders, C.; Lacerda, E. M. A. **Nutrição em obstetrícia e pediatria**. São Paulo: Cultura Médica, 2003. Cap. 19, p. 369-82.

Lucas, B. Nutrição na infância. In: Krause, M. V.; Mahan, H. K. **Alimentos, nutrição e dietoterapia**. 7. ed. São Paulo: Roca, 1991. Cap. 12-13, p. 279-91.

Lukaski, H. C. Vitamin and mineral status: effects on physical performance. **Nutrition**, v. 20, n. 7-8, p. 632-44, 2004.

Macek, M.; Vavra, J. Prolonged exercise in 14-year-old girls. **Int. J. Sport Medc.**, v. 4, p. 194-98, 1981.

Marquezi, M. L.; Lancha-Junior, A. H. Estratégias de reposição hídrica: revisão e recomendações aplicadas. **Rev. Pauli. Educ. Fís.**, v. 12, n. 2, p. 219-27, 1998.

Maughan, R. J.; Gleeson, M.; Greenhaff, P. L. **Bioquímica do exercício e do treinamento.** São Paulo: Manole, 2000.

Mcardle, W. D.; Katch, F. I.; Katch, V. L. **Fisiologia do exercício: energia, nutrição e desempenho humano.** 4. ed. Rio de Janeiro: Guanabara Koogan, 1998.

Mclaren, D. S. Clinical manifestations of human vitamin and mineral disorders: [review]. In: Shils, M. E.; et al. **Modern nutrition in health and desease**. 9. ed. Baltimore: Williams & Wilkins, 1999. Cap. 30, p. 485-503.

Mejia, L. A.; Chew, F. Haematological effect of supplementing anemic children with vitamin A alone and in combination with iron. **Am. J. Clin. Nutr.**, v. 48, p. 595-600, 1988.

Murray, R. Fluid needs in hot and cold environments. **Int. J. Sport Nutr.**, v. 5, p. S62-73, 1995.

Newsholme, E. A.; Leech, A. R. **Biochemistry for the medical exercise**. Chichester: John Willey, 1983.

Olson, R. E. It is wise to restrict fat in the diets of children? **J. Am. Diet Assoc.**, v. 100, n. 1, p. 25-31, 2000.

Petrie, J. H.; Stover, E. A.; Horswiel, C. A. Nutritional concerns for the child and adolescent competitor. **Nutrition**, v. 20, p. 620-31, 2004.

Pollitt, E. Does breakfast make a difference in school? **J. Am. Diet. Assoc.**, v. 95, p. 1134-39, 1995.

Pollit, E.; Mathews, R. Breakfast and cognition: an integrative summary. **Am. J. Clin. Nutr.**, v. 67, (suplemento), p. 840s-13, 1998.

Polli, E.; Cueto, S.; Jacoby, E. R. Fasting and cognition in well- and undernourished schoolchildren: a review of three experimental studies. **Am. J. Clin. Nutr.**, v. 67, (suplemento), p. 779S-84S, 1998.

Powers, S. K.; Howley, E. T. **Fisiologia do exercício**: teoria e aplicação ao condicionamento e ao desempenho. 3. ed. São Paulo: Manole, 2000. Cap. 18, p. 317-46.

Prasad, A. S. Clinical manifestations of zinc deficiency. **Ann. Rev. Nutr.**, v. 5, p. 341-63, 1985.

Rivera-Brown, A. M. et al. Drink composition, voluntary drinking and fluid balance in exercising, trained, heat-acclimatized boys. **J. Appl. Physiol.**, v. 86, n. 1, p. 78-84, 1999.

Rodriguez-Santana, J. R. et al. Effect of drink pattern and solar radiation on thermoregulation and fluid balance during exercise in chronically heat acclimatized children. **Am. J. Hum. Biol.**, v. 7, p. 643-50, 1995.

Satter, E. A modern view on fat restriction for young children. **J. Am. Diet. Assoc.**, v. 100, n. 1, p. 32-6, 2000.

Semba, R. D.; Bloem, M. W. The anemia of vitamin A deficiency: epidemiology and pathogenesis. **Eur. J. Clin. Nutr.**, v. 56, n. 4, p. 271-81, 2002.

Simeon, D. T.; Granthan-Mcgregor, S. Effects of missing breakfast on the cognitive functions of school children of differing nutritional. **Am. J. Clin. Nutr.**, v. 49, p. 646-53, 1989.

Sizer, F. S.; Whitney, E. N. Crianças, adolescentes e idosos. In: Sizer, F. S.; Whitney, E. N. **Nutrição**: conceitos e controvérsias. 8. ed. São Paulo: Manole, 2003. Cap. 13, p. 469-506.

STEEN, S. N; BERNHARDT, D. T. Nutrição e controle de peso. In: SULLIVAN, J. A.; ANDERSON, S. J. **Cuidados com o jovem atleta:** enfoque interdisciplinar na iniciação e no treinamento esportivo. São Paulo: Manole, 2004. p. 81-94.

UNNITHAN, V. B.; BAXTER-JONES, A. D. G. The Young athlete. In: MAUGHAN, R. J. **Nutrition in sport**. Blackwell Science, 2000. Cap. 32, p. 429-41.

VITOLO, M. R. **Nutrição**: da gestação à adolescência. Rio de Janeiro: Reichmann e Affonso Editores, 2003.

VOLEK, J. S. Enhancing exercise performance: nutritional implications. In: GARRET, W. E. J.; KIRKENDALL, D. T. **Exercise and sport science**. Philadelphia: Lippincott Williams & Wilkins, 2000. Cap. 32, p. 471-86.

WILK, B.; BAR-OR, O. Effect of drink flavor and NaCl on voluntary drinking and hydration in boys exercising in the heat. **J. Appl. Physiol.**, v. 80, n. 4, p. 1112-17, 1996.

WOLINSKY, T.; HICKSON JUNIOR, J. F. **Nutrição no exercício e no esporte**. 2. ed. São Paulo: Roca, 1996.

7

A Estruturação da Prática na Aprendizagem Motora: uma Análise das Pesquisas com Tarefas do Mundo Real

> Variabilidade é a fonte da melhor produção do jardim.
> *Charles Darwin*[1]

Umberto Cesar Corrêa

---

[1] Em: Touuven, B C. L. How normal is variable, or hour variable is normal? Early Human Development, v. 34, n.1/2, p. 1-12, 1993.

Aprendizagem motora é uma área de estudos que têm se preocupado basicamente com dois tipos de pesquisas: uma relacionada aos processos e mecanismos subjacentes às mudanças no comportamento motor dos seres humanos como decorrência da prática, e outra relacionada aos fatores que influenciam tais mudanças. Essas mudanças dizem respeito ao processo de aquisição de habilidades motoras.

Ao longo dos anos, as pesquisas em aprendizagem motora têm sido desenvolvidas com duas ênfases principais: uma denominada *abordagem orientada à tarefa*, que perdurou até o início da década de 1970, e a outra, denominada de *abordagem orientada ao processo*, que continua até os dias atuais. Na abordagem orientada à tarefa, as pesquisas focalizavam os efeitos de certas variáveis do desempenho de tarefas motoras (Pew, 1970). Em outras palavras, nessa abordagem, enfatizavam-se a investigação dos fatores que afetam a aquisição de habilidades com foco no seu resultado. Destaca-se que essa ênfase era um reflexo da principal corrente teórica que fundamentava as pesquisas até então, o behaviorismo. Embora o começo da década de 1970 seja um marco do início da abordagem orientada para o processo, essa abordagem foi fortemente influenciada por uma visão do ser humano como sendo um sistema processador de informações (Broadbent, 1958; Fitts, 1954). Dessa forma, com base nessa abordagem passou-se a focalizar nas pesquisas aspectos neurais ou mentais básicos para a execução de movimentos. Pode-se dizer que a década de 1970 foi o *período de ouro* da aprendizagem motora (Tani e Corrêa, 2004). Um reflexo disso é a forte influência de algumas proposições elaboradas com essa abordagem, que podem ser consideradas clássicas como, por exemplo, aquelas de circuito aberto (Keele, 1968), de circuito fechado (Adams, 1971) e de esquema (Schmidt, 1975), em calorosas discussões ainda nos dias atuais (Schmidt, 2003).

Após esse *período de ouro*, houve uma certa estagnação da área, causada, por um lado, pela mudança de foco em relação a problemas de pesquisa, visto que os pesquisadores passaram a focalizar mais mecanismos de controle motor, e, por outro, pelo surgimento de uma nova abordagem denominada de sistemas dinâmicos, que contrapunha a teoria de processamento de informações. Esse último aspecto causou um grande embate teórico, cujos resquícios podem ser observados até hoje, embora pouco progresso tenha sido observado em termos de aprendizagem na abordagem dos sistemas dinâmicos (Walter, Lee e Sternad, 1998; Wulf et al., 1999). Dessa forma, em conjunto ao desenvolvimento de uma nova abordagem, houve uma retomada das pesquisas acerca dos fatores que afetam a aquisição de habilidades motoras, entre os quais pode-se destacar a prática.

Esse fator — a prática — tem sido investigado em duas linhas de pesquisa: uma relacionada à natureza da tarefa de aprendizagem, e outra, foco desse capítulo, relativa à variabilidade da prática. Concernente a essa última, duas principais proposições têm servido de base para a sua investigação: teoria de esquema (Schmidt, 1975; Moxley, 1979) e interferência contextual (Battig, 1979), e cada uma tem focalizado os efeitos de diferentes estruturas de prática na aquisição de habilidades motoras.

As investigações relacionadas à teoria de esquema têm procurado investigar os efeitos, na aprendizagem, da prática variada (caracterizada pela variação aleatória de parâmetros da tarefa) e da prática constante (caracterizada por repetição ou por não envolver variações durante a execução de várias tentativas da tarefa de aprendizagem). A suposição básica nessas investigações é que a experiência variada em movimentos da mesma classe resulta em um esquema fortalecido que, por sua vez, possibilita um melhor desempenho em tarefas novas da mesma classe. Portanto, é esperado que um melhor desempenho em testes de transferência seja obtido por indivíduos que praticaram de forma variada, em relação a indivíduos que praticaram sob forma constante.

No que se refere à interferência contextual, as pesquisas têm focalizado os efeitos de diferentes estruturas da prática variada na aquisição de habilidades motoras. Nessas pesquisas, duas principais estruturas da prática variada são manipuladas: aleatória e por blocos. A prática variada aleatória se caracteriza pela apresentação aleatória da tarefa, de modo que o aprendiz nunca pratique a mesma tarefa em duas ou mais tentativas consecutivas. A prática variada por blocos se caracteriza pela execução de todas as tentativas de uma tarefa para, depois, passar a uma outra tarefa. Essa prática é feita por meio de repetições, com o mínimo de interrupção. Pode-se destacar que, a partir de 1986, um outro tipo de prática variada, denominada seriada, passou a ser manipulada nas pesquisas. Ela se caracteriza pela prática de várias tarefas apresentadas em uma sequência preestabelecida, seguindo sempre a mesma ordem.

A prática variada aleatória tem sido vista como aquela que promove um alto nível de interferência contextual, uma vez que várias tarefas são praticadas conjuntamente, umas causando interferência nas outras. Já na prática variada por blocos, sugere-se que ocorra um baixo nível de interferência contextual, pois se executam todas as tentativas de uma determinada tarefa para, depois, passar para outra; desse modo, há pouca interferência de uma tarefa nas outras. E a prática variada seriada é vista como aquela que possibilita um nível moderado de interferência contextual, em comparação com as demais (Corrêa e Pellegrini, 1996). A hipótese testada nessa abordagem é que a prática aleatória promove um melhor desempenho em testes de retenção e transferência do que a prática por blocos. As principais explicações para isso referem-se à prática variada aleatória possibilitar melhor distinção e elaboração de traços e/ou planos de ação relativos às tarefas praticadas na memória (Battig, 1979; Shea e Zimny, 1983), bem como ao fortalecimento do plano de ação em virtude de sua constante reconstrução, fazendo que ele fique resistente ao esquecimento (Lee e Magill, 1983, 1985).

Conforme foi colocado, com a retomada das pesquisas acerca dos fatores que afetam a aquisição de habilidades motoras, a estruturação da prática passou a ser foco de inúmeras investigações. Contudo, com a realização de pesquisas, vieram, também, algumas críticas e questionamentos, entre os quais destacam-se aqueles

Desempenho Esportivo:
Treinamento com crianças e adolescentes

relativos à complexidade e à validade ecológica das tarefas. Em outras palavras, pesquisadores começaram a questionar se as tarefas utilizadas nos experimentos de aprendizagem motora permitiam a generalização dos achados, em relação à aprendizagem de tarefas realizadas no cotidiano ou em ambientes de educação física e esporte (Brady,1998; Schmidt, 1977; Shea, Shebilske e Worchel, 1993). Pode-se dizer que o final da década de 1980 foi um marco para tais questionamentos, não somente em relação às pesquisas sobre a estruturação da prática, mas acerca das pesquisas em aprendizagem motora como um todo.

Aliado a isso, um outro questionamento passou a ser feito, concernente à contribuição da aprendizagem motora para a Educação Física (Tani, 1992). Parecia haver, naquela época, uma falsa expectativa de que os conhecimentos produzidos em aprendizagem motora deveriam servir diretamente para o ensino de Educação Física. Em nosso entendimento, essa falsa expectativa pode ter ocorrido por causa do desconhecimento da aprendizagem motora como um campo de investigação, sobretudo, no cenário brasileiro (Tani e Corrêa, 2004), e pelo fato de os fatores que afetam a aquisição de habilidades motoras serem, também, aqueles fatores manipulados por profissionais que atuam no ensino de habilidades motoras. No entanto, os conhecimentos produzidos na área de aprendizagem motora podem servir, apenas, como *insights* para a busca de soluções de problemas relativos ao ensino-aprendizagem nas áreas de Educação Física e Esporte (Christina, 1989; Schmidt, 1989; Tani, 1992).

Uma consequência desses acontecimentos foi a realização de estudos com tarefas de aprendizagem mais complexas e de maior validade ecológica do que aquelas concebidas como *de laboratório*. Uma forte tendência em relação a isso diz respeito à realização de pesquisas com o propósito de verificar experimentalmente aqueles achados das pesquisas realizadas com tarefas *de laboratório*, em ambientes, ou com tarefas *do mundo real*. É nesse contexto que o presente capítulo se insere. Mais especificamente, pretendeu-se, num primeiro momento, apresentar as pesquisas sobre os efeitos de diferentes estruturas de prática na aquisição de habilidades motoras, realizadas com tarefas *do mundo real*, com o intuito de mostrar ao leitor o que tem sido produzido a esse respeito, como e o que tem sido achado. Posteriormente, procurou-se sintetizar os resultados dessas pesquisas, levantando suas principais limitações e possíveis implicações para o ensino de habilidades motoras.

Efeitos de Diferentes Estruturas de Prática na Aquisição de Habilidades Motoras

Um dos primeiros estudos preocupados em investigar os efeitos de diferentes estruturas de prática na aprendizagem motora foi realizado por Goode e Magill (1986). Eles especularam se os efeitos da interferência contextual eram generalizáveis para a aprendizagem de habilidades motoras esportivas. Nesse estudo, a tarefa de aprendizagem referiu-se ao saque do *badminton*, sendo a variável manipulada a distância do local de saque ao alvo. O delineamento experimental constou de três grupos de prática variada: por blocos, seriada e aleatória, respectivamente: uma distância por sessão de prática, três distâncias praticadas serialmente em cada sessão e três distâncias por sessão de forma aleatória. Os testes de retenção e transferência foram feitos no dia seguinte à última sessão de prática, e, para esse último, os alvos foram mudados de lugar. Os resultados mostraram que o grupo de prática aleatória obteve desempenho superior ao grupo de prática por blocos em ambos os testes (retenção e transferência). Esse resultado permitiu aos autores concluírem que houve generalização da superioridade da prática variada aleatória sobre aquela variada por blocos em contextos de Educação Física.

Em outro estudo, French, Rink e Werner (1990) distribuíram 139 indivíduos em grupos de prática variada aleatória por blocos e aleatória por blocos. Nessa pesquisa, a tarefa de aprendizagem se referiu a três habilidades do voleibol: saque, toque e manchete, e a variável dependente se referiu a escores relativos ao padrão de movimento (AAHPERD *Volleiball Skill Test*). O objetivo dessa investigação foi verificar se os achados dos estudos sobre os efeitos da interferência contextual na aquisição de habilidades motoras realizados em laboratório, com tarefas artificiais, eram generalizáveis quando a tarefa de aprendizagem tivesse um alto grau de validade ecológica, ou seja, fosse caracterizada como tarefa *do mundo real*. Todos os participantes executaram trinta tentativas por dia num total de nove dias de aquisição, e em dois dias foi realizado um teste de retenção. Os resultados não evidenciaram diferenças entre os grupos, mostrando, portanto, a não generalização do fenômeno investigado.

Similarmente aos estudos anteriores, Boyce e Del Rey (1990) objetivaram investigar a ocorrência dos efeitos da interferência contextual em atividades *naturalísticas* e, também, verificar os referidos efeitos em novatos. Desta forma, participaram da pesquisa noventa adultos jovens de ambos os sexos, inexperientes, distribuídos aleatoriamente em relação às condições de prática aleatória e por blocos. A tarefa se referiu ao tiro ao alvo com rifle. O desempenho foi inferido a partir dos escores relativos a pontuações constantes no alvo. Nessa pesquisa, a variável manipulada foi a distância do local de tiro ao alvo. O delineamento constou de pré-teste, aquisição, teste de retenção e teste de transferência. Os resultados mostraram que o grupo de prática aleatória obteve melhor desempenho do que o grupo de prática por blocos no teste de transferência. Isso levou os autores a generalizarem tais resultados.

A pesquisa de Wrisberg (1991) teve como objetivo investigar se a variedade contextual seria observada em ambientes de Educação Física. Portanto, objetivou-se testar a generalidade dos efeitos da prática variada na aquisição de habilidades esportivas. A tarefa de aprendizagem constou do saque do *badminton* e a variável dependente foi a pontuação relativa à precisão do saque (5, 4, 3, 2 pontos). Trinta e dois indivíduos de ambos os sexos foram distribuídos em quatro grupos experimentais: prática com repetição em um único alvo, prática com repetição em alvos múltiplos, prática sem repetição em um único alvo e prática sem repetição em alvos múltiplos. A fase de prática envolveu seis sessões e a fase de teste, uma sessão, e essa última foi executada ao final da fase de prática. Os resultados mostraram que os indivíduos que praticaram o saque curto de forma não repetida obtiveram melhores desempenhos no pós-teste do que aqueles que praticaram o mesmo saque repetidamente. Isso permitiu ao autor inferir que os efeitos da interferência contextual eram generalizáveis para a aprendizagem de tarefas motoras esportivas.

Wrisberg e Liu (1991) também tiveram como objetivo a investigação dos efeitos das práticas variadas aleatórias e por blocos, ou seja, da interferência contextual na aquisição, retenção e/ou transferência de habilidades motoras esportivas. Participaram do estudo 52 indivíduos de ambos os sexos, organizados em dois grupos de prática variada: aleatória e por blocos. Os participantes executaram a tarefa de saque do *badminton*, curto e longo, e a variável manipulada foi a distância do local de saque ao alvo. Foi acrescentado, nesse estudo, um jogo individual ou de duplas no final de cada sessão de prática. A variável dependente foi a pontuação relativa à precisão do alvo. Os resultados evidenciaram que o grupo de prática aleatória apresentou melhor desempenho no teste de retenção do que o grupo de prática por blocos, porém, o mesmo não foi observado no teste de transferência. Os resultados também evidenciaram superioridade da prática variada aleatória no teste de retenção para o saque curto e no teste de transferência em ambos os saques, quando comparado ao grupo de prática em blocos. Os autores chegaram à conclusão de que a condição de prática que requer reconstrução do plano de ação, de tentativa a tentativa, pode facilitar a retenção e a transferência de uma habilidade esportiva, independentemente de não ter ocorrido diferenças nesse último teste.

Também com o mesmo objetivo dos estudos anteriores de investigar a generalidade do efeito da interferência contextual na retenção e na transferência verificado em tarefas de laboratório nas atividades típicas de uma aula de Educação Física, Bortoli et al. (1992) realizaram um estudo semelhante aos anteriores, porém, com o acréscimo de um grupo de prática seriada com alta interferência contextual. Na visão dos autores, esse grupo seria aquele que praticaria as tarefas duas vezes antes de passar para uma próxima tarefa. Nesse estudo, foi variada a tarefa a ser executada, ou seja, o tipo de movimento (saque, cortada e toque). A tarefa consistia em fazer que a bola, independentemente do tipo de habilidade, tocasse uma área-alvo. O teste de retenção foi executado em condições semelhantes àquelas praticadas e o teste de transferência em duas condições: transferência curta (a tarefa era executada em um local mais próximo da rede e do alvo) e transferência distante (a tarefa era executada em um local mais distante da rede e do alvo). Resultados significantes foram observados com relação ao saque, no teste de transferência distante, visto que os grupos de prática variada seriada e aleatória obtiveram melhor desempenho do que os grupos de prática variada por blocos e seriada com alta interferência contextual.

Saindo da preocupação de generalização dos resultados dos estudos realizados em laboratório, Hall, Domingues e Cavazos (1994) se propuseram a investigar o efeito da interferência contextual em indivíduos habilidosos em beisebol. Os trinta participantes foram distribuídos em 3 grupos (prática variada aleatória, prática variada por blocos e controle) e executaram a tarefa de rebater três tipos de lançamento. Os grupos de prática variada aleatória e por blocos receberam duas sessões extras de treinamento, além das sessões normais de treinamento da equipe, e o grupo controle não recebeu treinamento extra. As avaliações foram feitas em um pré-teste e em um pós-teste, que variou de acordo com a condição de prática. Os resultados evidenciaram significantes diferenças no pós-teste, com o grupo de prática variada aleatória executando as rebatidas melhor do que o grupo de prática por blocos, e esse melhor do que o grupo controle. Esses resultados permitiram aos autores concluírem sobre a superioridade da prática variada aleatória em relação à prática por blocos, em indivíduos habilidosos em esportes.

Com a preocupação voltada para ambientes e profissionais de Educação Física, Green, Whitehead e Sugden (1995) procuraram apoiar-se em um referencial teórico de aprendizagem motora (teoria de esquema) e de desenvolvimento, com base nas tarefas que foram selecionadas. Eles tiveram como objetivo investigar os efeitos da prática variada em testes de retenção e transferência. A tarefa de aprendizagem referiu-se à rebatida com diferentes raquetes, portanto, diferentes rebatidas (tênis, *squash, badminton* e tênis de mesa). Meninas sem experiência nesses esportes (N=48) foram distribuídas em 4 grupos experimentais: controle, específico (constante), variabilidade por blocos e variabilidade aleatória. O objetivo da rebatida foi fazer que uma determinada bola acertasse o centro de um alvo e a variável dependente fosse o erro da rebatida em relação a essa meta. Os resultados mostraram melhor desempenho no teste de transferência dos grupos experimentais do que os dos grupos controle. Foi observado, também, que os grupos de prática por blocos e aleatória tiveram desempenho superior nesse mesmo teste, em relação ao grupo de prática constante. E, por fim, observou-se que o grupo de prática aleatória obteve melhor desempenho do que o grupo de prática por blocos.

Com os objetivos de testar a eficiência da prática variada aleatória em estudantes adolescentes e seus efeitos após um período inicial de aprendizagem, Prahl e Edwards (1995) distribuíram 112 indivíduos de ambos os sexos em 3 grupos: prática variada em blocos, prática variada aleatória e *transferência* (prática variada aleatória após a prática em blocos). A tarefa utilizada foi semelhante à tacada do golfe (*picke ball*), porém, com vários obstáculos, ou seja, o sujeito deveria dar a tacada objetivando fazer que a bola ultrapassasse obstáculos. Os sujeitos praticaram três habilidades (tacadas): *forehand*, *backhand* e o serviço, de acordo com o tipo de prática de cada grupo. Os resultados mostraram que o grupo de prática variada aleatória e o grupo *transferência* apresentaram desempenhos superiores ao grupo de prática por blocos. Foi evidenciado, também, que o grupo *transferência* obteve desempenho superior ao grupo de prática aleatória. Embora os testes não estejam tão claros, esses resultados permitiram notar que, para indivíduos habilidosos, a prática por blocos seguida da prática aleatória é a mais eficaz.

Partindo do pressuposto de que a prática aleatória possibilita um nível de interferência contextual superior àquele da prática por blocos, Corrêa e Pellegrini (1996) testaram os efeitos da quantidade de variáveis manipuladas na prática variada aleatória. Eles perguntaram: quanto mais variáveis forem manipuladas na prática aleatória, maior seria a interferência contextual? O delineamento experimental constou de 3 grupos, diferindo na quantidade de variáveis manipuladas durante o período de prática (G1 = uma variável; G2 = duas variáveis e G3 = três variáveis) e de 4 fases: 1) pré-teste; 2) aquisição; 3) pós-teste; e 4) testes de retenção e de transferência. Duas tarefas de aprendizagem foram utilizadas: o chute de chapa e o arremesso de ombro. As variáveis manipuladas foram o tipo de habilidade (arremesso e chute), a distância de execução das habilidades ao gol e o tipo de bola. Os resultados não mostraram diferenças entre os grupos em todos os testes, o que permitiu aos autores concluírem que o aumento no número de variáveis manipuladas na prática aleatória não influencia o efeito da interferência contextual na aprendizagem de habilidades motoras.

Nesse mesmo ano, Hebert, Landin e Solmon (1996) publicaram um experimento cujo objetivo foi investigar os efeitos de diferentes regimes de prática na aprendizagem de indivíduos habilidosos e não habilidosos. Participaram do estudo 83 indivíduos pertencentes a programas de tênis, os quais foram organizados em 4 grupos: habilidoso com prática alternada; habilidoso com prática por blocos; não habilidoso com prática alternada; e não habilidoso com prática por blocos. As tarefas experimentais constaram das rebatidas *backhand* e *forehand*. O experimento envolveu a fase de prática com 9 sessões e a fase de pós-teste realizada em forma alternada e por blocos. O desempenho foi medido por meio do teste específico de tênis. Quanto aos resultados, eles mostraram que os indivíduos não habilidosos que praticaram sob o regime por blocos tiveram desempenho superior em relação aos indivíduos não habilidosos que praticaram de forma alternada. Na discussão, os autores questionaram a generalidade dos resultados das pesquisas realizadas em laboratório.

O objetivo de Halliday (1997) foi investigar os efeitos da interferência contextual na aquisição, retenção e transferência de habilidades de rebatida no hóquei em crianças. Participaram 54 crianças de ambos os sexos, as quais foram organizadas em três grupos de prática variada: por blocos, por blocos seguida pela aleatória e aleatória. A fase de aquisição envolveu três sessões com oito tentativas de cada participante em cada dia. O teste de retenção foi efetuado uma semana após a fase de aquisição, e o teste de transferência seguiu esse último. Além do tipo, no teste de transferência também foi manipulado o nível de dificuldade da tarefa. A variável manipulada foi o tipo de rebatida. Os resultados não evidenciaram diferenças entre os grupos no teste de transferência. Foram verificadas diferenças somente no teste de retenção para a tarefa *fácil*, e os grupos de prática por blocos e por blocos, seguido de aleatória, foram superiores ao grupo de prática aleatória. Os autores discutiram esses resultados em relação ao modelo de Gentile (1972) acerca da dificuldade da tarefa.

Um outro estudo preocupado em verificar se os resultados das pesquisas sobre as práticas variada aleatória e por blocos (interferência contextual), realizadas em laboratório, ocorriam quando a tarefa de aprendizagem era caracterizada como *do mundo real* foi realizado por Farrow e Maschette (1997). Esses autores distribuíram crianças de duas faixas etárias (de 8 a 9 anos e de 10 a 11 anos), de ambos os sexos, em dois grupos de prática variada: por blocos e aleatória. A tarefa de aprendizagem se referiu à rebatida *forehand* do tênis, e os participantes executaram a tarefa tanto com a mão preferida quanto com a mão não preferida. O experimento teve a duração de 10 semanas e constou das fases de aquisição, pós-teste e teste de retenção. Os resultados evidenciaram o efeito da interferência contextual somente para as crianças mais velhas na rebatida executada com a mão preferida, visto que o grupo de prática variada aleatória executou o teste de retenção significantemente melhor do que o grupo de prática variada por blocos. Os autores discutiram esse resultado com base na experiência dos indivíduos (mais velhos *versus* mais novos) e de processamento utilizado na aprendizagem das referidas tarefas.

A Estruturação da Prática na Aprendizagem Motora: uma Análise das Pesquisas com Tarefas do Mundo Real

Goodwin et al. (1998) investigaram os efeitos de diferentes quantidades de prática variada na aprendizagem do arremesso de dardo de salão. Participaram do estudo sessenta indivíduos de ambos os sexos, distribuídos em três grupos: prática constante (específica), prática constante variada e prática constante variada com tentativas adicionais. A prática variada foi manipulada aleatoriamente em diferentes distâncias do local de arremesso ao alvo, e a variável dependente se referiu à pontuação relacionada à precisão do arremesso. O delineamento constou de fases de aquisição, testes de retenção e de transferência. Os resultados mostraram que os grupos de prática constante variada e constante variada com tentativas adicionais realizaram o teste de transferência significantemente melhor do que o grupo de prática constante. Esses resultados foram discutidos pelos autores em termos de generalização para o campo de Educação Física.

Considerando que a verificação dos efeitos da interferência contextual em situações próximas do real ainda era incipiente, Ugrinowitsch (1998) conduziu uma pesquisa com o propósito de testar se a aquisição de habilidades motoras, numa situação real de ensino-aprendizagem, seria facilitada com a prática variada aleatória de diferentes programas motores. Para isso, esse autor utilizou a habilidade motora saque do voleibol, e foram manipulados tanto o programa motor (diferentes tipos de saque) quanto os parâmetros (mesmo tipo de saque em diferentes locais de execução). Foram formados 2 grupos (programa motor e parâmetros), subdivididos em outros 2 (prática variada por blocos e prática variada aleatória), e cada participante realizou um total de 360 execuções durante a fase de aquisição em 8 sessões de prática. Dois testes de transferência — o primeiro que requeria um novo programa motor e o segundo, um novo parâmetro — foram realizados seguindo-se o teste de retenção. Os resultados não evidenciaram diferenças entre os grupos em ambos os testes. O autor discutiu os resultados em termos da especificidade da aprendizagem, de um nível ótimo para a ocorrência da interferência contextual, de dificuldades metodológicas próprias de experimentos realizados numa situação real e de possíveis problemas de consistência interna das proposições sobre a interferência contextual.

Wegman (1999) investigou os efeitos de três regimes de prática na aquisição de três habilidades motoras fundamentais. O estudo envolveu a participação de 54 estudantes do sexo feminino, as quais foram distribuídas em grupo de prática com repetições, grupo de prática variada aleatória e grupo de prática combinada (repetição e variada aleatória). As habilidades fundamentais de aquisição referiram-se ao lançamento, chute e rebatida de uma bola a um alvo. O experimento envolveu as fases de instrução (preliminar), prática e de teste de retenção. Na fase prática, o grupo de prática por repetição executou as três habilidades por blocos; o grupo de prática aleatória o fez aleatoriamente; e o grupo de prática combinada executou as habilidades, primeiramente, por blocos e, posteriormente, de forma aleatória. O teste de retenção foi efetuado três semanas após a fase prática, e cada grupo executou, sucessivamente, as três habilidades. Os resultados não mostraram diferenças entre os grupos no teste de retenção referente às habilidades chutar e lançar. No entanto, verificou-se que, em relação à rebatida, o grupo de prática aleatória obteve desempenho significantemente superior ao desempenho dos demais. O autor atribuiu às características das habilidades e ao nível de experiência a não ocorrência de diferenças entre os grupos nas habilidades de chutar e lançar.

O estudo de Guadagnoli, Holcomb e Weber (1999) investigou os efeitos das práticas variada por blocos e aleatória na aquisição de uma tacada de golfe. Os 58 indivíduos foram distribuídos em 4 grupos, de acordo com o nível de experiência na tarefa e a estrutura de prática: grupo de prática variada por blocos de experientes; prática variada por blocos de inexperientes; prática variada aleatória de experientes e prática variada aleatória de inexperientes. O delineamento constou de pré-teste, prática e pós-teste (retenção). A variável dependente foi o escore (de 0 a 5) relativo à precisão da tacada e a variável manipulada referiu-se à posição e à distância do alvo. Os resultados mostraram que, para os grupos de inexperientes, a prática variada por blocos possibilitou melhor desempenho no pós-teste e que, para os grupos de indivíduos experientes, houve o inverso, ou seja, o grupo de prática variada aleatória possibilitou o melhor desempenho no pós-teste. Os autores concluíram que os efeitos da interferência contextual não são generalizáveis para o processo de aquisição como um todo, mas sim, para indivíduos em estágios mais avançados do referido processo.

Utilizando-se de uma tarefa de arremesso de dardo de salão, Meira Junior e Tani (2001) realizaram uma pesquisa com os objetivos de investigar os efeitos da interferência contextual na aprendizagem da referida tarefa e, no caso de ocorrerem efeitos, verificar a sua durabilidade por meio de testes de transferência prolongados. Nesse estudo, 32 indivíduos de ambos os sexos foram distribuídos em grupos de prática variada aleatória e por blocos. O delineamento experimental constou das fases de aquisição e de transferência. A variável manipulada na fase de aquisição se referiu à distancia do local de arremesso ao alvo, e, no teste de transferência, esse aspecto e o tipo de arremesso foram modificados. A variável dependente foi a pontuação relativa à precisão do arremesso. Os resultados não evidenciaram diferenças entre os grupos no teste de transferência, o que implicou na não análise do segundo objetivo. As argumentações dos autores acerca desses resultados ocorreram com a finalidade de se ter mais cautela na generalização do fenômeno interferência contextual.

Mais recentemente, Landin et al. (2001) investigaram os efeitos de diferentes níveis de interferência contextual na aquisição de habilidades motoras esportivas, mais especificamente os lançamentos *backhand* e o *forehand* do *ultimate* (um esporte de campo no qual os times tentam lançar um disco e pegá-lo além de uma determinada linha). Após receberem instruções iniciais sobre os padrões de pegada e lançamento, os participantes executaram 200 tentativas de cada habilidade, sendo 100 tentativas por dia. Isso ocorreu estando os participantes organizados nas condições de baixa, moderada ou alta interferência contextual. A variável dependente se referiu à pontuação determinada, de acordo com o local-alvo que o disco atingia, o qual estava posicionado a 10 m do indivíduo. O pós-teste foi executado em regimes por blocos, alternado e aleatório. A análise dos resultados não evidenciou diferenças entre os grupos no pós-teste. Na discussão dos resultados, os autores sugeriram que a similaridade da tarefa entre os grupos foi insuficiente para criar o nível de interferência esperado.

Em outro estudo, Landin et al. (2001) tiveram como objetivo investigar diferentes níveis de interferência contextual na aquisição de duas tacadas do golfe (*putt* e *pitch*). Os 24 indivíduos sem experiência no esporte receberam instruções iniciais sobre as tacadas, após as quais eles passaram por um pré-teste. Em seguida, os participantes executaram 160 tentativas (80 de cada tacada), de acordo com determinado regime de prática variada por blocos, alternada e aleatória, respectivamente, baixa, moderada e alta interferência contextual. A variável dependente diz respeito ao padrão de tacada e ao seu resultado no ambiente. Semelhantemente ao estudo anterior, o pós-teste foi executado em regimes por blocos, alternado e aleatório. Entretanto, diferentemente do estudo anterior, a análise dos resultados mostrou que a prática com alto nível de interferência contextual, seguida daquela com nível moderado, possibilitou os melhores desempenhos nos pós-testes.

Em um outro estudo, realizado por Li e Lima (2002), foi investigado se a retenção em longo prazo seria influenciada pelos regimes de prática variada em blocos e aleatória durante repetições de variações na tarefa. Indivíduos de ambos os sexos, ao todo 38, foram distribuídos em 2 grupos de prática: por blocos e aleatória. O experimento envolveu as fases aquecimento, instrução básica, prática e testes de retenção, sendo esses realizados imediatamente e 24 horas após o término da fase prática. Os testes de retenção foram realizados considerando-se a combinação dos regimes de prática utilizados e os dois testes, o que resultou, respectivamente, para cada dia: por blocos-por blocos; por blocos-aleatória; aleatória-aleatória; e aleatória-por blocos. A tarefa de aprendizagem foi o chute *de chapa*, isto é, com a parte interna do pé, e a variável dependente se referiu a pontuações relativas a determinadas faixas de erro em relação ao acerto do alvo. Nesse experimento, a variável manipulada foi a distância do local de passe ao alvo. Os resultados não evidenciaram diferenças significantes entre os grupos nos testes de retenção. Apesar disso, os autores discutiram os resultados em termos do melhor desempenho (estatisticamente não significante) do grupo de prática aleatória em relação ao grupo de prática por blocos, especificamente no teste de retenção realizado sob o regime aleatório-aleatório.

Mais recentemente, por meio de um procedimento metodológico que prolongou o teste de transferência (aumento de número de tentativas), Meira Junior e Tani (2003) investigaram se o efeito da interferência contextual era um fator duradouro, temporário ou inexistente. 36 escolares do sexo feminino, com idades entre 12 e 14 anos, foram distribuídas em 2 grupos de prática variada, em função dos resultados de um pré-teste: grupo de prática variada aleatória e grupo de prática variada por blocos. A tarefa de aprendizagem foi o saque do voleibol, sendo utilizados os saques de voleibol por baixo e por cima, na fase de aquisição, e o saque japonês, no teste de transferência. Além disso, também foram utilizados diferentes alvos. Todos os saques foram executados a 5 m da rede. O experimento constou de quatro fases: pré-teste, aquisição, fase de transferência e fase de retenção. Os resultados mostraram que não houve diferenças entre os grupos em nenhum dos testes do experimento.

Portanto, os autores concluíram que a estrutura da prática variada não influiu de forma significante no desempenho da tarefa nova.

Considerações Finais: Variabilidade... nem tanto

É de longa data que as predições de teorias de aprendizagem motora têm sido generalizadas para as áreas da Educação Física e do Esporte, independentemente de elas não terem sido elaboradas especificamente para isso, ou, também, de se verifica-rem ou não evidências consistentes acerca dessas (Schmidt, 1977). Dessa forma, mais recentemente, muitas pesquisas têm sido desenvolvidas especificamente com o intui-to de verificar tal generalização. Essa verificação tem sido realizada com a utilização, nas pesquisas, de habilidades motoras mais naturais conhecidas no campo da Apren-dizagem Motora como *do mundo real*.

Neste capítulo, as pesquisas sobre os efeitos de diferentes estruturas de prática na aquisição de habilidades motoras foram focalizadas. Especificamente, foram revisados 22 trabalhos cujas tarefas de aprendizagem eram relacionadas aos esportes voleibol (saque, toque e manchete), *badminton* (saque), tiro ao alvo, beisebol (rebatida), *squash* (rebatida), tênis (rebatida), tênis de mesa (rebatida), hóquei (rebatida), golfe (tacada/rebatida), dar-do de salão (arremesso), futebol (chute), *ultimate* e, além disso, a determinadas habi-lidades motoras fundamentais (chute, lançamento e rebatida). As perguntas que se faz após tudo isso são: a prática variada aleatória é, realmente, aquela mais eficaz na pro-moção de aprendizagem? Mas afinal, o que os dados dizem?

A resposta a essas perguntas envolve uma análise de aspectos relativos a: 1) como a aprendizagem foi acessada nas pesquisas; 2) especificidade da aprendiza-gem; 3) manipulação da prática variada; 4) organização da prática; e 5) nível de experiência dos aprendizes.

Com relação ao primeiro aspecto, isto é, aos testes que possibilitaram a análise da confirmação ou não da hipótese da superioridade da prática variada aleatória em relação a outras estruturas de prática, pode-se dizer que três tipos de teste foram uti-lizados: retenção, transferência e pós-teste.

Desempenho Esportivo:
Treinamento com crianças e adolescentes

O teste de retenção pode ser definido como a verificação da persistência da proficiência em uma habilidade, após um período sem praticá-la (Fischman, Christina e Vercruyssen, 1982). As capacidades para aprender e reter estão relacionadas, visto que uma pessoa seria incapaz de aprender se não pudesse reter aquilo que aprende (Mouly, 1984). Já o teste de transferência, envolve a aplicação da aprendizagem de uma determinada tarefa ou situação, na *performance* de alguma outra tarefa identificada como tarefa critério (Schmidt, 1993). Para Fischman, Christina e Vercruyssen (1982), a transferência implica generalização, e pode ser definida como a influência de habilidades previamente adquiridas na aprendizagem ou *performance* de novas habilidades. A transferência surge todas as vezes que os alunos praticam uma versão da tarefa com a ideia de que a aprendizagem alcançada será útil em alguma outra versão da tarefa.

Retomando os resultados, verifica-se que a utilização desses testes não aponta para uma direção conclusiva, pois há estudos que realizaram ambos os testes, de retenção e transferência, e confirmaram a eficácia da prática variada aleatória na aprendizagem motora (Goode e Magill, 1986) e, em maior quantidade, não confirmaram (Corrêa e Pellegrini, 1996; Ugrinowitsch, 1998; Meira Junior e Tani, 2003). Ainda com relação à utilização de ambos os testes, verificam-se estudos em que a citada hipótese foi confirmada apenas no teste de retenção (Wrisberg e Liu, 1991) ou apenas no teste de transferência (Boyce e Del Rey, 1990; Bortoli et al., 1992; Green, Whitehead e Sugden, 1995; Goodwin et al., 1998).

Não se observam pesquisas que realizaram somente um desses testes e mostraram a superioridade da estrutura de prática variada aleatória em relação às demais. Contudo, verifica-se o inverso, ou seja, pesquisas que utilizaram teste de retenção e não confirmaram a referida superioridade (French, Rink e Werner, 1990; Li e Lima, 2002), e o mesmo para teste de transferência (Meira Junior e Tani, 2001). Ressalte-se que isso é contraditório à sugestão de Shewokis e Snow (1997) sobre testes de transferência serem mais adequados para se verificar o efeito da interferência contextual na aprendizagem de tarefas *do mundo real*.

Uma vez que os testes de retenção e transferência são efetuados após a manipulação da variável independente, eles podem ser caracterizados como pós-teste. No entanto, o inverso não é necessariamente verdadeiro. Verificam-se pesquisas que se en-

296

caixam nesse segundo caso, nas quais os participantes foram testados logo após a fase de aquisição, portanto, sem tempo suficiente para se verificar retenção e aqueles que o fizeram, utilizando-se da mesma tarefa manipulada na prática, não possibilitando portanto, a verificação de transferência. Desses estudos, há aqueles que mostraram a eficiência da prática variada aleatória na aprendizagem (Wrisberg, 1991; Hall, Domingues e Cavazos, 1994; Guadagnoli, Holcomb e Weber, 1999; Landin et al., 2001) e aqueles que não o fizeram (Hebert, Landin e Solmon, 1996; Landin et al., 2001).

Um outro aspecto dos estudos apresentados anteriormente para destacar-se, se refere ao conteúdo manipulado na prática variada. A literatura tem discutido intensamente qual aspecto da tarefa possibilitaria melhor aprendizagem ao ser manipulado na prática variada aleatória, nomeadamente, programa motor generalizado e parâmetro (Magill e Hall, 1990; Sekiya, Magill e Anderson, 1996a; Sekiya et al., 1996b; Ugrinowitsch, 1998). Em outras palavras, variar diferentes habilidades como fizeram, por exemplo, French, Rink e Werner (1990); Bortoli et al. (1992) e Wegman (1999), ou variar parâmetros de uma mesma habilidade como fizeram, por exemplo, Goode e Magill (1986); Goodwin et al. (1998) e Meira Junior e Tani (2001), ou, ainda, ambos os aspectos (Corrêa e Pellegrini, 1996). Entretanto, os resultados a esse respeito também não possibilitam uma conclusão clara, visto que em todas essas manipulações verificam-se resultados confirmando ou não a superioridade da prática variada aleatória em relação a outras estruturas de prática, no que se refere à aquisição de habilidades motoras.

O questionamento sobre o que variar na prática tem implícito o questionamento sobre o que é aprendido com cada estrutura de prática. Embora relacionado a pesquisas feitas com tarefas artificiais, a literatura recente tem apontado para uma ordem do que deve ser aprendido e, consequentemente, numa ordem e combinação de diferentes estruturas de prática, ou seja, numa organização da prática em termos de diferentes estruturas (Lai e Shea, 1998; Lai et al., 2000). No entanto, ligado a isso, a revisão realizada no presente capítulo mostra resultados referentes à melhor eficácia de combinações de estruturas de práticas na aquisição de habilidades motoras (Prahl e Edwards, 1995; Halliday, 1997; Goodwin et al., 1998). Essas pesquisas mostraram que a prática variada aleatória, conduzida após a prática variada por blocos, possibilitou melhor aprendizagem do que a prática variada aleatória.

Desempenho Esportivo:
Treinamento com crianças e adolescentes

Resultados desse tipo têm levado os autores a especularem sobre o nível de experiência e/ou estágio de aprendizagem dos indivíduos. O fato de indivíduos não habilidosos que praticaram sob o regime por blocos terem desempenho superior em relação aos indivíduos não habilidosos que praticaram de forma alternada (Hebert, Landin e Solmon, 1996; Guadgnoli, Holcomb e Weber, 1999), e o fato de o inverso ser observado em indivíduos habilidosos (Guadagnoli, Holcomb e Weber, 1999) têm levado pesquisadores a sugerirem que a prática variada aleatória é eficiente, mas após algum período de prática com menor grau ou sem variação, portanto, em combinação com outra estrutura anterior. Nas palavras de Wrisberg (1991), variar tem mais efeito quando os aprendizes têm algum nível de habilidade na tarefa.

Um outro aspecto a se destacar a partir da análise dos trabalhos anteriormente apresentados se refere à possível influência da especificidade da tarefa. Pergunta-se: os efeitos de diferentes estruturas de prática seriam específicos a certas categorias de habilidades? Esse assunto é importante de ser abordado, visto que as principais proposições teóricas nos campos de Aprendizagem e Controle Motor têm sido construídas com forte dependência da tarefa. Segundo Newell (1989), a especificidade da tarefa tem sido, ao mesmo tempo, determinadora e resultado da especificidade da teoria.

Alguns resultados apresentados no presente capítulo podem permitir interpretações a fim de dar sustentação à especificidade da tarefa, como seguem. O experimento de Wrisberg (1991) evidenciou a eficácia da prática variada aleatória em apenas um dos tipos de saque utilizados (saque curto); na pesquisa de Bortoli et al. (1992) só foi verificada a superioridade da prática variada aleatória na aprendizagem de uma (saque) das três habilidades praticadas (toque e manchete). Semelhantemente, isso também foi observado em Wegman(1999) para a rebatida; das rebatidas abordadas, Halliday (1997) evidenciou o citado fenômeno apenas naquela mais fácil; o mesmo ocorreu com Farrow e Maschette(1997), também na habilidade de rebatida.

Em síntese, as investigações sobre os efeitos de diferentes estruturas de prática na aquisição de habilidades motoras com habilidades *do mundo real* não possibilitam conclusões claras sobre o assunto. Na verdade, todos esses aspectos levantados suscitam novos estudos.

Este capítulo é finalizado com o apontamento de uma possível direção para novas investigações. O leitor deve ter-se perguntado, mas por que há tão poucos estudos sobre diferentes estruturas de prática com habilidades *do mundo real* baseados na teoria de esquema? Isso pode ocorrer em razão uma *fundição* dessa, em termos de abordagem de pesquisa sobre a estruturação da prática, com aquela de interferência contextual. Corrêa e Tani (2005) apontam que alguns estudos sobre a estrutura de prática e a teoria de esquema têm recorrido aos pressupostos do princípio da interferência contextual como explicação alternativa de seus resultados, e vice-versa. Em outras palavras, pode ser que o grande problema das pesquisas esteja não nos testes e/ou nas características das habilidades de aprendizagem, mas sim no próprio referencial teórico.

Os problemas sobre inconsistências internas dos referenciais teóricos relacionadas às pesquisas sobre a estruturação da prática na aprendizagem motora também têm sido colocados de uma outra forma: ambos os referenciais são incapazes de explicar a aprendizagem de habilidades motoras como um processo contínuo, pois eles se caracterizam como modelos de equilíbrio. A partir disso, embora esteja em seus primeiros passos, uma nova abordagem de investigação da estruturação da prática tem sido desenvolvida (Corrêa e Tani, 2005), cujas evidências têm apontado para uma melhor eficácia no processo de aquisição de habilidades motoras, da prática constante seguida pela prática variada aleatória.

Referências

ADAMS, J. A. A closed-loop theory of motor learning. **J. Motor. Behav.**, v. 3, p. 111-50, 1971.

BATTIG, W. F. The flexibility of human memory. In: CERMAK, L. S.; CRAIK, F. I. M. (Ed.). **Levels of processing in human memory**. Hillsdale: Lawrence Erbaum Associates, 1979. p. 23-44.

BORTOLI, L. et al. Effects of contextual interference on learning technical sport skills. **Percept Motor Skil**, v. 75, p. 555-62, 1992.

BOYCE, B. A.; DEL REY, P. Designing applied research in a naturalistic setting using a contextual interference paradigm. **J. Hum. Mov. Stud.**, v. 18, p. 189-200, 1990.

BRADY, F. A theorical and empirical review of the contextual interference effect and the learning of motor skills. **Quest**, v. 50, n. 3, p. 266-93, 1998.

BROADBENT, D. E. **Perception and communication**. London: Pergamon Press, 1958.

CORRÊA, U. C.; PELLEGRINI, A. M. A interferência contextual em função do número de variáveis. **Rev. Paul. Educ. Fís.**, v. 10, n. 1, p. 21-3, 1996.

CORRÊA, U. C.; TANI, G. Estrutura de prática e processo adaptativo em aprendizagem motora: por uma nova abordagem da prática. In: TANI, G. (Ed.). **Comportamento motor**: desenvolvimento e aprendizagem. Rio de Janeiro: Guanabara Koogan, 2005. p. 141-61.

CRHISTINA, R. W. Whatever happened to applied research in motor learning? In: SKINNER, J. S. et al. (Ed.). **Future directions in exercise and sport science research**. Champaign: Human Kinetics, 1989. p. 395-410.

FARROW, D.; MASCHETTE, W. The effects of contextual interference on children learning forehand tennis groundstrokes. **J. Hum. Mov. Stud.**, v. 33, p. 47-67, 1997.

FISCHMAN, M. G., CHRISTINA, R. W.; VERCRUYSSEN, M. J. Retention and transfer of motor skills: a review for the practitioner. **Quest**, v. 33, p. 181-94, 1982.

FITTS, M. M. The information capacity of the human motor systems in controlling the amplitude of movement. **J. Exper. Psychol.**, v. 4, p. 351-81, 1954.

FRENCH, K. E.; RINK, J. E.; WERNER, P. H. Effects of experience and contextual interference on learning and transfer by boys and girls. **Percep. Motor. Skil.**, v. 56, p. 581-2, 1990.

GENTILE, A.M. A working model of skill acquisition with application to teaching. **Quest**, v. 17, p. 3-23, 1972.

GOODE, S.; MAGILL, R. A. Contextual interference effect's in learning three badminton serves. **Research. Quart. Exerc. Sport**, v. 57, p. 308-14, 1986.

GOODWIN, J. E. et al. Effect of different quantities of variable practice on acquisition, retention and transfer of an applied motor skill. **Percep. Motor. Skil.**, v. 87, p. 147-51, 1998.

GREEN, D. P.; WHITEHEAD, J.; SUGDEN, D. A. Practice variability and transfer of a racket skill. **Percep. Motor. Skil.**, v. 81, p. 1275-81, 1995.

GUADAGNOLI, M. A.; HOLCOMB, W. R.; WEBER, T. J. The relationship between contextual interference effects and performer expertise on the learning of a putting task. **J. Hum. Mov. Stud.**, v. 37, n. 1, p. 19-36, 1999.

HALL, K. G.; DOMINGUES, D. A.; CAVAZOS, R. Contextual interference effects with skilled baseball players. **Percep. Motor. Skil.**, v. 78, p. 835-41, 1994.

HALLIDAY, N. The effects of contextual interference and three levels of difficulty on the acquisition, retention and transfer of hockey striking skills by second grade children. **Research. Quarter. Exerc. Sport**, (suplemento), p. A61, 1997.

HEBERT, E. P.; LANDIN, D.; SOLMON, M. A. Practice schedule effects on the performance and learning of low-and high-skilled students: an applied study. **Research Quarter Exerc Sport**, v. 67, n. 1, p. 52-8, 1996.

KEELE, S. W. Movement control in skilled motor performance. **Psychol Bull**, v. 70, p. 387-403, 1968.

LAI, Q. et al. Optimizing generalized motor program and parameter learning. **Research. Quarter. Exerc. Sport**, v. 71, n. 1, p. 10-24, 2000.

LAI, Q.; SHEA, C. H. Generalized motor program (GMP) learning: effects of reduced frequency of knowledge of results and practice variability. **J. Motor. Behav.**, v. 30, n. 1, p. 51-9, 1998.

LANDIN, D. et al. Practice schedule effects on learning the golf putt and pitch. **Research. Quart. Exerc. Sport**, v. 57, (suplemento), p. A50, 2001.

_____. The effects of moderate constextual interference on learning sport skills. **Research. Quart. Exerc. Sport**, v. 57, (suplemento), p. A49-A50, 2001.

LEE, T. D.; MAGILL, R. A. The locus of contextual interference in motor skill acquisition. **J. Exper. Psych.:** Learn., Memo. Cogni., v. 9, p. 730-46, 1983.

_____. Can forgetting facilitate skill acquisition? In: GOODMAN, D.; WILBERG, R. B.; FRANKS, I. M. (Ed.). **Differing perspectives in motor learning, memory and control**. Amsterdam: North-Holland, 1985. p. 3-22.

LI, Y.; LIMA, R. P. Rehearsal of task variations and contextual interference effect in a field setting. **Percep. Motor. Skil.**, v. 94, p. 750-2, 2002.

MAGILL, R. A.; HALL, K. G. A review of the contextual interference effect in motor skill acquisition. **Hum. Mov. Sci.**, v. 9, p. 241-89, 1990.

MEIRA JUNIOR, C. M.; TANI, G. The contextual interference effect in a acquisition of dart-throwing skill tested on a transfer test with estended trials. **Percep. Motor. Skil.**, v. 92, p. 910-918, 2001.

MEIRA JUNIOR, C. M.; TANI, G. The contextual interference effect in the volleybal skill service in children: temporary or not? **J. Hum. Mov. Stud.**, v. 45, p. 449-68, 2003.

MOULY, G. J. **Psicologia Educacional**. 8. ed. São Paulo: Pioneira, 1984, p. 250.

MOXLEY, S. E. Schema: the variability of practice hypothesis. **J. Motor. Behav.**, v. 11, n. 1, p. 65-70, 1979.

NEWELL, K. M. On task and theory specificity. **J. Motor. Behav.**, v. 21, n. 1, p. 92-6, 1989.

PEW, R. W. Toward a process-oriented theory of human skilled performance. **J. Motor. Behav.**, v. 2, p. 8-24, 1970.

PRAHL, B. K.; EDWARDS, W. H. A field test of contextual interference effects on skill acquisition in pickle-ball with seventh-grade boys and girls. **J. Sport Exerc. Psychol.**, v. 17, (suplemento), p. A55, 1995.

SCHMIDT, R. A. A schema theory of discrete motor skill learning. **Psychol. Rev.**, v. 82, n. 4, p. 225-60, 1975.

_____. **Aprendizagem e performance motora:** dos princípios à prática. São Paulo: Movimento, 1993. p. 200.

_____. Motor scheme theory after 27 years: reflections and implications for a new theory. **Research. Quart. Exerc. Sport**, v. 74, n. 4, p. 366-75, 2003.

_____. Schema theory: implications for movement education. **Motor. Skil.**: Theor. Pract., v. 2, n. 1, p. 36-48, 1977.

_____. Toward a better understanding of the acquisition of skill: theoretical and practical contributions of the task approach. In: SKINNER, J. S. et al. (Ed.). **Future directions in exercise and sport science research**. Champaign: Human Kinetics, 1989. p. 395-410.

Sekiya, H.; Magill, R. A.; Anderson, D. The contextual interferrence effect in parameter modifications of the same generalized motor program. **Research Quart. Exerc. Sport**, v. 67, n. 1, p. 59-68, 1996a.

Sekiya, H.; et al. The contextual interference effect for skill variations from the same and different generalized motor programs. **Research. Quart. Exerc. Sport**, v. 65, p. 330-8, 1996b.

Shea, C. H.; Shebilske, W. L.; Worchel, S. **Motor learning and control**. Englewood Cliffs: Prentice-Hall, 1993.

Shea, J. B.; Zimny, S. T. Context effects in memory and learning movement information. In: Magill, R.A.(Ed.). **Memory and control of action**. Amsterdam: North-Holland, 1983. p. 345-66.

Shewokis, P.; Snow, J. Is the contextual interference effect generalizable to nonlaboratory tasks? **Research Quart. Exerc. Sport**, (suplemento), p. A64, 1997.

Tani, G.; Corrêa, U. C. Da aprendizagem motora à pedagogia do movimento: novos *insights* acerca da prática de habilidades motora. In Lebre, E.; Bento, J. O. (Ed.). **Professor de educação física**: ofícios da profissão. Porto: Universidade do Porto, p. 75-92, 2004.

Tani, G. Contribuições da Aprendizagem Motora à Educação Física: uma análise crítica. **Rev. Paul. Educ. Fís.**, v. 6, n. 2, p. 65-72, 1992.

Touwen, B. C. L. How normal is variable or how variable is normal? **Early. Hunam. Development.**, v. 34, n. 1/2, p. 1-12, 1993.

Ugrinowitsch, H. **Interferência contextual:** manipulação de programas e parâmetros na aquisição da habilidade saque do voleibol. São Paulo, 1998. 92 p. Dissertação (Mestrado) – Escola de Educação Física e Esporte, Universidade de São Paulo.

WALTER, C.; LEE, T. D.; STERNARD, D. Hot topics in motor control and learning: introduction. The dynamic systems approach to motor control and learning: promises, potencial limitations, and future directions. **Research Quart. Exerc. Sport**, v. 69, n. 4, p. 316-8, 1998.

WEGMAN, E. Contextual interference effects on the acquisition and retention of fundamental motor skills. **Percep. Motor. Skil.**, v. 88, n. 1, p. 182-7, 1999.

WRISBERG, C. A.; LIU, Z. The effect of contextual variety on the practice, retention and transfer of an applied motor skill. **Research Quart. Exerc. Sport**, v. 62, p. 406-12, 1991.

_____. A field test of the effect of contextual variety during skill acquisition. **J. Teach. Physic. Educ.**, v. 11, p. 21-30, 1991.

WULF, G. et al. Learning phenomena: future challenges for the dynamical systems approach to understanding the learning of complex motor skills. **Inter. J. Sport Psyc.**, v. 30, p. 531-57, 1999.

8

Uma Visão Macroscópica da Influência das Capacidades Motoras no Desempenho Esportivo

Alessandro Hervaldo Nicolai Ré
Valdir José Barbanti

O desempenho esportivo pode ser entendido como um sistema composto de muitos elementos que interagem, formando padrões macroscópicos complexos. Toda atividade esportiva exige uma cooperação afinada dos fatores que contribuem para o desempenho, incluindo as capacidades motoras, intelectuais e psicológicas, assim como as habilidades táticas e as capacidades morais/volitivas. A prática do treinamento deve considerar esse contexto maior, pois o enfoque em um único elemento pode prejudicar a compreensão do todo, gerar uma explicação muito simplista de sua importância e comprometer a qualidade do processo de treinamento. Partindo dessa visão abrangente, o presente texto aborda a interferência das capacidades motoras no desempenho esportivo.

Cada vez mais, vemos o termo *capacidades motoras* na literatura especializada, expressando os pressupostos necessários para executar e aprender ações motoras. Há formas muito variadas de conceituação das capacidades motoras (no passado, chamadas de capacidades físicas, qualidades físicas, qualidades motoras etc.). Inexiste, até o momento, uma esquematização uniforme ou mesmo definições homogêneas na literatura (Barbanti, 2001). No presente texto, as capacidades motoras serão divididas em dois grupos: as condicionais e as coordenativas.

As capacidades condicionais têm dependência elevada do metabolismo energético, destacando-se a força, a resistência e a velocidade. As capacidades coordenativas são determinadas, essencialmente, por componentes em que predominam os processos de condução nervosa, organizando e controlando o movimento (Barbanti, 2001; Turvey, 1990). Convém deixar claro que essa categorização foi feita com a finalidade de simplificação. Nenhuma capacidade consiste somente de processos energéticos ou reguladores, mas de uma interação entre ambos. Deste ponto de vista, não faz sentido a classificação em capacidades condicionais e coordenativas, pois, para que qualquer movimento seja realizado, existe a necessidade de liberação de energia e um certo grau de coordenação e controle.

Por exemplo, dançar exige coordenação e controle (capacidade coordenativa), ainda que capacidades condicionais, como força e resistência, não possam ser desprezadas. Correr uma maratona apresenta uma predominância de mecanismos metabólicos geradores de energia (capacidade condicional). Entretanto, essa tarefa também sofre a influência das capacidades coordenativas, uma vez que a organização adequada dos movimentos (técnica de corrida) permite uma ótima utilização da energia gerada pelos processos metabólicos. Portanto, as capacidades condicionais e coordenativas devem ser interpretadas dentro de um *continuum*, com a *predominância* de uma ou outra, sendo determinada de acordo com a tarefa. Nos exemplos citados anteriormente, dançar apresenta uma predominância coordenativa e a maratona tem predominância condicional (resistência aeróbia). Na prática, podemos classificar as tarefas como condicionais ou coordenativas de acordo com tal predominância.

Durante a infância e a puberdade, devem ser enfatizados movimentos que imponham desafios em termos de organização e controle (Gallahue e Ozmun, 1995; Kelso, 1982; Weineck, 1999; 2000), o que acarreta a necessidade de priorizar movimentos com predominância coordenativa durante as fases iniciais de formação esportiva. Com um desenvolvimento adequado das capacidades coordenativas nesse período, é maior a probabilidade de sucesso após a puberdade, momento em que as respostas aos estímulos condicionantes são mais favoráveis, por causa da maturação dos mecanismos metabólicos geradores de energia.

Assim, durante o processo de formação esportiva, deve ser adotada uma abordagem desenvolvimentista (centrada nas mudanças que ocorrem ao longo do ciclo de vida de um indivíduo), não privilegiando um determinado fator, mas promovendo uma harmoniosa interação entre diversos aspectos, priorizando estímulos, de acordo com as características do jovem praticante.

Capacidades Motoras e Desempenho Esportivo

Na ciência do esporte, são utilizadas várias classificações para se entender e determinar as bases e componentes do desempenho motor. Há algum tempo, encontra-se na literatura específica a expressão *capacidades motoras*, criada para substituir *qualidades físicas*, já que essa última expressa uma noção de valor fixo, qualitativo. O termo *capacidade* indica uma medida potencial e treinável, sendo, então, mais indicado para designar as possibilidades de desempenho motor. Assim, as capacidades motoras foram divididas em dois grupos fundamentais: as coordenativas e as condicionais.

As capacidades coordenativas são determinadas pelos processos de condução nervosa, isto é, pelos processos que organizam, controlam e regulam o movimento. As capacidades condicionais estão fundamentadas no caráter biológico, ou seja, na eficiência do metabolismo energético dos músculos e sistemas orgânicos. Elas são basicamente três: a capacidade de força, a capacidade de resistência e a capacidade de velocidade. Descrições pormenorizadas dessas estão detalhadas em Barbanti (2001).

De acordo com Weineck (1999), a flexibilidade também seria classificada como uma capacidade condicional. Porém, com base nos resultados dos estudos de Magnusson et al. (1996) e Magnusson (1998), é questionável a afirmação de que a flexibilidade dependa da liberação de energia. Magnusson et al. (1996) não encontraram valores significativos de atividade eletromiográfica na musculatura posterior da

Desempenho Esportivo:
Treinamento com crianças e adolescentes

coxa durante a realização de exercícios passivos de flexibilidade em indivíduos com lesões medulares com perda motora completa e em indivíduos neurologicamente intactos. Nesse mesmo estudo, foi observada uma queda similar da resistência muscular no alongamento (em ambos os grupos) durante os 90 segundos em que os sujeitos permaneceram em postura estática. Esses resultados permitem inferir que o músculo apresenta propriedades viscoelásticas independentes da liberação de energia para a execução do movimento e, portanto, a flexibilidade não pode ser classificada como uma capacidade condicional. Foge do escopo deste capítulo as discussões conceituais acerca da flexibilidade.

O processo natural de enrijecimento de tendões, ligamentos e cápsulas articulares, que começa a ocorrer a partir do nascimento, somado aos estímulos do treinamento que podem provocar o encurtamento de determinados grupos musculares (Weineck, 1999) são justificativas suficientes para iniciar o treinamento da flexibilidade já na infância, mantendo assim níveis ideais de flexibilidade na idade adulta.

A execução de movimentos habilidosos é inviável sem que haja uma boa capacidade de flexibilidade. De acordo com Barbanti (2001), a flexibilidade pode ser entendida como a capacidade humana de executar movimentos com grande amplitude de oscilação em determinada articulação. Não é um fator geral, mas específico a cada articulação. A flexibilidade desenvolvida de forma ideal (não necessariamente máxima), adequada às exigências de determinada modalidade, é fundamental para o desempenho esportivo.

Na realidade, é difícil avaliar a importância das capacidades motoras no esporte de forma generalizada, aplicada a todas as modalidades. Por isso, é necessário considerar a especificidade das diferentes modalidades que, de modo geral, impõem ao praticante a necessidade de execução de habilidades motoras abertas ou fechadas (Magill, 2000).

As habilidades motoras abertas são requisitadas em modalidades onde o ambiente é instável e imprevisível, podendo ser citados como exemplo os jogos (futebol, voleibol, basquete, tênis etc.) e os esportes de luta (judô, caratê etc.). Nas modalidades onde o ambiente é estável e previsível, são privilegiadas as habilidades motoras fechadas, sendo reduzida a necessidade de ajustes em função de alterações no ambiente, como acontece no atletismo, natação, ginástica olímpica, saltos ornamentais etc.

Uma Visão Macroscópica da Influência das Capacidades Motoras no Desempenho Esportivo

De acordo com essa categorização, as modalidades *fechadas* teriam maior dependência das capacidades motoras condicionais e/ou coordenativas, se comparadas com as modalidades *abertas*, onde existe uma maior interação entre essas capacidades e os mecanismos cognitivos de percepção e tomada de decisão.

Certamente, em modalidades *fechadas*, as capacidades condicionais têm maior importância no desempenho. Por exemplo, na maratona e nos 1.500 m nado livre, a capacidade aeróbia é determinante para o sucesso. Porém, mesmo nessas modalidades, a execução de movimentos com um elevado índice de coordenação e controle assumem um caráter igualmente determinante, ou seja, mesmo que o indivíduo possua uma excelente capacidade condicional, uma técnica inadequada de movimentos pode comprometer seu sucesso. Essa afirmação se torna ainda mais verdadeira quando consideramos modalidades que exigem habilidades motoras complexas, como a ginástica olímpica.

No esporte de alto nível, talvez por influência da fisiologia do exercício, tem se dado muita ênfase ao treinamento das capacidades condicionais. O pressuposto para essa atitude é a busca da excelência esportiva, mediante a melhoria da aptidão condicional. Uma situação prática auxilia a explicar a inviabilidade dessa metodologia de treino, especialmente durante o processo de formação esportiva nos jogos coletivos. Por exemplo, é muito comum, no futebol, treinar-se intensamente a força explosiva com o objetivo de aumentar a velocidade de deslocamento do atleta. No entanto, qual o sentido desse deslocamento veloz se o posicionamento não está correto para receber um passe ou desarmar o adversário? Obviamente, não será útil ao atleta ter um excelente índice de aptidão condicional, se esse não for adequado às características impostas pelo ambiente (situações de jogo).

Habilidades Motoras Esportivas Abertas

Nas modalidades em que existe a necessidade de ajustes no movimento em resposta às situações inesperadas (por exemplo, jogos e lutas), é importante que o atleta tenha um bom desempenho nas capacidades condicionais e coordenativas, porém adaptando-as às diferentes situações. Como consequência, o treinamento integrado com mecanismos perceptivos e decisórios torna-se imprescindível.

Utilizando dados obtidos em estudos realizados com jogadores de futebol (Franks et al., 1999; Santos, 1999) e de futsal (Ré et al., 2003), cujos resultados têm demonstrado que as diferenças entre jogadores de níveis competitivos distintos em testes indicativos de capacidades condicionais são pequenas ou inexistentes, pode-se afirmar que percepção, avaliação e decisão podem fazer a diferença quando se considera o desempenho global do sujeito em situação real de jogo.

Por isso, o planejamento do treinamento deveria ocorrer baseado na estrutura global da modalidade, considerando os esforços e as ações que acontecem em resposta a situações inesperadas, dando atenção não apenas aos mecanismos executores como também aos perceptivos e decisórios. Uma possível alternativa para a aplicação desses conceitos seria a adoção de jogos reduzidos (regras adaptadas), que *forçam* o praticante a executar determinadas ações motoras. Por exemplo, com o objetivo de privilegiar a orientação espaçotemporal e prestar atenção no posicionamento do adversário, da bola e dos companheiros de equipe; pode ser realizado um jogo de ataque em vantagem numérica contra a defesa (3 x 2), com duas bolas, e o atacante só poderá chutar uma bola ao gol quando possuir a segunda bola nas mãos. Esse procedimento, relativamente simples para o treinador, faz que os jovens pratiquem o passe com os pés e com as mãos e aumentem a sua atenção para as informações do ambiente, além de aumentar a probabilidade de participação de todos os indivíduos e, também, o tempo de bola em jogo, favorecendo a aquisição de capacidades motoras coordenativas, condicionais, de percepção e a tomada de decisão. Inúmeras variações podem ser feitas, como, por exemplo, simular um jogo de handebol, em que o jogador só pode arremessar a bola ao gol quando a sua equipe tiver a posse de duas bolas etc.

Infelizmente, a mecanização do treinamento vem sendo amplamente utilizada durante o processo de formação, gerando *especialistas* em determinada função, sem capacidade de promover os ajustes necessários, por causa da instabilidade do ambiente. Com o avanço da ciência do esporte, especificamente na área fisiológica e biomecânica, muitos treinamentos utilizados para o aprimoramento de habilidades motoras fechadas foram adaptados e aplicados ao treino das habilidades motoras abertas, cuja execução ocorre em ambiente instável, difícil de ser reproduzido.

Se cada situação exige um movimento diferente, os conhecimentos produzidos pela análise de um padrão específico de movimento perdem a sua eficácia. Segundo Gréhaigne e Godbout (1995), além das capacidades condicionais, o desempenho nas modalidades que requerem a execução de habilidades motoras abertas resulta da interação da eficiência estratégica, da eficiência tática e do gesto motor propriamente dito. A interação só pode ser compreendida caso se veja o todo.

Deste modo, durante o processo inicial de treinamento das habilidades motoras abertas, devem ser propostas atividades que sejam compatíveis com o nível de desempenho dos praticantes e, ao mesmo tempo, proporcionem desafios táticos, melhorando suas capacidades condicionais e coordenativas de modo integrado com mecanismos perceptivos e decisórios. Para isso, os jogos podem ser adaptados, alterando suas regras e ou equipamentos, gerando um ambiente que proporcione condições para uma evolução das habilidades e rapidez nas tomadas de decisão no momento de solucionar problemas, criando, assim, uma excelente base motora para o desenvolvimento posterior em uma modalidade específica. Quanto mais preparado um atleta estiver para analisar a situação no meio em que se encontra, mais facilmente conseguirá adaptar-se a variações dessa situação e mobilizar uma resposta motora apropriada.

Habilidades Motoras Esportivas Fechadas

Nas modalidades que requisitam habilidades motoras fechadas (ginástica olímpica, saltos ornamentais, natação etc.), em que o atleta está sempre respondendo a exigências previstas, com elevado grau de complexidade (habilidades técnicas), o treinamento das capacidades coordenativas assume um papel fundamental, devendo ser trabalhado durante as fases apropriadas para, posteriormente, o desempenho ser otimizado com a evolução das capacidades condicionais, cujo pico de desenvolvimento ocorre após a puberdade (Baxter-Jones e Helms, 1996; Malina e Bouchard, 2002; Zauners, Maksud e Melichme, 1989). Nesse aspecto, ambas as habilidades motoras (abertas e fechadas) são semelhantes.

Desempenho Esportivo:
Treinamento com crianças e adolescentes

A excelência no desempenho de habilidades motoras fechadas requer um elevado índice de aptidão condicional, o que faz que, para a obtenção de resultados em curto prazo, a criança seja submetida precocemente ao seu treinamento. Essa elevada dependência entre resultados competitivos e aptidão condicional deveria ser utilizada como justificativa para a adoção de objetivos em longo prazo, e não para *queimar* etapas em função de resultados imediatistas. Os pais, técnicos e outros responsáveis pelo processo de formação esportiva, independentemente da modalidade, devem compreender que a infância é apenas um período inicial, de transição e preparação, com objetivo em longo prazo, e não um fim em si mesmo.

Os profissionais que priorizam o desenvolvimento de capacidades condicionais antes do momento apropriado, muitas vezes, não se dão conta de que, por mais bem preparado que o atleta esteja nessas variáveis, a transferência para o desempenho em situação real só acontece quando a ação motora realizada é apropriada à necessidade daquele movimento, o que necessariamente acarreta um delicado ajuste entre mente e corpo, impossível de ser obtido apenas com a melhoria dos processos fisiológicos necessários à atividade muscular.

Além disso, os estímulos que privilegiam as capacidades coordenativas, como, por exemplo, as atividades com bolas, aros, cordas e massas, propostas pela ginástica rítmica proporcionam também um incremento das capacidades condicionais. Em outras palavras, ao lançar uma bola ao ar, fazer um rolamento e segurar novamente a bola com as mãos, estão sendo trabalhadas capacidades coordenativas (isto é, ritmo, equilíbrio e orientação espaçotemporal), e também capacidades condicionais, em razão do número de repetições (resistência), sustentação do peso corporal em diferentes articulações (força) e rapidez na execução de movimentos (velocidade).

Curiosamente, os conhecimentos da área de aprendizagem motora que dizem respeito à aquisição de habilidades motoras não têm recebido a atenção necessária durante o processo de formação esportiva (Tani, 2002). Uma possível causa dessa grave falha talvez seja a simples reprodução, em crianças e adolescentes, do treinamento de atletas adultos, cuja metodologia não atende às necessidades dos jovens que ainda estão em fase de aprendizagem.

O conhecimento acerca das capacidades condicionais e suas relações com as capacidades coordenativas pode contribuir para melhorar a qualidade do treinamento aplicado durante o processo de formação esportiva. Antes de tudo, pode evitar que um grande número de crianças seja submetida a um treinamento árduo e homogeneizado das capacidades condicionais em um momento inapropriado de seu ciclo de vida. Ou ainda, evitar a visão limitada que associa o sucesso ou fracasso esportivo a um único fator.

Treinabilidade das Capacidades Coordenativas

As capacidades coordenativas servem como base para a execução de qualquer movimento humano. Pode-se considerar a coordenação motora como uma interação cooperativa do sistema nervoso central e dos músculos esqueléticos. Assim, as capacidades coordenativas também podem ser entendidas como capacidade de integração sensório-motora, exercendo um papel importante no desempenho esportivo, juntamente com a força, a velocidade, a potência, a resistência e a flexibilidade.

Segundo Tittel (1988), um bom desenvolvimento da coordenação motora tem muitas implicações para o executante, entre as quais destacam-se:

- a determinação dos limites eventuais na dinâmica, eficiência e qualidade do desempenho;
- o grau com o qual o mecanismo de produção de energia metabólica pode ser utilizado;
- a facilitação de respostas rápidas e apropriadas no controle do equilíbrio corporal em situações de mudanças ambientais.

O desenvolvimento ótimo das capacidades coordenativas serve como base para uma boa aprendizagem motora em qualquer modalidade esportiva e no desempenho eventual de movimentos do dia a dia, além de permitir alcançar níveis mais elevados de domínio dos movimentos.

Desempenho Esportivo:
Treinamento com crianças e adolescentes

Embora ainda persistam dúvidas quanto ao número e à estrutura dos componentes das capacidades coordenativas (Barbanti, 2001; Greco e Benda, 2001; Weineck, 1999), de maneira geral, os movimentos no esporte ocorrem em situações que exigem precisão espaçotemporal (por exemplo, acertar um alvo em movimento), diferentes graus de complexidade (por exemplo, salto mortal com giro, corrida com barreiras) e variabilidade e adaptação ante as requisições ambientais. Essas características devem ser consideradas durante o desenvolvimento das capacidades coordenativas, independentemente da modalidade esportiva. Quanto mais complexo for um movimento de uma sequência motora, maior será o significado das capacidades coordenativas.

Um bom padrão de capacidades coordenativas proporciona, entre outros fatores, mais possibilidades de adquirir um repertório motor mais amplo, com consequências positivas para a adaptação dos movimentos e diminuição do tempo gasto na aprendizagem (Barbanti, 2001). Ainda que não tenha sido comprovado com o devido rigor científico, é plausível a hipótese da existência de uma continuidade no processo de desenvolvimento das capacidades coordenativas, visto que a falta de estímulos no momento adequado do ciclo de vida poderia prejudicar aquisições futuras. Desta forma, a especialização precoce fere um caráter fundamental da formação em longo prazo, pois os estímulos e as possibilidades de treinamento não devem ser avaliados em função das exigências específicas de determinada modalidade, mas de acordo com as fases do desenvolvimento humano.

A fase compreendida entre o nascimento e o terceiro ano de vida é decisiva para o desenvolvimento global da criança (Kelso, 1982), apesar de ser irrelevante para a introdução em um programa de treinamento. Por isso, é fundamental que os pais ou responsáveis proporcionem os estímulos psicossociais e motores necessários para o posterior desenvolvimento da criança.

Entre os 3 e os 6 anos de idade, os sistemas sensoriais devem continuar a ser estimulados por meio de uma ampla gama de experiências (Gallahue e Ozmun, 1995). A maioria das crianças dessa faixa etária ainda não participa de um programa formal de treinamento. Mas é importante que sejam oferecidas diversas oportunidades de movimento, desenvolvendo assim habilidades básicas como correr, saltar, arremessar, rebater, manipular, rolar, entre outras, que mais tarde serão a base para o desempenho esportivo. As capacidades coordenativas devem ser desenvolvidas de modo integrado com o processamento cognitivo, em situações que exijam um certo grau de percepção e decisão referente à solução motora adequada, obviamente, condizente com a capacidade individual da criança. Por exemplo, ultrapassar, da maneira que julgar conveniente, uma barreira de corda em movimento, ao mesmo tempo em que manipula um objeto (bola, lata, brinquedo etc.). Outro exemplo seria deslocar-se em uma bancada estreita, em sentido contrário ao do companheiro, de modo que cada um mantenha a sua trajetória original no momento em que se cruzarem.

Entre os 6 e os 10 anos ocorre uma grande evolução na coordenação e no controle motor, facilitando a aprendizagem de habilidades motoras cada vez mais complexas (Barbanti, 2001; Gallahue e Ozmun, 1995). Durante esse período, a criança tem condições de entender as regras do esporte e participar de programas de treinamento estruturados, sendo aconselhável a participação no maior número possível de modalidades. Nessa fase, a adoção de jogos reduzidos, com regras simples e voltadas para a realização de determinado gesto motor, é bastante válida. Além disso, devem ser propostas tarefas que proporcionem desafios em termos motores como, por exemplo, acertar alvos em movimento e manipular objetos com ambos os lados do corpo.

Dos 10 aos 14 anos de idade, o principal foco do treinamento deve estar na continuidade da aprendizagem e no aperfeiçoamento do desempenho esportivo, em vez de uma preocupação exagerada com os resultados competitivos. Esse é o período ideal para desenvolver habilidades motoras complexas (Greco e Benda, 2001; Malina e Bouchard, 2002; Weineck, 1999) próximas às exigências de determinada modalidade. As atividades poderiam ser semelhantes às das fases anteriores, porém, com um grau de complexidade (cognitivo e motor) muito superior. As tarefas podem apresentar uma maior pressão espaçotemporal, reduzido tempo para a tomada de decisão e execução. As atividades com corda propostas anteriormente poderiam ser realizadas com a manipulação simultânea de duas bolas, esquivando-se do adversário. Vale lembrar que são inúmeras as possibilidades de variação dessas atividades, por exemplo, com a cooperação e oposição de outros indivíduos (ataque contra defesa), utilizando os lados dominante e não dominante do corpo, realizando rolamentos, saltos etc. Os jovens que não têm oportunidades adequadas nessa etapa do treino, provavelmente terão prejuízos irreparáveis e não atingirão todo o seu potencial, mesmo que nas etapas posteriores participem de programas especiais visando à recuperação da deficiência.

Entre os 14 e os 18 anos de idade, o trabalho específico na modalidade deve ser a preocupação central. O atleta deve ter as capacidades coordenativas plenamente desenvolvidas, sendo o foco dirigido para o aperfeiçoamento do desempenho na modalidade. Uma proporção significativa do treino deve estar voltada para o aprimoramento das capacidades condicionais, do modo mais próximo à situação real da modalidade. Utilizando novamente a ginástica rítmica como exemplo, pode ocorrer um aumento no número de séries de exercícios, redução do tempo de recuperação, ênfase na potência com que os movimentos são realizados (por exemplo, altura do salto), e, se necessário, a realização de atividades específicas (isoladas) para determinado objetivo, sempre levando em consideração a constante necessidade de interação entre os fatores que compõem o desempenho. O sucesso do treinamento na idade adulta terá relação direta com o desenvolvimento adequado, proporcionado durante o processo de formação. Em face do exposto, é pertinente a analogia com o ditado popular: "o que Pedrinho não aprendeu, será ainda mais difícil para Pedro aprender!".

Treinabiblidade das Capacidades Condicionais

Sem dúvida, a excelência no desempenho esportivo exige um elevado índice de aptidão condicional. O grau de importância da força, da velocidade e da resistência pode variar em função da modalidade, mas representa uma condição central para o desempenho de alto nível; daí a grande preocupação do treinamento com esse aspecto. Porém, é necessário considerar que as capacidades condicionais têm relação elevada com a capacidade metabólica de liberação de energia. Portanto, são altamente dependentes de adaptações decorrentes não apenas do treinamento, mas também dos processos naturais de crescimento e desenvolvimento.

Em função dessa dependência metabólica, as capacidades condicionais apresentam maior treinabilidade a partir da adolescência. Logo, durante a infância, seu treinamento deve ocorrer de maneira indireta, por meio de jogos e brincadeiras que visem desenvolver as capacidades coordenativas, gerando, assim, jovens com uma base motora adequada para a otimização do desempenho, proporcionada pelo maior desenvolvimento das capacidades condicionais, observada na adolescência.

Convém ressaltar, ainda, que a maior treinabilidade das capacidades condicionais na adolescência não se traduz, automaticamente, em uma maior capacidade de suportar cargas, mas sim em uma maior probabilidade de resposta favorável ao treinamento, desde que ele seja adequado às condições do praticante. Todos os sistemas orgânicos só atingem um rendimento ótimo quando submetidos a estímulo de carga adequada, no momento correto e com a duração necessária.

Antes da adolescência, a capacidade de resistência aeróbia é a que apresenta a melhor resposta ao treinamento. Em geral, após os 10 anos de idade, em termos relativos, o treinamento aeróbio tem resposta similar em crianças e adultos (Bar-Or, 1989; Baxter-Jones e Helms, 1996; Zauner, Maksud e Melichna, 1989). Porém, antes da adolescência, a resposta a estímulos anaeróbios é desfavorável, contraindicando a aplicação de treinamentos que levem as crianças ao limite de sua capacidade. A menor capacidade anaeróbia deve ser levada em consideração durante a execução de cargas de resistência em crianças e jovens. A escolha dos métodos de treinamento, assim como a intensidade e a duração das carga deve ser adaptada à realidade biológica do ciclo de vida do indivíduo. Na prática, basta dar à criança oportunidades de pausa entre os estímulos. Conforme já exemplificado, as atividades aeróbias e anaeróbias devem ocorrer de modo indireto, em atividades em que são privilegiadas as capacidades coordenativas.

Entre os 3 e os 6 anos de idade, os níveis médios de força aumentam gradualmente e as diferenças entre meninos e meninas são pequenas ou inexistentes (Beunen e Thomis, 2000). Esse aumento gradual e natural da força proporciona condições para uma melhora qualitativa em habilidades básicas, como correr, saltar e arremessar (Malina e Bouchard, 2002). A evolução dos índices de força mantém essa relação razoavelmente linear com o aumento da idade cronológica em ambos os sexos até o final da puberdade, quando ocorre uma grande aceleração no sexo masculino, por causa da ação androgênica da testosterona (Beunen e Thomis, 2000; Froberg e Lammert, 1996; Zauner, Maksud e Melichna, 1989). Isso significa que, em termos gerais, antes da adolescência, meninos e meninas têm condi-

321

ções de realizar atividades dependentes de força em conjunto, sem necessidade de divisão em função do sexo.

Quanto à treinabilidade da força em jovens, apesar da resposta ao treinamento ser mais efetiva após a puberdade (sobretudo no sexo masculino), a literatura indica que existem respostas fisiológicas positivas decorrentes do treinamento de força em crianças pré-púberes e púberes (Beunen e Thomis, 2000; Blimkie, 1993; Falk e Tenenbaum, 1996; Monteiro, 1997). Em uma ampla revisão de literatura sobre o efeito do treinamento de força em crianças, Falk e Tenenbaum (1996) reportaram um ganho médio de força muscular entre 13% e 30%. Pfeiffer e Francis (1986), comparando as respostas do treinamento de força em crianças, adolescentes e adultos, verificaram que, independentemente do estágio maturacional, podem ser obtidos ganhos significativos de força. Segundo esses autores, o treino de força é efetivo e, desde que aplicado corretamente, seguro para crianças. Mas isso não significa que terá transferência positiva para o desempenho esportivo (Blimkie, 1993). Além disso, por se tratar de uma atividade relativamente simples do ponto de vista da coordenação de movimentos, a participação de crianças nesse tipo de treinamento não deveria ser incentivada, salvo sob condições especiais e muito bem justificadas.

Existe um consenso na literatura de que os jovens com maturação adiantada tendem a apresentar níveis superiores de força (e também de tamanho corporal) quando comparados aos de maturação normal ou tardia (Beunen e Thomis, 2000; Malina e Bouchard, 2002). Esse aspecto é particularmente alarmante em atividades em que a força e o tamanho corporal são fatores importantes para o desempenho, uma vez que a vantagem proporcionada por essa precocidade não necessariamente se mantém quando as crianças atingem a idade adulta, porém, os meninos com maturação tardia podem ser excluídos do processo de treinamento em um momento crítico de seu desenvolvimento. Esse aspecto do esporte implica a necessidade de os técnicos e outros envolvidos em competição infantil estarem familiarizados com os princípios básicos do crescimento e desenvolvimento e de sua interferência no desempenho esportivo (Ré et al., 2005).

A complexidade fica ainda maior quando é considerado o fato de que a velocidade de crescimento e desenvolvimento não é a mesma para todas as crianças. Portanto, ao estabelecer uma relação linear entre treinamento e desempenho, a probabilidade de erro é elevada, não somente porque ocorre uma significativa interferência da taxa de desenvolvimento biológico, mas, também, porque a velocidade desse desenvolvimento não é a mesma em todos os indivíduos e, consequentemente, nem todos respondem de modo semelhante aos estímulos do treinamento.

Mesmo que o professor/técnico tenha em suas mãos um grupo numeroso e heterogêneo, é possível realizar atividades em conjunto, respeitando a individualidade dos alunos. Para isso, devem ser minimizadas as estratégias de treino que favoreçam aqueles com maturação precoce (desenvolvimento biológico adiantado). Devem-se evitar situações em que exista uma disputa acirrada (e muitas vezes desleal) pelo espaço de jogo e, se necessário, as regras devem ser adaptadas, para que a habilidade motora e cognitiva seja sempre privilegiada. Especificamente em relação à força, a principal sobrecarga deve ser o próprio peso corporal, por exemplo, jogos de *handebol* com deslocamentos em um único membro (atenção para a divisão por igual entre ambos os MMII), jogos adaptados com deslocamentos em quatro apoios, em posição ventral, dorsal etc.

De modo geral, a vantagem na força muscular observada nos jovens com maturação precoce não é mantida quando esses atingem a idade adulta (Beunen e Thomis, 2000; Lefevre et al., 1990). Logo, antes de o jovem atingir a adolescência, o foco do treinamento deve estar voltado para o aperfeiçoamento técnico e tático, e não para o aprimoramento das capacidades condicionais (Reilly, Bangsbo e Franks, 2000). Não existe nenhum indício de que iniciar o treinamento das capacidades condicionais antes do final da puberdade irá resultar em índices mais elevados de capacidades condicionais na idade adulta.

Ainda que o treinamento de força seja aplicado no momento adequado (a partir da adolescência), é indesejável que a sincronização adequada dos músculos envolvidos em determinado movimento seja alterada em decorrência dos estímulos gerados pelo treinamento. Alguns estudos observaram uma alteração nessa sincronização após o treinamento de força (Aagaard, 2003; Carroll, Rilk e Carson, 2001), fato que alerta para a necessidade de uma maior cautela ao aceitar a hipótese de que o treino de força irá melhorar o desempenho esportivo.

Em contrapartida, é plausível a hipótese de que o treinamento de força aumenta a capacidade de geração de força em determinada unidade motora (UM), necessária na realização do movimento, diminuindo a necessidade de requisição de outras UMs e aumentando a coordenação muscular por meio da redução da atividade neural dentro dos centros motores do sistema nervoso central (SNC) (Carroll, Rilk e Carson, 2001). Parece que os músculos são controlados de modo mais efetivo pelo SNC, quando pequenos níveis de atividade neural são requeridos para produzir um determinado nível de força muscular. Em outras palavras, aumentando a força, seria reduzido o número de UMs necessárias na execução do movimento (redução da atividade no SNC), favorecendo, assim, o controle, uma vez que seria mais fácil controlar o movimento com pequenos níveis de atividade neural. Segundo Carroll, Riek e Carson, (2001), algum suporte a essa hipótese pode ser observado em estudos que encontraram uma transferência positiva entre o treinamento de força e as tarefas que exigem precisão no movimento do dedo indicador. Porém, existe um grande distanciamento entre esses estudos, realizados em laboratório, e o desempenho esportivo em situação real.

Nos esportes, a execução de movimentos habilidosos depende da contração seriada de cada músculo que compreende o movimento, assim como o julgamento apropriado do momento ideal para o movimento ser executado em relação às condições externas. Esses fatores determinam o tempo necessário para a execução da resposta a um determinado estímulo, que pode ser decomposto em duas partes: tempo de reação pré-motora e motora.

O tempo de reação pré-motora corresponde ao intervalo de tempo entre a apresentação do estímulo e a primeira mudança no nível de ativação do músculo, detectada pela eletromiografia. Esse período representa processos centrais, como percepção e tomada de decisão. Já o tempo de reação motora se refere ao intervalo entre a primeira ativação muscular e o início do movimento (Schmidt, 1988), o qual só gerará a resposta motora apropriada se houver uma perfeita sincronização da atividade muscular.

Exemplificando, em um jogo de basquete, o tempo que um jogador demora para *perceber* um estímulo (por exemplo, deslocamento da marcação adversária) e tomar uma *decisão* (por exemplo, passar a bola para o lado oposto) representa o tempo de reação pré--motora. O intervalo de tempo entre a primeira ativação muscular e o início do movimento propriamente dito (por exemplo, *execução* do passe) seria o tempo de reação motora. Em situação real de jogo, é impossível dividir o movimento desta maneira (pré-motora e motora), mas é importante deixar claro que um atraso em qualquer um dos níveis pode comprometer o desempenho do jogador.

Evidentemente, a percepção e a decisão do momento ideal para iniciar o movimento, e a sua execução correta, não se promove por meio do treinamento da força ou de qualquer outra capacidade condicional, ainda que tenham relação com o desempenho. Convém ressaltar, ainda, que a percepção de determinado estímulo depende do conhecimento que o indivíduo tem da modalidade; e uma lacuna nesse conhecimento pode gerar um atraso na percepção, o que acarreta o retardamento do início do tempo de reação pré-motora e, consequentemente, um maior tempo total do movimento.

A importância prática do conceito de tempo de movimento no esporte pode ser justificada tomando-se a velocidade como exemplo. Basicamente, a velocidade depende da frequência e da amplitude do movimento, não se relacionando apenas com a potência muscular, mas também com o processamento cognitivo (tempo de reação pré-motora) e a coordenação de movimentos.

Um atleta considerado *mais lento* do que outro, do ponto de vista da expressão neuromuscular, pode compensar essa desvantagem com uma maior velocidade de reação pré--motora e a consequente antecipação da resposta motora, chegando sempre mais depressa a um determinado espaço ou à bola (reagindo primeiro que o adversário). Isso significa que, ao treinar a velocidade, é fundamental a preocupação com os processos cognitivos de percepção e de tomada de decisão, uma vez que, em situação real, a velocidade é influenciada por todos esses fatores. Inúmeros exemplos dessa compensação podem ser citados. Por isso, é difícil determinar o sucesso ou o fracasso do atleta baseado em um único aspecto.

Corroborando essa perspectiva, Chelladurai e Yuhasz (1977) demonstraram que uma tarefa com mudança de direção e de estímulo simples apresentou uma variância comum de apenas 31% com uma tarefa mais complexa, em que o tempo e a localização do estímulo não eram conhecidos. Isso significa que reagir a um estímulo provocado pelo oponente ou executar um movimento extremamente habilidoso, dependente da sincronização adequada da atividade muscular, pode ser bem diferente do que é requisitado em um treinamento isolado de determinada capacidade motora.

Considerações Finais

Convém ressaltar que as idades cronológicas indicadas no presente texto não devem ser interpretadas de forma rígida, mas compreendidas em termos gerais, dentro de um *continuum*, pois as transições entre faixas etárias não são fixas e há muitas variações individuais. Ao estabelecer as características de cada faixa etária, objetivou-se uma maior aplicabilidade no processo de formação esportiva, uma vez que, na maioria absoluta das modalidades, os jovens são agrupados de acordo com esse critério.

Cruzando as informações do Quadro 8.1 e da Figura 8.1, pode-se afirmar que nas modalidades com predominância de habilidades motoras fechadas, a prioridade do treinamento até, aproximadamente, os 14 anos de idade, deve estar relacionada ao desenvolvimento das capacidades coordenativas. A partir de então, as capacidades condicionais e as habilidades motoras específicas também passam a ocupar um papel de destaque. O mesmo ocorre nas habilidades motoras abertas, com uma preocupação adicional referente à constante necessidade de interação com mecanismos perceptivos e decisórios.

Nos jovens, muitas funções fisiológicas relacionadas a atividades motoras, tais como a força, a velocidade e a resistência, apresentam um crescimento absoluto e linear com o aumento da idade. Na criança, o SNC está mais próximo da maturação plena, o que implica que a capacidade de processar informações relacionadas ao controle do movimento está mais desenvolvida do que a de promover os ajustes fisiológicos para a atividade muscular (Tani et al., 1988). Em outras palavras, a criança pré-púbere e púbere está mais apta a desenvolver habilidades e capacidades perceptivo/coordenativas do que capacidades condicionais.

Portanto, o oferecimento de estímulos adequados para o desenvolvimento das capacidades coordenativas, de modo integrado com mecanismos de percepção e tomada de decisão, e que estimulem indiretamente o desenvolvimento das capacidades condicionais deve ocupar um papel de destaque durante o processo de formação esportiva na infância, possibilitando, assim, a geração de atletas adolescentes com uma ótima base motora e totais condições para o desenvolvimento de capacidades condicionais e de habilidades motoras específicas da modalidade em que atuam.

É necessário promover uma mudança de paradigma em relação ao desempenho esportivo: daquele centrado no treinamento fragmentado, cuja hipótese é a de que a soma das partes representa o todo, para aquele centrado em uma visão macroscópica, em que a interação (e não a soma) entre as partes forma o todo. Isso só será possível com o conhecimento específico das características das crianças e dos adolescentes e a consequente preocupação com o treinamento em longo prazo.

Quadro 8.1 – Requisição das capacidades condicionais, coordenativas e cognitivas em diferentes modalidades esportivas

Importância para a excelência no desempenho	Capacidades condicionais	Capacidades coordenativas	Mecanismos perceptivos e decisórios
Predominância de habilidades motoras fechadas			
Natação	Elevada	Média	Pequena
Atletismo (corridas)	Elevada	Pequena	Pequena
Atletismo (demais provas)	Elevada	Média	Pequena
Ciclismo	Elevada	Pequena	Pequena
Ginástica Rítmica	Elevada	Elevada	Pequena
Ginástica Artística	Elevada	Elevada	Pequena
Predominância de habilidades motoras abertas			
Futebol	Elevada	Elevada	Elevada
Basquete	Elevada	Elevada	Elevada
Voleibol	Elevada	Elevada	Elevada
Handebol	Elevada	Elevada	Elevada
Judô	Elevada	Elevada	Elevada

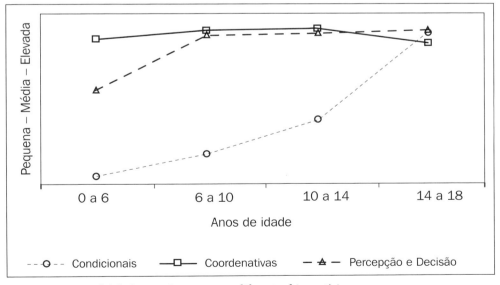

Figura 8.1 – Sensibilidade ao treinamento nas diferentes faixas etárias.

Desempenho Esportivo:
Treinamento com crianças e adolescentes

Referências

AAGAARD, P. Training-induced changes in neural function. **Exerc. Sport Sci. Rev.**, v. 31, n. 2, p. 61-7, 2003.

BARBANTI, V. J. **Treinamento físico**: bases científicas. São Paulo: CLR Balieiro, 2001.

BAR-OR, O. Trainability of the prepubescent child. **Physician. Sports Med.**, v. 17, n. 5, p. 65-82, 1989.

BAXTER-JONES, A. D. G.; HELMS, P. Effects of training at a young age: a review of the training of young athletes (TOYA) study. **Pediatric Exerc. Sci.**, v. 8, n. 4, p. 310-27, 1996.

BEUNEN, G.; THOMIS, M. Muscular strength development in children and adolescents. **Pediatric Exerc. Sci.**, v. 12, n. 2, p. 174-97, 2000.

BLIMKIE, C. J. R. Resistance training during preadolescence: issues and controversies. **Sports Med.**, v. 15, n. 6, p. 389-407, 1993.

CARROLL, T. J.; RIEK, S.; CARSON, G. Neural adaptations to resistance training: implications for movement control. **Sports Med.**, v. 31, n. 12, p. 829-40, 2001.

CHELLADURAY, P; YUHASZ, M. S. Agility performance and consistency. **Can. J. Appl. Sport Sci.**, v. 2, n. 1, p. 37-41, 1977.

FALK, B.; TENENBAUM, G. The effectiveness of resistance training in children: a meta-analysis. **Sports Med.**, v. 22, n. 3, p. 176-86, 1996.

FRANKS, A. M.; et al. Talent identification in elite youth soccer players: Physical and physiological characteristics. **J. Sports Sci.**, v. 17, p. 812, 1999.

FROBERG, K.; LAMMERT, O. Development of muscle strength during childhood. In: BAR-OR, O. **The child and adolescent athlete**. Oxford: Blackwell Sciences, 1996.

GALLAHUE, D. L.; OZMUN, J. C. **Understanding motor development**: infants, children, adolescents, adults. 3. ed. Iowa: Benchmark, 1995.

Greco, P. J.; Benda, R. N. **Iniciação esportiva universal 1**. Belo Horizonte: Editora UFMG, 2001.

Gréhaigne, J. F.; Godbout, P. Tactical knowledge in team sports from a constructivist and cognitivist perspective. **Quest**, v. 47, p. 490-505, 1995.

Kelso, J. **Human motor behavior**: an introduction. Hillsdale: Lawrence Erlbaum, 1982.

Lefevre, J. et al. Motor performance during adolescence and age thirty as related to age at peak height velocity. **Ann. Hum. Biol.**, v. 17, p. 423-34, 1990.

Magill, R. A. **Aprendizagem motora**: conceitos e implicações. São Paulo: Edgard Blucher, 2000.

Magnusson, S. P. Passive properties of human skeletal muscle during stretch maneuvers. **Scand. J. Med. Sci. Sports**, n. 8, p. 65-77, 1998.

Magnusson, S. P. et al. Viscoelastic stress relaxation during static stretch in human skeletal muscle in the absence of EMG activity. **Scand. J. Med. Sci. Sports**, n. 6, p. 323-28, 1996.

Malina, R.; Bouchard, C. **Atividade física do atleta jovem**: do crescimento à maturação. São Paulo: Rocca, 2002.

Monteiro, W. D. Força muscular: uma abordagem fisiológica em função do sexo, idade e treinamento. **Rev. Bras. Ativ. Fís. Saúde**, v. 2, n. 2, p. 50-66, 1997.

Pfeiffer, R. P.; Francis, R. S. Effects of strength training on muscle development in prepubescent, pubescent and postpubescent males. **Physician. Sports Med.**, v. 14, n. 9, p. 134-43, 1986.

Ré, A. H. N. et al. Relações entre crescimento, desempenho motor, maturação biológica e idade cronológica em jovens do sexo masculino. **Rev. Bras. Ed. Fís. Esporte**, v. 19, n. 2, 2005. No prelo.

Ré, A. H. N. et al. Interferência de características antropométricas e de aptidão física na identificação de talentos no futsal. **Rev. Bras. Ciênc. Mov.**, v. 11, n. 4, p. 51-6, 2003.

Reilly, T.; Bangsbo, J.; Franks, A. Anthropometric and physiological predispositions for elite soccer. **J. Sports Sci.**, v. 18, p. 669-83, 2000.

SANTOS, J. A. R. Estudo comparativo, fisiológico, antropométrico e motor entre futebolistas de diferente nível competitivo. **Rev. Paul. Educ. Fís.**, v. 13, n. 2, p. 146-59, 1999.

SCHMIDT, R. A. **Motor control and learning**: a behavioral emphasis. 2. ed. Champaign: Human Kinetics, 1988.

TANI, G. Aprendizagem motora e esporte de rendimento: um caso de divórcio sem casamento. In: BARBANTI, V. J. et al. **Esporte e atividade física**: interação entre rendimento e saúde. São Paulo: Manole, 2002.

TANI, G. et al. **Educação física escolar:** fundamentos de uma abordagem desenvolvimentista. São Paulo: EDUSP, 1988.

TITTEL, K. Cordination and balance. IN: CDIRIX, A.; KNUTTGEN, H. G.; TITTEL, K. **The Olympic book of sports medicine**. Oxford: Blackwell Scientific Publications, 1988.

TURVEY, M. T. Coordination. **Am. Psychol.**, v.45, p.938-53, 1990.

WEINECK, J. **Biologia do esporte**. São Paulo: Manole, 2000.

_____. **Treinamento ideal**. São Paulo: Manole, 1999.

ZAUNER, C.; MAKSUD, M. G.; MELICHNA, J. Physiological considerations in training young athletes. **Sports Med.**, v. 8, n. 1, p. 15-31, 1989.

9

Os Jogos como Instrumento de Aprendizagem e Formação Esportiva de Crianças e Adolescentes

O jogo é um caso típico das condutas negligenciadas pela escola tradicional, dado o fato de parecerem destituídas de significado funcional. Para a pedagogia corrente, é apenas um descanso ou o desgaste de um excedente de energia. Mas esta visão simplista não explica nem a importância que as crianças atribuem aos seus jogos e muito menos a forma constante de que se revestem os jogos infantis, simbolismo ou ficção, por exemplo. (Piaget, 1998, p. 158)

A iniciação esportiva de crianças e jovens é tema de pesquisa das Ciências do Desporto há tempo, especialmente os estudos que buscam subsídios teóricos para a intervenção pedagógica, com problemas de pesquisa que abordam a forma, o processo ou a metodologia de ensino dos esportes, ou seja, como proceder à iniciação esportiva.

Graça e Mesquita (2002) analisaram a evolução histórica dos estudos relacionados ao ensino dos jogos desportivos e constataram que a forma tradicional de ensino dos esportes, centrada na aprendizagem das habilidades básicas, caracterizou a primeira fase das investigações, buscando o método de ensino mais eficiente, confundindo-se com a investigação na área da aprendizagem motora. A observação e a contagem do tempo de empenhamento motor marcaram a fase seguinte. Recentemente, a atenção das pesquisas voltou-se à estruturação do conteúdo da tarefa pelo professor e às condições de prática, ou seja, estudos sobre as situações reais de ensino. Destacando-se as pesquisas sobre a prática de habilidades em condições variáveis (nível de interferência contextual).

Desempenho Esportivo:
Treinamento com crianças e adolescentes

A fragmentação de um fenômeno (aprendizagem esportiva) em partes mostrou-se insuficiente às explicações teóricas e práticas exigidas no mundo moderno.

Essa insuficiência gerou uma tendência em tratar o comportamento humano como uma totalidade ou sistema, operando uma transformação nas estratégias básicas de pensamento (Bertalanffy, 1977).

Desta forma, os estudos atuais abordam aspectos anteriormente negligenciados tanto nas pesquisas, como no ensino. Os fatores cognitivos, emocionais, socioafetivos à tomada de decisão e à dimensão tática, tornaram-se o foco das investigações e foram valorizados nos processos de ensino e aprendizagem. Assim, entendendo que o jogo deve estruturar as tarefas de ensino e aprendizagem dos esportes coletivos (Ramos, Graça e Nascimento, 2006).

Sem dúvida, uma das principais dificuldades dos professores de educação física e esportes é estruturar as aulas e os treinos, respeitando a totalidade do ser humano. Tradicionalmente, o ensino dos esportes coletivos ocorre de forma fragmentada, separando o ensino das habilidades esportivas mais relacionadas aos aspectos físicos e motores do ensino dos sistemas táticos, que se baseiam, sobretudo, nas habilidades cognitivas e atitudinais (Daólio e Marques, 2003).

Saad (2006) enfatiza que esse modelo dualista é baseado em práticas empíricas e/ou subjetivas, resultantes das experiências esportivas vivenciadas e, muitas vezes, chanceladas na formação acadêmica por métodos de ensino tradicionais. Assim, apresenta algumas reflexões sobre esse modelo: 1) as técnicas são pré-requisitos para o ensino de esportes, contudo, o ensino da técnica não corresponde à situação encontrada no jogo; 2) o ensino do esporte por meio de exercícios previsíveis são, na verdade, exercícios *deseducativos*; 3) o ensino de esportes coletivos exige um método de desenvolvimento simultâneo de conteúdos técnicos e táticos.

Acredita-se que ensinar esporte, centrado, especialmente, na fragmentação da técnica individual, seja uma consequência da transposição direta de meios e métodos do treinamento das modalidades individuais para as coletivas, sem levar em consideração a especificidade estrutural e funcional das modalidades.

As interações estabelecidas nas modalidades esportivas coletivas, entre os jogadores e o ambiente (adversários, espaço, bola, alvo etc.), geram um conjunto de comunicações simultâneas, entre todos os jogadores, caracterizando os jogos despor-

Os Jogos como Instrumento de Aprendizagem e Formação Esportiva de Crianças e Adolescentes

tivos pela aleatoriedade e imprevisibilidade constantes, ampliando o papel da estratégia e da tática durante a aprendizagem dos esportes coletivos (Garganta e Oliveira, 1996; Tavares e Faria, 1996). Entretanto, de acordo com Rovegno (1992, 1994, 1995), as habilidades esportivas têm sido apresentadas fora do contexto de jogo e as estratégias de jogo têm sido negligenciadas nos processos de ensino e aprendizagem esportivo.

Durante muito tempo e, em alguns casos, até os dias atuais, a metodologia empregada para o ensino dos esportes limitou-se a considerar a justaposição das partes: condição física, mais técnica e mais força (Benda e Greco, 1998). A abordagem de ensino que preponderou baseou-se no pensamento mecanicista, em que os procedimentos analíticos eram os mais apropriados para o processo de ensino e aprendizagem, inspirados "no dualismo cartesiano e nos conceitos associacionistas, muito divulgados na Educação Física" (Greco, 2001, p. 52).

Desta forma, o processo de ensino e aprendizagem analítico é formatado numa sequência pedagógica pela qual somente após a aquisição de habilidades e técnicas possibilita-se o jogo. A utilização do método analítico de ensino, designado também de método parcial, em razão de fragmentar o movimento esportivo em habilidades motoras básicas (correr, saltar, rebater) para a prática e depois reconstruí-lo com base na reunião destas, foram difundidos e utilizados preponderantemente nas aulas de Educação Física e de Esportes até o final da década de 1980; e, ainda, encontram-se, com frequência, práticas esportivas nesse modelo de ensino. "as inúmeras transformações ocorridas na Educação Física, proveniente do avanço científico nas últimas décadas, tem sido insuficiente para uma alteração significativa na atuação do professor em aula" (Ramos, Graça e Nascimento, 2006, p. 38).

A organização da aula alicerça-se preferencialmente no Método Desportivo Generalizado, trazido ao Brasil por Auguste Listello na década de 1950 (Martinez, 2002), sendo empregada tanto nas aulas de Educação Física escolar quanto nas sessões de treinamento desportivo, homogeneizando os procedimentos de intervenção do profissional de Educação Física. A estrutura da aula caracteriza-se pela preparação inicial (aquecimento), uma segunda parte à aprendizagem e aperfeiçoamento das técnicas e fundamentos do esporte de forma segmentada (exercícios), e uma terceira, em que se realiza o jogo propriamente dito (Ramos, Graça e Nascimento, 2006).

Desempenho Esportivo:
Treinamento com crianças e adolescentes

Esse método de ensino e aprendizagem não é significativo e torna-se repetitivo, monótono e desestimulante, em razão do rigor na execução dos fundamentos esportivos descontextualizados, em especial para crianças. As críticas a respeito do ensino das habilidades técnicas, fora de um contexto útil, têm incidido sobre a possibilidade dos jovens perderem o interesse pela aprendizagem do jogo e sentirem dificuldades na aplicação do conhecimento técnico durante o jogo, assim como na sua compreensão e funcionalidade (Kirk e MacPhail, 2002).

As abordagens atuais de ensino e aprendizagem de esportes relacionam-se com a evolução das pesquisas nessa área e com as alterações da concepção e do pensamento em todos os campos do conhecimento, adotando-se o pensamento sistêmico ou sistemas complexos na compreensão dos fenômenos sociais e humanos (Bertalanffy, 1977).

Assim, atualmente, constatam-se propostas de ensino de esportes em uma abordagem sistêmica pelo método global, cuja concepção de totalidade era representada pela inspiração na teoria Gestalt (Ramos, Graça e Nascimento, 2006). A abordagem sistêmica justifica-se porque os esportes coletivos são considerados sistemas sociais complexos, caracterizados com base em um grupo de elementos (jogadores) do qual estabelecem regras e normas de convivência, ligados por interações (equipe), com objetivos, funções e necessidades pessoais e coletivas que se integram e são, também, influenciados pelas interações do grupo com o meio (cultural, social, político, emocional), sendo que todos os envolvidos agem pela finalidade do sistema (obtenção do ponto ou gol) (Bota e Colibaba-Evulet, 2001; Garganta e Oliveira, 1996).

Podemos observar, nas literaturas de ensino de esportes, perspectiva de autores como Garganta e Oliveira (1996), Graça e Mesquita (2002), Graça e Oliveira (1995), Mattos e Neira (2005), Rossetto Junior et al. (2006) e Souza (1999) com a concepção de que somente poderá aprender um jogo esportivo jogando, por meio das experiências do próprio jogo. Já Alberti e Rothenberg (1984), Bayer (1994), Benda e Greco (1998) e Kasler (1983), procuram antepor pequenos jogos e jogos esportivos em uma sequência, com a combinação de séries de exercícios para a condução de desenvolvimento ascendente das habilidades.

As metodologias de ensino e aprendizagem esportiva mais atuais, como o *Teaching Games for Understanding* ou ensino para a compreensão do jogo, de Bunker e Thorpe

(1982), os Jogos Desportivos Coletivos de Bayer (1994) e Graça e Mesquita (2002), os Jogos de Invasão de Mertens e Musch (1991) e, no Brasil, a Iniciação Esportiva Universal de Benda e Greco (1998), são modelos de ensino de esportes coletivos que explicitam como pontos fundamentais para a aprendizagem esportiva das crianças e adolescente: a motivação para a prática; a capacidade em compreender o jogo e a utilização da técnica em situações circunstanciais do contexto do jogo.

Essas abordagens de ensino invertem a ordem e a relevância no ensino da técnica e da tática nos jogos esportivos, enfatizando a compreensão e o conhecimento da tática do jogo esportivo e atrelando o aprendizado da técnica aos aspectos táticos, portanto, em ambientes imprevisíveis e em constante alteração, em razão de fatores ambientais e das interações sociais, que exigem as capacidades do ser humano de forma integral.

O objetivo do texto não é discutir e avaliar o método de ensino (parcial, misto, global ou sequencial) que apresenta o melhor resultado na *performance* esportiva, ou qual o melhor ambiente e tarefas para a aprendizagem esportiva, pois se entende que esses aspectos foram devidamente investigados e exaustivamente relatados em obras anteriores, e as obras citadas se constituem em ótimas fontes de consulta sobre os temas.

Dessa forma, parte-se do pressuposto de que o jogo consubstancia-se em conteúdo, método e tarefa para o ensino de esportes coletivos, por abarcar os princípios do esporte educacional, entendendo que a iniciação esportiva acontece com crianças e adolescentes e, portanto, deve ter caráter educacional, porque são pessoas em formação e a maioria pode ter no esporte uma forma de lazer na vida adulta, logo, o ensino tem de contemplar os objetivos de formar um cidadão para utilizar-se do esporte, de forma a reproduzir, transformar e produzir formas de praticar esporte.

Para Freire (1996) a experiência educativa transformada em treinamento técnico é amesquinhar o que há de fundamentalmente humano na educação, isto é, o seu caráter formador. Ao respeitar a natureza do ser humano, o ensino dos conteúdos não pode ocorrer alheio à formação moral do educando. Educar é formar para a autonomia.

Quando o aluno, no processo de ensino e aprendizagem, recebe apenas conhecimentos técnicos, sem a correspondente reflexão, caracteriza-se como uma forma de ensino bancário, depositário (Freire, 1996). No esporte, observa-se a predominância

Desempenho Esportivo:
Treinamento com crianças e adolescentes

desse modelo de ensino, pois apenas capacita, treinando as crianças e os adolescentes no desempenho das habilidades e capacidades motoras, sem possibilitar o desenvolvimento e a ascensão à capacidade crítica sobre o esporte.

A finalidade do ensaio é demonstrar a relação positiva do jogo com os aspectos educacionais: motivacionais, significativos à aprendizagem e pedagógicos para a formação do atleta-cidadão, do processo de ensino e aprendizagem esportivos. Fechando essa concepção com a apresentação das vantagens de seu emprego na iniciação esportiva e descrevendo os parâmetros para elaborar, estruturar, executar e avaliar aulas tendo jogos como conteúdo à aprendizagem esportiva.

Na literatura, o jogo é apontado, desde a Grécia antiga, como instrumento educacional por Platão, enfatizado como conteúdo e estratégia de ensino por Comenius, Rousseau, Froebel, Montessori, Decroly e Dewey e, na atualidade, é descrito como um dos principais fatores de desenvolvimento humano (Ministério da Educação e Cultura, 1998; Kishimoto, 1996 e 2001). Possibilitando, segundo Leontiev (1988), Vygotsky (1988) e Wallon (1981), o progresso mental e moral, sendo fundamental para o exercício e desenvolvimento da inteligência, das emoções, das relações sociais e afetivas e da motricidade, em razão das tarefas motoras serem diversificadas e complexas, que exigem capacidades motoras e requerem atitude tático-estratégica coletiva (Benda e Greco, 1998 e Souza, 1999). Assim, por sua potencialidade pedagógica, o jogo é indicado como conteúdo e estratégia da Educação Física Escolar.

Para Teixeira e Figueiredo (1970, p. 23), são vários os motivos que levam os educadores a buscar as atividades lúdicas e a utilizá-las como recurso no processo de ensino-aprendizagem:

1. As atividades lúdicas correspondem a um impulso natural da criança, satisfazendo uma necessidade interior, suprindo a tendência lúdica do ser humano.
2. O lúdico caracteriza-se pelo prazer e pelo esforço espontâneos. Considera-se prazeroso pela capacidade de absorver o indivíduo total e intensamente, criando um clima de entusiasmo. O envolvimento emocional transforma-se em fator de motivação, capaz de gerar vibração e euforia. Em razão do prazer propiciado, a ludicidade apresenta interesse intrínseco, que canaliza as energias do praticante, que se dedica e se esforça totalmente e espontaneamente para al-

cançar os objetivos. Portanto, as atividades lúdicas são excitantes, mas também requerem um esforço voluntário.

3. As situações lúdicas mobilizam esquemas mentais e geram envolvimento emocional. Constituindo-se em uma atividade física, afetiva e mental, a ludicidade aciona e ativa as funções psiconeurológicas e as operações mentais, estimulando o pensamento e articulando o raciocínio. O ser que brinca e joga é, também, o ser que age, sente, pensa, aprende e se desenvolve.

Contrariamente, ao fragmentar-se o ensino, de acordo com Garganta (1995), caminha-se das técnicas analíticas para o jogo formal, ocasionando supervalorização e hierarquização das técnicas esportivas e a execução de gestos mecânicos pouco (nada) criativos e comportamentos estereotipados; compromete-se a compreensão do jogo, ou seja, percepções deficientes e imobilização para as soluções de problemas. Quando predomina e enfatiza-se o ensino da técnica esportiva, distancia-se do criativo, do imprevisível, do lúdico e do coletivo, que o jogo aglutina. Assim, dificulta, impossibilita ou impede o prazer de aprender, jogar, viver, pois a estereotipação técnica é limitadora, monótona, repetitiva e individual.

Os simpatizantes da fragmentação do ensino afirmam que, quando o aluno conseguir dominar as técnicas, poderá usá-las em situações de jogo. Entretanto, esse modelo de ensino é condenável em razão de acarretar a desistência prematura das crianças e dos jovens menos habilidosos na aprendizagem dos esportes. As crianças e os adolescentes têm pouco sucesso, em razão da ênfase à *performance*, consequentemente, desistem precocemente; desta forma, apenas os mais habilidosos continuam na prática esportiva, que deve ser para todos.

Infelizmente, muitos autores, nas suas proposições, esquecem que o processo de ensinar, seja esporte, dança, luta, matemática, ciências, português, carrega consigo o peso de formar, a responsabilidade de possibilitar o transcender, a necessidade de estimular a criticidade e a importância de buscar a cidadania.

Os princípios e características do jogo devem regular o surgimento da técnica, desencadeando práticas, experiências e ações que proporcionam a técnica dentro das exigências do jogo. Desta forma, a criança e o adolescente não só executam mecanicamente o gesto técnico, mas, sobretudo, aprendem e compreendem o que, por que, quando e como movimentar-se com eficácia, de acordo com as situações reais encontradas nas situações de jogo. O iniciante explora, vivencia, descobre e desfruta os seus gestos esportivos, apresentando sua eficiência e competência interpretativas nas situações vividas nos jogos.

Segundo Teixeira e Figueiredo (1970), o jogo é fator didático fundamental e indispensável no processo de ensino e aprendizagem, devendo constituir-se em preocupação constante dos professores que objetivam motivar seus alunos para o aprender.

Os Jogos na Motivação da Aprendizagem Esportiva

Nos processos de ensino e aprendizagem, sejam eles esportivos ou não, com diferentes conteúdos ou ambientes, a motivação constitui-se como um dos fatores fundamentais e, segundo Becker Júnior (1996), a mola propulsora do comportamento humano, determinando a busca de qualquer objetivo pelo ser humano. A motivação explica diferenças de desempenho e envolvimento dos alunos em comportamentos relacionados à aprendizagem, ao desempenho, à dedicação e às práticas atentas (Murray, 1973).

Consequentemente, a motivação do estudante ou esportista e os fatores inerentes competem precisamente à escola ou às instituições de ensino (clubes, academias, escola de esportes etc.), que devem buscar os caminhos e os recursos mais apropriados, em razão do planejamento das estratégias didáticas, pelo professor, e adotadas em aula, desencadearem diferentes reações emocionais (positivas e negativas), que incidem sobre o ambiente e os alunos, afetando a motivação e a aprendizagem. Assim, os professores devem interferir na criação do ambiente de aprendizagem, despertando o interesse e estimulando os alunos a se esforçarem para aprender, pois o assunto motivação é controvertido não quanto à teoria e aos princípios, mas quanto à prática (La Puente, 1989; Tapia e Fita, 1999 e Winterstein, 1992).

O conhecimento dos fatores que envolvem a motivação é essencial ao professor de Educação Física, que não desenvolve atividades apenas com atletas que se interessam pela prática, mas, sobretudo, com alunos que são obrigados a frequentar as aulas. Dessa forma, motivá-los a aprender é fundamental, porque, de acordo com Freire (2002), deve-se ensinar bem esporte a todos e não apenas aos mais hábeis e talentosos. A competência profissional no processo de ensino e aprendizagem esportivos não demanda apenas do conhecimento técnico, mas também das habilidades e das estratégias para motivar os alunos nas aulas e nos treinamentos, cabendo embasar-se de conhecimentos teóricos e práticos para estimular e manter acesa a motivação.

A motivação é um processo ativo, intencional e dirigido a uma meta; entende-se por motivação a direção e a intensidade do esforço, que leva o indivíduo a fazer ou deixar de fazer algo. A motivação envolve a interação de diversos fatores: 1) pessoais/individuais: história de vida, personalidade, necessidades, interesses e objetivos; 2) situacionais/sociais: estilo do professor, condições da instalação, exigências, influências e pressões do meio social e 3) tarefa, com as características próprias da atividade ou ação a ser realizada, com as possibilidades de sucesso e fracasso (Samulski, 1992; Weinberg e Gould, 2001; Winterstein, 2002).

Para Magill (1984) e Winterstein (1992), motivação associa-se a motivos, entendido como força interior, impulso ou intenção, para realizar algo ou agir de certa forma que desencadeia, direciona e finaliza uma ação. Colaborando com o entendimento, Cofer (1980) afirma que a psicanálise contribuiu para a explicação das causas de ações e atitudes, esclarecendo as energias e pulsões internas e inconscientes que dirigirem o comportamento a fim de alcançar os propósitos almejados. Todo comportamento é impulsionado por motivos, assim, a análise de qualquer ação implica investigar os motivos que a influenciaram.

Segundo Maslow (1987) e Murray (1973), os motivos podem ser classificados em dois grupos: 1) intrínsecos - impulsos básicos (inatos ou primários): constituídos pelas exigências orgânicas e fisiológicas e 2) extrínsecos - motivos sociais (adquiridos ou secundários): formados pelas necessidades sociais de origem externa, sentir-se amado, decisivo para o sucesso. Maslow (1987) apresenta a teoria hierárquica da motivação e considera inato aos seres humanos cinco sistemas de necessidades: 1) fisiológicas básicas; 2) proteção/segurança; 3) aceitação/afeição; 4) reconhecimento/aprovação social; e 5) a autorrealização.

Nessa hierarquia de motivos em forma de pirâmide, as pessoas, mesmo que sejam socializadas, constituem-se em *animais carentes* durante toda a vida, pois apenas 1% da população alcança a autorrealização. Os motivos são bastante variados, determinados, primeiramente, pela satisfação das necessidades mais elementares (base da pirâmide, relacionadas ao pessoal/indivíduo - intrínseca), ao passo que os conjuntos de necessidades acima estão relacionados ao situacional/social (extrínseco), assim, não se consegue relacionar-se satisfatoriamente com a sociedade, enquanto não se satisfizerem as necessidades fisiológicas e de segurança. Conforme Paim (2001), faltando-lhe alimento, a pessoa entende que apenas a comida a faria plenamente feliz e não precisa de outra coisa. Do mesmo modo, abrirá mão de tudo o que possui para satisfazer as necessidades básicas de ar, alimentação, água etc.

Nesse contexto, pode-se inferir dois tipos de motivação: Intrínseca (interna/impulso) e Extrínseca (externa/incentivo). Magill (1984) e Witter e Lomônaco (1984) entendem que a motivação intrínseca se refere ao comprometimento em uma atividade puramente pelo prazer e satisfação dê fazê-la. Nesse caso, a atividade surge como decorrência da própria aprendizagem, o material e o conteúdo aprendido fornecem o próprio reforço, a tarefa é feita porque é agradável e prazerosa. Já a motivação extrínseca, ocorre quando a aprendizagem atende a outro propósito, como ser aprovado no exame, ascender socialmente...

Witter e Lomônaco (1984) destacam que, na prática, os dois tipos de motivação estão presentes no processo de aprendizagem, porém, mesmo empregando-se recursos extrínsecos, espera-se obter motivação intrínseca, pois a aprendizagem baseada apenas em motivação extrínseca tende a deteriorar-se, ao satisfazer a necessidade ou alcançar o alvo externo. Já a motivação intrínseca, tende a se manter constante. As crianças motivadas internamente têm mais probabilidade de serem persistentes, de apresentarem níveis de desempenho mais altos e de realizarem mais tarefas do que quando motivadas por razões externas (Chicarati, 2000).

Entre os inúmeros motivos, os mais destacados, na Educação Física e no jogo, são a Afiliação (necessidade de contato e identificação), Poder (necessidade de influenciar ou impor-se) e Realização (Winterstein, 1992). Em razão das limitações do artigo, dedica-se atenção apenas à Realização, por sua importância no âmbito educacional.

Heckhausen, 1980 apud Winterstein, 1992) define Realização como a busca da melhoria ou manutenção da própria capacidade nas atividades em que é possível medir o próprio desempenho, e a execução delas pode levar a um sucesso ou a um fracasso. Já Murray (1973, p. 155) a entende como um padrão de excelência, ou "como um desejo de alcançar o sucesso".

Identifica-se a relação do Motivo de Realização com as práticas dos jogos, quando Wallon (1981) afirma que o jogo não se configura pela ausência de esforço das crianças, ao contrário, apresenta-se como uma participação mais séria e comprometida do que em tarefas a que são obrigadas. Os motivos que levam ao esforço visam à obtenção de sucesso no jogo, que acarreta a aceitação e o reconhecimento social. Quanto maior a dificuldade imposta pelo jogo, maior será a exaltação das crianças. Segundo Wallon (1981), o jogo tende a perder o interesse das crianças, se não contiver a esperança de sucesso.

Os fatores que interferem no Motivo de Realização são: o nível de aspiração, a norma de referência e a atribuição (Wintersteein, 1992). O nível de aspiração é o rendimento que uma pessoa pretende alcançar numa determinada tarefa, avaliando-se o desempenho anterior. Para determiná-lo, o indivíduo se propõe a alcançar determinados objetivos, os quais podem mudar por causa do sucesso ou do fracasso na realização da atividade. Dessa forma, as pessoas que têm Motivo de Realização adequado optam por metas compatíveis com suas reais possibilidades.

A Norma de Referência diz respeito aos parâmetros para a avaliação dos resultados de rendimentos. De acordo com Heckhausen, 1980 apud Winterstein, 1992), pode haver melhoria na motivação com uma Norma de Referência individual, pela qual se vivenciam adequadamente os sucessos e fracassos, determinando realisticamente seu nível de aspiração.

Quanto à Atribuição, significa a busca das causas que podem explicar os resultados obtidos pelo indivíduo, quando tem sucesso ou fracasso na execução de uma atividade. A localização da causa pode ser interna (capacidade, esforço) ou externa (dificuldade da tarefa, acaso).

Dessa forma, remete-se a Epstein (1988) quando relata sobre os desafios e os sucessos das tarefas propostas, pois a criança ao ser desequilibrada, mas conseguir superar-se, motiva a novos desafios em razão de seu desempenho positivo. Para

Wallon (1981) o êxito no jogo, por mérito ou sorte, possibilita à criança a superação de situações limitantes e supremacias habituais. Isso ocorre, sobretudo, nos jogos coletivos, com foco na autossuperação e não na vitória e superação do outro, em que possa aspirar a metas superiores, com a colaboração e a participação dos colegas no sucesso conquistado e, consequentemente, na divisão de responsabilidades quanto ao êxito ou ao fracasso na realização da tarefa, diminuindo a frustração das crianças. Para Magill (1984) crianças que jogam pelo puro prazer de aprender mais ou pela satisfação de ultrapassar seus próprios limites, são internamente motivadas para jogar.

Segundo Harter (1988) e Winterstein (2002), a percepção de competência, com os êxitos, reflete positivamente na percepção de capacidade para as atividades, ocasionando em aumento de esforço e, consequentemente, de motivação. Leontiev (1988, p.119) demonstra a relação entre o jogo e a motivação: "que tipo de atividade é caracterizada por uma estrutura tal que o motivo está no próprio processo? Ela nada mais é que a atividade comumente chamada de brincadeira".

Assim, constata-se que o jogo possibilita a satisfação de necessidades das esferas interna e externa, ao contemplar aspectos pessoais e sociais, que configuram os motivos que impulsionam os seres humanos, porque o jogo estimula a interação social, o pensamento e a comunicação e favorecem, ainda, a autoestima, que influencia no comportamento motivacional (Winterstein, 2002).

Huizinga (1999) relata que o jogador é absorvido pelo jogo, pois há uma espécie de suspensão momentânea da realidade, quando o real objetivo cede espaço ao simbólico-subjetivo. Essa característica acarreta em sensação de liberdade a quem joga, de satisfação dos desejos interiores, de externalização do seu entendimento sobre os acontecimentos ao seu redor, muitas vezes, impossíveis de serem concretizados no mundo real, em razão das características, potencialidades, limitações do jogador; portanto, o jogo possibilita superar as dificuldades e estados e transcender meus limites.

Nesse sentido, os jogos constituem o ponto de partida para a educação e aprendizagem esportiva, porque é a forma de diminuir a distância entre a vida na e fora da escola ou os diferentes ambientes de aprendizagem, permitindo a transcendência, com a superação de seus limites permitido pelo sucesso na realização da tarefa (jogo), sendo fundamentais para a motivação e para o desenvolvimento integral da criança.

Os Jogos como Instrumento de Aprendizagem e Formação Esportiva de Crianças e Adolescentes

Parece fundamental chamar a atenção para o fato de que o jogo garante um espaço de liberdade em que as pessoas podem repetir o aprendido para não desaprendê-lo, o jogo faz a manutenção do que foi aprendido, portanto, o que o jogo propõe não é totalmente inédito, seja referente às habilidades motoras, sensações e ideias, entretanto, exercitando esse seu poder (repetição, consolidação e manutenção) e utilizando, combinando e organizando competências exigidas nos jogos, ele proporciona aos jogadores a criação de novos conceitos, conhecimentos, ideias, habilidades etc. Mesmo, às vezes, tornando-se doloroso e sério, o jogo é um espaço de liberdade e criação (Freire, 1989). O jogo constitui-se de um meio e um suporte para seduzir a criança, pois o jogo é divertido, instigante e prazeroso, e o professor deve utilizar-se dele para motivar o aluno.

Rossetto Junior e Ciriaco (2007), em pesquisa com crianças de programa de iniciação esportiva, demonstram que 82% afirmam ser o jogo a forma mais fácil de aprender e 88% ser a mais divertida, remetem à declaração de Magill (1984) e Souza (1999) sobre o papel do jogo na motivação, ao afirmarem que o desempenho psicomotor da criança enquanto brinca alcança níveis que só a motivação intrínseca consegue.

Os apontamentos dos alunos e dos pesquisadores confirmam as premissas levantadas por Vygotsky (1984) sobre o papel do jogo na aprendizagem, ao relatar que a brincadeira e o jogo, como atividade dominante da infância, é a forma como esta começa a aprender.

As crianças trazem para o jogo seus desejos e vontades advindas e construídas ao longo de sua história de vida, mostrando suas tendências, seu caráter e sua personalidade quando jogam (Brougere, 1998). O que lhe garante um lugar na estratégia educativa, esportiva ou escolar, ao impactar com os motivos intrínsecos e extrínsecos do ser humano.

Papaioannou (1995) constata que as crianças são intrinsecamente motivadas quando suas competências são solicitadas em tarefas significativas, como os jogos de sua cultura. Assim, o educador, na condução dos jogos nas aulas, a fim de evitar situações de fracasso, deve atentar que, no processo de aprendizagem, o êxito no alcance dos objetivos é estabelecido por critérios pessoais, já que os resultados constituem-se em referência para as próximas experiências de aprendizagem e desenvolvimento de competências. Assim, deve-se considerar o nível de desenvolvimento dos sujeitos da

345

aprendizagem, estabelecendo metas e etapas a serem atingidas para que as frustrações sejam minimizadas e as oportunidades de sucesso tornem-se mais frequentes.

Kammi e De Vires (1991) apresentam propostas educacionais que utilizam os jogos em grupo para as crianças aprenderem, levando-as a aplicar e a organizar seus pensamentos e ideias para alcançarem os objetivos, afirmando que o jogo possibilita aprender de forma significativa e motivante. Dessa forma, pode-se inferir que o jogo se constitui de um fator motivacional da aprendizagem, ao trazer desafios, significados, realizações e divertimento às práticas corporais das crianças e para despertar o desejo de participação nas atividades, tornando-se fundamental sua utilização nas aulas esportivo-educacionais, que objetivam a formação global do cidadão.

Em relação ao jogo constituir-se de um aspecto motivacional, Graça e Oliveira (1995, p.18) declaram que "deve-se propor um jogo ou formas jogadas acessíveis, isto é, com regras pouco complexas, com menos jogadores e num espaço menor, de modo a permitir a continuidade das ações e elevadas possibilidades de concretização". Inicia-se do mais simples para o mais complexo, mas sem dissecar o movimento e que sempre tenha significado e traga prazer para as crianças, logo, a gradualidade da proposição dos jogos e brincadeiras nos parece ser as atividades mais interessantes aos anseios e desejos das crianças.

Benda e Greco (1998) caracterizam o esporte como jogos de constante comportamento tático, com alto nível de incerteza e imprevisibilidade, o que nos leva a acreditar na necessidade de aprender a habilidade técnica no tempo e no espaço e nas condições de seu emprego na prática, ou seja, no próprio jogo, com constantes problemas e alterações.

Jogo como Fator Significativo na Aprendizagem

Para abordar a aprendizagem significativa consideramos a teoria de Ausubel, Novak e Hanesian, (1982). A teoria afirma que um dos fatores determinantes à aprendizagem é partir do conhecimento prévio do aluno, ou seja, iniciar o processo de ensino com base no que o aluno já sabe. O conhecimento prévio é a base em que o novo conhecimento se apoia, processo designado por *ancoragem*. Para Ausubel, Novak e Hanesian (1982) "o fator isolado mais importante que influencia a aprendizagem é aquilo que o aprendiz já sabe. Averigúe isso e ensine-o de acordo". O professor deve descobrir o conhecimento prévio, procurar ativá-lo e, a partir daí, passar a ensinar um novo tema.

Ausubel, Novak e Hanesian (1982) denominam as ideias que proporcionam ancoragem de subordinadores, integradores ou subsunçores. O subsunçor constitui um conceito, uma ideia ou uma proposição, já existente na estrutura cognitiva, capaz de servir de *ancoradouro* a uma nova informação, de modo que esta tenha significado para o sujeito, relacionando as ideias e os conceitos recentemente aprendidos e os conhecimentos anteriormente adquiridos (Moreira, 1999).

A Aprendizagem significativa caracteriza-se pela relação entre a informação (nova) e os aspectos relevantes (específico) na estrutura cognitiva, afetiva e/ou motora do sujeito aprendiz. Aprende-se de forma significativa, quando se relaciona a nova informação (desconhecido) a outras ideias, conceitos ou conhecimentos relevantes e inclusivos, claros e disponíveis ao indivíduo, que funcionam como bases da aprendizagem (ancoragem).

A criança quando se inicia no processo de aprendizagem esportiva traz como conhecimento prévio os jogos e brincadeiras vivenciados, que representam a manifestação de suas habilidades e competências (cognitivas, afetivas e motoras), que se tornam o ponto de apoio para a ancoragem de novas informações e conhecimentos, como as habilidades, regras e táticas mais complexas do esporte. Dessa forma, a aprendizagem esportiva, para ser significativa, tem como ponto de partida os jogos e as brincadeiras das crianças e não os exercícios fragmentados e descontextualizados, sem pontos de *ancoragem*.

Ausubel, Novak e Hanesian (1982) consideram que à medida que a aprendizagem significativa ocorre, aparecem mais e mais conceitos integradores (subsunçores). Esse aperfeiçoamento dos significados conceituais ocorre melhor quando, primeiro, se introduzem os conceitos mais gerais e inclusivos e, depois, se diferenciam, progressivamente, esses conceitos em termos de pormenores e especificidades (Novak e Gowin, 1999).

Para iniciar o processo de ensino e aprendizagem de determinada modalidade esportiva, deve-se ativar os conhecimentos já internalizados, como as habilidades e as competências inseridas e adquiridas nos jogos e nas brincadeiras infantis, para, depois, ampliá-las nas brincadeiras esportivas. O jogo para ser significativo deve ter *desequilíbrios*, dentro das possibilidades de resolução do aluno, não estando além ou aquém das suas capacidades cognitivas, socioafetivas e motoras, de acordo com o conceito da Zona de Desenvolvimento Proximal de Vygotsky. Desta forma, consiste em propor desafios aos alunos, ou seja, situações-problema em que desconhecem a solução, mas que conseguem resolver com a integração e a cooperação entre eles, com seus conhecimentos e competências e com a colaboração do educador, possibilitando o sucesso na realização e na superação do desafio da tarefa, gerando motivação para novas aprendizagens.

Para Ausubel e Robinson, apud Novak e Gowin, 1999 a aprendizagem que visa ao desenvolvimento integral do aluno e a educação transformadora deve ser a mais significativa possível, pois é por meio dela que se estabelece a construção da realidade, atribuindo significado às novas informações e conhecimentos, considerando que seu conhecimento prévio é o fator mais importante na aprendizagem.

O jogo no processo de ensino e aprendizagem esportivos constitui-se de uma relação concreta entre o aluno (conhecimento prévio e nível de desenvolvimento), o mundo exterior (ambiente de aprendizagem — realidade das aulas), o prazer (lúdico, que desperta o interesse e motiva a criança) e o conhecimento (cultura, especificamente, cultura corporal, o esporte), consequentemente, favorecendo a aprendizagem significativa do esporte e o desenvolvimento da criança e do adolescente.

Ausubel, Novak e Hanesian (1982) destacam quatro vantagens da aprendizagem significativa sobre a aprendizagem por memorização ou mecânica: a) o conhecimento adquirido, significativamente, fica retido por um período maior de tempo; b) as informações assimiladas resultam num aumento de conhecimento (prévio), que servirão de *âncoras*, melhorando a capacidade de aprendizagem de materiais relacionados posteriormente; c) as informações esquecidas, após ter ocorrido a assimilação, ainda deixam um efeito residual no conceito assimilado e, na verdade, em todo o quadro de conceitos relacionados; e d) as informações apreendidas significativamente servem de ancoragem e podem ser aplicadas numa enorme variedade de novos problemas e contextos.

Segundo Ausubel, Novak e Hanesian (1982), a aprendizagem significativa pode ocorrer de duas formas: a) recepção e b) descoberta. Na aprendizagem significativa receptiva, a informação é apresentada ao aluno em sua forma final. Um exemplo na aprendizagem esportiva são as conhecidas sequências pedagógicas, considerando que o esporte é conhecido e valorizados pelas crianças e jovens, em razão da cultura, da mídia etc., como é o caso do futebol em nosso país; portanto, seus fundamentos, técnicas e táticas são significativos às crianças, porém, apresentados, acabados, determinados, como forma final, correta e única de realização do esporte, cabendo à criança executar repetidas vezes os movimentos para internalizá-los mais rapidamente. Com a aprendizagem por descoberta, o conteúdo a ser aprendido é descoberto pelo aluno, com base na resolução de problemas, assim, depende de seus recursos, habilidades e conhecimentos já adquiridos. Por exemplo, a prática de jogos que solicitam fundamentos esportivos para a sua realização, exigindo dos alunos mobilizar e combinar suas habilidades e capacidades para solucionar as situações-problema que surgem durante os jogos, como em um pega-pega, atravessar o campo driblando sem ser pego, ou na mãe da rua, ou pique-bandeira etc. Nesses jogos, os alunos devem analisar, avaliar e decidir o quê, qual, como, quando e onde realizar os movimentos para solucionar o problema, obrigando-os a buscar, em seu conhecimento prévio, subsídios para superar o desafio.

Comparando-se as duas formas de aprendizagem, observa-se que o ensino esportivo na forma de sequência pedagógica, e o ensino restrito à técnica são desenvolvidos de maneira mecânica e receptiva, ou seja, o conteúdo (fundamentos – habilidades esportivas) é passado na sua forma final, como fim em si mesmo, as possibilidades dos alunos se limitam à execução dos movimentos pré-estabelecidos, não permitindo que interajam de forma mais participativa na sua construção ou execução.

No processo de aprendizagem por descoberta, os jogos são formas de proporcionar ao aluno situações que sejam potencialmente problemáticas e desequilibradoras, que mobilizem suas competências de âmbito cognitivo, socioafetivo e motor, porque serão solucionadas a partir da integração dos alunos e das respostas construídas por eles, solicitando a relação interpessoal (diálogo, respeito e valorização das ideias do outro, participação e trabalho coletivo), a análise, a avaliação e a criatividades para as decisões do quê, como e quando realizar e não apenas a execução de movimentos determinados.

Entretanto, Ausubel, Novak e Hanesian (1982) afirmam que ambas são aprendizagens significativas de características distintas, mas que, na verdade, se complementam, pois ambas apresentam, de alguma forma, contribuições para o aprendizado. O Autor compreende que a aprendizagem significativa receptiva é um processo ativo, mas que requer uma excelente análise do conhecimento prévio dos aprendizes; tornando-se, imprescindível, saber o grau de conhecimento e de interesse da criança na modalidade esportiva, deixando a dúvida para os professores: como desenvolver habilidades esportivas em sequência pedagógica, modalidades não pertencentes à cultura das crianças, de forma significativa e motivante?

A força, a influência e os padrões de cada motivo são identificados pela maneira de cada indivíduo perceber o mundo, assim, os fatores motivacionais são subjetivos. Entretanto, de acordo com Freire (1989, p. 78), os sentimentos se formam com a vida, "assim se não nascemos definidos, nosso amor, nosso ódio ou compreensão, serão produtos de nossa relação com o mundo". Dessa forma, cabe aos educadores conceber o jogo e as aulas de Educação Física ou esportivas de maneira mais coerente, sensata, significativa, motivante e, sobretudo, transformadora.

Aspectos Pedagógicos dos Jogos

Os jogos carregam em si representações de outras manifestações culturais de movimento (esportes, danças, lutas e ginásticas), conforme Freire (1989), para a criança, o jogo é a forma lúdica de prática dessas atividades culturalmente desenvolvidas. Assim, tem-se nos jogos oportunidades de experimentar comportamentos e ações, descobrir, inventar, aprender e comparar habilidades, sem medo de represálias ou fracasso, em razão do caráter lúdico, tornando-se, assim, mais bem preparada para quando o seu comportamento *contar* (Gardner, 1995).

Não há infância sem jogos, com suas aventuras, desafios, conflitos, emoções, sentimentos e risos. Se as crianças não jogassem, ter-se-ia um mundo mais triste, com as pessoas caladas, frias, desajeitadas, limitadas intelectualmente e sem alma. Os seres cresceriam, mas apresentariam características de seres sem vida.

O jogo pode-se constituir de possibilidade de transcendência, para Freire e Scaglia (2004) é terreno bastante fecundo para a provocação de novas e possíveis aprendizagens, porque o jogo é um campo favorável, não apenas para a criação do conflito, mas para seu enfrentamento e superação. São fundamentais no desenvolvimento socioafetivo e no processo de formação da personalidade da criança; o jogo é libertador pela possibilidade de superação dos limites pessoais (Wallon, 1981).

O Jogo concorre para o progresso mental e moral, sendo fundamental para o exercício e desenvolvimento da motricidade, da inteligência, das emoções e das relações sociais e afetivas. Assinalam funções: sensório-motoras, intelectuais e de sociabilidade (Dewey, 1956; Leontiev, 1988; Vygotsky, 1984 e Wallon, 1981).

Entende-se que a educação e a formação humana partem do jogo, diminuindo a distância entre a vida cotidiana e a educação formal e não formal, tornando a aprendizagem significativa às crianças. De acordo com Dewey (1956) e Vygotsky (1984) o jogo, como atividade dominante da infância, é a forma como esta começa a aprender e se desenvolver.

No jogo, a criança imita e representa, envolve-se afetivamente, convive socialmente e opera mentalmente, possibilitando o seu desenvolvimento integral. Os jogos não são simplesmente um divertimento para as crianças, eles servem como suporte para que a criança atinja níveis cada vez mais complexos no desenvolvimento motor, socioafetivo e cognitivo.

> No brincar, casam-se a espontaneidade e a criatividade com a progressiva aceitação das regras sociais e morais. Em outras palavras, é brincando que a criança se humaniza, aprendendo a conciliar de forma efetiva a afirmação de si mesma à criação de vínculos afetivos duradouros. (Oliveira, 2000, p. 43)

Portanto, pode-se afirmar que jogar é indispensável à saúde física, emocional e intelectual da criança, pois irá contribuir, no futuro, para o equilíbrio do adulto, tanto isso é afirmativo que a UNESCO (1979) considerou o jogo, "a razão de ser da infância, de importância vital e condicionadora do desenvolvimento harmonioso do corpo, da inteligência e da afetividade" (apud Mello, 1989, p. 63).

Pode-se sintetizar a importância do jogo em nossas vidas com a frase: "Qual é então a maneira mais certa de se viver? A vida deve ser vivida como um jogo." (Platão, apud Paula, 1996).

Fatores Socioafetivos

Os jogos favorecem a relação interpessoal e a interação social, são formas de expressão e comunicação que possibilitam as crianças e os adolescentes partilhar significados, conceber regras e compartilhar valores, ideias, emoções, construindo as características do indivíduo e socializando-o, com a interiorização do comportamento do grupo (Ministério da Educação e Cultura, 1998; Kishimoto, 2001; Leontiev, 1988; Vygotsky, 1988 e Wallon, 1981).

Nos jogos em grupo, as crianças e os adolescentes precisam descentralizar-se, comunicar-se e aceitar opiniões, regras e atitudes dos outros para participarem. Em razão da atração e do significado do jogo para elas, constroem formas e normas de convivência coletiva, que contemplam as necessidades e os interesses dos envolvidos. Assim, estipulam, organizam e determinam regras, valores, ações e gestos válidos e aceitos para aquele grupo poder jogar e conviver, consequentemente, levando-os a contextualizar e a transformar ou reiterar e consolidar seus valores, crenças e ideais, internalizados em outros grupos de convívio, como família, igreja, vizinhos etc.

As crianças e os adolescentes quando constroem os jogos coletivamente, além de seu conhecimento prévio e sua cultura serem valorizados, discutem, pensam, refletem as regras, os espaços, as estratégias, as funções necessárias para a prática dos jogos, com base nas ideias e no conhecimento das outra, exigindo delas o respeito a opinião e a fala da outra, tolerando as dificuldades e as limitações demonstradas pelos envolvidos; são solicitadas a decidir sobre o que é melhor para o grupo, estimulando o processo de socialização e tornando-as responsáveis pelas suas ações, já que

Os Jogos como Instrumento de Aprendizagem e Formação Esportiva de Crianças e Adolescentes

são decididas por elas, possibilitando o estímulo da autonomia, ao permitir a escolha, o debate, a análise ampla, tanto do ambiente como do coletivo.

Durante a prática dos jogos, as crianças e os adolescentes, para serem aceitos e pertencerem ao grupo, aceitam as normas estabelecidas para a prática e a convivência coletiva, respeitando as regras, sendo honestas, cooperando com o grupo ou equipe para a vitória. São formas de interação que favorecem a internalização dos preceitos do grupo social (Ministério da Educação e Cultura, 1998 e Kishimoto, 2001).

Os jogos possibilitam a manutenção ou a transformação de crenças, valores e atitudes na vida social, portanto, são atividades abertas e ambíguas quanto aos aspectos morais e sociais, pois conforme a predominância de valores compartilhados e regentes do grupo que se forma para jogar, pode-se ser agressivo, violento, desonesto ou, ao contrário, respeitar as regras, ser solidário, honesto, amigo etc. (Adorno, 1995; Dewey, 1956 e Orlick, 1989). Orlick (1989, p.78) afirma, "quando participamos de um determinado jogo, fazemos parte de uma mini-sociedade, que podemos formar em direções variadas".

Assim, a experiência de jogar é sempre uma oportunidade aberta, não determinada para um aprender relativo, ou seja, dependendo dos princípios, valores, crenças e estruturas que estão por trás dessa *minissociedade-jogo*, podemos tanto aprender a ser solidários e a cuidar da integridade uns dos outros, como, ao contrário, podemos nos julgar importantes a ponto de descuidar e pouco importar-nos com o bem-estar do próximo.

Freire (1989) acredita que os sentimentos se formam com a vida. Amor e ódio; inveja e esperança; mesquinhez, não compõem a bagagem genética com que chegamos ao mundo, o que aumenta muito a responsabilidade da educação e, por consequência, a intencionalidade do jogo, indicadora do tipo de papel social que se espera promover por meio dessa pedagogia, pois se não nascemos assim definidos, nosso amor, nosso ódio ou nossa compreensão serão produtos da nossa relação com o mundo.

À medida que se observam as explanações anteriores, podemos dizer que, jogando, as crianças e os adolescentes desenvolvem o senso de companheirismo, jogando com amigos, aprendem a conviver, ganhando ou perdendo, procurando aprender regras e a conseguir uma participação satisfatória, aceitando regras, esperando sua vez, aceitando o resultado, lidando com frustrações e elevando o nível de motivação.

"A capacidade de controlar o comportamento surge antes de tudo no jogo coletivo e posteriormente introjeta-se no controle voluntário do comportamento" (Vygotsky, 1988, p. 84).

Durante a prática do jogo, a criança e o adolescente desenvolvem a linguagem, o pensamento, a socialização, a iniciativa e a autoestima, preparando-se para ser um cidadão capaz de enfrentar desafios e participar da construção de um mundo melhor. Para Carr (apud Araújo, 1992, p. 23), "o jogo também serve para amenizar os instintos grosseiros, antissociais que são impossíveis de desaparecer".

Fatores Cognitivos

Os jogos sempre constituíram uma forma de atividade do ser humano, tanto com a finalidade de recrear quanto com a de educar. Almeida (1984, apud Araújo, 1992) relata que entre os egípcios, gregos, romanos, maias e mesmo indígenas, os jogos já serviam como meio para a geração adulta transmitir aos mais jovens seu conhecimento.

Desta forma, existem propostas de valorização do lúdico como a de Piaget, "daí decorre a importância, em uma perspectiva cognitiva, de se trabalhar a criança em contextos concretos, por exemplo, utilizando jogos de regras, situações problemas, circunstâncias da realidade vivida etc." (Macedo, 1994, p. 138).

O Jogo, em razão da sua dinâmica, imprevisibilidade, alternância constante e do esforço solicitado, proporciona o desenvolvimento das capacidades cognitivas de atenção e concentração (Souza, 1999). Há tempos comprova-se que atletas apresentam resultados em teste de atenção e concentração superiores ao da média da população. A atenção e a concentração são fatores básicos no processo de aprendizagem; crianças com *deficit* ou baixos índices apresentam grandes dificuldades de aprendizagem, repercutindo em problemas na vida escolar.

Jogar com qualidade e obter bons resultados nas partidas, exigem, por parte das crianças e dos adolescentes, mobilizar habilidades cognitivas: observar, analisar, interpretar, comparar, classificar, ordenar, coordenar informações, tomar decisões, sintetizar, transferir, memorizar, antecipar e comunicar ideias (Macedo, Petty e Passos, 2005). Portanto, o jogo estimula o desenvolvimento dessas habilidades.

Constata-se a argumentação dos autores ao analisar o jogo de queimada, quando para atingir os adversários com a bola (queimá-los) se faz necessário observar a movimentação da outra equipe, analisar as habilidades dos oponentes e as próprias, comparar essas habilidades, interpretar as regras e a tática pessoal de sua equipe e da contrária, coordenar toda a gama de dados e informações que está percebendo (Qual a melhor estratégia frente a esse adversário com tais características, dentro das regras e limitados pelas minhas capacidades?), para, então, decidir como proceder, sintetizando todo o conhecimento construído em forma de movimentos com e sem a bola; a estratégia definida será comunicada aos colegas do grupo em linguagem oral e corporal na tentativa de obter sucesso na disputa. As aprendizagens e habilidades desenvolvidas, ainda, podem ser transferidas para outros jogos e, sobretudo, para outros desafios da vida cotidiana, como para a resolução de problemas de ordem conceitual em conteúdos escolares ou relacionamentos interpessoais.

Experiências como essa nos jogos possibilitam aos praticantes avaliar sua conduta, verificando os erros e acertos e, assim, criar novas formas de ação. Consequentemente, com a liberdade de exploração de possibilidades de resolução dos conflitos instalados pelo jogo e da análise dos resultados, com a intervenção qualificada do educador, com indagações e contextualizações para a reflexão, favorecem a criatividade dos jogadores e a conhecer a si mesmos, aprendendo a procurar recursos próprios para as diversas situações, compreender suas potencialidades e limitações, ter consciência do que sabe e quando precisa de ajuda.

O jogo, também, contribui para o desenvolvimento cognitivo ao estimular a curiosidade, a autoconfiança e a autonomia para aprender. Observam-se muitas crianças e adolescentes desinteressados e desmotivados em aprender conteúdos teóricos e conceituais, em razão de não se sentirem capazes de aprendê-los, com os repetidos insucessos; mas pode-se reverter essa situação estimulando-os com jogos desencadeadores de ações e comportamentos possíveis de realização por elas, possibilitando que os recursos cognitivos empregados nos jogos sejam transferidos para outros contextos, como a aprendizagem de conhecimento da cultura escolar. Por exemplo, se a criança consegue resolver situações-problema que sejam complexas nos jogos com eficácia, porque se dedicou, prestou atenção, se concentrou, analisou a situação e variáveis, avaliou-as, comparou possibilidades e se decidiu, pode-se afirmar que a esta criança se realizará o mesmo em qualquer situação de aprendizagem (Macedo, Petty e Passos, 2005). O professor, explicitando esses fatores às crianças e aos adolescentes, fará que isso se reflita em seu autoconceito e em sua autoestima para o desenvolvimento da aprendizagem.

A mediação do professor é fundamental para que as percepções das crianças e dos adolescentes, que inicialmente se restringem ao jogo, sejam extrapoladas e ampliadas para outras situações de vida; somente com a reflexão das ações, os resultado da aprendizagem e do desenvolvimento alcançados nos jogos podem ser expandidos para outras esferas.

Ampliando as possibilidades educacionais do jogo, Neira (2003, p. 159) afirma que o jogo influi no desenvolvimento de competências para questionar, discutir, analisar, interpretar e solucionar, em razão de:

> A discussão desencadeada em uma situação de jogo, mediada pelo educador, vai além da experiência e possibilita a transposição das aquisições para outros contextos. Isso significa que as atitudes adquiridas no contexto de jogo tendem a tornar-se propriedade dos alunos, podendo ser generalizadas para outros âmbitos, em especial para situações de sala de aula.

Segundo Benda e Greco (1998, p. 43), "Para se desenvolver a capacidade de jogo é importante se considerar que durante o jogo a criança estará permanentemente tomando decisões do tipo passar ou lançar, chutar ou driblar. No momento do jogo formal, a criança encontra-se completamente exigida". A permanente tomada de decisões, obriga o praticante constantemente a observar, analisar, comparar, julgar e transferir ações, gestos, experiências e estratégias, favorecendo o desenvolvimento cognitivo, que se dividi em três estruturas: a perceptiva, a de processamento e as decisórias. Esses processos cognitivos são estimulados e sistematizados quando a metodologia de ensino esportivo oportuniza a prática do jogo, com o desenvolvimento das capacidades de jogo, por meio da apresentação gradativa de suas estruturas funcionais do jogo.

Fatores Psicomotores

Durante os jogos esportivos, surgem tarefas motoras diversificadas e de grande complexidade, cuja resolução não existe um modelo ou exemplo, que tenha sido praticado nas referidas sequências pedagógicas. Por exemplo, o aluno, durante um jogo de queimada, realiza arremessos altos, médios e baixos, em deslocamento lateral, para frente e para trás, algumas vezes, saltando, esquivando, curvando o corpo para não ser queimado logo após lançar a bola; movimenta-se na quadra de jogo em relação ao grupo adversário, a seus companheiros e às estratégias elaboradas pela equipe.

Assim, no jogo, é requerida aos jogadores uma atitude técnico-tático-estratégica, em razão dos desafios encontrados consubstanciarem-se da relação entre o gesto, o objeto, o adversário, os companheiros e o ambiente; obviamente que as respostas dos jogadores às situações-problema, originadas das interações desses fatores, dependem da prática e das experiências em situações reais de jogo, não em situações assépticas, fechadas, fragmentadas, que isolam o gesto técnico-esportivo dos outros fatores intervenientes na sua execução e aprendizagem.

Benda e Greco (1998) caracterizam o esporte como jogos de constante comportamento tático, com alto nível de incerteza e imprevisibilidade, o que nos leva a acreditar na necessidade de aprender a habilidade técnica no tempo, no espaço e das condições de seu emprego na prática, ou seja, no próprio jogo, com constantes problemas e alterações.

Estudos efetuados para analisar o ensino e a aprendizagem de habilidades motoras e esportivas mostram que o tipo, a qualidade e o número de experiências são fatores que influenciam as respostas adequadas à aprendizagem, sendo assim, é primordial o desenvolvimento de estratégias que possibilitem o maior número e diversidade de experiências motoras. Proença (1999), Mutti (2003 apud Estigarribia, 2007) confirmam a necessidade de ampliar a quantidade de experiências motoras, quanto mais numerosas e mais ricas forem as situações vividas pela criança, maior será o número de esquemas motores adquiridos e o seu desenvolvimento motor.

Dessa forma, acredita-se que com a prática dos jogos e das brincadeiras, que se caracterizam por atividades significativas e prazerosas, as crianças percebem os estímulos oriundos das atividades e, ao analisarem, interpretarem, relacionarem e organizarem esses estímulos, passam a controlar e a executar os movimentos de forma habilidosa.

Mello (1989) relata a importância da iniciação esportiva por meio de vivências de atividades amplas, como os jogos e as brincadeiras da cultura popular, em razão das habilidades básicas praticadas nas atividades lúdicas facilitarem a aprendizagem das habilidades motoras específicas do esporte. Magill (1984) e Benda e Greco (1998) corroboram com a afirmação ao relatarem que quanto mais variadas as habilidades e as atividades vivenciadas, mais ricas serão as capacidades e as habilidades motoras.

A assertiva de Bayer (1994, p. 79) corrobora com a perspectiva de ampliação do acervo motor para a posterior especialização esportiva:

> Antes de iniciar a aprendizagem dos gestos técnicos propostos em cada jogo esportivo coletivo, e portanto diminuir as ocasiões em que a criança vive uma motricidade rica e diversificada, e reduzí-lo em forma precoce a uma especialização intensiva, com o risco de criar estereotipos rígidos, convém desenvolver nela todas as suas potencialidades motrizes.

As afirmações comprovam-se nos resultados da pesquisa de Rossetto Júnior (2007), demonstrados na Tabela 9.1:

Tabela 9.1 – *Performance* nas Habilidades do Basquetebol

Habilidades do Basquetebol	N	T1*	T2*	DR**	SIG.
Arremesso de Lance Livre	22	55,36	67,5	21,92%	S
Velocidade de Passe	22	52,01	42,11	19,03%	S
Precisão de Passes	22	43,31	49,72	17,80%	S
Velocidade de Drible I	22	20,81	17,12	17,73%	S
Velocidade de Drible II	22	35,89	29,83	16,88%	S

* Testes T1 (pré-teste) e T2 (pós-teste).

** Diferença Relativa (DR), expressa em porcentagem, entre as aplicações dos testes. A diferença encontrada é significativa (SIG.) pela certificação estatística com o cálculo da razão t de *student* (p<0,01).

Entende-se que a relação da prática dos jogos com a aprendizagem motora, constatada com a diferença da *performance* em todas as habilidades do basquetebol na Tabela 9.1, encontra-se nos fatores apontados por Magill (1984) e Schmidt e Wrisberg (2001), como facilitadores da aprendizagem, que, de acordo com os autores, são os estímulos internos e os externos à ação motora.

Na categoria de informações estritamente externas, encaixa-se a orientação do professor, que auxilia os aprendizes a executarem as habilidades. Compreendendo-se por orientação a instrução e a demonstração que se constituem no procedimento de comunicar as informações para dirigir física, verbal ou visualmente os aprendizes no desempenho de tarefas motoras, com o intuito de diminuir erros e afastar os medo e os traumas das pessoas.

Os estímulos internos são os estímulos próprios, advindos da prática da ação motora, os quais os indivíduos são capazes de perceber de forma mais direta, sem o auxílio especial de outras pessoas ou fontes. Essas informações são denominadas pelos autores de *feedback* intrínseco, que consistem, de acordo com Schmidt e Wrisberg (2001), de informação sensorial que indica o estado e o resultado dos movimentos de uma ação motora da pessoa, são mecanismos internos, muitas vezes, responsáveis pela produção, controle e mudança de comportamento motor (aprendizagem), ou seja, um dos mecanismos propiciadores do passar do não saber para o saber executar uma tarefa motora.

Os resultados do estudo demonstram os jogos como fatores de estímulo ao desenvolvimento motor, quando associados à explanação de Mitchell (1996) e Souza (1999), e que, durante o jogo, surge o gosto pelo gesto técnico, pelo significado que este tem no sucesso do jogo, assim, a criança valoriza a sua execução e passa a exercitar a prática do movimento pelo significado que este representa no êxito do próprio jogo. Proença (1999), também, ressalta as condições de prática e de motivação dos jogos e das brincadeiras como fatores favoráveis para a aprendizagem. Ressalta-se, ainda, que o estímulo do professor deve ser criativo ao propor atividades lúdicas, em razão da busca da motivação e do prazer no processo de ensino e aprendizagem das habilidades motoras.

Ao compreender que transferir é deslocar de um ponto a outro, no caso específico da aprendizagem motora, verifica-se o mesmo pressuposto, sobretudo, ao constatar as afirmações de Schimidt e Wrisberg (2001, p. 165), "como o nome diz, este conceito envolve a aplicação da aprendizagem atingida em uma tarefa, ou situação,

Desempenho Esportivo:
Treinamento com crianças e adolescentes

na performance de alguma outra tarefa, que é geralmente chamada de tarefa critérios". A transferência de aprendizagem caracteriza-se por: a) a transferência pode ser estimada a partir do ganho (ou perda) na proficiência de uma tarefa, como resultado da prática ou da experiência em outra; b) a transferência pode ser tanto positiva quanto negativa, dependendo das tarefas desenvolvidas; c) a transferência pode ser grosseiramente estimada como porcentagem de ganho na tarefa-critério, que resultou da prática na tarefa anterior.

Assim, ao analisar os resultados da Tabela 9.1 pode-se inferir que os jogos favorecem a aprendizagem das habilidades esportivas, porque ocorre a transferência de aprendizagem positiva para longe, em razão das crianças melhorarem a *performance* nas habilidades do basquetebol ao aplicarem o conhecimento adquirido em situações muito diferentes da prática avaliada.

Sintetizando, pode-se afirmar que as contribuições da prática de jogos no desenvolvimento psicomotor são:

- habilidades e capacidades motoras vivenciadas com significado no jogo;
- maior variedade de esquemas motores;
- surgimento de tarefas motoras de grande complexidade;
- noção espaçotemporal aperfeiçoada;
- exigência de atitude tático-estratégica, permitindo aproximação tática;
- favorecimento à transferência de aprendizagem;
- valorização da aprendizagem e da execução da técnica;
- motivação a superação para novas aprendizagens.

Assim, para se aprender a jogar é preciso jogar, para vivenciar as estratégias e as habilidades exigidas pelo jogo em contexto real de prática (Kröger e Roth, 2006).

Considerações Finais

O texto não teve a finalidade de encontrar e apontar certezas ou verdades absolutas, uma vez que não houve intenção de comprovar qual o melhor método para o ensino do esporte, nem de verificar qual a didática mais motivante e relevante para os alunos, já que não existe a comparação efetiva com outras metodologias de ensino do esporte.

O desígnio deste foi demonstrar que a utilização de jogos e brincadeiras, como conteúdo das aulas, possibilita o desenvolvimento dos fundamentos e habilidades esportivas. Desta forma, evidencia-se que esses conteúdos são favoráveis à assimilação do esporte, por meio da transferência de aprendizagem durante o processo de ensino e aprendizagem.

Lembra-se, ainda, que esse pode não ser o meio mais eficaz para a aprendizagem motora, mas, sem dúvida, deve ser considerado pertinente nas aulas de Educação Física e de iniciação esportiva pelo aspecto de motivação, prazer e significados que envolvem as crianças e os adolescentes em sua prática. Fatores esses de extrema importância no despertar do interesse dos alunos para a prática esportiva e para o exercício físico regular.

Em relação ao jogo constituir-se de um aspecto motivacional, Graça e Oliveira (1995, p. 18) declaram que "deve-se propor um jogo ou formas jogadas acessíveis, isto é, com regras pouco complexas, com menos jogadores, e num espaço menor, de modo a permitir a continuidade das ações e elevadas possibilidades de concretização", desta forma, os autores apontam sempre para iniciar do mais simples para o mais complexo, mas sem dissecar o movimento e que sempre tenha significado e traga prazer para as crianças. Logo, a gradualidade da proposição dos jogos e das brincadeiras parece ser a forma mais interessante de respeitar e alcançar os anseios e os desejos das crianças.

O aspecto fundamental a exaltar sobre o jogo no processo de aprendizagem esportiva é que se trata de atividades que propiciam os aspectos do domínio socioafetivo, cognitivo e não só o motor, desta forma, culminando com a possibilidade de educar plenamente os alunos.

Com a prática pedagógica centrada nos jogos acontece uma *perda de tempo* (ganhos em outros domínios do comportamento humano) com fatores não relacionados com o gesto motor, mas quando se objetiva a educação e a formação para a cidadania, o jogo apresenta algumas vantagens como método de ensino do esporte:

- possibilidade de relacionar as capacidades técnicas (o que e como fazer) e tático-estratégicas (por que, para que e quando fazer);
- os jogadores constroem o seu conhecimento (habilidades e capacidades), solucionando problemas, refletindo, dialogando, pensando e tomando decisões;
- estimula competências e habilidades além das exigidas do jogador, favorecendo a inclusão social e a emancipação;
- possibilita o conhecimento e o resgate da cultura corporal de movimento;
- amplia o repertório de movimentos, com a repetição, o aperfeiçoamento, a memória e até o automatismo, com significado para o praticante;
- favorece o desenvolvimento integral do aluno;
- traz proximidade das ações a das situações reais de jogo;
- progride da heteronomia à autonomia, vivencia e respeita as normas e as regras, adota atitudes e internaliza valores;
- a motivação é alta porque existe a prática do *jogo*, aprendizagem num contexto agradável e desafiador;
- inclusão de todos, entre os fracassos e os sucessos;
- o aluno é autor e gestor de sua aprendizagem, participa efetivamente da estruturação, da execução e da avaliação das ações, contribuindo para o protagonismo;
- são prazerosos às crianças e aos adolescentes;
- diagnostica necessidades e interesses dos diferentes grupos de crianças e adolescentes;
- possibilita transcender as limitações e os níveis de desenvolvimento (cognitivo, socioafetivo e motor), levando a novas atitudes, conhecimentos e estágios de desenvolvimento.

Medina (1989) assevera que não é fácil formar homens quando o sistema socioeconômico solicita robôs. Não é fácil desenvolver atletas cidadãos, críticos, conscientes, educados e criativos, quando o sistema pede apenas *máquinas* de resultados, obedientes, alienados, descartáveis quando deixam de produzir o rendimento esperado. Como descreve Sergio (2003), "bestas esplêndidas".

A pós-modernidade exige que o professor de Educação Física compreenda o esporte e a sua pedagogia de forma ampla, com todos os seus contornos e laços com outros aspectos da sociedade (político, econômico etc.), transformando-se em um educador de crianças e jovens, indo além da técnica esportiva, promovendo a formação integral dos alunos, que são autores na construção de seus conhecimentos rumo a autonomia.

Libâneo (2002) afirma que a pedagogia deve investigar a realidade educacional em transformação, para explicar os objetivos e estruturar os possíveis processos metodológicos. Desta forma, a pedagogia do esporte, não pode, em hipótese alguma, tratar seu conteúdo de ensino de forma simplificada e descontextualizada, negando características, necessidades e responsabilidades sociais e de formação de cidadãos.

O ensino e o treinamento exclusivamente voltado para a técnica esportiva acarretam na estereotipação de gestos esportivos e aliados à automatização dos movimentos, visando o rendimento esportivo, e leva à aprendizagem restrita, limitante, mecânica, desprazerosa, acrítica e alienante. Desta forma, deve ceder lugar a uma pedagogia que humanize o processo de ensino e aprendizagem, que não se preocupe somente em produzir atletas, mas, preferencialmente, forme o homem/cidadão, que poderá ou não ser atleta no futuro (mais consciente, crítico e responsável).

Assim, segue a reflexão de Sergio (2003, p. 5), que, o professor, ao ensinar esportes, deve sempre estar ciente de seu papel, na renovação e na transformação, pois: "o desporto há-de ser uma actividade instauradora e promotora de valores. Na prática desportiva, o Homem tem de aprender a ser mais Homem".

Makarenko (1981, p. 48) relata o papel do jogo na formação integral do ser humano, ao afirmar que, para educar o futuro homem de ação, não se deve eliminar o jogo, mas organizá-lo de tal forma que, sem desvirtuar seu caráter, contribua para formar as qualidades do trabalhador e do cidadão do futuro.

Uma metodologia eficaz para o ensino do esporte, consolidada por uma pedagogia inovadora, não é aquela que o professor demonstra o gesto técnico e estereotipado para ser imitado e automatizado pelos alunos em repetidas execuções em exer-

Desempenho Esportivo:
Treinamento com crianças e adolescentes

cícios descontextualizados, mas é aquela que propicia vivenciar o processo de ensino-aprendizagem, com a exploração de movimentos na tentativa de solucionar situações-problema inerentes aos jogos. Assim, a criança constrói a aprendizagem não de gesto motor apenas, mas de uma conduta motora, de acervo motor amplo e diversificado, fruto de sua competência interpretativa (Scaglia, 2003).

Desta forma, a *boa* aula de jogos deve atender a alguns parâmetros, que dirigem todo o processo pedagógico da aprendizagem esportiva:

a) procedimentos de ensino-aprendizagem com a perspectiva de transformar o esporte em conteúdo e não como fim nele mesmo;

b) organizar sempre atividades (jogos) para que todos participem efetivamente, evitando perder tempo em filas e na condução dos alunos, ou seja, otimizar o tempo de aula;

c) oportunizar atividade com a exigência de diferentes níveis de habilidade, oportunizando o desenvolvimento de toda a classe;

d) propor atividades desafiadoras (situações-problema) com conflitos nos aspectos cognitivos, afetivos/sociais e psicomotores, desafios esses sempre gradativos com o intuito de aumentar o nível de dificuldade, respeitando as capacidades individuais e o nível de desenvolvimento dos alunos, possibilitando o sucesso dos alunos na realização das tarefas;

e) organizar jogos para que as crianças marquem muitos pontos;

f) organizar atividades que oportunizem a todos os alunos a manipularem e a experimentarem o material constantemente, para aprender é preciso praticar e repetir muitas vezes;

g) valorizar o esforço e o empenho do aluno, não permitindo situações de constrangimento e humilhação;

h) analisar e avaliar com frequência o comportamento, as respostas e as atitudes das crianças para intervir em horas oportunas e necessárias nas aulas;

i) partir sempre da cultura corporal da criança, explorando as atividades já conhecidas e valorizadas por elas, acrescentando elementos para o aprendizado esportivo e o desenvolvimento;

j) resgatar com as crianças as atividades de significado e relevância para elas, ou seja, escutar as crianças, considerar o aspecto afetivo dos alunos;

Os Jogos como Instrumento de Aprendizagem e Formação Esportiva de Crianças e Adolescentes

k) planejar com flexibilidade para atender às características, às necessidades e os interesses dos alunos, com a adaptação de regras, espaço, material e gestos dos jogos por parte dos alunos, possibilitando o gerenciamento da aula pelos alunos;

l) praticar tanto jogos competitivos como jogos cooperativos, ressaltando as normas, as atitudes e os valores inerentes aos tipos de jogos;

m) as aulas devem permitir espaço para a criatividade do aluno, na construção coletiva de soluções aos conflitos e problemas gerados pelo jogo, favorecendo a busca da atividade autônoma;

n) manter a presença do lúdico na prática esportiva, para que essa desperte o interesse, seja prazerosa, motivante e realizada sempre com alegria;

o) manter a imprevisibilidade do jogo, formando grupos e equipes de forma aleatória, (mês de nascimento, time de futebol, cor de roupa etc.), para serem heterogêneos;

p) realizar momentos de reflexão coletiva para a avaliação das aprendizagens e das atitudes nas aulas, propiciando a socialização dos conhecimentos construídos;

q) decompor o esporte em unidades funcionais (ataque, defesa, infiltrações, fintas, dribles, marcação, deslocamentos combinados etc.), estruturando a prática em jogos que enfatizam essas situações particulares e não em prática de fragmentos técnicos.

Apesar das premissas relatadas, não existe uma forma única, definida e, muito menos, definitiva que determine nossas atitudes, métodos de ensino e práticas pedagógicas. Cabe, de acordo com nossos princípios, ética e intenções, assumirmos a responsabilidade por nossas opções. Educar crianças e jovens para a cidadania ou forjar atletas-máquinas de *performance*, resultados e recordes, que sublimam as emoções, os sentimentos, o humano? O que faz indagarmos as velhas paisagens da educação física e do esporte, e quem sabe, revelarmos e aprendermos uma forma diferente de ensinar e praticar esportes e educação.

Referências

ADORNO, T. W. **Palavras e sinais**: modelos críticos 2. Tradução M. H. Ruscher. Petrópolis: Vozes, 1995.

ALBERTI, H.; ROTHENBERG, L. **Ensino de jogos esportivos**: dos pequenos aos grandes jogos esportivos. Rio de Janeiro: Ao Livro Técnico, 1984.

ARAÚJO, V. **O Jogo no contexto da educação psicomotora**. São Paulo: Cortez, 1992.

AUSUBEL, D. P.; NOVAK, J. D.; HANESIAN, H. **Psicologia educacional**. Tradução Eva Nick et al. 2. ed. Educational psychology: a cognitive view. Rio de Janeiro: Interamericana, 1982.

BAYER, C. **O ensino dos desportos colectivos**. Lisboa: Dinalivro, 1994.

BERTALANFFY, L. V. **Teoria geral dos sistemas**. 3. ed. Petrópolis: Vozes, 1977.

BENDA, R. N.; GRECO, P. J. (Org.). **Iniciação esportiva universal**: da aprendizagem motora ao treinamento técnico. Belo Horizonte: UFMG, 1998.

BECKER, B. J. **El efecto de tecnicas de imaginacion sobre patrones lectroencefalograficos, frecuencia cardiaca y en el rendimento de praticantes de baloncesto com puntuaciones altas y bajas en el tiro libre**. Barcelona, 1996. Tese (Doutorado) – Facultad de Psicologia, Universidad de Barcelona.

BOTA, I.; COLIBABA-EVULET, D. **Jogos desportivos colectivos**: teoria e metodologia. Lisboa: Instituto Piaget, 2001.

BRASIL. Ministério da Educação e Cultura. **Parâmetros Curriculares Nacionais da Educação Física**. Brasília: SEF/Mec, 1998.

BROUGERE, G. **Jogo e educação**. Porto Alegre: Artes Médicas, 1998.

BUNKER, D.; THORPE, R. A model for the teaching of games in secondary schools. **Bull. Physic. Educ.**, v. 18, n. 1, p. 5-8, 1982.

Chicarati, K. C. Motivação nas aulas de educação física. **Rev. Educ. Fís. UEM**, Maringá, v. 11, n. 1, p. 97-105, 2000.

Cofer, C. N. **Motivação e emoção**. Rio de Janeiro: Interamericana, 1980.

Daolio, J.; Marques, R. F. R. Relato de uma experiência com o ensino de futsal para crianças de 9 a 12 anos. **Rev. Motriz**, Rio Claro, v. 9, n. 3, p. 169-74, set./dez., 2003.

Dewey, J. **Democracia e educação**: introdução à filosofia da educação. Tradução G. Rangel e A. Teixeira. 3. ed. São Paulo: Cia. Editora Nacional, 1956.

Epstein, J. L. Effective schools or effective students: dealing with diversity. In: Hawkins, R.; Macrae, B. **Policies for America's Public Schools**. Norwood: Abex, 1988, p. 89-126.

Estigarribia, R. C. **Aspectos relevantes na iniciação ao futsal**. Disponível em: <http://www.pucrs.br/disciplinas/fefid/voser/artigo.pdf>. Acesso em: 26 mai. 2007.

Freire, J. B. **Educação de corpo inteiro**. Campinas: Scipione, 1989.

_____. **Pedagogia do futebol**. Londrina: Midiograf, 2002.

Freire, J. B.; Scaglia, A. **Educação como prática corporal**. São Paulo: Scipione, 2004.

Freire, P. **Pedagogia da autonomia**: saberes necessários à prática educativa. São Paulo: Paz e Terra, 1996.

Gardner, H. **Inteligências – múltiplas perspectivas**. Porto Alegre: Artmed, 1995.

Garganta, J. **Para uma teoria dos jogos desportivos coletivos**. In: Graça, A.; Oliveira, J. (Org.). O ensino dos jogos desportivos. 2. ed. Faculdade de Ciências do desporto e da educação física. Universidade do Porto: Porto, 1995.

Garganta, J.; Oliveira, J. Estratégia e táctica nos jogos desportivos colectivos. In: Tavares, F.; Oliveira, J. (Orgs.). **Estratégia e Táctica nos Jogos Desportivos Colectivos**. Porto: FCDEF-UP, 1996. p. 7-23.

GRAÇA, A.; MESQUITA, I. A investigação sobre o ensino dos jogos desportivos: ensinar e aprender as habilidades básicas do jogo. **Rev. Port. Ciênc. Desp.**, Porto, 2002. v. 2, n. 5, p. 67-79.

GRAÇA, A.; OLIVEIRA, J. **O ensino dos jogos desportivos**. 2. ed. Porto: FCDEF-UP, 1995.

GRECO, P. J. Métodos de ensino-aprendizagem-treinamento nos jogos esportivos coletivos. In: GARCIA, E. S.; LEMOS, K. L. M. (Orgs.). **Temas atuais em educação física e esportes**. Belo Horizonte: Saúde, 2001. v. 6, p. 49-72.

HARTER, S. Causes, correlates, and functional role of global self-worth: a life-span perspective. In: KOOLIGAN, J.; STERNBERG, R. (Org.). **Perceptions of competence and incompetence across the life-span**. New Haven: Yale University Press, 1988.

HUIZINGA, J. **Homo ludens**: o jogo como elemento da cultura. 4. ed. São Paulo: Perspectiva, 1999.

KAMMI, C. A.; DE VRIES, R. **Jogos em grupo na educação infantil**: implicações da teoria de Piaget. São Paulo: Trajetória Cultural, 1991.

KASLER, J. **Handebol**: do aprendizado ao jogo disputado. Rio de Janeiro: Ao Livro Técnico, 1983.

KIRK, D.; MACPHAIL, A. Teaching games for understanding and situated learning: rethinking the Bunker-Thorpe Model. **J. Teach. Physic. Educ.**, Champaign, v. 21, n. 2, p.177-92, 2002.

KISHIMOTO, T. M. A LDB e as instituições de educação infantil: desafios e perspectivas. **Rev. Paul. Educ. Fís.**, São Paulo, n. 4, p. 7-14, 2001.

KISHIMOTO, T. M. **Jogo, brinquedo, brincadeira e educação**. São Paulo: Cotez, 1996.

KRÖGER, C.; ROTH, K. **Escola da bola**: um ABC para iniciantes nos jogos esportivos. São Paulo: Phorte, 2006.

LA PUENTE, M. **Tendências contemporâneas em psicologia da motivação**. São Paulo: Cortez, 1989.

Os Jogos como Instrumento de Aprendizagem e Formação Esportiva de Crianças e Adolescentes

LEONTIEV, A. N. Os princípios psicológicos da brincadeira pré-escolar. In: VIGOTSKY, L. S. **Linguagem, desenvolvimento e aprendizagem**. Tradução M. P. Villalobos. São Paulo: Ícone/Edusp, 1988, p. 119-42.

LIBÂNEO, J. C. **Pedagogia e pedagogos, para quê?** 2. ed. São Paulo: Cortez, 2002.

MACEDO, L. **Ensaios construtivistas**. São Paulo: Casa do Psicólogo, 1994.

MACEDO, L.; PETTY, A. L. S.; PASSOS, N. C. **Os jogos e o lúdico na aprendizagem escolar.** Porto Alegre: Artmed, 2005.

MAGILL, R. A. **Aprendizagem motora**: conceitos e aplicações. 5. ed. Tradução A. Mendes da Costa. São Paulo: Edgard Blucher, 1984.

MAKARENKO, A. S. **Conferências sobre educação infantil.** São Paulo: Moraes, 1981.

MASLOW, A. M. **Motivation and personality**. New York: Harper & Row, 1987.

MARTINEZ, C. H. M. **Auguste Roger Listello**: uma contribuição para a educação física brasileira. Brasília, 2002. Dissertação (Mestrado) – Universidade Católica de Brasília.

MATTOS, M. G.; NEIRA, M. G. **Educação física infantil**: construindo o movimento na escola. 5. ed. São Paulo: Phorte, 2005.

MEDINA, J. P. S. **A educação física cuida do corpo... e mente**: bases para a renovação e transformação da educação física. 8. ed. Campinas: Papirus, 1989.

MELLO, A. M. **Psicomotricidade, educação física e jogos infantis**. São Paulo: Ibrasa, 1989.

MERTENS, B.; MUSCH, E. L'enseignement des sports collectives: une conception elaborèe a l'isep de l'université de gand. **Rev. Educ. Phys.**, v. 31, n. 1, p. 7-20, 1991.

MITCHELL, S. A. Tactical approaches to teaching games: improving invasion game performance. **Joperd.**, v. 67, n. 2, p. 30-3, 1996.

MOREIRA, M. A. **Aprendizagem significativa**. Brasília: Editora da UnB, 1999.

MURRAY, E. S. **Motivação e emoção**. Rio de Janeiro: Prentice Hall, 1973.

NEIRA, M. G. **Educação física**: desenvolvendo competências. São Paulo: Phorte, 2003.

NOVAK, J. D.; GOWIN, D. B. **Aprender a aprender**. Tradução C. Valadares. 2. ed. Lisboa: Plátano Edições Técnicas, 1999.

OLIVEIRA, V. B. **O brincar e a criança de 0 a 6 anos de idade**. Petrópolis: Vozes, 2000.

ORLICK, T. **Vencendo a competição**. São Paulo: Círculo do Livro, 1989.

PAIM, M. C. C. Fatores motivacionais e desempenho no futebol. **Rev. Educ. Fís. UEM**, Maringá, v. 12, n. 2, p. 73-79, 2001.

PAPAIOANNOU, A. Motivation and goals perspectives in childrens physical education. In: **European perspectives on exercise and sport psychology**. England: Human Kinectics, p. 245-69, 1995.

PAULA, J. Refletindo sobre o jogo. **Rev. Motriz**, v. 2, n. 11, p. 86-96, 1996.

PIAGET, J. **Psicologia e pedagogia**. Rio de Janeiro: Forense Universitária, 1998.

PROENÇA, J. E. **Projeto Ana Moser de voleibol escolar**: apostila, Instituto Esporte & Educação: São Paulo, 1999.

RAMOS, V.; GRAÇA, A. B. S.; NASCIMENTO, J. V. A representação do ensino do basquetebol em contexto escolar: estudos de casos na formação inicial em educação física. **Rev. Bras. Educ. Fís. Esp.**, São Paulo, v. 20, n. 1, p. 37-49, jan./mar., 2006.

ROSSETTO JUNIOR, A. J. et al. **Jogos educativos**: estrutura e organização da prática. 2. ed. São Paulo: Phorte, 2006.

_____. Os Jogos na aprendizagem do basquetebol. **Rev. Educ. Fís. UEM,** Maringá, v. 18, (suplemento), mai. 2007, p. 32-6, 2007.

Rossetto Junior, A. J.; Ciriaco, A. B. C. Jogos na motivação da aprendizagem esportiva. **Bol. Fed. Inter. Educ. Fís.**, Foz do Iguaçu, v. 77, edição especial, n. 1, p. 20-24, jan. 2007.

Rovegno, I. Learning a new curricular approach: mechanisms of knowledge acquisition in preservice teachers. **Teach. Teacher Educ.**, v. 8, n. 3, p. 253-64, 1992.

_____. Teaching within a curricular zone of safety: school culture and the situated nature of student-teachers pedagogical content knowledge. **Research Quart. Exerc. Sport**, Washington, v. 65, n. 3, p. 269-79, 1994.

_____. Theoretical perspectives on knowledge and learning and a student teacher's pedagogical content knowledge of dividing and sequencing subject matter. **J. Teach. Physic. Educ.**, Champaign, v. 14, n. 3, p. 284-304, 1995.

Saad, M. A. Iniciação nos jogos esportivos coletivos. **Rev. Dig.**, Buenos Aires, ano 11, n. 95, abr. 2006. Disponível em: http://www.efdeportes.com

Samulski, D. M. **Psicologia do esporte:** teoria e aplicação prática. Belo Horizonte: Imprensa Universitária, 1992.

Scaglia, A. J. **O futebol e os jogos/brincadeiras de bola com os pés**: todos semelhantes, todos diferentes. Campinas, 2003. Tese (Doutorado) – Faculdade de Educação Física, Universidade Estadual de Campinas.

Schmidt, R.; Wrisberg, C. **Aprendizagem e performance motora**. 2. ed. Porto Alegre: Artmed, 2001.

Sergio, M. **Para uma nova dimensão do desporto**. Lisboa: Instituto Piaget, 2003.

Souza, A. É jogando que se aprende: o caso do voleibol. In: Piccolo, V. L. N. (Orgs). **Pedagogia dos esportes**. Campinas: Papirus, 1999. Cap. 5, p. 79-113.

Tapia, J. A.; Fita, E. C. **A motivação em sala de aula**: o que é e como se faz. São Paulo: Loyola, 1999.

TAVARES, F.; FARIA, R. O comportamento estratégico: acerca da autonomia de decisão nos jogadores de desportos colectivos. In: TAVARES, F.; OLIVEIRA, J. (Orgs.). **Estratégia e táctica nos jogos desportivos colectivos**. Porto: FCDEF-UP, 1996. p. 33-8.

TEIXEIRA, M. S.; FIGUEIREDO, J. S. **Recreação para todos**: manual teórico-prático. São Paulo: Obelisco, 1970.

VYGOTSKY. L. **A formação social da mente**. São Paulo: Martins Fontes. 1984.

VYGOTSKY, L. et al. **Linguagem, desenvolvimento e aprendizagem**. Tradução M. P. Villalobos. São Paulo: Ícone/Edusp, 1988.

WALLON, H. **A evolução psicológica da criança.** Tradução A. Moura e R. Moura. 3. ed. revisada e ampliada. São Paulo: Andes, 1981.

WEINBERG, P. J.; GOUD, D. **Psicologia do esporte e exercício**. Porto Alegre: Artmed, 2001.

WINTERSTEIN, P. J. Motivação, educação física e esporte. **Rev. Paul. Educ. Fís.**, v. 6, n.1, p. 53-61, jan./jul. 1992.

_____. A motivação para a educação física e para o esporte. In: JÚNIOR, D. D. R. (Org.). **Esporte e atividade física na infância e adolescência**: uma abordagem multidisciplinar. Porto Alegre: Artmed, 2002, p. 77-87.

WITTER, G. P.; LOMÔNACO, J. F. B. **Psicologia da Aprendizagem**. São Paulo: Pedagógica e Universitária, 1984.

10

Avaliação Cineantropométrica

João Fernando Laurito Gagliardi
Rodrigo Villar
Rudney Uezu

A cineantropometria tem como objetivo estudar os aspectos de estrutura (morfológica) e função (funcional) do corpo humano, a qual fornecem informações referentes ao crescimento físico, maturação biológica, estado nutricional e ao treinamento esportivo. A cineantropometria morfológica busca analisar as estruturas, tamanho, forma, dimensões e composição do corpo humano. Já a funcional, também denominada aptidão física, busca observar o desempenho motor em atividades que evidenciem o trabalho realizado pelas capacidades físicas.

A avaliação cineantropométrica representa um importante procedimento no treinamento esportivo, já que compõe um dos fatores inerentes ao desempenho esportivo, seja ele no processo de formação esportiva ou no alto nível. A seguir, os textos estão divididos em duas partes distintas:

- A cineantropometria morfológica, que buscou apresentar e discutir os principais métodos de avaliação das estruturas corporais, bem como suas limitações a possibilidades de aplicação.

- A avaliação da aptidão física, que buscou realizar um ensaio sobre as possibilidades de interpretação dos testes correspondentes, e não discutir os procedimentos de análise, já que os autores acreditam existir grandes manuais com descrições detalhadas dos procedimentos, na tentativa de adequar a análise realizada aos pressupostos teóricos, que vêm emergindo em nosso meio, ao propor análises mais holísticas que consideram as interações entre as partes que compõem os fenômenos estudados.

Cineantropometria Morfológica

A avaliação em cineantropometria morfológica engloba a análise de índices, de componentes e da estrutura corporal. Em Educação Física, usualmente, se utiliza, para análise, o 5º modelo de fracionamento corporal proposto por Wang, Pierson e Heymsfield (1992). Esse modelo diz respeito a tamanho, forma e características físicas do corpo humano. Estão nele inseridos vários indicadores morfológicos (estatura, comprimento de segmentos, diâmetros, perímetros, dobras cutâneas, área corporal, volume corporal, índice de massa corporal — relação entre estatura e peso corporal, índice de Fels e densidade corporal). A escolha de indicativos de crescimento depende dos objetivos do investigador. Diferentes aspectos são apresentados para justificar o conhecimento de características corporais. Em jovens, a investigação de índices, componentes ou estrutura corporal pode estar associada à saúde, *performance*, seleção ou previsão de sucesso esportivo.

Componentes Corporais e Saúde

Os aspectos relacionados à saúde sugerem uma proporção de diferentes componentes corporais (músculos, ossos e gordura). É consenso que um elevado percentual de gordura — tecido que mais varia entre os componentes — esteja relacionado a uma diminuição da qualidade de vida. Da mesma forma, valores exageradamente baixos de gordura também representam risco à saúde individual, uma vez que tal componente tem funções importantes no organismo: meio de transporte das vitaminas lipossolúveis (A, D, E e K) fonte energética, isolante térmico e protetor de órgãos a agressões externas.

O tecido adiposo varia em número e tamanho durante o desenvolvimento do jovem (Knitlle et al., 1979). Embora não seja possível estabelecer com precisão os períodos críticos do desenvolvimento do tecido adiposo, dois intervalos são importantes na formação desse tecido (do nascimento até 2 anos e, depois, durante a puberdade)(Guedes e Guedes, 1997). Nesses períodos, ocorre tanto hiperplasia quanto hipertrofia do tecido. Entretanto, durante esses períodos, para crianças com percentuais de gordura saudáveis, a variação se dá apenas em função do tamanho das células adiposas (hipertrofia), enquanto em crianças obesas ocorre também hiperplasia. Uma vez que o organismo não consegue eliminar as células de gordura, é importante que o jovem, durante seu desenvolvimento, tenha uma dieta adequada associada à prática de atividade física para não se tornar um adulto obeso e sedentário, fatores que, associados, são potenciais causadores de problemas cardiovasculares. As formas de se avaliar tal componente são indiretas. Em campo, normalmente, opta-se por equações preditivas a partir de medidas antropométricas ou bioimpedância. Uma série de índices procuram também estimar obesidade ou risco de doenças crônico-degenerativas.

Ao contrário do tecido adiposo, após o nascimento, a massa muscular não se altera por hiperplasia. Para analisar esse componente, poucos foram os estudos cadavéricos realizados com fetos e recém-nascidos e nenhum com jovens. Admite-se que entre o nascimento e a idade adulta exista uma variação crescente na proporção da massa muscular (de 25% a 45%) (Guedes e Guedes, 1997). Entretanto, os momentos sensíveis para esse aumento não estão definidos. A forma de estimar tal componente está baseada na análise de excreção de creatina, concentração de potássio e estudos radiográficos e de tomografia computadorizada (Roche et al., 1996). Existem índices indicativos da muscularidade sem, todavia, estimar tal componente.

Outros indicadores de saúde se baseiam em aspectos antropométricos, como circunferência cefálica no recém-nascido e estatura e massa corporal, que servem como indicativos de crescimento e desenvolvimento. As curvas percentílicas de estatura para idade, peso para idade, e estatura para o peso propostas pelo NCHS (Hamill et al., 1979) ou por Marques et al. (1982) sugerem um crescimento esperado (normal). Entretanto, nas curvas em função da idade, tal acompanhamento, sobretudo, durante a puberdade, deveria levar em consideração a idade biológica do indivíduo, em vez da idade cronológica. Para tanto, é ne-

Desempenho Esportivo:
Treinamento com crianças e adolescentes

cessário conhecer formas de determinação e interpretação da idade biológica (idade óssea e características sexuais secundárias).

Outros aspectos antropométricos de interesse seriam comprimentos corporais e alguns perímetros com o intuito de verificar simetria entre lados direito e esquerdo, além de serem indicativos de muscularidade e estado nutricional (Frisancho, 1981).

O acompanhamento de tais indicativos permitiriam uma melhor orientação na construção de hábitos saudáveis por parte dos jovens, colaborando para a melhora ou manutenção da saúde.

Componentes Corporais e Performance

Quando se pensa em *performance*, a preocupação do investigador está associada ao potencial que o jovem poderá atingir. Tais potenciais dependem de indícios conservadores (invariáveis com o treinamento) e de outros variáveis (que limitarão o aperfeiçoamento esportivo em menor grau). Dentro dos índices conservadores (que dependem de herança genética), encontram-se fatores como estatura, envergadura, característica das fibras musculares e outras.

Alguns fatores dificultam o estudo das características corporais (antropométricas e componentes) de atletas (Malina, 1978). O primeiro esbarra na própria definição de atleta (normalmente associada ao sucesso em competições). Depois, nos fatores (multidisciplinares) de seleção de tais atletas, quando, normalmente, são avaliados apenas os atletas de destaque, desconsiderando-se os praticantes que não obtiveram sucesso por fatores diversos. O terceiro aspecto diz respeito às diferenças maturacionais dos atletas (entre 9 e 16 anos), e o quarto fator diz respeito a outras variáveis (biológicas e comportamentais) que interferem na *performance*. Apesar disso, e considerando tais limitações, alguns autores apresentam valores de percentual de gordura médios, obtidos com jovens atletas em diferentes estudos servindo de referência para análise da estimativa da gordura corporal (Malina, 1978). Tais valores oscilam nos homens (10 a 16 anos) entre 9% e 16%. Para mulheres de mesma idade, os valores estão entre 12% e 19%. Tais autores concluem, ainda, que o crescimento é similar entre atletas e não atletas. Apesar disso, atletas homens tendem a ter a maturação adiantada

Avaliação Cineantropométrica

(quando comparados com não atletas), enquanto atletas mulheres tendem a ter a maturação atrasada (com exceção das nadadoras) o que justificaria uma análise considerando-se a idade biológica em vez de cronológica.

Se, para a saúde, entende-se que valores entre 10% e 20% de gordura estejam adequados, para *performance*, essa faixa é mais limitada e as equações preditivas devem apresentar erros menores. Entretanto, não está claro quais valores seriam ótimos para diferentes modalidades.

Com relação a medidas corporais, é óbvio que uma criança baixa dificilmente se destacará em modalidades em que a necessidade de altas estaturas se faz presente (voleibol, basquetebol). O contrário também é verdadeiro, ou seja, em algumas modalidades, atletas altos terão dificuldades em obter sucesso (jóqueis, ginastas, pilotos de corrida).

A massa muscular também poderia ser um fator indicativo na seleção de atletas. Entretanto, faltam estudos que proponham métodos de análise e valores de referência.

Em relação a prognósticos com atletas jovens, a prática na natação mostra que, de cada 5 a 6 mil crianças examinadas, são selecionadas de 8 a 10 para se especializarem, e apenas 1 se torna um esportista de alto nível (Fernandes e Carvalho, 1999).

Formas de Estimativa de Componentes Corporais

Tecido Adiposo

Existem diferentes formas de estimativa de componentes corporais. Para a gordura corporal, utiliza-se, como método de referência, a densimetria ou K^{40}, uma vez que poucos estudos analisaram cadáveres (nenhum estudo cadavérico foi realizado com jovens). Como método de campo, é comum a aplicação de equações antropométricas preditivas ou bioimpedância.

A partir de 1961, com as primeiras equações específicas propostas por Parizkova (1961), desenvolvidas com jovens da antiga Tchecoslováquia, várias são as equações para jovens de diferentes faixas etárias. Entretanto, boa parte dessas equações (que foram desenvolvidas a partir da estimativa da densidade corporal) assumiu que a massa livre de gordura possuía densidade equivalente à densidade de indivíduos adultos ($1,100$ g/cm^3), o que posteriormente foi contestado (Lohman, 1986) (Tabela 10.1). Outro avanço nos modelos propostos foi a inclusão do estágio maturacional (pré-púbere, púbere ou pós-púbere) na estimativa da gordura corporal. Em relação a etnia, fica difícil fazer uma avaliação dos avanços das equações propostas, uma vez que a miscigenação ocorre com grande frequência, dificultando a escolha (normalmente das constantes) das equações. Tais equações são, normalmente, baseadas nas medidas das dobras cutâneas: tricipital (Tri) e subescapular (SEsc) (podendo acrescentar bicipital – Bic, supra-ilíaca – SI, e panturrilha – Pant).

Tabela 10.1 – Transformação de densidade em % de gordura corporal, em função do sexo e da idade (Lohman, 1986)

Idade	Sexo	% de gordura corporal
7 – 8	M	(5,38:DENS - 4,97).100
	F	(5,43:DENS - 5,03).100
9 – 10	M	(5,30:DENS - 4,89).100
	F	(5,35:DENS - 4,95).100
11 – 12	M	(5,23:DENS - 4,81).100
	F	(5,25:DENS - 4,84).100
13 – 14	M	(5,07:DENS - 4,64).100
	F	(5,12:DENS - 4,69).100
15 – 16	M	(5,03:DENS - 4,59).100
	F	(5,07:DENS - 4,64).100
17 – 19	M	(4,98:DENS - 4,53).100
	F	(5,05:DENS - 4,62).100
20 – 50	M	(4,95:DENS - 4,50).100
	F	(5,03:DENS - 4,59).100

Obs.: Dados para homens e mulheres brancos; para ajustar para negros, subtrair 1,9% da gordura corporal estimada (homens) e 1,0% (mulheres).

Avaliação Cineantropométrica

As equações preditivas mais utilizadas têm sido as propostas por Boileau et al. (1985), corrigidas por Lohman (1986) e adaptadas por Pires Neto e Petrosky (1996), que não levam em conta o estágio maturacional; as de Slaughter et al. (1988), que sugerem, ainda, equações específicas para crianças obesas, e Deurenberg et al. (1990).

Boileau et al. 1985 (corrigida por Lohman, 1986)

Masculino	%GC = 1,35.(Tri + SEsc) - 0,012.(Tri + SEsc)^2 - Constante
Feminino	%GC = 1,35.(Tri + SEsc) - 0,012.(Tri + SEsc)^2 - Constante

As constantes das equações acima estão na Tabela 10.2 e Tabela 10.3. Na Tabela 10.2, já existe uma adaptação dos valores proposta por Heyward (1991). Tal adaptação foi ampliada no estudo de Pires Neto e Petrosky (1996).

Tabela 10.2 – Constantes para as equações propostas por Boileau (1985) (corrigidas por Lohman, 1986 e por Heyward, 1991), em função do sexo e idade

Idade (*)	Idade	Gênero	Constante
6 – 11	7	M	3,4
12 – 14	10	M	4,4
15 – 17	13	M	5,4
	16	M	6,4
6 – 10	7	F	1,4
11 – 13	10	F	2,4
14 – 15	13	F	3,4
16 – 18	16	F	4,0

(*) idade segundo trabalho de Heyward (1991).

Tabela 10.3 – Correção das constantes da equação proposta por Boileau (1985), por Pires Neto e Petroski (1996)

Idade (anos)	6	7	8	9	10	11	12	13	14	15	16	17
Gênero/Raça												
Masc. – Br	3,1	3,4	3,7	4,1	4,4	4,7	5,0	5,4	5,7	6,1	6,4	6,7
Masc. – Ng	3,7	4,0	4,3	4,7	5,0	5,3	5,6	6,0	6,3	6,7	7,0	7,3
Fem. – Br	1,2	1,4	1,7	2,0	2,4	2,7	3,0	3,4	3,6	3,8	4,0	4,4
Fem. – Ng	1,4	1,7	2,0	2,3	2,6	3,0	3,3	3,6	3,9	4,1	4,4	4,7

381

Slaughter et al. (1988)

Masculino	%GC = 1,21.(Tri + SEsc) - 0,008.(Tri + SEsc)^2 - Constante
Feminino	%GC = 1,33.(Tri + SEsc) - 0,013.(Tri + SEsc)^2 - Constante

As constantes das equações de Slaughter et al. (1988) estão nas Tabelas 10.4 e 10.5.

Tabela 10.4 – Constantes para as equações propostas por Slaughter et al. (1988), em função de nível maturacional e etnia para o sexo masculino

Raça	Nível maturacional	Constante
Branco	Pré-Púbere	1,7
	Púbere	3,4
	Pós-Púbere	5,5
Negro	Pré-Púbere	3,2
	Púbere	5,2
	Pós-Púbere	6,8

Tabela 10.5 – Constantes para as equações propostas por Slaughter et al. (1988), em função de etnia para o sexo feminino

Raça	Constante
Branco	2,0
Negro	3,0

Tais equações supõem que a soma das dobras tricipital e subescapular sejam inferiores a 35 mm. Caso contrário, ou seja, caso a soma das respectivas dobras ultrapassem 35 mm, a autora sugere a utilização das seguintes equações:

Slaughter et al. 1988

Masculino %GC = 0,783.(Tri + SEsc) + 1,6
Feminino %GC = 0,546.(Tri + SEsc) + 9,7

Deurenberg et al. 1990

%G = a.log(Bic + Tri + SEsc + SI) – b

Avaliação Cineantropométrica

Onde as constantes a e b dependem do estágio maturacional e sexo (Tabela 10.6).

Tabela 10.6 – Constantes para as equações propostas por Deurenberg et al. (1990), em função de sexo e nível maturacional

Sexo	Nível maturacional	Constante *a*	Constante *b*
Masculino	Pré-Púbere	26,56	22,23
	Púber e	18,70	11,91
	Pós-Púbere	18,88	15,58
Feminino	Pré-Púbere	29,85	25,87
	Púbere	23,94	18,89
	Pós-Púbere	39,02	43,49

A bioimpedância também tem proposto equações específicas para crianças sem, entretanto, considerar a idade biológica dos indivíduos avaliados. Esse é um problema que deverá ser solucionado, uma vez que durante o desenvolvimento maturacional, o corpo passa por transformações em sua composição química até atingir a idade adulta. Equações propostas por Lohman (1986) e Houtkooper et al. (1992) são apresentadas a seguir:

Lohman (1986) – jovens de 8 a 15 anos (brancos):

MLG(kg) = 0,62.(estat²:resistência) + 0,21.(Massa) + 0,10.(reactância) + 4,2

Houtkooper et al. (1992) – jovens de 10 a 19 anos (brancos):

MLG(kg) = 0,61.(estat²:resistência) + 0,25.(Massa) + 1,31

Existem, ainda, equações baseadas em medidas antropométricas (dobras cutâneas e circunferência) e bioimpedância (Conlisk,1992):

Guo, Roche e Houtkooper (1989) – Homens:

MLG(kg) = – 2,9316 + 0,6462.(Massa corporal) – 0,1159.(Pant. Lateral*) – 0,3753.(axilar-média) + 0,4754.(circ. braço) + 0,1563.($estat^2$:resistência)

– Mulheres:

MLG(kg) = 4,3383 + 0,6819.(Massa Corp) – 0,1846.(Pant. Lateral*) – 0,2436.(Tri) - 0,2018. (SEsc) + 0,1822.($estat^2$:resistência)

* Panturrilha lateral = panturrilha medial – 1,05

Tecido Muscular - Indicativos de Muscularidade

A massa muscular também é de interesse do investigador. Entretanto, inexistem equações preditivas de tal componente para jovens. Apesar da falta de um método simples para predição da massa muscular, alguns indicativos da muscularidade podem ser utilizados (área muscular de braço ou coxa, relação entre perímetros de braço relaxado e contraído).

A análise da muscularidade de um indivíduo é feita, normalmente, por meio de um único grupo muscular que é diretamente proporcional à massa muscular total (Roche et al., 1996). Os procedimentos para cálculo de indicativos musculares de coxa são similares aos apresentados, a seguir, para braços:

$AG = (Dt.PB){:}2 - (\pi.Dt^2){:}4$

$AM = (PB - \pi. Dt)^2{:}(4. \pi)$ ou $AM = \pi{:}(4.DB^2)$

$PMB = PB - \pi. Dt$

$DB = PB{:} \pi - Dt$

Onde: AG = Área de Gordura Braquial (cm^2); AM = Área Muscular de Braço (cm^2); PMB = Perímetro Muscular de Braço (cm); DB = Diâmetro Muscular de braço; PB = Perímetro de Braço (cm); Dt = Dobra tricipital (cm)

Para análise de tais índices, podem ser utilizadas as tabelas propostas por Frisancho (1981), que propõe valores indicativos de desnutrição a partir desses índices.

Curvas de Crescimento

Dentro dos diversos indicativos antropométricos, estão as curvas de percentil para acompanhamento da massa corporal e da estatura em função da idade (em anos). Tais padrões, apresentados pelo NCHS (Hamill et al., 1979) ou pelo padrão brasileiro (Marques et al., 1982), devem ser interpretados de forma conjunta, ou seja, deve-se olhar os valores percentílicos de massa corporal e de estatura para uma melhor análise dos dados, pois um indivíduo que esteja no percentil 75 para massa corporal e no mesmo percentil para estatura deve estar com a relação entre massa e estatura adequada, enquanto outro que esteja no percentil 25 para estatura e 75 para massa corporal deveria ter uma orientação para um ajuste das curvas. Em 2000, novas curvas foram propostas a partir de cinco estudos americanos, e, hoje, existe a tendência em utilizá-las como padrão mundial (Kuczmarski et al., 2000). Outro cuidado que se deve ter diz respeito ao fato de essas curvas não levarem em consideração a idade biológica das crianças (que, muitas vezes, tem sua maturação atrasada ou adiantada em relação a média). Apesar de todas essas limitações, deseja-se que o jovem acompanhe seu canal de crescimento.

Previsão de Estatura Final

Dentro da área esportiva, é interessante prever a estatura final de um determinado indivíduo, pois este indicativo (conservador) é determinante do sucesso no esporte. O uso da idade óssea é questionável, uma vez que esbarra numa questão ética (expõe a criança à radiação). Entretanto, sem a existência de uma variável que sinalize a idade biológica, fica difícil a previsão. Uma equação preditiva de estatura adulta para jovens saudáveis de 13 a 16 anos, candidatos a treino de alto rendimento, foi sugerida a partir de variáveis antropométricas (Buenen e Malina,1997). Tal equação leva em consideração: estatura (cm); altura sentado (cm); dobras cutâneas (mm) subescapular e tricipital; além da idade cronológica.

As constantes, a correlação e o erro-padrão de estimativa estão na Tabela 10.7.

Beunen e Malina (1997)

Estat Prevista $= k_0 + k_1.$(Est.) $+ k_2.$(Altura Sent) $+ k_3.$(Sesc) $+ k_4.$(Tri) $+ k_5.$(idade)

Tabela 10.7 – Constantes para cada variável preditora de estatura adulta, correlação e erro-padrão de estimativa (cm), para diferentes faixas etárias (Beunen e Malina, 1997)

Idade	k_0	k_1	k_2	k_3	k_4	k_5	r	epe
12,5 – 13,5	147,99	0,87	-0,77	0,54	-0,64	-3,39	0,70	4,2
13,5 – 14,5	142,65	1,03	-1,04	0.76	-0,92	-3,24	0,79	3,7
14,5 – 15,5	153,14	1,01	-0,91	0,64	-0.93	-4,41	0,80	3,7
15,5 – 16,5	98,82	1,06	-0,74	0,37	-0,88	-2,28	0,87	3,0

Existem outros modelos (não lineares) para tal estimativa. O método de Bayley--Pineau (baseado em idade óssea) parece ser adequado a indivíduos com precocidade sexual (Bayley e Pineau, 1952), enquanto o proposto por Tanner (Tanner, Whitehouse e Takashi, 1965) parece mais estável em situações clínicas (Longui, 2003). Em ambos os casos, questiona-se muito o poder preditivo de tais estimativas. Um erro de 5 cm para mais ou para menos pode ser decisivo no sucesso esportivo de um atleta.

Simetria

A análise da simetria corporal também é aplicável em jovens, pois verifica se um trabalho compensatório (para atividades unilaterais, como o tênis, por exemplo) está atingindo seus objetivos. Para tanto, avaliam-se as circunferências (corrigidas e não corrigidas por dobras) de membros superiores e inferiores. Alturas relativas também podem auxiliar no diagnóstico de desvios posturais, uma vez que permitem a percepção de variação entre os lados direito e esquerdo (desnível de quadril, por exemplo, a partir das alturas da crista ilíaca).

Avaliação Cineantropométrica

Somatotipo

Outra forma de analisar a estrutura corporal é a partir de sua forma. O somatotipo pressupõe a existência de três componentes primários. O primeiro componente diz respeito às formas arredondadas do indivíduo (Componente Endomorfo), o segundo, à muscularidade (Componente Mesomorfo) e o terceiro, à linearidade (Componente Ectomorfo). Um método antropométrico (Heath e Carter, 1967) propõe equações de estimativa dos diferentes componentes. Tais componentes podem variar durante o crescimento, em função de treinamento. Mas, em indivíduos ativos, são mais dependentes de fatores genéticos. Os valores de somatotipo são sempre apresentados por três números, respeitando a sequência citada. O cálculo de seus componentes pode ser obtido a partir das equações a seguir:

Componente Endomorfo:

$$ENDO = -0,7182 + 0,1451.(\Sigma 3dc) - 0,00068.(\Sigma 3dc)^2 + 0,0000014.(\Sigma 3dc)^3$$

Onde ($\Sigma 3dc$) corresponde à soma das dobras tricipital, subescapular e supraespinhal. O autor sugere que essa soma de dobras seja corrigida pela estatura do Phanton, ou seja, multiplica-se o resultado da soma por 170,18 (estatura do Phanton) e divide-se pela estatura do indivíduo avaliado.

Componente Mesomorfo:

$$MESO = 4,5 + 0,858.(U) + 0,601.(F) + 0,188.(BF) + 0,161.(P) - 0,131.(Estat)$$

Onde U e F correspondem aos diâmetros (cm) do Úmero e Fêmur; BF e P aos perímetros corrigidos (pelas respectivas dobras cutâneas – cm) de braço flexionado e panturrilha; e Estat a estatura do indivíduo avaliado.

Componente Ectomorfo:

$$ECTO = 0,732.(IP) - 28,58 \quad ou \quad ECTO = 0,463.(IP) - 17,63$$

Onde IP é o resultado da razão entre estatura e raiz cúbica da massa corporal. Se IP for maior que 40,75, então, deve-se optar pela primeira equação, se IP for menor ou igual a 40,75, opta-se pela segunda equação.

Para a análise do somatotipo em crianças e adolescentes (não atletas) podem ser utilizadas as referências propostas a partir de dados obtidos com jovens de Londrina – PR (Guedes e Guedes,1999).

A avaliação morfológica em jovens contribui na análise de seu desenvolvimento, independente do objetivo mais voltado à saúde ou ao desempenho. É fundamental que o avaliador, após uma escolha prévia, conheça as aplicações e limitações das possibilidades de sua avaliação. A padronização de medidas, a aferição dos equipamentos e o correto preparo para essas também determinam o sucesso da avaliação. Uma vez atendidas tais recomendações e escolhidas as referências utilizadas para a interpretação, o avaliador poderá usufruir destas informações que, certamente, contribuirão para a orientação destes jovens.

Cineantropometria Funcional

Uma definição clássica de aptidão física é dada por Fleishman (1964), como sendo a capacidade funcional dos indivíduos para realizar certos tipos de tarefas que requerem atividade muscular. Complementando essa definição, Böhme (1993) citou que a aptidão física é demonstrada pela capacidade do indivíduo de apresentar um desempenho físico adequado em suas atividades físicas diárias e prorrogar o surgimento precoce do cansaço físico na realização de atividades físicas diárias.

O ponto de partida para o movimento de aptidão física, segundo Barbanti (1986), surgiu nos Estados Unidos, em 1954, com o trabalho realizado por Kraus e Hirschland, que compararam a aptidão de jovens americanos e europeus, sugerindo que o estilo de vida americano poderia explicar o baixo nível de aptidão muscular obtido em comparação aos europeus, despertando, assim, uma preocupação em relação à aptidão física.

Em 1957, a Associação Americana de Saúde, Educação Física e Recreação (American Association for Health, Physical Education and Recreation – AAHPER) desenvolveu uma bateria de testes de aptidão física, que avaliou a velocidade, a potência, a agilidade a resistência cardiorrespiratória e a resistência de força muscular, em jovens com idade entre 10 e 17 anos, tornando, assim, a aptidão física o objetivo principal da educação física.

A partir desse desenvolvimento nos Estados Unidos, o conceito de aptidão física obteve um significado mundial e ocupou uma posição central na educação física e nos esportes.

Por meio de estudos baseados em análise fatorial, Fleishman (1964) procurou verificar quais seriam os fatores básicos de aptidão física, identificando, assim, nove fatores: flexibilidade de extensão, flexibilidade dinâmica, força explosiva, força estática, força dinâmica, força de tronco, equilíbrio corporal total, coordenação corporal total e resistência cardiorrespiratória.

Segundo o EUROFIT (1988), na década seguinte, a partir de 1977, um comitê de especialistas em pesquisa nos esportes, reconhecendo a necessidade de tabelas referenciais para as crianças europeias, reuniu-se em quatro ocasiões, 1978, 1980, 1981 e 1982, aprovando uma bateria experimental de testes de aptidão física, denominada Eurofit, com as seguintes variáveis: resistência cardiorrespiratória, força estática, força explosiva, resistência muscular, flexibilidade, velocidade de corrida, velocidade de movimento dos membros e equilíbrio corporal total.

No entanto, em razão do fato de alguns componentes da aptidão física possuírem relevância somente para o desempenho atlético, sentiu-se a necessidade de diferenciação entre a aptidão física relacionada à saúde e a aptidão física relacionada ao desempenho esportivo.

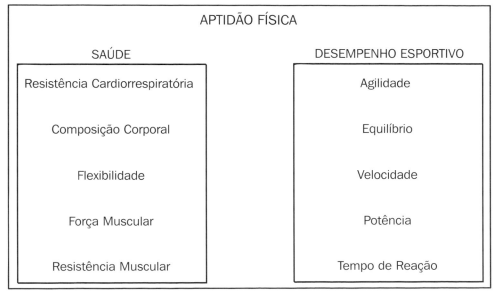

FIGURA 10.1 – Componentes da aptidão física relacionada à saúde e à capacidade atlética, segundo a AAHPERD (1980); Guiselini e Barbanti (1993); Gomes e Araújo Filho (1995).

Complementando essa diferenciação, Guedes e Guedes (1997) afirmou que a aptidão física relacionada à saúde envolve apenas os componentes que podem ter alguma relação com a prevenção de doenças degenerativas e que podem ser influenciados pela prática regular da atividade física, diferentemente da aptidão relacionada ao desempenho atlético, no qual seus componentes são geneticamente dependentes, resistentes às modificações do meio ambiente e relativamente estáveis.

Ao se analisar esse histórico da aptidão física iniciado nos Estados Unidos, percebeu-se uma preocupação com a aptidão física, denominada *fitness*. Desde o início até a expansão que tornou a aptidão física o foco central da Educação Física e Esportes, sua contextualização teve como base principal as capacidades físicas, como vimos em Fleishman (1964) e na EUROFIT (1988), entre outras baterias.

A partir desse contexto, novos caminhos foram trilhados para o entendimento da aptidão física. Barbanti (1986) propôs um modelo que divide os componentes da aptidão física em: a) voltados à saúde; e b) voltados ao desempenho atlético. Tal divisão foi realizada, já que o autor considerava que alguns dos componentes da aptidão física eram apenas relevantes para o desempenho atlético.

Guedes e Guedes (1997), corroborando com a visão de Barbanti (1986), acrescenta que a aptidão relacionada à saúde estaria envolvida com a prevenção de doenças degenerativas. Além disso, esta poderia ser influenciada por programas regulares de atividade física. Contudo, a aptidão física relacionada ao desempenho atlético ganha uma conotação genética, na qual tais componentes seriam resistentes às modificações do meio ambiente, sendo relativamente estáveis.

Conquanto tais visões sejam interessantes e importantes, é preciso analisar a aptidão física com um outro enfoque. Como a base de apoio da aptidão física são as capacidades físicas, há a necessidade do seu melhor entendimento para que analisemos com mais rigor as propostas dos estudos envolvendo tais questões. Desta forma, surgem perguntas pertinentes no que se refere ao âmbito da aptidão física, tais como: se o alicerce da aptidão física é a avaliação das capacidades físicas, será que elas se manifestam de maneira isolada? Será que uma capacidade física está relacionada a outra? Será que todas elas se relacionam entre si?

Para tentar responder a tais questões, vamos exemplificar por meio de uma avaliação prática. Imagine um teste de 50 metros para avaliar a velocidade máxima dos indivíduos, no qual o tempo será o critério. Nesse teste, apesar de estarmos avaliando a velocidade, será que outras capacidades físicas contribuem para o desempenho? Se não, vejamos, para correr o mais rápido possível é necessário ter velocidade, mas para aumentarmos a velocidade é preciso ter potência muscular. Com o auxílio da física, temos que potência = força x velocidade. Logo, para ter mais velocidade é necessário força, especificamente força explosiva. Para melhorarmos os níveis de força, é necessário que os grupamentos musculares e as unidades motoras sejam ativadas de maneira sincronizada, uniforme e sequencial. Isso significa que, para realizarmos força, há necessidade da coordenação (intramuscular e intermuscular). Além disso, para corrermos necessitamos de equilíbrio, ritmo e também resistência. Sendo assim, a aptidão física parece ser influenciada pela interação de todas as capacidades físicas, resultando em desempenho em diferentes níveis, seja ele ótimo (pessoas comuns) ou máximo (atletas).

Além desses fatores citados anteriormente, outros aspectos necessitam, também, ser considerados para uma análise mais coerente e criteriosa, como é o caso das características antropométricas e da maturação biológica. Assim, os fatores que contribuem para o desempenho devem ser analisados de maneira integral. Acredita-se que essa perspectiva de análise auxiliará no melhor entendimento dos resultados obtidos em situações de prática. Além disso, explicará melhor qual a relevância das variáveis analisadas e sua interação com o fenômeno estudado. Portanto, novas perspectivas e diferentes métodos de análise dos resultados obtidos na avaliação da aptidão física são essenciais na busca de respostas mais completas.

As baterias de testes para a avaliação da aptidão física foram, inicialmente, propostas para a avaliação de escolares pela característica genérica de seus testes. Inúmeros estudos foram realizados por esse prisma, para tentar entender o desenvolvimento da aptidão física em crianças e adolescentes de vários países do mundo. Além disso, tais baterias também foram estendidas para outros contextos, como as escolinhas de esportes, equipes de treinamento infantojuvenil e efeito da atividade física para essa população.

Estes estudos foram fundamentais para aumentar e melhorar o conhecimento sobre as variáveis da aptidão física. Contudo, informações complementares são necessárias para aprofundarmos os mecanismos que contribuem para o comportamento dessas variáveis. Isso não significa que as pesquisas realizadas com o intuito de avaliar a

Desempenho Esportivo:
Treinamento com crianças e adolescentes

aptidão física não tenham tido sua contribuição. No entanto, novas perspectivas são essenciais para que esse fenômeno possa ser desvendado, levando em consideração a interação dos fatores, não apenas de maneira isolada.

Apesar de importantes, o objetivo deste texto não é sugerir uma bateria de testes específicos, mas sim apresentar considerações na interpretação dos testes escolhidos em função do contexto encontrado. A literatura específica da área apresenta uma série de livros e pesquisas que sugerem testes que podem ser utilizados conforme o objetivo proposto.

Sugestões para a Interpretação de Testes

Após toda a etapa de coleta de dados, realizada nas fases de diagnóstico e controle do planejamento de um programa de atividades físicas (Gobbi, Villar e Zago, 2005), tem início o momento mais crítico do processo: a avaliação. O processo avaliatório corresponde à interpretação dos resultados, que consiste em analisar, comparar, classificar; enfim, possibilitar uma melhor compreensão do fenômeno considerado. Assim, após medir o nível de força de membros inferiores em um indivíduo de 14 anos, por meio do teste de salto horizontal, vamos considerar um resultado de 200 cm. Quais são os fatores que direcionam uma avaliação? Esse valor é bom? Apesar do teste medir a força, será que a velocidade ou a estatura não influenciaram o resultado obtido?

Para a realização de uma boa avaliação, é necessário que utilizemos uma abordagem de referência com algumas características. Uma opção é a comparação do resultado obtido com uma norma de referência, com base nos resultados de outras pessoas que também realizaram o mesmo teste. Para que essa comparação seja adequada, é necessário que tenhamos alguns critérios para a sua utilização. A referência deve ser, preferencialmente, composta por indivíduos com características similares ao que foi analisado. Caso contrário, podem ocorrer interpretações equivocadas do fenômeno.

Por exemplo, ao comparar o resultado de 200 cm do salto horizontal com outros escolares de mesma faixa etária, pode ser que o resultado esteja dentro da média. Entretanto, caso a referência seja de alunos de 7 anos, pode ser que o resultado esteja acima da média encontrada. Porém, se esse resultado é comparado ao de atletas de salto em distância, pode

392

ser que o resultado atingido seja abaixo da média. Assim, faz-se necessário um critério adequado no momento de determinar a referência a ser utilizada, evitando erros grosseiros.

Uma outra tendência no processo de avaliação se refere ao fato de considerar cada componente analisado de forma isolada e independente das outras características que compõem a aptidão física dos indivíduos. Por exemplo, ao realizar uma avaliação dos aspectos de aptidão física de um grupo de alunos, cada componente é analisado de maneira isolada, fato que desconsidera que a aptidão física seja composta por uma série de capacidades físicas integradas. Assim, a força do indivíduo é analisada, depois a velocidade, e assim sucessivamente, sem a perspectiva de considerar que cada componente analisado em interação com os demais é que compõe a aptidão física do indivíduo. Então, há um desmembramento dos indivíduos, dificultando o entendimento de todo o processo de análise dos resultados.

Portanto, para a interpretação dos testes, faz-se necessário considerar os indivíduos de uma forma global, ou seja, sem ocorrer uma fragmentação na análise dos resultados. Dessa forma, sugere-se que nos processos de interpretação dos resultados seja adotada uma abordagem sistêmica, que tenha como base a teoria geral dos sistemas proposta por Bertalanffy (1977).

A abordagem sistêmica considera que o indivíduo é composto por uma série de características, tais como massa corporal (peso), estatura, força, velocidade, agilidade, entre outras. Esses elementos interagem de maneira a determinar o padrão da aptidão física do indivíduo. Ao analisar um único elemento do sistema, como a força, pode resultar em uma avaliação reduzida do fenômeno, no caso a aptidão física. Além desse problema da análise reduzida, que considera as características separadas, a alteração de um único elemento do sistema pode desencadear modificações drásticas, podendo afetar o sistema inteiro. Nesse caso, a aptidão física não é composta somente pela soma de seus componentes, e sim pela interação entre eles.

Assim, quando é realizado um teste de salto horizontal, a força muscular é expressa e quantificada com base do resultado obtido. Entretanto, quando o salto é executado, os outros componentes também estão atuando e, provavelmente, exerceram influência no resultado, como é o caso da velocidade, coordenação, estatura, massa corporal, composição corporal, maturação biológica, entre outros. Pode ser que na tarefa em questão a força tenha

Desempenho Esportivo:
Treinamento com crianças e adolescentes

atuado de maneira predominante, mas o fato de desconsiderar a influência das outras características inerentes à aptidão física pode representar um equívoco.

Ao analisar as relações entre os componentes da constituição corporal (peso, estatura e adiposidade corporal) e da aptidão física nos resultados dos testes de força, velocidade, agilidade e resistência aeróbia de 68 jovens do sexo masculino, na faixa etária de 12 a 14 anos, participantes de um programa de formação esportiva, observou-se quais as características, isoladas ou em combinação, poderiam explicar a variabilidade na manifestação dos resultados nos testes de aptidão física considerados. Para tanto, foram utilizados modelos de regressão lineares múltiplos para a determinação do coeficiente de explicação da variabilidade dos resultados de cada componente considerado, de maneira isolada ou em combinação.

Desta forma, na Tabela 10.8 está disposto o sumário dos modelos da análise obtida. Para a interpretação da Tabela 10.8, deve-se observar a disposição das colunas, as quais contêm cada componente da aptidão física considerado. O valor do R representa o coeficiente de explicação e o R^2 *ajustado*, o coeficiente de explicação corrigido pelo modelo estatístico.

Ao analisar esta Tabela, verificou-se que a velocidade pareceu demonstrar uma relevância na aptidão física dos indivíduos considerados, já que esteve presente no coeficiente de explicação de todas as características consideradas.

Tabela 10.8 – Sumário de todos os modelos de regressão lineares obtidos

	Força	Velocidade	Agilidade	Resistência Aeróbia
Peso				
Estatura	X			
Adiposidade				X
Força		X		
Velocidade	X		X	X
Agilidade		X		
Resistência		X		
R	0,690	0,809	0,691	0,540
R² ajustado	0,532	0,638	0,470	0,270

Assim, a velocidade em combinação com a estatura explicaram cerca de 53% da variabilidade no teste de força de membros superiores. Já em combinação com a adiposidade, essa variável explicou 27% da resistência aeróbia, e, de forma isolada, foi a responsável por 47% da variabilidade na agilidade corporal.

Para a explicação da variabilidade da velocidade, observou-se que a força e a combinação com a resistência aeróbia e a agilidade foram responsáveis por 63% dessa variável. Dessa maneira, da mesma forma que a velocidade esteve presente na variabilidade das outras características citadas, estas também estiveram presentes na sua explicação.

Ao analisar esses dados, parece que a velocidade foi bastante representativa na aptidão física do grupo analisado. Esse estudo sugere que o pressuposto de que a dinâmica intrínseca é relevante para a explicação do produto final encontrado, como é observado em disciplinas clássicas como a Física (Prigogine, 1996) e a Biologia (Maturana e Varela, 2002), pode ser aplicado também no estudo da aptidão física, tendo em vista a influência da velocidade nas outras variáveis consideradas, por exemplo, nos testes de força, existem outras características que também influenciam seu resultado além da variável analisada, conforme os dados apresentados anteriormente.

Assim, sugere-se que, na avaliação da aptidão física, sejam adotados procedimentos que considerem os indivíduos de forma global, sem analisar cada componente de maneira isolada, fato que resulta em uma análise reduzida do fenômeno em questão. Porém, quais são as técnicas que podem ser empregadas para atender esses pressupostos apresentados?

Uma possibilidade é a utilização de escores padronizados, como o escore z, que possibilita uma padronização das medidas realizadas e permite a comparação de diferentes grandezas físicas, como centímetros com segundos, por exemplo. A seguir, está a Tabela 10.9, que contém os resultados hipotéticos de uma avaliação realizada e exemplo prático da utilização desse recurso.

Tabela 10.9 – Resultados hipotéticos de uma avaliação de força explosiva, velocidade máxima e agilidade, expressos em suas respectivas unidades de medidas

Indivíduo	Salto Horizontal (cm)	Velocidade de 30 m (s)	Agilidade Semo (s)
João	200	5,5	11,2
Pedro	145	4,5	11,8
Carlos	240	5,0	12,6

Ao analisar os resultados, observa-se que Carlos apresentou o melhor resultado no teste de força de membros inferiores. Pedro obteve melhor escore na velocidade e João na agilidade. Esse fato sugere que, para determinada aptidão, cada um deles possui um melhor desempenho numa dada característica específica. Entretanto, qual deles possui um melhor padrão de aptidão física geral? Como agrupar os resultados de forma a permitir uma comparação geral, visto que a expressão dos resultados ocorreu em grandezas físicas distintas?

Para responder a essas questões, é necessário a utilização do escore Z, que padroniza os valores obtidos, adotando a média como zero (0) e o desvio-padrão como um (1). Por meio desse procedimento, torna-se possível observar como os indivíduos se afastam da média encontrada no grupo. Quando se somam os valores padronizados de cada variável, obtém-se um índice geral da aptidão física; e quanto maior esse valor, melhor o nível apresentado. Um fato que deve ser reforçado é que, durante a soma de cada índice separado, nas variáveis inversamente proporcionais, isto é, quanto menor, melhor o resultado, faz-se necessário multiplicar esse valor por –1 para que a soma seja adequada. Essa observação pode ser exemplificada nos testes de velocidade e agilidade, ao se considerar que quanto menor o tempo apresentado, melhor o resultado. Caso a soma seja realizada sem a multiplicação dessas variáveis por –1, esses resultados somariam contra o resultado, de maneira a distorcer o resultado final obtido.

$$Z = \frac{\text{resultado da variável} - \text{média do grupo}}{\text{desvio padrão do grupo.}}$$

Z Salto Horizontal	Z Salto Horizontal	Z Salto Horizontal
indivíduo 1	indivíduo 2	indivíduo 3
$Z = \dfrac{200 - 195}{47,7}$	$Z = \dfrac{145 - 195}{47,7}$	$Z = \dfrac{240 - 195}{47,7}$
$Z = 0,10$	$Z = -1,04$	$Z = 0,94$

Ao se considerarem os valores de referência na Tabela 10.10, o primeiro passo é determinar os valores de média e desvio-padrão de cada variável.

Tabela 10.10 – Valores médios e de desvios-padrão das variáveis obtidas nos testes de salto horizontal, velocidade e agilidade

	Salto horizontal (cm)	Velocidade de 30 m (s)w	Agilidade semo (s)
Indivíduo 1	200	5,5	11,2
Indivíduo 2	145	4,5	11,8
Indivíduo 3	240	5,0	12,6
Média	195,0	5,0	11,9
Desvio-padrão	47,7	0,5	0,7

O próximo passo é calcular o valor do escore z para cada variável, por indivíduo. Para tanto, basta aplicar a fórmula do cálculo do escore z.

Exemplificando a utilização da fórmula na variável salto horizontal, temos, substituindo, na Tabela 10.11, os valores dos cálculos do escore z.

Como os valores de velocidade e agilidade são inversamente proporcionais, isto é, quanto menores os valores, melhores os resultados, é necessário multiplicar seus resultados de z por -1 antes de efetuar a soma geral dos escores por indivíduo, para se chegar a um nível de aptidão física geral.

Tabela 10.11 – Valores dos cálculos do escore z para o salto horizontal, velocidade e agilidade

	Z salto horizontal	Z velocidade de 30 m	Z da agilidade semo
Indivíduo 1	0,10	1,0	-1,0
Indivíduo 2	-1,04	-1,0	0,7
Indivíduo 3	0,94	0	1,0

Tabela 10.12 – Valores dos cálculos do escore z para o salto horizontal, velocidade, agilidade e soma total dos escores z

	Z salto horizontal	Z velocidade de 30 m	Z da agilidade semo	Soma total dos escores Z
Indivíduo 1	0,10	-1,0	1,0	0,1
Indivíduo 2	-1,04	1,0	-0,7	-0,74
Indivíduo 3	0,94	0	1,0	1,94

Assim, ao se observar a soma total dos escores, foi verificado que nos testes de salto horizontal, velocidade e agilidade, o indivíduo 3 apresentou um índice melhor, considerando as três variáveis.

Desempenho Esportivo:
Treinamento com crianças e adolescentes

Apesar de o escore z considerar o indivíduo de forma global, essa técnica não considera as interações entre as variáveis na elaboração do índice de aptidão física geral dos indivíduos, mas representa uma alternativa de análise que considera a aptidão física de uma maneira mais global.

Para que as interações sejam consideradas, é necessária a utilização de técnicas multivariadas, como o coeficiente de classificação por médias (CCM), sugerido por Massa (1999). A utilização de procedimentos multivariados requer um bom conhecimento de estatística básica e a utilização de programas estatísticos específicos e/ou planilhas de cálculo.

A utilização da estatística aplicada ao processo de medidas e avaliação da aptidão física e no treinamento em longo prazo será apresentada em capítulo específico mais adiante.

Referências

AAHPERD. American Aliance for Health, Physical Education and Recreation. **Health-Related Physical fitness manual**. Reston, 1988.

BAYLEY, N.; PINEAU, S. Tables for predicting adult height from skeletal age. **J. Pediatric,** v. 14, p. 432-41, 1952.

BARBANTI, V. J. Avaliação Física: conceitos e avaliação. **Rev. Paul. Educ. Fís.,** v. 1, p. 24-32, 1986.

BERTALANFFLY, L. V. **Teoria geral dos sistemas**. Vozes: Petrópolis, 1975.

BOILEAU R. A. et al. Exercise and body composition in children and youth. **Scan. J. Sport Sci.,** v. 7, p. 17-27, 1985.

BÖHME, M. T. S. Aptidão Física: aspectos teóricos. **Rev. Paul. Educ. Fís.,** v. 7, n. 2, p. 52-63, 1993.

BÖHME, M. T. S.; MASSA, M.; KISS, M. A. P. D. M. Utilização de escores padronizados e escalonados na avaliação em esporte e na detecção de talentos esportivos. In: KISS, M. A. P. D. M. **Esporte e exercício**. Avaliação e prescrição. São Paulo: Roca, 2003. Cap. 3, p. 43-62.

BOTTER, D. A. et al. **Noções de estatística**. São Paulo: Instituto de Matemática e Estatística – USP, 1996.

CONLISK, E. et al. Predicting body composition from anthropometry and bioimpedance in marginally undernourished adolescents and young adults. **Am. J. Phys. Anthropol.**, v. 55, p. 1051-9, 1992.

COSTA NETO, P. L. O. **Estatística**. São Paulo: Edgard Blucher, 1977.

DEURENBERG, P. et al. The assessment of the body fat percentage by skinfold in childhood and young adolescence. **Brit. J. Nut.**, v. 63, p. 293-303, 1990.

EUROFIT. **Handbook for the EUROFIT tests of physical fitness zone**. Author, 1988.

FERNANDES FILHO, J.; CARVALHO, J. L. T. Potencialidades esportivas de crianças segundo a perspectiva da escola soviética. **Rev. Bras. Cineantrop. Des. Hum.**, v. 1, n. 1, p. 96-107, 1999.

FLEISHMAN, E. A. **The structure and measurement of phisical fitness**. Englewood Clifts, New Jersey: Prentice Hall, 1964.

FRISANCHO, A. R. New norms of upper limb fat muscle areas for assessment of nutritional status. **Am. J. Clin. Nut.**, v. 34, n. 11, p. 2540-5, 1981.

GOBBI, S.; VILLAR, R.; ZAGO, A. S. **Educação Física no ensino superior:** bases teórico-práticas do condicionamento físico. Rio de Janeiro: Guanabara-Koogan, 2005.

GOMES, A. C.; ARAÚJO FILHO, N. P. **Cross training**: uma abordagem metodológica. Londrina: APEF, 1995.

GUEDES, D. P.; GUEDES, J. E. R. P. **Crescimento, composição corporal e desempenho motor**. São Paulo: CLR Baliero, 1997.

GUEDES D. P.; GUEDES, J. E. R. P. Somatotipo de crianças e adolescentes do município de Londrina. **Rev. Bras. Cineantrop. Desem. Hum.**, v. 1, n. 1, p. 7-17, 1999.

GUISELINI, M.; BARBANTI, V. J. **Fitness**: manual do instrutor. São Paulo: CLR Balieiro, 1993.

GUO, S; ROCHE, A. F.; HOUTKOOPER, L. Fat-free mass in children and Young adults predicted from biotechnic impedance and anthropometric variables. **Am. J. Clin. Nutr.**, v. 50, p. 435-43, 1989.

HAMILL, P. V. V. et al. Physical growth: National Center of Health Statistics Percentiles. **Am. J. Clin. Nut.**, v. 32, n. 3, p. 607-29, 1979.

HEATH B. H.; CARTER, J. E. L. A modified somatotype method. **Am. J. Phys. Anthropol.**, v. 27, p. 57-74, 1967.

HEYWARD, V. H. **Advanced Fitness Assessment and Exercise Prescription**. 2. ed. Champaign IL: Human Kinetics, 1991.c. VI.

_____. **Advanced Fitness Assessment and Exercise Prescription**. 3. ed. Champaign IL: Human Kinetics, 1997. Cap. VIII.

HOUTKOOPER, L. B. et al. Bioelectrical impedance estimation of fat-free body mass and children and youth: a cross-validation study. **J. Appl. Phys.**, v. 72, p. 366-73, 1992.

KNITLLE, J. L. et al. The growth of adiposite tissue in children and adolescents. **J. Clin. Invest.**, v. 63, n. 2, p. 239-46, 1979.

KUCZMARSKI, R. J. et al. CDC growth charts: United States. **Adv. Data 2000**, v. 314, p. 1-27, 2000.

LOHMAN, T. G. Applicability of Body Composition Techniques and Constants for Children and Youths. In: PANDOLF, K. B. **Exerc. Sport Sci. Rev.**, New York, v. 14, p. 325-57, 1986.

LONGUI, C. A. Previsão da estatura final – acertando no alvo? **Arq. Bras. Endocrinol. Metabol.**, v. 47, n. 6, p. 636-7, 2003.

Avaliação Cineantropométrica

MALINA, R. M. Growth of Muscle Tissue and Muscle Mass. In: FALKNER, F.; TANNER, J. N. **Human Growth**. Postnatal Growth. New York: Plenum Press, v. 2, p. 273-94, 1978.

MARQUES, R. M. et al. **Crescimento e Desenvolvimento Pubertário em Crianças e Adolescentes Brasileiros II**: altura e peso. São Paulo: Editora Brasileira de Ciências, 1982.

MASSA, M. Análises univariadas e multivariadas na classificação de atletas de voleibol masculino. **Rev. Paul. Educ. Fís.**, v. 13, n. 2, p. 131-45, jul./dez. 1999.

MATHEWS, D. K. **Medidas e avaliação em Educação Física**. 5. ed. Rio de Janeiro: Interamericana, 1980.

MATURANA, H. R.; VARELA, F. J. **A árvore do conhecimento**: as bases biológicas da compreensão humana. São Paulo: Palas Athena, 2002.

MOORE, D. **A estatística básica e sua prática**. Rio de Janeiro: LTC, 2000.

PARIZKOVA, J. Total body and skinfold thickness in children. **Matabolism**, v. 10, p. 794-807, 1961.

PIRES NETO, C. S.; PETROSKI, E. L. Assuntos sobre equações da gordura corporal relacionados a crianças e jovens. In CARVALHO, S. **Comunicação, movimento e mídia na Educação Física**, Universidade Federal de Santa Maria, RGS, v. 3, p. 21-30, 1996.

PRIGOGINE, J. **O fim das certezas**: tempo, caos e as leis da natureza. São Paulo: UNESP, 1996.

ROCHE et al. **Human Body Composition**. Champaign IL: Human Kinetics, 1996. Cap. XII, XIII.

SLAUGHTER, M. H. et al. Skinfold equations for estimation of body fatness in children and youth. **Hum. Biol.**, v. 60, n. 5, p. 709-23, 1988.

TANNER, J. M.; WHITEHOUSE, R. H; TAKASHI, M. Standarts from birth to matority for height, neight, height velocity and weight velocity: british children – Part I. **Arch. Dis. Child.**, v. 41, n. 219, p. 454-71, 1965.

TANNER, J. M.; WHITEHOUSE, R. H; TAKASHI, M. Standarts from birth to matority for height, neight, height velocity and weight velocity: british children – Part I. **Arch. Dis. Child.**, v. 41, n. 220, p. 613-35, 1965.

THOMAS, J. R.; NELSON, J. K. **Métodos de pesquisa em atividade física**. 3. ed. Porto Alegre: Artmed, 2002.

WANG, Z. M.; PIERSON, J. R.; HEYMSFIELD, S. B. The five-level model: a new approach to organizing body-composition research. **Am. J. Clin. Nut.**, v. 56, p. 19-28, 1992. Disponível em: www.ime.usp.br/mae/ Acesso em: 10 abr. 2004.

11

A Utilização da Estatística no Treinamento em Longo Prazo

João Fernando Laurito Gagliardi
Luciana Perez Bojikian
Maria Tereza Silveira Böhme

Este capítulo tem como objetivo apresentar, de modo sucinto, os recursos da estatística que podem ser utilizados pelo profissional de Educação Física ou Esporte, na avaliação e no acompanhamento do desenvolvimento dos jovens atletas, no processo de treinamento em longo prazo.

A partir da descrição dos tipos de estatística existentes, são apresentados a sua aplicabilidade no treinamento em longo prazo; os conceitos básicos utilizados na área; os aspectos básicos da estatística descritiva; a descrição de distribuição normal; a possibilidade de verificação da existência de relação entre duas variáveis; os testes básicos para se verificar a existência de diferença de média entre grupos com medidas independentes e dependentes e a conceituação e as principais técnicas de análise multivariada.

Acreditamos que, com o desenvolvimento dos recursos na área de informática e a disponibilidade de programas de estatística e de planilhas de cálculo, como, por exemplo, os programas SPSS *for* Windows, *Statistica for* Windows, Excel, entre outros, o profissional responsável por programas de treinamento em longo prazo terá a possibilidade de registrar todas as medições realizadas com os seus jovens atletas e analisar os resultados obtidos.

A análise estatística é parte fundamental do processo de avaliação de um programa de treinamento. Ela está inserida no planejamento, em termos de avaliação diagnóstica no início; de controle em seu decorrer e de verificação do alcance dos objetivos alcançados, na avaliação final do programa de treinamento em longo prazo desenvolvido.

O termo *estatística* designa um conjunto de métodos que permitem reunir ou resumir, analisar e tomar decisões a partir de informações numéricas (Costa Neto, 1977).

Existem dois ramos da ciência Estatística: a *Estatística Descritiva* (ou dedutiva) e a *Estatística Inferencial* (ou indutiva) (Thomas e Nelson, 2002).

A *Estatística Descritiva* explora a organização e a descrição de um conjunto de dados, sem fazer generalizações. A *Estatística Inferencial,* por meio da análise, interpretação e conclusão obtidas de dados coletados de amostra representativa de uma população, permite a generalização (inferência) dos resultados obtidos para a população como um todo (Figura 11.1).

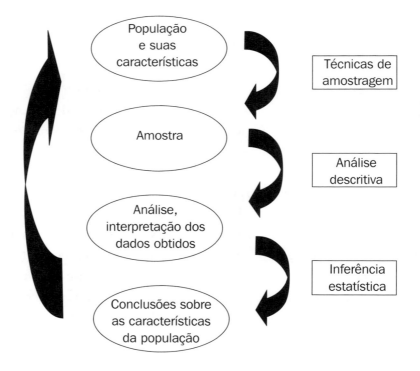

Figura 11.1 – Ramos da estatística.

Aplicação da Estatística em um Programa de Treinamento Esportivo em Longo Prazo

A utilização da estatística em um programa de treinamento esportivo em longo prazo implica ações (Thomas e Nelson, 2002), tais como:

- descrever, analisar e interpretar o desempenho geral de um grupo, baseando-se nos resultados obtidos nos testes e nas medidas realizadas;
- classificar cada indivíduo em relação ao grupo;
- agrupar os sujeitos de forma homogênea;
- comparar os resultados obtidos com os resultados de outros grupos;
- acompanhar o crescimento e o desenvolvimento de jovens;
- verificar a evolução e os efeitos do treinamento realizado;
- realizar um trabalho de investigação experimental.

Etapas de um Levantamento Estatístico na Avaliação do Treinamento em Longo Prazo

São descritas, a seguir, as etapas do levantamento estatístico na avaliação do treinamento em longo prazo, obedecendo à sequência:

- Planejamento
  - Consiste no planejamento da coleta de dados que será realizada.

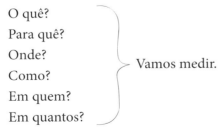

O quê?
Para quê?
Onde?
Como?   } Vamos medir.
Em quem?
Em quantos?

- Coleta e apuração de dados

  Refere-se à parte prática realizada no campo ou laboratório, por meio de testagem, observação ou inquirição.
- Apresentação dos dados

  É realizada por intermédio de tabelas e gráficos.
- Análise dos dados

  Consiste na aplicação dos recursos estatísticos necessários para alcançar os objetivos do trabalho realizado. Engloba análises descritiva e inferencial.
- Interpretação dos resultados

  É realizada por meio da interpretação e da avaliação dos resultados numéricos fornecidos pelas análises estatísticas, com base na teoria ou experiência.

Conceitos Básicos

A compreensão dos conceitos básicos da Estatística permite a sua aplicação na avaliação do treinamento em longo prazo com maior acurácia.

- Tipos de raciocínio

  - *Dedutivo:* do geral para o particular (não há possibilidade de erro).

  - *Indutivo*: do particular para o geral (generalizações).
- Fenômeno aleatório ou casual

  São fenômenos que se repetem, apresentam variabilidade, e apresentam-se com determinadas frequências — dentro de algumas faixas.
- População

  É o conjunto de elementos de estudo ou pesquisa; é a coleção de todos os valores possíveis de uma variável aleatória.
- Amostra

  É uma parte da população escolhida para estudo ou pesquisa. Quando selecionada adequadamente, representa, com boa margem de segurança, a população dentro de limites válidos de confiança. É o processo mais utilizado para desenvolvermos uma análise estatística em Ciências Biológicas (Figura 11.2).

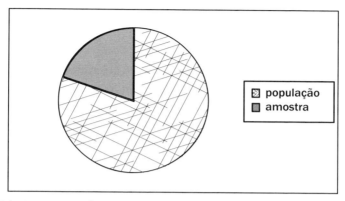

FIGURA 11.2 – Relação entre população e amostra.

As amostras ainda podem ser classificadas em dois tipos: probabilísticas e não probabilísticas.

- Amostras não probabilísticas: (intencionais ou voluntárias). Ocorrem, muitas vezes, para simplificar o estudo ou por impossibilidade de se obter amostras probabilísticas.
- Amostras probabilísticas: (sorteio aleatório). Cada elemento da população tem uma chance conhecida (maior do que zero) de ser selecionado. Elas podem ser classificadas em cinco tipos:

  - Amostragem aleatória simples: cada elemento da população tem igual chance de ser selecionado. Pode ser adotada quando os indivíduos não estão sujeitos a nenhuma fonte de variação que influencie o comportamento da resposta. Exemplo: na impossibilidade de aplicar testes em todos os escolares da rede pública de ensino de uma cidade, de uma determinada faixa etária, sorteiam-se x alunos para a realização de uma bateria de testes.
  - Amostragem estratificada: (quando existe heterogeneidade entre os estratos): divide-se a população em grupos de indivíduos semelhantes, onde há características diferentes de um estrato para o outro e, a partir daí, coleta-se uma amostra aleatória simples de cada estrato (Figura 11.3).
    Exemplo: ter por objetivo estudar a força de membros inferiores de jovens atletas de modalidades coletivas, respectivamente, futebol, basquetebol,

handebol e voleibol. Cada modalidade é considerada um estrato da população de praticantes de modalidades coletivas.

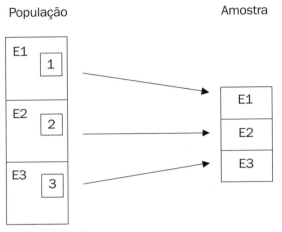

Figura 11.3 – Amostragem estratificada.

- Amostragem por conglomerados: não existe heterogeneidade entre eles, e sim dentro deles. Faz-se a seleção aleatória simples de alguns conglomerados por meio de um sorteio (Figura 11.4).

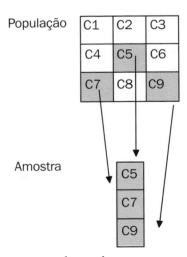

Figura 11.4 – Amostragem por conglomerados.

- Amostra sistemática: não está amarrada a nenhuma restrição (exemplo: a cada 5 unidades, escolhe-se uma).
- Amostra múltipla: é retirada em diversas etapas sucessivas.
- Variável: pode ser definida como qualquer característica associada a uma população; e ser classificada em:

Qualitativa

Categórica ou nominal (exemplo: sexo masculino ou feminino, modalidade).

Ordinal (exemplo: nível de atividade física leve, normal ou classificação em uma competição).

Quantitativa

Contínua (exemplo: estatura, velocidade, distância percorrida) ou
Discreta (exemplo: número de jogos, número de abdominais)

Intervalar: quando o zero na escala é arbitrário (exemplo: temperatura em graus) ou
Proporcional: quando o zero representa ausência, ou seja, é real (exemplo: estatura em centímetros)

- Tratamento dos dados
  É o conjunto das técnicas estatísticas que podem ser utilizadas para descrever e analisar os dados coletados.
- Inferência
  É um conjunto de métodos que permite induzir (ou inferir) o comportamento de uma variável numa população, a partir das análises estatísticas, interpretações e conclusões sobre a amostra considerada.

- *Significância estatística*
  O risco (ou chance de erro) que se deseja correr ao afirmar que existe uma diferença ou similaridade entre dois ou mais grupos (em geral, nas ciências biológicas, assume-se valores menores que 5%, p<0,05).
- Testes de significância
  Quando se estuda uma amostra e se formula uma hipótese com relação à população a que ela pertence, podem ser realizados alguns testes que responderão se essa amostra se afasta muito da população de origem ou se as variações obtidas na amostra são também encontradas na população.
- Testes estatísticos paramétricos
  Podem ser aplicados quando se pressupõe que a população, da qual a amostra é extraída, possui distribuição normal. A amostra deve ter a mesma variabilidade da população e as observações devem ser independentes (cada observação deve aparecer apenas uma vez).
- Testes estatísticos não paramétricos
  São aplicados quando não há certeza de que as suposições para a aplicação dos testes paramétricos possam ser satisfeitas, ou seja, não há distribuição normal, as variâncias não são conhecidas ou não são iguais, ou as amostras não são independentes.

Estatística Descritiva

A Estatística Descritiva permite explorar os dados e apresentá-los em forma de gráficos, distribuições de frequência, medidas de tendência central, medidas de dispersão e relação entre as variáveis (Botter et al., 1996).

Representações Gráficas: Tipos de Gráficos

- Variáveis qualitativas: gráficos de barras ou colunas (Figura 11.5) e gráfico setorial (Figura 11.6).

- Variáveis quantitativas: histograma ou gráfico de frequência, *boxplot*, gráfico de linha e gráfico de dispersão:
  - Histograma: mostra a distribuição de frequência de uma variável quantitativa (Figura 11.7).
  - *Boxplot*: ilustra a representação de uma variável quantitativa e sua variabilidade, com mediana, valores mínimo e máximo, 1° e 3° quartis (Figura 11.8).
  - Gráfico de linhas: pode representar o comportamento de uma variável quantitativa (contínua) com relação a outra qualitativa ou quantitativa discreta (Figura 11.9).

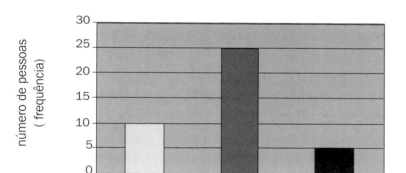

FIGURA 11.5 – Exemplo de gráfico de colunas ou barras.

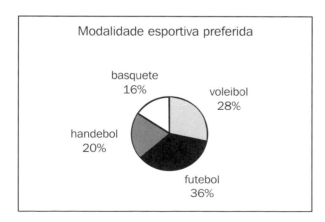

FIGURA 11.6 – Exemplo de gráfico setorial.

- Gráfico de dispersão: representa a relação de duas variáveis quantitativas (discretas ou contínuas) (Figura 11.10).

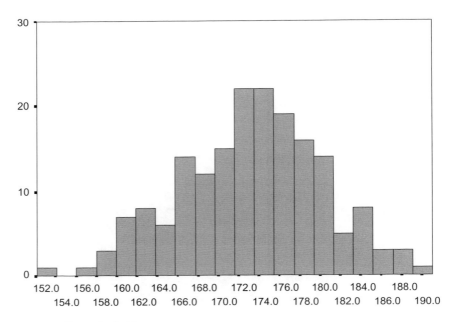

Figura 11.7– Exemplo de histograma.

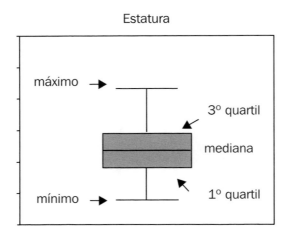

Figura 11.8 – Exemplo de *boxplot*.

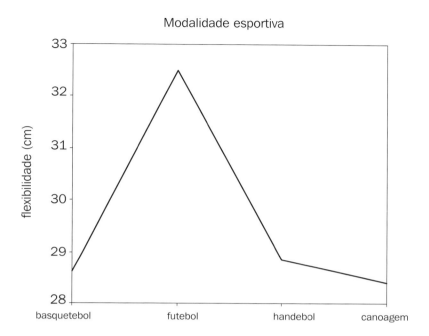

Figura 11.9 – Exemplo de gráfico de linhas.

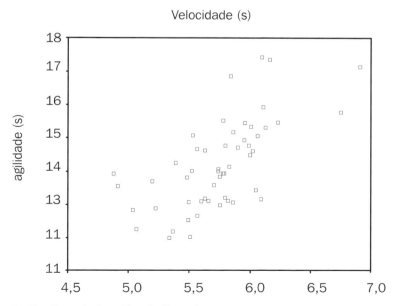

Figura 11.10 – Exemplo de gráfico de dispersão.

Medidas de Posição

São medidas que resumem um conjunto de dados em um único número. São consideradas medidas de posição:

- valor mínimo: refere-se ao menor valor observado;
- valor máximo: refere-se ao maior valor observado;
  Exemplo: no conjunto de dados 4, 5, 4, 6, 5, 8, 4, 3

  Valor máximo = 8   Valor mínimo = 3

- Quartil:
  1º quartil (Q1): valor referente a 25% dos resultados observados.
  2º quartil (Q2): valor referente a 50% dos resultados observados.
  3º quartil (Q3): valor referente a 75% dos resultados observados.
  Exemplo: no conjunto com os dados ordenados
  1,9;   2,0;   2,1;   2,5;   3,0;   3,1;   3,3;   3,7;   5,0;   6,1;   7,7

  Q1 = 2,1   Q3 = 5,0

- Percentil:
  Em uma amostra de tamanho n, o percentil de ordem p é o valor da variável que ocupa a posição $p \cdot (n + 1)$ na amostra ordenada. Exemplo: numa amostra em que os dados estão ordenados, o percentil 50 é o valor que deixa 50% dos dados abaixo dele e 50% acima. O percentil 25 é o que deixa 25% dos dados abaixo dele e 75% acima. percentil 50 = mediana ou segundo quartil; percentil 25 = primeiro quartil; percentil 75 = terceiro quartil, percentil 10 = primeiro decil.

Medidas de Tendência Central

São três as medidas de tendência central, respectivamente média, mediana e moda (Mathews, 1980).

A Utilização da Estatística no Treinamento em Longo Prazo

- Mediana (Md): indica o valor obtido no qual 50% dos dados ordenados se encontram acima e 50% abaixo do mesmo (Figuras 11.11 e 11.12). Num conjunto de *n* dados ordenados, a mediana ocupa a seguinte posição:

Se *n* for ímpar,

$$Md = X (n + 1): 2$$

Figura 11.11 – Fórmula de cálculo da mediana se *n* for ímpar.

Exemplo: No conjunto de dados ordenados
1,9; 2,0; 2,1; 2,5; 3,0; 3,1; 3,3; 3,7; 5,0; 6,1; 7,7
a mediana é representad pelo Q2 = Md = 3,1

Se *n* for par,

$$Md = [X_{n:2} + X_{(n:2+1)}]: 2$$

Figura 11.12 – Fórmula de cálculo de mediana se *n* for par.

Exemplo: no conjunto de dados ordenados
1, 3, 4, 6, 7, 9, a mediana é Md = (4+6)/2 = 5

- Média: refere-se ao valor central que representa os dados. É o valor que todos os dados teriam se não variassem. É calculada pela soma de todos os valores, dividida pelo número de indivíduos da amostra (Figura 11.13).
Exemplo: no conjunto de dados 2, 5, 3, 7, 8
média (x) = (2 + 5 + 3 + 7 + 8)/5 = 5

$$\overline{x} = \frac{x_1 + x_2 + x_3 + \ldots + x_n}{n} = \frac{\sum_{i=1}^{n} xi}{n}$$

Figura 11.13 – Fórmula de cálculo da média.

- Moda: é o valor da amostra que ocorre com maior frequência.
  Exemplo: no conjunto de dados 4, 7, 5, 8, 5, 3, 5
  A moda é igual a 5.

Medidas de Dispersão ou Variação

As medidas de posição nos indicam um valor no conjunto de dados. Porém, não fornecem ideia de sua variabilidade.

Exemplo: Observe a representação gráfica desses 3 grupos de dados (Figura 11.14)

G1: 3, 4, 5, 6, 7   G2: 1, 3, 5, 7, 9   G3: 5, 5, 5, 5, 5

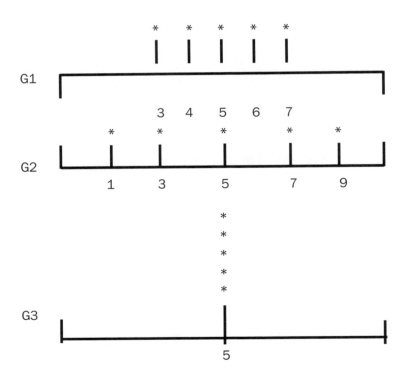

FIGURA 11.14 – Exemplos da variabilidade dos dados com relação aos valores de média e mediana.

Para os grupos representados na Figura 11.14, temos médias e medianas iguais para os 3 grupos, embora a variabilidade dos dados dentro de cada grupo seja diferente.

$$\bar{x}_1 = \bar{x}_2 = \bar{x}_3 = 5 \qquad md_1 = md_2 = md_3 = 5$$

Dispersão ou variação é o grau em que os dados numéricos tendem a dispersar-se em torno de um valor médio. São medidas de dispersão:

- Amplitude de variação: definida como a diferença entre o maior e o menor valor do conjunto de dados.
  Exemplo: nos conjuntos de dados acima, AV = máx − mín
  G1   AV = 7 − 3 = 4
  G2   AV = 9 − 1 = 8
  G3   AV = 5 − 5 = 0
  O grupo G2 apresentou a maior variabilidade (8), seguido do grupo G1 (4) e do grupo G3, o qual não apresentou variabilidade (zero).

- Variância: é a média da soma dos quadrados das diferenças de cada valor observado em relação à sua média (Figura 11.15).

$$s^2 = \frac{(x_1 - \bar{x}_2)^2 + (x_2 - \bar{x})^2 + \ldots + (x_n - \bar{x})^2}{n} \qquad \sum_{i=1}^{n} \frac{(x_i - \bar{x})^2}{n - 1}$$

FIGURA 11.15 – Fórmula de cálculo de variância.

- Desvio-padrão: é definido pela raiz quadrada da variância, e expresso na mesma unidade da variável (Figura 11.16).

$$\text{Desvio-padrão} = \sqrt{\text{Variância}}$$

FIGURA 11.16 – Fórmula de cálculo de desvio-padrão.

Para os grupos representados na Figura 11.14, temos:
G1: $s^2 = 5$ $s = \pm 1,58$
G2: $s^2 = 10$ $s = \pm 3,16$
G3: $s^2 = 0$ $s = 0$
O que confirma que o grupo 2 teve a maior variabilidade dos 3 grupos.

- Coeficiente de Variação: expressa a variabilidade relativa à média. É dado pelo quociente entre o desvio–padrão e a média.

$$CV = [\,s/(\,x\,)\,] \ \times \ 100 \ \%$$

Tabela 11.1 – Estatura e peso corporal de alunos

	Média	Desvio-padrão	Coeficiente de variação
Estatura	114 cm	6,3 cm	5,5%
Peso	50,0 kg	6,0 kg	12%

Quando se trata de variáveis quantitativas proporcionais, como na Tabela 11.1, pode-se concluir que a variabilidade do peso é duas vezes maior do que a variabilidade da estatura nesse grupo de alunos (12% e 5,5% respectivamente).

Distribuição Normal

Podemos dizer que uma variável possui distribuição normal quando seus dados estão dispostos na forma da curva normal, ou seja, em torno dos valores centrais. A curva normal compreende 3 desvios-padrão à direita e 3 desvios-padrão à esquerda. Média, mediana e moda estão no mesmo ponto, e 68% das observações estão entre -1 e 1 desvios-padrão, 95% das observações estão entre -2 e 2 desvios-padrão e 99% entre -3 e 3 desvios-padrão da média (Figura 11.17).

Resultados Padronizados

Resultados padronizados são valores dos resultados brutos transformados para unidades de desvio-padrão da média. Pode-se, desta forma, relacionar valores com unidades de medida diferentes originalmente (Mathews, 1980).

- Escore z: os escores brutos são transformados em escores padronizados, denominados *escores padrão z*, com uma nova média igual a zero e desvio-padrão 1.

$$\text{Escore padrão } z = \frac{\text{Escore bruto } - \text{ média considerada}}{\text{Desvio-padrão da média considerada}}$$

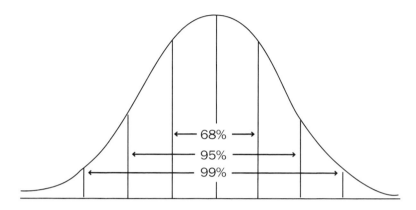

Figura 11.17 – Curva de distribuição normal.

Exemplo: um grupo de cinco alunos realizou testes de arremesso (cm), abdominais (número de repetições) e corrida (segundos) (Tabela 11.2). Calculando-se a média e o desvio-padrão de cada variável, pode-se calcular os escores padronizados de cada aluno e indicar como cada um está em relação à média do grupo, qual o seu melhor teste e qual a sua classificação geral na turma (Tabela 11.3).

Tabela 11.2 – Resultados de media e desvio-padrão dos testes de arremesso, velocidade e abdominais

Testes	Média	Desvio-padrão
Arremesso (metros)	271,40	±52,38
Velocidade (segundos)	5,43	±0,43
Abdominais (repetições)	28,40	±2,79

Tabela 11.3 – Resultados dos testes de arremesso, velocidade e abdominais em escores brutos e padronizados

	Testes	Arremesso	Velocidade 30 m	Abdominais 30 s	Soma dos Escores	Classificação Geral
Aluno 1	Escore bruto	220	5,66	27	0,03	3°
	Escore padronizado	- 0,98	0,51	0,50		
Aluno 2	Escore bruto	350	4,98	27	-0,03	4°
	Escore padronizado	1,5	- 1,03	- 0,5		
Aluno 3	Escore bruto	290	5,09	26	-1,28	5°
	Escore padronizado	0,35	- 0,78	- 0,85		
Aluno 4	Escore bruto	268	5,38	33	1,46	1°
	Escore padronizado	- 0,06	- 0,12	1,64		
Aluno 5	Escore bruto	229	6,06	29	0,83	2°
	Escore padronizado	- 0,80	1,42	0,21		

Relação entre Variáveis

Correlação

O estudo da relação entre variáveis investiga a relação linear entre elas. A *correlação* quantifica a força dessa relação (Moore, 2000).

O coeficiente de correlação linear de Pearson (Figura 11.18) indica qual a tendência da variação conjunta de duas variáveis. Essa tendência da variação conjunta pode ser observada por meio do gráfico de dispersão (Figura 11.19).

Quando existe uma tendência de variação conjunta positiva, observamos que os valores da variável A crescem à medida que crescem os valores da variável B. (Figura 11,19a)

Quando uma das variáveis tem seus valores aumentados ao mesmo tempo em que os da outra vão diminuindo, a correlação entre as duas variáveis é negativa. (Figura 11.19b)

Quando não há relação entre a variabilidade de duas variáveis, não há correlação. (Figura 11.19c)

$$r = \frac{\sum_{1}^{n}(x_i - \bar{x})(y_i - \bar{y})}{(n-1)S_x S_y}$$

Figura 11.18 – Fórmula de cálculo do coeficiente de correlação de Pearson.

Propriedades do coeficiente linear de Pearson $-1 \leq r \leq 1$
Classificação da correlação
r = 1, correlação linear positiva e perfeita (Figura 11.19a)
r = -1, correlação linear negativa e perfeita (Figura 11.19b)
r = 0, inexistência de correlação linear (Figura 11.19c)

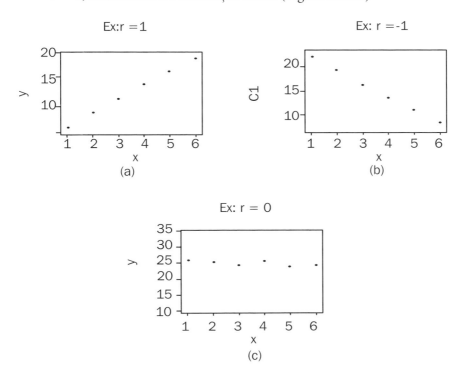

Figura 11.19 – Exemplos de gráfico de dispersão com representação da correlação entre as variáveis.

Análise de Regressão Linear

A análise de regressão linear nos permite expressar a relação da variação de uma variável (considerada variável dependente) em função de outra (considerada variável independente ou preditora). Por meio da equação de regressão linear obtida, é possível fazer uma predição da variável dependente em função da independente (Moore, 2000).

Dado que a correlação da estatura com a idade é igual a 0,35, é possível calcularmos a equação de regressão linear da estatura em função da idade. Consequentemente, é possível estimarmos a estatura do jovem atleta em função de sua idade.

Em um gráfico onde o eixo Y representa a variável dependente (estatura) e o eixo X, a variável independente ou preditora (idade), o modelo de equação da reta de regressão é representado por:

$Y = a + bX$

Onde: Y = valor previsto da variável dependente – no caso estatura;
a = ponto de intersecção da reta de regressão no eixo Y;
b = inclinação da reta de regressão;
X = valor da variável independente ou preditora – no caso idade.

Estatura = 152,17 + 1,54 (idade) (Figura 11.20)

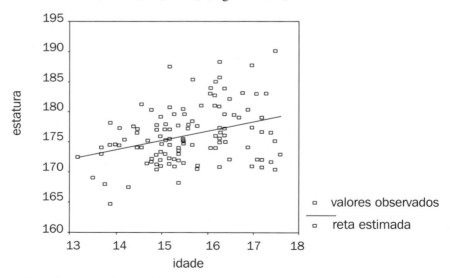

FIGURA 11.20 – Reta estimada por meio da regressão linear simples entre estatura e idade.

Diferenças entre Grupos

Existem técnicas de análises estatísticas que permitem detectar diferenças entre grupos, avaliando os efeitos de uma variável independente qualitativa, denominada fator ou tratamento (modalidade esportiva, sexo, raça), sobre uma variável dependente quantitativa (medida de estatura, peso, força etc.) (Thomas e Nelson, 2002).

O fator pode ter dois ou mais níveis. Por exemplo, pode-se estudar o comportamento da variável força de membros superiores (dependente) em função do fator modalidade esportiva (independente), que pode ter, por exemplo, três níveis: basquete, handebol e voleibol.

Quando comparamos dois ou mais grupos, podemos aceitar que existe diferença estatisticamente significante entre eles, caso a probabilidade de que essas diferenças ocorram *ao acaso* não seja superior a 5 vezes em 100. Essa probabilidade é representada pelo valor de $p < 0,05$.

As estatísticas *t* e *F* podem testar a significância estatística das diferenças existentes entre os grupos comparados, desde que seguidos os pressupostos da existência de distribuição normal da variável estudada nas populações, que as amostras sejam aleatórias, com a mesma variância da população, e as observações sejam independentes.

Teste t de Student

- Teste *t* para amostras independentes:
  - testa a diferença entre as médias de dois grupos independentes, por exemplo: força de arremesso de jovens atletas de handebol e voleibol.
- Teste *t* para amostras dependentes:
  - quando se testa o mesmo grupo de sujeitos duas vezes na mesma variável para medir a mudança dos valores observados em dois momentos diferentes. Por exemplo: verificar o efeito do treinamento sobre a resistência aeróbia após determinado treinamento, comparando-se as médias dos resultados iniciais e finais por meio da realização de teste de corrida de 9 minutos.

Desempenho Esportivo:
Treinamento com crianças e adolescentes

Análise de Variância

A análise de variância (anova) é utilizada para determinar as diferenças dos valores de médias entre dois ou mais grupos. A estatística do teste é determinada pela razão F (Thomas e Nelson, 2002).

- Análise de variância simples: indica as diferenças de médias entre os níveis do fator considerado, que é único.

  Exemplo: Analisar se o fato de a criança ser ou não treinada (variável independente — 1 fator, treinamento, em dois níveis: treinada e não treinada) tem efeito sobre a força muscular, medida por meio do teste de salto vertical (variável dependente).

- Análise de variância fatorial: em que se pode considerar dois ou mais fatores, em dois ou mais níveis.

  Exemplo: Analisar se o fato de a criança ser ou não treinada e ser do sexo feminino ou masculino (duas variáveis independentes, 2 fatores – treinamento e sexo — em dois níveis cada: treinada e não treinada, masculino e feminino) tem efeito sobre a força muscular, medida por meio do teste de salto vertical (variável dependente).

- Análise de variância de medidas repetidas: mede-se as diferenças entre os fatores no mesmo grupo ao longo do tempo (o tempo — primeira, segunda e terceira medida — sobre os mesmos sujeitos, passa a ser considerado como fator).

  Exemplo: Analisar se houve alteração da força muscular, medida por meio do teste de arremesso no mesmo grupo de alunos, em três momentos diferentes, num intervalo de 6 meses (variável independente — 1 fator em três níveis: primeira, segunda e terceira medição).

Análises Multivariadas

São todos os métodos estatísticos que analisam, simultaneamente, medidas múltiplas sobre um indivíduo ou objeto de investigação (Hair et al., 1995). Qualquer análise simultânea de mais de duas variáveis pode ser considerada análise multivariada. As principais técnicas de análises multivariadas são:

- Regressão e correlação múltipla:
  - envolve uma variável quantitativa dependente simples — presumivelmente relacionada a duas ou mais variáveis quantitativas independentes.
    – Objetivo: predizer a mudança na variável dependente em resposta à combinação linear das variáveis independentes.
- Análise discriminante:
  - variável qualitativa dependente é dicotômica ou multicotômica; variáveis independentes devem ser quantitativas.
    – Objetivo: entender diferenças entre os grupos e predizer a similaridade que uma entidade (indivíduo ou objeto) tem com outras, para pertencer a uma classe particular ou grupo - baseado na combinação linear das variáveis quantitativas independentes.
- Análise de variância multivariada (manova):
  - Para explorar a relação entre várias variáveis categóricas independentes (tratamento) e duas ou mais variáveis quantitativas dependentes; é uma extensão da anova.
- Correlação canônica:
  - É uma extensão da análise de regressão múltipla — correlaciona simultaneamente diversas variáveis quantitativas dependentes com diversas variáveis quantitativas independentes.
    – Objetivo: obter uma série de pesos para as variáveis, que promovam a máxima correlação entre os dois grupos de variáveis estudados.
- Análise fatorial:
  - Para analisar inter-relações entre um grande número de variáveis e explicar as variáveis estudadas, em termos de fatores que elas comumente determinam.
- Análise de *cluster*:
  - É uma técnica analítica para agrupar indivíduos ou objetos; classifica em pequenos grupos, mutuamente exclusivos, baseado nas similaridades existentes.

Referências

Böhme, M. T. S.; Massa, M.; Kiss, M. A. P. D. M. Utilização de escores padronizados e escalonados na avaliação em esporte e na detecção de talentos esportivos. **Esporte e exercício**. In: Kiss, M. A. P. D. M. Avaliação e prescrição. São Paulo: Roca, 2003. Cap. 3, p. 43-62.

Botter, D. A. et al. **Noções de estatística**. São Paulo: Instituto de Matemática e Estatística – USP, 1996.

Costa Neto, P. L. O. **Estatística**. São Paulo: Edgard Blucher, 1977.

Hair, J. F. et al. **Multivariate data analysis**: with reading. 4. ed. Englewood Cliffs: Prentice Hall, 1995.

Mathews, D. K. **Medidas e avaliação em Educação Física**. 5. ed. Rio de Janeiro: Interamericana, 1980.

Moore, D. **A estatística básica e sua prática**. Rio de Janeiro: LTC, 2000.

Thomas, J. R.; Nelson, J. K. **Métodos de pesquisa em atividade física**. 3. ed. Porto Alegre: Artmed, 2002.

12

O Talento Esportivo: Reflexões e Perspectivas

Alessandro Hervaldo Nicolai Ré
Claudia Perrella Teixeira
Luiz Roberto Rigolin da Silva
Marcelo Massa
Rudney Uezu

Talento

A palavra talento representava, na antiguidade romana, peso e moeda (Ferreira, 1993). A derivação monetária originou-se da bíblia, por meio da parábola de Mateus (25). Um homem, antes de viajar, chama seus servos e entrega-lhes cinco, dois e um talento (moeda) respectivamente, de acordo com a habilidade de cada um deles. Quando o homem retornou, perguntou aos servos o que havia acontecido com os talentos. Os que ganharam cinco e dois negociaram e dobraram a quantia. O que ganhou apenas um, guardou o talento debaixo da terra. O homem convidou os dois primeiros para adentrarem em sua casa. Para o último, retirou o talento e desejou-lhe as trevas. Justificou-se dizendo que a quem tem, será dado e haverá abundância, e ao que não tem, será tirado até o que lhe pertence. Essa parábola exerceu diferentes influências sobre as civilizações (Csikszentmihalyi, Rathunde e Whalen, 1997; Guenther, 2000).

Segundo Guenther (2000), costuma-se empregar a palavra talento para conceituar pessoas com atributos ou características admiradas e valorizadas pela cultura e pelo momento histórico. Csikszentmihalyi, Rathunde e Whalen (1997) e Böhme (1995) dizem que além de valores culturais, na caracterização do talento, é preciso considerar a constituição individual herdada ou adquirida e as condições sociais. O peso relativo que cada uma das características (inatas, adquiridas, sociais e culturais) tem na formação de um talento, bem como suas inter-relações, fazem parte da problemática do tema e divide os estudiosos da área.

O talento também pode ser interpretado de acordo com a teoria das probabilidades: os fenômenos biológicos, assim como as características humanas, são distribuídos por meio da curva normal, onde a média está no centro. No intervalo da curva normal, correspondente a 2 e 3 desvios-padrão positivos, estão os talentos, que correspondem de 2% a 5% da população (Guenther, 2000).

O tema talento pode ainda ser investigado em diferentes áreas do conhecimento como: matemática, ciências, música, arte e esporte (Csikszentmihalyi, Rathunde e Whalen, 1997). Na área de Educação Física emprega-se o termo *Talento Esportivo*, para designar pessoas talentosas.

Considera-se talento esportivo o indivíduo que, por meio de suas condições herdadas e adquiridas, possui uma aptidão especial para o desempenho es-

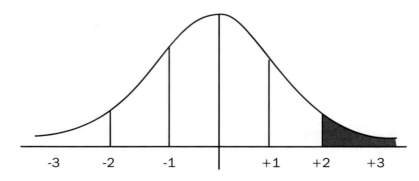

FIGURA 12.1 – Curva normal.

portivo acima da população em geral (Carl, 1988 apud Böhme, 1995; 1999). Essa definição é bem abrangente, no entanto, é possível identificar outras duas que, além da abrangência, são mais profundas e complexas:

a) Para Martin et al. (1999 apud Böhme, 2002, p.110) talento esportivo é o resultado individual de relações temporais entre o genótipo, a idade de acordo com a fase de desenvolvimento, as exigências de desempenho no treino e as qualidades psicológicas.

b) Já Joch (2005) conceitua o talento esportivo por meio dos componentes estático e dinâmico. O componente estático leva em consideração o poder e a vontade do praticante em submeter-se ao treinamento, as possibilidades reais do meio ambiente em que está inserido e a apresentação de resultados de acordo com a fase do treinamento em que está. O componente dinâmico relaciona os processos ativos com as mudanças biopsicossociais pelas quais o praticante passa durante as etapas do treinamento.

Considerando-se os conceitos apresentados, é possível corroborar a conclusão de Bento (1989): talento esportivo pode ser entendido como um fenômeno complexo, pois sua determinação em direção ao alto desempenho depende de várias características qualitativas e quantitativas que se inter-relacionam. Ademais, segundo Abbott e Collins (2004), além dos fatores interagirem, eles se modificam com o tempo. Assim, os pesquisadores passaram a delinear estudos para a melhor compreensão do talento esportivo. O escopo das pesquisas foi caracterizar o processo de formação de um talento esportivo.

Desempenho Esportivo:
Treinamento com crianças e adolescentes

Estudos do Talento Esportivo: uma Abordagem Crítica

O Estudo Organizado por Bloom

Em meados da década de 1980, uma publicação significativa veio contribuir com a discussão acerca da temática do talento. Numa obra intitulada *Developing talent in young people*, de autoria de Benjamin S. Bloom, foi apresentado um trabalho de investigação do desenvolvimento de talento em jovens (Bloom, 1985).

Antes mesmo de se fazer qualquer apresentação sobre os detalhes do estudo de Bloom, adiantando a essência do trabalho, cabe observar que o próprio título da obra carrega o pensamento revelado de que o talento pode ser desenvolvido.

O delineamento da investigação de Bloom (1985) compreendeu um estudo longitudinal com duração de quatro anos, contando com a participação de uma amostra intencional (selecionada) de 86 homens e 36 mulheres, considerados talentos em suas respectivas áreas de conhecimento e que haviam atingido o alto desempenho antes dos 35 anos de idade. Respeitando os domínios específicos da área de conhecimento, foram escolhidos pianistas de concerto, escultores, matemáticos, pesquisadores neurológicos, nadadores olímpicos e tenistas. O que Bloom pretendia com essa abordagem era obter elementos que permitissem investigar se o alto desempenho atingido era consequência de treinamento e encorajamento ou se estava apenas relacionado aos talentos naturais dos sujeitos.

Para tanto, Bloom (1985) utilizou como recurso metodológico de exploração do universo de desenvolvimento do talento a aplicação de entrevistas que carregaram em seu bojo os seguintes aspectos determinantes:

1) Características físicas, intelectuais e outras evidentes e relevantes características individuais relativas ao período precoce do desenvolvimento do talento.
2) O papel da família na orientação e no suporte do talento desde os anos precoces até os últimos estágios de desenvolvimento do talento.

434

O Talento Esportivo: Reflexões e Perspectivas

3) O tipo e a qualidade da instrução e da orientação disponível no campo individual do talento em diferentes estágios do seu desenvolvimento.

4) As fontes e os tipos de motivação e recompensa, bem como circunstâncias especiais de encorajamento e suporte para o indivíduo em diferentes estágios do seu desenvolvimento.

5) A importância do tempo diligente (ativo) de aprendizagem e prática, bem como de outros esforços de aprendizagem investidos pelo indivíduo em cada estágio do seu desenvolvimento.

6) Quaisquer outros fatores individuais considerados como relevantes para a sua descoberta, desenvolvimento e encorajamento em relação ao campo particular do desempenho.

7) A maneira por meio da qual os indivíduos desenvolveram hábitos, interesses e valores que aumentaram o comprometimento no seu campo especial de talento e o levaram aos limites da aprendizagem em cada campo.

Conforme as considerações de Bloom (1985), na amostra observada, a qualidade do apoio foi o fator principal para o progresso em direção ao alto desempenho e consolidação do talento. Desta forma, a evolução do desempenho de cada criança era dependente da quantidade de estímulos que recebia de pais, professores de qualidade, treinadores, mentores e de ambientes satisfatórios de desenvolvimento.

O autor ainda acrescenta que esses fatores devem ser considerados críticos no decorrer do processo de aprendizagem, até que se alcance o alto grau de desempenho numa área específica de conhecimento. Assim, de acordo com as observações de Bloom acerca do processo de desenvolvimento do talento, deve-se considerar três fases: anos iniciais de aprendizagem, anos intermediários de aprendizagem e anos finais de aprendizagem.

Os anos iniciais de aprendizagem caracterizaram-se por atividades divertidas e prazerosas. Mesmo que os professores e técnicos não tenham sido os mais habilidosos, didaticamente, foram especiais, pois despertaram o interesse das crianças pela atividade e forneceram o reforço positivo para que as outras fases pudessem ser alcançadas.

Contudo, ao afirmar que os técnicos não eram necessariamente os mais habilidosos, é importante considerar que essa colocação não ocorre em detrimento da competência dos profissionais envolvidos. Ou seja, durante os anos iniciais da aprendizagem, mais importante que ter um profissional que seja um profundo conhecedor das minúcias do alto desempenho num determinado domínio do conhecimento, é, verdadeiramente, determinante que o profissional engajado seja, acima de tudo, competente e especialista (*expert*) no trabalho com crianças.

Assim, ao pensar no contexto inerente aos anos inicias da aprendizagem e a sua relação com o domínio de conhecimento da educação física e do esporte, deve-se considerar, entre outros fatores, que os profissionais devem estar aptos para explorar de maneira fundamentada os períodos sensíveis da criança, fornecendo o estímulo necessário para o desenvolvimento de capacidades e das habilidades, potencializando o desenvolvimento individual de seus limites (no momento, intensidade, duração e frequência adequados) e, sobretudo, respeitando a sensibilidade dos processos de crescimento, desenvolvimento e maturação.

Desta maneira, antes de contar com o *técnico da seleção brasileira da modalidade x*, a criança precisa mesmo é de um professor e/ou técnico que seja *expert com criança*, que reconheça a necessidade de estímulos diversificados e prazerosos, que amplie o horizonte de desenvolvimento da criança, que conheça a sua linguagem e os métodos de aprendizagem, gerando a descoberta de suas potencialidades e, consequentemente, permitindo à criança a realização de escolhas futuras.

Os anos intermediários de aprendizagem eram caracterizados pelo alcance de níveis mais altos de desempenho. Aqui, os jovens talentosos eram convidados a participar de suas respectivas atividades de uma forma mais intensa. O papel dos pais ainda era de apoio moral e financeiro. Nesse período, foram considerados críticos a motivação, a realização, o comprometimento, o sacrifício (dedicação) e o tempo de prática sistematizada. Desta forma, conforme Böhme (2002), a qualidade da prática sistematizada não pode ser descartada, pois para que altos níveis de desempenho sejam alcançados, se faz necessário um treinamento sistematizado com objetivos devidamente elaborados em curto, médio e longo prazo.

Os anos finais de aprendizagem eram caracterizados por uma prática mais diligente, específica e com o foco voltado para a busca da perfeição e do sucesso. Conforme Bloom, foi uma fase em que o empenho e a concentração dominou a vida dos futuros talentos. As realizações e os esforços dentro de um domínio específico do conhecimento discriminaram graus de desempenho excepcionais de outros menos elevados. Ademais, os talentos apresentavam em sua rotina a mudança frequente para ter acesso aos melhores professores, treinamentos e ambientes competitivos mais apropriados. Por sua vez, nesse estágio, os professores e treinadores sempre buscavam motivar e elaborar atividades que pudessem promover desafios crescentes e, consequentemente, permitir maiores graus de prática, direcionados para o sucesso futuro. Entretanto, de acordo com Bloom, nem todos os adolescentes conseguiam atingir esse grau de desempenho e desistiam por vários motivos. Contudo, os mais persistentes e dedicados, atingiam graus elevados de desempenho.

Desta forma, embora pareça haver coerência entre as fases descritas no Modelo de Bloom, o autor complementa que, no decorrer do percurso entre as fases, os jovens se deparavam com inúmeras situações negativas. Essas situações eram fomentadas pelo ambiente de desenvolvimento escolhido pelos próprios jovens que, consequentemente, mantinham altas expectativas, intensa demanda de treino e competitividade extrema. Ademais, para alguns sujeitos, os fatores econômicos familiares e/ou institucionais eram escassos durante o percurso e muitos não conseguiam associar um trabalho complementar na rotina de treinos diários, aumentando a pressão para a obtenção do sucesso.

Desta maneira, é possível notar que a trajetória de desenvolvimento dos talentos investigados nem sempre esteve necessariamente associada a experiências prazerosas. Conforme Bloom (1985), as situações negativas oriundas do processo de desenvolvimento do talento contribuem para uma mudança do estado de espírito, com extensões psicológicas capazes de gerar índices elevados de desistência do envolvimento na área específica de interesse.

Outro fator relevante da investigação de Bloom (1985), corroborando com os pressupostos de Maia (1996) acerca da identificação precoce do talento na área esportiva, é que do total de 120 sujeitos participantes do estudo, poucos foram considerados crianças talentosas por seus professores, treinadores e familiares; e mesmo aqueles considerados talentosos em idades iniciais, posteriormente não foram capazes de demonstrar desempenho comparável a pessoas talentosas maduras numa determinada área de conhecimento. Isso contribui para o pensamento de que ser considerado um talento precoce não é garantia de sucesso, altos desempenhos e talento futuro. Portanto, a demonstração do talento precoce deve ser interpretada como um estágio inicial do desenvolvimento do talento. Associados a essa interpretação de precocidade, o sujeito carecerá de aderência a um processo de desenvolvimento de longo prazo; do contrário, esse sujeito ficará cada vez mais distanciado dos demais sujeitos talentosos que continuaram se aperfeiçoando no domínio específico do conhecimento.

O estudo de Bloom é considerado um clássico na área de desenvolvimento de talentos. Entretanto, o fato de sua abordagem considerar predominantemente os aspectos relativos ao meio ambiente limita suas conclusões, já que o desempenho esportivo de alto rendimento também é influenciado pelas capacidades físicas de forma determinante, como nas provas de atletismo, nas quais a influência hereditária pode ser decisiva para o alto desempenho.

O Estudo de Csikszentmihalyi

Csikszentmihalyi, Rathunde e Whalen (1997), numa publicação intitulada *Talented Teenagers: the roots of success & failure*, estudaram, por um período de cerca de quatro anos, 116 garotas e 92 rapazes, todos adolescentes de grupos pertencentes aos domínios específicos da matemática, arte, esporte, música e ciência. O objetivo do trabalho foi compreender possíveis causas para o sucesso e o fracasso desses adolescentes.

Conforme se observa no título da obra, os adolescentes em questão já eram considerados talentos e, portanto, a investigação teria o teor de entender os motivos que poderiam confirmar ou rejeitar a determinação do alto desempenho futuro. Desta maneira, corroborando com Bloom (1985), Csikszentmihalyi, Rathunde e Whalen (1997) estavam interessados em averiguar fatores comportamentais, pensamentos e experiências que estes sujeitos teriam atingido até a fase que Bloom denominou de *anos intermédios de aprendizagem*. A ideia básica do estudo, portanto, era observar o desenrolar das experiências contínuas desses jovens para compreender como eles desenvolviam seus talentos.

De acordo com Csikszentmihalyi, Rathunde e Whalen (1997), o talento pode ser melhor observado sobre a perspectiva desenvolvimentista ao invés de um fenômeno do tudo ou nada. Assim, no lugar de assumir apenas características genéticas herdadas e imutáveis durante a vida, o talento estaria associado a processos de desdobramentos duradouros, que levam muitos anos, e que podem ser alterados pelas experiências vivenciadas no meio.

Desta maneira, crianças podem ser consideradas talentosas apenas como indicativo de um potencial futuro. Para alcançar esse potencial, elas têm que aprender como desempenhar os padrões do *estado da arte* e encontrar oportunidades de utilizar seus talentos para que, depois, suas habilidades sejam desenvolvidas (Csikszentmihalyi, Rathunde e Whalen 1997). Conforme os autores, as condições históricas sempre afetam o fluxo do talento. Algumas vezes, um determinado domínio possui um suporte social atraente e promissor para o talento se desenvolver. Entretanto, alguns anos depois, o suporte pode ser retirado e o sujeito pode ficar desprovido da possibilidade de encontrar um trabalho e/ou um ambiente que permita desenvolver, de acordo com as suas potencialidades, o seu talento.

Sendo assim, o Modelo de Csikszentmihalyi concentrou como foco de seu desenvolvimento a interação entre indivíduos, domínios e áreas. Como consequência dessa pesquisa, os autores apresentaram um modelo denominado de Fluxo de Experiência Ótima (*Flow*). Nesse modelo, dois conceitos são relatados: a integração e a diferenciação. A integração refere-se às condições facilitadoras para que a criança resolva um problema. Durante a resolução desse problema a criança perde a noção do tempo, ignora a fadiga e qualquer outro agente que interfira na atividade. Já a diferenciação, refere-se às dificuldades proporcionadas com a intenção de causar desafios e mudanças que exigirão novas adaptações. O equilíbrio entre a integração e a diferenciação está na motivação das crianças para superar os desafios frente à dificuldade exigida.

Ademais, O Fluxo de Experiência Ótima parece coerente à importância da prática sistematizada como elemento responsável pelo desenvolvimento do talento, bem como os outros princípios sugeridos, a saber:

(I) nenhum adolescente desenvolve seu talento sem uma recompensa imediata ou em longo prazo;

(II) nenhum adolescente desenvolverá talentos se ele ou ela não se divertirem trabalhando nessa área;

(III) nenhum adolescente pode evitar os conflitos inerentes ao desenvolvimento do talento;

(IV) a escola é um espaço essencial para se cultivar talentos, sendo ainda um lugar peculiar para desenvolvê-los;

(V) nenhuma criança chega ao sucesso se não for apoiada por adultos.

Portanto, conforme Moraes, Durand-Bush e Salmela et al. (1999), a respeito do Fluxo de Experiência Ótima e dos conceitos de integração e diferenciação (Csikszentmihalyi, Rathunde e Whalen, 1997), as crianças precisam de um amplo repertório de estímulos para se manterem no nível de motivação necessário para a execução de novas tarefas e, assim, continuar desenvolvendo suas potencialidades em relação a um determinado domínio.

Desta forma, os estudos de Bloom (1985) e Csikszentmihalyi, Rathunde e Whalen (1997) se aproximam, na medida em que, em ambos, a maioria das crianças começavam a instrução com um professor local e, posteriormente, quando em níveis superiores de desempenho, absorviam o impacto positivo e motivacional de mentores, professores e treinadores cada vez mais qualificados. A motivação estabelecida nesse apoio era capaz de gerar e desenvolver comportamentos de autodisciplina e confiança, fundamentais para o confronto diante dos obstáculos inerentes ao processo de aprendizagem. Sendo assim, conforme os estudos de Bloom (1985) e Csikszentmihalyi, Rathunde e Whalen (1997), as crianças eram estimuladas a praticar uma gama variada de atividades que as motivassem a superar diferentes obstáculos e, ao mesmo tempo, tinham prazer em executá-las. Tais aspectos podem ser associados entre os dois autores, em relação aos períodos iniciais da aprendizagem apresentados por Bloom (1985), que corroboram os processos de integração e diferenciação propostos no Fluxo de Experiência Ótima apresentado por Csikszentmihalyi, Rathunde e Whalen (1997) e reconhecem o papel relevante que as forças de apoio exercem no processo.

Outro ponto comum e que merece destaque entre os trabalhos de Bloom (1985) e Csikszentmihalyi, Rathunde e Whalen (1997), está relacionado à problemática presente no registro de que muitos estudantes excelentes não puderam desenvolver seus talentos por causa da presença de fatores contextuais inadequados em uma área, limitando o desenvolvimento de suas potencialidades e o sucesso futuro.

O Talento Esportivo: Reflexões e Perspectivas

Em algumas situações, as tarefas ficavam muito difíceis de serem realizadas por causa da carência de informação e preparo por parte de professores e treinadores inseridos e disponíveis naquele domínio de conhecimento específico, prejudicando o desenvolvimento desses estudantes. Conforme Csikszentmihalyi, Rathunde e Whalen (1997), o isolamento de muitos jovens estudantes talentosos de biologia, matemática e física fez com que eles desistissem do processo, pois trabalhavam sozinhos nos laboratórios. Por sua vez, no esporte e na arte, os fatores negativos inerentes à competição ocorriam em detrimento do processo de desenvolvimento de alguns jovens promissores.

Portanto, em síntese, instituições e centros de aprendizagem podem exercer influência favorável no desenvolvimento do talento quando a integração contextual positiva do ambiente, determinada pela composição de cada área e o tipo de informação alocada dentro de cada domínio específico, está presente e ocupa caráter fundamental sobre o processo-aprendizagem.

A principal crítica em relação ao estudo de Csikszentmihalyi, Rathunde e Whalen (1997) refere-se às seguintes afirmações:

- Pouco importa o *tamanho* da habilidade no início de sua prática, mas o que é feito com ela.
- O talento não é uma categoria natural do homem, mas uma construção social. Sendo assim, a diversidade de *dons* apresentados pelo ser humano faz parte de uma estratégia da evolução e das características inatas, que podem ou não ser consideradas talentos, dependendo da inserção cultural.

A afirmação de que não importa com quanta capacidade para determinada tarefa o indivíduo nasça e que o talento é uma construção social, sugere que qualquer um pode desenvolver suas potencialidades em nível *expert*, e que o limite é o mesmo para todos, que o ambiente é o único responsável por esse processo independente do ponto inicial. Porém, de acordo com estudos sobre a hereditariedade (Bouchard, Malina e Pérusse 1997), parece claro que diferentes características geneticamente transmitidas têm diferentes probabilidades de se adaptarem ao

Desempenho Esportivo:
Treinamento com crianças e adolescentes

treinamento, e que a combinação entre ambas (hereditariedade e estímulos ambientais) é importante para o desempenho.

O Estudo de Ericsson

É inegável que o treinamento é fundamental na aquisição da excelência. Estudos realizados na música (Ericsson, Krampe e Römen 1993; Howe, Davidson e Slodoba, 1998), nos esportes (Helsen e Pauwels, 1992; Helsen, Starkes e Hodges, 1998; Hodges e Starkes, 1996; Starkes e Deakin, 1985) e no xadrez (Chase e Simon, 1973; De Groot, 1978) se reportam a uma relação direta entre o tempo de treinamento acumulado e o desempenho atingido. Com base nessa relação, Ericsson, Krampe e Römer (1993); Ericsson e Charness (1994); Ericsson e Smith (1991); Ericsson e Crutcher (1990) têm proposto que, independentemente da predisposição genética, o desempenho de alto nível depende da dedicação e dos esforços durante, no mínimo, dez anos de treinamento estruturado.

Na música, Ericsson, Krampe e Römen (1993) coletaram informações retrospectivas de pianistas e violinistas de diferentes níveis de desempenho. Utilizando-se dessas informações, os autores estimaram a quantidade de prática acumulada de cada músico, observando que o nível de desempenho atingido era diretamente relacionado ao tempo de prática acumulado. Com base nesses resultados, os autores propuseram a *teoria da prática deliberada*, na qual a quantidade de prática acumulada, com o objetivo de melhorar o desempenho, seria a causa determinante do sucesso, desprezando a participação de fatores hereditários.

Com um método de investigação semelhante, Helsen, Starkes e Hodges (1998), em um estudo com jogadores de futebol belgas de três níveis competitivos (internacional e nacional, primeira e segunda divisões), reportaram que os melhores jogadores tinham acumulado, significativamente, mais tempo de treinamento do que os outros grupos. Em estudos realizados com lutadores (Hodges e Starkes, 1996) e com jogadores de hóquei (Helsen et al., 1998), foram encontrados resultados semelhantes. Ainda que nesses estudos os autores não tenham desprezado a participação de fatores hereditários, seus resultados oferecem evidência favorável à hipótese proposta por Ericsson, Krampe e Römen (1993).

442

O Talento Esportivo: Reflexões e Perspectivas

Apesar de essa hipótese não ter sido desenvolvida a partir de estudos na área esportiva, em diversas publicações (Ericsson, Krampe e Römer, 1993; Ericsson e Charness, 1994; Ericsson e Smith, 1991) são citadas pesquisas realizadas no esporte para inferir que a teoria da *prática deliberada* pode ser aplicada ao desempenho esportivo de alto nível. Apoiando-se nos resultados de pesquisas da área cognitiva, as quais tem evidenciado uma vantagem dos melhores atletas somente em situações específicas à modalidade que praticam (Starkes e Allard, 1993), e da área fisiológica, que apontam uma especificidade das adaptações orgânicas (Eloviano e Sundberg, 1983; Ericsson, 1990; Howald, 1982), os autores têm proposto que as características dos atletas de alto nível são específicas, adquiridas por meio do treinamento, antes de serem uma capacidade inata.

Na verdade, diversos artigos oferecem algum suporte à teoria da prática deliberada. Elbert et al. (1995) demonstraram, em pesquisas com indivíduos de destaque em instrumentos musicais com corda, que os dígitos mais utilizados tinham uma representação cortical distinta, por causa do tempo de prática. Em estudos realizados com macacos (Jenkins, Merzenich e Recamzone 1990), foi verificado que as áreas de representação cortical variavam consideravelmente e a hipótese sustentada foi a de que essas diferenças se davam em relação do uso durante a vida (interação com o meio). O mesmo foi observado na recuperação de lesões, onde se notou uma reorganização dos mapas de representação cortical. Após o treinamento acrobático, foi observado um aumento do número de sinapses no córtex cerebral de ratos, porém, não nos treinados em exercícios físicos, que exibiram maior densidade dos vasos sanguíneos (Black et al., 1990). O controle de atos motores está de tal forma associado com as forças ambientais que é completamente remota à possibilidade de que nossos esquemas de memória ou genes sejam capazes de antecipar todas as possíveis modificações contextuais na realização de uma tarefa motora.

Mesmo que esses argumentos sejam convincentes, as relações entre o sistema neural e as medidas de desempenho ainda são muito fracas para garantir conclusões sobre o talento esportivo. Segundo Sternberg (1993), tais relações diminuem à medida que a tarefa se torna mais complexa. As causas relacionadas ao desempenho esportivo de alto nível são influenciadas por um conjunto de fatores que interagem, influenciando-se mutuamente. Portanto, é questionável que uma visão unilateral, centrada em aspectos quantitativos do treinamento, seja suficiente para entender o sucesso esportivo.

443

Desempenho Esportivo:
Treinamento com crianças e adolescentes

No esporte, uma grande proporção do treinamento é determinada pelo técnico, tanto em relação ao tempo total como em relação às habilidades que serão treinadas. Como resultado, o tempo absoluto de treinamento pode ter mais ou menos influência no desempenho atingido. Em outras palavras, uma porcentagem significativa da prática pode ser utilizada para o desenvolvimento de uma habilidade comum da equipe, não necessariamente o treinamento da habilidade que iria beneficiar cada um individualmente.

Apesar de atrativa, a ideia de que a prática leva à perfeição não parece ser realista. As explicações baseadas somente no tempo de prática não são suficientes, e características hereditárias não podem ser desprezadas (Schneider, 1997). Não existe nenhuma evidência científica que sustente exclusividade em favor de características hereditárias ou ambientais no desempenho apresentado (Baltes et al., 1988). O treinamento, mesmo quando combinado com orientação adequada, oportunidades precoces, muito incentivo e motivação incomum, nem sempre dará origem a atletas excepcionais.

É interessante notar que, no estudo com os músicos, os autores tiveram acesso a indivíduos que já apresentavam níveis elevados de desempenho, sendo plausível que esses tivessem dedicado muitas horas à prática. No entanto, muitos indivíduos se dedicam com a necessária motivação, entre outros fatores, mas não atingem níveis elevados de desempenho. Portanto, a afirmação de que apenas a dedicação aos treinamentos leva ao alto desempenho não parece ser verdadeira.

Ainda que sejam oferecidas oportunidades e incentivo para crianças, não são todas que respondem de maneira positiva a essas ofertas. Crianças que notoriamente se destacam, passam horas praticando tarefas relacionadas à sua atividade de maneira absolutamente voluntária. Feldman (1988) e Winner e Martino (1993) argumentaram que alguns fatores apontam para a existência de habilidades que, naturalmente, variam entre crianças, gerando uma predisposição para determinada atividade. De acordo com Winner e Martino (1993), a motivação para se dedicar pode fazer parte de um potencial inato.

Freeman (1991) observou que as crianças que se destacavam na música tinham tido o necessário apoio familiar e oportunidades iniciais de treinamento. Mas, acompanhando o desenvolvimento dessas crianças, o autor concluiu que, muitas vezes, o que era identificado como uma "promessa" era, na verdade, o resultado das oportunidades iniciais. O grande destaque inicial não foi mantido quando essas crianças se tornaram mais velhas. Freeman (1995) argumentou que não existem estudos, em nenhuma área, realizados com um grupo randomizado de crianças treinadas nas mesmas condições, resultando em grandes desempenhos. Não existe nenhuma evidência que permita desprezar a participação de fatores hereditários no desempenho. De acordo com Bouchard e Malina (1986), uma das mais importantes influências genéticas não é observável na população média, em situações habituais, mas, sobretudo, na resposta e adaptação a estímulos crônicos, como, por exemplo, o exercício.

É contestável a ideia de que apenas uma grande quantidade de prática, sem levar em consideração sua estrutura, leva ao alto desempenho. Existem muitos exemplos de indivíduos cujo desempenho parece nunca melhorar, mesmo com mais de dez anos de prática constante. Parece que a qualidade do processo de treinamento, somada à participação de fatores hereditários, são fundamentais para o sucesso no esporte. Sendo assim, deve-se tomar a devida precaução ao associar o alto desempenho esportivo com o tempo acumulado de treinamento.

Davids (2000) sugere a elaboração de estudos que refutem a prática deliberada. Os estudos buscariam atletas com alta *performance* e poucas horas de prática, assim como atletas com baixa *performance* e muitas horas de prática. Além disso, existem diferenças significativas entre as diversas modalidades esportivas. Logo, os estudos sobre as melhores condições de aprendizagem e treinamento devem ser direcionados, evitando-se, assim, os riscos de generalizações das pesquisas entre diferentes modalidades esportivas.

O Estudo da Genética

O estudo da genética nos últimos cinquenta anos causou profundas revoluções na ciência. Da associação entre os estudos da decodificação dos genes e a tecnologia, é possível verificar a elaboração de vacinas para doenças letais, a formulação de agrotóxicos que eliminam as pragas sem afetar os alimentos, até a clonagem de animais (Bouchard, Malina e Pérusse 1997).

A decodificação dos genes humanos visa ao entendimento das variações individuais. Suas implicações para o esporte são fundamentais, pois proporcionariam respostas para questões como: por que algumas pessoas possuem mais habilidade motora para determi-

Desempenho Esportivo:
Treinamento com crianças e adolescentes

nadas modalidades esportivas do que outras? Por que um mesmo treino causa diferentes adaptações? (Bouchard, Malina e Pérusse (1997).

Teoricamente, acredita-se que fenótipos como estatura, peso, adiposidade, força muscular, velocidade e potência aeróbia possam ser altamente dependentes da constituição *genética*, mas o coeficiente de hereditabilidade (h^2 – correlação entre gêmeos monozigóticos e dizigóticos) não apresentou consistência (Bielen, Fagard e Amery 1991; Bouchard, Malina e Pérusse 1997; Simoneau et al., 1986). Acredita-se que a inconsistência no coeficiente de hereditabilidade ocorreu, porque um programa de treinamento (fenótipo) não depende somente do genótipo e do ambiente, mas também da sensibilidade do genótipo ao ambiente (treinamento), que pode ser alta ou baixa e precoce ou tardia (Matsudo, 1999). Além disso, as características inatas podem desenvolver-se independentes umas das outras, ou seja, a criança pode aprimorar rapidamente uma característica e não manifestar nenhuma evolução em outra (Araújo, 2004).

Matsudo (1996; 1999) e Singer e Janelle (1999) salientam a importância da herança *genética* para o sucesso de um atleta. No entanto, para os autores, essa não garante, necessariamente, um alto desempenho. Para que isso ocorra, existe a necessidade de uma relação positiva e favorável entre *genética* e fatores que compõem o meio ambiente. Assim, características *genéticas* específicas atenderiam às modalidades específicas apenas quando devidamente estimuladas pelo meio.

Conforme Malina e Bouchard (1991), características determinadas geneticamente tendem a ter uma influência diferente nos indivíduos, de acordo com os estímulos ambientais. Circunstâncias ambientais podem ter um impacto grande no crescimento e na maturação de algumas crianças, pequeno ou até nenhum em outras. Essa diferença na interação da *genética* com o meio ambiente é consequência das diferenças individuais. A determinação do grau de sensibilidade entre a *genética* e os fatores decorrentes do meio ambiente é uma das maiores dificuldades para uma predição segura de quanto o meio ambiente realmente influenciará no desenvolvimento de uma determinada característica. Os autores acrescentam que, apesar de o meio ambiente influenciar o desenvolvimento das características herdadas geneticamente, sua quantificação torna-se uma tarefa difícil de ser atingida por se tratar de fenômenos multifatoriais (enorme complexidade do contexto que envolve essas interações).

Se algum dia realmente for comprovado que uma determinada característica é altamente dependente da constituição *genética* (pouco dependente do meio ambiente, como é o caso da estatura), o estudo da *genética* passará a ter um peso muito grande na *detecção* e *seleção* do talento esportivo. Entretanto, até que as pesquisas consigam encontrar resultados que corroborem essa hipótese, não é possível descartar a influência do meio ambiente na formação de um talento esportivo.

Os Estudos sobre Critérios e Prognóstico do Talento Esportivo

Como citado no Capítulo 1, existe uma tendência na literatura que acredita ser possível elaborar critérios (perfil) para acompanhamento ou prognóstico do desempenho futuro. A maior parte dos estudos utiliza características antropométricas, de aptidão física e alguns, psicossociais, para diferenciar níveis de desempenho esportivo e indicar quais características são determinantes para uma modalidade esportiva. O que costuma mudar é o tipo de análise estatística utilizada: comparação da variância da média, correlação e regressão múltipla, análise de cluster e discriminante e escores padronizados.

A utilização da comparação da variância da média apresenta a limitação de ser uma análise univariada, ou seja, permite observar apenas uma variável de cada vez, quando se sabe que o desempenho esportivo, de característica multidimensional, é dependente de inúmeras combinações entre as variáveis e, portanto, deveria ser observado de acordo com essa complexidade. Assim, a utilização da comparação da média sem que haja a preocupação de se estudar e elaborar uma análise mais completa, que dê conta das relações entre as múltiplas variáveis, pode ser questionada como critério de desempenho esportivo. Ademais, o fato de a média ter variado de maneira diferente não permite aos autores inferirem, de forma imediata, que determinadas características são importantes para a modalidade esportiva. Variações intragrupo podem ser distorcidas por variações intergrupos. Se, por exemplo, alguns atletas se encontrarem em uma determinada característica entre o primeiro e o segundo desvio-padrão negativo e, outros do mesmo grupo, se encontrarem entre o primeiro e o segundo positivo, significa que a variação da amostra é ampla, e que podem existir alguns atletas com escores baixos, semelhantes à outra amostra utilizada (de nível inferior) na comparação das médias.

Uma outra forma empregada é a correlação e a regressão múltipla, mas essa técnica também tem que ser vista com cautela. Para ilustrar essa afirmação, considere o caso em que um pesquisador meça a quantidade de integrantes de uma comissão técnica e o número de passes executados durante uma partida de voleibol (variáveis independentes, Thomas e Nelson, 1995), com a intenção de explicar a probabilidade de uma equipe ser campeã (variável dependente, Thomas e Nelson, 1995). É possível que ele encontre um coeficiente de determinação de 70% (Mathews, 1980) para essas duas variáveis, e conclua que elas são responsáveis pelo sucesso de uma equipe, quando na, verdade, sabe-se que essa afirmação, provavelmente, não é verdadeira. Sendo assim, para que testes com validade ecológica (Capítulo 1) sejam aplicados e para que correlações e regressões sejam utilizadas de maneira correta, é fundamental que o pesquisador tenha conhecimento da forma como a capacidade de desempenho esportivo se manifesta na modalidade esportiva pesquisada. Caso contrário, serão inferências sem significado prático coerente.

Ainda é possível identificar estudos que utilizam análises estatísticas como a de cluster e a discriminante (Hair et al., 1995 e Pereira, 2001). Essas análises têm o objetivo, respectivamente, de agrupar indivíduos com características similares e de determinar combinações lineares de variáveis que possam discriminar os grupos de indivíduos considerados. Certamente, são análises mais propícias ao estudo de critérios de desempenho esportivo, pois consideram o perfil simultâneo de um conjunto de variáveis respostas. Um ponto desfavorável da análise de cluster é que nem sempre os atletas são agrupados em seus respectivos níveis esportivos. Ao assumir esse entrave, os estudos precisariam dar um salto qualitativo e quantitativo e considerar hipóteses como: a) podem existir outras características que, separadamente ou em conjunto, diferenciam os níveis de desempenho esportivo e b) atletas de mesmo nível esportivo não precisam apresentar, necessariamente, as mesmas características.

No caso da análise discriminante, que identifica as características que discriminam os grupos formados pela análise de cluster, como já mencionado na análise de correlação e regressão múltipla, é importante que o pesquisador selecione testes que possuam validade ecológica, caso contrário, as inferências poderão ser desprovidas de significado prático coerente.

Um paradoxo nos estudos de critério e prognóstico do talento esportivo é apresentado por Matsudo (1999). De um lado, o autor afirma que abordar apenas uma variável, de forma unilateral, pode ser considerado um erro comum, pois ela pode não representar a realidade, sobretudo, quando se sabe que o esporte de alto nível apresenta características multifatoriais. De outro, acredita ser possível elaborar um perfil por meio de análise univariada (estratégia Z). Para o desenvolvimento dessa estratégia, considerou-se de fundamental importância o conhecimento do *normal*, ou seja, o que é mais comum de ser observado dentro de uma população. Diante desse pressuposto, criou-se a possibilidade de diferenciar o *normal* do *excepcional* (atleta), e assim determinar a *detecção* de talentos. A esse procedimento, deu-se o nome de Estratégia-Z. O valor de Z (ou escore padronizado) é calculado subtraindo-se a média de uma população em determinada variável pelo resultado do indivíduo nessa variável, e dividindo esse resultado pelo desvio-padrão da mesma população. Então, o perfil-Z individual é comparado com o *perfil-Z* correspondente aos atletas de alto nível de uma determinada modalidade.

Essa estratégia não precisa de aparatos sofisticados e nem utiliza métodos complexos, é de fácil aplicabilidade e baixo custo. Assim, poder-se-ia dizer que a Estratégia-Z otimizaria a identificação de talentos, porque é um instrumento que poderia ser utilizado tanto por *teóricos* quanto por *práticos*. Entretanto, a crítica que se pode fazer em relação à utilização da Estratégia-Z é que ela utiliza valores de referência populacionais e/ou de atletas de alto nível.

O problema é que esse banco de dados não é tão atualizado, tão completo e tão difundido, de forma a oferecer valores normativos para todas as modalidades esportivas, dificultando a generalização e utilização desse modelo. Além disso, a Estratégia-Z ainda é uma análise univariada, que permite apenas observar uma variável de cada vez, quando se sabe que o esporte de alto nível, de característica multidimensional, é dependente de inúmeras combinações entre as variáveis e, portanto, deveria ser observado de acordo com essa complexidade. Outro ponto que pode ser mencionado é que a Estratégia-Z, da maneira como tem sido aplicada, descarta a problemática relativa à instabilidade das variáveis observadas durante os processos de crescimento, maturação, desenvolvimento e das suas relações com o treinamento. Ademais, nessa análise, todas as variáveis possuem o mesmo peso, independentemente da importância que a variável exerce em um determinado momento do período de treinamento em longo prazo.

Assim, a utilização da Estratégia-Z sem que haja a preocupação de se estudar e elaborar uma análise mais completa, que dê conta das relações entre as múltiplas variáveis que formam o atleta de alto nível durante o seu desenvolvimento, pode trazer uma lacuna para o real entendimento dos fatores que contribuem para o desenvolvimento de talentos.

Seu emprego é justificado quando é necessário que as variáveis do estudo tenham o mesmo peso. Nesse caso, as variáveis são padronizadas (escore individual do teste, menos o valor da média, dividido pelo desvio-padrão) e podem: a) ser utilizadas em análises mais complexas como a análise de *cluster* ou b) ser comparadas para explicarem, em conjunto, um tema complexo como o fenômeno da compensação, que será discutido no próximo capítulo.

A utilização de escores padronizados no estudo do talento esportivo foi um passo muito importante. Porém, a busca de abordagens mais complexas e de análises mais sofisticadas se faz desejável. O objetivo seria caminhar em direção a um modelo que permitiria abordar as relações entre as variáveis que compõem o desempenho e a importância dessas nos diferentes períodos que envolvem o treinamento em longo prazo.

Maia (1996) realizou uma extensa revisão sobre os estudos que visam à elaboração de critérios e prognósticos esportivos. Suas inferências resumem-se em:

- Os estudos realizados com atletas de alto nível apresentaram baixa correlação, se considerados os resultados de determinada variável em termos longitudinais.
- Os testes utilizados podem ser questionados em função da validade.
- A maioria dos estudos visou à elaboração de um perfil, utilizando apenas variáveis antropométricas e de aptidão física, desconsiderando fatores sociais, psi-

colológicos, genéticos e de habilidades motoras específicas para cada modalidade esportiva.

- Os modelos estatísticos utilizados apresentaram falhas na utilização da regressão múltipla, e poucos artigos utilizaram análises mais complexas e eficientes, como as análises discriminante, fatorial e correlação canônica.
- Houve carência de estudos longitudinais.

Segundo Guenther (2000), a precocidade parece não ser um sinal confiável na predição de um talento, pois os estudos da área reportaram que menos de um terço das pessoas talentosas foram crianças precoces, e exemplifica:

- Einstein começou a falar com quatro anos e aprendeu a ler com sete;
- Newton era atrasado na escola primária;
- Churchill repetiu a sexta série;
- Tolstoy não conclui a graduação universitária;
- Pasteur era considerado medíocre em química quando era aluno do Royal College.

Seguindo essa linha de raciocínio, Baur (1988) e Senf (1990), citados por Böhme (1995), afirmaram que quatro eventos podem acontecer no prognóstico do talento esportivo:

- indivíduos com resultados elevados seriam considerados aptos a permanecer em no processo, pois apresentariam resultados elevados no futuro também;
- indivíduos com resultados baixos seriam considerados inaptos a permanecerem no processo, pois apresentariam resultados baixos no futuro também;
- indivíduos com resultados elevados seriam considerados aptos a permanecerem no processo, mas, no futuro, não apresentariam resultados elevados;
- indivíduos com resultados baixos seriam considerados inaptos a permanecerem no processo, mas, no futuro, apresentariam resultados elevados.

Desempenho Esportivo:
Treinamento com crianças e adolescentes

A *priori*, qualquer um desses casos pode acontecer. Por consequência, de acordo com Holt e Morley (2004), muitos jovens são considerados talentos de maneira indevida ou equivocada. Todavia, Araújo (2004) assegura que nunca foram encontrados preditores seguros que garantissem prematuramente o desempenho futuro no alto nível. O autor justifica-se em razão do número de possibilidades de interação entre os componentes e das distintas formas que eles evoluem ao longo do tempo.

Além de todas as limitações aludidas anteriormente, uma questão importante deve ser feita: será que os atletas precisam, necessariamente, apresentar as mesmas características para praticar o mesmo nível de desempenho esportivo? Segundo Araújo (2004), atletas com características diferentes são capazes de apresentar o mesmo nível de desempenho esportivo, o que Régnier, Salmela e Russell (1993) chamaram de fenômeno de compensação. Algumas características podem apresentar escores abaixo do esperado em seu nível de desempenho esportivo e serem compensadas por outras que estão acima (Araújo, 2004; Bartmus, Neumann e Marées 1987; Calvo, 2003; Peltenburg et al., 1984; Régnier, Salmela e Russell 1993; Singer e Janelle, 1999). Esse tema será alvo do próximo capítulo, onde será apresentado um estudo realizado com atletas de voleibol do sexo feminino. Ademais, para Matsudo (1999), existe uma grande dificuldade no desenvolvimento de estudos de predição de futuros talentos, pois os profissionais que atuam diretamente com atletas não têm, na sua maioria, conhecimentos para aplicar à pesquisa científica.

O técnico possui uma abordagem mais holística do que os testes fragmentados apresentados pela ciência, e, em alguns casos, poderia fazer a seleção de maneira mais efetiva. Contudo, alguns deles dizem que, só de ver o atleta, já sabem se ele será um atleta de sucesso ou não. Muitas estratégias pessoais são utilizadas, e cada um tem a sua própria receita do sucesso. De acordo com Vicente (1999 apud Araújo, 2004), o fato de o atleta (ou ex-atletas que se tornaram técnicos) possuir exímia perícia, não o credencia a ensinar. Somente o *perito reflexivo* (aquele que está apto a explicar as próprias ações) é que apresentaria requisitos básicos para ensinar.

Será que o técnico faz um grande atleta, ou um atleta com um grande talento faz a fama de um técnico? Provavelmente existe uma interação entre os dois, mas se os técnicos já tivessem descoberto a fórmula do sucesso, todos os atletas que eles selecionaram ou treinaram chegariam ao alto nível. Sabe-se que isso não acontece (Silva, 2004).

452

O ideal seria associar a experiência prática do técnico aos avanços da ciência. Porém, os cientistas que apresentam este *know-how* (experiência) científico, não possuem experiência prática para desenvolver programas aplicados (Matsudo, 1999). Como foi dito no Capítulo 1, o que se espera no futuro é que as limitações encontradas na esfera teórica e prática possam ser aprimoradas por uma nova geração de pesquisadores e profissionais.

Reflexões e Perspectivas

Uma referência muito importante para todas as pessoas que estudam o talento esportivo é o capítulo escrito por Régnier, Salmela e Russell (1993). O autores realizaram uma vasta revisão sobre o tema e apresentaram muitas de suas inquietações, que poderiam nortear as futuras pesquisas nesta área. Entretanto, de acordo com o que foi possível encontrar na literatura, os autores podem ser divididos de três formas:

- estudam empiricamente a influência do ambiente ou da genética separadamente (poucos se preocuparam com a interação);
- elaboram modelos teóricos amplos, mas difíceis de serem empregados em pesquisas empíricas;
- estudaram, essencialmente, critérios de desempenho esportivo para acompanhamento e prognóstico do desempenho esportivo, por meio de variáveis antropométricas e de aptidão física.

Afirmar que o talento esportivo é determinado somente por características inatas ou adquiridas é um equívoco. As evidências científicas ainda não apresentaram consistência para que essas afirmações fossem feitas. De acordo com Araújo (2004), o talento esportivo é emergente e epigenético, pois depende da interação simultânea de três fatores: o indivíduo, com sua carga *genética*; o ambiente, com a quantidade de treino e a qualidade do apoio e a tarefa, com os objetivos e condições para alcançá-la.

A Figura 12.2 apresenta as características que fazem parte da problemática do estudo do talento esportivo (os fenótipos podem se influenciar mutuamente e os genótipos, influenciar os fenótipos); a elas, ainda estão associadas as noções de espaço (número de

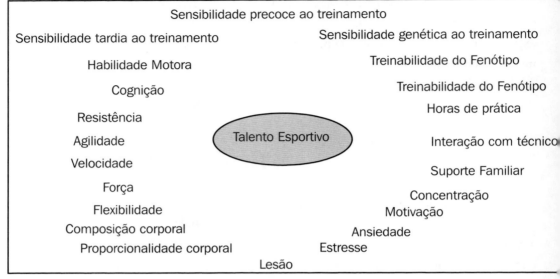

FIGURA 12.2 — Características que fazem parte do estudo do talento esportivo.

características que determinam um talento em uma modalidade esportiva) e tempo (processo de maturação que cada característica sofre ao longo da formação de um talento).

Durante o processo de formação, até a concretização de um talento esportivo, as características podem:

- ter mais ou menos importância, de acordo com a modalidade esportiva;
- ter mais ou menos importância nas diferentes fases de formação;
- aprimorar-se em diferentes estágios para diferentes pessoas;
- ser mais ou menos suscetíveis ao treinamento (independente ou não da qualidade do estímulo);
- adaptar-se, ou não, em razão de eventos biológicos e psicológicos como lesões e estresse, respectivamente;
- compensar-se rumo ao resultado ideal.

Acredita-se que o número de características associadas às noções de espaço e tempo tornam o estudo do tema extremamente complexo. A utilização de pesquisas com o delineamento interdisciplinar seria uma solução para esse problema. A interdisciplinaridade foi citada por autores como Burwitz, Moore e Wilkinson (1994), e tornou-se uma *banda de rock* muito famosa para a área de Educação Física e Esporte, contudo, poucos a viram tocar (procuram-se essas pessoas!).

A elaboração de modelos teóricos amplos (sem possibilidade de ser empregados em pesquisas empíricas) e o estudo, essencialmente de variáveis antropométricas e de aptidão física, reduzem o talento esportivo, de um lado, a uma obra de ficção científica e, de outro, a um estudo meramente exploratório, que não permite se fazer inferência alguma. Sendo assim, o primeiro feito da comunidade científica seria delinear um modelo epistemológico que propiciasse o estudo do tema (empiricamente), mas que não desconsiderasse sua complexidade. O grande desafio, que não deve ser perdido de vista, será analisar um sistema em rede (Pessoa, 1996) e interagir lógicas humanas, exatas e biológicas (Delattre, 1990; Domingues, 2005 e Piqueira, 1996). É o que está à espera de uma nova geração de inquietos pesquisadores.

A elaboração de critérios de desempenho esportivo para o prognóstico ou acompanhamento do desempenho esportivo durante os processos de *detecção* e *seleção* do talento esportivo foi a linha mais seguida pelas pesquisas. Entretanto, suas limitações foram amplamente exploradas ao longo do capítulo. Caso tenha sobrado alguma dúvida, seus defensores ainda teriam de responder às seguintes questões:

- Como estimar a sensibilidade ao treinamento, e se essa sensibilidade será precoce ou tardia?
- Como prever as diferentes adaptações que o atleta precisa ter em seu desempenho, em cada fase de formação, até alcançar o alto nível?
- Como antecipar as reações do atleta diante das lesões ou de problemas emocionais que ele pode ter em seu processo de desenvolvimento?
- Como antever o fenômeno da compensação na combinação das variáveis de um atleta?
- Como prever a compensação, no caso de esportes coletivos, entre os atletas da mesma equipe?
- Como elaborar a combinação ideal de características para cada modalidade esportiva? Será que existe apenas uma?

Desempenho Esportivo:
Treinamento com crianças e adolescentes

- Como estimar a hierarquização ideal das variáveis para cada modalidade esportiva?
- Como avaliar o escore mínimo que cada variável tem de apresentar na combinação de todas as características. Será que o ideal é que as características tenham um equilíbrio entre si ou apenas algumas delas com escores altos podem designar um talento?
- Como avaliar a influência de uma característica na outra para se potencializar o efeito conjunto ou minimizá-lo?

De acordo com a complexidade da modalidade esportiva, as perguntas são mais fáceis ou difíceis de responder (no que se refere à combinação e à compensação de características, serão apresentadas algumas evidências no Capítulo 13). Algumas dependem diretamente da evolução das pesquisas em *genética*, mas, incontestavelmente, suas respostas não estão contidas nos estudos sobre critérios de desempenho esportivo. Quando essas questões forem esclarecidas, certamente haverá condições de se fazer um prognóstico do desempenho esportivo. Mas, até lá, é o mesmo que jogar dados e acertar o número, ou seja, é sorte probabilística.

Mas qual seria o horizonte das pesquisas para que algumas dessas perguntas fossem mais bem explicadas? O maior passo seria dado quando um modelo de pesquisa interdisciplinar fosse sugerida. Contudo, inicialmente, a forma de se aprimorar o conhecimento estaria em inverter o foco dos estudos, ou seja, em vez de elaborar critérios de desempenho esportivo por meio de diferentes análises estatísticas, o ideal seria identificar as diferentes características que os atletas de mesmo nível possuem.

Uma das análises estatísticas que contemplam esse feito é a de Cluster. Ela tem a função de agrupar pessoas com características semelhantes (Hair et al., 1995; Pereira, 2001). O primeiro objetivo seria entender como os atletas de um mesmo nível esportivo se agrupam, em função de suas características. Essa análise possibilitaria identificar quais as características que cada atleta utilizou para formar um *cluster* (centroide). O segundo objetivo seria empregar a mesma análise, mas em níveis de desempenho diferentes. Porém, o foco não estaria mais, como na maior parte dos estudos, em comparar a média dos dois grupos (para comprovar que são diferentes), mas em identificar atletas que possuem características semelhantes ao nível esportivo a que não pertencem. Se fosse comprovada essa hipótese, os estudos teriam que explicar o porquê. Assim, as pesquisas precisariam dar um salto qualitativo e quantitativo, e considerar hipóteses como: a) podem existir outras características que separadamente ou em conjunto diferenciam os níveis de desempenho esportivo[1] e b) atletas de mesmo nível esportivo não precisam apresentar, necessariamente, as mesmas características.

Ao ser considerada a hipótese (b), uma pergunta precisa ser feita: o que representa a variabilidade das características de atletas de mesmo nível de desempenho esportivo? Será que só pode praticar o alto desempenho esportivo o mais adaptado (melhor em todas as características) ou o adaptado (aquele que possui características boas, medianas e ruins)? Tendo em vista o fenômeno da compensação, que será apresentado no próximo capítulo, a resposta seria: o alto desempenho esportivo não é composto somente por exímios atletas, mas por outros, que, por meio de diferentes combinações de características, conseguem coexistir nesse mesmo nível (ainda que seus escores não sejam altos em todas as características).

Outro ponto importante que poderia elucidar muitos caminhos, até então obscuros, são os estudos longitudinais ou de retrospectiva. Sabe-se que as condições estruturais do país são muito importantes para estudos longitudinais, porque a mortalidade (Capítulo 1) pode ser alta e grandes esforços serão despendidos em vão. No caso do Brasil, as possibilidades de se acompanhar um atleta são muito remotas. Não existe uma política esportiva e, consequentemente, uma estrutura esportiva em longo prazo. O desempenho esportivo é monitorado por meio de uma visão imediatista, ou seja, o que interessa é o resultado naquele momento. Poucos atletas têm a oportunidade de chegar ao alto nível na mesma instituição. Logo, estudos longitudinais são muito difíceis de serem aplicados.

A saída, então, passa a ser o estudo de retrospectiva, mais conhecido como história de vida esportiva (Rúbio, 2003). Nesse tipo de trabalho, o pesquisador pode incluir variáveis técnicas táticas, físicas, psicológicas e sociais. O objetivo é conhecer a trajetória esportiva do atleta até aquele momento. (Acredita-se que a trajetória esportiva dos atletas não seja, necessariamente, semelhante, e, mesmo assim, eles atuam no mesmo

---

[1] Quando os estudos forem realizados com pré-púberes e púberes é de suma importância que se avalie a maturação biológica, pois essa característica pode influenciar os resultados encontrados.

nível de desempenho esportivo: diferentes caminhos podem levar ao mesmo lugar.) O ideal é que os jovens sejam acostumados, desde cedo, a anotar as características do seu treinamento, pois a memória nem sempre consegue traduzir o que realmente aconteceu. Assim, os professores que fazem parte da iniciação esportiva do atleta têm uma função muito especial neste tipo de estudo, pois eles ensinariam o atleta a anotar todos os fatos que farão parte de sua carreira esportiva (Petitpas et al., 1997).

Em razão da complexidade que cerca o estudo do talento esportivo e das limitações científicas que foram observadas ao longo deste capítulo, acredita-se que não seja possível realizar uma *detecção*, *seleção* e prognóstico do talento esportivo. Desta forma, seria razoável que na iniciação esportiva um grande número de crianças tivesse a oportunidade de praticar atividades esportivas gerais. Os praticantes que apresentassem motivação e desempenho condizentes com os próximos estágios começariam a especializar-se em uma modalidade esportiva e dariam sequência ao processo até alcançarem o alto nível. Esse modelo é tradicionalmente conhecido como pirâmide esportiva, proposta por Bouchard, Malina e Pérusse (1997). Entretanto, em razão da instabilidade e da diversidade, inerentes à formação de um talento esportivo, essa pirâmide teria que ter passagem livre, da sua base até as proximidades de seu pico (alto nível), para que os atletas pudessem entrar e sair sem que houvesse um corte definitivo. Esse outro modelo de pirâmide esportiva, que privilegia a promoção efetiva do talento esportivo, depende de cinco fatores: da herança *genética*; da motivação do atleta em continuar a praticar esporte; da participação eficaz da tríade (Capítulo 1); da elaboração de políticas esportivas e das condições socioeconômicas do país. O papel da ciência, nesse quadro, não é detectar, selecionar ou prognosticar o talento esportivo, mas oferecer subsídios teóricos e aplicados para que a qualidade dos meios de *promoção* seja a melhor possível.

Referências

ABBOTT, A; COLLINS, D. Eliminating the dichotomy between theory and practice in talent identification and development: considering the role of psychology. **J. Sports Scienc.**, London, v. 22, p. 395-408, 2004.

ARAÚJO, D. A insustentável relação entre talentos e peritos: talento epigenético e desempenho emergente. **Trein Desport**, Lisboa, (v. esp.), n. 6, nov. 2004.

BALTES, P. B. et al. (Eds.). **Life-span developmental psychology:** Introduction to research methods. NJ: Erlbaum, 1988. (reprint of 1977 edition)

BARTMUS, U.; NEUMANN, E.; DE MARÉES, H. The talent problem in sports. **Inter. J. Sport Med.**, Stuttgard, n. 8, p. 415-16, 1987.

BAUR, J. Talentsuche und Talentförderung im Sport. Eine Zwischenbilanz (I. Teil). *Leistungssport,* v. 18, n. 2, p. 5-10, 1988.

BENTO, J. O. Detecção e fomento de talentos. **Rev. Bras. Ciên. Mov.**, São Caetano do Sul, v. 3, n. 3, p. 84-93, 1989.

BIELEN, E. C.; FAGARD, R. H.; AMERY, A. K. Inheritance of acute cardiac changes during bicycle exercise: an echocardiographic study in twins. **Med. Sci. Sport Exerc.**, v. 23, n. 11, p. 1254 - 64, 1991.

BLACK, J. E. et al. Learning causes synaptogenesis, whereas motor activity causes aungiogenesis, in cerebellar cortex of adult rats. **Proceed. Nat. Acad. Sci.**, v. 87, p. 5568-72, 1990.

BLOOM, B. S. **Developing talent in young people**. New York: Ballentine, 1985.

BÖHME, M. Talento esportivo II: determinação de talentos esportivos **Rev. Paul. Educ. Físc.**, São Paulo, v. 9, n. 2, p. 138-46, 1995.

_____. **Aptidão física de jovens atletas do sexo feminino analisada em relação a determinados aspectos biológicos, idade cronológica e tipo de modalidade esportiva praticada**. São Paulo, 1999. p. 123. Tese (Livre Docência) – Escola de Educação Física, Universidade de São Paulo.

_____. O talento esportivo e o processo de treinamento a longo prazo. In: _____. **Esporte e atividade física na infância e na adolescência:** uma abordagem multidisciplinar. Porto Alegre: Artmed, 2002.

BOUCHARD, C.; MALINA, R. M. Concluding remarks. In:. R. M. MALINA; C. BOUCHARD. (Ed.). **Sport and human genetics.** Champaign, IL: Human Kinetics, 1986.

BOUCHARD, C.; MALINA, R. M.; PÉRUSSE, L. **Genetics of fitness and physical performance**. Champaign: Human Kinetics, 1997.

BURWITZ, L.; MOORE, P. M.; WILKINSON, D. M. Future directions for performance – related sports science research: an interdisciplinary approach. **J. Sport Sci.**, London, v. 12, n. 1, p. 93-109, 1994.

CALDERONE, G. et al. Caractéristiques morplhologiques et biotypie des gymnasts juniors masculins et féminins européens. In. PÉTIOT, B; SALMELA, J. H.; HOSHIZAKI, B. (Ed.). **World identification systems for gymnastic talent**. Montreal: Sport Psyche Editions, 1987.

CALVO, A. L. Detección o desarrollo del talento?:factores que motivan una nueva orientación del proceso de detección de talentos. **Apunts**, n. 71, p. 23-8, 1 trimestre de 2003.

CARL, K. **Talentsuche, Talentauswahl und Talentförderung**. Schorndorf: Verlag Karl Hoffmann, 1988.

CHASE, W. G.; SIMON, H. A. The mind's eye in chess. In:. CHASE, W. G. (Ed.). **Visual information processing**. New York: Academic Press, 1973.

CSIKSZENTMIHALYI, K.; RATHUNDE, K.; WHALEN, S. **Talented teenagers:** The roots of success and failure. Estados Unidos: Cambridge University, 1997.

DAVIDS, K. Skill acquisition and the theory of deliberate practice: it ain't what you do it's the way that you do it. **Inter. J. Sport Psychol.**, Rome, v. 32, p. 461-66, 2000.

DE GROOT, A. **Thought and choice in chess.** The Hague: Mouton, 1978. (Original work published 1946.)

DELATTRE, P. Investigações interdisciplinares. Objectivos e dificuldades. **Em**: antologia I. Lisboa, Portugal: Departamento de Educação da Faculdade de Ciências – Universidade Lisboa, 1990.

DOMINGUES, I. Em busca do método. In: _____. (Org.). **Conhecimento e transdisciplinaridade II**, Belo Horizonte: Editora UFMG, 2005.

ELBERT, T. et al. Increased cortical representation of the fingers of the left hand in string players. **Science**, v. 270, p. 305-7, 1995.

ELOVIANO, R.; SUNDBERG, S. A five year follow up study on cardio respiratory function in adolescent elite endurance runners. **Acta. Paediatr. Scand.**, v. 72, p. 357-60, 1983.

ERICSSON, K. A. Peak performance and age: an examination of peak performance in sports. In: BALTES, P. B.; BALTES, M. M. (Ed.). **Successful aging:** perspectives from the behavioral sciences. Cambridge: University Press, 1990.

ERICSSON, K. A.; CHARNESS, N. Expert performance: its structure and acquisition. **Am. Psychologist.**, v. 49, n. 8, p. 725-47, 1994.

ERICSSON, K. A.; CRUTCHER, R. J. The nature of exceptional performance. In: P. B. BALTES; D. L. EATHERMAN; R. M. LERNER (Ed.). **Life-span development and behavior** Hillsdale, NJ: Erlbaum, 1990.

ERICSSON, K. A.; KRAMPE, R.; RÖMER, C. T. The role of deliberate practice in the acquisition of expert performance. **Psychol. Rev.** , v. 100, n. 3, p. 363-406, 1993.

ERICSSON, K. A.; SMITH, J. Prospects and limits of the empirical study of expertise: an introduction. In: _____. (Ed.). **Toward a general theory of expertise:** prospects and limits. Cambridge: University Press, 1991.

FELDMAN, D. H. Creativity: dreams, insights and transformation. In: STERNBERG, R. J. (Ed.). **The nature of creativity.** Cambridge: University Press, 1988.

FERREIRA, A. B. H. **Minidicionário da língua Portuguesa.** Rio de Janeiro: Nova Fronteira, 1993.

FREEMAN, J. Children's talent in fine art and music: optimizers and obstructions. In: ENSINK, J. (Ed.). **Art & Fact**: Learning effects of arts education. Netherlands: Institute for Art Education, 1995.

FREEMAN, J. **Gifted children growing up.** Heinemann Educational: Cassel, 1991.

GUENTHER, Z. C. **Desenvolver capacidades e talentos:** um conceito de inclusão. Petrópoles: Vozes, 2000.

HAIR, J. F. et al. **Multivariate data analysis:** with readings. 4. ed. New Jersey: Englewood cliffs, 1995.

HELSEN, W.; PAUWELS, J. M. A cognitive approach to visual search in sport. In: BROGAN, D. (Ed.). **Visual Search II,** p. 177-184. London: Taylor & Francis, 1992.

HELSEN, W. F.; STARKES, J. L.; HODGES, N. J. Team sports and the theory of deliberate practice. **J. Sport Exerc. Psychol.,** v. 20, p. 12-34, 1998.

HODGES, N. J.; STARKES, J. L. Wrestling with the nature of expertise: a sport specific test of Ericsson, Krampe and Tesch-Römer's (1993) theory of Deliberate Practice. **Inter. J. Sport Psychol.,** v. 27, p. 400-24, 1996.

HOLT, N. L.; MORLEY, D. Gender differences in psychosocial factors associated writh athletic success during childhood. **Sport Psychol.,** Champaign, v. 18, p. 138-53, 2004

HOWALD, H. Training-induced morphological and functional changes in skeletal muscle. **Inter. J. Sport Med.,** v. 3, p. 1-12, 1982.

HOWE, M. J. A.; DAVIDSON, J. W.; SLOBODA, J. A. Innate talents: reality or myth? **BehavBrain Sci.,** v. 21, p. 399-442, 1998.

JENKINS, W. M.; MERZENICH, M. M.; RECANZONE, G. Neocortical representational dynamics in adult primates: implications for neuropsychology. **Neuropsychologia**, v. 28, n. 6, p. 573-84, 1990.

JOCH, W. **O talento esportivo**. Rio de Janeiro: House Lobmaier, 2005.

MAIA, J. A. R. O prognóstico do desempenho do talento esportivo: uma análise crítica. **Rev. Paul. Educ. Fís.**, São Paulo, v. 10, n. 2, p. 179-93, São Paulo, 1996.

MALINA, R. M.; BOUCHARD, C. **Growth, maturation and physical activity.** Champaign: Human Kinetics, 1991

MARTIN, D. et al. **Handbuch kinder-und jugendtraininng.** Schorndorf: Hofman Verlag, 1999.

MATHEWS, D. K. **Medida e avaliação em Educação Física**. Rio de Janeiro: Interamericana, 1980.

MATSUDO, V. K. R. Prediction of future athletic excellence. In: BAR-OR, O. (Ed.). **The child and adolescent athlete**. Oxford: Blackwell Science, 1996. p. 92-109.

_____. Detecção de talentos. In: _____. **O exercício:** preparação fisiológica, avaliação médica, aspectos especiais e preventivos. São Paulo: Atheneu, 1999.

MORAES, L. C.; DURAND-BUSH, N.; SALMELA, J. H. Modelos de desenvolvimento de talentos. In:_____. **Novos conceitos em treinamento esportivo**. Minas Gerais – CENESP - UFMG, 1999.

PEREIRA, J. C. R. **Análise de dados qualitativos:** estratégias metodológicas para as ciências da saúde, humanas e sócias. São Paulo: EDUSP, 2001.

PESSOA, O. F. JR. Medidas sistêmicas e organização. In: DEBRUN, M.; GONZALVES, M. E. Q.; PESSOA, O. F. JR. (Org.). **Auto-organização:** Estudos interdisciplinares. Campinas: Unicamp, 1996. (Coleção CLE, 18).

PETITPAS, A. L. et al. **Athletes guide to carrer planning**. Champaign: Human Kinetics, 1997.

PELTENBURG, A. et al. Biological maturation, body composition and growth of female gymnasts and control groups of schoolgirls and girl swimmers, aged 8 to 14 years: a cross sectional survey of 1,064 girls. **Inter. J. Sport Med.**, Stuttgard, v. 5, p. 36-42, 1984.

PIQUEIRA, J. R. C. Estabilidade estrutural e organizacional. In: DEBRUN, M.; GONZALVES, M. E. Q.; PESSOA, O. F. JR. (Org.). **Auto organização:** estudos interdisciplinares. Campinas: CLE 18, 1996. p. 165-89. (Coleção)

RÉGNIER, G.; SALMELA, J.; RUSSELL, S. J. Talent detection and development in sport. In: R. N. SINGER et al (Ed.). **Handbook of research in sport psychology,** New York: [s/ed.], 1993.

RÚBIO, K. A história de vida como método e instrumento para a apreensão do imaginário esportivo contemporâneo. **Motus Corporis**, Rio de Janeiro, v. 10, n. 1, p. 30-48, maio, 2003.

SCHNEIDER, W. The impact of expertise on performance: illustrations from developmental research on memory and sports. **High Abil. Stud.**, v. 8, p. 7-18, 1997.

SENF, G. Eignungsdiagnostik-und Normprograme fur die prozeBbegleitende Auswahl im Verlauf des Grundlagentrainings-Grundlagen sportartspezifischer Auswahl. **Theor. Praxis. Körperkult.**, v. 39, n. 1, p. 21-6, 1990.

SILVA, L. R. R. Iniciação Esportiva: características interdisciplinares do treinamento nas categorias de base (Parte II – Técnica e Tática). São Paulo, **Rev. Vôlei,** v. 1, n. 2, 2004.

SIMONEAU, J. A. et al. Inheritance of human skeletal muscle and aerobic capacity adaptation to high intensity intermittent training. **Inter. J. Sport Med.**, Stuttgard, n. 7, p.167-71, 1986.

O Talento Esportivo: Reflexões e Perspectivas

SINGER, R. N.; JANELLE, C. M. Determining sport expertise: from genes to supremes. **Inter. J. Sport Psychol.**, Rome, v. 30, p. 117-50, 1999.

STARKES, J. L.; ALLARD, F. (Ed.). **Cognitive issues in motor expertise.** [S. l.]: Elsevier Publishers, 1993.

STARKES, J. L.; DEAKIN, J. M. Perception in sport: a cognitive approach to skilled performance. In: STRAUB, W. F.; WILLIAMS, J. M. (Ed.). **Cognitive sport psychology**. Lansing, NY: Sport Science Associates, 1985.

STERNBERG, R. J. Procedures for identify intellectual potential in the gifted: a perspective on alternative metaphors in mind. In:. HELLER, A.; MÖNKS, F. J.; PASSOW, A. H. (Ed.). **International handbook of research and development of giftedness and talent**. Pergamon, 1993.

THOMAS, J. R.; NELSON, J. K. **Research methods in physical activity**. 3. ed. Champaign: Human Kinetics, 1995.

WINNER, E.; MARTINO, G. Giftedness in visual art and music. In: HELLER, K. A.; PASSOW, A. H. (Ed.). **International handbook of research and development of giftedness and talent**. Pergamon, 1993.

13

O Fenômeno da Compensação: É Possível Fazer a Detecção e a Seleção de Talentos?

Luiz Roberto Rigolin da Silva

O desempenho esportivo é um tema de estudo que tem despertado o interesse da comunidade científica na área de Educação Física (Kiss et al., 2004); Beyer (1987) o define como o melhor resultado pessoal que um praticante consegue obter em uma modalidade esportiva. Para Martin, Carl e Lehmertz (2001, p. 26) é o resultado de uma atividade esportiva, que por meio de uma competição com regras previamente estabelecidas, revela uma especialidade motora.

Independentemente da definição adotada, dois aspectos citados por Martin et al. (1999 apud Böhme 2002, p. 112), para auxiliar o monitoramento do treinamento em longo prazo, podem ser utilizados como parâmetro na análise das características que compõem o desempenho esportivo: a) capacidade de desempenho, que pode ser constatada por meio da observação e da mensuração de seus componentes nas diversas modalidades esportivas e b) pressupostos individuais de desempenho, que são os aspectos e o potencial de adaptação genéticos e fenotípicos disponíveis no organismo do indivíduo, que possibilitam a realização de desempenhos esportivos.

A avaliação dos componentes do desempenho nas diferentes modalidades esportivas é realizada por meio da mensuração e da análise de fatores constitucionais, neuromotores e psicológicos que o compõem. Consequentemente, os pressupostos individuais de desempenho esportivo são elaborados por meio dos fatores identificados anteriormente (Martin et al., 1999 apud Böhme, 2002, p. 112). Em outras palavras, é necessário entender quais são os fatores inerentes ao desempenho esportivo de cada modalidade esportiva para que, em seguida, os indivíduos que apresentarem determinadas características, sejam direcionados para as suas respectivas modalidades esportivas.

O estudo dos pressupostos individuais está intrinsecamente associado ao talento esportivo, que pode ser exemplificado como o indivíduo que, por meio de suas condições herdadas e adquiridas, possui uma aptidão especial para o desempenho esportivo acima da população em geral.

No processo de desenvolvimento de um talento esportivo, três termos são utilizados:

a) *Detecção* de talentos, que se refere à tentativa de encontrar características inatas, ou com o efeito do desenvolvimento e do treinamento, por meio de características morfológicas e funcionais (Régnier et al., 1993);

b) *Seleção* de talentos, que se refere aos meios utilizados para determinar os indivíduos que possuem condições de passar para um nível superior durante o treinamento em longo prazo (Böhme, 1999; 2002);

c) *Promoção* de talentos, que se refere a todas as medidas objetivas que favorecem o desenvolvimento de jovens talentosos em um determinado tipo de modalidade esportiva (Böhme, 1999; 2002).

Para que os processos de *detecção, seleção e promoção* do talento esportivo sejam efetivos, é preciso distinguir o nível de desempenho do indivíduo, que pode ser: escolar, municipal, estadual, nacional e internacional (Böhme, 1994; 1999 e Massa, 1999). No entanto, um jovem praticante que foi considerado talento em um nível escolar ou em idades precoces, pode não alcançar o alto nível (nacional ou internacional). Sendo assim, para distinguir o nível de desempenho esportivo do praticante e evitar que a *detecção, seleção e promoção* do talento sejam equivocadas, é preciso que referenciais sejam elaborados.

O Fenômeno da Compensação: É Possível Fazer a Detecção e a Seleção de Talentos?

De acordo com Hebbelinck (1989) e Régnier, Salmela e Russell (1993), os referenciais são elaborados por meio de fatores antropométricos, físicos, sociais, psicológicos e genéticos, e devem estar associados ao nível de desempenho esportivo e à idade biológica. A elaboração de referenciais é um tema polêmico e controverso. Matsudo (1999) afirma ser possível elaborar referencias que permitam a diferenciação de níveis de desempenho esportivo, no entanto, uma questão importante deve ser feita: será que os atletas precisam, necessariamente, apresentar as mesmas características para praticar o mesmo nível de desempenho esportivo?

Segundo Araújo (2004), atletas com características diferentes são capazes de apresentar o mesmo nível de desempenho esportivo, o que Régnier, Salmela e Russell (1993) chamaram de fenômeno de compensação. Algumas características podem apresentar escores abaixo do esperado em seu nível de desempenho esportivo e serem compensadas por outras que estão acima. Esse tema foi discutido por Calvo (2003) e Singer e Janelle (1999); no entanto, com exceção das citações feitas por Bartmus Neumann e Maréss (1987) sobre o *fenômeno da compensação* em tenistas e, por Pettenburg et al. (1984) e Calderone et al. (1987) sobre o *fenômeno da compensação* em ginastas, não foram encontradas pesquisas que verificassem sua existência em outras modalidades esportivas.[1]

A compreensão do *fenômeno da compensação* é importante para a comunidade científica que estuda o talento esportivo, pois se comprovada a sua manifestação em atletas de mesmo nível de desempenho esportivo, algumas discussões precisariam ser feitas. A primeira seria sobre a elaboração de critérios de desempenho esportivo por meio da combinação das características e não apenas por características que são consideradas determinantes para a modalidade esportiva. A segunda seria sobre os critérios de exclusão de um atleta na *detecção* e na *seleção* de talentos, já que algumas variáveis poderiam apresentar escores abaixo do esperado para um determinado nível de desempenho esportivo. Assim, o objetivo dessa pesquisa foi verificar a existência do *fenômeno da compensação* em atletas infantojuvenis e adultas de voleibol feminino por meio de aspectos antropométricos, de aptidão física e psicossociais.

---

[1] Um adendo importante é que as pesquisas que visam elaborar referenciais de desempenho esportivo, geralmente, são realizadas de maneira especializada e fragmentada, nas quais o fenômeno da compensação não pode ser identificado, pois diversos tipos de características (antropométricas, de aptidão física e psicossociais) precisam ser comparadas para que seja possível verificar se atletas de mesmo nível de desempenho esportivo são similares ou não. A solução para essa problemática está no delineamento de pesquisas mais abrangentes como a multidisciplinar, a interdisciplinar e a transdisciplinar, que visam a comparação, a relação, a integração e a conexão das características estudadas.

Materiais e Métodos

Para que o *fenômeno da compensação* pudesse ser mais bem compreendido, utilizou-se o método empírico, com o delineamento transversal, a análise descritiva dos dados e a comparação das características que compuseram a pesquisa.

Amostra

A amostra foi composta de forma intencional por 6 atletas de voleibol adultas que atuavam como atacantes (grupo A - idade média de 26,7 ± 3,9) e 6 atletas infantojuvenis que atuavam, também, como atacantes (grupo B - idade média de 14,8 ± 0,4).As atletas do grupo A participaram do campeonato da Superliga de voleibol em 2001 e 2002; o campeonato foi considerado a melhor competição da modalidade no país e uma das melhores do mundo. Assim, foi escolhida a equipe de Campos (RJ) que ficou em terceiro lugar. Foram selecionadas, para o grupo A, 3 atacantes de meio, 2 atacantes de ponta e 1 atacante oposta, as atletas eram titulares (ou primeira reserva) na equipe e todas haviam sido convocadas para a *Seleção* Brasileira Adulta em 2001, essas atletas foram avaliadas em abril de 2002.

As atletas do grupo B participaram do campeonato Sul-Americano no Equador, em 2004, e o campeonato foi seletivo para o Mundial que aconteceu na China em 2005. A equipe brasileira foi campeã Sul-Americana e Mundial da categoria; foram selecionadas, para o grupo B, 3 atacantes de ponta, 2 atacantes de meio e 1 atacante oposta. As atletas eram titulares (ou primeira reserva) na equipe e foram avaliadas em janeiro de 2004.

Tanto no caso do grupo A como do grupo B não foram utilizadas atletas que atuavam na posição de levantadora ou líbero, para que possíveis diferenças quanto à posição de jogo não fossem utilizadas como limitação da pesquisa.

O Fenômeno da Compensação: É Possível Fazer a Detecção e a Seleção de Talentos?

Variáveis do estudo

Foram realizadas medidas antropométricas, de aptidão física e psicossociais.

Medidas antropométricas relativas ao peso e à proporcionalidade, às dobras cutâneas e ao somatotipo de Heath e Carter

As medidas antropométricas referentes ao peso e à proporcionalidade foram mensuradas considerando-se o padrão, *International Society for the Advancement of Kinanthropometry* (ISAK) (Norton e Olds, 1996): peso corporal (P) (kg), estatura (E) (cm), altura total (ATT) (cm), altura tronco-cefálica (ATC) (cm), envergadura (ENV) (cm), comprimento de membros superiores (CMS) (cm), comprimento de membros inferiores (CMI) (cm), circunferência de braço contraído (CBC) (cm), circunferência de perna (CP) (cm), diâmetro de úmero (DU) (cm) e diâmetro de fêmur (DF) (cm).

As dobras cutâneas foram tomadas de acordo com o padrão, *International Society for the Advancement of Kinanthropometry* (ISAK) e (Norton e Olds, 1996): tricipital, subescapular, supraespinhal, abdominal, coxa e perna. As seis dobras cutâneas fizeram parte do estudo por meio de um somatório (SD).

As medidas utilizadas para a composição do somatotipo de Heath e Carter foram: estatura; peso; as dobras tricipital, subescapular, supraespinhal e da perna; os diâmetros de úmero e de fêmur; as circunferências de braço contraído e da perna. Os componentes do somatotipo considerados foram: endomorfia, mesomorfia e ectomorfia (Carter, 1982).

Medidas de aptidão física relativas à força de membros inferiores (a e b) à agilidade (c) e ao consumo máximo de oxigênio (d)

a) Salto vertical com auxílio dos membros superiores (SVC) (cm) (Bosco et al., 1995; Ugrinowitsch, 1997). Para algumas discussões foi utilizada a medida de altura de alcance no salto vertical (AAS), que é o resultado da soma do salto vertical com auxílio dos membros superiores (SVC) com a altura total (ATT).

b) Salto horizontal com os dois pés (SH) (cm) - (Safrit, 1995).

c) Agilidade - *Shuttle Run* (AG) (s) - (Safrit, 1995).

d) Teste de Léger (VO$_2$) - (Léger et al., 1988).

Medidas psicossociais relativas ao apoio familiar e aos anos de treino:

a) Questionário do apoio Familiar (QAF). O questionário tratou da relação da família com as questões esportivas da atleta. A escala foi separada por quatro graus: (0) falta de apoio, (1) pouco apoio, (2) apoio satisfatório e (3) muito apoio. A atleta escolheu um dos graus da escala para cada item e completou o questionário (Samulski, 2000).

b) Questionário dos anos de treino e idade de início no voleibol (QAI). A atleta descreveu quando começou a jogar voleibol. Foi considerada a iniciação esportiva, somente no voleibol, em escolas ou clubes. (adaptado Petitpas et al., 1997).

Análise dos dados

Os dados foram analisados em quatro etapas diferentes:

a) Na primeira etapa, foi realizada a análise descritiva de todas as variáveis quantitativas dos dois grupos. O objetivo da primeira etapa da análise foi discutir as diferenças intragrupos em razão do coeficiente de variação em cada variável quantitativa e da análise do somatotipo (Cunha, 1978; Mathews, 1980).

b) Na segunda etapa, analisou-se primeiro as variáveis qualitativas (escala de 0 a 3) quanto à frequência de resposta, e as escalas foram somadas para se formar um escore referente ao apoio familiar (considerou-se que os itens do questionário do apoio familiar em conjunto refletiriam quantitativamente um menor ou maior apoio familiar). Depois, foram analisados os resultados do questionário sobre os anos de treino e idade de início no voleibol que as atletas de cada grupo obtiveram. O objetivo dessa etapa foi discutir as diferenças intragrupos em razão das frequências de respostas utilizadas nos questionários qualitativos (Pereira, 2001) e comparar os anos de treinamento intragrupos para verificar se atletas possuíam ou não o mesmo tempo de treinamento de acordo com a teoria de *prática deliberada* de Ericsson, Kramp e Tesch-Römer (1993)(Capítulo 12).

c) Na terceira etapa, foram calculados os escores padronizados que as atletas de cada grupo obtiveram em cada variável (escore individual do teste, menos o valor da média, dividido pelo desvio-padrão, Mathews, 1980). O objetivo dessa etapa foi elaborar os perfis intragrupos das atletas por meio da associação das variáveis e compará-los individualmente, para que fosse possível verificar quais eram as combinações das características de cada atleta. As classificações adotadas para a composição do perfil de cada atleta foram:

- *Boa*: melhor escore e/ou o desvio-padrão teria de ser acima de um positivo;
- *Mediana*: entre um desvio-padrão negativo ou positivo;
- *Ruim*: pior escore e/ou o desvio-padrão teria de ser abaixo de um negativo.

Os grupos da amostra eram muito homogêneos. Assim, essas classificações foram adotadas em razão de entender-se que acima ou abaixo de um desvio-padrão seriam valores extremos (estariam fora de um espaço que compreende 68,3% de sua população) e entre um desvio-padrão negativo e positivo seriam valores medianos (estariam dentro de um espaço que compreende 68,3% de sua população) (Cunha, 1978; Mathews, 1980).

d) Na quarta etapa, foi realizada a simulação de uma *seleção* de talentos. As atletas do grupo A foram comparadas, por meio da estatura e do salto vertical com auxílio dos membros superiores, com a média de uma equipe adulta de alto nível (n = 10/ idade média de 25,1 ± 3,3) que disputou o campeonato da Superliga de voleibol em 1999 e 2000 e foi terceira colocada também. As atletas do grupo B foram comparadas, por meio da estatura e do salto vertical com auxílio dos membros superiores, com a média das atletas que foram convocadas para a *seleção* brasileira infantoju-venil, mas não foram selecionadas entre as 12 (n= 27/idade média 15,0 ± 0,5) que fizeram parte da equipe no campeonato Sul-Americano em 2004.

Tanto no caso das atletas adultas quanto no das infantojuvenis, que serviram para a elaboração da média, não foram consideradas as levantadoras e as líberos. O objetivo da quarta etapa de análise foi verificar a efetividade da elaboração de critérios de desempenho esportivo para a *detecção* e *seleção* de talentos utilizando-se: a) duas características con-sideradas determinantes para o voleibol (estatura e salto vertical) e b) a utilização do va-lor de média (só foram consideradas selecionadas as atletas que estavam acima da média).

Nas discussões dos resultados, o desempenho esportivo individual foi utiliza-do como parâmetro de comparação intragrupos. Para as atletas do grupo A, foi uti-lizado como critério a pontuação que a atleta possuía no *ranking* em 2002 e 2003 da Confederação Brasileira de Voleibol (CBV). O *ranking* separa as atletas em razão do nível técnico apresentado na temporada anterior, utilizando como base as sugestões técnicas dos clubes e as estatísticas da CBV. As atletas podem ter de 0 a 7 pontos no *ranking*, e cada equipe pode contar, no máximo, com 32 e, no mínimo, com 7 pontos, na soma de todas as suas atletas. Não pode haver mais do que 2 jogadoras de 7 pon-tos na equipe, pois essas são consideradas as melhores atletas do país. O objetivo da CBV em pontuar as atletas é manter o equilíbrio técnico-tático da competição inde-pendente do investimento financeiro feito pelas equipes.

Para as atletas do grupo B, foram utilizados como critério os títulos individuais conquistados durante o campeonato Sul-Americano em 2004. Os títulos individuais fo-ram indicados de acordo as estatísticas realizadas pela Confederação Sul-Americana de Voleibol (CSV) durante os torneios e de acordo e com as análises realizadas pelos consultores técnicos da CSV.

Não foi objetivo dessa pesquisa comparar o desempenho esportivo de atletas de diferentes faixas etárias (grupos A e B) por meio de variáveis antropométricas de aptidão física e psicossociais. Os grupos A e B foram utilizados com o intuito de se verificar se o *fenômeno da compensação* pode ocorrer em diferentes faixas etárias. As-sim, as discussões vindouras poderão ser feitas por meio da comparação intergrupos, mas apenas no que se refere ao *fenômeno da compensação*.

Esses materiais e métodos foram empregados para que fosse possível identificar o quanto cada atleta era similar ou distinta em relação às outras que faziam parte do mesmo nível de desempenho esportivo e quais as combinações de suas características. O *fenômeno da compensação* foi discutido em razão de similaridades e diferenças individuais e das combinações elaboradas.

Delimitações da pesquisa

A amostra utilizada na pesquisa restringiu-se a 6 atletas no nível de seleção brasileira adulta e 6 no nível de seleção brasileira infantojuvenil,[2] que foram selecionadas intencionalmente para que o nível de desempenho esportivo de cada faixa etária fosse o mais homogêneo possível. Foram utilizadas variáveis antropométricas, de aptidão física e psicossociais considerando-se as sugestões da literatura para o voleibol e a possibilidade de se verificar o *fenômeno da compensação*.

Limitações da pesquisa

Essa pesquisa não utilizou testes que mensurassem a habilidade motora e a cognição das atletas e entrevistas ou testes psicológicos que mensurassem a motivação, a ansiedade e o estresse. Não foi realizada a avaliação da maturação biológica nas atletas infantojuvenis, mas de qualquer forma, foi perguntado a elas sobre a menarca, e todas já haviam tido. No questionário sobre os anos de prática e a idade de início do voleibol, não foi considerada a qualidade e as horas de prática. As discussões não puderam ser mais extensas, pois não foi possível identificar outras pesquisas que dissertassem sobre esse tema no voleibol.

---

[2] O tamanho da amostra não é o que mais limitou as inferências, mas as outras características que não foram utilizadas. A amostra selecionada, mesmo que pequena, representava 30% da população de atletas adultas do nível de seleção brasileira no caso do grupo A, já que continha seis atletas atacantes convocadas para a seleção brasileira em 2001 (das vinte convocadas), assim como representava 16% da população de atletas infantojuvenis em nível de seleção brasileira no caso do grupo B, já que, também, continha 6 atletas atacantes, que eram titulares ou primeira reserva da seleção brasileira infantojuvenil em 2004 (das 37 convocadas).

Desempenho Esportivo:
Treinamento com crianças e adolescentes

Resultados e Discussão

Análise descritiva das medidas antropométricas, de aptidão física e do somatotipo

Nas Tabelas 13.1 e 13.2 são apresentados os resultados do grupo A e B nas variáveis antropométricas.

A variação na idade do grupo A é esperada, pois na categoria adulta pode haver atletas jovens, que acabaram de sair da categoria juvenil, e atletas mais velhas. O voleibol é uma modalidade esportiva em que é comum encontrar atletas em atividade na faixa etária de trinta anos.

As medidas que se referem à proporcionalidade (estatura, altura total, envergadura, altura tronco-cefálico e comprimentos de membros superiores e inferiores) apresentaram uma baixa variação nos dois grupos (até 4%), mas a medida referente à composição corporal (somatório de dobras cutâneas) apresentou uma variação mais elevada (22% grupo A e 13% grupo B). De acordo com Cunha (1978), o coeficiente de variação acima de 30% no campo biológico não é comum e uma variável como o peso corporal costuma apresentar 13% de variação na população normal. Assim, os resultados apresentados nas Tabelas 13.1 e 13.2 estão dentro do esperado. No entanto, segundo a mesma autora, o coeficiente de variação tem de ser analisado, também, de acordo com a comparação da variação de outras características que compõem o objeto estudado.

As dobras cutâneas comumente apresentam uma variação maior que outras variáveis antropométricas, mas a amostra em questão era muito homogênea para que a variância fosse de 22% para o grupo A e de 13% para o grupo B. A diferença entre o menor (47,7 mm) e o maior (91,7 mm) valor da soma das seis dobras cutâneas no grupo A foi quase o dobro um do outro e a diferença no grupo B foi de 30 mm. Considerando-se o coeficiente de variação e a diferença entre o menor e o maior resultado encontrado nos dois grupos, as dobras cutâneas não deveriam ser utilizadas como critério de desempenho esportivo no voleibol.

478

Tabela 13.1 – Média, desvio-padrão, valores mínimo e máximo e amplitude e coeficiente de variação das variáveis antropométricas do grupo A

Variáveis	Média	Desvio--padrão	Valor máximo	Valor mínimo	Amplitude de varia-ção	Coeficiente de variação
I (anos)	25,7	3,9	30	21	9	0,15
E (cm)	190,8	3,5	197	187	10	0,01
ATT (cm)	246,3	4,3	253	240	13	0,01
ATC (cm)	96,4	0,8	98	96	2	0,00
ENV (cm)	190	3,9	196	185	11	0,02
CMS (cm)	82,1	2,1	83	78	5	0,02
CMI (cm)	94,4	3,7	101	90	11	0,03
SD (mm)	52,2	11,8	74,2	40,7	33,5	0,22

I = idade, E = estatura, ATT = altura total, ATC = altura tronco-cefálica, ENV = envergadura, CMS = comprimento de membros superiores, CMI = comprimento de membros inferiores, SD = somatório das 6 dobras cutâneas.

Tabela 13.2 – Média, desvio-padrão, valores mínimo e máximo e amplitude e coeficiente de variação das variáveis antropométricas do grupo B

Variáveis	Média	Desvio--padrão	Valor máximo	Valor mínimo	Amplitude de variação	Coeficiente de variação
I (anos)	14,8	0,4	15	14	1	0,02
E (cm)	184,6	4,7	191	178	13	0,02
ATT (cm)	238,3	6,65	244	227	17	0,02
ATC (cm)	95	1,9	98	93	5	0,02
ENV (cm)	184,7	5,2	189	176	13	0,02
CMS (cm)	78,7	3	81	73	8	0,03
CMI (cm)	89,6	4,2	95	84	11	0,04
SD (mm)	79,7	10,5	96	66	30	0,13

I = idade, E = estatura, ATT = altura total, ATC = altura tronco-cefálica, ENV = envergadura, CMS = comprimento de membros superiores, CMI = comprimento de membros inferiores, SD = somatório das 6 dobras cutâneas.

Desempenho Esportivo:
Treinamento com crianças e adolescentes

Os resultados do somatório de dobras cutâneas encontrados nesse estudo corroboram os dados analisados por Smith, Roberts e Watson (1992). Os autores não encontraram diferença estatística significativa entre duas equipes canadenses de voleibol masculino. Uma equipe era composta por jogadores universitários e a outra por jogadores da Seleção Canadense, ou seja, as dobras cutâneas não serviram para discriminar os dois níveis de desempenho, também em equipes masculinas.

Nas Tabelas 13.3 e 13.4 são apresentados os resultados dos grupos A e B na análise do somatotipo.

Tabela 13.3 – O somatotipo das atletas do grupo A

Atletas/Componente	Endomorfia	Mesomorfia	Ectomorfia
Ponta 1	1,8	2,5	4,2
Ponta 2	1,2	1,3	6,2
Meio 1	1,4	2,3	4,1
Meio 2	1,6	2,5	4,2
Meio 3	3,0	2,0	4,4
Oposta	1,8	2,8	3,9
Média	1,8	2,2	4,5
Desvio-padrão	0,63	0,52	0,84

Tabela 13.4 – O somatotipo das atletas do grupo B

Atletas/Componentes	Endomorfia	Mesomorfia	Ectomorfia
Ponta 1	3,5	3,6	3,0
Ponta 2	2,4	2,2	4,3
Ponta 3	3,5	3,5	2,7
Meio 1	3,0	1,7	4,4
Meio 2	2,0	0,6	5,7
Oposta	3,4	4,2	2,1
Média	2,96	2,63	3,70
Desvio-padrão	0,63	1,36	1,33

O somatotipo das atletas ponta 1 e 2, meio 1 e 2 e oposta do grupo A, apresentaram o maior valor para a ectomorfia, seguido pela mesomorfia. A atleta de meio 3 também apresentou o valor mais alto para a ectomorfia, mas a mesomorfia e a endomorfia trocam de posição em relação às outras atletas.

No grupo B foi possível identificar 3 somatotipos diferentes. As atletas ponta 1 e oposta possuíam o maior valor para a mesomorfia, seguido da endomorfia. As atletas meio 1 e 2 e ponta 2 para a ectomorfia, seguido da endomorfia. Já para a atleta Ponta 3, os valores para a mesomorfia e endomorfia eram similares.

Esses resultados evidenciam que o somatotipo das atletas do grupo A foi mais similar que as atletas do grupo B, possivelmente porque as atletas do grupo B estavam em fase de formação e ainda não tinham o biótipo completamente definido. Todavia, em ambos os grupos existem atletas com somatotipos diferentes, logo, não seria possível afirmar que existe somente um tipo de somatotipo para atletas de voleibol que atuam como atacantes. Tendo em vista as diferentes formas dos somatotipos encontrados nessa amostra, seria coerente afirmar que o somatotipo também não deveria ser utilizado como critério de desempenho esportivo no voleibol.

Quanto à aptidão física das atletas, nas Tabelas 13.5 e 13.6 são apresentados os resultados dos grupos A e B das variáveis que fizeram parte do estudo.

Tabela 13.5 – Média, desvio-padrão, valores mínimo e máximo e amplitude e coeficiente de variação das variáveis de aptidão física do grupo A

Variáveis	Média	Desvio-padrão	Valor máximo	Valor mínimo	Amplitude de variação	Coeficiente de variação
AAS (cm)	291,3	5,2	296	281	15	0,01
SVC (cm)	45	6,3	54	37	17	0,14
SH (cm)	220,8	0,2	249	193	56	0,09
AG (s)	9,9	0,3	10,3	9,4	0,9	0,03
VO_2 (ml.kg.min)	42,1	3,5	47,7	38,7	9	0,08

AAS = altura de alcance no salto vertical, SVC = salto vertical com auxílio dos membros superiores, SH = salto horizontal, AG = agilidade shuttle run, Vo_2 = consumo máximo de oxigênio.

Tabela 13.6 – Média, desvio-padrão, valores mínimo e máximo e amplitude e coeficiente de variação das variáveis de aptidão física do grupo B

Variáveis	Média	Desvio-padrão	Valor máximo	Valor mínimo	Amplitude de variação	Coeficiente de variação
AAS (cm)	284,7	7,1	294	274	20	0,02
SVC (cm)	46,3	5,7	51	36	15	0,12
SH (cm)	198	23,1	228	170	58	0,11
AG (s)	10,2	0,4	10,7	9,7	1	0,03
VO_2 (ml.kg.min)	32,1	2,6	35,6	27,8	7,8	0,08

Os testes de aptidão física que apresentaram uma baixa variação para ambos os grupos foram a agilidade e o consumo máximo de oxigênio (até 8%). No entanto, os testes salto vertical com auxílio dos membros superiores e o salto horizontal, apresentaram variações mais elevadas (de 8% a 14%). O que chama mais a atenção é o coeficiente de variação do salto vertical com auxílio dos membros superiores, que foi de 14% para o grupo A e de 12% para o grupo B. Levando-se em consideração o valor do coeficiente de variação para ambos os grupos, não seria correto utilizar essa capacidade motora como critério de desempenho esportivo para o voleibol, mas, de acordo com Spence et al. (1980); Fleck et al. (1985); Silva e Rivet (1988); Matsushigue (1996) e Ugrinowitsch (1997), as ações de ataque e bloqueio (que envolvem saltos verticais) são primordiais para essa modalidade esportiva. Os autores afirmaram que as equipes que possuírem melhor eficiência nesses fundamentos podem levar grande vantagem sobre outras. Assim, no caso dessa pesquisa, outras características como a estatura ou a altura total (E - ATT / Tabelas 13.1 e 13.2) poderiam estar compensando o salto vertical, pois no ataque e no bloqueio não é considerado somente o salto vertical, mas também a altura total. Essas duas variáveis (ATT e SVC) associadas resultam na altura de alcance no salto vertical (AAS), que apresentou uma variação de apenas 1% para o grupo A e 2% para o grupo B. Considerando-se a baixa variação da altura de alcance no salto vertical, verifica-se o *fenômeno da compensação*, ou seja, algumas atletas que possuíam um salto vertical mais baixo, o compensavam com uma altura total mais elevada e vice-versa. No entanto, apesar do coeficiente de variação ter sido menor, ainda existe uma diferença de 15 cm entre o menor e o maior escore na altura de alcance no salto vertical do grupo A e de 20 cm no grupo B. Essa diferença abre uma questão importante: em alguns casos, mesmo as variáveis consideradas determinantes para o voleibol (ATT e SVC) podem ser compensadas por outras variáveis como, por exemplo, a habilidade motora e a cognição.

Com relação ao salto horizontal, as atletas que costumam atacar do fundo de quadra (atrás da linha dos três metros ou no saque *viagem*) são as que mais necessitam dessa capacidade motora, pois ela as auxilia a atacar a bola mais próxima à rede. No voleibol feminino não são todas as atacantes que têm essa função, portanto, ela não é determinante para todas as atacantes e seria passível de apresentar uma variação de 8% para o grupo A e 11% para o grupo B.

Nessa pesquisa, o somatório de dobras cutâneas e o salto vertical com auxílio dos membros superiores apresentaram um coeficiente de variação mais alto, mas em outros estudos, em razão do *fenômeno da compensação*, pode ser que outras variáveis apresentem coeficientes altos e que essas duas características apresentem coeficientes mais baixos. Assim, nos processos de *detecção, seleção* e *promoção* do talento esportivo é preciso considerar como critério de desempenho esportivo as combinações das variáveis e não somente algumas características isoladamente.

Descrição dos aspectos psicossociais e análise do questionário sobre os anos de treino

Nas Tabelas 13.7 e 13.8 são apresentadas as frequências das respostas dos itens do questionário do apoio familiar em ambos os grupos.

Tabela 13.7 – Frequência de respostas do questionário do apoio familiar do grupo A

Tipos de Apoio	0	1	2	3
Apoio financeiro	6	-	-	-
Transporte para treino	6	-	-	-
Transporte para competição	6	-	-	-
Incentivo para treinar e competir		-	-	6
Acompanhamento e apoio na competição	1	-	-	5
Ajuda em situações de fracassos	-	-	-	6
Apoio em situações de lesões	-	-	-	6
Apoio nos estudos	6	-	-	-
Conversa sobre problemas gerais	-	-	2	4
Acompanhamento das dietas alimentares	1	1	1	3
Compreensão pelos momentos de ausência	-	-	-	6

Desempenho Esportivo:
Treinamento com crianças e adolescentes

Tabela 13.8 – Frequência de respostas do questionário do apoio familiar do grupo B

Tipos de Apoio	0	1	2	3
Apoio financeiro	-	-	4	2
Transporte para treino	-	-	4	2
Transporte para competição	-	-	2	4
Incentivo para treinar e competir	-	-	-	6
Acompanhamento e apoio na competição	-	1	1	4
Ajuda em situações de fracassos	-	-	1	5
Apoio em situações de lesões	-	1	-	5
Apoio nos estudos	-	-	1	5
Conversa sobre problemas gerais	-	1	3	2
Acompanhamento das dietas alimentares	-	3	2	1
Compreensão pelos momentos de ausência	-	-	4	2

Tabela 13.9 – Escores do questionário do apoio familiar do grupo A

Tipos de Apoio	P1	P2	M1	M2	M3	O
Apoio financeiro	0	0	0	0	0	0
Transporte para treino	0	0	0	0	0	0
Transporte para competição	0	0	0	0	0	0
Incentivo para treinar e competir	3	3	3	3	3	3
Acompanhamento e apoio na competição	0	3	3	3	3	3
Ajuda em situações de fracassos	3	3	3	3	3	3
Apoio em situações de lesões	3	3	3	3	3	3
Apoio nos estudos	0	0	0	0	0	0
Conversa sobre problemas gerais	2	3	3	2	3	3
Acompanhamento das dietas alimentares	0	3	3	2	3	1
Compreensão pelos momentos de ausência	3	3	3	3	3	3
Escore apoio familiar	14	21	21	19	21	19

P1 = Ponta 1, P2 = Ponta 2, M1 = Meio 1, M2 = Meio 2, M3 = Meio 3 e O = Oposta.

O Fenômeno da Compensação: É Possível Fazer a Detecção e a Seleção de Talentos?

Autores como Bloom (1985), Csikszentmihalyi, Rathunde e Whalen (1997), Ericsson, Krampe e Tesch-Römer (1993), McGown, Fronske e Moser, (2001, p. 240-4) e Weiss e Koppers (1982) afirmaram que o apoio familiar é fundamental para que um jovem atleta se torne um futuro talento esportivo. Contudo, as diferenças encontradas no somatório das escalas entre as atletas nos dois grupos não corroboram a afirmação desses autores, já que não foram todas as atletas que utilizaram em todos os itens do questionário as escalas 2 e 3 (maiores) e consequentemente tiveram um somatório menor. No caso dessas atletas, acredita-se que algumas características emocionais como a determinação e a perseverança, citadas por Holt e Morley (2004), ou o apoio de professores, técnicos e amigos, poderiam compensar o menor apoio familiar. Contudo, independentemente da determinação, da perseverança e do apoio de outras pessoas, se uma atleta tiver facilidade para o aprendizado técnico, tático, cognitivo e físico; não for estressada e ansiosa em demasia e o clube em que joga possuir estrutura para mantê-la socialmente durante sua formação, ela poderia dar sequência à sua carreira e se tornar uma atleta de talento reconhecido sem que tenha tido o apoio familiar.

Tabela 13.10 – Escores formados no questionário do apoio familiar do grupo B

Tipos de Apoio	P1	P2	P3	M1	M2	O
Apoio financeiro	2	2	3	3	2	2
Transporte para treino	2	2	3	2	3	2
Transporte para competição	2	2	3	3	3	3
Incentivo para treinar e competir	3	3	3	3	3	3
Acompanhamento e apoio na competição	1	3	3	3	3	2
Ajuda em situações de fracassos	2	3	3	3	3	3
Apoio em situações de lesões	1	3	3	3	3	3
Apoio nos estudos	2	3	3	3	3	3
Conversa sobre problemas gerais	2	1	3	2	3	2
Acompanhamento das dietas alimentares	1	1	2	2	1	3
Compreensão pelos momentos de ausência	2	3	3	2	2	2
Escore apoio familiar	20	26	32	29	29	28

P1 = Ponta 1, P2 = Ponta 2, P3= Ponta 3, M1= Meio 1, M2= Meio 2 e O=Oposta

Desempenho Esportivo:
Treinamento com crianças e adolescentes

No questionário referente ao apoio familiar, entenda-se que quanto maior o valor da escala, maior o referido apoio. No grupo A, é possível observar que apenas três itens apresentaram variação na frequência das respostas: *acompanhamento das dietas alimentares* (4 escalas), *acompanhamento e apoio na competição* (2 escalas) e *conversa sobre problemas gerais* (2 escalas). Já no grupo B, somente um item não apresentou variação na frequência de resposta: *incentivo para treinar e competir.* Todos os outros itens apresentaram de 2 a 3 frequências de resposta diferentes.

Uma questão importante na discussão dos dois grupos é que ficam caracterizadas as fases de desenvolvimento do talento esportivo sugeridas por Bloom (1985, Capítulo 12), quando nos anos iniciais e intermediários de aprendizagem as atletas contavam com o apoio financeiro e com o incentivo para estudar provenientes dos pais (grupo B). Já nos anos finais de aprendizagem, os atletas se emancipavam financeiramente (grupo A). Os itens *apoio financeiro, transporte para treino* e *transporte para competição* tiveram escalas 2 ou 3 para as atletas do grupo B e todas as atletas do grupo A utilizaram a escala 0, pois essas últimas eram emancipadas financeiramente. No item *apoio nos estudos*, as atletas do grupo B utilizaram as escalas 2 ou 3, já no grupo A, só foi utilizada a escala 0, porque as atletas adultas consideraram ser quase impossível encontrar tempo para estudar por causa do calendário extenso de treinos e jogos. Dessa forma, não adiantaria o apoio dos pais.

Apesar do grupo A apresentar uma menor diferença entre as atletas que o grupo B, esses resultados sugerem que o apoio familiar não foi similar para as atletas de ambos os grupos. De acordo com os resultados apresentados nas Tabelas 13.9 e 13.10, ficam ainda mais evidenciadas essas diferenças, já que no grupo A, o maior somatório foi de 21, e o menor, de 14, enquanto que no grupo B, o maior somatório foi de 32, e o menor, de 20; em um valor máximo a ser estimado de 33.

Ainda sobre as discussões de características psicossociais, Da Matta (2004) e Ericsson, Krampe Tesch-Römer (1993) asseveraram que as horas de prática são determinantes para se alcançar o alto nível e para diferenciar níveis de desempenho esportivo. No entanto, essa pesquisa não conseguiu evidenciar essas afirmações, já que os resultados apresentados nas Tabelas e 13.11 e 13.12 demonstram que as atletas do grupo A apresentaram até 12 anos de diferença no tempo de treinamento e as atletas do grupo B, 4 anos.

No grupo A, em razão das diferenças de idade, é preciso separar as atletas em dois subgrupos diferentes: o das atletas de 26 a 30 anos de idade (grupo A1) e o das atletas de 21 anos de idade (grupo A2). No grupo A1 existe uma diferença de até nove anos de prática en-

Tabela 13.11 – Tempo de treinamento em anos do grupo A

Variáveis	Ponta 1	Ponta 2	Meio 1	Meio 2	Meio 3	Oposta	Média	Desvio-padrão
Idade	29	26	21	21	27	30	25,7	3,9
Início da prática	20	11	13	15	9	13	13,5	3,8
Anos de prática	9	17	8	6	18	17	12,5	5,4

Tabela 13.12 – Tempo de treinamento em anos do grupo B

Variáveis	Ponta 1	Ponta 2	Ponta 3	Meio 1	Meio 2	Oposta	Média	Desvio-padrão
Idade	14	15	15	15	15	15	14.8	0.4
Início da prática	11	13	9	12	11	11	11,6	1,3
Anos de prática	3	2	6	3	4	4	3,7	1,4

tre a ponta 1 e a meio 3. Para as outras duas atletas, ponta 2 e oposta, a diferença é de 8 anos em relação à ponta 1. No grupo A2 a diferença no tempo de prática entre as atletas é menor (apenas dois anos), mas a atleta meio 2 também começou a treinar mais tarde que todas as outras atletas (exceção à atleta ponta 1). Considerando-se somente a idade de início de prática ela tem de dois a seis anos de diferença das outras atletas.

Aceitando-se as afirmações de Da Matta (2004) e Ericsson, Kramp e Tesch-Römer (1993) sobre prática deliberada, o desempenho esportivo da atleta ponta 1 deveria ser considerado inferior ao seu grupo (grupo A1), assim como o da meio 2 em relação à meio 1 (grupo A2). Porém, de acordo com o *ranking* da CBV, a única atleta do grupo A1 que possuía melhor colocação que a ponta 1 (6 pontos) é a atleta oposta (7 pontos) e, no caso do grupo A2, a meio 2 possuía 3 pontos enquanto que a meio 1, apenas 1 ponto.

O grupo B é mais homogêneo quanto à idade, mas em relação aos anos de prática existem diferenças que variam de dois a quatro anos. Mais uma vez, se a teoria de *prática deliberada* fosse utilizada como parâmetro, a atleta ponta 2 deveria ser considerada a de pior desempenho esportivo, mas ela foi eleita a melhor jogadora do Campeonato Sul-Americano.

Tanto para os grupos A1 e A2 quanto para o grupo B, não é possível afirmar que a quantidade de *prática deliberada* é a responsável pela diferenciação dos níveis de desempenho esportivo. Uma justificativa poderia ser encontrada na genética. Contrariando as afirmações de autores como Bloom (1985), Csikszentmihalyi, Rathunde e Whalen (1997) e Ericsson, Krampe e Tesch-Römer (1993), a herança genética pode ser responsável por compensar a escassez de treinamento. De um lado, Hohmann e Seidel (2003) e Bouchard, Malina e Pérusse (1997) asseguram que alguns fenótipos como estatura, peso, adiposidade, força muscular, velocidade e potência aeróbia são altamente dependentes da constituição genética e de outro, Schmidt (1993) suscitou que as habilidades motoras são determinadas geneticamente e não mudam em função da prática; o que pode mudar é o uso ou *seleção* delas.

Ademais, além da questão sobre a contribuição da herança genética no desempenho esportivo, ainda é preciso se determinar o quanto uma vivência motora ampla (durante a infância e a adolescência) influencia no desempenho esportivo atual, sobretudo, se a modalidade esportiva não foi praticada durante a iniciação esportiva, como foi o caso de algumas atletas. De qualquer forma, mesmo que haja a transferência de uma outra vivência motora na infância e na adolescência para a modalidade esportiva atual, a *prática deliberada* seria passível de questionamento, pois segundo Ericsson, Krampe e Tesch-Römer (1993), o que se considera na *prática deliberada* é a quantidade de treinamento específico em um determinado domínio.

Os resultados apresentados nessa pesquisa sobre *prática deliberada* corroboram as afirmações de Davids (2000), segundo os quais, os pesquisadores deveriam mudar o foco dos estudos sobre *prática deliberada*, pois seria possível identificar atletas com alto desempenho esportivo e poucas horas de prática, assim como atletas com baixo desempenho esportivo e muitas horas de prática.

Considerando-se as discussões realizadas até esta etapa sobre os resultados encontrados nessa pesquisa nas variáveis antropométricas, de aptidão física e psicossociais, é coerente afirmar que *o fenômeno da compensação* está presente em atletas de voleibol adultas e infantojuvenis, pois algumas características individuais estão abaixo da média do grupo e outras estão acima.

Desta forma, ao invés de se elaborar um perfil utilizando apenas uma ou duas características, o correto seria elaborar um perfil por meio da comparação intragrupos das variáveis antropométricas, de aptidão física e psicossociais. Esse procedimento pode suscitar a elaboração de diferentes combinações de variáveis e, consequentemente, de diferentes perfis, como será evidenciado a seguir.

Elaboração de perfis por meio da combinação das variáveis que fizeram parte da pesquisa

Nas Tabelas 13.13, 13.14, 13.15 e 13.16 são apresentados os resultados padronizados que as atletas obtiveram nas variáveis antropométricas, de aptidão física e psicossociais. Todas as variáveis foram padronizadas com o intuito de compará-las. As discussões foram realizadas de acordo com as seguintes classificações:

a) Boa: melhor escore e/ou o desvio-padrão teria de ser acima de um positivo;
b) Mediana: entre um desvio-padrão negativo ou positivo;
c) Ruim: pior escore e/ou o desvio-padrão teria de ser abaixo de um negativo

De acordo com a Tabela 13.13, as classificações das atletas do grupo A seriam:

Tabela 13.13 – Resultados padronizados das atletas do grupo A

Variáveis	Ponta 1	Ponta 2	Meio 1	Meio 2	Meio 3	Oposta
E (cm)	↓ -0,23	↑ 0,32	▼ -1,08	↓ -0,79	▲ 1,73	↑ 0,04
ATT (cm)	↑ 0,38	↑ 0,15	▼ -1,46	↓ -0,07	▲ 1,54	↓ -0,54
ATC (cm)	↓ -0,48	↓ -0,48	↑ 0,24	▼ -0,72	↓ -0,48	▲ 1,92
ENV (cm)	↑ 0,25	↑ 0,51	▼ -1,28	↓ -0,25	▲ 1,53	↓ -0,76
CMS (cm)	▲ 0,63	↑ 0,39	▼ -1,99	↑ 0,15	▲ 0,63	↑ 0,15
CMI (cm)	↓ -0,11	↑ 0,42	▼ -1,08	↓ -0,60	▲ 1,76	↓ -0,38
SD (mm)	↑ -0,67	▲ -0,98	↑ -0,04	↑ -0,29	▼ 1,86	↓ 0,12
AAS (cm)	↓ -0,31	↑ 0,40	↑ 0,56	▲ 0,87	↑ 0,35	▼ -1,87
SVC (cm)	↓ -0,52	↑ 0,22	▲ 1,46	↑ 0,76	↓ -0,76	▼ -1,16
SH (cm)	↑ 0,23	↑ 0,06	▲ 1,56	↑ 0,00	▼ -1,54	↓ -0,32
AG (s)	↓ 0,47	↑ -0,32	↑ -0,53	▲ -1,53	▼ 1,27	↓ 0,64
VO$_2$ (ml)	↑ 0,71	↓ -0,14	▲ 1,56	↓ -0,14	▼ -0,99	▼ -0,99
QAF (escala)	▼ -1,90	▲ 0,67	▲ 0,67	↓ -0,06	▲ 0,67	↓ -0,06

▲ melhor escore, ▼ pior escore, ↑ acima da média, ↓ abaixo da média

E = estatura, ATT = altura total, ATC = altura tronco-cefálica, ENV = envergadura, CMS = comprimento de membros superiores, CMI = comprimento de membros inferiores, SD = somatório das 6 dobras cutâneas, AAS = altura de alcance no salto vertical, SVC = salto vertical com o auxílios dos membros superiores, SH = salto horizontal, AG = agilidade *shuttle run,* VO$_2$ = consumo máximo de oxigênio, QAF = questionário do apoio familiar.

a) *Ponta 1*: mediana na antropometria e na aptidão física e ruim no apoio familiar. A única variável antropométrica com o melhor escore não é suficiente para afirmar que sua classificação é boa na antropometria, pois é apenas uma e não está acima de um desvio-padrão positivo.

b) *Ponta 2*: mediana na antropometria, na aptidão física e no apoio familiar. Apesar de possuir o melhor escore na composição corporal, o desvio-padrão não está abaixo de um negativo.

c) *Meio 1*: ruim na antropometria (possui cinco variáveis com o pior escore: estatura, altura total, envergadura e comprimento dos membros superior e inferior), boa na aptidão física (possui três variáveis com melhor escore: salto vertical com auxílio dos membros superiores e horizontal e consumo máximo de oxigênio) e mediana no apoio familiar.

d) *Meio 2*: mediana na antropometria, boa na aptidão física (possui duas variáveis com o melhor escore: altura de alcance e agilidade) e mediana no apoio familiar. A única variável antropométrica com o pior escore não é suficiente para afirmar que a atleta é ruim em antropometria.

e) *Meio 3*: boa na antropometria (exceção às dobra cutâneas que é ruim), ruim na aptidão física (possui três variáveis com o pior escore: salto horizontal, agilidade e consumo máximo de oxigênio) e mediana no apoio familiar.

f) *Oposta*: mediana na antropometria, ruim na aptidão física (possui três variáveis com o pior escore: altura de alcance, salto vertical com auxílio dos membros superiores e consumo máximo de oxigênio) e mediana no apoio familiar. A única variável antropométrica com o melhor escore não é suficiente para afirmar que a sua classificação é boa na antropometria, mesmo que esteja acima de um desvio-padrão positivo.

A análise do perfil das atletas do grupo A, realizada por meio da comparação dos escores padronizados de antropometria, aptidão física e psicossocial, pode ser vista na Tabela 13.14.

As qualificações atribuídas às atletas do grupo A sugerem que todas as atletas diferem entre si, considerando-as individualmente ou por posição de jogo. Essas classificações elucidam o fenômeno da compensação em atletas de alto nível de voleibol feminino e ainda deixam uma questão: as atletas ponta 1 e oposta foram as que receberam as piores classificações, mas as duas eram as melhores no *ranking* da CBV (respectivamente 6 e 7 pontos). Desse modo, seria preciso acrescentar outras variáveis ao estudo para explicar como o desempenho esportivo das duas atletas pode ser justificado.

Tabela 13.14 – Perfis das atletas do grupo A nas variáveis antropométricas, de aptidão física e psicossociais

Variáveis	Ponta 1	Ponta 2	Meio 1	Meio 2	Meio 3	Oposta
Antropometria	Mediana	Mediana	Ruim	Mediana	Boa	Mediana
Aptidão Física	Mediana	Mediana	Boa	Boa	Ruim	Ruim
Apoio Familiar	Ruim	Mediana	Mediana	Mediana	Mediana	Mediana

Sobre o grupo B, a Tabela 13.15 apresenta os escores padronizados das variáveis antropométricas, de aptidão física e psicossociais.

Tabela 13.15 – Resultados padronizados das atletas do grupo B

Variáveis	Ponta 1	Ponta 2	Ponta 3	Meio 1	Meio 2	Oposta
E (cm)	↑ 0,81	↓ -0,60	▼ -1,41	↓ -0,05	▲ 1,39	↓ -0,13
ATT (cm)	↑ 0,25	↓ -0,65	▼ -1,70	↑ 0,40	▲ 0,85	↑ 0,85
ATC (cm)	▼ -0,99	↓ 0,52	↓ -0,52	↓ -0,42	▲ 1,55	↑ 0,92
ENV (cm)	↑ 0,25	↓ -0,71	▼ -1,67	↑ 0,45	▲ 0,83	↑ 0,83
CMS (cm)	↑ 0,08	↓ -0,08	▼ -1,91	↑ 0,75	▲ 0,75	↑ 0,41
CMI (cm)	▲ 1,37	↓ 0,43	▼ -1,34	↑ 0,13	↑ 0,85	↓ -0,58
SD (mm)	↑ 0,11	↑ 0,79	▼ 1,54	↓ 0,16	▲ 1,30	↓ 0,49
AAS (cm)	↑ 0,75	↑ -0,04	▼ -1,50	↑ 0,04	↓ -0,65	▲ 1,31
SVC (cm)	↑ 0,64	0,82	0,11	↓ -0,41	▼ -1,81	↑ 0,64
SH (cm)	↓ -0,77	↑ 0,51	↑ 0,77	↓ -0,60	▼ -1,21	▲ 1,29
AG (s)	↓ 0,89	↓ 0,22	↑ -1,10	↑ -0,08	▼ 1,24	▲ -1,17
VO₂ (ml)	↑ 0,73	↓ ,14	▼ 1,62	↓ -0,14	↓ -0,14	▲ 1,32
QAF (escala)	▼ -1,79	↓ ,32	▲ 1,14	↑ 0,40	↑ 0,40	↑ 0,16

De acordo com a Tabela 13.15, as qualificações das atletas do grupo B seriam:

a) *Ponta 1*: mediana na antropometria e na aptidão física e ruim no apoio familiar. A variável antropométrica com o pior escore (altura tronco-cefálica) e com o melhor escore (comprimento de membro inferior) não são suficientes para afirmar que sua classificação é ruim ou boa na antropometria.

b) *Ponta 2*: mediana na antropometria, na aptidão física e no apoio familiar. A única variável de aptidão física com o melhor escore (salto vertical com auxílio dos membros superiores), apesar de ser considerada uma variável primária para o voleibol, não é suficiente para afirmar que sua classificação é boa na aptidão física, pois é apenas uma e o escore não está acima de um desvio-padrão positivo.

c) *Ponta 3*: ruim na antropometria (possui seis variáveis com o pior escore: estatura, altura total, envergadura, comprimento dos membros inferior e superior e somatório de dobras cutâneas), mediana na aptidão física e boa no apoio familiar. A classificação dessa atleta na aptidão física é difícil, pois ela possui duas variáveis com o pior escore (altura de alcance no salto vertical e consumo máximo de oxigênio) e uma com o escore abaixo de um desvio-padrão negativo (agilidade) o que seria considerado bom. Assim, optou-se pela classificação mediana e nas discussões vindouras serão apresentadas algumas justificativas técnicas que expliquem melhor esses resultados.

d) *Meio 1*: mediana na antropometria, na aptidão física e no apoio familiar.

e) *Meio 2*: boa na antropometria (possui seis variáveis com o melhor escore: estatura, altura total, altura tronco-cefálica, envergadura, comprimento de membros inferiores e somatório de dobras cutâneas), ruim na aptidão física (possui três variáveis com o pior escore e abaixo de um desvio-padrão negativo: salto vertical com auxílio dos membros superiores, salto horizontal e agilidade) e mediana no apoio familiar.

f) *Oposta*: mediana na antropometria, boa na aptidão física (possui quatro variáveis com o melhor escore: altura de alcance no salto vertical, salto horizontal, agilidade e consumo máximo de oxigênio) e mediana no apoio familiar.

g) *Oposta*: mediana na antropometria, boa na aptidão física (possui quatro variáveis com o melhor escore: altura de alcance no salto vertical, salto horizontal, agilidade e consumo máximo de oxigênio) e mediana no apoio familiar.

O Fenômeno da Compensação: É Possível Fazer a Detecção e a Seleção de Talentos?

A análise do perfil das atletas do grupo B, realizada por meio da comparação das variáveis antropométricas, de aptidão física e psicossocial, pode ser vista no Quadro 13.1.

Quadro 13.1 – Perfis das atletas do grupo B nas variáveis antropométricas, de aptidão física e psicossociais

Variáveis	Ponta 1	Ponta 2	Ponta 3	Meio 1	Meio 2	Oposta
Antropometria	Mediana	Mediana	Ruim	Mediana	Boa	Mediana
Aptidão Física	Mediana	Mediana	Mediana	Mediana	Ruim	Boa
Apoio Familiar	Ruim	Mediana	Boa	Mediana	Mediana	Mediana

As qualificações atribuídas às atletas do grupo B sugerem que apenas a ponta 2 e a meio 1 possuem perfil similar, pois as restantes diferem entre si. Se for considerada a posição de jogo, não existe similaridade entre as atletas de mesma posição. Essas qualificações também elucidam o *fenômeno da compensação* em atletas infantojuvenis de voleibol feminino, mas algumas questões precisam ser discutidas.

A atleta com a pior qualificação (ponta 1) se machucou na época do campeonato Sul-Americano e atuou muito pouco. No entanto, desde aquela época ela era considerada a melhor atleta do grupo (no Campeonato Mundial de 2005 foi considerada a melhor jogadora do mundo e também foi convocada para a Seleção Brasileira Adulta). A atleta que recebeu somente qualificações medianas foi considerada a melhor jogadora do Campeonato Sul-Americano. Da mesma forma que as atletas ponta 1 e oposta do grupo A, seria preciso acrescentar outras variáveis ao estudo para explicar melhor o desempenho esportivo dessas duas atletas do grupo B.

Já a atleta ponta 3 atuou como titular no campeonato Sul-Americano em 2004 (no lugar da ponta 1 que estava machucada), mas em razão de suas características antropométricas e da agilidade, na aptidão física, em 2005 ela foi transformada em líbero para o Campeonato Mundial. Deste modo, ficam justificadas as suas características antropométricas e de aptidão física no que se refere ao desempenho esportivo.

A utilização de outras características certamente seria importante, tanto para a qualidade do estudo, como para explicar melhor o desempenho esportivo de algumas atletas, já que não foi possível justificá-lo somente por meio das variáveis utilizadas nessa pesquisa. Todavia, a combinação das características antropométri-

Desempenho Esportivo:
Treinamento com crianças e adolescentes

cas, de aptidão física e psicossociais apontou para uma questão importante: não foi possível identificar somente uma combinação das características, considerando-se as atletas de cada grupo e de mesma posição de jogo. Sendo assim, é preciso ponderar que algumas atletas podem apresentar valores extremos (ruins e bons) nas diferentes características e outras podem apresentar valores em equilíbrio (medianos). Essas evidências sugerem que não existe apenas um critério (perfil) de desempenho esportivo para o voleibol e que *seleções* e *detecções* realizadas de maneira especializada e rigorosa podem implicar na perda de talentos esportivos.

Simulação de uma seleção de talentos

Como foi aventado durante as discussões dos resultados desta pesquisa, existe o *fenômeno da compensação* em atletas de voleibol adultas e infantojuvenis. Sendo assim, como foi aludido no subitem anterior, na *detecção* e *seleção* de talentos, atletas com excelente desempenho esportivo poderiam ser perdidas, pois em algumas variáveis seus escores estariam abaixo do esperado. A fim de demonstrar essa afirmação, foi simulada uma *seleção* de talentos nas Tabelas 13.16 e 13.17 utilizando-se dois parâmetros: somente escores acima da média e duas variáveis consideradas determinantes no voleibol (estatura e salto vertical).

As atletas utilizadas para a elaboração da média e simulação da *seleção* da equipe adulta (n = 10), disputaram o mesmo campeonato (Superliga) que as atletas do grupo A e ficaram na mesma colocação (terceiro lugar). As atletas utilizadas para a elaboração da média e simulação da *seleção* da equipe infantojuvenil (n = 27) fizeram parte da primeira convocação da seleção brasileira na ocasião, mas foram cortadas e não ficaram entre as 12 que disputaram o Campeonato Sul-Americano em 2004.

No grupo A, duas atletas seriam cortadas pela estatura (meio 1 e 2) e duas atletas seriam cortadas pelo salto vertical (meio 3 e oposta). No grupo B, duas atletas seriam cortadas pela estatura (ponta 2 e 3) e uma atleta seria cortada pelo salto vertical (meio 2).

Esses resultados sugerem, por um lado, que a *detecção* e *seleção* do talento não devem ser realizadas por meio de poucas variáveis ou somente por meio de variáveis

494

Tabela 13.16 – *Seleção* de talentos do grupo A

Variáveis	Média Adulto	Ponta 1	Ponta 2	Meio 1	Meio 2	Meio 3	Oposta
E (cm)	189	190	192	187	188	197	191
SVC (cm)	41,2	41,6	46,4	54,2	49,8	40	37,6

Tabela 13.17 – *Seleção* de talentos do grupo B

Variáveis	Média Infanto	Ponta 1	Ponta 2	Ponta 3	Meio 1	Meio 2	Oposta
E (cm)	183	188	181	178	184	191	184
SVC (cm)	42,1	50	51	47	44	36	50

consideradas determinantes para a modalidade esportiva, mas pela configuração do todo. Mas sugerem, por outro, que algumas atletas podem apresentar características iguais ou aquém a um nível de desempenho esportivo inferior ao seu. Os dados que foram utilizados para elaborar a média da equipe adulta advieram de atletas que possuíam hipoteticamente o mesmo nível técnico de desempenho esportivo que as atletas do grupo A, pois ambas as equipes ficaram em terceiro lugar no mesmo campeonato (Superliga) em anos diferentes (1999 e 2000 — equipe das atletas utilizadas para a elaboração da média em 2001 e 2002 — equipe das atletas do grupo A).

Já os dados das atletas que foram utilizados para elaborar a média da equipe infantojuvenil, referiam-se as que foram cortadas e não configuraram entre as 12 que participaram do campeonato Sul-Americano em 2004. Em outras palavras, tecnicamente, essas atletas eram inferiores às atletas do grupo B, pois haviam sido cortadas da seleção brasileira infantojuvenil e, mesmo assim, três atletas do grupo B (que eram titulares da equipe) apresentaram características aquém de um nível de desempenho esportivo que hipoteticamente era inferior ao seu.

Corroborando a afirmação de Hohmann e Seidel (2003), os critérios de corte sugeridos pelos pesquisadores e adotados por algumas federações e instituições devem ser amplamente discutidos, pois em alguns casos, eles podem ser pouco realistas e excluírem atletas que teriam condições de desenvolver seu talento esportivo durante o treinamento em longo prazo.

Conclusões

De acordo com os objetivos propostos na introdução e com os resultados apresentados anteriormente, as conclusões foram:

a) Sobre a variação das características antropométricas, somatotípicas e de aptidão física das atletas:

- A maior parte das medidas relativas às características antropométricas e de aptidão física foram homogêneas. A variável antropométrica (somatório de dobras cutâneas) e a variável de aptidão física (salto vertical com o auxilio dos membros superiores) não deveriam ser utilizadas como referenciais de desempenho esportivo no voleibol, porque seus coeficientes de variação foram mais altos em relação às demais variáveis. Entretanto, em razão do *fenômeno da compensação*, será possível encontrar, em outros estudos, outras variáveis com coeficientes altos e essas duas com coeficientes mais baixos. Logo, não é possível afirmar que o somatório de dobras cutâneas e o salto vertical com auxílio dos membros superiores não podem ser utilizados como critério de desempenho esportivo no voleibol.

- O somatotipo das atletas, tanto do grupo A, e, sobretudo, do grupo B, não foram idênticos. Se os resultados fossem apresentados por meio da média, certamente, os componentes do somatotipo das atletas, que não eram similares, estariam dissimulados nesses resultados. Portanto, o somatotipo de atletas de mesmo nível esportivo no voleibol pode ser diferente e a média não seria uma boa forma de análise dos componentes do somatotipo.

b) Sobre a variação das características psicossociais das atletas:

- O apoio familiar das atletas também apresentou diferenças tanto no grupo A quanto no grupo B. Essas variações não isentam a importância do apoio familiar na formação de futuros talentos do voleibol, mas no caso das atletas que não o possuem, outras características psicológicas como a determinação e a perseverança ou o apoio de outras pessoas como técnicos, professores e amigos, podem compensar a falta de apoio familiar.

c) Sobre os anos de treino e idade de início no voleibol:

- As atletas não iniciaram as respectivas carreiras esportivas com a mesma idade, logo, não possuíam ou possuirão a mesma quantidade de treinamento acumulada. Tanto no grupo A quanto no grupo B, houve diferenças que não justificam a ideia de que a *prática deliberada* é que determinou o nível de desempenho esportivo das atletas utilizadas pelo estudo. Esses resultados sugerem que a genética pode ser importante para um talento esportivo e/ou que vivências motoras adquiridas na infância e na adolescência em outras atividades possam ser transferidas para o voleibol.

d) Sobre os perfis elaborados com todas as características que fizeram parte do estudo:

- Das seis atletas de cada grupo, apenas duas do grupo B apresentaram perfis similares. Em razão da comparação dos perfis, acredita-se que exista o *fenômeno da compensação* em atletas de voleibol infantojuvenis e adultas, pois algumas atletas de excelente desempenho esportivo apresentaram escores baixos em variáveis determinantes e todas as atletas possuíam escores abaixo da média. Portanto, a elaboração de perfis utilizando poucas variáveis pode causar a perda de um futuro talento esportivo no voleibol e, mesmo que as variáveis sejam combinadas, é preciso considerar que não existe somente uma combinação.

e) Sobre a comparação dos resultados individuais das atletas com a média de uma equipe infantojuvenil e uma adulta:

- Apenas duas atletas adultas e três infantojuvenis teriam sido selecionadas, as outras teriam sido descartadas. Por conseguinte, os critérios de corte devem ser amplamente discutidos, pois algumas atletas podem apresentar certas características iguais ou aquém a um nível de desempenho esportivo que é inferior ao seu.

Desempenho Esportivo:
Treinamento com crianças e adolescentes

f) Sobre a interação do conhecimento:

- A comparação das variáveis antropométricas, de aptidão física e psicossocial, permitiu que inferências sobre o *fenômeno da compensação* fossem feitas. Entretanto, seria possível apresentar esses dados de maneira especializada e fragmentada e, por meio de uma análise descritiva, asseverar que os resultados encontrados poderiam ser utilizados como critério de desempenho esportivo para atletas adultas e infantojuvenis de excelente nível esportivo. Essa afirmação traria consigo um viés, porque a comparação com as outras variáveis - que poderiam estar aquém do esperado - estaria omitida e não seria possível dissertar sobre o *fenômeno da compensação*. Portanto, é muito importante que a área de Educação Física não deixe de discutir as possibilidades de que estudos mais abrangentes sejam elaborados, pois, dessa forma, objetos tão complexos como o talento esportivo, podem ser mais bem compreendidos.

Reflexões

Baseado nas conclusões desse estudo e, somente nelas, algumas reflexões precisam ser feitas. O *fenômeno da compensação* coloca em questão um dos temas mais pesquisados na área de talento esportivo: critérios e prognóstico de desempenho esportivo. Os primeiros indícios foram identificados em cada atleta por meio de características antropométricas, de aptidão física e psicossociais, mas ainda é possível apontar a compensação tática:

a) entre a defesa e o ataque (exemplo: a jogadora de meio só joga quando está na rede e quando vai para o fundo, a líbero entra em seu lugar);
b) entre o bloqueio e a defesa (exemplo: uma equipe não possui atletas que sejam boas bloqueadoras, mas que são excelentes defensoras);
c) entre o ataque e o levantamento (exemplo: uma equipe possui atacantes regulares, ou apenas duas boas atacantes, mas uma excelente levantadora e vice-versa).

As diferentes composições técnicas das atletas podem ser compensadas taticamente e cada uma das diferentes equipes formadas pode ser campeã. Sendo assim, os critérios e o prognóstico não devem ser utilizados de maneira determinante, com risco de que muitos talentos esportivos sejam perdidos.

Em função das inferências realizadas sobre o *fenômeno da compensação*, uma pergunta precisa ser feita: o que representa a variabilidade das características de atletas de mesmo nível de desempenho esportivo? Será que só pode praticar o alto desempenho esportivo o mais adaptado (melhor em todas as características), ou o adaptado (aquele que possui características boas, medianas e ruins)? Tendo em vista o *fenômeno da compensação*, a resposta seria o adaptado, mas o que significa ser adaptado?

Segundo Maturana e Varela (1995, p. 127), adaptado é o organismo biológico que sobrevive em seu meio ambiente, independente, no caso de animais aquáticos, se a respiração de uma espécie é mais ou menos eficiente que a outra. A espécie que possui uma respiração mais efetiva pode sobreviver por mais tempo, mas a que respira menos não é extinta, só sobrevive hipoteticamente por menos tempo. Na área de talento esportivo, outras perguntas precisam ser respondidas antes que seja possível afirmar o que significa ser adaptado:

a) Qual a combinação ideal de características? Será que existe apenas uma?
b) Qual o escore mínimo que cada característica tem que apresentar na combinação de todas elas? Será que o ideal é que as características tenham um equilíbrio entre si ou pode haver valores extremos?

A resposta da pergunta (a), de acordo com os resultados encontrados nesta pesquisa, é que não existe apenas uma combinação e que em razão do desempenho esportivo das atletas ser similar, seria difícil definir qual é a combinação ideal. Com relação à resposta da pergunta (b), ela precisa ser respondida por seu final. Mais uma vez, em razão dos resultados apresentados, algumas atletas podem ter características que se equivalem (medianas) e outras podem apresentar escores bons e ruins nas diferentes características. Logo, o valor mínimo está associado à combinação das variáveis e como não existe apenas uma combinação ideal, o valor mínimo é condicional à forma de combinação das variáveis; uma atleta pode ser boa na estatura, ruim na agilidade e mediana na impulsão vertical; outra pode ser mediana na estatura, na agilidade e na impulsão vertical; outra pode ser ruim na estatura e boa na agilidade e na impulsão vertical; entre outras combinações possíveis.

Utilizando como parâmetro as duas respostas anteriores, adaptados são os indivíduos que, por meio de diferentes características, conseguem ser atletas. A modalidade esportiva utilizada nessa pesquisa foi o voleibol; assim será preciso verificar *se e como* ocorre o *fenômeno da compensação* em outras modalidades esportivas para que um conceito de adaptação mais genérico seja elaborado. Utilizando, de novo, a Biologia como parâmetro, se acabar o bambu na região onde vivem os ursos Panda, há sérios riscos de sua espécie entrar em extinção, pois essa é a principal fonte de alimento desse animal. No caso de uma modalidade esportiva como a corrida de 100 metros no atletismo, as possibilidades de compensação serão, provavelmente, menores, pois os fatores que caracterizam um corredor de 100 metros são diferentes de um atleta de voleibol. Enquanto novas pesquisas não se preocuparem em entender melhor o *fenômeno da compensação* em outras modalidades, seria prudente que a *detecção* e a *seleção* de talentos dessem lugar à *promoção* do talento esportivo.

Referências

ARAÚJO, D. A insustentável relação entre talentos e peritos: talento epigenético e desempenho emergente. **Treino desportivo**, Lisboa (volume especial), n. 6, p. 46-58, nov. 2004.

BARTMUS, U. E; NEUMANN, E.; DE MARÉES, H. The talent problem in sports. **Inter. J. Sports Medic.**, Stuttgart, n. 8, p. 415-16, 1987.

BEYER, E. **Dictionary of sport science**. [S. l]: Hofmann, 1987.

BLOOM, B. S. **Developing talent in young people**. New York: Ballentine, 1985.

BÖHME, M. T. S. Talento esportivo I: aspectos teóricos. **Rev. Paul. Educ. Fís.**, São Paulo, v. 8, n. 2, p. 90-100, 1994.

_____. **Aptidão física de jovens atletas do sexo feminino analisada em relação a determinados aspectos biológicos, idade cronológica e tipo de modalidade esportiva praticada**. 1999. 123f. Tese (Livre-Docente) - Escola de Educação Física e Esporte, Universidade de São Paulo, São Paulo.

BÖHME, M. T. S. O talento esportivo e o processo de treinamento a longo prazo. In: DE ROSE JÚNIOR, D. (Org.). **Esporte e atividade física na infância e na adolescência**: uma abordagem multidisciplinar. Porto Alegre: Artmed, 2002.

BOSCO, C. et al. A dynamometer for evaluation of dynamic muscle work. **Europ. J. Appl. Physiol.**, Berlin, v. 70, p. 379-86, 1995.

BOUCHARD, C.; MALINA, R. M.; PÉRUSSE, L. **Genetics of fitness and physical performance**. Champaign: Human Kinetics, 1997.

CALDERONE, G. et al. Caractéristiques morphologiques et biotypie des gymnastes juniors masculins et féminins européens. In: PÉTIOT, B.; SALMELA, J. H.; HOSHIZAKI, B. (Eds.). **World identification systems for gymnastic talent**. Montreal: Sport Psyche Editions, 1987.

CALVO, A. L. Detección o desarrollo del talento?: factores que motivan una nueva orientación del proceso de detección de talentos. **Apunts**, Barcelona, n. 71, p. 23-8, 2003.

CARTER, J. E. L. **Physical structure of olympics athletes**: kinanthropometry of olympic athletes. Base: S. Kargel, 1982.

CSIKSZENTMIHALYI, K.; RATHUNDE, K.; WHALEN, S. **Talented teenagers:** the roots of success and failure. Cambridge: Cambridge University, 1997.

CUNHA, S. E. **Estatística descritiva na psicologia e na educação**. Rio de Janeiro: Forenze Universitária, 1978.

DA MATTA, G. B. **The influence of deliberate practice and social support systems on the development of expert and intermediate women volleyball players in Brazil**. 2004. Tese (Livre-Docência) - University of South Carolina, South Carolina.

DAVIDS, K. Skill acquisition and the theory of deliberate practice: it ain't what you do it's the way that you do it. **Inter. J. Sport Psychol.**, Rome, v. 32, p. 461-6, 2000.

ERICSSON, K. A.; KRAMPE, R. T.; TESCH-RÖMER, C. The role of deliberate practice in the acquisition of expert performance. **Psychological Review**, Princeton, v. 3, p. 363-406, 1993.

FLECK, S. J. et al. Physical and physiological characteristics of elite women volleyball players. **Canadian J. Appl. Sport Scienc.**, Champaign, v. 10, n. 3, p. 122-6, 1985.

HEBBELINCK, M. Identificação e desenvolvimento de talentos no esporte: relatos cineantropométricos. **Rev. Bras. Ciência Mov.**, São Caetano do Sul, v. 1, n. 4, p. 46-62, 1989.

HOHMANN, A; SEIDEL, I. Scientific aspects of talent development. **Inter. J. Physical Educ.**, Schorndorf, v. 40, p. 9-20, 2003.

HOLT, N. L.; MORLEY, D. Gender differences in psychosocial factors associated with athletic success during childhood. **Sport Psychol**, Champaign, v. 18, p.138-53, 2004.

KISS, M. A. P. D. M. et al. Desempenho e talento esportivos. **Rev. Paul. Educ. Fís.**, São Paulo, v. 18, (número especial), p. 89-100, 2004.

LÉGER, L. A. et al. The multistage 20 metre shuttle run test for aerobic fitness. **J. Sport Scienc.**, London, v. 6, n. 2, p. 93-101, 1988.

MASSA, M. **Análise de aspectos de cineantropometria morfológica e de testes de desempenho de atletas de voleibol masculino envolvidos em processos de promoção de talentos**. 1999. 154f. Dissertação (Mestrado) - Escola de Educação Física e Esporte, Universidade de São Paulo, São Paulo.

MARTIN, D.; CARL, K.; LEHNERTZ, K. **Manual de metodología del entrenamiento deportivo**. Barcelona: Paidotribo, 2001.

MATHEWS, D. K. **Medida e avaliação em educação física**. Rio de Janeiro: Interamericana, 1980.

MATSUSHIGUE, K. A. **Relação das capacidades aeróbia e anaeróbia aláctica com a manutenção do desempenho no ataque do voleibol**. 1996. 139f. Dissertação (Mestrado) - Escola de Educação Física e Esporte, Universidade de São Paulo, São Paulo.

MATSUDO, V. K. R. Detecção de talentos. In: GHORAYEB, N.; BARROS NETO, T. L. (Orgs.). **O exercício**: preparação fisiológica, avaliação médica, aspectos especiais e preventivos. São Paulo: Atheneu, 1999.

O Fenômeno da Compensação: É Possível Fazer a Detecção e a Seleção de Talentos?

MATURANA, H.; VARELA, F. **A árvore do conhecimento**: as bases biológicas do entendimento humano. São Paulo: PSY, 1995.

MCGOWN, C; FRONSKE, H.; MOSER, L. **Building a Winning Team**. Boston: Allyn & Bacon, 2001.

NORTON, K; OLDS, T. **Anthropometrica**. Sidney: Australia University of New South Wales Press Southwood Press, 1996.

PEREIRA, J. C. R. **Análise de dados qualitativos**: estratégias metodológicas para as ciências da saúde, humanas e sociais. São Paulo: EDUSP, 2001.

PETITPAS, A. L. et al., **Athletes guide to carrier planning**. Champaign: Human Kinetics, 1997.

PETTENBURG, A. et al., Biological maturation, body composition, and growth of female gymnasts and control groups of schoolgirls and girl swimmers, aged 8 to 14 years: a cross sectional survey of 1,064 girls. **Inter. J. Sports Medic.**, Stuttgart, v. 5 p. 36-42, 1984.

RÉGNIER, G.; SALMELA, J.; RUSSELL, S.J. Talent detection and development in sport. In: SINGER, R. N. et al. (Ed.). **Handbook of research in sport psychology**. New York: Macmillan, 1993.

SAFRIT, M. J. **Complete guide to youth fitness testing**. Champaign: Human Kinetics, 1995.

SAMULSKI, D. Avaliação de aspectos biopsicosociais. In: GRECO, J. P., **Caderno de rendimento do atleta de handball**. Belo Horizonte: Health, 2000.

SCHMIDT, R. A. Predição e seleção. In:_____. **Aprendizagem & performance motora**: dos princípios à prática. São Paulo: Movimento, 1993.

SILVA, R. C.; RIVET, R.E. Comparação dos valores de aptidão física da seleção brasileira de voleibol masculina adulta, do ano de 1986, por posição de jogo através da estratégia Z CELAFISCS. **Rev. Bras. Ciência Mov.**, São Caetano do Sul, v. 2, n. 3, p. 28-32, 1988.

SINGER, R. N., JANELLE, C. M. Determining sport expertise: from genes to supremes. **Inter. J. Sport Psychol.**, Rome, v. 30, p. 117-50, 1999.

SMITH, D. J.; ROBERTS, D.; WATSON, B. Physical, physiological and performance dif-ferences between Canadian national team and universiade volleyball players. **J. Sports Scienc.**, London, v. 10, p. 131-38, 1992.

SPENCE, D. W et al., Descriptive profiles of highly skilled womem volleyball players. **Medic. Scienc. Sports Exercise**, Madison, v. 12, n. 4, p. 299-302, 1980.

UGRINOWITSCH, C. **Determinação de equações preditivas para a capacidade de salto vertical através de testes isocinéticos em jogadores de voleibol**. 1997. 84f. Dissertação (Mestrado) - Escola de Educação Física e Esporte, Universidade de São Paulo, São Paulo.

WEISS, M. R.; KNOPPERS, A. The influence of socializing agents on female collegiate volleyball players. **J. Sport Psychol.**, Champaign, v. 4, p. 267-79, 1982.

14

Lesão da Criança no Esporte

Angelica Castilho Alonso
Milena Gomes Perroni

A prática esportiva é encarada como algo que faz bem à saúde. Até aí, o senso comum tem respaldo de especialistas. Por admiração aos ícones esportivos, modismo ou cobrança estética, não importa a real motivação, nunca tantas crianças estiveram envolvidas na procura de esportes com alto grau de competitividade. A iniciação cada vez mais precoce é, hoje, motivo de preocupação quando estudamos o aparecimento de lesões músculoesqueléticas em atletas muito jovens. É sobre isso que vamos discorrer neste capítulo.

Tem-se observado uma crescente tendência de cobranças de desempenhos cada vez melhores sobre as crianças por parte dos pais, treinadores, técnicos e outros profissionais envolvidos no esporte, à custa de treinamento exagerado e temporada de competições cada vez menos espaçadas, levando a esforços excessivos e exagerados para o atleta jovem não condicionado ou não preparado. Como consequência da transição de uma variedade de atividades livres para um padrão especializado de movimentos impostos por um único esporte competitivo, um crescente número

Desempenho Esportivo:
Treinamento com crianças e adolescentes

de lesões vem ocorrendo, tanto agudas quanto por sobrecargas, que podem acarretar consequências para a vida futura (Petri e Lourenço, 2003).

É importante lembrar e reiterar que a criança tem grandes diferenças músculoesqueléticas em relação ao atleta adulto. São jovens atletas que estão em mudanças corporais constantes.

Incidência das Lesões

Petri e Lourenço (2003) afirmam que é fundamental para a epidemiologia das lesões esportivas a definição de uma lesão. A maioria dos estudos considera uma lesão no esporte qualquer ato traumático contra o corpo, suficiente para requerer primeiros socorros, perda de, pelo menos, uma parte da atividade esportiva, dia de aula, tratamento médico ou acionamento da companhia de seguro.

Infelizmente, não existe um método padrão para analisar as lesões esportivas. Os diversos estudos usam diferentes populações, metodologia e definições de lesões. O que é consenso entre os autores é que os meninos sofrem maior número de lesões e de maior gravidade do que as meninas. De Haven e Lintner (1986) ressaltaram a incidência de 161 lesões atléticas em crianças com idade inferior a 15 anos, o número de lesões em meninos excedeu o das meninas em 124 para 37. Damore et al. (2003) estudaram a frequência das lesões causadas pelo esporte comparado com todas as lesões músculoesqueléticas em pacientes de 5 a 21 anos que deram entrada em um setor de emergência de um hospital em Nova Iorque. Das 1.421 lesões, 41% (521) ocorreram nos esportes e os homens foram os que sofreram maior número de lesões (790, 62%). Segundo Zaricznyj et al. (1980), a explicação para tal se deve ao fato de meninos terem preferência por esportes de maior risco, além de uma maior participação esportiva global.

Outro consenso entre os investigadores é que o número de lesões esportivas aumenta proporcionalmente com a idade. Zaricznyj et al. (1980) encontraram um pico de incidência aos 15 anos para os meninos e aos 14 anos para as meninas. De Haven e Litner (1986) afirmam que a maioria das lesões ocorreu em adolescentes mais velhos. Cohen et al. (2003) afirmam que as lesões ligamentares do joelho são extremamente raras antes dos 14 anos de idade. Petri e Lourenço (2003) sugerem, como explicação, o fato de que quanto mais velha é a criança, maior a tendência a participar de atividades mais elaboradas, organizadas e competitivas.

Quanto à predominância de lesões, Garrick e Requa (1978), investigando os problemas de tornozelo em um grande número de atletas escolares, notaram que as entorses de tornozelo foram as lesões mais comuns, sobretudo, no sexo feminino, fato também confirmado por Damore (2003). De Haven e Lintner (1986) afirmam que 80% das lesões envolveram a articulação do joelho, que incluíam as torções, distenções, fraturas e as lesões meniscais.

Damore et al. (2003) encontraram as entorses, contusões e fraturas como as lesões mais comuns entre os pacientes de 5 a 21 anos. Em relação à localização anatômica e o esporte: as lesões de cabeça, antebraço e punho foram mais comuns no ciclismo; as mãos no basquetebol e no futebol americano; o joelho no futebol e; o tornozelo e o pé, no basquetebol.

Fatores de Risco

As lesões esportivas são um fenômeno multifatorial que exige muitos estudos e oferece contínuos desafios para a medicina. Petri e Lorenço (2003) diferenciaram as lesões decorrentes de atividades esportivas, em duas categorias distintas: *agudas,* decorrentes de impacto ou movimento único, como contusões, entorse, luxações e fraturas; e, por *esforço repetitivo* ou lesões por sobrecarga, decorrentes de microtraumas repetitivos secundários de atividades atléticas, como tendinites, bursites, dores lombares, fratura de estresse, condromalácea patelar etc. Os fatores de risco dividem-se em duas categorias:

Fatores Extrínsecos

Características externas como piso de quadra, campo (irregularidades); a não utilização de equipamentos adequados para o esporte; até mesmo a atividade esportiva escolhida, quando ela é realizada com erros de treinamentos, como, por exemplo, a reprodução do modelo adulto de treinamento; duração do treino (quantidade de horas); intensidade e frequência, são grandes vilões do aparecimento de lesões (Petri e Lourenço, 2003; Cafallic e Carazzato, 2004; Hernandez, 2004).

As repetidas cargas impostas ao tecido musculoesquelético durante as atividades variam em magnitude, direção, frequência e duração. Além disso, os participantes são diferentes em idade, tamanho e sexo. Ou seja, o corpo recebe estresse desproporcional e de modo diverso, e tem como resultado as diferentes lesões de diferentes esportes. (Petri e Lourenço, 2003; Cafalli e Carazzato, 2004; Hernandez, 2004).

Fatores Intrínsecos

Os fatos intrínsecos referem-se às características internas, como hiperfrouxidão ligamentar e encurtamento muscular; ao crescimento, quando pensamos nos tecidos alongados passivamente em resposta ao crescimento longitudinal dos ossos no organismo em desenvolvimento, especialmente nos períodos de rápido crescimento, que podem tornar-se tensos e sem flexibilidade, predispondo a lesões decorrentes desse desequilíbrio entre força e flexibilidade; além dos fatores psicológicos, como falta de motivação, estado de ansiedade; as diferenças entre os sexos, como a disfunção menstrual em jovens meninas; as diferenças anatômicas, como aumento do *ângulo Q*, desvios nos pés, joelho varo ou valgo, anteversão excessiva do colo femoral, discrepância de membros inferiores; peso e estatura aumentados podem comprometer o delicado equilíbrio entre carga e capacidade de sustentar carga, doenças associadas, como artrites, problemas circulatórios, fraturas antigas, entre outras. (Petri e Lourenço, 2003; Caffalli, 2004; Hernandez, 2004).

Lesões mais Comuns na Prática Esportiva

Antes de falarmos das lesões mais comuns na prática esportiva, é importante lembrarmos que as crianças e os adolescentes atletas têm um risco adicional para sofrer lesões em decorrência da sua cartilagem de crescimento ser mais vulnerável nas placas epifisárias, superfícies articulares e locais de inserção dos tendões e músculos (Kocher, 2002).

O osso da criança em processo de crescimento é mais poroso e plástico que o osso adulto e sofre grau significativo de deformação até mesmo antes da fratura durante o trauma. A epífise é singular nos atletas esqueleticamente imaturos e responde a traumatismos de modo particular, dependendo do estágio de maturação em que a criança atleta esteja. (Petri e Lourenço, 2003). Durante a fase de crescimento, ou *estirão de crescimento*, alterações fisiológicas acontecem na placa de crescimento, ou seja, a fise, ou epífise, fica mais susceptível à lesão.

A grande preocupação em relação às lesões da fise são suas possíveis complicações. Traumas que causam um impacto grande sobre a articulação, resultando em retardo de crescimento, interrupção do crescimento ou deformidade angular; lembrando, ainda, que as fraturas intra-articulares podem representar um grande risco para a mecânica normal da articulação. As lesões na placa de crescimento podem ocorrer tanto no membro superior quanto no membro inferior.

O ajuste do sistema musculoesquelético imaturo ao estresse gradual que lhe é imposto durante a atividade física intensa e repetitiva ocorre por meio da adaptação do sistema biológico por etapas. Até o sistema poder ajustar-se ao estresse a um nível compatível com a sua recuperação, ele não pode responder apropriadamente, se requerido em níveis de estresse mais altos. Se isso ocorrer por um longo período, o sistema estará sobrecarregado, levando a lesões inicialmente microscópicas, até se iniciarem os sintomas. Se os sintomas progressivos não forem suficientes para descontinuar as atividades, ocorre a falência do tecido e a lesão se instala. (Petri e Lourenço, 2003).

As atividades esportivas requerem treinamentos intensivos e constantes repetições de determinados movimentos, aumentando o risco das lesões por esforço repetitivo, além das lesões agudas, que expõem a criança a um maior tempo a ações que podem imprimir grandes cargas de energia.

Lesões dos Membros Superiores

As lesões dos membros superiores são comuns e podem ser traumáticas, quando se observa o mecanismo de lesão durante uma queda com o antebraço em exten-

Desempenho Esportivo:
Treinamento com crianças e adolescentes

são, quando realizando um movimento de proteção, o que pode levar a uma fratura ou subluxação de articulações adjacentes, como no cotovelo ou no ombro.

Nas lesões da articulação do ombro, que acometem mais os nadadores, jogadores de voleibol, arremessadores no beisebol e tenistas, a biomecânica do próprio gesto esportivo, junto com os fatores de risco, podem levar à dor, à instabilidade e, se não houver um acompanhamento adequado, pode levar à instabilidade glenoumeral e a subluxação anterior (resultantes dos movimentos de abdução e rotação externa), seguida de trauma agudo, evoluindo para o tratamento cirúrgico.

As lesões da fise nos membros superiores, causadas pela sobrecarga e pelo excesso de treinamento, podem comprometer a placa de crescimento. Essas lesões são descritas na fise umeral proximal em arremessadores com os movimentos intensos de rotação associada à torção; nos ginastas na epífise de crescimento do rádio distal, onde às extremidades superiores (mãos e punhos) são requisitadas, constantemente, para o rolamento e suporte do peso corporal e, consequentemente, ficam expostas às forças repetidas de compressão, que resultam em lesão.

A dor, a diminuição da amplitude de movimento do punho e o sinal radiológico evidenciando a irregularidade da placa de crescimento são indicadores desta situação. (Difiori, 1997)

Além disso, a fratura de estresse do rádio distal e a fratura do osso escafoide têm sido prevalentes, particularmente em ginastas, quando o membro superior suporta o peso corporal.

Caine e Lindner (1985) acrescentam que a lesão esquelética nos membros superiores tem sido referida mais frequentemente, pois se tem utilizado mais os membros superiores como suporte de descarga de peso, implicando traumas e lesões por microtraumatismos em crianças e adolescentes.

Em relação à articulação do cotovelo, os jovens atletas, geralmente de 6 a 10 anos de idade, sofrem estresses em varo com o cotovelo estendido, podendo ocorrer fraturas na placa de crescimento epifisário do côndilo lateral, resultado de uma força mecânica violenta.

Lesões dos Membros Inferiores

Fratura por Estresse

São fraturas que ocorrem como resultado da incapacidade do osso de resistir a cargas repetitivas, submáximas ou violentas. Pedrinelli, Saito e Carazzato (2004) afirmam que a fratura por estresse varia de acordo com o esporte e método utilizado para diagnóstico; entre os atletas corresponde de 0,7% a 15,6% de todas as lesões. A história da fratura por estresse (a presença clássica) inclui: início insidioso de dor durante a atividade desaparecendo com o repouso; se o atleta continuar nos treinos/competições a dor começará no início da atividade e, eventualmente, continuará durante o repouso. No exame físico, apresenta hipersensibilidade localizada no sítio da fratura e, às vezes, é possível palpar o calo ósseo.

Segundo Pedrinelli, Saito e Carazzato (2004), o voleibol merece destaque pela alta frequência de fratura por estresse. O comprometimento da região interapofisária atinge 30% dos atletas, e, caso não seja diagnosticada precocemente, pode evoluir para espondilólise e espondilolistese já irreversíveis (aceita-se hoje a fratura por estresse como a principal causa da espondilolistese em atletas). É, também, no voleibol que a fratura por estresse na tíbia vem atingindo índices alarmantes. A continuidade absurda e constante de saltos para atacar, bloquear ou até sacar, não só nos jogos, mas, sobretudo, nos treinos, promove quebra da estrutura óssea e aparecimento de lesão. Frequentemente, verificamos tratamento insuficiente com retornos precoces e recidivas da lesão, que podem levar ao abandono do esporte.

Disfunção Fêmoropatelar

A patela, osso sesamoide que propicia proteção para a face anterior do joelho, confere certa vantagem na mecânica do músculo quadríceps durante a extensão do joelho, desliza sobre os côndilos na flexão e na extensão do joelho. Sua trajetória du-

Desempenho Esportivo:
Treinamento com crianças e adolescentes

rante esses movimentos é determinada pelos contornos ósseos e da fossa intercondilar, pelo comprimento do retináculo patelofemoral e pela contração do músculo vasto medial oblíquo medial (McConnell, 2002).

A criança e o adolescente, geralmente, referem queixa de dor difusa na parte anterior do joelho durante certas atividades físicas. A dor instala-se durante o estirão de crescimento, podendo ser unilateral ou bilateral, apresentando sintomas ao correr, saltar, subir e descer escadas; quando permanece muito tempo sentada, às vezes, entre os clássicos sintomas, há presença de crepitação.

A diminuição da flexibilidade das estruturas de tecido mole que circundam a patela é fator contribuinte da dor patelofemoral. A tensão dos tecidos moles é, particularmente, prevalente durante o surto do crescimento da adolescência, em que os ossos longos estão crescendo mais rapidamente do que os tecidos moles circunjacentes. Isso leva não apenas ao surgimento de problemas com a falta de flexibilidade e com alterações das tensões por meio das articulações, mas, também, no controle muscular. Uma diminuição na extensibilidade do retináculo lateral e uma redução de flexibilidade do tensor da fáscia lata, isquiotibiais, gastrocnêmios ou reto da coxa afetarão adversamente o trajeto da patela para a lateral (McConnell, 2002).

Outros fatores que contribuem com a etiologia da dor femoropatelar são o desequilíbrio muscular entre os músculos vasto medial oblíquo (VMO) e vasto lateral (VL) e as alterações da biomecânica do pé (McConnell, 2002).

O tratamento deve começar antes da atividade de treinamento na criança, quando detectada a disfunção, objetivando o fortalecimento do músculo vasto medial oblíquo (restaurando o controle neuromotor dos membros inferiores). É bom lembrar o quanto os recursos da fisioterapia colaboram para a reabilitação do atleta, a utilização de técnicas específicas com um aumento do ângulo de congruência articular e auxílio no recrutamento seletivo do músculo vasto medial oblíquo (VMO), junto com os exercícios de cadeia cinética fechada e o alongamento de retináculo lateral, trato iliotibial, adutores do quadril e tríceps sural.

Apofisites

A apófise, ou inserção tendinosa, é considerada uma área frágil em atletas jovens; a apófise recebe estímulos de inserções musculares que exercem forças de tensão, conhecidas como as *forças de tração*. Elas também são sede de crescimento, o que explica sua susceptibilidade aos traumatismos. Grandes grupos de tendões e ligamentos são inseridos nelas (um exemplo é o tendão patelar que se insere no tubérculo tibial); ocorrendo, talvez, avulsão súbita de um centro apofisário. Com o treinamento intensivo das crianças em algumas modalidades esportivas, as apófises passam a sofrer as consequências do movimento repetitivo e intenso de tração, causando as apofisites.

Uma das clássicas patologias é a apofisite do tubérculo tibial, mais conhecida como *Osgood-Schlatter*, doença mais comum nos meninos entre os 11 e os 15 anos, encontrada em 25% do acometimento bilateral, sendo mais comum nos esportes de corrida e salto, como, por exemplo, no basquetebol. Nessa afecção, acontece uma tração intensa e excessiva do quadríceps. Com a maturidade esquelética alcançada, percebe-se, em alguns casos, o desaparecimento da dor (McConnell, 2002).

Há, ainda, a apofisite do pólo inferior da patela, conhecida como S*inding-Larsen--Johansson*, e a apofisite da tuberosidade posterior do calcâneo.

Micheli (1992) acredita ser a apofisite mais frequente durante os períodos de crescimento, e as tendinites menos comuns. Infelizmente, ainda observamos que, erroneamente, são tratadas como doenças iguais.

O tratamento deve enfatizar a diminuição da dor, repouso relativo, crioterapia, alongamentos específicos e o retorno deve ser gradual, passando pelas fases de readaptação à atividade.

Lesões Fisárias

Durante o crescimento, o esqueleto apresenta ossos flexíveis, estruturas cartilaginosas moles e ligamentos proporcionalmente mais resistentes que as áreas adjacentes de crescimento ósseo. A plasticidade do osso em crescimento aumenta sua capacidade para ser remodelado e favorece a cura rápida da lesão traumática, porém, podem criar zonas de fraqueza muscular inerentes ao esportista, cujo esqueleto ainda é imaturo.

A placa fisária, ou placa de crescimento, é dividida em zonas diferenciadas pela sua estrutura e função. A primeira zona, camada germinativa ou zona de reserva, começa na extremidade epifisária; a segunda, a zona proliferativa, ocupa grande parte da placa de crescimento com suas células numerosas distribuídas em colunas; a terceira, hipertrófica, começa a aumentar e a degenerar, promovendo a calcificação matriz a partir do tecido osteoide. A partir deste momento, temos as esponjas primárias localizadas na quarta camada, ou seja, camada de calcificação, caracterizada pelo aparecimento de osteoblastos repondo células mortas por trabéculas ósseas e a presença de capilares vindos da metáfise (região que possibilita a proteção em relação à placa de crescimento, absorvendo cargas compressivas impostas ao osso imaturo), conhecida como esponja secundária (Petri e Lourenço, 2003).

As lesões da fise podem ocorrer por forças mais violentas e estresse crônico, como as lesões por esforço repetitivo ou sobrecarga também conhecido por *overuse*.

Classificação Salter-Harris

As lesões da fise recebem uma classificação quando relacionadas à fratura. A Classificação de Salter-Harris é utilizada na descrição das lesões ósseas fisárias do esqueleto imaturo. São divididas em: tipo I — envolve apenas a placa sem propagação para a metáfise ou epífise; tipo II — envolve a fise e a metáfise; tipo III — envolve a fise e a epífise, mas poupa a metáfise; tipo IV — envolve tanto a epífise como a metáfise e tipo V - são as lesões por esmagamento da placa de crescimento envolvendo a fise.

As lesões tipo I e II são menos graves e podem ser tratadas conservadoramente e com menor tendência a alterações no crescimento.

As lesões da fise mais comuns nos membros inferiores são das articulações do joelho e do tornozelo.

O joelho possui quatro epífises: femoral distal, tibial, fibular proximal e epífise da tuberosidade tibial. Ao ocorrer a lesão aguda do joelho, é importante determinar se os ligamentos e meniscos foram lesionados. O ligamento colateral medial (LCM) prende-se à epífise distal do fêmur proximal da tíbia; em função da anatomia, a epífise distal do fêmur apresenta maior tendência ao deslocamento, podendo se agravar com a lesão por avulsão do LCM.

As fraturas da epífise proximal da tíbia são mais comuns durante os movimentos de aceleração do salto, ou seja, gestos que estão presentes em algumas modalidades, como salto em altura, o salto do jogador de basquetebol ou, até mesmo, o salto de um atacante no voleibol. A lesão ocorre no momento em que o peso do corpo incide sobre a perna que se destaca do solo. Os clássicos sintomas que a criança ou o adolescente poderão apresentar são: diminuição da amplitude de movimento, dor, não conseguir apoiar o membro inferior lesionado no solo.

As lesões que podem comprometer a região do tornozelo são os entorses, que, geralmente, acontecem na inversão associada à flexão plantar, danificando a cartilagem da epífise distal da fíbula.

Lesões do LCA no Esqueleto Imaturo

De Carlo e Klootuyk (2002) e Cohen, et al. (2003) afirmam que, ao longo dos últimos anos, vem aumentando a incidência de lesões de ligamento cruzado anterior (LCA) na população adolescente. Originalmente, lacerações do LCA nesse grupo de pacientes eram consideradas raras. Contudo, com a precocidade com que as crianças e os adolescentes têm sido submetidos a competições de alto nível e esportes radicais, associada a progressos nas modalidades diagnósticas e a maior compreensão das lesões esportivas em crianças e adolescentes, demonstraram que a incidência de lesões de LCA é mais alta do que se pensava. A literatura moderna demonstra que essa incidência situa-se de 3% a 4% em paciente esqueleticamente imaturo. A grande preocupação dos ortopedistas que se dedicam a tratar esses casos é a presença da cartilagem epifiseal, que limita a utilização de procedimentos terapêuticos utilizados com frequência no adulto. O tratamento cirúrgico, se possível, deve ser retardado até o fechamento da cartilagem epifiseal. O controle das atividades do paciente, assim como as trocas de seus hábitos, são importantes, porém quando se trata de pacientes com futuro atlético promissor é extremamente difícil fazer que realizem atividades físicas que não causem falseio articular.

Lesões da Coluna Vertebral

Micheli e Wood (1995) e Petri e Lourenço (2003) referem que a região lombar de meninas ginastas é mais susceptível a lesões por esforço repetitivo, em função de recorrentes microtraumas. As maiores causas desse tipo de dor são as próprias dores mecânicas por hiperlordose, fraturas de estresse da articulação do pedículo do arco vertebral (espondilólise) ou protusão discal. Demandas colocadas sobre a região lombar testam os limites do tecido musculoesquelético (impacto do salto e movimento excessivos de hiperextensão) e têm sido a condição lombar mais comum em atletas ginastas.

Os movimentos da hiperextensão são bem presentes em outros esportes: arremesso do tênis, tacada do golfe, lançamento do arremesso do beisebol e handebol também são citados como atividades que agravam e precipitam essa condição.

A lombalgia tem sido discutida e atribuída a fatores intrínsecos, como a falta de flexibilidade, os distúrbios de crescimento e a má orientação postural para o gesto técnico, que envolva um bom e eficaz ajuste postural.

Segundo Ciullo e Jackson (1985), a síndrome da faceta lombar também é capaz de provocar dores agudas na coluna. Essa síndrome resulta da hiperextensão repetida da coluna lombar e acontece em esportes como: mergulho, golfe e ginástica. A dor é o sintoma principal, pois os nervos espinhais caminham junto às facetas; em torno dessas articulações, a dor sempre é projetada.

A fisioterapia na coluna vertebral terá como objetivo principal o alívio da dor, a melhora da postura e a estabilidade do tronco, enfatizando o equilíbrio muscular entre os músculos paravertebrais e abdominal, os alongamentos específicos e os exercícios de ajuste postural em situação de instabilidade.

A detecção de afecções da coluna vertebral por meio da avaliação postural estática e dinâmica, o acompanhamento do atleta em suas atividades de vida diária (AVD), com trabalho em conjunto de equipe interdisciplinar, são ferramentas importantíssimas para a estrutura física e psicológica, evitando o aparecimento de lesões que têm levado muitas crianças e jovens atletas a uma trajetória esportiva curta e, algumas vezes, com sequelas irreversíveis.

Prevenção

A prevenção de lesões é amplamente baseada na cuidadosa identificação dos fatores de risco envolvidos na gênese das lesões que acometem o atleta infantil. O exame físico detalhado e a avaliação pré-participação oferecem essa oportunidade. O condicionamento global, a flexibilidade e as condições médicas de cada candidato a determinado esporte devem ser avaliados e pode-se intervir em eventuais falhas, com prescrições específicas (Petri e Lourenço, 2003).

A preocupação, hoje, em relação ao esporte competitivo para criança está baseada também na falta de avaliação adequada para que a criança inicie o esporte. Afinal, se quisermos atletas com um futuro promissor e uma longa vida atlética, devemos oferecer condições para uma possível detecção de problemas que poderão surgir no meio da trajetória esportiva.

Para uma avaliação completa, sugerimos que a criança que inicia a sua atividade esportiva competitiva no clube ou centro esportivo realize avaliações coordenadas pelo departamento médico, junto com a equipe interdisciplinar, sendo essas: clínica; cardiológica; ortopédica; postural; nutricional; psicológica e os testes físicos.

O histórico da avaliação clínica e cardiológica previne possíveis problemas que podem aparecer na vida adulta, como, por exemplo, as cardiopatias congênitas, adquiridas e hipertróficas, e, ainda, sinais clínicos que possam revelar a importância de uma avaliação mais criteriosa, composta por exames físicos do aparelho cardiovascular, laboratoriais, eletrocardiograma, radiografia de tórax e ainda o ecodoplercardiograma.

Desempenho Esportivo:
Treinamento com crianças e adolescentes

Uma avaliação ortopédica eficiente deve conter o histórico de lesão da criança. Testes específicos nas principais articulações, como os ombros, os joelhos e os tornozelos em crianças, podem surpreender uma hiperlaxidão ligamentar, por exemplo, confirmando a importância do conhecimento das características individuais de cada criança, junto com o histórico, para que se possa transmiti-lo aos treinadores, para a realização de um trabalho especializado.

A avaliação postural, estática e dinâmica, realizada pelo fisioterapeuta, vai detectar possíveis alterações, que são indicadores de lesões. Lembrando que quando constatado algum tipo de alteração postural, deve-se iniciar, antes de tudo, um trabalho de reabilitação postural dinâmico, para que a criança possa recrutar movimentos e correções necessários na atividade esportiva. Além disso, é importante a avaliação da flexibilidade, amplitude de movimento, força muscular além de focos de dores. Portanto, o conhecimento da anatomia, da biomecânica, das patologias e da modalidade esportiva são ferramentas indispensáveis quando o foco é uma reabilitação esportiva.

A avaliação nutricional pode detectar, por exemplo, possíveis carências vitamínicas, assim com a avaliação psicológica pode dar um suporte ao treinador das características psicológicas e emocionais do atleta. Já os testes físicos realizados pela equipe de treinamento retratam as características fisiológicas.

Segundo Thurman (1998), para o trabalho preventivo são necessários: identificar o problema, identificar os fatores de risco, desenvolver testes e prevenções, implementar programas e avaliar seus efeitos.

Profissionais que trabalham com crianças e adolescentes devem ter como responsabilidade a prevenção que, nesta fase de crescimento, é essencial para o contínuo desempenho da criança no esporte.

A orientação para programas de aquecimento, alongamento e fortalecimento muscular específico deve ser inserida nos planos de treinamento.

Para Knight (2000), a crioterapia é um excelente recurso na prevenção de edemas, hiperemias e inflamações locais, após atividades físicas extenuantes.

As atividades realizadas em hidroterapia, voltadas ao relaxamento articular e muscular, também constituem um poderoso agente preventivo e terapêutico das lesões atléticas, aproveitando suas propriedades hidrocinéticas e hidrotérmicas, resultantes de intensos efeitos sobre as condições cardiovasculares, musculares, articulares e psicológicas dos atletas (Fuller, 2000; Thein, 2002).

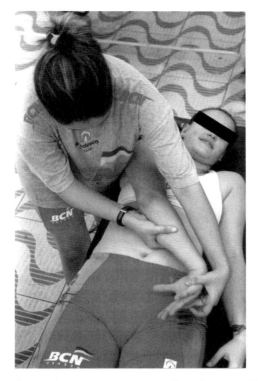

Figura 11.1 – Prevenção do membro superior com método Kabat-FNP (facilitação neuromuscular proprioceptiva).

Como medidas preventivas para reduzir os riscos das lesões atléticas, deve-se ter um bom planejamento para as condições cardiovasculares e musculoesqueléticas na pré-temporada, com continuação balanceada, dando atenção especial aos treinamentos individuais e, se necessário, o uso de órteses preventivas, como, por exemplo, os estabilizadores de tornozelo. Sonzogni e Gross (1993) ainda acrescentam o treino proprioceptivo como prevenção aos entorses nessa região.

A avaliação da maturidade biológica e óssea, a observação dos níveis de habilidades fundamentais e a aquisição das habilidades especializadas devem ir além dos conhecimentos dos causadores de lesões; os treinadores devem considerar os níveis de maturação dos jovens atletas e adaptar as atividades esportivas individuais.

Segundo Omey e Micheli (1999), enfatizar trabalhos de alongamentos e condicionamento físico adequado e evitar a especialização precoce pode ser importante para a prevenção de lesões. Em seu trabalho, relatam sobre a importância dos jogos esportivos para o treino das habilidades motoras, o treinamento específico gradual e a grande vantagem em se trabalhar com a periodização de treinamento.

A prática tem demonstrado a real importância do trabalho em equipe e a possibilidade de discutir treinamento físico com equipe interdisciplinar, enfocando frequência, intensidade e duração dos treinamentos, criando programas preventivos.

Propriocepção Preventiva

A reeducação proprioceptiva, também nomeada de reeducação sensório-motora ou reprogramação neuromuscular proprioceptiva, é uma atividade de reabilitação que visa desenvolver e/ou melhorar a proteção articular por meio do condicionamento e do treinamento reflexivo.

Atividades de treinamentos proprioceptivos e de equilíbrio são planejados para devolver ao paciente a habilidade, a agilidade e a confiança, por meio do aumento da velocidade da resposta de defesa e da estabilidade articular, para desenvolver suas atividades esportivas e AVD. Para que esse objetivo se concretize, devemos seguir um princípio básico da fisiologia, as adaptações específicas a demandas impostas (AEDI), que declara que o corpo irá adaptar-se aos esforços e tensões a ele aplicado. Atletas não podem ter sucesso se não estiverem preparados para atender todas as demandas das atividades específicas (Sampaio, 1994; Voight, 2002).

O controle do equilíbrio postural utiliza processos complexos envolvendo componentes sensórios e motores. A manutenção do equilíbrio requer detecção sensória do movimento do corpo, integrando informações sensoriomotoras com o SNC, e execução apropriada das respostas musculoesqueléticas. A posição do corpo em relação ao espaço é determinada com a combinação visual, vestibular e proprioceptiva. O movimento de balanço envolve controle e coordenação ao longo das cadeias cinéticas. Todos esses processos são vitais para a produção do movimento (Sampaio, 1994; Voight, 2002).

As estruturas musculocapsulomeniscoligamentares das articulações, além da função estabilizadora mecânica da articulação, são sede de mecanorreceptores, também chamados de proprioceptores, que constituem o órgão sensorial dessa articulação, detectando a posição e o movimento articular (Sampaio, 1994; Voight, 2002).

A propriocepção não deve apenas ser um método utilizado durante a reabilitação, mas o método preventivo e de melhora, para que o atleta possa desenvolver ou aprimorar a consciência postural, a aquisição motora de transferência de peso e da resistência dos objetos em relação ao seu corpo em movimento (Harrelson, 2000).

Quando colocamos uma criança e/ou adolescente em um plano instável, como, por exemplo, um balancim em apoio monopodal ou, até mesmo, o mais simples em bipodal, logo podemos notar que esse apresentará dificuldade na manutenção de seu equilíbrio.

Pensando em desenvolvimento de características proprioceptivas, observamos que esse tipo de estímulo ainda não foi oferecido à criança e/ou ao adolescente; portanto, as dificuldades apresentadas no ajuste postural para a interpretação exata do senso de movimento ainda não foram desenvolvidas, porém, a assimilação ao treinamento proprioceptivo e o desenvolvimento das características proprioceptivas parecem ser aceleradas nas crianças e nos adolescentes.

O nível de qualidade da capacidade técnica de uma criança e/ou de um adolescente é adquirido por meio do planejamento sistemático e consciente do processo que abrange os momentos decorrentes da aprendizagem motora, por meio da melhoria das capacidades coordenativas (Sisto, 1995).

O porquê de descrevermos a aprendizagem motora, as capacidades coordenativas e o equilíbrio, está no fato de que a propriocepção vem aprimorar, ou seja, *lapidar* estas características, refletindo também na *performance*, além de poder realizar um trabalho individualizado com cada atleta.

Após anos de experiência, elaborando e desenvolvendo um trabalho de propriocepção preventiva, conquistamos um espaço fundamental para a prevenção de lesões. Pudemos verificar a diminuição no número das lesões, a melhoria da coordenação e o equilíbrio de muitas atletas, observando sua *performance* dentro e fora de quadra. A avaliação do equilíbrio pode favorecer o planejamento de atividades que propiciem uma evidente melhora do equilíbrio estático e dinâmico.

Figura 14.2 – Trabalho de equilíbrio estático com atletas de handebol.

Figura 14.3 – Trabalho de equilíbrio dinâmico e manutenção sobre latinhas.

Lesão da Criança no Esporte

A proposta da prevenção pode ser aplicada por meio de circuitos de propriocepção preestabelecidos. Conforme a modalidade esportiva, diversos materiais podem ser utilizados como: minicama elástica, balancim, tábua de equilíbrio, bolas de *medicine ball*, bambolês, cones, *dine disk* (almofadas de ar emborrachadas) e bolas da modalidade. A ideia de utilizar os mesmos obstáculos com diferentes tipos de exigências variam conforme se vai adquirindo equilíbrio e percepção corporal para ajuste postural. O circuito pode ser trabalhado duas vezes por semana, respeitando a característica individual do desenvolvimento motor de cada criança.

Ensinar as crianças e os adolescentes sobre a real importância da prevenção é uma missão gratificante e renovadora. Se desejarmos lutar contra um sistema, é preciso conscientizá-los desde cedo, pois, do contrário, os esforços serão em vão e, infelizmente, continuaremos a presenciar histórias de grandes lesões de atletas, que poderiam desfrutar de uma vida atlética mais longa, encerrada de maneira tão frustrante.

Referências

CAFALLI, F. A. S.; CARAZZATO, J. G. Aspectos especiais. In: AMATUZZI, M. M.; J. G. CARAZZATO. **Medicina do Esporte**. São Paulo: Roca, 2004. Cap. 6, p. 63-5.

CAINE, D. J.; LINDNER, K. J. Overuse injuries of growing bones. The young female gymnast at risk? **Physic. Sports Med.**, 1985, v. 3, p. 52-62.

CIULLO, J. V.; JACKSON, D. W. Pars interarticularis stress reaction, spondylolysis and spondylolisthesis in gimnasts. **Clin. Sports Med.**, 1985, n. 4, v. 1, p. 95-110.

COHEN, M. et al. Ruptura ligamentar em pacientes esqueleticamente imaturos In: COHEN, M.; ABDALLA, R. J. **Lesões nos Esportes** - diagnóstico, prevenção, tratamento. São Paulo: Revinter, 2003. Cap. 40, p. 531-4.

DAMORE, D. T. et al. Patterns in childhood sports injury. **Pediatric Emerg. Care.**, 2003, v. 19, n. 2, p. 65-7.

DECARLO, M.; KLOOTWYK, T. Ligamento cruzado anterior. In: ELLENBECKER, T. S. **Reabilitação dos ligamentos do joelho**. São Paulo: Manole, 2002. Cap. 8, p. 125-39.

DE HAVEN, K. E., LINTNER, D. M. Athletic injuries: comparison by age, sport and gender. **Am. J. Sport Med.**, 1986, v. 14, n. 3, p. 18-24.

DIFIORI, J. P. et al. Distal radial growth plate injury and positive ulnar in nonelite gymnasts. Am. **J. Sport Med.**, 1997, v. 25, n. 6, p. 763-68.

FULLER, C. S. F. Reabilitação Aquática. In: ANDREW, J. R.; HARRELSON, G. L. **Reabilitação física das lesões desportivas**. 2. ed., Rio de Janeiro: Guanabara-Koogan, 2000. Cap. 16, p. 450-63.

GARRICK, J. G.; REQUA, R. K. Injuries in high school sports. **Pediatrics,** 1978, v. 61, p. 465-69.

HARRELSON, G. L.; DUNN, D. L. Introdução à reabilitação. In: ANDREW, J. R.; HARRELSON, G. L.; **Reabilitação física das lesões desportivas**. 2. ed, Rio de Janeiro: Guanabara-Koogan; 2000. Cap. 7, p. 128-59.

HERNANDEZ, A. J. Lesões por sobrecarga. In: AMATUZZI, M. M.; CARAZZATO, J. G.; **Medicina do Esporte**. São Paulo: Roca, 2004. Cap. 36, p. 345-9.

KNIGHT, L. K. **Crioterapia nas lesões esportivas**. 1. ed, São Paulo: Manole, 2000. p. 43-58.

KOCHER, M. S.; MICHELI, L. J. Partial tears of the anterior cruciate ligament in children and adolescents. **Am. J. Sport Med.**, 2002, v. 30, n. 5, p. 696-703.

McCONNELL, J. Complicações da articulação patelofemoral e considerações pertinentes. In: ELLENBECKER, T. S. **Reabilitação dos ligamentos do joelho**. São Paulo: Manole; 2002. Cap. 15, p. 223-46.

MICHELI, L. J. Patellofemoral stress: a prospective analysis of exercise treatment in adolescents and adults. **Am. J. Sport Med.**, 1992, v. 20, n. 2, p. 151-6.

MICHELI, L. J.; WOOD, R. Back pain in young athletes. **Arch. Pediatric Adolesc. Med.,** 1995, v. 149, n. 1, p. 15-8.

OMEY, M. L.; MICHELI, L. J. Foot and ankle problems in the young athlete. **Med. Sci. Sport Exerc.,** 1999, v. 31, n. 7S, p. 470-86.

PEDRINELLI, A.; SAITO, M.; CARAZZATO, J. G. Fraturas por estresse. In: AMATUZZI, M. M.; CARAZZATO, J. G. **Medicina do Esporte**. São Paulo: Roca, 2004. Cap. 6, p. 63-5.

PETRI, F. C.; LOURENÇO, A. Lesões traumáticas das crianças no esporte. In: COHEN, M.; ABDALLA, R. J. **Lesões nos esportes-diagnóstico, prevenção, tratamento**. 1. ed, São Paulo: Revinter, 2003. Cap. 43, p. 625-39.

SAMPAIO, T. C. F. V. S.; SOUZA, J. M. G. Reeducação proprioceptiva nas lesões de ligamento cruzado anterior do joelho. **Rev. Bras. Ortop.,**1994, v. 29, p. 303-9.

SISTO, F. F.; GRECO, P. J. Comportamento tático nos jogos esportivos coletivos. **Rev. Paul. Educ. Fís.,** 1995, v. 9, n. 1, p. 63-8.

SONZOGNI, J. J.; GROSS, M. L. Assessment and treatment of basketball injuries. **Clin. Sports Med.,** 1993, v. 2, n. 12, p. 221-237.

THEIN, J. M.; BRODY, L. T. Hidroterapia In: ELLENBECKER, T. S. **Reabilitação dos ligamentos do joelho**. São Paulo: Manole, 2002. Cap. 29, p. 455-73.

THURMAN, D. J.; BRANCHE, C. M.; SNIEZEK, J. E. The epidemiology of sports-related traumatic brain injuries in the United States: recent developments. **J. Head Trauma Rehabil.,** 1998, v. 13, n. 2, p. 1-8.

VOIGHT, M.; BLACKBURN, T. Treinamento e testes de propriocepção e equilíbrio após a lesão. In: ELLENBECKER, T. S. **Reabilitação dos ligamentos do joelho**. São Paulo: Manole, 2002. Cap. 26, p. 401-26.

ZARICZNYJ, B. et al. Sports-related injuries in school-aged children. **Am. J. Sports Med.,** 1980, v. 5, n. 8, p. 318-24.

15

Atividades Físicas e Esportivas para Crianças e Adolescentes com Deficiência

Márcia Greguol Gorgatti

A prática regular de atividade física, seja essa com o objetivo competitivo ou de lazer, é de fundamental importância para o desenvolvimento da aptidão física voltada à saúde de crianças e adolescentes. Também, para aqueles com algum tipo de deficiência, existe grande preocupação atual sobre a necessidade de se oferecer programas direcionados de atividades físicas voltados à manutenção da saúde positiva.

Infelizmente, poucas são as oportunidades oferecidas para que esses jovens possam se engajar com sucesso em programas de atividades físicas. As barreiras impostas a esse acesso vão muito além das arquitetônicas, incluindo, também, a falta de capacitação de profissionais para lidar com essa população, a falta de materiais apropriados e, sobretudo, a falta de informação para os próprios jovens com deficiência e para a família deles.

Embora na maior parte das vezes a deficiência em si não seja um fator determinante para atrasos no desenvolvimento motor, cognitivo e social, certamente a falta de acesso a elementos fundamentais para uma vida saudável, tais como a prática de atividades físicas, pode trazer consequências por vezes irreparáveis nesses aspectos. Assim, garantir a formação de profissionais na área da Educação Física e Esporte aptos a trabalhar com toda a diversidade de pessoas é condição básica para a democratização do acesso de jovens com deficiência aos programas de atividades físicas.

O termo deficiência sempre esteve atrelado à ideia de incapacidade e restrição. Talvez, por isso, muitos profissionais de educação física e esporte sintam-se confusos e até mesmo temerosos ao direcionar suas ações para o atendimento a jovens com algum tipo de deficiência. Talvez por confundirem deficiência com doença, talvez por comodismo ou total falta de informação, o fato é que muitos profissionais privam jovens com deficiência da oportunidade crucial de vivenciarem experiências motoras e recreativas, o que fatalmente trará consequências por vezes irreparáveis. Essa privação começa já na educação física escolar, na qual os alunos com deficiência, embora tenham seu acesso garantido por diversos instrumentos legais, são simplesmente excluídos das aulas, ou, então, direcionados a atividades paralelas, sem o devido planejamento, não tendo assim atendidas suas necessidades. A falta de estímulos apropriados na infância e na adolescência faz que esses jovens não se motivem a praticar atividades físicas com regularidade, colaborando ainda mais para a passividade motora normalmente observada em pessoas com deficiência.

Mas, afinal, quem são os jovens com deficiência? Conceitualmente seriam aqueles que, por distúrbios congênitos ou adquiridos de ordem sensorial, motora, intelectual ou múltipla, apresentam condições que os levam a algum tipo de limitação permanente. Essa limitação pode levar o jovem a diversos tipos de desvantagens, entretanto, essas serão, em muitos casos, dependentes do contexto social. Assim, pode-se dizer que um jovem com deficiência visual, que possui uma limitação permanente na capacidade da visão, teria a desvantagem de não poder ler. Entretanto, caso sejam proporcionados textos em Braille para esse jovem, a leitura poderá se tornar totalmente possível. Dessa forma, percebe-se que a deficiência, embora gere limitações de diferentes magnitudes, não pode ser responsabilizada por todos os atrasos advindos no desenvolvimento posterior.

Crianças e Adolescentes com Deficiência Auditiva

A deficiência auditiva é definida como a perda total ou parcial da capacidade de conduzir ou perceber sinais sonoros. Embora a perda da audição pareça inicialmente exercer influência apenas sobre a comunicação, existem outros aspectos que devem ser analisados. O sentido da audição colabora também em grande medida com a orientação espacial, especialmente no que se refere à percepção de distâncias. Além disso, a audição, diferentemente da visão, é um sentido percebido em 360°. Assim, a perda da audição acarreta também ao indivíduo prejuízos importantes em sua orientação espacial e estado de alerta, especialmente no que diz respeito a objetos fora de seu campo de visão.

As perdas auditivas congênitas, ou seja, aquelas existentes desde o nascimento, devem ser detectadas o quanto antes, para que a criança possa ser estimulada precocemente de forma adequada. Atualmente, o Teste da Orelhinha é obrigatório nas maternidades e pode diagnosticar a deficiência auditiva já no recém-nascido. Entretanto, algumas características detectadas pelos pais e professores podem ser também de grande ajuda no diagnóstico do distúrbio. A não reação a sons durante o período da infância, como durante as brincadeiras, por exemplo, além da demora na aquisição da linguagem, podem ser indicadores da presença da deficiência auditiva. Infelizmente, muitos pais e professores, por falta de informação, acabam por suspeitar que a criança tenha dificuldades em aprender por atrasos cognitivos, e não pela perda auditiva, como é o caso.

Com relação à sua classificação, a deficiência auditiva pode ser categorizada inicialmente de acordo com o local em que ocorreu a lesão geradora do distúrbio. Nesse caso, classifica-se como:

- Condutiva: quando a deficiência é gerada por alguma lesão na região do ouvido externo ou médio.
- Neurosensorial: quando a deficiência é gerada por alguma lesão na região do ouvido interno.
- Mista: quando existe lesão no ouvido externo ou médio e também no interno.

A surdez do tipo condutiva afeta primordialmente a condução e amplificação do som, visto ser provocada por lesões no tímpano ou nos ossículos do ouvido médio. Para esse tipo de deficiência, o uso de aparelhos auditivos amplificadores podem amenizar as perdas, desde que seja feita a correta adaptação da criança ao equipamento.

Já a surdez provocada por lesões no ouvido interno afeta a interpretação do som, por lesões ocorridas na cóclea. Pode afetar ainda o aparelho vestibular, estrutura também localizada no ouvido médio. Caso o aparelho vestibular seja danificado, a criança poderá manifestar problemas no controle do equilíbrio ao longo da vida, o que pode ser em grande medida amenizado com programas de intervenção apropriados.

Outra classificação importante da deficiência auditiva diz respeito à época em que surgiu. Nesse aspecto, pode ser classificada em:

- pré-lingual: caso a deficiência tenha surgido antes da criança desenvolver o padrão de linguagem;
- pós-lingual: caso a deficiência tenha surgido após a criança desenvolver o padrão de linguagem.

A deficiência auditiva pré-lingual certamente trará maiores distúrbios ao desenvolvimento da criança, especialmente no que se refere à aprendizagem, uma vez que esta não apresentará memória verbal. Dessa forma, podem ocorrer problemas na formação de conceitos, especialmente se não forem oferecidos outros estímulos para a criança, tais como visuais ou cinestésicos. Já a surdez pós-lingual permite compreender informações e construir significados com maior facilidade.

A presença da deficiência auditiva na infância e na adolescência pode trazer algumas implicações para o desenvolvimento global. Do ponto de vista afetivo-social, os jovens costumam apresentar tendência ao isolamento e a um comportamento imaturo e ansioso, relacionando-se quase que exclusivamente com outros com a mesma deficiência. Uma das possíveis explicações para esse fato é a dificuldade na comunicação, visto ser esta normalmente realizada pelo uso da Linguagem Brasileira de Sinais (Libras). Embora os cursos de Libras tenham sido mais difundidos, esse sistema ainda não é de uso comum pelas pessoas sem deficiência auditiva. Um ponto que poderia atenuar esse isolamento social seria o estímulo à aprendizagem da leitura labial.

Jovens com deficiência auditiva que dominam a técnica da leitura labial certamente terão maior facilidade em se integrar com outros que não tenham a deficiência auditiva e terão seu aprendizado facilitado.

Do ponto de vista motor, a presença da deficiência auditiva desde o início da infância, especialmente se houver lesão no ouvido interno, pode acarretar algumas sequelas prejudiciais. Algumas capacidades, tais como o equilíbrio estático e dinâmico, o ritmo e a noção espacial podem apresentar-se com distúrbios, os quais também podem ser atenuados com programas de intervenção precoce.

Os problemas de equilíbrio podem levar a modificações no padrão de marcha, fazendo que o jovem tenda a caminhar com os pés levemente afastados e arrastados pelo chão. Ainda, a ausência da fala desde o nascimento pode prejudicar o desenvolvimento respiratório, acelerando a frequência respiratória. No entanto, maiores ainda do que esses eventuais distúrbios, são os atrasos provocados diretamente pela falta de experiências motoras diferenciadas. Em muitos casos pela superproteção, em outros, pelo isolamento social ou pela desinformação; o fato é que crianças com deficiência auditiva via de regra são inibidas de vivenciar experiências fundamentais para garantir seu desenvolvimento motor apropriado.

Na busca do desenvolvimento mais próximo possível do considerado normal, os programas regulares de atividades físicas e esportivas são considerados de grande relevância e podem ser praticados sem a necessidade de maiores adaptações de espaços e recursos materiais. Algumas medidas simples podem ser adotadas pelo profissional que trabalha com jovens com deficiência auditiva a fim de potencializar os resultados.

Inicialmente, o profissional deve buscar conhecer o histórico e as dificuldades específicas dos jovens com deficiência auditiva. Depois de realizado esse levantamento inicial, a comunicação pode ser facilitada por meio dos seguintes cuidados:

- o profissional deve buscar todas as formas possíveis de se comunicar, enfatizando estímulos verbais e cinestésicos e certificando-se de que o aluno compreendeu a mensagem;
- ao se comunicar, deve manter-se de frente para o aluno, a fim de ficar no seu campo visual e facilitar a leitura dos lábios;

- ainda buscando facilitar a leitura labial, o profissional deve falar de forma bem articulada, nem muito depressa nem muito devagar, utilizando gestos e expressões fisionômicas que possam auxiliar na compreensão do significado;
- quando o profissional queiser falar com um jovem surdo, se este não estiver prestando atenção, ele deve acenar para o jovem ou tocar, levemente, em seu braço; caso o jovem esteja acompanhado de um intérprete, deve-se dirigir a ele e não ao intérprete;
- é interessante que o profissional busque aprender pelo menos noções básicas sobre Libras para facilitar sua comunicação com os jovens. Alguns deles serão capazes de se comunicar verbalmente, ainda que com dificuldades. Nessa situação, é importante que não se demonstre impaciência caso não seja possível compreender o que foi dito. Uma atitude de impaciência por parte do profissional pode inibir futuras tentativas de comunicação por parte do jovem e acentuar ainda mais seu isolamento social.

Alguns exercícios específicos para a melhora do ritmo respiratório e do equilíbrio podem amenizar eventuais atrasos. O profissional deve, ainda, atentar-se ao desenvolvimento do ritmo, a noção espacial e a ênfase em atividades em grupo. Especificamente a prática da natação deve ser vista com ressalva caso existam danos na membrana timpânica e tendência ao desenvolvimento de otites reincidentes.

O esporte formalmente organizado para atletas com deficiência auditiva existe desde o final do século XIX. As regras das modalidades são basicamente as mesmas dos esportes convencionais, com pequenas adaptações apenas na comunicação por parte da arbitragem. No Brasil, o esporte para atletas com deficiência auditiva é administrado desde 1987 pela Confederação Brasileira de Desportos para Surdos (CBDS), vinculada internacionalmente à Confederação Internacional de Esportes para Surdos (CISS), que vem investindo nos últimos anos seus esforços para a massificação do esporte e a formação de jovens atletas.

Crianças e Adolescentes com Deficiência Intelectual

Compreende-se como deficiência intelectual um distúrbio significativo do desenvolvimento cognitivo, que tenha ocorrido antes dos 18 anos de idade e que gere prejuízos significativos no comportamento adaptativo. O comportamento adaptativo pode ser compreendido como um conjunto de domínios básicos para que se tenha garantida uma vida autônoma: comunicação, cuidados pessoais, desempenho familiar, habilidades sociais, independência na locomoção, saúde, segurança, desempenho escolar, lazer e desempenho no trabalho. Além do atraso cognitivo significativo, para ser considerado com deficiência intelectual, o jovem deve necessitar de apoio e supervisão constantes em pelo menos dois desses domínios do comportamento adaptativo.

Talvez de todas as deficiências, a deficiência intelectual seja aquela que gere maior tendência à negação e à incompreensão por parte dos pais. Diferente das deficiências motoras, visuais e auditivas, que têm uma causa concreta e definida, a deficiência intelectual, na maioria das vezes, é uma condição extremamente subjetiva e não traz em si características explícitas, exceto quando associado a condições sindrômicas.

Ao se abordar o conteúdo da deficiência intelectual, alguns fatos necessitam ser elucidados. Primeiro, cabe esclarecer que crianças com deficiência intelectual crescem e se tornam adultos com deficiência intelectual. Sendo assim, não devem ser tratados como *eternas crianças*, o que é feito pela maioria dos profissionais que lidam com essa população. Em segundo lugar, é preciso ressaltar que a deficiência intelectual não é uma condição curável, nem tampouco transmissível, o que ainda é crença para muitos. Por fim, porém, não menos relevante, destaca-se que, por meio de programas adequados, jovens com deficiência intelectual podem aprender diversas atividades e conquistar uma vida relativamente autônoma.

Várias são as causas da deficiência intelectual, entretanto, destacam-se aquelas pré-natais, tais como processos infecciosos durante a gravidez, uso de drogas, álcool ou outras substâncias tóxicas por parte da gestante, hidrocefalia ou microcefalia

Desempenho Esportivo:
Treinamento com crianças e adolescentes

e alterações cromossômicas. Entre essas últimas, destaca-se como causa importante da deficiência intelectual a síndrome de Down, na qual ocorre uma falha na distribuição cromossômica.

Como características principais, crianças com deficiência intelectual apresentam dificuldades na construção do raciocínio lógico e abstrato, instabilidade emocional e, em muitas das vezes, atrasos no desenvolvimento motor. Dependendo do nível de perda cognitiva, a criança poderá apresentar características distintas. Atualmente, evita-se classificar a deficiência intelectual de acordo com o QI demonstrado pelo indivíduo. Prefere-se enfatizar o tipo de apoio que ele precisa para realizar suas atividades. Dessa forma, o apoio necessário para crianças com deficiência intelectual pode ser categorizado como: *Limitado, Generalizado* e *Extenso*. Já as crianças, de acordo com o tipo de apoio que precisam e sua capacidade cognitiva observada, podem ser classificadas como:

- *Educáveis*: enquadram-se nesse grupo as crianças e os adolescentes que são capazes de compreender o que lhes é ensinado, assim como de demonstrar retenção e possibilidade de transferência dos conteúdos. Embora o aprendizado seja mais lento, muitos, nessa categoria, poderão ser capazes de, com algum reforço, frequentar uma escola comum.
- *Treináveis*: enquadram-se, nesse grupo, as crianças e os adolescentes que podem desenvolver diversas habilidades, entretanto, com a necessidade de programas sistematizados de condicionamento com supervisão mais próxima. A maioria nesse grupo terá mais benefícios se for submetida a programas específicos para a sua condição.
- *Dependentes*: as crianças e os adolescentes assim classificados são minoria e apresentam dificuldades extremas de aprendizagem, mesmo com programas de condicionamento devidamente supervisionados. Normalmente precisam de ajuda constante para quase todas as atividades de vida diária e, raramente, têm acesso a programas de atividades físicas.

Independente da classificação na qual o jovem se enquadre, alguns pontos devem ser observados pelo professor que trabalha com essa população. Inicialmente, alguns problemas de comportamento, tais como agressividade, falta de autocensura, distração e apatia podem ser comuns, entretanto, não devem ser encarados pelo profissional como *inerentes à deficiência intelectual*. O profissional deve rever suas práticas pedagógicas e reprimir prontamente comportamentos indesejáveis, que possam colocar as demais crianças em risco ou dificultar ainda mais a inserção social do jovem com deficiência intelectual.

Além disto, muitos casos de deficiência intelectual vêm acompanhados de outras condições que devem ser levadas em consideração, tais como problemas estruturais, hipotonia, espasticidade e obesidade. Normalmente os maiores prejuízos motores serão observados nas capacidades motoras coordenativas e não nas condicionais.

Algumas estratégias que podem ser adotadas pelo profissional a fim de facilitar sua comunicação com a criança ou adolescente com deficiência intelectual incluem a utilização de informações claras e precisas, passando, preferencialmente, uma informação por vez; o conhecimento das atividades já previamente familiares para o indivíduo, as quais devem ser utilizadas como base para o aprendizado futuro; e a associação de conceitos e informações com a realidade do jovem e o emprego de exemplos concretos.

Síndrome de Down

Embora não possa ser classificada como deficiência intelectual, a síndrome de Down certamente é uma das condições múltiplas comuns que causa comprometimentos cognitivos em seus portadores. É provocada por um erro na distribuição cromossômica. Em vez de 46 cromossomos nas células, como seria esperado, o indivíduo com síndrome de Down apresenta 47, e o cromossomo extra localiza-se no par 21. Daí porque essa condição também é conhecida como Trissomia do 21. Esse erro na distribuição cromossômica é responsável por uma série de alterações de ordem cognitiva, motora, sensorial e fisiológica, que conferem aos indivíduos características específicas (Figura 15.1). Algumas são relacionadas a seguir:

- quanto à aparência, observa-se que os dentes são pequenos e a língua muito grossa, normalmente permanecendo projetada para fora da boca. O nariz é achatado e os olhos puxados (prega epicantal). Além disso, a nuca é reta e o pescoço curto, assim como as mãos, que possuem apenas uma prega em suas palmas. O cabelo normalmente é falho, o que pode levar à calvície precoce e a estatura atingida é mais baixa do que a média;
- os indivíduos com síndrome de Down apresentam hipermobilidade articular generalizada e hipotonia muscular. Ainda que jamais venham a ser submetidos a qualquer treinamento específico para a flexibilidade, conseguem realizar movimentos com amplitudes articulares acima do normal;
- observa-se, de um modo geral, grande tendência à obesidade, explicada pelo baixo tônus muscular e pela ocorrência frequente de hipotireoidismo. A porcentagem de gordura tanto dos meninos como das meninas mostra-se normalmente acima da média esperada para a idade;
- em torno de 10% dos indivíduos com síndrome de Down apresentam instabilidade atlantoaxial e não podem realizar atividades que levem a impacto na região cervical. Caso se submetam a tais atividades, podem sofrer lesões que podem, inclusive, levá-los a óbito;
- outra característica que deve ser atentamente observada pelos profissionais de saúde é a possível presença de más-formações cardíacas congênitas, presentes em cerca de 35% dos casos da síndrome. Esses distúrbios em geral são passíveis de cirurgias corretivas, mas, em algumas situações, podem impedir o portador de praticar exercícios mais vigorosos;
- o sistema imunológico é frágil, tornando os indivíduos com síndrome de Down mais sujeitos a infecções respiratórias;
- podem ainda ocorrer outros distúrbios sensoriais, tais como perdas visuais, auditivas ou imaturidade vestibular.

Algumas das características mencionadas anteriormente, certamente, explicam por que os indivíduos com síndrome de Down possuem expectativa de vida abaixo da média geral, com cerca de 45 a 55 anos.

Figura 15.1 – Criança com síndrome de Down.

Com relação ao comportamento, observa-se que jovens com síndrome de Down são normalmente dóceis, podendo, em algumas situações, no entanto, tornarem-se extremamente birrentos. Especialmente os adolescentes podem apresentar problemas com sua autocensura, mostrando falta de controle de sua libido sexual. Todos os comportamentos excessivos devem ser prontamente repreendidos pelo profissional que atua com esse jovem.

Em decorrência dos comportamentos sexuais muitas vezes arriscados, meninas com síndrome de Down, ao atingir a menarca, normalmente começam a ser instruídas pelo médico, assim como seus pais, sobre o uso de métodos contraceptivos. Já os meninos, embora também devam ter seu comportamento sexual monitorado com maior atenção, em geral são inférteis.

As possíveis dificuldades de aprendizagem manifestadas por jovens com síndrome de Down devem ser contornadas pelo professor por meio de estratégias que facilitem a compreensão da instrução, aulas sistematizadas e uso de exemplos concretos.

Para o início da prática de atividades físicas regulares, deve ser solicitada uma avaliação cardiológica e ortopédica, a fim de se verificar, respectivamente, a presença de restrições cardíacas e instabilidade atlantoaxial. Quanto às variáveis da aptidão física voltadas à saúde, jovens com síndrome de Down devem ser estimulados a realizar atividades que melhorem seu tônus muscular, o que contribuirá para a proteção de suas articulações hipermóveis e para a melhora de sua taxa metabólica de repouso. Também é preciso atentar para o desenvolvimento da resistência cardiorrespiratória, especialmente para o aprimoramento do sistema cardiovascular.

Com relação ao desenvolvimento motor, indivíduos com essa condição podem apresentar atrasos visíveisr. Gimenez et al. (2004), analisando 21 crianças com síndrome de Down, verificaram que estas apresentavam mais dificuldade em combinar padrões motores fundamentais do que aquelas sem a síndrome. Assim, poderiam ter mais dificuldades na aquisição de habilidades especializadas.

Para jovens com síndrome de Down que desejem se engajar em programas de atividades esportivas, existem eventos específicos promovidos por entidades nacionais e internacionais. No Brasil, destaca-se a ação da Special Olympics Brasil, vinculada à Special Olympics International. Essa entidade promove, em diversos estados brasileiros, competições especialmente desenvolvidas para atletas com síndrome de Down e outras condições que levem a prejuízos cognitivos. São organizadas as modalidades esportivas convencionais, bem como provas de habilidades, especificamente criadas para aqueles com mais dificuldades motoras.

Crianças e Adolescentes com Deficiência Visual

Existe, atualmente, uma preocupação de vários autores em abordar a questão da deficiência visual em diversos estudos, já que os dados do IBGE de 2006 indicam um significativo aumento na porcentagem de pessoas com essa deficiência no Brasil.

Deficiência visual é definida como uma limitação na visão que, mesmo com correção, afeta negativamente o desempenho de uma criança durante a sua educação. Pode-se classificar essa condição, segundo as referências da International Blind Sports Federation (IBSA) e da Association for Blind Athletes (U.S.), demonstradas a seguir:

- B1 – Totalmente cegos, aqueles que podem ter percepção de luz, mas não são capazes de reconhecer as formas das mãos a qualquer distância.
- B2 – Aqueles que percebem as formas das mãos, mas com acuidade visual não superior a 20/600 pés ou aqueles com menos de 5º de campo visual.
- B3 – Aqueles com acuidade visual de 20/599 até 20/200 pés e/ou aqueles com 5º a 20º de campo visual.
- Visão parcial – Aqueles com acuidade visual entre 20/199 e 20/70 pés.

Cabe ressaltar que essa classificação é realizada levando-se em conta ambos os olhos ou o melhor olho do indivíduo, após e melhor correção possível.

Outra classificação muito utilizada para jovens com deficiência visual, especialmente nas escolas, é a educacional, que distingue a deficiência em dois níveis:

- Cegueira: representa a perda total ou o resíduo mínimo da visão. O indivíduo cego, embora em alguns casos até tenha uma percepção de luz que possa ajudá-lo, não consegue utilizá-la em seus movimentos, na sua orientação e na aprendizagem por meios visuais. Esse indivíduo necessita do código Braille como meio de leitura e escrita, além de outros recursos didáticos e equipamentos especiais para a sua educação.
- Baixa visão ou visão subnormal: representa a existência de resíduo visual, que permite ao educando ler impressos à tinta, desde que com recursos didáticos e equipamentos especiais. A pessoa com baixa visão possui dificuldade em desempenhar tarefas visuais, mesmo com a prescrição de lentes corretivas, mas pode aprimorar sua capacidade de realizar tais tarefas com a utilização de estratégias visuais compensatórias e modificações ambientais.

Em muitos casos, a deficiência visual não vem sozinha quando congênita, podendo vir acompanhada de manifestações múltiplas, tais como deficiência intelectual ou paralisia cerebral.

Ao nascer com cegueira ou adquiri-la nos primeiros anos de vida, muitas vezes, a criança encontra-se privada de uma série de oportunidades para o seu pleno desenvolvimento motor e social. Embora a cegueira ou a visão subnormal não traga em si tal prejuízo para a criança, a falta de informação por parte dos pais e professores pode contribuir para essa situação. Especialmente os pais, nos primeiros anos de vida da criança, devem supri-la com variados estímulos táteis e sonoros, a fim de estimulá-la de forma precoce. A reação e o apoio dos pais com relação aos seus filhos cegos pode ter influência decisiva em sua autoestima e aceitação social.

Em um estudo sobre como os pais de crianças com deficiências visuais encorajam seus filhos para a prática de esportes, Nixon II (1988) entrevistou os pais de 18 crianças cegas ou com visão subnormal. O autor analisou em seu trabalho que os pais, na maioria das vezes, ofereciam para seus filhos um encorajamento fraco para a prática esportiva ou, em alguns casos, apenas toleravam essa prática, chegando até a desencorajá-la. Para o autor, esse fato explicaria por que a maioria dessas crianças tinha um envolvimento muito limitado com a prática de esportes.

A visão fornece um dos meios principais de se obter informações do ambiente; consequentemente, enxergar é de fundamental importância para o processamento de informações. Jovens com deficiência visual podem apresentar dificuldades no controle do equilíbrio, em reconhecer seus próprios corpos, os objetos ao redor e os parâmetros espaciais que são essenciais para o movimento independente. Entretanto, todas essas defasagens poderiam ser evitadas, ou pelo menos, minimizadas por meio de intervenções precoces a fim de obter experimentação de vivências motoras variadas.

A interação da criança com o mundo físico se inicia na primeira infância e é um processo que leva muito tempo para se completar. Essa interação é feita através dos sentidos, dos quais a visão desempenha um papel extremamente relevante. As crianças com deficiência visual, embora não apresentem dificuldades na habilidade de ficar em pé, em geral, demoram mais para andar, quando comparadas a outras que enxerguam normalmente. Esse fato pode ser por cauda da superproteção por parte dos pais que, em muitos casos, privam os filhos de experiências motoras consideradas por eles como arriscadas. De fato, a cegueira não traz em si limitações anatômicas ou fisiológicas que comprometam quaisquer habilidades motoras. Além disso, observa-se que crianças com resíduos visuais apresentam mais facilidade de locomoção do que crianças totalmente cegas, dando a entender que a visão remanescente pode encorajar um melhor posicionamento corporal.

Crianças com deficiência visual podem apresentar uma aptidão física mais precária, porém, a ausência da visão não é o fator determinante para tal situação. Os fatores fundamentais incluiriam a prontidão muscular, a utilização dos demais sentidos e a presença ou a restrição de oportunidades de movimentos.

Em um estudo com crianças e adolescentes com diversos tipos de deficiências, com idades entre 6 e 20 anos, Longmuir e Bar-Or (2000) verificaram que aqueles com deficiências visuais apresentavam níveis mais baixos de atividade física habitual, quando comparados a outros com deficiências motoras. Além disso, também aqueles com deficiências visuais percebiam maior limitação para a prática de atividades físicas junto com crianças sem deficiências, em situações inclusivas de ensino. Provavelmente essas limitações poderiam ser reduzidas caso o professor oferecesse outras formas de vivências para esses alunos, já que a perda visual, como anteriormente mencionado, é muito menos relevante do que os estímulos oferecidos para o desenvolvimento motor.

Malone et al. (2001), ao compararem a memória de movimento de crianças com cegueira congênita e adquirida, realizaram uma série de testes motores, visando aferir a precisão de movimentos. Verificaram que, embora aquelas com cegueira congênita pudessem executar todos os movimentos propostos, apresentavam um nível de precisão inferior quando comparadas às com cegueira adquirida. Os principais problemas na reprodução do movimento estavam na orientação a partir de um ponto de referência. Dessa forma, puderam concluir que crianças com cegueira congênita tinham dificuldades em considerar de forma adequada as pistas externas para a execução dos movimentos, necessitando de estímulos táteis e cinestésicos para um melhor desempenho.

Celeste (2002), analisando jovens com deficiências visuais em seus aspectos motores, verificou que eles apresentavam atrasos em seu desenvolvimento quando comparados aos videntes. Quando os jovens com deficiência eram categorizados de acordo com a perda visual, aqueles que possuíam maior limitação visual demonstravam também padrões motores mais precários, seguidos por aqueles que haviam nascido de parto prematuro.

O atraso no desenvolvimento motor de crianças cegas pode estar relacionado à *passividade motora* (ficar mais sentadas, movimentar-se menos), aos comportamentos estereotipados (gestos rígidos e repetitivos) e às experiências limitadas com o ambiente que as cerca. Especialmente para aquelas que nasceram cegas, é preciso que se ofereçam orientações sobre controle e postura corporal e como caminhar, já que elas jamais puderam observar os padrões de movimento de outras pessoas. O nível de aptidão física de jovens com deficiência visual é, em geral, inferior ao de outros que enxergam, entretanto, essa diferença se dá pela falta de vivências motoras e não pela falta de visão. Esse fato ressalta ainda mais a responsabilidade do profissional de educação física em fornecer experiências de movimentos e em estimular e motivar essas crianças a se movimentarem.

Quanto ao desenvolvimento cognitivo, a criança cega congênita, em geral, não é estimulada a aprender por meio de outros sentidos que não os da visão. Dessa forma, poderá desenvolver problemas de percepção no futuro e isso pode resultar em um atraso no desenvolvimento cognitivo. Capellini e Mendes (2003), ao analisarem o rendimento escolar de 6 crianças cegas inseridas no ensino regular, verificaram que 83% apresentaram um rendimento nas disciplinas de português e matemática inferior à média das demais crianças da sala. As autoras, nesse estudo, concluíram que a inclusão de crianças cegas em classes comuns é viável, porém, são necessárias adaptações que garantam o acesso ao currículo, especialmente na forma como a mensagem é passada a eles.

Para o pleno desenvolvimento cognitivo de crianças cegas ou com baixa visão, é necessária a elaboração de recursos auxiliares na compreensão de diferentes conceitos e sistemas de conceitos. Para tanto, é importante redefinir o papel do tato como importante recurso, embora não substituto direto da visão. É também relevante pensar a noção de representação, como base para o planejamento de recursos didáticos a serem elaborados e apresentados para esses alunos. A troca de experiências com outras crianças, inclusive com aquelas videntes, e a ampla possibilidade de exploração do ambiente por meio de estimulação apropriada, podem potencializar o desenvolvimento cognitivo e facilitar a formação de conceitos.

Quanto aos aspectos psicossociais, destaca-se o problema dos comportamentos estereotipados, que seriam movimentos repetitivos, normalmente realizados por indivíduos com cegueira. Esses comportamentos, também chamados de maneirismos, devem ser motivo de preocupação por parte de pais e educadores, já que prejudicam as interações sociais dos jovens com deficiência visual. Eles podem ter origem da necessidade de o indivíduo cego realizar uma estimulação vestibular ou de outros órgãos dos sentidos. Maneirismos são muito comuns em crianças cegas e tendem a ser inibidos na adolescência. Novamente, a orientação dos professores e da família é de suma importância nesse processo.

Jovens cegos podem encontrar outra barreira dificultando sua interação social: eles não podem responder a sinais não verbais, tais como gestos e expressões fisionômicas. Ainda que lhes ensinem a executar gestos ou a compreender as expressões corporais, indivíduos cegos não responderão quando outros utilizarem desses mecanismos (Figura 15.2).

FIGURA 15.2 – Adolescente com cegueira congênita.

Juan, Yongfang e Wengang (2001), ao aplicaram a Escala de Solidão para Crianças a cem crianças cegas e cem videntes, relataram que aquelas do primeiro grupo mostraram níveis de solidão e isolamento social muito maiores do que as do

Desempenho Esportivo:
Treinamento com crianças e adolescentes

segundo. Para os autores, esse isolamento estava diretamente relacionado com a superproteção por parte dos pais e o baixo apoio social recebido.

Estratégias de Intervenção

A segurança é, com certeza, a preocupação maior no trabalho com quaisquer crianças. Não poderia ser diferente para crianças com deficiências visuais. Alguns cuidados podem ser tomados a fim de evitar acidentes. Em primeiro lugar, é importante familiarizar a criança cega com seu ambiente de aula, permitindo que ela experimente todos os espaços existentes. Também é de fundamental importância que sejam removidos quaisquer obstáculos que possam provocar acidentes e que todas as crianças conheçam as regras de segurança durante as aulas. Apenas em casos extremos, como quando o aluno tem muito medo ou outra deficiência associada, poderia ser oferecida assistência individualizada, evoluindo posteriormente para uma situação coletiva.

A questão da acessibilidade é importante para crianças com deficiências visuais. Atitudes simples, como colocar cercados no chão, ao redor de extintores de incêndio e orelhões, podem evitar muitos acidentes. Ao chegar num ambiente novo onde realizará atividades desconhecidas, a criança com deficiência visual precisa sentir-se segurança e confiar no professor de educação física que a acompanhará.

O profissional de educação física pode ajudar os pais a perceberem o potencial dos filhos e a desafiar a criança para que esta possa alcançar desempenhos cada vez maiores. A variabilidade das atividades é uma estratégia que pode ajudar na motivação, no entanto, cabe ressaltar que as instruções devem ser oferecidas de forma cinestésica e auditiva. Dicas visuais devem ser estimuladas apenas para aqueles com visão residual. Por fim, o profissional deve contar, no local em que atua, com outros profissionais para lhe dar suporte, tais como psicólogos, fisioterapeutas, entre outros.

Para o bom andamento das aulas de educação física para crianças com deficiência visual, as informações sonoras devem ser estimuladas, priorizando-se a variação dessas informações. Além disso, a informação tátil e cinestésica, especialmente nos estágios iniciais de aprendizagem do movimento, são muito úteis.

Também seria interessante que os materiais disponíveis também fossem adaptados para crianças com deficiência visual. Para aquelas com perda parcial da visão, os materiais deverão ser coloridos e visualmente atraentes. Já para as crianças com perda total de visão, o ideal é que os materiais apresentem relevos e texturas variados e que, quando possível, sejam sonoros.

Adaptações podem ser úteis na comunicação com jovens cegos ou com visão subnormal, como recursos ópticos para aqueles de baixa visão e alguns recursos não ópticos, tais como:

- modelos adaptados de mobiliário, materiais para grafia, instrumentos adaptados de medidas matemáticas, proteções visuais, iluminações adequadas, entre outros;
- materiais para o desenvolvimento da função tátil, como máquina de escrever em Braille, jogos com encaixes e materiais em alto relevo ou com texturas diferenciadas;
- materiais para discriminação auditiva, como gravadores, livros falados, bolas com guizos, localizadores sonoros, entre outros;
- materiais com recursos eletrônicos, como calculadoras, relógios e *softwares* que falam, impressão com fonte aumentada ou em Braille, entre outros;
- materiais para o desenvolvimento da autonomia do aluno, como aqueles ligados à orientação, à mobilidade e às atividades de cuidados pessoais.

Com relação à prática esportiva, existem, atualmente, diversas modalidades adaptadas ou especialmente criadas para atender jovens atletas com deficiência visual (Figura 15.3). O esporte para essa população é administrado no Brasil pela Confederação Brasileira de Desporto para Cegos (CBDC) e internacionalmente pela Federação Internacional de Esporte para Cegos (IBSA). Algumas das modalidades e suas respectivas adaptações são:

- Futebol de cinco: jogado por atletas divididos nas catagorias B1 e B2/B3. Em ambas as situações, o goleiro pode ter visão normal. Os jogadores B1 devem competir vendados. A bola possui um guizo para a orientação dos atletas. Nas laterais do campo são coladas barreiras de madeira para que a bola não vá para a lateral.
- Natação: as provas são basicamente as mesmas da natação convencional. Os atletas da categoria B1 devem competir utilizando óculos de natação com lentes pretas (*blackout*).
- Atletismo: são realizadas as provas de pista e os saltos. Para as provas de pista, os atletas da categoria B1 correm orientados por um guia, segurando uma corda.
- Judô: os atletas não são classificados por perda visual, mas sim pelo peso. A luta já começa com os atletas segurando o quimono do adversário.
- Golbol: esporte especialmente criado para atletas com deficiência visual, jogado em uma quadra com as dimensões da de voleibol e uma bola com guizo. Três atletas ficam de cada lado. A bola é jogada de forma rasteira e os atletas do outro lado da quadra tentam interceptá-la, evitando assim o gol. Todos os jogadores jogam vendados e as linhas da quadra são marcadas em alto relevo.
- Ciclismo: os atletas competem em bicicletas do tipo Tanden, com um guia sentado à frente.

Observa-se pelo exposto que a superproteção, a falta de conhecimento por parte dos profissionais e a falta de adaptações, muito mais do que a deficiência em si, são os grandes agentes que prejudicam o pleno desenvolvimento de uma criança com deficiência visual. Conhecer as particularidades dos jovens e focar mais as suas possibilidades do que as suas limitações, certamente, serão fatores decisivos para seu engajamento bem-sucedido em programas de atividades físicas e esportivas.

FIGURA 15.3 – O esporte para atletas com deficiência visual.

Crianças e Adolescentes com Deficiência Motora

A deficiência motora pode ser definida como um distúrbio de origem neurológica ou osseomuscular-ligamentar que afeta substancialmente a movimentação de uma pessoa. Para minimizar tais efeitos, pode-se fazer uso de próteses ou órteses estabilizadoras. A maior parte das crianças com deficiências motoras já nasceu com tais condições (deficiência congênita) e podem ter seu desenvolvimento motor prejudicado por esse fato.

O esporte e o lazer podem ter uma importância significativa para o bem-estar e o apoio social de crianças e adolescentes com deficiências físicas. Em um estudo sobre como jovens com deficiências concebiam sua participação em um programa de es-

Desempenho Esportivo:
Treinamento com crianças e adolescentes

portes, Kristén, Patriksson e Fridlund (2002) entrevistaram 20 jovens de 10 a 15 anos. Alguns dos pontos levantados como fatores positivos do esporte pelos jovens com deficiências nas entrevistas foram: fazer novos amigos, aprender novas habilidades, ter o físico mais forte, tornar-se alguém respeitado, experimentar o contato com a natureza e divertir-se. Os autores ressaltaram que a atividade física envolve, também, para esses indivíduos, muitos outros fatores positivos, tanto no nível pessoal como no social.

O esporte pode significar para jovens com limitações físicas um significativo ganho de autoconfiança e de autoestima, sobretudo, pelo fato delas perceberem que são capazes de executar habilidades motoras de forma independente. Diferente da matemática ou da física, nas quais existe apenas uma resposta correta, no universo do movimento, várias são as possibilidades de execução para se chegar a um mesmo objetivo e, dessa forma, todos podem vivenciar experiências de sucesso.

A atividade física é muito importante para a manutenção da saúde e da capacidade funcional de todos. Entretanto, existe uma participação pequena de jovens com deficiências físicas quando comparada com a de indivíduos sem deficiências. O grande desafio dos profissionais da área de educação física, segundo os autores, é estimular a prática de atividades físicas por pessoas com deficiência e lhes proporcionar mais opções de participação. Uma das formas de incentivar essa prática encontra-se justamente na inclusão de pessoas com deficiências em programas de educação física regulares, o que faria que, desde cedo, os participantes adquirissem o hábito saudável dessa prática e se sentissem motivados para não interrompê-la posteriormente.

A falta de oportunidades para participar de programas de atividades físicas também foi constatada por Kosma, Cardinal e Rintala (2002). Os autores, entrevistando estudantes do ensino médio, constataram que as atividades físicas e esportivas são muito importantes para o lazer da maioria dos jovens e que, entre aqueles com ou sem deficiência, cerca de 89% participam de alguma forma dessas atividades. Entretanto, também foi verificado que, enquanto os jovens sem deficiência participam de tais atividades como praticantes, aqueles com deficiência em geral tendem a participar apenas como expectadores. Comparados com seus colegas sem deficiência, jovens com deficiências apresentaram menos oportunidades de participar de atividades físicas e esportivas nas escolas ou em suas comunidades.

Figura 15.4 – Adolescentes com deficiência física em práticas esportivas.

A seguir, serão destacadas algumas características das lesões medulares, especialmente da mielomeningocele, e da paralisia cerebral, visto serem essas condições comuns entre crianças e adolescentes com deficiência física.

Lesão Medular

A lesão medular é conceituada como uma interrupção ocorrida na medula espinhal, que ocasiona abaixo de seu nível algum tipo de perda motora, sensorial e do controle autônomo. Pode ser classificada como completa (plegia), quando gera perda total da sensibilidade e motricidade abaixo do seu nível ou incompleta (paresia), quando tal perda for parcial.

De uma forma geral, as lesões medulares com acometimento nos níveis neurológicos cervicais são denominadas *tetra* (tetraplegias, para as completas, e tetraparesias, para as incompletas) e levam à perda funcional, parcial ou total dos membros inferiores e superiores. Já as lesões abaixo da primeira vértebra torácica são denominadas *para* (paraplegias, para as completas e paraparesias, para as incompletas) e levam a restrições dos membros inferiores e, possivelmente, de parte do tronco.

Entre as principais causas de lesão medular traumática entre crianças e adolescentes figuram os acidentes automobilísticos, os acidentes com armas de fogo e as quedas. Já as lesões congênitas podem ser provocadas por erros no fechamento dos arcos vertebrais, condição conhecida como *mielomeningocele*. A mielomeningocele é o tipo mais grave de espinha bífida, na qual, por problemas ocorridos na formação da coluna vertebral durante a gestação, a criança pode nascer com alguns transtornos neurológicos. Em geral, a criança apresenta perdas de movimento e sensibilidade abaixo da região torácica ou lombar. Essa condição pode também vir acompanhada de hidrocefalia, tornando necessária a utilização de drenos para a redução da pressão intracraniana. As causas da espinha bífida, nos últimos anos, têm sido atribuídas à falta de ácido fólico na dieta das gestantes, razão pela qual é solicitado à mulher a suplementação desse componente nos primeiros cinco meses de gravidez.

As lesões medulares, sejam elas congênitas ou adquiridas, podem ocasionar algumas sequelas que devem ser de conhecimento do profissional que lida com crianças e adolescentes nessas condições. Entre as sequelas destacam-se:

- Redução da capacidade respiratória e infecções: especialmente nas lesões medulares mais altas, pode ocorrer comprometimento severo da musculatura respiratória, o que ocasionará redução da ventilação pulmonar. Dessa forma, quando comparados a jovens sem deficiência, aqueles com lesões medulares cervicais apresentarão resultados inferiores de consumo máximo de oxigênio, ainda que o treinamento físico possa atenuar tal condição. Quanto às infecções respiratórias, estas podem ser mais comuns em crianças com lesões cervicais, por causa do acúmulo mais frequente de secreções nas suas vias respiratórias. Essa condição pode também ser amenizada pela prática regular de exercícios físicos e por meio de técnicas de fisioterapia respiratória.

- Problemas no sistema de regulação térmica: jovens com lesão medular podem apresentar disfunções na regulação da temperatura corporal, estando mais propensos a estados de hipertermia ou hipotermia. Essa situação é mais grave quanto mais elevado for o nível da lesão medular e, consequentemente, o comprometimento motor, sensorial e autônomo. Abaixo do nível da lesão, o jovem nessas condições terá dificuldades em realizar ajustes hemodinâmicos às mudanças bruscas de temperatura corporal, tais como vasodilatação ou vasoconstrição periférica, o que o tornará mais predisposto a riscos. Sendo assim, o profissional que atua com essa população deve atentar para a necessidade de vestimentas adequadas para a prática de exercícios físicos e a hidratação mais frequente.
- Dificuldades no controle urinário e esfincteriano: mesmo em lesões medulares mais baixas, podem ocorrer desajustes no controle da eliminação das fezes e urina, tornando, muitas vezes, necessária a utilização de fraldas ou sondas por parte da criança.
- Ocorrência de úlceras de pressão: pela falta de sensibilidade, jovens com lesão medular podem estar mais suscetíveis ao aparecimento de feridas necróticas por pressão prolongada, especialmente na região das nádegas e da coluna lombar. Para evitar o aparecimento dessas úlceras, além do uso de almofadas a base de água ou gel, crianças e adolescentes nessa condição deveriam ter força suficiente nos membros superiores para suspenderem-se da cadeira de rodas por cerca de 5 segundos em vários momentos ao longo do dia. Além disso, é preciso que os pais fiquem atentos ao aparecimento de qualquer ponto avermelhado na região do quadril, o que pode denunciar o início de uma úlcera de pressão. Algumas feridas, quando não devidamente tratadas, podem provocar quadros graves de infecção generalizada.
- Alterações na composição corporal: a perda de movimentação voluntária em parte do corpo pode trazer como consequência profundas modificações na composição corporal de jovens com lesão medular. Além da atrofia muscular local e do maior ganho de gordura na região paralisada, pode ocorrer grande perda de massa óssea, tornando o jovem mais suscetível a fraturas. Outro ponto importante diz respeito à determinação da porcentagem de gordura, que

deve levar em conta a região do corpo paralisada. Assim, não é possível utilizar os mesmos padrões de composição corporal de crianças e adolescentes sem deficiência física.

- Perda da sensibilidade: as lesões medulares de um modo geral trazem algum tipo de perda de sensibilidade abaixo do nível em que ocorrem. Sendo assim, o profissional que lida com jovens nessas condições precisa redobrar sua atenção quanto à ocorrência de ferimentos na região afetada, uma vez que situações de risco podem passar despercebidas.

- Problemas de ajustes psicossociais: a restrição motora, que, muitas vezes, torna o indivíduo usuário de cadeira de rodas, muletas ou bengalas, pode trazer associadas dificuldades afetivas e sociais. É comum que jovens com lesão medular apresentem problemas em aceitar o próprio corpo, que sejam isolados socialmente ou que se demonstrem inseguros nos relacionamentos sociais. Em grande parte esses problemas podem ser amenizados por meio da prática de atividades físicas ou esportivas, que podem aprimorar aspectos como autoestima, autoconceito e competência percebida.

Paralisia Cerebral

Atualmente conhecida também como *encefalopatia não progressiva da infância*, essa condição pode ser conceituada como um distúrbio não progressivo da motricidade, provocado por lesão cerebral antes dos 36 meses de vida, que se evidencia por problemas no controle da postura e da movimentação. A maior parte dos casos de paralisia cerebral é provocada por situações durante a gestação, especialmente no primeiro trimestre, ou no momento do parto, que levem o bebê a falta de oxigênio no cérebro (hipóxia) e, consequente lesão. As sequelas advindas dessa lesão são categorizadas como leves, moderadas ou severas.

Algumas características gerais podem ser observadas em crianças com paralisia cerebral. Algumas das mais marcantes são a hiper-reflexia e a incoordenação motora. Crianças com paralisia cerebral apresentam em muitas situações a persistência de reflexos primitivos, que deveriam ser inibidos nos primeiros meses de vida. Além disso, a magnitude da resposta reflexa é exagerada. Essas duas condições dificultam o desenvolvimento motor satisfatório e fazem que possam ocorrer diferentes problemas no controle dos movimentos e da postura. Ainda no aspecto motor, crianças com paralisia cerebral têm sua movimentação afetada por encurtamentos tendíneos, como do tendão calcâneo, o que interferirá no seu padrão de marcha.

Outras características que podem estar presentes nesse tipo de deficiência são o estrabismo e as dificuldades na fala, que atingem cerca de 60% das crianças acometidas pela paralisia cerebral. Além dessas sequelas, crianças com acometimentos mais graves podem apresentar atrasos cognitivos associados e dificuldade de concentração.

Numa perspectiva neuroanatômica, a paralisia cerebral pode ser classificada em:

- Espástica: corresponde a maior parte dos casos e é provocada por lesões nas fibras eferentes. Nesse tipo de lesão, a principal sequela é a hipertonia da musculatura, ou seja, a criança, mesmo em repouso, possui elevado grau de tônus muscular. Dessa forma, possuem uma elevada taxa metabólica de repouso e, em decorrência, uma baixa porcentagem de gordura corporal. Essa escassez de gordura corporal pode interferir diretamente na regulação do ciclo menstrual das meninas.
- Atetoide: provocada por lesão nos gânglios de base. Crianças com esse tipo de deficiência podem apresentar tônus muscular flutuante, ora muito elevado ora muito reduzido. Outra característica marcante da paralisia cerebral com atetose é a ocorrência de movimentos involuntários de grande amplitude, que prejudicam sobremaneira o controle dos movimentos pelo indivíduo portador.
- Atáxica: condição também conhecida como Ataxia, é gerada por lesão no cerebelo. As principais consequências são a redução do tônus geral da musculatura (hipotonia muscular) e os problemas de equilíbrio para a manutenção da marcha.

Embora normalmente tenham a inteligência perfeitamente preservada, crianças com paralisia cerebral, muitas vezes, são percebidas e tratadas pela sociedade como portadoras de deficiência intelectual. Essa confusão também é comum entre os profissionais que lidam com essas crianças, provavelmente, pela falta de informações e pela dificuldade em geral verificada de comunicação por parte delas. O fato é que os profissionais devem compreender que a paralisia cerebral, embora possa prejudicar as respostas motoras das crianças, não inabilita seu desenvolvimento cognitivo. Assim, novas formas de comunicação devem ser exploradas, a fim de que as vontades, anseios e opiniões dos jovens com paralisia cerebral possam ser ouvidos.

Especificamente quanto à prescrição de atividades físicas, o profissional que lida com crianças com paralisia cerebral deve enfocar a melhora da amplitude de movimento, por meio de alongamentos passivos, ativos e facilitados. Algumas técnicas como a Facilitação Neuromuscular Proprioceptiva podem ser de grande valia. Atividades realizadas em piscinas com água aquecida (especialmente acima dos 32°) e também aquelas para relaxamento ajudam a reduzir a espasticidade e a ocorrência dos movimentos involuntários. Para os jovens com apenas um dos lados do corpo atingido (hemiplégicos), o profissional deve atentar para a prevenção ou atenuação de escolioses, enfocando nos exercícios a região do corpo acometida e as atividades de propriocepção para a manutenção da melhor postura.

Como a paralisia cerebral afeta primordialmente a coordenação motora, o profissional deve iniciar o programa de exercícios enfocando os grandes grupos musculares e solicitando movimentos de maior amplitude e menor complexidade. Com o passar do tempo, e caso isso seja possível, podem ser incentivados os movimentos mais refinados, com grupos musculares menores e mais específicos. As atividades de coordenação motora-visual também são bem-vindas, por melhorarem o controle de movimento. Para amenizar a questão do estrabismo, as crianças podem realizar tais atividades tampando um dos olhos.

A fim de evitar o aparecimento de úlceras de pressão, e também para permitir maior liberdade de movimento, é interessante que mesmo os jovens com paralisia cerebral mais grave sejam retirados da cadeira de rodas para a realização de algumas atividades físicas. Entretanto, muitas vezes, não conseguem sustentar a postura fora da cadeira de rodas. Para amenizar essa situação, o profissional pode fazer uso de órteses de estabilização, que estimulam a boa postura corporal e permitem que a criança realize atividades sentadas no chão ou em outros equipamentos.

O Esporte para Jovens com Deficiência Física

Muitas são as opções de práticas esportivas para jovens com deficiência física. Algumas entidades nacionais são responsáveis pela administração das modalidades, como a Confederação Brasileira de Basquetebol em Cadeira de Rodas, a Associação Brasileira de Voleibol Paraolímpico, entre outras, todas vinculadas ao Comitê Paraolímpico Brasileiro. Recentemente, algumas confederações esportivas, tais como a de tênis e de remo, têm aberto departamentos específicos para a administração do esporte adaptado. Essas iniciativas foram de grande importância para o aumento no número de competições oferecidas e para a maior divulgação do esporte adaptado.

Algumas das modalidades mais procuradas por crianças e adolescentes com deficiência física são a natação, o basquete em cadeira de rodas e o tênis de mesa em cadeira de rodas, entretanto, ainda são poucos os clubes em nosso país que possuem trabalhos específicos voltados para essa formação esportiva inicial. A maior parte dos clubes trabalha apenas com atletas adultos e, dessa forma, os jovens ficam com sua prática restrita a poucos espaços, muitas vezes, sem os materiais adequados para as suas necessidades. Outros entraves para a prática esportiva por essa população são da falta de transporte para os locais de treino e a falta de acessibilidade. Esses dois pontos, certamente, ainda são responsáveis pela dificuldade de adesão e aderência observada entre jovens com deficiência física para a prática de modalidades esportivas.

Considerações Finais

Ao falarmos de atividades físicas e esportivas para crianças e adolescentes com deficiência, devemos pensar em possibilidades diferenciadas. Não podemos acreditar no êxito dessas atividades se os profissionais que irão atuar com essa população não forem capazes de perceber os jovens que estão por trás das cadeiras de rodas, das bengalas, das muletas e dos aparelhos auditivos.

Embora as dificuldades de acessibilidade arquitetônica existam, e devam ser eliminadas, as barreiras impostas pela falta de informação e pelo preconceito conseguem ser ainda mais nocivas. De nada vão adiantar os instrumentos legais criados para garantir o acesso de todos os jovens às práticas de atividades físicas voltadas para o lazer, educação, saúde e promoção social, se não tivermos profissionais aptos e seguros para lidar com essa realidade. Nenhuma política pública será frutífera, se os profissionais responsáveis pelos programas de atividades físicas e esportivas para jovens não conseguirem enxergar naqueles com deficiência potenciais enormes a serem explorados.

Referências

BATISTA, C. G. Deficiência visual, alterações no desenvolvimento e o processo de escolarização. **Boletim de Psicologia**, v. 51, n. 115, p. 187-200, 2001.

_____. Formação de conceitos em crianças cegas: questões teóricas e implicações educacionais. **Psicologia**: teoria e pesquisa, v. 21, n. 1, p. 7-15, 2005.

BLINDE, E. M.; MCCALLISTER, S. G. Listening to the voices of students with physical disabilities. **Joperd**, Reston, v. 66, n. 6, p. 64-8, 1998.

BLOCK, M. E. Development and validation of the children's attitudes toward integrated physical education – revised (CAIPE-R) inventory. **Adapt. Phys. Activ. Quart.**, Champaign, v. 12, p. 60-77, 1995.

BLOCK, M. E.; LIEBERMAN, L. J.; KUNTZ, F. C. Authentic assessment in adapted physical education. **Joperd**, Reston, v. 69, n. 3, p. 48-54, 1998.

BLOCK, M. E.; ZEMAN, R. Including students with disabilities in regular physical education: effects on nondisabled children. **Adapt. Phys. Activ. Quart.**, Champaing, v. 13, p. 38-49, 1996.

BRACCIALLI, L. M.; MANZINI, E. J.; REGANHAN, W. G. Contribuição de um programa de jogos e brincadeiras adaptados para a estimulação de habilidades motoras em alunos com deficiência física. **Temas sobre Desenvolvimento.**, São Paulo, v. 13, n. 77, p. 37-46, 2004.

BRITO, C. F. A. et al. Estabilidade da aptidão física entre a infância e adolescência. **Rev. Bras. Ativ. Fís. & Saúde.** Londrina, v. 4, n. 1, p. 5-12, 1999.

CAMPOS, H. O compromisso com a educação inclusiva. **Jornal informar é incluir**, Santo André, 22. ed., ano III, p. 6-7, 2005.

CAPELLINI, V. L. M. F.; MENDES, E. G. Avaliação do rendimento escolar de alunos com deficiência visual inseridos no ensino regular. **Temas sobre Desenvolvimento.** São Paulo, v. 11, n. 66, p. 39-44, 2003.

CARROLL, B.; LOUMIDIS, J. Children's perceived competence enjoyment in physical education activity outside school. **Europ. Phys. Educ. Review.**, Manchester, v. 7, n. 1, p. 24-43, 2001.

CELESTE, M. A survey of motor development for infants and young children with visual impairments. **J. Vis. Impair. Blind.**, New York, n. 96, p. 169-74, 2002.

CLEMENTE, C. A. **Vencendo barreiras – histórias de superação e inclusão da pessoa portadora de deficiência**. Osasco: Espaço da Cidadania, 2002.

CONNOR-KUNTZ, F. J.; DUMMER, G. M.; PACIOREK, M. J. Physical education and sport participation of children and youth with spina bifida and myelomeningocele. **Adapt. Phys. Activ. Quart.**, Champaign, v. 12, p. 228-38, 1995.

D'ANGIULLI, A.; MAGGI, S. Development of drawing abilities in a distinct population: depiction of perceptual principles by three children with congenital total blindness. **Intern. J. Behav. Develop.**, Hove East, v. 27, n. 3, p. 193-200, 2003.

DUNN, J. C. Goal orientations, perceptions of the motivational climate and perceived competence of children with movement difficulties. **Adapt. Phys. Educ. Quart.**, Champaign, v. 17, p. 1-19, 2000.

DUPOUX, E.; WOLMAN, C.; ESTRADA, E. Teacher's attitudes toward integration of students with disabilities in Haiti and the United States. **Intern. J. Disabil., Develop. Educ.**, Queensland, v. 52, n. 1, p. 43-58, 2005.

FERREIRA, M. S. Aptidão física e saúde na educação física escolar: ampliando o enfoque. **Rev. Bras. Ciênc. Esp.**, Campinas, v. 22, n. 2, p. 41-54, 2001.

FIELD, S. J.; OATES, R. K. Sport and recreation activities and opportunities for children with spina bifida and cystic fibrosis. **J. Scien. Medic. Sport**, Belconnen, v. 4, n. 1, p. 71-6, 2001.

GILBERT, C.; AWAN, H. Blindness in children: half of it is avoidable and suitable cost effective intervations are available. **British Méd. J.**, London, v. 327, n. 7418, p.760-1, 2003.

GIMENEZ, R. et al. Combinação de padrões fundamentais de movimento: crianças normais, adultos normais e adultos portadores de Síndrome de Down. **Rev. Bras. Educ. Fís.**, v. 18, n. 1, p. 101-6, 2004.

GOODWIN, D. L.; WATKINSON, E. J. Inclusive physical education from the perspective of students with physical disabilities. **Adapt. Phys. Activ. Quart.**, Champaign, v. 17, p. 144-60, 2000.

GORGATTI, M. G.; COSTA, R. F. **Atividade física adaptada** – qualidade de vida para pessoas com necessidades especiais. São Paulo: Manole, 2005.

GORGATTI, T. Ferramenta para a felicidade e bem-estar. **Educação & Família** – deficiências: a diversidade faz parte da vida! São Paulo, v. 1, p. 40-1, 2003.

GUEDES, D. P.; GUEDES, J. E. R. P. Esforços físicos nos programas de educação física escolar. **Rev. Paul. Educ. Fís.**, São Paulo, v. 15, n. 1, p. 33-44, 2001.

HARTER, S.; PIKE, R. The pictorial scale of perceived competence and social acceptance for young children. **Child Development.**, Lafayette, v. 55, p. 1969-82, 1984.

HOPKINS, W. G. et al. Physical fitness of blind and sighted children. **Europ. J. Appl. Physiol. Occup. Physiol.**, Berlin, v. 56, n. 1, p. 69-73, 1987.

HORVAT, M.; KALAKIAN, L. **Assessment in adapted physical education and therapeutic recreation**. Dubuque: Brown & Benchmark, 1996.

JUAN, L.; YONGFANG, L.; WENGANG, H. Feelings of loneliness in blind children. **Chin. Ment. Health J.**, Hong Kong, v. 15, n. 6, p. 394-5, 2001.

KOSMA, M.; CARDINAL, B. J.; RINTALA, P. Motivating individuals with disabilities to be physically active. **J. Teach. Phys. Educ.**, Champaign, v. 21, p. 116-28, 2002.

KOZUB, F. M.; OZTURK, M. A. A reexamination of participation for individuals with disabilities in interscholastic sport programs. **Joperd**, Reston, v. 74, n. 2, p. 32-6, 2003.

KRISTÉN, L.; PATRIKSSON, G.; FRIDLUND, B. Conceptions of children and adolescents with physical disabilities about their participation in a sports program. **Europ. Phys. Educ. Review.**, Manchester, v. 8, n. 2, p.139-56, 2002.

LAKE, J. Young people's conceptions of sport, physical education and exercise: implications for physical education and the promotion of health-related exercise. **Europ. Phys. Educ. Review.**, Manchester, v. 7, n. 1, p. 80-91, 2001.

LAMASTER, K. et al. Inclusion practices of effective elementary specialists. **Adapt. Phys. Activ. Quart.**, Champaign, v. 15, p. 64-81, 1998.

LEMOS, E. A vivência do corpo diferenciado. Deficiências: a diversidade faz parte da vida! **Educação & Família.**, São Paulo, v. 1, p. 39, 2003.

LIENERT, C.; SHERRILL, C.; MYERS, B. Physical educators' concerns about integrating children with disabilities: a cross-cultural comparision. **Adapt. Phys. Activ. Quart.** Champaign, v. 18, p. 1-17, 2001.

LONGMUIR, P. E.; BAR-OR, O. Factors influencing the physical activity levels of youths with physical and sensory disabilities. **Adapt. Phys. Activ. Quart.**, Champaign, v. 17, p. 40-53, 2000.

LOPES, M. C. B.; KITADAI, S. P. S.; OKAI, L. A. Avaliação e tratamento fisioterapêutico das alterações motoras presentes em crianças deficientes visuais. **Rev. Bras. Oftal.**, Rio de Janeiro, v. 63, n. 3, p. 155-61, 2004.

MALONE, L. A. et al. Effects of visual impairment on stroke parameters in paralympic swimmers. **Med. Scien. Sport. Exerc.**, Madison, v. 12, p. 2098-103, 2001.

MOSQUERA, C. **Educação física para deficientes visuais**. Rio de Janeiro: Sprint, 2000.

MUNSTER, M. A.; ALMEIDA, J. J. G. Atividade física e deficiência visual. In: GORGATTI, M. G.; COSTA, R. F. **Atividade física adaptada**: qualidade de vida para pessoas com necessidades especiais. São Paulo: Manole, 2005.

NIXON II, H. L. Getting over the worry hurdle: parental encouragement and the sports involvement of visually impaired children and youths. **Adapt. Phys. Activ. Quart.**, Champaign, v. 5, p. 29-43, 1988.

OLIVEIRA, C. Todos na escola! **Sentidos.**, São Paulo, v. 2, n. 17, p. 34-40, 2003.

RIZZO, T. L.; LAVAY, B. Inclusion: why the confusion? **Joperd**, Reston, v. 71, n. 4, 2000.

RODRIGUES, A. J. Contextos de aprendizagem e integração/inclusão de alunos com necessidades educativas especiais. In: RIBEIRO, M. L. S.; BAUMEL, R. C. R. C. **Educação especial**: do querer ao fazer. São Paulo: Avercamp, 2003.

RODRIGUES, D. **Atividade motora adaptada** – a alegria do corpo. Lisboa: Artes Médicas, 2006.

SILVA, M. O. E. Crianças e jovens com necessidades educativas especiais: da assistência à integração e inclusão no sistema regular de ensino. In: BAUMEL, R. C. R. C. et al. **Incluir, integrar**: desafio para a escola atual. São Paulo: FEUSP, 1998.

SASSAKI, R. K. **Inclusão**: construindo uma sociedade para todos. Rio de Janeiro: WVA, 1997.

SIEDENTOP, D.; TANNEHILL, D. **Developing teaching skills in physical education**. San Diego: Mayfield, 2000.

SKAGGS, S.; HOOPER, C. Individuals with visual impairments: a review of psychomotor behavior. **Adapt. Phys. Activ. Quart.**, Champaign, v. 13, p. 16-26, 1996.

TAN, S. K.; PARKER, H. E.; LARKIN, D. Concurrent validity of motor tests used to identify children with motor impairment. **Adapt. Phys. Activ. Quart.**, Champaign, v. 18, p. 168-82, 2001.

VALENTINI, N. C.; RUDISILL, M. E. An inclusive mastery climate intervention and the motor skill development of children with and without disabilities. **Adapt. Phys. Activ. Quart.**, Champaign, v. 21, p. 330-47, 2004.

WARNER, R. Physical education for children with visual impairments. **The Brit. J. Teach. Phys. Educ.**, London, v. 14, p. 17-20, 2001.

WINNICK, J. P. **Educação Física e Esportes Adaptados**. São Paulo: Manole, 2004.

WINNICK, J. P.; SHORT, F. X. **Testes de aptidão física para jovens com necessidades especiais**. São Paulo: Manole, 2001.

WRIGHT, H., SUGDEN, D. **Physical education for all**. London: David Fulton, 1999.

ZITTEL, L. L.; MCCUBBIN, J. A. Effect of an integrated physical education setting on motor performance of preschool children with developmental delays. **Adapt. Phys. Activ. Quart.**, Champaign, v. 13, p. 316-33, 1996.

16

Psicossociologia do Esporte na Infância e Adolescência

Catalina Naomi Kaneta
Eduardo Neves P. de Cillo
Sâmia Hallage Figueiredo

Psicossociologia do Esporte na Infância e Adolescência

O presente capítulo tem como objetivo apresentar uma visão psicossociológica acerca da participação de crianças e adolescentes em práticas esportivas. Para tal, o texto está dividido em três partes: aspectos psicológicos da terceira infância, adolescência e aspectos psicossociais — pais, técnicos, amigos, público e mídia.

Nesta perspectiva, os autores pretendem fornecer um panorama geral das etapas do desenvolvimento de jovens praticantes, assim como de suas possibilidades, limites e necessidades, voltados para o planejamento de um trabalho eficaz e de relações saudáveis.

Aspectos Psicossociais da Terceira Infância

Até o final da década de 1980, a prática esportiva de milhares de crianças no mundo inteiro era baseada em atividades semelhantes às praticadas pelos adultos. Os programas de treinamento, geralmente, eram organizados pelos pais, professores, atletas ou ex-atletas, que utilizavam experiências próprias reproduzidas em técnicas de treinamento. Nessa mesma década, houve um movimento de humanização da educação física, que, antes, era exclusivamente biológica, trazendo a questão cultural do esporte como expressão corporal (Daolio, 2003). Com isso, surgiram as questões referentes à importância de um estudo multidisciplinar e o trabalho individualizado para cada faixa etária, respeitando-se o desenvolvimento biopsicosociológico.

Segundo Cratty (1983), os materiais que lidam com psicologia da criança no esporte variam acentuadamente, tanto em qualidade como em quantidade. Existem muitos artigos a respeito de exercícios lúdicos na atividade física, mas são raros os que abordam a entrada da criança no esporte e as transformações emocionais que ocorrem.

Meninice intermediária ou terceira infância (de 7 a 12 anos) é considerada o período que compreende o início da escolarização até a puberdade. Se comparadas às pesquisas e publicações sobre os pré-escolares ou adolescentes, encontramos muito menos material a respeito dessa fase. No entanto, ela é de fundamental importância no desenvolvimento infantil por representar o período de grandes avanços cognitivos (Bee, 1997) que interferem na individualização (individualização = diferenciação) da criança. Embora o termo *individual* lembre *estar só*, é em contato com os outros e em comparação com os outros que o ser humano é reconhecido como um indivíduo.

Dificilmente encontramos pesquisas com resultados concretos a respeito da prática esportiva nesse período. O que se sabe é que nesta idade muitas crianças praticam o esporte por meio da educação física escolar e/ou frequentam escolinhas e clubes, incentivados pelos pais e amigos.

O início da escolarização é marcada pela saída das crianças do ambiente familiar para passar mais tempo nas escolas, cursos e clubes. Além de aprender novas habilidades motoras e conhecimentos formais e informais (cognição), elas adquirem as primeiras noções sobre como se comportar socialmente, isto é, quais os níveis de expectativa de *performance* que precisa satisfazer. Essas expectativas representam não só as cobranças dos pais, professores e amigos, mas também um processo interno de avaliação do próprio desempenho diante do grupo.

Desenvolvimento Cognitivo

Segundo o Dicionário Aurélio da Língua Portuguesa (Ferreira, 2004), cognição é "aquisição de conhecimento". A Psicologia entende a cognição como mais do que o ato de adquirir conhecimento; é o processo todo em que inclui o uso da atenção, percepção, memória, raciocínio, juízo, imaginação, pensamento e o discurso.

Aproximadamente aos 7 anos de idade, as crianças entram num estágio de desenvolvimento cognitivo, ao qual Piaget (1970) denominou *Período das Operações Concretas*. O período anterior a esse, Piaget nomeou *Pré-operatório*; nota-se que a palavra *operação* é o centro de sua classificação, pois representa a importante capacidade intelectual adquirida a partir dos 7 anos, quando se aprende a *operar*: somar, subtrair, multiplicar, dividir, reverter, conservar, ordenar em série, estabelecer relações e a capacidade de classificação.

De todas as operações, Piaget (1973) destaca a capacidade de *Reversibilidade* e *Conservação* como de extrema importância, pois, a partir dela, permite-se ter noções de transitoriedade e hierarquia. Segundo Bee (1997), *Reversibilidade* é a compreensão de que as operações mentais e ações físicas podem ser invertidas ou revertidas (exemplo: uma bola de argila pode ter vários formatos e voltar a ser uma bola de argila); similar a isso é a *Conservação,* definida por Papalia e Olds (2000), como a possibilidade de reconhecer que a quantidade de alguma coisa permanece igual mesmo que o material seja reorganizado, contanto que nada seja adicionado ou retirado (exemplo: uma bola de argila pode ter vários formatos e, mesmo assim, continua tendo a mesma massa da bola de argila). No esporte, essas capacidades permitem o entendimento de algumas regras de jogos, como acúmulo de pontos, a conservação dos pontos após um intervalo para descanso e a diferença de pontuação caso o adversário marque pontos.

Por volta dos 7 a 8 anos, as crianças também adquirem as primeiras noções de princípio da Inclusão de Classes, Seriação e Inferência Transitiva (Papalia e Olds, 2000).

A Inclusão de Classes é a capacidade de perceber o relacionamento entre o todo e suas partes: em uma aula de natação, por exemplo, a instrução *girar o braço* antes era compreendida como dois aspectos, girar e braço; agora é capaz de unificar e compreender que isso compõe um movimento nomeado de *braçada*. Mais ainda, se uma braçada provoca movimento na água, muitas braçadas podem provocar muitos movimento em qualquer água.

Seriação é o poder organizar em sequência, do menor para o maior. As crianças, na prática esportiva, compreendem que um esporte é composto por vários movimentos em sequência, dos quais há aqueles que são mais difíceis de se realizar e desenvolvem técnicas de aprendizado a partir dos movimentos mais fáceis.

Inferência Transitiva é a habilidade de reconhecer uma relação entre dois objetos, conhecendo-se o relacionamento de cada um deles com um terceiro objeto: se a bola de basquete é mais pesada que a bola de voleibol e se a bola de voleibol é mais pesada que a de tênis, sem comparar concretamente o peso da bola de basquete e tênis, a criança saberá qual é a mais pesada.

No *Período das Operações Concretas*, a criança aprende o uso da lógica indutiva, em que, a partir de um fato particular, consegue elaborar conclusões genéricas.

Curiosas, não se satisfazem com a primeira explicação dada. Isso se dá a um aperfeiçoamento da memória: armazenamento maior e processamento mais rápido das informações (Papalia e Olds, 2000). Elas são capazes de lembrar que explicações diferentes foram dadas para um mesmo evento, e assim, começam a questionar a veracidade das coisas. Com a possibilidade de processar mais rápido as informações, cada criança se torna criativa ao elaborar técnicas e estratégias próprias de memorização, para possibilitar uma melhor forma de recordação. Se o professor de ginástica requisitar que elas realizem uma *cambalhota*, no período pré-operatório obedeceriam a ordem sem questionamentos. A partir dos 7 anos, tendo noções de motivação e vontade própria, as crianças realizam os movimentos somente com a presença de um incentivo individual e questionam que tipo de cambalhota quer que faça, pois em seu repertório diversificado, cada *cambalhota* está relacionada a um tipo de aprendizado.

Há um aumento no poder de concentração. Isso permite focalizar e selecionar a informação que precisam e ignoram as informações irrelevantes. Cada vez mais exigem uma explicação para o que estão realizando, essa é uma forma de exercitar a memória e a atenção.

Nesse estágio, elas se tornam menos egocêntricas intelectualmente e socialmente, e, assim, desenvolvem a capacidade de estabelecer relações que permitam a coordenação de pontos de vista diferentes. Esses pontos de vista podem referir-se ao *se co-*

locar no lugar do outro, ou a criança vê um objeto por vários aspectos diferentes, habilidade que não conseguia realizar em idades anteriores quando o foco era único – *eu*. Por meio de comparações consigo mesmo e com os outros, são capazes de perceber erros e acertos, por que errou, em que errou, como acertar. Compreendem explicações dadas pelas outras pessoas que utilizam exemplos de jogadas, jogos e filmes, associando as situações e explicações às experiências práticas que estão em sua memória.

Quando menores, *divinizavam* seus pais, concedendo-lhes *poder* e *saber*. Mas, ao entrar em contato com um número maior de pessoas, descobrem outros *saberes* e opinarão de modo diverso, muitas vezes, contrariando seus pais.

Sobre a conduta moral, ocorre uma transição da fase moral restrita à fase moral autônoma/cooperativa. Até então, elas acreditavam que as regras ditadas pelos pais não podiam ser modificadas: as ações eram classificadas em boas ou más, possíveis ou impossíveis, agradáveis ou desagradáveis, que geravam punição. Na fase moral autônoma/cooperativa, reconhecem a *relatividade* de todas as ações normas, introduzindo a elas variações, de acordo com as circunstâncias particulares que pareçam mais oportunas (Papalia e Olds, 2000).

Com a interação cada vez maior com outras pessoas, a criança amadurece e tem contato com uma quantidade maior de pontos de vista que, em alguns momentos, contradizem com aqueles aprendidos em casa. Assim, inferem que não há apenas um padrão rígido de certo e errado. Muitos pais não permitem a seus filhos falem *palavras ofensivas*, mas liberam estas atitudes em torcidas nos estádios. Com isso, reconhecem que há uma regra rígida, mas que pode haver adaptações dependendo das circunstâncias, desde que haja uma explicação. Um outro exemplo são as regras das modalidades esportivas: elas são determinadas, mas podem ser adaptadas se forem de comum acordo dos participantes.

Nesse período, portanto, em pensamento, a criança consegue:

- estabelecer corretamente relações de causa e efeito, de meio e de fim;
- sequenciar ideias ou eventos;
- trabalhar ideias de dois pontos de vista, simultaneamente;
- formar o conceito de quantidade e número sem ter um objeto relacionado (Bock, Furtado e Teixeira, 1997).

Desempenho Esportivo:
Treinamento com crianças e adolescentes

Desenvolvimento do Eu e as Relações deste Eu com o Mundo

O Eu

O autoconceito se desenvolve continuamente a partir da infância. O desenvolvimento cognitivo, que acontece durante a terceira infância, possibilita a elaboração de conceitos mais realistas e complexos de si mesmo e de sua capacidade de ter êxito em suas relações sociais. É nesse contexto que a autoestima se desenvolve, à medida que as crianças começam a entender de si mesmas, como integrantes e possuidores de valor social.

Nesse período, ocorre o desenvolvimento da capacidade de focalizar qualidades internas das pessoas, e não só as externas. Quando se pede para qualificar uma pessoa, tanto a si mesmo quanto aos outros, a criança, além de descrever qualidades externas, enfatiza as crenças, qualidades das relações pessoais, traços gerais de personalidade e uso frequente dos sentimentos. Ao mesmo tempo em que se torna introspectiva, a criança adquire a habilidade de realizar comparações, e utiliza a relatividade com as outras pessoas para se descrever (*mais do que..., em relação a ...*).

Com isso, acontece um processo interno de comparação entre o *eu real* e o *eu ideal*, em que o real é aquele que existe de fato e o ideal é relativo às aspirações despertadas a partir de exigências próprias e cobranças do grupo a que pertence. Essa análise tem como consequência o valor que a criança se dá, e isso é denominado autoestima.

Segundo Harter (1998), o nível de autoestima de cada criança depende de dois processos de avaliação interna. O primeiro passo é a comparação entre *quem elas são* (ou quem acreditam ser) e *quem elas gostariam de ser*; e isso resulta numa diferença. Num segundo momento, é feita a análise desse resultado: quanto maior a diferença, mais baixa a autoestima. Quando a criança vê a si mesma como incapaz de atingir suas metas, a autoestima está em um nível baixo.

Em competições esportivas, muitas crianças têm seu rendimento prejudicado em virtude da ansiedade provocada pelo acúmulo excessivo de exigência dos pais, professores e amigos, que gera uma autocobrança exagerada. Quanto menor for a autoestima, mais a ansiedade pode ser prejudicial, já que ela se considera incapaz de satisfazer essas exigências.

Psicossociologia do Esporte na Infância e Adolescência

Muitas vezes, essas cobranças estão em um nível insuportável, podendo causar a desistência da prática esportiva. Não é incomum crianças abandonarem o esporte, a ponto de odiar a atividade física, mesmo quando crescem; isso, muitas vezes, está relacionado com uma prática inadequada, estressante e deprimente.

Elevar o nível da autoestima consiste em diminuir a discrepância entre o real e o ideal. Um dos recursos está em apresentar alguns objetivos já conquistados, reforçando a competência e a capacidade da criança. Outro recurso importante é aumentar o apoio social (pais e amigos) e diminuir as cobranças, para que o *eu ideal* não seja supervalorizado pela exigência social. As crianças que sentem que as outras pessoas gostam delas *como elas são* apresentam escores mais elevados de autoestima do que aquelas que relatam menos apoio em geral (Harter, 1998).

Segundo Bel (1997), a percepção que uma criança tem de sua própria competência ou aceitação é modelada por sua própria experiência com o sucesso ou fracasso em várias áreas. Classificações e juízos de outras pessoas também compõem outro elemento nessa equação.

Um aspecto importante sobre a autoestima é quando ela está fortemente negativa; nesse caso pode estar correlacionada à depressão: quanto mais deprimida, a autoestima estará mais baixa, e com a autoestima baixa, maior será a sensação de depressão.

As Relações Sociais

Com o início da escolarização, as crianças passam bem menos tempo com os pais, se comparado à fase pré-escolar. Com isso, a tendência é uma diminuição de expressão de afeto das crianças, mas isso não significa enfraquecimento do apego. Os pais ainda representam uma base segura de confiança, apoio e fonte de opiniões.

À medida que a rotina das crianças se modifica, com a ida à escola e a presença de novas influências e fontes de informações, muitos pais se questionam se devem alterar seu comportamento e estilo de educação para se adequar à nova situação. Baumrind (1991) apresentou dados em que pais que representam figuras de autoridade tendem a ter filhos *competentes socialmente*, enquanto famílias negligentes e permissivas tendem a ter filhos *incompetentes socialmente*.

Desempenho Esportivo:
Treinamento com crianças e adolescentes

Há, entretanto, a importância de diferenciar autoridade e autoritarismo. Autoridade refere-se ao prestígio adquirido de direito; autoritarismo faz referência ao que é despótico, tirano e abusa da autoridade. Na pesquisa de Baumrind (1991), pais autoritários não obtêm o mesmo sucesso dos pais como figuras de autoridade.

Ao passarem mais tempo nas escolas, cursos e clubes, as relações sociais da criança se centralizam no grupo de colegas que frequentam o mesmo local e compartilham das mesmas afinidades e gostos. O que as crianças dessa idade parecem gostar em relação ao grupo é a possibilidade de realizar as coisas em conjunto.

Claramente, há uma separação dos grupos a partir dos gêneros, uma espécie de segregação sexual, em que meninos brincam com meninos e meninas brincam com meninas, cada grupo em seu espaço e com seus tipos de brincadeiras (Bee, 1997).

Há um aumento na quantidade de amigos, se comparado às companhias das crianças na idade pré-escolar, em que os meninos tendem a ter grupos de amizades maiores do que o grupo de meninas. Além da diferença no número de integrantes do grupo, existe uma distinção entre os tipos de relação social que os meninos e as meninas estabelecem com seus amigos e amigas. Nos meninos, percebem-se maiores níveis de competição dentro dos grupos, enquanto nas meninas a competição se apresenta entre os grupos (Bee, 1997). Embora haja várias diferenças entre os grupos masculinos e femininos, também existem semelhanças: em ambos os grupos, as trocas cooperativas e de colaboração constituem as formas mais comuns de comunicação (Bee, 1997). Agressividade, popularidade e rejeição, aliás, são aspectos frequentemente estudados, quando se refere às relações sociais.

Com a aquisição de um vocabulário mais diversificado, na idade escolar, observa-se o aumento das agressões verbais e a diminuição das agressões físicas. Na maioria das sociedades mundiais, o sexo masculino é mais agressivo do que o feminino, e muitos consideram os hormônios o principal responsável por essa diferença de comportamento. Embora haja essa possível pré-disposição biológica, sem dúvida há a influência social, que estimula a agressividade mais nos meninos do que nas meninas (Bee, 1997). Quando essa agressividade está adequada às exigências sociais, é considerado um caráter positivo; mas existem os extremos, quando a criança é diagnosticada com Transtornos de Conduta: comportamentos antissociais e agressivos, níveis elevados de irritabilidade, desobediência, ameaças, implicância e propensão à discussão. Em geral, os transtornos de conduta são apresentados por crianças que provêm de famílias que evidenciam disciplina inconsistente, rejeição, punição exagerada e falta ou excessiva supervisão dos pais. Esses transtornos podem, também, ser sintomas de outras patologias, como transtornos mentais, esquizofrenia, "mania depressão". Mas, nesses casos, o diagnóstico e tratamento só podem ser realizados por médico, psiquiatra ou psicólogo.

Há diversas intervenções que podem ser realizadas em crianças com agressividade acima do nível normal social. Em casos mais simples, basta a orientação de pais e familiares para que esses estimulem menos o comportamento agressivo. Outra opção é o desvio desse potencial agressivo para a prática de atividades que sejam adequadas a esse comportamento; neste caso, a prática esportiva, dança, música, em que essa energia é canalizada para a produção de *performance*. Ao praticar essas atividades, a criança não está apenas reproduzindo a agressividade em ambiente adequado; está modificando o comportamento: o indivúduo aprende a controlar e a direcionar a energia de um modo adequado, delimitado pelas regras existentes.

O ambiente competitivo dos esportes permite a dramatização das emoções agressivas por meio de códigos. Com essa codificação, a agressividade se torna aceita pelo grupo e ocorre o aprendizado da criança de que é possível se expressar de outras formas que não prejudiquem os outros; isso permite uma maior sociabilização, já que seu comportamento, agora, não é desajustado.

A diferença na personalidade pode interferir nos resultados de intervenção. Crianças com agressão *pró-ativa* (agressivas para alcançar o que querem) são mais receptivas à intervenção do que crianças com agressão *reativa* (que agridem em represália a um erro percebido) (Bee, 1997).

Vencer *a qualquer custo*, sem medir esforços e consequências, seria algo extremamente agressivo se não houvesse o contexto de uma competição esportiva em que isso é permitido. Uma vez em competição, há a percepção de que para vencer é necessário o auxílio dos outros. Para a vitória *a qualquer custo*, é necessário cooperar, mesmo que isso represente ser menos agressivo com o próximo.

Popularidade e rejeição dependem do nível de aceitação de uma criança pelas outras crianças. Os psicólogos que estudam esse assunto classificam as crianças rejeitadas em: aquelas que são ostensivamente rejeitadas pelos outros e aquelas negligenciadas (Bee, 1997). Os ostensivamente rejeitados são apontados como aqueles de quem *não gosto*, sentem-se excluídos de um grupo, mas podem encontrar amigos que gostem deles, enquanto os negligenciados são aqueles que pertencem a grupos, mas não são os preferidos.

Os negligenciados são propensos a apresentar depressões por não sentir a sua importância perante o grupo, e isso provoca uma diminuição na autoestima, enquanto os ostensivamente rejeitados estão propensos a apresentar comportamentos antissociais desajustados.

As crianças populares são aquelas queridas pelas outras crianças. A aparência física parece ter influência na popularidade, mas, fundamentalmente, o comportar-se é determinante; agem de maneira positiva, não punitiva, não agressiva e cooperativa com as outras (Bee, 1997). Muitas vezes, as crianças populares representam um papel de liderança nos grupos escolares, em reunião de amigos e nas equipes esportivas.

Muitos estudos buscam, por meio de testes, uma forma de detectar esses indivíduos que representam liderança. Outras pesquisas objetivam técnicas para desenvolver a liderança. Mas, por enquanto, a maioria dos resultados aponta a popularidade e a liderança como algo individual, moldado pelas relações sociais. Não há uma regra específica que possa determinar o que é, realmente, *se comportar de um modo que agrade a todos*, e como alcançar isso. Esses estudos auxiliam a descobrir tendências, possibilidades e potenciais, mas não necessariamente o fato absoluto.

Em grupos esportivos muito técnicos, se reconhece que a liderança *brota* naturalmente sem a necessidade de incentivo. Essas lideranças que surgem são mais eficientes do que algumas lideranças nomeadas pelo treinador, mas não reconhecidos pelo grupo.

As crianças rejeitadas são agressivas, *destruidoras*, não cooperativas (Coie, Dodge e Kupersmidt, 1990), e tendem a entender a agressão como um modo útil de resolver problemas. Em alguns casos, elas encaram o ambiente em que vivem como um local hostil.

Como no relacionamento social, não existem regras absolutas, e sim propensões, inclinações e tendências. Felizmente, nem todas as crianças rejeitadas permanecem assim e nem todas as crianças agressivas são rejeitadas (Bee, 1997). Durante a infância, não existe apenas um grupo ao qual a criança possa pertencer; há inúmeros grupos que se juntam, de acordo com as afinidades existentes.

A Prática Esportiva a partir da Terceira Infância

Muitos pais colocam seus filhos em prática esportiva antes dos 7 anos de idade, o que pode trazer benefícios físico e motor para a criança. Mas as capacidades esportivas não estão relacionadas somente ao corpo; elas envolvem também aptidões psicossociais adquiridas a partir da terceira infância, quando o indivíduo é capaz de vivenciar o esporte como um todo.

A prática esportiva engloba o movimento corporal associado à representação cultural, exigindo assim, além das capacidades motoras, domínios de habilidades sociais como:

- respeitar, compartilhar e integrar com diferentes indivíduos;
- cooperação e solidariedade;
- expressão de sentimentos e emoções;
- controle e adaptação de sentimentos e emoções;
- reflexão de críticas;
- ter coragem de correr riscos;
- lidar com sucessos e insucessos;
- conhecer pontos fortes e fracos próprios e dos outros;
- treinar novas habilidades e operações aprendidas na educação formal;
- aquisição de uma representação dentro de um grupo social;
- aquisição de um valor em relação aos outros.

O esporte envolve autoconhecimento, sociabilização, desenvolvimento da inteligência, vontade, domínio de si mesmo, capacidade de observar, avaliar situações, atenção, decisão, lidar com o fracasso, intuição, memória, integração de ação, pensamento, desenvolvimento e uso dos diversos níveis de concentração (Machado, 1998).

Todos esses aspectos estão relacionados a capacidades desenvolvidas pelo indivíduo durante o período que compreende dos 7 aos 12 anos, aproximadamente. A partir de então, inicia-se o período da adolescência, no qual a criança organiza um modo particular e peculiar de se relacionar com o mundo.

A Adolescência

O conceito de adolescência é discutido na literatura e, geralmente, corresponde a uma faixa etária entre 12 e 20 anos. Pappalia e Olds (2000) indicam que a adolescência se inicia na puberdade, que é o processo que leva à maturidade sexual ou a capacidade de reprodução. Os autores afirmam, ainda, que o aparecimento da puberdade não tem uma idade certa, varia de indivíduo para indivíduo, assim como sua duração, ou seja, algumas pessoas passam pela puberdade rapidamente e outras mais lentamente.

A adolescência é um período de transição entre a infância e a fase adulta, não é uma fase natural do desenvolvimento humano, e, segundo alguns autores, trata-se de um conceito construído pela cultura (Bock, Furtado e Teixeira, 1997; Pappalia e Olds, 2000; Rappaport, Fiori e Davis, 1982).

Nos grupos tribais ou historicamente diferenciados da cultura ocidental, não existe esse longo período que separa a infância da fase adulta. Nessas sociedades, o indivíduo que entra na puberdade e adquire a capacidade de se reproduzir já é considerado adulto. Além dessa capacidade de reprodução, o indivíduo também deve ser capaz de produzir. Tanto as tarefas destinadas ao homem, como a caça e a pesca, por exemplo, quanto àquelas destinadas às mulheres, como os cuidados domésticos, podem ser desempenhadas por meninos e meninas dessa faixa etária. A transição entre infância e adolescência ocorre por meio de ritos de passagem, que pode ser uma simples troca de vestimenta, testes de força e resistência, atos de magia ou até a mutilação de partes do corpo.

Nas sociedades modernas, essa passagem é mais lenta. A transição entre infância e fase adulta se dá por meio desse longo período denominado adolescência, que envolve interligadas mudanças físicas, cognitivas e psicossociais (Pappalia e Olds, 2000).

O Comportamento do Adolescente e o Adolescente no Esporte

Paralelamente às alterações físicas que ocorrem na adolescência, observa-se que essa fase é marcada por mudanças de comportamento. Segundo Banaco (1995), a rapidez dessas transformações assusta e incomoda a todos que estão envolvidos com o adolescente, assim como a ele próprio, e seu comportamento, normalmente, associa-se à agressividade, indolência, inconstância, insegurança etc. Várias teorias psicológicas tentam descrever o adolescente como uma pessoa *em conflito*, causado pelas alterações hormonais e fisiológicas que estão acontecendo em seu corpo. Ou seja, é dentro do adolescente que se localiza a fonte dos problemas, conflitos, inseguranças e anseios manifestados nessa fase. O autor argumenta que um conflito deve estar no ambiente antes de estar *no interior* de uma pessoa. O problema está na relação do adolescente com o seu mundo e é nessa relação que temos que buscar a explicação para o seu comportamento.

Quando esse adolescente é um atleta, seu ambiente é acrescido de outras variáveis relacionadas diretamente ao esporte. Os profissionais que acompanham jovens atletas precisam entender e estar atentos às especificidades dessa fase, e planejar o seu trabalho considerando que esse atleta é especial. Figueiredo e Moura (2003) afirmam que nas categorias de base é fundamental que a preocupação com o desenvolvimento de habilidades dos atletas não se restrinja apenas às habilidades esportivas. O trabalho com adolescentes, também, inclui educação e formação. Leonhardt (2003) afirma que o treinador das categorias de base precisa ser entendido como alguém contribuinte no desenvolvimento físico, motor, social e emocional de seus atletas, integrando-se no processo formativo e educativo deles.

Se a adolescência é uma fase de transição entre a infância e a idade adulta, temos de reconhecer que a relação do indivíduo que está na adolescência com o mundo também irá se modificar. Ele terá de aprender coisas novas, que não faziam parte de seu ambiente quando era criança. E, na maioria das vezes, isso começa na própria família, pois um dos conflitos mais aparentes é do adolescente com seus pais.

Mas, o que muda na relação pais e filhos na adolescência? Segundo Bee (1996), uma das características da adolescência é um impulso para a independência, que vem acompanhado por confrontações com os pais acerca dos limites, ao mesmo tempo em que esses adolescentes enfrentam uma série inteiramente nova de exigências e habilidades a serem aprendidas. O adolescente percebe que o seu ambiente está sofrendo transformações e, assim, o seu comportamento também vai se modificando. Paralelamente, os pais também vão alterar o seu comportamento em relação ao adolescente e, muitas vezes, estabelecem limites e normas diferentes daquelas vividas na infância. E, na medida em que o adolescente não concorda com esses novos limites e normas que lhe são impostos, vai questioná-los. É muito difícil simplificar essa relação pais e filhos na adolescência porque, sem dúvida, ela é consequência da relação do adolescente com os pais desde o seu nascimento. Além disso, é importante considerar que, muitas vezes, a mudança de comportamento dos pais não é mediada pelo comportamento do adolescente, mas sim pelas regras impostas pela sociedade, ou seja, os pais podem fazer várias proibições ao adolescente, por acreditarem que, pelo fato de seu filho estar na adolescência, vai comportar-se inadequadamente, sem que ele tenha se comportado como tal.

Apesar desse conflito existir, a família é suporte e modelo para o adolescente. Figueiredo e Moura (2003) destacam que, se esse adolescente é atleta e passa parte de seu tempo fora de casa, treinando e competindo, o papel desempenhado pelos pais acaba sendo dividido com o treinador e os demais integrantes de uma comissão técnica, que terão uma responsabilidade a mais com esse atleta, além do treinamento. Atualmente, os atletas saem de casa e do convívio com família cada vez mais cedo, para treinar e jogar em locais onde terão maiores chances de se desenvolver. Assim, uma das funções que esses profissionais têm é orientar, estabelecer limites e regras, enfim, participar do processo de educação e formação desse atleta como ser humano.

Observa-se que na adolescência ocorre um alto índice de depressão e queda na autoestima que parecem estar ligados ao excesso de novas exigências e mudanças (Bee, 1996). De acordo com Papalia e Olds (2000), a maioria dos jovens passa pela adolescência sem

Psicossociologia do Esporte na Infância e Adolescência

maiores problemas emocionais, mas alguns apresentam episódios leves ou graves de depressão. Os autores sugerem que as meninas são mais propensas a desenvolverem depressão por terem modos menos assertivos de lidar com as transformações que estão ocorrendo à sua volta. Além disso, tendem a ter uma preocupação maior com a aparência do que os meninos; então, encaram de forma diferente as transformações que ocorrem em seu corpo.

Quando esse adolescente é atleta, outras variáveis — como o alto grau de competitividade, ao qual é permanentemente exposto; a pressão de dirigentes e torcida pela vitória; a pressão de seus companheiros de equipe, treinador, patrocinadores e até de seus familiares — podem contribuir para o aparecimento da depressão. Alguns comportamentos dos atletas podem indicar a presença desse distúrbio, como, por exemplo, dificuldade de dormir que se prolonga durante uma semana ou mais; atrasos e falta de dedicação nos treinos; falta de concentração e de vontade para treinar e, consequentemente, queda de desempenho em competições. Esses comportamentos podem ter como consequência uma maior pressão de seus companheiros e treinador. Isso tudo alimenta o processo depressivo.

Quando o atleta está sendo acompanhado por uma equipe multiprofissional, ele contará com profissionais como o médico e o psicólogo, que poderão identificar esse distúrbio para que ele seja tratado, com medicamento e acompanhamento médico em casos de depressão mais grave, além da indicação de psicoterapia, fora do contexto esportivo. O acompanhamento do psicólogo do esporte no dia a dia do atleta também pode auxiliar no tratamento dessa depressão.

Nessa fase da adolescência, observam-se também problemas relacionados à nutrição, como obesidade e a incidência de transtornos alimentares, como a anorexia e a bulimia. O adolescente que tem maus hábitos alimentares e faz pouca atividade física pode se tornar uma pessoa obesa, que será vista como "diferente" pela sociedade. Se o adolescente já vem enfrentando mudanças no mundo à sua volta e dificuldades em adaptar-se, o fato de ser diferente e, de certa forma, a discriminação social que sofre, podem dificultar ainda mais essa adaptação e gerar comportamentos problemáticos. Esse adolescente pode, então, isolar-se e passar a evitar o convívio com outras pessoas.

O jovem atleta dificilmente desenvolve uma obesidade, até mesmo porque pratica atividade física no seu dia a dia, mas, muitas vezes, pode estar acima do seu peso e isso pode acabar interferindo no seu rendimento tanto em treinos como em competições. De acordo com Papalia e Olds (2000), programas de perda de peso, baseados na modificação de comportamento, podem auxiliar esses adolescentes. Para o atleta, esse processo de perda de peso pode ser orientado pelos profissionais que o acompanham, como o médico, o nutricionista, o preparador físico e o psicólogo.

Mas, às vezes, a busca pelo corpo ideal e a determinação em não ficar fora dos padrões estéticos pode se tornar patológico. A anorexia nervosa é um transtorno alimentar que, muitas vezes, ocorre na adolescência. De acordo com Weinberg e Gould (1995), a pessoa que desenvolve a anorexia tem uma perda significativa de peso e passa a comer cada vez menos. Apresenta um medo intenso de ganhar peso, tem distúrbio de imagem corporal, ou seja, por mais que esteja magra, continua se sentindo gorda e tem ausência de, pelo menos, três ciclos menstruais consecutivos. É uma doença que, se não for tratada, pode ser fatal. Outro transtorno alimentar importante é a bulimia nervosa, que também pode ocorrer na adolescência, caracterizada por episódios recorrentes de compulsão alimentar, seguido de autoindução de vômito, uso de laxantes ou diuréticos, dieta ou jejum rigorosos ou exercícios vigorosos, para evitar o ganho de peso, além de uma preocupação persistente com a forma e o peso do corpo. Tanto a anorexia como a bulimia são distúrbios que ocorrem frequentemente em atletas, especialmente em esportes que enfatizam a forma (por exemplo, ginástica, patinação artística), ou o peso (por exemplo, luta).

É importante que os profissionais que acompanham os atletas saibam identificar fatores que os predisponham a desenvolver esses distúrbios. Alguns desses fatores incluem genética e antecedentes familiares, e outros, estão presentes no ambiente esportivo e social do atleta. Weinberg e Gould (1995) destacam alguns fatores, como a necessidade de manter um peso baixo, a pressão de treinadores, comissão técnica e do próprio grupo somados às exigências pelo desempenho.

Outro problema comum que pode ocorrer na adolescência é o uso de drogas. De acordo com Banaco (1995), o uso do álcool, de drogas que tiram a dor, que induzem ou tiram o sono, mostram que o controle de estados internos usando drogas é possível e desejável. Quando os filhos são crianças, os pais impõem algumas regras pela sua autoridade, e uma dessas regras é que as drogas são ruins e viciam. Mas quando essa criança cresce e se transforma em adolescente, ela resolve testar essa regra e, ao experimentar a droga, experimenta novas sensações, e a consequência terrível que deveria acontecer, não acontece. Então, quando quer sentir as sensações novamente, recorre mais uma vez às drogas. Esse abuso de substâncias também ocorre com atletas que, além de buscar novas sensações, estão buscando a superação de seus limites. O abuso de substâncias, segundo Weinberg e Gould (1995), pode levar a problemas de saúde e psicológicos em longo prazo, que, às vezes, são fatais. Banaco (1995) sugere que o primeiro passo para lidar com esse adolescente usuário de droga é dar todas as informações a respeito delas (efeitos biológicos, clínicos e comportamentais), para tentar fazer que ele se conscientize das consequências ligadas ao abuso. Os profissionais que acompanham um atleta envolvido com o abuso de drogas, tanto as potencializadoras de desempenho como as recreativas, devem estar atentos ao seu comportamento e procurar orientá-los neste assunto, procurando sempre dialogar e esclarecê-los.

Ao examinar as questões da adolescência, do ponto de vista do jovem atleta, foi salientado que cabe ao treinador, em conjunto com os outros profissionais que participam da preparação do atleta, orientá-lo e auxiliá-lo durante essa fase. Entretanto, é preciso ressaltar que, dependendo do grau e extensão do problema apresentado, esse atleta necessitará ser encaminhado para um profissional especializado, seja ele médico, psicólogo clínico etc., que possa auxiliar no seu tratamento.

Aspectos Sociais: Pais, Técnicos, Amigos, Público e Mídia

Criança, adolescente ou adulto, todos os seres humanos vivem em um ambiente social. Isso significa que temos aí uma relação bilateral, ou seja, ocorrem influências tanto do grupo social para o indivíduo quanto desse para o grupo. De qualquer modo, vale prestar atenção, em particular, às influências exercidas por determinados membros do grupo social sobre os jovens praticantes de atividades esportivas. Em outras palavras, como afirma Simões (2002, p. 59):

> Significativo é o fato de que nem todos os adultos estão preocupados
> com as fases construtivas da formação e do desenvolvimento esportivo das

crianças/adolescentes – é evidente o aumento de preocupação dos adultos para otimizar o desempenho atlético.

Dessa forma, cabe a preocupação com o ambiente esportivo que tem sido construído para as crianças (será que é para elas mesmas?). Como já apresentado nesse mesmo capítulo, o desenvolvimento físico e psicológico de crianças e adolescentes ocorre aos poucos, etapa por etapa, na construção de suas capacidades. Exigir deles uma superação exagerada dos seus limites pode levar a consequências desastrosas, tanto para eles quanto para os adultos envolvidos no ambiente esportivo. Ainda segundo Simões (2002, p. 59), "Esse seria um dos casos, por exemplo, do desinteresse infantil pelas práticas esportivas. Na medida em que o excesso de exigência é imposto aos jovens praticantes, muitos deles não irão conseguir atender ao que lhes é exigido. Uma consequência óbvia desse processo é o abandono precoce das práticas esportivas. Com isso, perde-se a criança e o adolescente, mas perde-se também o esporte, que deixa de contar com um número significativo de adeptos. Um exemplo prático dessa questão pode ser ilustrado pelo número de crianças e jovens que todos os anos procuram por médicos que possam fornecer-lhes atestados, dispensando-os das aulas de educação física na escola. Esse fato, por si só, serve para demonstrar como a atividade física tem o significado, para muitos dos jovens, de uma situação aversiva.

Segundo Weinberg e Gould (2001), a participação das crianças no esporte tem o seu cume na faixa etária entre 10 e 13 anos, declinando aceleradamente até a idade de 18 anos. No mesmo artigo, os autores afirmam que, entre outros fatores, um dos mais importantes para a desistência da prática esportiva refere-se à pressão excessiva e situações de fracasso de um modo geral.

Assim, tanto Simões (2002) quanto Weinberg e Gould (2001) parecem concordar que há a necessidade de dosar o quanto se pode exigir dos jovens atletas. Por um lado, a forma como se tem visto o esporte infantil em muito se assemelha à estrutura e às práticas do esporte de rendimento adulto (a vitória a qualquer preço) e, assim, desde cedo, os jovens passam a conviver com um ambiente exigente de resistência à pressão, característico da competição e de sua preparação. Por outro, é reconhecida a necessidade de oferecer ao jovem praticante a oportunidade de envolver-se em um ambiente que permita descobrir possibilidades de aprender regras, habilidades sociais, técnicas e táticas. Como aprender se não puder criar? Como criar se não puder experimentar?

Os efeitos de práticas coercitivas sobre o comportamento dos aprendizes podem ser sentidos de maneiras distintas. Aparentemente, uma criança aprende rapidamente a fazer algo que lhe é exigido se ameaçado ou constrangido. Porém, passa a apresentar também alguns subprodutos das práticas coercitivas, como o medo exagerado, a ansiedade e a tensão, entre outros. Esses estados são compatíveis com o desempenho de atividades motoras ou mesmo com processos cognitivos, como a tomada de decisão? Obviamente que não. A coerção e seus efeitos são muito bem descritos por Sidman (1995). Além dos efeitos já descritos, o autor aponta para o fato de que pessoas ou ambientes nos quais tenha havido um abuso de práticas coercitivas tornam-se associados aos efeitos dessas práticas. Deste modo, um técnico/professor, um pai ou mesmo a própria prática esportiva podem se tornar aversivos.

Dentro da discussão sobre especialização precoce, não somente o esporte de rendimento pode estar perdendo futuros atletas, mas também está sendo desperdiçada uma "chance de ouro" para o processo de educação via esporte. Não é preciso realizar uma longa discussão para perceber que

> (...) o cenário de esporte infantil pode se converter em agente de socialização de normas e interesses adultos, basta observar a maneira pela qual um parental ou um professor/técnico se comporta em situação de jogo e na orientação dos filhos e alunos. (Simões, 2002. p. 51)

Portanto, a responsabilidade de pais, professores/técnicos e demais adultos envolvidos no esporte infantil aumenta a medida que se percebe que o modo como eles se comportam irá produzir efeitos diretos no aprendizado e no comportamento de crianças e adolescentes, seja em relação ao próprio esporte, seja em relação à vida de uma maneira geral. Parece haver um distanciamento entre o modo como se poderia conceber e conduzir as práticas esportivas para jovens e o que está sendo feito na realidade. De uma forma geral, o esporte infantil simplesmente tem reproduzido as práticas do esporte de rendimento adulto e, em última análise, as práticas de nossa sociedade capitalista. Cabe uma pergunta: o esporte deve ser apenas a reprodução alienada das práticas comuns em nossa sociedade ou pode ser uma boa oportunidade para, além da aprendizagem técnica e tática, oferecer práticas de um convívio social saudável? Ou, em outras palavras, esporte é só rendimento ou é também educação?

Marques (2000ab) faz uma distinção entre as práticas no esporte: a *prática pela prática* seria a mera reprodução das características do estilo de sociedade na qual vivemos. Não traz nada novo, apenas repete o lugar comum de nosso convívio (cheio de problemas de relacionamento, diga-se de passagem). A *prática educativa* estaria caracterizada pela disponibilidade de atividades que permitem o desenvolvimento de autoconfiança e autoestima, dentre outras. Para tal, deve-se envolver os jovens na avaliação de seu desempenho e do grupo, de seus relacionamentos e das atividades desenvolvidas. Não somente impor, mas permitir a participação nos processos de tomada de decisão, sem deixar de exercer uma liderança positiva. Interessante notar a contradição que, muitas vezes, quando da *prática pela prática*, se espera do jovem um desempenho baseado no modelo adulto, porém, não se permite sua participação nas instâncias decisórias acerca do que fazer e de como fazer. Tem de fazer, mas não pode pensar... Qual cidadão será esse que está sendo formado? Novamente, conforme Simões (2002, p. 56):

> (...) parece que o esporte moderno vestiu farda e faz parte dos interesses políticos em diversos países, que, na realidade, somente funcionam bem como um modelo que contribui, na maioria das vezes, para aumentar a distância existente entre as práticas educativas e as esportivas competitivas. Cabe lembrar que o esporte moderno defende também os interesses das marcas e produtos industrializados.

Dessa forma, tanto aquele que pratica quanto aquele que consome, o esporte está sendo direcionado para um fazer alienado. Ou seja, *jogue ou compre e nem pense nisso (apenas faça).*[1]

Ainda, segundo Simões (2002, p. 56):

> Seria preciso elaborar um conjunto de medidas administrativas para que o esporte infantil voltasse a assumir uma linha positiva na modificação da cultura no âmbito educativo-esportivo. Isso significaria modificar, num certo sentido, as atitudes daqueles que participam e orientam e daqueles que aprendem.

---

[1] Lembre-se, leitor, do bordão utilizado por uma conhecida marca de produtos esportivos: *"Just do it"*.

Psicossociologia do Esporte na Infância e Adolescência

Seria necessário, então, continuar a repensar o processo de formação daqueles que trabalham com esporte e atividade física, de modo a permitir o desenvolvimento de noções críticas (reflexivas) acerca de suas práticas.

Pensar no esporte infantil apenas como uma oportunidade de detecção e seleção de jovens talentos para, futuramente, alimentar os quadros do esporte adulto, pode ser problemático, sobretudo, para os jovens. Conforme Simões (2002, p. 57):

> A valorização do talento esportivo pode prejudicar o processo de socialização através das práticas educativas escolares, contribuindo para o surgimento de problemas no processo de formação e de desenvolvimento do esporte escolar.

Não se trata de negar ou coibir a detecção dos talentos, mas de não resumir o esporte escolar apenas a essa atividade. Mais do que selecionar e desenvolver as habilidades de jovens com potencial esportivo, a missão de quem está envolvido com as práticas esportivas deveria ser a de ensinar a usar o esporte como oportunidade para aprender a pensar e a se relacionar.

A seguir, serão tratadas de modo mais específico às relações entre a criança e o adolescente e alguns dos membros dos grupos de seu convívio.

Pais

A primeira imagem que pode vir à cabeça quando imaginamos a participação dos pais de jovens praticantes no contexto esportivo, provavelmente, estará associada ao incentivo e ao interesse pelo sucesso de seus filhos. Ocorre que nem sempre é assim. A participação dos pais pode, muitas vezes, ultrapassar os limites de uma convivência saudável; sobretudo, quando esses depositam nos filhos expectativas relacionadas à sua própria ascensão social. Conforme Simões (2002, p. 54): "A profissionalização precoce e o gosto pelo dinheiro podem aumentar ainda mais os interesses familiares em relação à capacidade produtiva dos filhos".

Segundo Weinberg e Gould (2001, p. 487), "os pais podem desempenhar um papel altamente positivo e/ou um papel altamente negativo na experiência esportiva de crianças".

Desempenho Esportivo:
Treinamento com crianças e adolescentes

No mesmo artigo, os autores alertam para fatores que podem dificultar a experiência esportiva dos filhos, tais como a ênfase exagerada na vitória; cobranças por desempenhos perfeitos; exigência de atuação, mesmo quando lesionados; orientações técnicas e táticas em contraposição às orientações do treinador; e aos incentivo à violência e comportamentos agressivos. Por um outro lado, parece ser bem vista a participação que envolva o apoio quando de derrotas; o encorajamento da percepção real de competência; o encorajamento de atividade física dentro dos limites saudáveis; e mesmo a repreensão por comportamentos inadequados ao convívio em grupo.

Técnicos/Professores

Treinos, competições e viagens podem consumir muito tempo dos jovens praticantes. Em todas essas atividades, está alguém que, muitas vezes, faz-se presente mais do que os próprios pais: o técnico. Mesmo quando os grupos esportivos são grandes, o convívio de cada jovem com o técnico é, na maioria das vezes, constante e, por que não dizer, intenso. Sendo assim, a relação com o técnico toma importantes proporções para a formação pessoal do jovem, indo além da esportiva. Aumenta também a responsabilidade do técnico.

De acordo com Rubio et al. (2000, p. 132):

> (...) o trabalho do professor de Educação Física e do técnico esportivo vai além da simples orientação da prática esportiva. Ele busca orientar a criança para a vida, contribuindo por este meio, para questões mais amplas, auxiliando na construção da identidade do praticante da atividade física e do esporte.

Com a finalidade do que oferecem esses autores, parece que a missão do técnico/professor vai bem adiante de selecionar e treinar jovens talentosos para o esporte. A carreira de atleta é *apenas* uma das possibilidades que o jovem tem pela frente.

Psicossociologia do Esporte na Infância e Adolescência

Amigos

O convívio social do jovem praticante com jovens da mesma idade não se restringe apenas aos seus companheiros de treino; porém, dependendo das exigências da rotina de treino e de competição, pode se tornar o seu principal grupo social. Os amigos de vizinhança, assim como os colegas de escola, tornam-se cada vez menos frequentes no seu ciclo social, na medida em que o esporte assim o exija em termos de dedicação.

Para Weinberg e Gould (2001, p. 478), "as crianças apreciam o esporte devido às oportunidades que ele proporciona de estar com os amigos e fazer novas amizades".

Essa afirmação aumenta a responsabilidade dos adultos envolvidos, se entendermos que as relações entre os jovens pares serão, muitas vezes, mediadas por técnicos/professores, pais e demais envolvidos. A autoimagem e a autoestima da criança e do adolescente vão sendo construídas de acordo com sua história de relacionamentos sociais. Não se pode ignorar os efeitos de relacionamentos que, muitas vezes, podem ser bastante duradouros e intensos. Dependendo de como tais relacionamentos forem sendo conduzidos, o jovem irá aprender a conviver de forma mais ou menos hábil. A autoconfiança deste jovem também dependerá de experiências de sucesso ou fracasso no convívio com seus pares. Pertencer a um grupo e ser aceito por esse são fatores fundamentais na formação do jovem.

Público

Em primeiro lugar, devemos identificar quem são as pessoas que compõem o público que acompanha as atividades esportivas dos jovens. Geralmente, é composto pelos seus próprios familiares. Mas pode, também, ser composto por amigos dos familiares e outros *convidados*. Desta forma, há certas especificidades que devem ser ressaltadas. Por mais que o jovem esteja acostumado com a presença e o convívio dessas pessoas, em situações nas quais esteja presente um número grande de pessoas (e portanto, uma situação na qual nem sempre podem ser identificados os espectadores, um a um), a simples presença da *multidão* já pode ser suficiente para alterações em seu desempenho. Isso pode motivá-lo ou mesmo atingi-lo a não conseguir manter o foco de sua atenção de modo adequado. Daí a grande importância dos modelos de comportamento fornecidos por ídolos do esporte. É bastante comum a veiculação de imagens de atletas que, após um grande desempenho, voltam-se para a torcida batendo no peito (como se fosse uma vingança pela falta de apoio nos momentos ruins), ou fazendo gestos obscenos. Nesse momento, a imagem veiculada é a da torcida como mais uma adversária do atleta.

Mídia

> (...) é interessante notar que os meios de comunicação de massa estão modificando, de forma considerável, a cultura social do esporte em todos os continentes... Não é acidental o grande crescimento das escolas de basquetebol, de handebol, de voleibol e de futebol de campo e de salão. A premissa de Maquiavel de que os fins justificam os meios faz parte desse cenário para que fique demonstrada a superioridade do poder adulto em relação aos indivíduos em idade escolar. (Simões, 2002, p. 58)

É como se a ampla divulgação do esporte de rendimento na mídia estivesse empurrando uma massa de crianças para o treinamento precoce, vendido pelo sem número de escolinhas que, muitas vezes, contribuem para a perpetuação do modelo adulto de esporte de rendimento. É como se não houvesse outra possibilidade para as práticas esportivas que não fosse a do rendimento.

Essa, provavelmente, é a maior fonte de modelos de comportamento para os jovens praticantes. Assim, muito de seu tempo longe das quadras, dos campos e das piscinas pode acabar sendo gasto no acompanhamento dos fatos protagonizados por grandes ídolos do esporte. Consequentemente, faz-se aquilo que se vê os seus ídolos fazendo. Dificilmente a mídia expõe a imagem de uma atividade lúdica realizada pelos astros do esporte. Quando isso acontece, pode ter efeitos preocupantes. É o caso, por exemplo, da situação gerada por um conhecido jogador de futebol de campo que, em um jogo da decisão do campeonato paulista, *brincou* com a bola, fazendo *embaixadinhas* como um ato provocativo aos adversários. Como diz Simões (2002, p. 60), "O que uma criança vê, ouve e aprende pode afetar, em grande parte, sua capacidade de produção com objetivos maiores".

Considerações Finais

Conforme apresentado ao longo do capítulo, o desenvolvimento de uma pessoa dá-se ao longo de toda a sua vida. As fases correspondentes à infância e à adolescência são muito importantes para a formação do adulto que se seguirá. Independentemente da ordem das etapas nesse processo, o fator de maior peso é a qualidade de suas experiências. Experiências exageradamente aversivas poderão incorrer em consequências desastrosas, não só para o desenvolvimento das habilidades esportivas, mas, principalmente, para a sua formação voltada à vida, de uma maneira geral. Esperar desempenho muito além do que cada jovem, em particular, pode realizar no seu momento de vida, pode gerar não só o abandono das atividades esportivas como a negligência e o desenvolvimento de habilidades inadequadas ao manejo consigo próprio e com o grupo social ao qual pertence. É preciso dosar os níveis de exigência, não só em relação à idade como, sobretudo, em relação ao potencial e às particularidades de cada indivíduo. Se for possível um plano geral, deve-se entender que quanto mais novas as crianças, maiores serão as necessidades de uma prática lúdica (com características recreativas), que permita experiências criativas e prazerosas. Com o passar dos anos e da experiência, a prática esportiva pode ir assumindo as características competitivas do alto rendimento. Já mais próximo da idade adulta, o adolescente poderá fazer uma escolha consciente acerca de sua participação, ou não, na carreira esportiva. Trata-se de permitir a escolha, ao mesmo tempo em que arrisca ser escolhido.

Assim, esse é um processo complexo, que exige muita atenção e dedicação. Os mediadores desse processo, sobretudo, pais e professores/técnicos, precisam estar cientes de suas práticas e dos efeitos destas sobre o desenvolvimento das habilidades esportivas, pessoais e sociais dos jovens. Como já foi dito anteriormente, mais do que ensinar a fazer é preciso ensinar a pensar. Pensar, até, sobre quais decisões e ru-

Desempenho Esportivo:
Treinamento com crianças e adolescentes

mos tomar ao longo da vida. A carreira de atleta continua sendo uma possibilidade. Se essa for a escolha, que seja legítima, pesando as vantagens e os preços dela.

Referências

BANACO, R. A. Adolescentes e terapia comportamental. In: RANGÉ, B. (Org.). **Psicoterapia comportamental e cognitiva**: pesquisa, prática, aplicações e problemas. Campinas: Editorial Psy, 1995.

BAUMRIND, D. Effective parenting during the early adolescent transition. In: _____. COWAN, P. A.; HETHERINGHTON, M. **Family Transition**. Hilside, NJ, 1991.

BEE, H. **O ciclo vital**. Tradução R. Garcez. Porto Alegre, RS: Artmed, 1997.

_____. **A criança em desenvolvimento**. Porto Alegre: Artmed, 1996.

BOCK, A. M. B.; FURTADO, O.; TEIXEIRA, M. L. T. **Psicologias**: uma introdução ao estudo da psicologia. São Paulo: Saraiva, 1997.

COIE, J. D.; DODGE K. A.; KUPERSMIDT, J. B. Peer group behavior and social status, In: ASHER, S. R.; COIE, J. D. (Org.) **Peer rejection in childhood**. Cambridge: Cambridge Universty Press, 1990.

CRATTY, B. J. **Psiclogia no esporte**. Rio de Janeiro: Prentice, Hall do Brasil, 1983.

DAOLIO, J. **Educação física e futebol**. Campinas, SP: Editora Unicamp, 2003.

FERREIRA, A. B. H. **Novo dicionário aurélio de língua portuguesa**. Rio de Janeiro: Positivo, 2004.

FIGUEIREDO, S. H. E.; MOURA, L. Preparação psicológica: o desafio das categorias de base da seleção brasileira de voleibol feminino. In: RÚBIO, K. (Org.). **Psicologia do esporte aplicada.** São Paulo: Casa do Psicólogo, 2003.

HARTER, S. The determinations and mediational role of global self-worth in children. In: _____. **Contemporary topics in developmental psychology**. New York: Eisenberg, 1998.

LEONHARDT, L. O Psicólogo auxiliando na qualificação do treinador: potencializando talentos no cotidiano de um clube de futebol. In: RÚBIO, K. (Org.). **Psicologia do esporte aplicada.** São Paulo: Casa do Psicólogo, 2003.

LOPEZ, E. M. **Psicologia evolutiva da criança e do adolescente**. Rio de Janeiro, RJ: Brasileira, 1943.

MACHADO, A. A. T. Psicologia do esporte ou psicologia no esporte ? **Rev. Discorpo.**, São Paulo, PUC-SP, n. 8, 1998.

MARQUES, J. A. A. A. Iniciação esportiva como meio educacional por meio do trabalho interdisciplinar. In: _____. **Encontros e desencontros**: descobrindo a psicologia do esporte. São Paulo: Casa do Psicólogo, 2000. p. 87-96.

MARQUES, J. A. A. E.; KURODA, S. J. Iniciação esportiva: um instrumento para a socialização e formação de crianças e jovens. In: _____. **Psicologia do esporte:** interfaces, pesquisa e intervenção. São Paulo: Casa do Psicólogo, 2000. p. 125-38.

PAPALIA, D. E. E.; OLDS, S. W. **O desenvolvimento humano.** Tradução D. Bueno. Porto Alegre: Artmed, 2000.

PIAGET, J. **Biologia e conhecimento**. Tradução F. M. Guimarães. Petrópolis: Vozes, 1973.

_____. **O nascimento da inteligência na criança**. Tradução A. Cabral. Rio de Janeiro: Zahar, 1970.

RAPPAPORT, C. R.; FIORI, W. R. E.; DAVIS, C. **Psicologia do desenvolvimento**: a idade escolar e a adolescência. São Paulo: EPU, 1982.

RÚBIO, K. et al. Iniciação esportiva e especialização precoce: as instâncias psicossociais presentes na formação esportiva de crianças e jovens. **Rev. Metrop. Ciênc. Mov. Hum.**, São Paulo, v. 4, n. 1, 2000.

SIDMAN, M. **Coerção e suas implicações**. Tradução M. A. Andery e Tereza Maria Sério. Campinas: Editorial Psy, 1995.

SIMÕES, A. C. A. Psicossociologia do vínculo esporte-adultos-crianças e adolescente: análise das influências. In: DE ROSE, Jr. (Org.). **Esporte e atividade física na infância e adolescência**: uma abordagem multidisciplinar. Porto Alegre: Artmed, 2002. p. 51-66.

WEINBERG, R. S. E. GOULD, D. Desenvolvimento psicológico das crianças por meio do esporte. In: _____. **Fundamentos da psicologia do esporte e do exercício**. Tradução M. C. Monteiro, Porto Alegre: Artmed, 2001. p. 473-91.

_____. **Foundations of sport and exercise psychology**. Champaign, IL: Human Kinetics, 1995.

17

Aspectos Sociais do Desenvolvimento e da Aprendizagem em Crianças e Adolescentes: Notas Críticas para uma Prática Educativa

Pedro Augusto Hercks Menin

A realização de atividades que tenham direta ou indiretamente implicações educativas, como situações de aprendizagem de conceitos propriamente ditos, realizada em sala de aula, ou na iniciação esportiva de crianças e adolescentes — que corresponde às especificidades das várias situações de aprendizagem — passarão, necessariamente, pelas discussões a respeito de como se dá o desenvolvimento do ser humano e em que medida relações de aprendizagem o permeiam.

Por que aprender? Quais são os objetivos da aprendizagem? Quando um sujeito aprende, exatamente que mudanças estão ocorrendo nele? Se não temos clareza sobre as respostas a essas questões, provavelmente, não estamos conduzindo o trabalho educativo de forma suficientemente lógica e objetiva.

A proposta deste texto é discutir a abrangência dos conceitos de desenvolvimento e de aprendizagem na constituição do ser humano, com base em seus aspectos mais diretamente sociais. Para tanto, partimos do pressuposto de que os termos aprendizagem, desenvolvimento, seus aspectos culturais, históricos, cognitivos, hereditários, emocionais, entre outros, se interpenetram, tornando estratégico, para não

Desempenho Esportivo:
Treinamento com crianças e adolescentes

dizer fundamental, considerar que não é possível dissociá-los para compreender o ser humano como um todo.

Poucos se atreveriam a negar as inter-relações previstas nos itens acima. Não obstante, menos pessoas ainda sabem exatamente o que fazer de suas consequências: O ser humano é histórico? E o que isso pode ajudar, por exemplo, em um treinamento esportivo? Como essas, podemos fazer outras inúmeras perguntas sobre a indissociabilidade dos aspectos que compõem o desenvolvimento e a aprendizagem.

Para exemplificar, aceita-se como óbvia a afirmação de que o ser humano é histórico, ou seja, que é determinado socialmente por sua cultura e pelas características da sociedade a que pertence, em uma época determinada. No entanto, dificilmente é considerado que o modo de produção das condições de sobrevivência no homem variara nos vários modelos de sociedade, ao sabor dos diferentes sistemas político-econômicos, e tais condições de produção da vida humana na matéria determinam *aspectos simbólicos fundamentais* — isto é, a chamada cultura, os valores, as normas, as leis, a psicologia, a educação (Marx, 1981) — que serão determinantes na estimulação do desenvolvimento da criança em seu percurso de crescimento até a idade adulta; priorizando determinados padrões de comportamento em detrimento de outros, determinando condições absolutamente diferenciadas de estimulação, que atuam sobre os aspectos hereditários do indivíduo de uma maneira socialmente determinada.

Em outras palavras, o educador considerará "normais" inúmeros aspectos importantes da estimulação cognitiva que propiciará a seus alunos, como se fossem inatos ou "naturais", afinal, "tudo sempre foi assim", e que, na verdade, trata-se de "construções sociais" que atuam, decisivamente, sobre as possibilidades educativas de crianças e adolescentes — repercutindo de forma decisiva na formação do adulto.

Desse modo, por que ensinamos determinados valores e não outros? Trata-se de conceitos sociais que são considerados "normais" para certa sociedade, em uma época específica, mas que não são "naturais": o indivíduo não nasceu com eles e, no entanto, grande parte do trabalho educativo na sociedade se pauta na ideia de que tudo isso é "natural" e as reflexões acima não costumam ser sequer lembradas.

Não se trata, nesses exemplos, de sobrepor o aspecto histórico-social aos demais, mas, tão-somente, não considerá-lo secundariamente, incluindo suas contribuições tanto nos aspectos pertinentes às elaborações teóricas quanto — sobretudo!

Aspectos Sociais do Desenvolvimento e da Aprendizagem em Crianças e Adolescentes: Notas Críticas para uma Prática Educativa

— na atuação prático-pedagógica do educador (do que será falado com mais ênfase ao final deste trabalho).

Há, portanto, na proposta inicial, que determina o itinerário deste texto, a pretensão de uma elaboração teórico-crítica que, ao mesmo tempo, insira o ser humano biológico em sua constituição histórico-social e permeie possibilidades fundamentais para pensar a prática educativa em seus diversos âmbitos, desde a educação infantil até a iniciação esportiva de crianças e adolescentes. Desta forma, essas discussões acabam por propor práticas educativas que se aproximam da amplitude de fatores que se acham envolvidos nelas.

Desenvolvimento Humano em Sociedade

A palavra desenvolvimento traz à mente, em um primeiro momento, a noção de maturação biológica do organismo. Que pesem as necessárias interações com o meio social e os aspectos cognitivos a ele associados, o pressuposto deste trabalho é de que há muito mais a dizer sobre o tema do que apenas tais necessárias inter-relações. No entanto, para começar a discussão, podemos admitir uma definição muito elementar que seria aceita por várias vertentes teóricas, considerando o *desenvolvimento como maturação biológica em um contexto social determinado*: as características que tornam a nós todos humanos não se limitam à constituição biológica (que, no entanto, é fundamental), nem às estimulações do ambiente social (que, no entanto, são fundamentais), mas, sobretudo, ao amálgama entre as duas.

Há nos meios acadêmicos uma visão de desenvolvimento humano muito em voga — podemos denominá-la, provisoriamente, de *naturalista-positivista* —, que considera-o como algo que se dará de uma forma ou de outra, mantidas as condições mínimas necessárias de estimulação social e manutenção fisiológica. Tal visão acaba por determinar uma curva normal de desenvolvimento, considerando os desvios para mais ou para menos, como aberrações que podem receber os vistosos nomes de "talentos", "superdotados", entre outros, se o desvio implicar em melhorias em escalas prefixadas de desempenho ou, no depreciativo, "marginais", se o desvio for para menos, em dire-

601

ção à incapacidade ou incompetência. Se os desvios já são esperados — pela própria definição de "normalidade" —, não costumam ser questionados como produtos sociais, mas como determinações prioritariamente biológicas que "pairam no éter".

Ocorre que, atualmente, mais do que no passado, os desvios têm se tornado "normais" —, sobretudo, em casos cada vez mais comuns de indisciplina e marginalidade — e, tais condições, exigem dos pesquisadores e dos trabalhadores sociais (com destaque para os educadores, nas diferentes seriações, disciplinas ou cargos burocráticos ocupados) atitudes diferenciadas, sob o risco do prejuízo ou total aniquilamento de seu trabalho. Como explicar tantos comportamentos indesejados, improdutivos, violentos e, acima de tudo, como agir com segurança e firmeza sobre eles, é a pergunta que a realidade nos suscita.

Muitos pensadores importantes que transitam em suas produções entre a psicologia e a educação observam o desenvolvimento relacionado à aquisição de instrumentos com algo que permite a a modificação do sujeito do conhecimento.[1] Nessa perspectiva, encontramos em conceitos básicos da psicologia cognitivo-comportamental, tais pressupostos. De acordo com Bandura (1965), há no indivíduo um grande rol de comportamentos aprendidos, mas pouco ou nunca manifestados, e que podem surgir, desde que as contingências, ou seja, o contexto social que controla tais respostas, permita. Assim, por exemplo, talvez não seja arriscado dizer que a maioria das pessoas da sociedade ocidental seria capaz de imitar um palhaço ou um vampiro (comportamentos aprendidos, geralmente por observação), embora só o fizessem em situações muitíssimo raras, ou mesmo nunca.

Já Vygotsky (1984) vai além: segundo ele, a aprendizagem não significa, imediatamente, desenvolvimento. Ela só o será na medida em que for capaz de se articular aos conhecimentos já adquiridos pelo indivíduo em sua história de vida e, criando uma zona de desenvolvimento proximal (ZDP), possibilitar um salto no desenvolvimento dessa pessoa, e que se reflita em novas capacidades de se articular no meio ambiente. Para tornar-se desenvolvimento, portanto, a aprendizagem deve, necessariamente, compor-se à vida de quem aprende.

---

[1] Perrenoud (1997), por exemplo, desenvolveu tais pressupostos com base nos conceitos de habilidades e competências, determinando uma relação de dependência entre conceitos aprendidos e seus usos — noções estas incorporadas pelos Parâmetros Curriculares Nacionais.

Aspectos Sociais do Desenvolvimento e da Aprendizagem em Crianças e Adolescentes: Notas Críticas para uma Prática Educativa

Por sua vez, Piaget (1967), a despeito da grande ênfase que dá aos aspectos maturacionais, trará contribuições semelhantes, na medida em que considera o conhecimento como fundamental para melhorar a capacidade de *adaptação do organismo ao meio* — uma concepção de conhecimento nitidamente voltada para sua aplicação social e repercussão no desenvolvimento do sujeito.

Vários outros autores poderiam ser agrupados aos já mencionados anteriormente. No entanto, considerando-se a relevância e a popularidade dos nomes acima, sobretudo, na própria formação de educadores e trabalhadores sociais em geral, e para cumprir os percursos teóricos pretendidos neste texto, será suficiente considerar a relevância da contribuição dos trabalhos deles, e, neles, a articulação necessária entre conhecimento e desenvolvimento. Uma articulação não automática, na medida em que a aprendizagem pode não se converter em desenvolvimento (Vygotsky, 1984) e, a despeito disso, que é o conhecimento que possibilita o enriquecimento do rol de possibilidades do organismo no meio (Piaget, 1971a).

Podemos, então, desde já, adiantar o que será esmiuçado mais adiante acerca da prática educativa, e concluir do que foi visto até aqui que, em primeiro lugar, é trabalho do educador (e todos os trabalhos sociais podem, de alguma forma, ser incluídos nessa categoria) levar o indivíduo ao desenvolvimento, e que tal desenvolvimento, em segundo lugar, passa necessariamente pela aprendizagem, mas se — e apenas se — esta última estiver articulada à aquisição de novas habilidades e competências por parte do estudante (Perrenoud, 1997).

É preciso, ainda, observar que, dada a necessária articulação do meio social com o desenvolvimento biológico do organismo, evidentemente, aspectos hereditários são muito importantes para permear as discussões sobre desenvolvimento e aprendizagem. Estes, no entanto, a despeito de serem, permanentemente, evidenciados, não serão enfatizados neste trabalho por, pelo menos, duas razões: outros autores irão discuti-los no decorrer desta obra e, sobretudo, porque tais aspectos têm servido de álibis para justificar as dificuldades dos educadores em trabalhar com as diferentes realidades de crianças e adolescentes — em seus aspectos eminentemente sociais sobre o quê falaremos com mais ênfase neste espaço. Assim, se por um lado as perspectivas genéticas são inegavelmente fundamentais para explicar a existência dos chamados "talentos", por outro, não podem servir de desculpa para legitimar as dificuldades de aprendizagem tão comuns atualmente, nem dão conta sozinhas de explicar os fatores ambientais que interferem decisivamente na vida emocional de todos.

Uma última observação, antes de iniciar uma leitura um pouco mais próxima acerca do conceito de aprendizagem. Como o desenvolvimento é um processo permanente, enquanto o organismo estiver vivo, a condição de "estudante" é contínua em todos os seres humanos e é absolutamente fundamental que tal pressuposto esteja permanentemente na mente daqueles que trabalham nesse lugar de educador, que deve ser, desse modo, o "estudante-mor", ao invés de se cristalizar na confortável, arrogante e perigosa condição daquele que (supostamente) sabe.

Aprendizagem na Sociedade

Se, como foi visto, com base nos pressupostos que dão sustentação a este trabalho, o "desenvolvimento pressupõe a aprendizagem" (Piaget, 1967) como modo irreversível de ampliar as possibilidades de adaptação do organismo ao meio, é conclusão necessária dessa máxima que a aprendizagem é um processo central. Foi possível observar, em acréscimo, com base em nossos autores selecionados que, para além de ser central, ela também pode ficar "congelada" junto a um enorme repertório de comportamentos não manifestados (Bandura, 1965) ou mesmo, em muitos casos, nunca se converter em desenvolvimento (Vygotsky, 1984).

Note-se que, a despeito de partirem de pressupostos epistemológicos distintos, as ênfases propostas nos ideários de Vygotsky, Piaget e Bandura não são mutuamente excludentes e, pelo contrário, acham-se previstas ou indicadas em cada um desses autores — com pesos evidentemente diferentes. Tal consideração é relevante, haja vista que não é intenção deste artigo misturar indistintamente conceitos de autores diferentes, mas salientar que os três em questão falam de coisas semelhantes quando tratam das articulações entre desenvolvimento e aprendizagem e trazem, sob essa perspectiva, argumentos semelhantes, fruto de cuidadosos trabalhos de observação das possibilidades humanas no meio.

Quando o termo "aprendizagem" é mencionado, observa-se que a ideia de "aquisição de conhecimento" fica imediatamente associada — como se o conhecimento fos-

604

se um fim em si mesmo. No entanto, pelo visto, até aqui, a questão principal é: para que serve o conhecimento? Para que tem servido? O que tem sido associado ao conhecimento para que este se converta em indisciplina ou mesmo marginalidade em tantas realidades educativas em nosso país? E a questão imediatamente cognitiva associada às questões de cunho sócio-histórico do conhecimento é: por que tantos conhecimentos importantes não se transformam imediatamente em desenvolvimento? Por que muitos indivíduos têm tanta dificuldade em associar o conhecimento às suas condições reais de vida, aprendendo, na maior parte das vezes, como se o objetivo maior da aprendizagem fosse obter informações, memorizar ou "adquirir cultura"? Para dar suporte a tais reflexões, uma breve incursão crítica na história se fará necessária.

Rápida História do Enfraquecimento do "Eu" na Sociedade Moderna

Como foi dito, o conhecimento pressupõe uma produção específica de uma sociedade em particular, com seus interesses, seu caráter político e suas características advindas do modo como seus indivíduos constroem sua subsistência. "Não se trata, portanto, de uma aprendizagem aleatória de conhecimentos, mas de conhecimentos selecionados, culturalmente valorizados ou ideologicamente omitidos" (Marx, 1981), típicos de uma sociedade e não de outra. Em nosso caso, trata-se do conhecimento produzido em um país de cultura ocidental, influenciado, profundamente, pela construção do modelo moderno de sociedade que teve início com a ascensão da burguesia ao final do feudalismo.

Certamente, muitos estranharão a simples menção de algo tão distante cronologicamente quanto o feudalismo e se perguntarão o que isso tem a ver com a sua realidade em seu trabalho educativo cotidiano, seja com crianças de educação infantil, treinamento de atletas, gerenciamento de pessoas ou educação de adultos em alfabetização ou no ensino universitário. Especificamente, o que o feudalismo (ou a equação de segundo grau, ou a química orgânica, ou os exercícios físicos, ou...) tem a ver com a produção dos conhecimentos e, nessa medida, com a minha vida em particular?

Desempenho Esportivo:
Treinamento com crianças e adolescentes

Sobre o feudalismo, a resposta é: nossa sociedade é construída sobre pressupostos que surgiram em contraposição aos da sociedade feudal. Pois bem, atualmente, ouve-se muito falar em "globalização". Sabe-se que a fundamentação político-econômica do chamado mundo "globalizado" se efetiva em princípios do neoliberalismo, evidentemente faz-se necessário conhecer os princípios do liberalismo que o antecedeu para compreender com amplitude nosso mundo atual. Para tanto, é imprescindível saber o percurso que levou à decadência do feudalismo até o surgimento do liberalismo — que tiveram em comum a ascensão e o fortalecimento da classe burguesa. Pois bem, eis, então, em uma explicação extremamente rápida, algumas das tantas possíveis contribuições do estudo do feudalismo para a compreensão do mundo atual.

Já sobre os demais conhecimentos (equação de segundo grau, química orgânica etc.), recomenda-se aos educadores seguir o mesmo itinerário aqui percorrido, qual seja, procurar elucidar em que medida aquele conhecimento tem a ver com a realidade, com a história — sobretudo a história pessoal — de quem aprende.

Ocorre que, *para o educador interessado em compreender a amplitude das condições de aprendizagem e suas consequências para o desenvolvimento humano, a compreensão dessa transição entre feudalismo e liberalismo traz algo de fundamental: a noção de como surgiram novos modelos de educação, de psicologia (que chamaremos aqui de produção de subjetividade capitalista), de valores, de normas, de regras sociais.* Se antes, nas sociedades primitivas, nômades, em cujas estratégias de sobrevivência, encontram-se o trabalho coletivo de caça e coleta, que determinam a criação de leis e costumes (e modos de produção de subjetividade) específicos, relacionados ao bem comum (cuidar uns dos outros é um valor crucial em uma realidade em que a comida é pouca e que a ausência de pessoas, causada por uma doença ou outra indisposição qualquer, para fazer a caça e a coleta, acarretaria em fome), também nas sociedades feudais e modernas encontramos características bem específicas.

Sabe-se que, na sociedade feudal, a maioria da população se encontrava na condição de serva do senhor feudal, devendo trabalhar e reservar parte da produção para este senhor e parte para a Igreja. Não havia, no entanto, um direcionamento mais rígido sobre o trabalho dos servos: era necessário apenas que fosse cumprido o conhecido acordo entre as partes e, do resultado do trabalho, as porções do senhor e da Igreja fossem resguardadas. Agora, isso sim, era rigidamente cobrado: a porcentagem sobre o resultado, bem menos que o processo do trabalho em si, tal como ocorre no mundo moderno. Nesse último caso, a maioria da população trabalhará para o burguês, o chefe, e este é quem irá indicar como e por que o trabalho será feito.

Não se pretende defender aqui que a lógica de seguir modelos e referências externas tenha sido uma criação moderna, pois já era vista na filosofia clássica em Platão com sua lógica de valorizar a boa cópia (Deleuze, 1969) ou, em outro exemplo, na filosofia de Aristóteles (1999), na qual dissertava claramente sobre a importância da imitação para a aprendizagem. A questão é que, a partir da sociedade moderna, essa lógica *foi instituída pelo próprio sistema econômico*, sendo refletida na educação, na cultura, na psicologia, nas leis e nas normas sociais.

Desse modo, por meio da institucionalização dos modelos, *culturalmente instalou-se na sociedade moderna a referência externa do outro como julgamento do eu*. Uma consequência terrível adveio desse processo: criaram-se normas de comportamento, de educação, leis, que reiteravam que, grosso modo, o valor das pessoas é definido por um julgamento externo: é preciso agradar ao "outro" — representado, prioritariamente, pelo burguês, o chefe — e estendido desde a educação infantil para figuras sociais de "outros" representativos; a saber: os pais, os professores, os empregadores; e ampliados para o "outro" comum: o simples desconhecido que te observa e que há de te julgar se fizeres coisas "erradas". Ademais, releve-se que a postura do indivíduo diante do outro será também julgá-lo, além de — prioritariamente — julgar a si próprio.

Isso ocorre porque, se nas condições de produção material em que se dá a sobrevivência humana, se constroem as normas, então, os costumes, as leis, a educação, a psicologia, na sociedade moderna; mais que criar valores para serem seguidos, engendrou-se um valor básico segundo o qual "há sempre um modelo a ser seguido" (Deleuze, 1969; Barros, 1997).

A pedagogia moderna — e toda a pedagogia é moderna — oficializou tais princípios, fundamentando o modelo tradicional de educação que visava mais disciplinar que efetivamente transmitir conteúdos que levassem ao desenvolvimento humano. Era importante para os burgueses que seus funcionários soubessem mínimas noções de matemática, de ciências, de línguas modernas, para melhor servirem no trabalho. As próprias condições autoritárias em que as aulas eram realizadas consti-

Desempenho Esportivo:
Treinamento com crianças e adolescentes

tuíam o treinamento disciplinar necessário ao trabalho na sociedade moderna (Foucault, 1981). Estava instalado o modelo de produção de subjetividade capitalista, em que o "outro" é a referência e o "eu" deve-lhe satisfações.

O "Eu" Enfraquecido na Educação Escolar e na Iniciação Esportiva

De tudo o que foi dito até aqui, note-se que há um aspecto ideológico central no trabalho do educador — que consiste em reiterar as relações de dominação encontradas no trabalho (Marx, 1981). Mantendo-se como o "outro" que é a referência para os que aprendem, ele reforça os comportamentos de centrar-se e julgar a si próprio valendo-se da aprovação e dos julgamentos vindos de modelos externos (Deleuze, 1969). Não foram poucos os referenciais teóricos nas ciências psicossociais que corroboraram tais princípios nefastos como se fossem da "natureza humana", ou pior ainda: nem sequer se aperceberam deles. É essa a "caverna de Platão" da sociedade moderna: estamos no interior escuro de uma monumental caverna, presos às correntes dos modelos e das normas transcendentais, de onde chamamos de "realidade" as tantas sombras.[2]

Não obstante, sabemos que muitas das aprendizagens são imitativas e, nessa medida, implicam em seguir corretamente modelos. Que mal haveria, então, em ter o outro como "modelo atitudinal", como juiz externo? É preciso que o educador, o trabalhador social, o responsável pelo treinamento esportivo, tenham em mente que há uma diferença em seguir modelos teóricos ou técnicos que irão orientar procedimentos futuros — como seria o exemplo da forma mais eficiente de manipular uma bola para fazer determinada jogada com eficácia — e asfixiar a capacidade criativa daqueles que aprendem, determinando o objetivo da aprendizagem como a pobreza de tão-somente seguir regras.

---

2 Recomenda-se, para a melhor compreensão da interessante metáfora criada por Platão, a leitura do livro VII de "A República".

Em verdade, várias consequências graves vêm dessa prerrogativa e talvez a principal delas resida no fato de que a base de toda a aprendizagem do ser humano, que tem início na infância, seja imitativa. O organismo dispõe de um aparato biológico com predisposições inatas para o crescimento e para a aprendizagem, a partir das interações (a princípio bastante rudimentares) com o meio externo. As noções primárias do que são objetos se desenvolvem, de acordo com Piaget (1970a-b), a partir do contato sensório-motor com eles e das interações sociais que os envolvem, sendo assim, permanentemente atualizadas.

O contato com o eu também se faz dessa forma e é nesse aspecto que se encontram as mazelas que constituem a formação de sujeitos na sociedade moderna. A noção primária do eu é a imitação da forma como o eu é tratado pelo outro. Em tenra infância, eu sou o que meus pais ou cuidadores acreditam que eu seja, na forma que eles se comportam em relação ao que esperam que eu seja (suas expectativas, seus ideais, suas frustrações) que são, por conseguinte, internalizados (Vygotsky, 1988) e, ao mesmo tempo, atualizados no meio externo a partir das inter-relações desse eu em permanente construção com o mundo externo. As expectativas de nossos cuidadores de que seremos algo que um ente externo irá aprovar — iniciando por eles próprios — reproduz na educação mais básica, mais fundamental, mais inocente, os valores educativos e emocionais que subjazem a estrutura emocional da sociedade moderna: subjugar-se ao outro. Dessa forma, fecha-se o ciclo de um modelo de educação que reproduz, assim como as leis, os costumes, os valores, a psicologia, as bases da sociedade que o produz por meio de suas condições de sustentação material, o trabalho, como bem salientou Marx (1981). Conclui-se que, mais do que simples expectativas boas em relação aos filhos, em nossa sociedade, os pais ensinam seus protegidos a corresponderem permanentemente a elas, e tal perspectiva será repetida por toda a sociedade, desde os professores até chegar aos encargos profissionais — versão atualíssima do modelo de sociedade protagonizado pelo ansioso burguês na transição da sociedade feudal para a moderna.

Compreender esse percurso que consiste na formação dos modos de produção de subjetividade da sociedade ocidental traz algumas importantes consequências: em primeiro lugar, se a prioridade existencial de qualquer organismo é cuidar de si próprio, garantindo-se em suas condições mínimas de bem-estar e sobrevivência e,

Desempenho Esportivo:
Treinamento com crianças e adolescentes

como entende Piaget, utilizar os conhecimentos para a mais adequada adaptação ao meio, o desvio emocional das próprias necessidades em direção às necessidades do outro, implicam em um descuidar de si, que, dialeticamente (e ironicamente), redundará na não observância adequada das necessidades do outro.[3] Em segundo lugar, e, em consequência disso, forma-se uma "sociedade de egoístas" — uma forma equivocada de perceber que a falta de cuidado e respeito pelo próximo, bem longe do suposto "egoísmo" que seria efeito de egos supercentrados, *é efeito da formação de egos frágeis, incapazes de suficiente autorrespeito* e, nesse caso, como respeitar o outro se eu me respeito tão pouco?[4] Por fim, a observância de que os fenômenos educativos relativos à indisciplina, à violência e demais comportamentos considerados inadequados são, basicamente, efeitos desses padrões culturais, educativos, psicológicos, normativos que a sociedade moderna produz, desde a forma como a própria vida material se produz, qual seja, na necessidade elementar de buscar a aprovação dos pais, do Papai Noel, de Jesus ou Deus, do professor, do chefe, de Sua Excelência, do Outro.

Sob tais premissas, toda a aprendizagem social — com o perdão do pleonasmo — é efeito do percurso descrito nas linhas acima, e faz-se necessário, agora, compreender mais especificamente suas consequências no desenvolvimento humano, desde a infância para, desse lugar, situar o trabalho do educador.

Crianças e Adolescentes: Teorias de Desenvolvimento e Aprendizagem

Dependendo dos vários enfoques teóricos que procuram compreender o desenvolvimento, incontáveis consequências podem ser atingidas. Assim, reitera-se aqui a escolha arbitrária de três enfoques possíveis e bastante utilizados — a psicologia cognitivo- -com-

---

[3] Algumas abordagens fundamentadas em autores como Sartre ou nos "pós-modernos" Foucault, Deleuze, Guattari, entre outros, fazem análise semelhante, estudando a modelização da sociedade moderna em normas tidas como "verdadeiras" que, por um lado, devem ser seguidas a qualquer custo e, por outro, criam o medo que se tem de tudo o que é novo e diferente.

[4] Autores reconhecidos defendem pontos de vista segundo os quais o suposto egoísmo humano é mera questão de falta de sensibilidade individual, minimizando tudo o que tem como uma grande construção peremptoriamente social. Entre eles estão, por exemplo, Harvey (1992) que vai defender que falta "bondade" ao ser humano, ou mesmo Edgard Morin, em uma de suas mais recentes obras em que sustenta que é preciso redefinir o sentido da palavra "fraternidade".

Aspectos Sociais do Desenvolvimento e da Aprendizagem em Crianças e Adolescentes: Notas Críticas para uma Prática Educativa

portamental de Bandura (construída sobre os pressupostos teóricos de B. F. Skinner), a epistemologia genética de Piaget e as noções de desenvolvimento e aprendizagem sociais de Vygotsky — tendo como critérios de escolha a proximidade de seus percursos teóricos e, sobretudo, sua popularidade entre educadores e trabalhadores sociais, em situações de aprendizagem e treinamento institucional.

Além disso, releve-se que por tudo o que foi exposto anteriormente acerca da forma viciada que nossa sociedade nos conduz ao conhecimento, importa mais compreender como converter tais autores em *práticas ontológicas* — ou seja, que trabalhem o "ser" da pessoa que aprende — que em alguma medida consigam reverter essa lógica cognitiva perniciosa, muito mais que "novas" leituras para a análise da realidade.

Isso posto, faz-se necessário o debruçar sobre uma análise mais pormenorizada sobre as relações entre desenvolvimento e aprendizagem a partir dos autores aqui eleitos e alguns dos seus conceitos e posicionamentos teóricos mais básicos, a começar por Piaget. É bom salientar, ainda, que os Capítulos 2 e 16 desta obra também discorrem sobre o assunto desenvolvimento, o primeiro em seus aspectos mais imediatamente fisiológicos e o segundo de uma maneira mais geral, de modo que é recomendável a leitura de ambos para a complementação dos conceitos que serão agora brevemente analisados.

Piaget e a Gênese do Conhecer

Algo a se salientar sobre esse autor é a amplitude de sua obra: em seus mais de setenta livros, Piaget desenvolveu conceitos fundamentais em décadas de pesquisas das quais tirou importantíssimas conclusões sobre processos cognitivos humanos. Qualquer tentativa de resumo de tão vasta obra, portanto, sempre será uma tarefa arriscada que implicará necessariamente em omissões, por maior que seja o cuidado que se tome para tal empreitada. Não é, portanto, pretensão das linhas que seguem dar conta de toda a teoria de Jean Piaget, mas apenas salientar alguns poucos aspectos que serão importantes para as discussões propostas por este texto.

Para começar na teoria piagetiana, é fundamental considerar sua visão interacionista: o ser humano está em *processo ativo de interação com o mundo* — interação essa

611

que depende do conhecimento. O conhecimento, aliás, está ligado à preocupação central de Piaget: elaborar uma teoria do conhecimento que pudesse explicar como o organismo conhece o mundo. Assim, para Piaget, só o conhecimento possibilita ao ser humano um estado de equilíbrio interno que o capacita a adaptar-se ao meio ambiente. Há uma realidade externa ao sujeito do conhecimento — que regula e corrige o desenvolvimento do conhecimento adaptativo. Sobre a perspectiva ativa da interação do sujeito com o mundo, aliás, esse é um aspecto comum às três perspectivas que aqui serão apresentadas. Dessa forma, Piaget (1972) chega a diferenciar o "fazer" do "conhecer": "fazer é compreender em ação uma dada situação em grau suficiente para atingir os fins propostos, e compreender é conseguir dominar em pensamento as mesmas situações", envolvendo, assim, maior complexidade e envergadura de possibilidades no controle das ações. Disso, extraímos que a função do desenvolvimento não consiste em produzir cópias internalizadas da realidade externa, mas estruturas lógicas que permitam ao indivíduo atuar sobre o mundo de formas cada vez mais flexíveis e complexas. (Rappaport, 1981).

Piaget chamou sua construção teórica de *epistemologia genética* por preocupar-se com o "gênese" do conhecimento em processos mentais envolvidos na resolução de problemas e o que ocorre com a criança para proceder a tal. Como tais estruturas se tornam mais e mais complexas? Estudando os processos cognitivos, priorizou aspectos *qualitativos*: usou testes de inteligência (então em voga) para entender a elaboração de erros pela criança e seus processos mentais, não se limitando à análise meritocrática do acerto, como era o costume. Desse caminho, pôde perceber a diferença entre a lógica das ações e a lógica do comportamento verbal infantil. Na medida em que traçou seu vasto percurso teórico, ele identificou no crescimento da criança nos famosos "estágios de desenvolvimento" que apontam para um desenvolvimento progressivo infantil de suas estruturas lógicas. Assim, por exemplo, a, aparentemente, simples noção de que "1+1=2" só se torna possível se agregar noções de conservação de conjunto, inclusões (classificação) e seriações operatórias. (Piaget, 1967).

Por fim, analisados os estágios de desenvolvimento, será possível neles considerar o *desenvolvimento moral da criança*: se o desenvolvimento evolui, o conhecimento evolui, também a moral evolui. Assim, desse ponto de vista, três momentos distintos caracterizam o desenvolvimento moral do ser humano para Piaget. Começa pela *ano-*

mia, quando a criança acha-se fora do universo moral. A seguir, tem-se a *heteronomia*, caracterizada pelo respeito à autoridade. Finalmente, surge a *autonomia*, na qual a moral é estabelecida pelo contrato social. (Piaget, 1994).

É possível notar nesses brevíssimos apontamentos que a ênfase maturacional presente nas ideias de Piaget acha-se, necessariamente, mergulhada em ambiente social que dará, paulatinamente, as inter-relações necessárias ao desenvolvimento humano.

Desenvolvimento e Aprendizagem como Processos Histórico-Culturais: A Contribuição de Vygotsky

Finda essa primeira aproximação mais profunda com as ideias de Piaget, considere-se, também, para Vygotsky, os pressupostos que fundamentaram o resumo teórico anterior acerca da teoria piagetiana: não há aqui a pretensão de esgotar o assunto, mas buscar subsídios teóricos que fundamentem reflexões que possam ser úteis para os propósitos deste texto.

A primeira coisa a se dizer sobre Vygotsky é uma perspectiva central: o ser humano é considerado *um organismo ativo em um ambiente histórico e cultural*, que se desenvolve entre possibilidades que encontra em seu ambiente: instrumentos físicos e simbólicos, desenvolvidos por gerações precedentes. Nesse processo, a "linguagem" tem aqui papel fundamental, uma vez que desenvolve o pensamento infantil que, paulatinamente, adquire a capacidade de se autorregular. Assim, o sistema linguístico reorganiza todos os processos mentais no decorrer do desenvolvimento humano (Vygotsky, 1984, 1988).

Há uma progressiva interiorização do meio social, mas é uma interiorização *ativa. Estruturação do sujeito*: dá-se por interiorização e transformação. Ao mesmo tempo em que se integra e interage com o meio social, o sujeito posiciona-se de modo crítico e transformador. Assim, a ajuda externa vai se tornando cada vez menos necessária e modifica-se, gradativamente, a atenção, a percepção, a memória e a capacidade de resolver problemas. Assim se dá a construção da realidade pela criança. Por estudar a influência das diversas condições histórico-culturais e sua riqueza, Vygotsky não aceita uma sequência universal de estágios cognitivos, como Piaget.

Desempenho Esportivo:
Treinamento com crianças e adolescentes

Para ele, os fatores biológicos operam sobre os sociais de forma significativa apenas no início da vida. (Rego, 1995).

Foi possível observar nas teorias sobre desenvolvimento e aprendizagem que Piaget diz que o desenvolvimento precede a aprendizagem, criando condições para ela. No modelo comportamental (Skinner), que será analisado logo adiante, o desenvolvimento é aprendizagem, pois ambos seriam simultâneos e a aprendizagem seria o acúmulo de respostas aprendidas; há um terceiro modelo, no qual o desenvolvimento e a aprendizagem seriam processos independentes que interagem (um causa o outro). Vygotsky considera os três modelos insatisfatórios, embora aceite as propostas do terceiro. Isso porque a *inteligência*, segundo ele, já é uma habilidade para aprender e não resultante de aprendizagens já realizadas (Rego, 1995). Da consideração da aprendizagem como articulada ao desenvolvimento, surge o conceito de *zona de desenvolvimento proximal* (ou *zona de desenvolvimento potencial*). Considera-se que é a distância entre o nível de desenvolvimento atual (determinado pela capacidade de resolver problemas sem ajuda) e o nível potencial (proximal) de desenvolvimento (solução de problemas sob a orientação ou colaboração de pessoas mais influentes). Assim, duas crianças com aparente desempenho intelectual semelhante (maturação e aprendizagem prévias semelhantes) podem ser muito diferentes quanto às condições do desenvolvimento que precisa ser construído. Exemplo: crianças filhas de engenheiros, músicos ou pais analfabetos, respectivamente, teriam diferentes possibilidades para aprender poesia. Então, as diferenças entre ambientes sociais promovem aprendizagens diversas que ativam processos de desenvolvimento diversos, ou seja, a aprendizagem precede o desenvolvimento intelectual, ao invés de segui-lo ou ser coincidente com ele. Por isso, a ZDP possibilita compreender as funções de desenvolvimento que estão a caminho de se completar. O conceito de ZDP pode ser utilizado para determinar a forma que a criança organiza a informação e o modo como o seu pensamento opera. Ou seja, é preciso conhecer as formas que a criança organiza a informação com ou sem ajuda externa.

Somando-se as consequências do que foi dito acima sobre a importância da linguagem e dos conhecimentos capazes de articular uma ZDP, temos que as múltiplas formas verbais nas relações entre professor e aluno determinarão a complexidade dos pensamentos das crianças e como processam novas informações. Eis, por exemplo, como se dá a aprendizagem social do medo que temos, geralmente, do "novo" ou de "decepcionar".

Em resumo, para Vygotsky, o desenvolvimento é a apropriação ativa do conhecimento disponível na sociedade — sua maneira de agir, sua cultura. A maior complexidade desse processo (funcionamento intelectual) desenvolve-se graças a regulações realizadas por outras pessoas que serão substituídas por autorregulações (em especial, a fala, que permite, por excelência, todo o processo de desenvolvimento em sua complexidade). (Vygotsky, 1984).

A Psicologia Cognitivo-Comportamental e o Mergulho do Conhecimento na História

A aprendizagem sob este enfoque, considerada a herança de Skinner, dos estudos de Pavlov e Watson, acha-se relacionada ao próprio desenvolvimento. Mais que isso, Skinner via, assim, a aprendizagem como sinônimo de desenvolvimento. Sem deixar de considerar os apontamentos de Bandura (1977a-b) quanto à aprendizagem sem o mecanismo de reforçadores, mas por imitação — o que nos aponta para uma espécie de "latência" a que o conteúdo aprendido pode vir a se submeter, podendo mesmo nunca vir a se manifestar — nota-se, outrossim, algo de estratégico na postura skinneriana: a aprendizagem, que é desenvolvimento, é aquela que se converte em comportamento — aliás, a própria definição de aprendizagem para Skinner implica mudança de comportamento. Se é assim, falar em comportamento é falar em que contingências influenciam as permanentes mudanças de comportamento, os novos comportamentos aprendidos — por essência, a aprendizagem.

Há, para a psicologia comportamental fundamentada no chamado *behaviorismo radical*, dois tipos de comportamento: o comportamento respondente, notadamente representado por algum reflexo incondicionado (comportamentos inatos: o estímulo incondicionado que leva necessariamente a uma resposta incondicionada, como o aproximar de algo diante dos olhos que os faz piscar) e o comportamento operante, no qual, como o nome sugere, o organismo *age* no ambiente e sofre as consequências de suas ações.

Antes dos trabalhos de Skinner, as equações respondentes dominaram as produções da psicologia em suas pretensões de cientificidade. Com Skinner, consolidou-se o conceito de comportamento operante (Skinner, 1980). Não é objetivo deste trabalho estabelecer pormenores das abordagens aqui destacadas — para isso, existem publicações especializadas que, certamente, cumprem melhor essa tarefa — se não naquilo que seja útil para fundamentar as conclusões que serão tiradas mais adiante. Com base nisso, analise-se alguns conceitos que têm servido como contribuições da psicologia comportamental para a educação, quais sejam, as noções de que reforço positivo, reforço negativo e punição, que podem ser bem ou muito pessimamente utilizadas em situações que envolvam aprendizagem (é o caso da *punição*, considerada ineficaz por Skinner e seus seguidores, por não atingir os fatores que motivaram determinado comportamento e, no entanto, largamente utilizada). Já, no caso do reforço positivo (ou "recompensa"), um comportamento ("resposta") que é controlado por um estímulo reforçador aumentará a futura possibilidade da resposta de se repetir. Em um exemplo bem simples, o comportamento de estudar pode ser reforçado positivamente pelo elogio ou por algum prêmio. No caso do estímulo reforçador negativo, dá-se o mesmo, com a diferença de que o comportamento (resposta) é reforçado com a retirada de algum estímulo aversivo. Nesse caso, o aluno manteria certo comportamento desejável para evitar alguma consequência indesejada se não o fizer.[5]

Dessas análises iniciais, é preciso observar que Skinner considera que as aprendizagens, necessariamente, se dão nas dinâmicas entre estímulos e respostas. Assim, se os comportamentos aprendidos foram reforçados ou não, se daria a aprendizagem. Bandura (1965) partiu do estudo dos pressupostos de Skinner para, posteriormente, avançar sobre eles e fundamentar, assim, as bases de uma vertente da chamada Terapia Cognitivo-Comportamental. A primeira discordância básica deu-se ao considerar que a aprendizagem (que é necessariamente social) pode-se dar independente de instâncias reforçadoras, ou melhor, considerando o reforço como "uma operação informativa e motivacional, mais do que um reforçador mecânico de resposta" (Bandura, 1977b) — o que permite pensar

---

[5] Ver a respeito, Skinner (1980), que vai versar sobre aspectos epistemológicos do *behaviorismo*.

o reforço como autorreforço. Por tudo isso, Bandura prefere o termo *regulação* a *reforço*. É possível, então, aprender por imitação — *modelagem* —, na medida em que se presta *atenção*, *armazena-se* o conhecimento que precisa ser aprendido, *traduz-se* o conhecimento sob a forma de *ação*, que depende de *motivação* para que se dê a ação com base em tais conhecimentos aprendidos. De tudo isso, nota-se que existe um determinismo recíproco entre fatores ambientais, pessoais e o comportamento.

A aprendizagem está ligada às expectativas das futuras consequências que advirão do processo em si, sendo que tais expectativas não são apenas frutos de experiências, mas observação de modelos (já que a aprendizagem não se dá tão-somente por meio de instâncias reforçadoras). O desenvolvimento da personalidade vai se dar a partir de respostas sociais que vão sendo adquiridas nos modelos, mas só vão se manifestar de acordo com as contingências reforçadoras do ambiente. Assim, uma pessoa vai se comportar de um modo em um ambiente e de outro modo em outro (Davis, 1981).

A grande novidade de Bandura em relação aos pressupostos iniciais skinnerianos está no arbítrio do ser humano que não é tão-somente um organismo que reage a estímulos externos. Há, para Bandura, uma mediação intraindividual entre os estímulos recebidos e as respostas que irão se manifestar. A *cognição* é, portanto, fundamental: o ser humano interpreta, avalia e, em certa medida, regula o seu próprio comportamento. Entenda-se cognição como sendo o conjunto das condições que propiciam a aquisição de conhecimentos: atenção, coleta de dados e resolução de problemas (o que torna a capacidade de discriminação de estímulos essencial. Portanto, nessa abordagem, os aspectos simbólicos são fundamentais, na medida em que considera-se uma interação permanente e recíproca entre aspectos ambientais, comportamentais e cognitivos (Bandura, 1977b).

A Prática, ou como Levar o Indivíduo ao Desenvolvimento?

Foi possível observar nas exposições referentes à Piaget, Vygotsky e Bandura/Skinner as relações entre conhecimento e desenvolvimento. Nota-se, nas três perspectivas, a importância de fazer que os conteúdos a serem ensinados cheguem aos

Desempenho Esportivo:
Treinamento com crianças e adolescentes

que aprendem de modo a impulsionar novas capacidades, novas habilidades. Isso nos leva a uma questão de caráter didático-pedagógico: qual é, por essência, o trabalho do educador? Quando essa pergunta é feita diretamente a várias modalidades de educadores, algumas respostas, invariavelmente, se repetem. São elas:

– É passar conhecimento.
– É ensinar (*ensignare*: deixar marcas).
– É transformar...

Quando a pergunta é referente à serventia da aprendizagem, novamente alguns padrões de respostas se repetem:

– Formar o indivíduo, o cidadão.
– Tirar aquele que aprende da ignorância (ao menos em relação ao assunto ensinado).
– É transformar... (novamente, essa resposta!).

Com base no que foi possível estudar, valendo-se das perspectivas de desenvolvimento e aprendizagem humanas apresentadas, encontramos em comum a elas a ligação entre a aprendizagem como condição para o desenvolvimento. Encontramos, ainda, que a aprendizagem pode, de alguma maneira, estar desvinculada do desenvolvimento, não redundando em desenvolvimento, ou, pelo menos, não tendo essa consequência explicitada.

Tais perspectivas apontam para alguns princípios tidos como fundamentais na prática educativa, que relevam a importância de *estabelecer uma conexão entre a aprendizagem e as expectativas de quem aprende*. Um importante autor a defender tais procedimentos é Saviani (1980). Na opinião deste, o trabalho de quem está no papel de ensinar é *criar necessidade em quem aprende pelo conhecimento*. Desse modo, será um problema para quem aprende como estudar e aprender e não como obter nota ou diploma. Tal ponto de vista é defendido também por Solé (1998), que ainda acrescenta que, por envolver autoestima e autoconceito, a aprendizagem não está limitada à apreensão de conceitos, mas tem sempre, necessariamente, um fortíssimo componente emocional acoplado, e desconsiderar essa premissa pode significar o fracasso do processo educativo como um todo.

A aprendizagem, então, essa ação social paralela à maturação biológica, deve ser feita considerando-se as etapas de desenvolvimento daqueles que aprendem e, sobretudo, que estes assumam como seu o aprender — sob o risco de desvincularmos a aprendizagem (se esta for feita para o "outro") do desenvolvimento fisiológico do organismo. Aqui, novamente, tem-se reiterado o princípio que a aprendizagem não pode ser um fazer desvinculado da vida, mas um instrumento para a vida — condição em que é reconhecida como tal por causa da identificação dos conteúdos com a necessidade deles, ou seja, com a própria história de vida de quem aprende.

O Caráter Educativo

Quais são os contextos sociais a partir dos quais se produz a educação? Se, para aprender, faz-se necessário integrar o conhecimento à vida, por que tal processo tantas vezes se faz tão difícil?

É hora de retornar aos pressupostos que nortearam desde o começo este trabalho. A ação educativa, seja ela qual for, não se acha solta no espaço e perdida no tempo, mas é, "necessariamente", histórica, fruto de condições materiais de produção de sobrevivência caracterizadas pelas economias globais, que reverberam decisivamente sobre valores e costumes que guiam as normas, as leis, as emoções, a psicologia, a educação.

Não é qualquer sociedade de que falamos, mas da sociedade moderna, aquela que enfraquece o sujeito em detrimento do julgamento externo do outro, aquela que *impõe* padrões e modelos ditos como "certos", "corretos", engendrando, assim, o medo diante de tudo o que é novo ou diferente. O agir cotidiano, considerado "normal" é, como já foi dito, nossa própria "caverna de Platão", pois consideramos normais as correntes que nos prendem à escuridão.

Como um professor, educador, treinador, trabalhador social, irá utilizar dos conhecimentos para a vida de seus alunos se, tão geralmente, ele não usa para a própria? Tal contradição é refletida diretamente no trabalho cotidiano que envolve a aprendizagem.

Desempenho Esportivo:
Treinamento com crianças e adolescentes

Não seria ousado demais acreditar que a maioria dos que leem este texto, o fazem, também de dentro da caverna, pensando de imediato, no "uso prático" das questões aqui trazidas para "o outro" (o aluno, o funcionário, o atleta). Essa é a armadilha que não devemos cair: este texto, assim como todo o trabalho dos autores aqui descritos, assim como tudo o que cerca a nossa vida, são coisas que *dizem respeito em primeiro lugar a nós mesmos*. E não há como sair dessa caverna sem o reconhecimento que o que mantém a todos lá dentro é o *condicionamento* de sempre agir assim, sempre pensar assim e, ironicamente, considerar "egoísmo" cuidar de si e priorizar-se, quando é esta, verdadeiramente, a primeira condição para bem cuidar do próximo, do "outro", o qual é o trabalho de professores e trabalhadores sociais.

Sob tais perspectivas, temos que, de fato, a aprendizagem pode impulsionar o desenvolvimento, mas esse processo é comum a todos — incluindo e priorizando nele os próprios profissionais educadores. Assim sendo, àquele aluno acostumado a ser tratado como incapaz, desinteressado, ou "burro", a simples perspectiva de que ele é, sim, capaz de fazer coisas, e bem, é fator motivador suficiente para impulsionar o seu desenvolvimento (Solé, 1998). Eis porque, segundo os aportes teóricos que fundamentam este trabalho, explica-se o porquê de a Educação Física ser vista tantas vezes como "salvação" para crianças e adolescentes, que antes envolvidos com diversos problemas sociais de diferentes graus de gravidade, de repente "encontram-se" no esporte, nas práticas esportivas: provavelmente, ocorre que ela incidentalmente demonstra para esse ser humano que existe, sim, algo que ele sabe fazer o pode fazer bem. Não obstante, é preciso repetir, tal processo não pode ser uma modelação de caráter, tolhendo a criatividade, nem deixar de envolver o crescimento e a aprendizagem dos próprios educadores.

Para finalizar, é preciso, ainda, pensar o que fazer com a indisciplina, os comportamentos violentos, inadequados e, muito pior que isso, a apatia (o aluno "quietinho", muitas vezes, profundamente prostrado e vítima de abusos inimagináveis nem é percebido por, geralmente, não apresentar problemas ao professor).

Sabemos que procurar encontrar uma resposta única para todos os problemas de indisciplina que costumam ocorrer é extremamente arriscado e reducionista, pois é preciso sempre considerar o que aconteceu em todos os seus aspectos, as pessoas envolvidas e, sobretudo, a história de vida dessas pessoas e a ligação delas com os problemas detectados. No entanto, alguns padrões são muito comuns e devem ser sempre considerados: estudos nem tão recentes do comportamento, que têm como base a psicologia comportamental da qual acabamos de falar, trazem que, em primeiro lugar, o afeto é um reforçador dos mais poderosos (Skinner, 1969). Vimos na análise dos aspectos sociais envolvidos em situação de aprendizagem que existe a necessidade ensinada de corresponder às expectativas do outro.

Ora, o aluno indisciplinado só consegue essa atenção do outro, da sociedade, em atitudes ilícitas, pois tem fracassado sistematicamente nas lícitas. É como se ele dissesse "vocês não gostam de mim, mas olham para mim quando eu faço alguma coisa errada".

A ação a ser tomada costuma ser constrangedoramente simples. Em primeiro lugar, não reforçar o comportamento infrator (dar atenção a ele é uma forma de reforçá-lo, ironicamente). Essa primeira ação é fundamental, mas, provavelmente, será insuficiente se não for seguida por uma ação, que consiste em valorizar as ações construtivas desse aluno; sobretudo, valorizar *a pessoa* desse aluno:

— João, vou falar uma coisa *como amigo*: não acho certo o que você fez. *Você continua sendo meu amigo*, claro, mas aquilo não foi bom.

É como se fosse dito a essa pessoa: "eu posso não concordar com o que você fez ou faz, mas eu aceito você como você é, faça o que fizer, portanto não é necessário transgredir para ser aceito" — até porque não é preciso dizer a essa pessoa que o que ela fez está errado, *porque ela sabe* (daí a inutilidade de discursos e "sermões"). Como foi dito antes, "fórmulas mágicas" são perigosas por desconsiderarem outros aspectos envolvidos em cada caso, mas a postura descrita acima costuma ser eficaz em muitos dos casos de indisciplina e violência em instituições ligadas direta ou indiretamente à educação (por piores que pareçam, a princípio), além de não ser intuitiva, porém, baseada na análise do que, geralmente, produz a situação indesejada.

Se aquele que educa não souber (não quiser!) fazer essa aproximação, bem pouco poderá ser feito por aquele que deveria aprender e ele continuará buscando nas infrações o reconhecimento de que ele existe e que o outro se importa com ele, ainda que seja para puni-lo ou odiá-lo.

Sobre esse caso hipotético (porém muito representativo), uma última observação: por um lado, ao não reforçar o comportamento indesejado e, por outro, mostrar ao aluno que ele é importante, provavelmente, acontecerá deste "colar" no educador, procurando sua opinião para tudo, trazendo-lhe coisas para ver, enfim, tornando-se, de certa forma, dependente. Os dois primeiros passos descritos, portanto, são importantes, mas insuficientes, já que agora o professor é o "outro" que vai dar aprovação a esse aluno. Nesse momento, faz-se necessário ensinar esta pessoa a julgar a si própria, a analisar, a respeitar e a valorizar suas próprias coisas e atitudes, sem precisar depender de opiniões externas — e "não depender" não implica em não considerar, note-se. Ao contrário do que se possa pensar a princípio, isso não gerará egoísmo, mas, por saber valorizar a si, essa pessoa estará mais apta a julgar e a respeitar outras pessoas ao seu redor.

Nesse simples exemplo, fica claro que questões como autoestima são bem mais complexas do que costumam ser descritas em manuais de autoajuda (coisas como "vá que você pode") e precisam de uma análise mais profunda e abalizada que fundamente ações a serem tomadas. Da mesma forma, torna-se evidente a necessidade da consideração de análises teóricas nos estudos dos problemas da realidade, sob pena de não ensinarmos os conteúdos associados à vida dos alunos, e, também, não os usarmos no cotidiano da nossa própria vida.

Conclusões

Como foi possível observar, o trabalho com crianças e adolescentes envolve, de forma crucial, uma compreensão profunda do sentido social da aprendizagem, desde a consideração da aprendizagem como instrumento para adaptação ao meio, passando pela noção de que o repertório de comportamentos aprendidos pode ser crucial na resolução de novos problemas, até a percepção de que a aprendizagem, se desconectada das condições objetivas da vida, não implica em desenvolvimento.

Desses pressupostos, alguns procedimentos importantes podem ser concluídos pelos educadores. Para começar, a necessidade de situar o conhecimento em seu caráter prático (pertinente às resoluções de problemas do cotidiano) diante da história de vida do aluno. Além disso, a necessidade de reverter a lógica perniciosa de nossa sociedade de enfraquecer o eu, que acarreta em graves consequências, das quais destacam-se os comportamentos inadequados e violentos e os bloqueios cognitivos.

Por fim, reitere-se a necessidade de o educador utilizar todos os pressupostos aqui descritos e discutidos, em primeiro lugar, para a sua própria vida, não caindo na armadilha fácil de pensá-lo como mera aplicação para o "outro" (nesse caso, o aluno), mas para si mesmo, *antes*.

Referências

ARISTÓTELES. **Os pensadores**. São Paulo: Nova Cultural, 1999.

BANDURA, A. Analysis of model's reforcement contingencies on the aquisition of imitative responses. **J. Pers. Soc. Psychol.**, v. 1, p. 589-95, 1965.

BANDURA, A. Self-efficacy: Toward a unifying theory of behavior change. **Psychol. Review**, v. 84, n. 2, p. 191-215, 1977a.

_____. **Social learning theory**. New York: Englewood Cliffs, Pratice-Hall, 1977b.

BARROS, R. D. B. **Grupos**: a formação de um simulacro. São Paulo, 1997. Tese (Doutorado) – PUC.

DAVIS, C. Modelo de aprendizagem social. In. RAPPAPORT, C. R.; FIORI, W. R. e DAVIS, C. **Teorias do desenvolvimento**: conceitos fundamentais. São Paulo: EPU, 1981.

DELEUZE, G. **Logique du sens**. Paris: Minuit, 1969.

FOUCAULT, M. **Vigiar e punir**. Petrópolis: Vozes, 1981.

HARVEY, D. **Condição pós-moderna**: uma pesquisa sobre as origens da mudança cultural. 9. ed. São Paulo: Loyola, 1992.

MARX, K. **O capital**. Rio de Janeiro: civilização brasileira, 1981

Desempenho Esportivo:
Treinamento com crianças e adolescentes

PERRENOUD, P. **10 Novas competências para Ensinar**. Porto Alegre: Artes Médicas Sul, 2000.

_____. **Construir as competências desde a escola**. Porto Alegre: Artes Médicas Sul, 1997.

PIAGET, J. **A construção do real na criança**. Rio de Janeiro: Zahar, 1970a.

_____. **A epistemologia genética**. Petrópolis: Vozes, 1971a, p. 110.

_____. **A formação do símbolo na criança**: imitação, jogo e sonho, imagem e representação. Rio de Janeiro: Zahar, 1971b.

_____. **A Linguagem e o pensamento da criança**. São Paulo: Martins Fontes, 1986.

_____. **Gênese das estruturas lógicas elementares**. Rio de Janeiro: Zahar, 1970b.

_____. **Os estágios do desenvolvimento intelectual da criança e do adolescente**. Rio de Janeiro: Forense, 1972.

_____. **O julgamento moral na criança**. São Paulo: Summus, 1994.

_____. **Seis estudos de psicologia**. Rio de Janeiro: Forense, 1967.

PLATÃO. **A república**. 2. ed. São Paulo: Difel, 1973.

RAPPAPORT, C. R. Modelo piagetiano. In. RAPPAPORT, C. R.; FIORI, W. R.; DAVIS, C. **Teorias do desenvolvimento**: conceitos fundamentais. São Paulo: EPU, 1981.

REGO, T. C. **Vygotsky**: uma perspectiva histórico-cultural da educação. Petrópolis: Vozes, 1995.

SAVIANI, D. **Educação**: do senso comum à consciência filosófica. São Paulo: Cortez, 1980.

SKINNER, B. F. **Ciência e comportamento**. São Paulo. EDUSP, 1969.

_____. **Sobre o behaviorismo**. São Paulo: Cultrix, 1980.

SOLÉ, I. Disponibilidade para a aprendizagem e sentido da aprendizagem. In: COLL, C. et. al. **O construtivismo em sala de aula**. São Paulo: Ática, 1998.

VYGOTSKY, L. S. **A formação social da mente**: o desenvolvimento dos processos psicológicos superiores. 6. ed. São Paulo: Martins Fontes, 1984.

_____. **Pensamento e linguagem**. Porto Alegre: Artes Médicas, 1988.

Índice

A

abandono, 588
abordagem orientada ao processo, 281
abordagem orientada à tarefa, 281
ação excêntrica, 144
ácidos graxos, 245
ácidos graxos poli-insaturados, 245
ácidos graxos saturados, 259
adaptação do sistema biológico, 513
adaptações morfológicas, 152
adolescência, 75, 582
adolescentes, 510
adrenalina, 118, 131
agressão pró-ativa, 579
agressão reativa, 579
agressividade, 578, 579
alimentação pré, 256
alongamento crônico, 159
ambiente social, 587
aminoácidos, 246, 247, 248
amostra, 408
anaeróbio, 115, 131
análise fatorial, 389, 427
análise multivariada, 407
anemia ferropriva, 262, 264
anorexia, 272
anorexia nervosa, 586
anova, 428
apofisite, 515
aprendizagem dos indivíduos, 298
aprendizagem motora, 281
aprendizagem significativa, 346
aquisição de habilidades motoras, 281
atleta jovem, 509
autoconfiança, 593
autoestima, 576
avaliação, 521
avaliação clínica, 521
avaliação nutricional, 522
avaliação ortopédica, 522
avaliação postural, 522
avaliação psicológica, 522

B

bebidas esportivas, 257, 267
bioimpedância, 379, 381, 385
bulimia, 272
bulimia nervosa, 586

C

cálcio, 263
capacidades condicionais, 310, 311
capacidades coordenativas, 310, 311
capacidades motoras, 309
carboidratos, 243
cardiológica, 521
cartilagem de crescimento, 512
cartilagem epifiseal, 519
catecolaminas, 178, 208
células-satélite, 159
ciclo alongamento e encurtamento, 149
cineantropometria, 377
cinética do metabolismo, 119
coeficiente de variação, 422
coerção, 589
cognição, 572, 573
cognitivo, 334, 349, 354,
colesterol, 246
comissão técnica, 584, 586
competência, 577
competitividade, 585
complexidade, 284
composição corporal, 127
comprimento da passada, 126
concentração, 574
conduta moral, 575
conflito, 583
conhecimentos, 572
conservação, 573
consumo de oxigênio, 112, 113, 119

consumo máximo de oxigênio, 114
correlação, 426
crescimento, 73, 512
crescimento, 76
crescimento e desenvolvimento, 322
crescimento ósseo, 517
cortisol, 183, 199
curva força-tempo, 143,147
cultura, 352, 580, 600, 613

D

débito cardíaco, 118, 120, 123
deficiência auditiva, 533
deficiência intelectual, 537, 539
deficiência visual, 542, 548
deficiências motoras, 537, 545, 551
definição de uma lesão, 510
depressão, 585
desempenho esportivo, 309
desempenho intermitente, 133
desempenho motor, 85, 88, 96
desenvolvimento, 73, 573, 588
desenvolvimento, 573
desenvolvimento motor, 75
desenvolvimento motor, 90
desidratação, 266, 268
desjejum, 271
detecção, 449, 457, 460, 472, 478, 485,
    496, 502
detecção dos talentos, 591
dieta pós-competição, 258
dieta pré-competição, 259
diferença arteriovenosa, 118, 124
distenções, 511
distinção e elaboração, 283
distribuição normal, 407, 414
distúrbios, 586
domínio mionuclear, 159
dor patelofemoral, 516
drogas, 586
durante, 256

E

economia em exercício submáximo, 125
ectomorfo, 389
ensino, 606
educação, 589
Endomorfo, 389
entorses, 511
epidemiologia, 510
epífise, 513
equações específicas, 382, 383, 385
equilíbrio postural, 524
equivalente ventilatório de oxigênio, 123
escala alométrica, 112, 113
escolarização, 572, 577
esforço repetitivo, 511
especialização precoce, 589
especificidade da tarefa, 298
espondilólise, 520
espondilolistese, 515
esporte competitivo, 509
esquecimento, 283
esqueleto imaturo, 518
esqueleto imaturo, 519
estatística descritiva, 408, 414
estatística inferencial, 408
estatística normal, 403, 405, 412
estatura, 76, 80
estrogênio, 190
eu, 576
exigência, 595

F

fadiga, 146, 148, 272
família, 584
fase motora especializada, 94
fase motora fundamental, 92
fenômeno da compensação, 478, 479,
    485, 490, 492, 495, 496, 498, 500,
    501, 502
ferro, 264
fibras musculares, 130, 133, 142

Índice

flexibilidade, 311
fluxo sanguíneo, 118
força, 320
força máxima, 133, 157
formação esportiva, 92
fracasso, 588
fratura, 514
fratura por estresse, 515
fraturas, 511
frequência cardíaca, 119, 120
fusos musculares, 144

G

gasto calórico, 114, 125
gêneros, 578
genética, 74, 447, 448, 455, 460
glicemia, 255, 256
glicogênio, 243
glicogenólise, 122
glucagon, 174, 208, 212
gordura, 378, 381
gordura corporal, 243
grupos, 578, 580

H

habilidades motoras abertas, 312
habilidades motoras básicas, 27, 335
habilidades motoras específicas, 28
habilidades motoras esportivas, 285
habilidades motoras esportivas abertas, 313
habilidades motoras esportivas fechadas, 315
habilidades motoras fechadas, 312
habilidades sociais, 581
hiperextensão, 520
hiperlordose, 520
hipertrofia muscular, 158
hipoglicemia, 255
hipóxia, 159
história de vida esportiva, 459
hormônio antidiurético, 176

hormônio do crescimento, 123, 172
hormônio tireoidiano, 179

I

imagem corporal, 586
imaturo, 513
impulso, 147
incidência, 510
inclusão de classes, 573
índice glicêmico, 256
inferência transitiva, 573, 574
insaturados, 245
instabilidade glenoumeral, 514
insulina, 174, 209, 213
interferência contextual, 283

J

joelho, 515

L

lactato, 119, 120, 130
leptina, 219
lesão aguda, 519
lesões da fise, 514
lesões de LCA, 519
lesões do membro superior, 513
lesões musculares, 159
lesões por sobrecarga, 511
liderança, 580
limiar anaeróbio, 121, 127
limiar ventilatório, 121, 124
limites, 584
lombalgia, 520
lombar, 520

M

macronutriente, 242, 247
maltodextrina, 257
manova, 429
maturação, 73, 322

maturação sexual, 97
mecanorreceptores, 525
média, 419
mediana, 418, 419, 477
medidas repetidas, 428
meninice intermediária, 572
mesomorfo, 389
micronutrientes, 248, 251
mídia, 594
minerais, 248, 251
miosina de cadeia pesada, 159
motivação, 574
musculoesqueléticas, 510

N

necessidades energéticas, 254
negligência, 595
noradrenalina, 131

O

operações concretas, 573, 574
órgãos tendinosos de Golgi, 144
Osgood-Schlatter, 517
oxidação de gorduras, 121

P

padrão motor, 28
parâmetro, 297
PAVB, 246, 259
pedagogia, 363
pensamento, 575
percentil, 418
percentis, 80
percepção, 577
percepção corporal, 527
perfil-Z, 451
performance, 378, 380, 381
periodização, 41, 44, 54

peso corporal, 76, 80
placas epifisárias, 512
plano de ação, 283
pliometria, 145
poli-insaturados, 245
ponta 1, 492, 494
ponta 2, 492, 494
ponta 3, 494
população, 408, 410
pós-competição, 256
potencialização, 143
prática, 282
prática constante, 282
prática deliberada, 444, 445, 447, 477, 489, 490
prática educativa, 590
prática esportiva, 581
práticas coercitivas, 589
prática variada, 282
prática variada aleatória, 283
prática variada por blocos, 283
pré-operatório, 573
pressão, 585, 588
prevenção, 521
princípio do tamanho, 142
professores, 589
programa motor generalizado, 297
promoção, 460, 472, 485
proporcionalidade corporal, 85, 88
propriocepção preventiva, 525
proprioceptivos, 524
proprioceptores, 525
protusão discal, 520
psicomotor, 345, 357
puberdade, 76
público, 587

Q

quartil, 418

R

razão T:C, 200
reconstrução, 283
reeducação proprioceptiva, 524
refeição pré-competição, 256
regressão linear, 426
rejeição, 578, 579
relação entre duas variáveis, 407
relação entre variáveis, 424
relação pais e filhos, 584
relações sociais, 576
resistência, 320
retardo de crescimento, 513
reversibilidade, 573
ruim, 477

S

Salter-Harris, 518
saltos, 144
saturados, 245
saúde, 378, 379
seleção, 449, 457, 460, 472, 478, 485, 490, 496, 502
seriação, 573, 574
seriada, 283
sexual, 582
significância estátistica, 412
Sinding-Larsen-Johansson, 517
síndrome de Down, 539
síndrome da faceta lombar, 520
sistema nervoso central, 142
sociedade moderna, 605
somatotipo, 389
socioafetivo, 334, 352
stiffness, 5, 145
succinato desidrogenase, 122
superação, 588
supercompensação, 256
superfície corporal, 114, 118
suplementos nutricionais, 259

T

tarefas de laboratório, 284
taxa de desenvolvimento de força, 148
técnico, 589
tempo de reação, 324
teoria de esquema, 282
terceira infância, 75, 572, 576, 581
testes físicos, 522
testosterona, 192, 199
transição, 582
transtornos de conduta, 578
treinabiblidade das capacidades condicionais, 320
treinabilidade das capacidades coordenativas, 317
treinador, 584, 592
treinamento, 95
treinamento de força, 322, 323
triglicerídeos, 244

U

unidades motoras, 142, 143, 153

V

validade ecológica, 284
velocidade, 320
ventilação, 123, 124, 127
vitamina A, 262
vitaminas, 248, 251
voleibol, 515
volume de ejeção, 117, 120
volume ventricular, 115

W

Wingate, 128, 129, 132

Z

zinco, 265

Sobre o Livro
Formato: 17 x 24 cm
Mancha: 13 x 18 cm
Tipologia: Minio Pro
Papel: Offset 75 g
Nº páginas: 632
2ª edição: 2010

Equipe de Realização
Edição de Texto
Nathalia Ferrarezi (Assistente-editorial)
Fernanda Duarte Ribeiro (Preparação, copidesque e revisão)

Editoração Eletrônica
Maura Martins de Mello (Projeto gráfico e capa)
David Menezes (Diagramação)

Impressão
Edelbra Gráfica